Charles v. Bokor

Winkelmaß und Zirkel

Charles v. Bokor

Winkelmaß und Zirkel

Die Geschichte der Freimaurer

Amalthea

Umschlaggestaltung: Doris Byer, Wien
Satz: Ludwig Auer, Donauwörth
Druck und Binden: Carl Ueberreuter, Wien
Printed in Austria 1980
ISBN 3-85002-123-8

Aus dem Französischen von Irene Kummer

Die Vorlagen zu den Abbildungen 32 bis 38 wurden dem Buch von E. L. Lindner: »Die königliche Kunst im Bild« (Beiträge zur Ikonographie der Freimaurerei), Akademische Druck- und Verlagsanstalt, Graz, 1976, entnommen.

Bildnachweis

1–19, 21–29 Nationalbibliothek Wien
20 Bildstelle der Amerikanischen Botschaft Wien
30 Willy Bern, Paris
31 Vatikan
32, 33 »Les coutumes des Francs-Maçons dans leurs assemblées, principalement pour la réception des apprentifs et des maîtres«, Paris 1744
34 Kunsthistorisches Museum Wien
35 Stahlstich aus dem Buch »Histoire Pittoresque de la Franc-Maçonnerie et des societés secrètes anciènnes et modernes«, Paris 1843
36 Freimaurer-Museum Bayreuth
37 Aus dem Buch »Gründliche Nachricht von den Frey-Maurern«, Frankfurt 1738
38 Aus dem Buch »Die Freimäurer im Fischbein-Rocke«, Frankfurt und Leipzig 1775

Vorwort

Zwischen der Kirche und der Freimaurerei, diesen beiden Bannerträgern der Nächstenliebe, deren Wege eigentlich hätten parallel verlaufen müssen, bestand mehr als zwei Jahrhunderte lang eine fast unüberbrückbare Kluft. Doch die Auseinandersetzungen wurden mit ungleichen Mitteln ausgetragen: Während die Kirche ohne zu zögern von ihrer Macht Gebrauch machte, war der Freimaurerei jede Gewaltanwendung wesensfremd, sie besaß weder Waffen noch Folterkammern.

Der Anteil der Freimaurerei an der Entwicklung humanitärer Grundgedanken, dieser Verheißung der Völker im Aufbruch zur Moderne, ist unbestreitbar. Sie wirkte mit an der Verbreitung der bereits als historisch empfundenen Idee der Menschenrechte, die den heutigen Verfassungs- und Rechtsstaat legitimieren. Da sie für Freiheit, Gleichheit und Brüderlichkeit kämpfte und überdies für religiöse Toleranz eintrat, mußte sie mit der katholischen Kirche, die sich als die einzig rechtmäßige christliche Religion betrachtete, in Konflikt geraten. Die Beschuldigung jedoch, sie habe sich einer politischen Tätigkeit verschrieben und sei für die verschiedensten Revolutionen ursächlich verantwortlich, ist unhaltbar.

Heute ist die Kirche ebenso in Gefahr wie die humanitären Grundsätze, zu denen sich die Freimaurerei stets bekannte, und es ist an der Zeit, die in der Weltanschauung des 18. Jahrhunderts wurzelnde Feindschaft zu begraben. Es wäre ein unverzeihlicher Fehler, die Versöhnung der letzten Lichter einer auf den Idealen der Humanitas beruhenden Kultur, die vom Materialismus zermalmt zu werden droht, durch Ressentiments und Vorurteile zu vereiteln.

Der katholische Schriftsteller Henri Daniel-Rops schreibt: »Die Freimaurerei: Es gibt vielleicht kein anderes Kapitel der Geschichte, das häufiger Anlaß zu Auseinandersetzungen bot, Auseinandersetzungen, die weniger von der Suche nach Wahrheit als von den Leidenschaften bestimmt waren.«

Vielleicht vermag die Kenntnis historischer Fakten die Leidenschaften abzukühlen. Es gilt nun, einen Weg der Versöhnung und der Zusammenarbeit zu finden. Diese Aufgabe wird dadurch erleichtert, daß sich das zweite Vatikanische Konzil vorbehaltlos für die Freiheit der Religionsausübung und die Anerkennung aller Weltanschauungen ausgesprochen hat: Auf beiden Seiten stehen Männer, die zu einem offenen Gespräch bereit sind.

Angesichts der Bedrohung durch den Materialismus sind beide Institutionen, Kirche und Freimaurerei, zur Verteidigung der Ideale der Humanität aufgerufen. Diese Werte, die heute gerne als brennender Plunder vergangener Epochen abgetan werden, müssen als Träger unserer Kultur auch für die Zukunft richtungsweisend sein.

Mai 1980 Charles v. Bokor

ERSTES KAPITEL

DIE ANFÄNGE DER FREIMAUREREI

Wann entstand und woher kommt die Freimaurerei? Diese Fragen werden zweifellos niemals beantwortet werden können. Es ist unwahrscheinlich, daß die Idee zu einem bestimmten Zeitpunkt der Geschichte entstand oder erfunden wurde. Humanismus und Nächstenliebe gibt es, seit der Mensch denkt und überlegt, seit er Ideen vertritt und ein Seelenleben besitzt.

Der erste Freimaurer, könnte man sagen, war der erste Mensch, der seine Jagdbeute mit einem Hungrigen teilte, der einem Bedürftigen half, der einem Schwachen, Verletzten oder Kranken beistand. Dieser Mensch war der Ahnherr der Freimaurer; auf ihn geht die Entstehung der Grundsätze zurück, von denen sich die Freimaurerei stets leiten ließ. Humanistisch gesinnte Menschen haben sich zu einem unbekannten Zeitpunkt der Geschichte zusammengefunden und eine Gruppe gebildet: die Freimaurerei war geboren.

Die verschiedenen Legenden, die sich um den Ursprung aller Institutionen, aller Nationen und aller Religionen ranken, sind Erfindungen, die die Anhänger in ihrem Glauben und ihrer Begeisterung bestärken sollen. Da der Mensch die in grauer Vorzeit verborgene Wirklichkeit nicht aufzuspüren vermag, läßt er seiner Phantasie die Zügel schießen. Aber so schön und überzeugend diese Legenden auch klingen, für einen Historiker sind sie als Arbeitsgrundlage unbrauchbar.

Niemand erlebte die Entstehung der Freimaurerei bewußt, sie existierte schon, lange bevor man sich mit ihren Anfängen befaßte. Sie trat nicht von heute auf morgen in Erscheinung. Als man sich mit ihr zu beschäftigen begann, war sie bereits organisiert, hatte ihr Ritual, ihr Statut und sogar ihre Tradition.

Marius Lepage schreibt dazu: »Vom historischen Standpunkt aus kann man unmöglich mit Sicherheit angeben, woher die Freimaurerei kommt. Sie taucht beinahe plötzlich gegen Ende des 14. Jahrhunderts auf, doch alle sind einhellig der Meinung, daß sie schon vor diesem Zeitpunkt existierte[1].«
Die Entstehung der meisten religiösen oder gesellschaftlichen Organisationen ist bekannt. Man weiß genau, wann und unter welchen Umständen z. B. der Templerorden, die Gesellschaft Jesu oder der Dominikanerorden gegründet wurden. Doch bis vor nicht allzu langer Zeit galt die Forderung nach Recht und Freiheit in den Augen der herrschenden Klasse als revolutionär, aufrührerisch und verbrecherisch: Es war gefährlich, sich offen zu diesen Ideen zu bekennen.
Sie konnten nur im geheimen verwirklicht werden, und daher liegen der Beginn und die frühe Geschichte der Freimaurerei für uns im dunkeln.
Lange Zeit mußten sich die Freimaurer verbergen oder ihre Tätigkeit im Rahmen anderer Organisationen ausüben, sie mußten ihre Spuren verwischen, und so blieben der Nachwelt nur wenige Urkunden erhalten. Im Laufe der Ereignisse sind alte Handschriften der Freimaurerei verlorengegangen oder absichtlich vernichtet worden. Immerhin besitzt die Kirche eine beträchtliche Anzahl von Urkunden, die sie eifersüchtig hütet.
Mehrere Jahrhunderte vergingen, ehe der erste Chronist der Bewegung in Erscheinung trat, aber erst heute finden seine Arbeiten jene Beachtung, die ihnen zukommt. Dank der unermüdlichen Forschungsarbeit vorurteilsloser Historiker kommt jedoch allmählich Licht ins Dunkel der freimaurerischen Geschichte, die urkundlich immer genauer belegt werden kann, und es steht zu hoffen, daß auch das Geheimnis um die Anfänge der Freimaurerei eines Tages gelüftet wird.

Die Legenden

Die Verfasser von Legenden haben es gut, denn ihrer Phantasie sind keine Grenzen gesetzt. Raum und Zeit spielen für sie keine Rolle.

James Anderson, der Autor des »Konstitutionenbuches« und einer der ersten Geschichtsschreiber der Freimaurerei, führt ihre Entstehung auf Adam zurück. Sein Überschwang wurde von *William Preston* aus Edinburgh noch weitgehend übertroffen: er verbindet die Anfänge der Freimaurerei in seinem im Jahre 1772 erschienenen Buch »Illustrations of Masonry« mit der Erschaffung der Welt. Die Siegespalme aber gebührt ohne Zweifel dem Theologen und bekannten Schriftsteller *Reverend George Oliver*. In seinem Buch »The Antiquities of Freemasonry«, das 1823 in London veröffentlicht wurde, behauptete er allen Ernstes, die Freimaurerei sei noch vor der Erschaffung der Welt auf einem viel älteren Planeten entstanden.

Zahlreiche Legenden sind etwas bescheidener. Ein zeitgenössischer Autor[2] widmet ein ganzes Buch der Untermauerung seiner These, der zufolge die Freimaurerei von Zeus ins Leben gerufen worden sei. Andere suchen den Ahnherrn der Freimaurerei in der Bibel und wollen ihn in Noah, Jabal, Jubal und Tubal oder gar in Jesus Christus gefunden haben.

Aber die Legenden gehen noch weiter. Manche weisen ernsthaftere Züge auf und stehen der Theorie schon näher als der Legende.

Ihnen zufolge gehen die Anfänge der Freimaurerei auf die Priester des Isis- und Osiriskultes des alten Ägypten zurück, auf den Mithraskult in Persien oder auch auf die geheime Dreiheit des alten China. Andere, realistischere, schreiben die Gründung des Ordens *Comenius* zu, einem tschechischen Humanisten (1592–1670), der Anfang des 17. Jahrhunderts den Gedanken einer Religion verkündete, »die von allen Menschen anerkannt wird«. Auch die Vereinigung Eranos oder die Fratres Callendarum werden als Gründer in Betracht gezogen.

Pastor erwähnt andere Gesellschaften, wie die, die *Giorgio Vasa-*

ri, der große Maler des 16. Jahrhunderts, in seiner berühmten Sammlung »Das Leben der besten Maler, Bildhauer und Baumeister« beschreibt: eine Malerakademie in Livorno, deren Mitglieder als Erkennungszeichen eine Kelle trugen. Die Akademie unterschied drei Grade von Mitgliedern: die maggiori, die als Zeichen ihrer Würde einen Hammer besaßen, die minori und die adherenti.
Sie versammelten sich in regelmäßigen Abständen in verdunkelten Räumen, deren Wände mit schwarzem Tuch ausgeschlagen waren und an den Tod gemahnende Aufschriften trugen[3].
Eine andere Hypothese führt die Bewegung auf die jüdische Sekte der Essener zurück. Allerdings stammt diese Theorie aus der Zeit vor der Entdeckung der Handschriften am Toten Meer. Aus diesen Handschriften nun geht hervor, daß die Sekte der Essener eine exklusive und geheime Bruderschaft war, deren Mitglieder sich »Söhne des Lichtes« nannten. Das Ritual der Bruderschaft glich dem der Freimaurer.
Eine andere Theorie schreibt die Gründung des Ordens den Meistern von Como zu. Diese übrigens sehr bekannte Theorie hatte seinerzeit viele Anhänger und wurde von vielen Historikern lange als die plausibelste angesehen. Gründliche Untersuchungen in dieser Richtung konnten sie entkräften und schließlich widerlegen.

Die Legenden von Edwin und Hiram

Diese beiden Legenden halten sich trotz aller Widersprüche und Widerlegungen bis heute.
Die erste verlegt den Beginn der Freimaurerei in die Zeit des angelsächsischen Königs Athelstan († 940). Dieser Prinz liebte ebenso wie sein Sohn (oder Bruder) Edwin die Maurer. Edwin, dessen Leidenschaft die Geometrie war, wurde selbst Maurer und erwirkte vom König einen Freibrief, der den Bauleuten größere Freiheiten einräumte. Er wurde 926 zum Großmeister aller Logen des Königreiches Northumbrien gewählt und leitete

in York eine Versammlung von Bauleuten, bei der er sie aufforderte, alte Urkunden über das Hüttenwesen zu sammeln. Auf Grund dieser Dokumente entstanden die *gotischen Konstitutionen*. Für viele Autoren bedeutete dieses Ereignis den Beginn der Maurerei in England.

Am verbreitetsten ist aber immer noch die berühmte Legende von Hiram, dem Erbauer des Salomonischen Tempels in Jerusalem. Dieser Legende zufolge (sie beruft sich auf das zweite Buch der Chronik, Kapitel 10[3a]) entsandte Hiram, der König von Tyrus, den berühmten Gießer und Baumeister Hiram Abif nach Jerusalem, da König Salomo beschlossen hatte, einen Tempel zu Ehren Gottes zu erbauen. Salomo warb damals eine ganze Armee von Bauleuten an und unterstellte Hiram 24 000 Maurer, die von 1000 Meistern befehligt wurden. Hiram hatte seine Arbeiter in drei Gruppen eingeteilt: Lehrlinge, Gesellen und Meister. Um sich bei der Auszahlung des Lohnes ausweisen zu können, hatte jede Gruppe ihr »Geheimwort«. Eines Tages überfielen drei Arbeiter Hiram in der Absicht, ihm das Meisterwort zu entlocken. Da sie ihm sein Geheimnis nicht entreißen konnten, töteten sie ihn. Die Meister, die sich aufgemacht hatten, um Hiram zu suchen, entdeckten seinen Leichnam unter einem Erdhügel, auf den ein Akazienzweig gepflanzt worden war.

Der Ursprung dieser Legende ist unbekannt, sie ist aber die älteste und die erste unter so vielen Legenden, deren Inhalt einen allegorischen Kern aufweisen. Das Ritual der Freimaurerei hat alle ihre Grundzüge bis heute bewahrt.

Die pseudowissenschaftlichen Theorien

Alle diese Legenden entbehren offensichtlich jeder Grundlage und geben uns keinerlei Aufschluß über die Entstehung des Ordens.

Die Forschung beschäftigte sich also mit konkreteren Fragen, um diese oder jene These zu untermauern.

Sicherlich ist es nicht leicht, Theorie und pseudowissenschaftliche

Hypothese zu trennen. Die Unterscheidung wäre mehr oder weniger subjektiv und willkürlich. Deshalb sollen nur Thesen behandelt werden, die nach dem neuesten Stand der Forschung umstritten oder endgültig widerlegt sind, obwohl sie immer noch zahlreiche Anhänger haben.

Die jüdische Herkunft

Diese Theorie stützt sich einzig und allein auf die Tatsache, daß die meisten Losungsworte und Riten der Freimaurerei aus dem Hebräischen stammen. Das Argument ist stichhaltig, die Theorie selbst hingegen ist unhaltbar.

Tatsächlich wurden Juden bis Ende des 18. Jahrhunderts nur in Ausnahmefällen in die Freimaurerlogen aufgenommen. Die vor Ende des 18. Jahrhunderts erschienenen Bücher sprechen sogar nur von Christen. Ein unbekannter Autor stellt in seinem 1784 erschienenen Buch kategorisch fest: »Das heißt, daß ein jeder wahrer Freimäurer . . . ein guter Christ . . . sein muß[4]«, dessen heiligste Pflicht die christliche Nächstenliebe ist, denn »ein jeder weiß, daß keine heiligere Pflicht sei, als die allgemeine christliche Liebe . . .[5]«.

In einem anderen Buch aus dem Jahre 1772 heißt es, die Aufnahme der ersten Juden habe die Logen so unvorbereitet getroffen, daß sie sie auf das Evangelium schwören ließen. »Man nimmt Juden auf . . . Meister . . . keinen anderen Weg finden, als daß sie sie auf das Evangelienbuch schwören lassen . . .[6]«.

Von einigen wenigen Ausnahmen gegen Ende des 18. Jahrhunderts abgesehen, sollte es bis zum Jahre 1836 dauern, ehe sich die Großloge von Deutschland zur Aufnahme von Nichtchristen entschloß.[7]

Jean Baylot führt ein schwedisches Dokument an, in dem es heißt: »Ein Freimaurer ist durch seinen Stand verpflichtet, sich nach den Sittengesetzen zu richten, und wenn er diese Kunst versteht, wird er niemals ein Atheist noch ein Freigeist ohne Religion sein . . ., vorausgesetzt, daß er Christ ist . . .[8]«.

Er erwähnt weiters (S. 81) eine Entscheidung der Logen von Bordeaux vom 12. Februar 1791: »Juden haben zu unserer Geheimlehre keinen Zutritt. Unsere Logen sind dem Vorläufer des Messias, Johannes dem Täufer geweiht, und die Juden anerkennen weder die Göttlichkeit des Messias noch die Sendung des Heiligen Johannes.«

Alec Mellor zitiert in seinem Buch »La Franc-maçonnerie à l'heure du choix« eine Urkunde, die die Grundprinzipien der Freimaurerei in den ersten französischen Logen festlegt. Dieser Urkunde zufolge hielt man es in Glaubensfragen für angebrachter, nur die Religion zu verlangen, die alle Christen anerkennen[9]. Es geschah sicher nicht ohne Grund, wenn die Formel Andersons von »einer Religion, die von allen Menschen anerkannt wird« durch die obenerwähnte ersetzt wurde, die ja bedeutet, daß die Gemeinschaft der Menschen nur auf die Christen beschränkt bleibt. Die Mitgliedschaft von Juden in einer Loge, die diese Variante für notwendig erachtete, war demnach ausgeschlossen.

Maurice Colinon vertritt in seinem Buch »L'Eglise en face de la Franc-maçonnerie« dieselbe These: Die Freimaurerei »anerkennt nur die christliche Religion und schließt Juden, Muselmanen und Götzenanbeter aus ihrem Kreis aus«.[9a] Diese These ist um so plausibler, als Juden, Mohammedaner und Heiden lange Zeit als Ungläubige galten.

Derselben Ansicht ist auch *Max Doumic*, der Antifreimaurer und große »Enthüller« freimaurerischer Geheimnisse, der meint, »es hieße, die Vergangenheit vollkommen außer acht lassen«, wollte man die Organisation der Freimaurer den Israeliten zuschreiben, wie es die Antisemiten tun, denn » . . . es gibt ein Argument, das alle weiteren überflüssig macht, nämlich daß die Israeliten in Frankreich lange Zeit von der Freimaurerei ausgeschlossen waren; zu den deutschen Logen hatten sie Anfang des 19. Jahrhunderts immer noch keinen Zutritt[10].«

Die Theorie von der jüdischen Herkunft der Freimaurerei entbehrt also jeder Grundlage. Diese sogenannte Theorie ist in Wirklichkeit reine Erfindung, die als Waffe gegen Juden und

Freimaurer diente, um den Argwohn beiden Gruppen gegenüber zu schüren. Die Theorie der »jüdischen Freimaurerei«, für die Abbé Ségur verantwortlich zeichnet und die immer noch ihre Anhänger besitzt, ist heute nichts als eine haltlose Beschuldigung, die ohne Rücksicht auf den wahren Sachverhalt gegen Juden und Freimaurer erhoben wird.
Diese Theorie wird durch nichts beglaubigt. Die Tatsache, daß zahlreiche Wörter aus dem Ritual der Freimaurerei hebräischen Ursprungs sind, hat eine andere Erklärung, auf die später noch zurückzukommen sein wird.

Die protestantische Herkunft

Einer anderen Theorie zufolge soll die Freimaurerei protestantischen Ursprungs sein. Auch diese Theorie ist nicht stichhaltig, denn es gibt Beweise, daß in Schottland bereits vor der Zeit des Protestantismus Freimaurerlogen existierten.
Ein anonymer Autor behauptete im Jahre 1772, die Freimaurerei sei eine Erfindung Cromwells, der der Streitigkeiten zwischen den verschiedenen Religionen und politischen Parteien überdrüssig gewesen sei und diese Formel gefunden habe, um die Gegner zu versöhnen und freundschaftliche Beziehungen zwischen ihnen herzustellen, ohne daß sie ihre religiösen oder politischen Anschauungen zu verleugnen brauchten[11].
Cromwell habe 1645 Personen, Mitglieder des Parlaments, Presbyterianer und Independenten zu einem Brudermahl eingeladen und ihnen bei diesem Anlaß gesagt, daß die Zwistigkeiten die Zukunft Englands bedrohen würden und daß sie gut daran täten, eine Gesellschaft zu gründen, um Gottesfurcht, Ehre und Frieden zu bewahren.
Dem Autor zufolge nannten sich die Mitglieder der Gesellschaft zunächst »Gleichmacher« und hätten erst einige Jahre später den Namen »Freimaurer« angenommen.
Diese Hypothese klingt plausibler als alle bisherigen. Wer die Geschichte Englands kennt und weiß, daß die Religionskriege

jahrhundertelang Zehntausende unschuldige Opfer forderten, wird zugeben müssen, daß der Gedanke an eine Einrichtung, wie es die Freimaurerei ist, damals naheliegend gewesen wäre. Doch die bekannten Daten widerlegen diese These eines protestantischen Ursprungs der Freimaurerei.

Die Bruderschaft des Rosenkreuzes

Unter den zahllosen phantastischen Theorien findet sich auch eine, die behauptet, die Freimaurerei sei zwischen 1630 und 1635 durch eine Umgestaltung der Bruderschaft der Rosenkreuzer entstanden.

Diese These ist sicher eine der unglaubwürdigsten.

Einerseits nimmt man an (falls ein solches Ereignis überhaupt jemals stattgefunden hat), daß die Rosenkreuzer im Jahre 1614 gegründet wurden; nun ist aber die Freimaurerei wesentlich älter. Allein die heute urkundlich belegte Tatsache, daß John Boswell von Auchinleck am 8. Juni 1600 als erstes »non-operatives« Mitglied in eine Freimaurerloge aufgenommen wurde, widerlegt diese Hypothese.

Andererseits wird die Existenz der Bruderschaft der Rosenkreuzer überhaupt in Abrede gestellt. In seinem Buch »Histoire des Rose-Croix« versichert *Paul Arnold*, die Bruderschaft der Rosenkreuzer sei nur ein Mythos und habe niemals existiert.[12]

Hätte es die Rosenkreuzer gegeben, so müßten sich auch Belege dafür finden. Nun ist es aber trotz aller Bemühungen verschiedener Autoren, die Existenz dieser Bruderschaft nachzuweisen, nicht gelungen, diese Theorie durch Beweise zu erhärten.

Die Geschichte von der Existenz dieser Vereinigung geht auf eine literarische Mystifikation zurück. Im Jahre 1614 erschien in Deutschland das Buch eines anonymen Autors unter dem Titel »Fama Fraternitatis« als zweiter Teil des Werkes »Allgemein und General Reformation der Gantzen weiten Welt. Beneben der Fama Fraternitatis Dess Löblichen Ordens des Rosencreutzes an alle Gelehrte und Häupter Europas geschrieben.«

Nach Ansicht der meisten Historiker war der Verfasser dieses Buches ein württembergischer Pastor namens *Johann Valentin Andreae*. Er berichtet die höchst mysteriöse Geschichte eines gewissen Christian Rosenkreutz, der in alle geheimen Weisheiten eingeweiht worden sei.

Das Buch erregte ungeheures Aufsehen und fand rasch zahlreiche Anhänger, Okkultisten, die von sich behaupteten, zur Bruderschaft des Rosenkreuzes zu gehören.

Die Bewegung verbreitete sich schnell in Deutschland, in Frankreich, in den Niederlanden und in England, wo der berühmte Londoner Arzt *Robert Fludd* für sie eintrat und ihre theosophische Doktrin verteidigte. Die Sekten unterstanden keiner zentralen Leitung und ihre Existenz ist allem Anschein nach reichlich nebulos, denn *Descartes*, der sich für sie interessierte, gelang es nie, auch nur einen Menschen zu finden, der zugegeben hätte, Mitglied der Bruderschaft zu sein.

Die angebliche Verbindung zwischen den Rosenkreuzern und den Freimaurern beruht auf der Tatsache, daß im Jahre 1646 der große Gelehrte *Elias Ashmole*, der als Mitglied der Rosenkreuzer galt, in die Freimaurerloge von Warrington aufgenommen wurde. Dazu ist aber zu bemerken, daß Ashmole zwar bis zu seinem Tode im Jahre 1692 Freimaurer blieb, aber niemals mehr als Vertreter der Rosenkreuzer auftrat.

Es steht außer Zweifel, daß es niemals einen Zusammenhang zwischen der Bruderschaft des Rosenkreuzes und der Freimaurerei gegeben hat. Man kann ruhigen Gewissens behaupten, daß anderslautende Hypothesen, die sich fast alle auf den zweifachen Titel des Elias Ashmole stützen, Hirngespinste sind.

Die Maurerkorporationen

Aus dem Nebel von Vermutungen und Legenden heben sich zwei oder drei Hypothesen ab, die wahrscheinlicher klingen, obwohl ihnen nicht alle Historiker widerspruchslos zustimmen; eine hat so viele Gegner, wie die andere Verfechter hat. Am wenigsten

umstritten ist die Annahme, daß die Freimaurerei aus den Maurerkorporationen der beim Kirchenbau beschäftigten Bauleute hervorgegangen sei.
Diese Hypothese ist logisch und wahrscheinlich: eine ganze Reihe von Urkunden und Belegen scheint sie zu bestätigen. Es bleiben noch einige Fragezeichen und kleine Widersprüche; sie ist logisch, aber nicht bewiesen, wahrscheinlich, aber nicht unanfechtbar. Schon in grauer Vorzeit finden sich Spuren gewerblicher Gesellschaften, Zusammenschlüsse von Handwerkern mit gleichen Interessen. Diese Handwerkervereinigungen veränderten und entwickelten sich im Laufe der geschichtlichen Ereignisse, sie nahmen verschiedene Formen und Bezeichnungen an.
Bei den Römern waren es die *collegia*. Das bedeutendste war das Bauhandwerkerkollegium. Seine Spuren finden sich bereits im achten Jahrhundert v. Chr., und es existierte noch um das siebente Jahrhundert unserer Zeitrechnung, damals allerdings unter der Oberhoheit und Leitung der katholischen Kirche und als Klostergemeinschaft der beim Kirchen- und Klosterbau beschäftigten Bauleute.
Damals waren es geistliche Meister, die die Bauarbeiten leiteten, gelehrte Baumeister, denen die Berufsgeheimnisse bekannt waren. Allmählich erlernten auch Laien die Geheimnisse der Kunst, und mit zunehmender Verweltlichung des Standes schwand auch der Einfluß der Geistlichkeit. Die Klostergemeinschaften wurden zu Werkbünden. Bruderschaften, weltliche Gewerbevereinigungen zur gegenseitigen Unterstützung und Hilfeleistung entstanden. Ihre Ziele waren rein praktischer Natur, und sie brachen die Verbindung zur Kirche noch nicht ab, wahrscheinlich wegen der Privilegien, die diese ihnen immer noch gewährte.
Die Herrschaft und Führung der Kirche aber erkannten sie seither nicht mehr an. Einige Jahrhunderte später hatten sie sich dem Einfluß der Kirche vollkommen entzogen und tauchten als freie Körperschaften wieder auf.
In den germanischen und angelsächsischen Ländern sehen wir diese Klostergemeinschaften unter der Bezeichnung »Gilden« wiedererstehen. Es sind korporative Gesellschaften, wie die

früheren. Tatsächlich ändert sich von Land zu Land nur die Bezeichnung. So gibt es in Deutschland die *Steinmetzen-Brüderschaft*, in Frankreich die *Compagnonnages*, in England die *Compagnies* oder *Fraternités*, die alle Werkgesellschaften zum Schutz gemeinsamer Interessen sind.

Die größte, angesehenste und privilegierteste dieser Vereinigungen, die im Laufe der Jahrhunderte entstanden, war die der Bauleute. Die Gründe sind einleuchtend. Die Architektur ist eine Kunst und zugleich eine Wissenschaft, die unvergleichlich viel gründlichere und verschiedenartigere Kenntnisse erfordert als jedes andere Handwerk.

Die Kathedralen und Kirchen, vor denen wir heute staunend stehen, beweisen, daß die Architekten der damaligen Zeit hervorragende Baumeister waren, die zu einer Zeit, als die Wissenschaft noch in den Kinderschuhen steckte, mit Problemen fertig wurden, die den Architekten noch heute manches Kopfzerbrechen verursachen. Hätten sie nicht exakte Baupläne besessen und die Festigkeit des Materials, die Tragfähigkeit der Fundamente und eine Unzahl geometrischer und physikalischer Gesetze genau gekannt, so wären sie niemals imstande gewesen, Kathedralen zu errichten und Meisterwerke der Baukunst hervorzubringen, die auch den besten Architekten unserer Zeit noch zur Ehre gereichen würden. Sie mußten also die großen Geheimnisse des Berufes, die Grundlagen des Dombaues wie z. B. die stetige Teilung oder den Goldenen Schnitt oder die goldene Zahl des Pythagoras, gekannt haben. Es war das große Handwerksgeheimnis, das Geheimnis der Werkmaurerei, und es war nicht leicht, in diese Geheimnisse einzudringen.

Die Regeln der Kunst zu erlernen und zu begreifen, war ein äußerst schwieriges Unterfangen und erforderte auch von einem überdurchschnittlich intelligenten und begabten Menschen fleißige Arbeit, die mehrere Jahre in Anspruch nahm. Damals gab es noch keine Lehrbücher der Architektur, und das Berufsgeheimnis wurde so eifersüchtig gehütet, daß es sogar verboten war, etwas aufzuschreiben (die Geistlichkeit hatte als einzige das Recht, schriftliche Aufzeichnungen zu machen).

Da die Allgemeinbildung und Erziehung der Lehrlinge eher mangelhaft war, kann man sich vorstellen, mit welchen Schwierigkeiten sie zu kämpfen hatten, um die für das Handwerk erforderlichen Gesetze der Geometrie und Physik zu erfassen.
Das Leben in der Gemeinschaft schien die beste Art zu sein, um das Handwerk zu erlernen, denn es ermöglichte eine ununterbrochene Teilnahme an der Arbeit und am Unterricht.
Die beim Bau von Gotteshäusern oder Kathedralen beschäftigten Baumeister, Steinmetzen, Zimmerleute und Handlanger lebten so in einer Art Gemeinschaft, hatten denselben Glauben und bildeten eine einzige, große Familie. Sie entwickelten ein tiefes Zusammengehörigkeitsgefühl und standen einander näher als die Mitglieder jeder anderen Handwerkergesellschaft, die nur ihr Beruf miteinander verband.
Da sie sowohl bei den Bauarbeiten als auch bei Tisch, an Wochentagen wie an Feiertagen immer beisammen waren, bestand zwischen ihnen ein freundschaftliches, brüderliches Verhältnis, und der Abstand zwischen Lehrlingen, Gesellen und Meistern verringerte sich allmählich.
Diese Gemeinschaften waren darauf ausgerichtet, das Handwerksgeheimnis und die Interessen der Mitglieder zu wahren. Sie hatten ihre Hierarchie, ihren Ritus und ihre Gesetze, die streng eingehalten wurden. Die Aufnahmebedingungen waren hart und die Lehrzeit dauerte sehr lange. Außer dem Handwerksgeheimnis gab es noch andere, die ein Gebot der Stunde waren.
Die Maurer, gleich welchen Grades, waren oft auf Reisen und lebten manchmal jahrelang im Ausland. Dafür gibt es zahlreiche Erklärungen. Die einen waren auf Arbeitssuche, die anderen wurden an eine andere Arbeitsstelle geschickt oder eingeladen, an der ihre besonderen Kenntnisse erforderlich waren. Lehrlinge und Gesellen, die ihre Kenntnisse erweitern wollten, suchten in anderen Bauhütten Arbeit, und die Wanderschaft erstreckte sich über mehrere Jahre. Da es keine Studien- oder Arbeitsbestätigungen gab, verwendeten sie ein Paßwort, das je nach Grad verschieden war. Sie konnten sich damit ausweisen, das Geheimwort legitimierte ihren Stand. Hier findet sich das »Geheimwort«

der Hiramlegende wieder[13], nur wurde es diesmal auch tatsächlich benützt. Es liegt auf der Hand, daß die Maurervereinigungen die größten Vorsichtsmaßnahmen trafen, um das Geheimnis dieses Paßwortes zu hüten. Die »Eingeweihten« mußten schwören, strengstes Stillschweigen zu bewahren, auf Eidbruch standen schwere Strafen.

Damals betraf das »Geheimnis« nur die Handwerkskunst und das Paßwort. Auch wenn die Aufnahme eines neuen Mitgliedes in die Gemeinschaft mit gewissen Formalitäten verbunden war, so wäre es übertrieben zu behaupten, daß es sich um eine Einweihung im heutigen Sinn des Wortes handelte. Der Inhalt des Eides war durchaus handwerklicher Natur. Der folgende Text, der den Yorker Satzungen aus dem Jahre 1370 entnommen ist, beweist es einwandfrei: »Es wird bestimmt, daß kein Maurer als Handwerker zur Arbeit aufzunehmen sei, ehe er nicht zuvor eine Woche oder länger auf seine gute Arbeit geprüft ist, und nachdem sich seine Arbeit als ausreichend erwiesen hat, werde er mit allgemeiner Zustimmung des Baumeisters, der Bauaufseher und des Maurermeisters aufgenommen und schwöre auf die Bibel, daß er redlich und fleißig arbeiten werde, nach bestem Wissen und Gewissen, ohne Täuschung und Trug, und er beobachte alle Punkte des obigen Gesetzes.«

Unter den uns bekannten Urkunden aus der damaligen Zeit findet sich nicht eine, die zur Annahme berechtigt, der Eid habe eine andere Bedeutung gehabt. Alle beweisen im Gegenteil, daß die Mitglieder ohne besondere Formalitäten aufgenommen wurden und sich nur verpflichten mußten, ehrlich zu arbeiten. Um sich bei Bedarf ausweisen zu können, verwendeten sie Zeichen, die ebenfalls geheimgehalten wurden.

Das berühmte Buch »Des Métiers«, unter der Leitung von *Etienne Boileau* in Paris im Jahre 1268 veröffentlicht, faßt die Statuten aller Korporationen zusammen. Das 48. Statut bezieht sich auf die Zunftgesetze der »Maurer, Steinmetzen, Gips- und Mörtelarbeiter.«

Laut dieser sicherlich glaubwürdigen Schrift forderte der Eid vom neuaufgenommenen Handwerker, daß er seinen Beruf gewissenhaft und getreulich ausübe, und verbot ihm, die Berufsgeheimnisse weiterzuverbreiten. Ohne Zweifel kannten die kirchlichen Stellen, unter deren Fittichen die Zunft arbeitete, diese Geheimnisse.

Weitere Indizien liefern uns alte Manuskripte, besonders die beiden ältesten, das *Regius-Manuskript*, aus dem Jahre 1390 und das *Cooke-Manuskript*, das wahrscheinlich aus derselben Zeit stammt. Als Zeitdokumente, deren Echtheit unbestritten ist, stellen sie deshalb eindeutige Beweise dar. Die der *masonry* und ihrer Organisation gewidmeten Handschriften beziehen sich beide ausschließlich auf Fragen des Handwerks und erwähnen an keiner Stelle irgendeine Symbolik oder irgendwelche anderen spekulativen Ideen.

Übrigens beschränkt sich die Praxis des Gelöbnisses nicht nur auf die Bauhandwerkervereinigungen. Im allgemeinen forderten alle Vereinigungen, daß die neuen Mitglieder durch einen Schwur gelobten, die Pflichten und Gewohnheiten der Gemeinschaft in Ehren zu halten. Höchstwahrscheinlich betrachteten die schottischen Bauhandwerkerverbände diesen Schwur nicht nur als Formsache, sondern gleicherweise auch als Schutzmaßnahme zur Wahrung ihres Werksgeheimnisses. Deshalb umgaben sie ihn mit einem außergewöhnlich feierlichen und eindrucksvollen Ritual und verliehen ihm durch Strafen besonderen Nachdruck.

Dieser einfache Sachverhalt schien vielen allzu simpel, und es ist daher nicht verwunderlich, daß er in einem Meer von Theorien aller Arten über den esoterischen und mystischen Charakter des Eides und der Geheimnisse versank. Geheimschriften, rätselhafte Zeichen, algebraische Formeln mit angeblich kabbalistischer Bedeutung, häufig von Priestern verschiedener Religionen erfunden, um ihrer Tätigkeit ein sibyllinisches Mäntelchen umzuhängen, gaben diesen Theorien einiges Gewicht. Man muß in Betracht ziehen, daß bis vor nicht allzu langer Zeit die meisten Menschen Analphabeten waren. Zwangsläufig hielt man gerne und schnell alles für ein Mysterium, was über die Grundkenntnisse hinausging. Angesichts der Unwissenheit und Leichtgläubigkeit unserer Vorfahren konnte es gar nicht anders sein.

Es ist deshalb nicht verwunderlich, daß diese sehr exklusiven Verbände, die ihre Geheimnisse eifersüchtig hüteten, in den Augen der einfachen Leute einen mystischen Schein bekamen. In den britischen Ländern wurden diese Vereinigungen als *mystery* bezeichnet.

Tatsächlich handelte es sich bloß um eine falsche Auslegung des Wortes. Früher war jedes Handwerk eine Kunst oder ein mystery. Aber dieser Ausdruck bedeutete keineswegs das, was man heute darunter versteht. Damals war die Sprache des Handwerks in England das Französische, und das von Wilhelm dem Eroberer eingeführte Idiom hatte offensichtlich die alte Form des Wortes métier (Handwerk) beibehalten, nämlich métière oder mestière, aus dem das englische mestery wurde, das wiederum die Sachsen in mystery umänderten. Das Wort *mason* stammt übrigens ebenfalls aus dem Französischen und kam mit den Normannen nach England.

Sogar die Sprache trug also zur Verwirrung bei. Man verwendete zwei unbekannte oder falsch interpretierte Fremdwörter; man sprach von masons oder von mysterys und verstand darunter eher ein Mysterium als das Maurerhandwerk (métier des maçons).

Die Theorie und ihre Verfechter

Erst in der zweiten Hälfte des 18. Jahrhunderts begann sich die Wissenschaft ernsthaft mit den Anfängen und der Geschichte der Freimaurerei zu beschäftigen, als nämlich die wachsende Zahl der Großlogen die Aufmerksamkeit der Historiker erweckte. In Deutschland erschienen die Werke von *Johann August Schneider*, von *Karl Christian Krause* und *Friedrich Moßdorf*, der mit seinem Freund *C. Lenning* die erste »Encyklopädie der Freimaurerei« herausgab, und viele andere. Es ist bemerkenswert, daß mit Ausnahme von Karl Krause alle die These vertreten, die Freimaurerei sei aus den deutschen Maurerkorporationen hervorgegangen, gleichzeitig aber die verschiedensten Hypothesen über die Anfänge der Bewegung aufstellen.

Die wissenschaftliche Forschung wurde in England fortgesetzt, wo im 19. Jahrhundert zwei ausgezeichnete Historiker einiges Aufsehen erregten: *William James Hughan* und *Harriet Murray-Aynsley*, Autorin eines 1804 unter dem Titel »The History of Freemasonry« erschienenen Buches. Von den französischen Historikern soll vorläufig nur *Henri Daniel-Rops* erwähnt werden, der sich allerdings mehr für den religiösen Charakter des Ordens als für seine Herkunft interessierte: »Tatsächlich entstammt sie (die Freimaurerei) den Handwerkervereinigungen der Bauleute, die im elften und zwölften Jahrhundert von Stadt zu Stadt, von Bauhütte zu Bauhütte zogen, weshalb ihnen von Päpsten und Fürsten eine Reihe von Freiheiten zugestanden wurden. Damals und bis ins 16. Jahrhundert hinein war es eine sehr religiöse korporative Vereinigung, deren Mitglieder sich verpflichteten, treue Diener Gottes und der Kirche zu sein.«[14]

Krause, der große deutsche Historiker, stützt sich auf die Yorker Urkunde aus dem Jahre 926, übrigens sehr zu Unrecht, denn dieses Dokument ist, wie Findel bewiesen hat, apokryph. Der damals berühmte Historiker, Professor und Philosoph, Verfasser des Buches »Die drei ältesten Kunsturkunden der Freimaurerbrüderschaft« (1810), sieht in den *collegia* die Vorläufer der Freimaurerei und hebt folgende Analogien hervor: die *collegia* waren privilegierte Körperschaften mit eigener Verfassung: neueintretende Mitglieder wurden ebenso wie die Beamten durch Wahl bestimmt; außer den ordentlichen Mitgliedern nahmen sie auch Anhänger und Gönner auf; ihre Zusammenkünfte fanden in geschlossenen Räumen, oft in ihrem eigenen Haus statt; sie hatten ihr Ritual, und die Mitglieder mußten schwören, einander zu helfen und Bedürftigen beizustehen. Da es in einigen britischen Städten sogenannte *Sodalitia* gab – was dasselbe bedeutet wie Kollegien –, sieht Krause eine direkte Verbindung zwischen der Freimaurerei und den Kollegien.

Die Theorien anderer Historiker, die die Freimaurerei von den deutschen Korporationen herleiten, sind sicherlich nicht unbegründet, auch wenn sie nicht hinreichend bewiesen sind. In Deutschland gab es seit dem 13. Jahrhundert Logen, und wir besitzen Texte, die einwandfrei beweisen, daß im Jahre 1275 eine Zusammenkunft der beim Bau des Straßburger Münsters beschäftigten Bauhandwerker stattfand.

Die Theorie, der zufolge die Freimaurerei aus den Maurerkorporationen hervorgegangen sei, geht auf *Abbé Grandidier* zurück, einen aus dem Elsaß stammenden Historiker und Kanonikus am Dome von Straßburg.
Als er im Jahre 1778 an seinem »Essai historique et topographique sur la cathédrale de Strasbourg« arbeitete, das er 1782 veröffentlichte, hatte er bei seinen Nachforschungen die Möglichkeit, in die Archive des Münsters und die dort aufbewahrten Manuskripte Einsicht zu nehmen, wobei er auf zahlreiche die Freimaurerei betreffende Hinweise stieß. In einem privaten Schreiben an eine Dame vom 24. November 1778 legte er seine Theorie zum ersten Mal dar:
»Madame,
Sie haben sicherlich von der berühmten Gesellschaft gehört, die von England zu uns gekommen ist, und die sich Freimaurerei nennt . . . Ich schmeichle mir, Madame, Ihnen einiges über den wahrscheinlichen Ursprung dieser Vereinigung mitteilen zu können . . . als Laie hielt ich echte Urkunden und reale historische Quellen in Händen, aus denen wir ersehen können, daß die so gerühmte Gesellschaft der Freimaurer nur eine blinde Nachahmung einer älteren und nutzbringenden Bruderschaft wirklicher Bauhandwerker ist, deren Sitz früher Straßburg war.
Das Straßburger Münster und besonders sein im Jahre 1277 vom Dombaumeister Erwin von Steinbach begonnener Turm, ist ein Meisterwerk gotischer Baukunst . . . Dieses wunderbare Werk hat den Ruhm der Straßburger Steinmetzen weit verbreitet . . . Um sich von den gewöhnlichen Handwerkern zu unterscheiden, gründeten die Steinmetzen Bauhütten-Bruderschaften, die zu deutsch Hütten hießen, was dasselbe wie Logen bedeutet . . . aber alle anerkannten die beherrschende Stellung der ursprünglichen Dombauhütte von Straßburg, die Haupthütte oder Großloge genannt wurde . . . Die verschiedenen Meister der einzelnen

Logen versammelten sich in Regensburg, wo sie am 25. April 1459 die Bauhüttenordnung verfaßten, die den Meister der Haupthütte am Straßburger Münster und seine Nachfolger als alleinige und immerwährende Großmeister der Freimaurer-Bruderschaft in Deutschland bestimmte. Kaiser Maximilian hat diese Ordnung in einer Urkunde, gegeben zu Straßburg im Jahre 1498, bestätigt; Karl V., Ferdinand und ihre Nachfolger haben sie von Zeit zu Zeit erneuert. Dieser aus Meistern, Gesellen und Lehrlingen zusammengesetzte Bund besaß eine eigene Hütten-Gerichtsbarkeit.

Die Mitglieder dieses Bundes hatten keinerlei Verbindung mit den anderen Maurern, die nur Kelle und Mörtel verwendeten ... Als Erkennungsmerkmale wählten sie solche, die ihrem Berufsstand entsprachen ... Winkelmaß, Wasserwaage und Zirkel wurden ihre Symbole ... Da sie eine Vereinigung bilden wollten, die sich von der Masse der gewöhnlichen Handwerker unterscheiden sollte, erfanden sie für ihren Gebrauch Erkennungsworte, Ausweiszeichen und andere Unterscheidungszeichen. Sie nannten sie Wortzeichen und Gruß.

Zweifellos, Madame, werden Sie in diesen Eigentümlichkeiten die moderne Freimaurerei wiedererkennen. Eigentlich liegt die Analogie auf der Hand – derselbe Name; Loge bedeutet Versammlungsort; dieselbe Gliederung der Gruppen, dieselbe Unterteilung in Meister, Gesellen und Lehrlinge; beide stehen unter der Leitung eines Großmeisters. Beide haben besondere Zeichen, geheime Gesetze und Statuten gegen Laien; in fine können sie zueinander sagen: ›Meine Brüder und Gefährten anerkennen mich als Maurer‹.«

Findel, einer der größten Historiker der Freimaurerei, ist ebenfalls der Meinung, daß dieser Bund ein direkter Nachfahre der Werkmaurer-Bruderschaft des Mittelalters ist. In zwölf Punkten faßte er das gleichartige Brauchtum bei den Freimaurern und den deutschen Steinmetzenbruderschaften zusammen: 1) die Einteilung der Mitglieder in Meister, Gesellen und Lehrlinge; 2) die Verwaltung der Bünde durch eine gewisse Anzahl von Beamten; 3) der Ausschluß Nichteingeweihter aus ihrer Gemeinschaft;

4) die dem Sohn eines Meisters zustehenden Vorrechte; 5) die besondere Qualifikation, um Mitglied zu werden; 6) die brüderliche Gleichheit aller Mitglieder des Ordens; 7) ihre gegenseitige Verpflichtung, Leiden zu mildern; 8) ihre besonderen Gesetze; 9) gewisse Eröffnungs- und Schlußformen bei den Versammlungen; 10) gewisse Einführungsrituale; 11) die Zeremonien bei den Festmahlen; 12) die Prüfung fremder Brüder.

Die Aufnahme der ersten Nichtwerkmaurer

Die Klostergemeinschaften verschwanden Ende des 15. Jahrhunderts und wurden von den Korporationen abgelöst. Zur gleichen Zeit finden sich in den Maurerkorporationen zum erstenmal »angenommene« Maurer, das heißt werkfremde und keinem Beruf nachgehende Personen, meistens Adelige, reiche Leute und Grundbesitzer, die Ehrenmitglieder der Korporationen wurden, und deren Schutzherrschaft übernahmen.

Die Geschichtsschreiber der Freimaurerei sind sich über die Gründe dieser Erscheinung nicht einig. Die meisten von ihnen schenken ihr nicht genügend Aufmerksamkeit und nehmen sie zur Kenntnis, so als ob es sich um eine natürliche Weiterentwicklung handelte.

Diese Erscheinung aber muß ohne jeden Zweifel ernste Hintergründe gehabt haben; sie war in der Geschichte der Bewegung von einschneidender Bedeutung.

Der große Historiker *Findel* widmet ihr trotzdem nur einen einzigen Satz: »Ende des 16. und Anfang des 17. Jahrhunderts«, schreibt er, »wurden auch Personen, die keine Handwerker waren, als Mitglieder in die Freimaurer-Bruderschaften aufgenommen.«[15]

Unbestreitbar gab es zu dem von *Findel* angegebenen Zeitpunkt »angenommene Maurer«[16], aber die Aufnahme von Werkfremden setzte schon viel früher ein. Die Erklärung des Konzils von Avignon vom 18. Juni 1326 beweist es. In dieser Erklärung heißt es: ». . . in bestimmten Bezirken unserer Provinzen gibt es Leute, meistens Adelige, manchmal auch Bürgerliche, die Bünde, Gesellschaften und Vereinigungen unterhalten, die nach kirchlichem Recht wie nach weltlichem Recht verboten sind; unter dem Namen Bruderschaften versammeln sie sich einmal im Jahr an irgendeiner Stelle, um dort ihre ketzerischen Zusammenkünfte und Treffen abzuhalten; beim Betreten des geheimen Ortes schwören sie einen Eid, mit dem sie sich verpflichten, einander gegen jedermann, außer gegen ihre Meister beizustehen, sich bei jeder Gelegenheit gegenseitig zu unterstützen und einander mit Rat und Tat beizustehen. Manchmal wählen sie einen aus ihrer Mitte zum Vorsteher, nachdem sie einheitliche Kleidung angezogen und bestimmte Unterscheidungsmerkmale und -zeichen benutzt haben.«

Es ist auch bekannt, daß seit 1439 die Lords St. Clair von Rosslyn erbliche Meister und die Könige Schottlands Schirmherren der schottischen Logen waren. Das *Regius-Manuskript* aus dem Jahre 1390 ist ein weiterer Beweis dafür, daß die Bruderschaften bereits damals nichtwerkliche Mitglieder aufnahmen; zahlreiche andere Urkunden und Fakten beweisen ebenfalls, daß die Aufnahme von zunftfremden Mitgliedern bereits im 14. Jahrhundert üblich war. Unter den angenommenen Mitgliedern befanden sich Geistliche, Notare, Ärzte und Edelleute. Heinrich VI. von England soll mit seinem gesamten Hofstaat im Jahre 1442 eingeführt worden sein. Es ist merkwürdig, daß sich dieser Vorgang ausschließlich bei den Steinmetzenzünften beobachten läßt. Wenn Edelleute und andere wichtige Persönlichkeiten die Ehrenmitgliedschaft bei einer Steinmetzenvereinigung annahmen – was ihnen keinerlei Vorteile bringen konnte, sondern ihnen im Gegenteil Verpflichtungen und Opfer auferlegte –, so schließen wir daraus, daß sie triftige Gründe gehabt haben müssen.

Die Erklärungen für dieses Ereignis sind indessen spärlich und unbefriedigend.

A. G. Mackey, einer der bedeutendsten Historiker der Freimaurerei, der eine 17bändige Geschichte des Ordens verfaßte[17], widmet der Erklärung dieses Vorganges nur einen einzigen Absatz. Er stellt lediglich fest, daß die Logen, die sich anfangs nur aus Werkmaurern zusammensetzten, gelegentlich auch Leute aufnahmen, die keineswegs Handwerker waren, sondern einflußreiche oder vermögende Persönlichkeiten, die ein spekulatives Element in die Logen brachten.

Auch *Lennhoff* äußert sich nicht ausführlicher. Er geht auf das Phänomen nicht näher ein und schreibt nur, daß die englischen Logen ab einem gewissen Zeitpunkt auch Nichtsteinmetzen aufnahmen.[18] Kommentarlos berichtet er, daß der Ausdruck »Freimaurer« zum ersten Mal in einem Versammlungsprotokoll der Londoner Zunft aufscheint, wo man *ffremasons* erwähnt. Dasselbe Wort findet sich auch in einem Verzeichnis der Dombauleute von Exeter aus dem Jahre 1396.[19]

Diese lakonische Kürze ist um so bedauerlicher, als im gleichen Jahr zwei Ausdrücke auftauchen: *lathomos vocatos ffremaceons*, was mit »Maurer, die Freimaurer genannt werden« übersetzt werden könnte, und *lathomos vocatos ligiers*, was »Maurer, die Steinsetzer genannt werden« bedeutet[20].

Das Nebeneinander dieser beiden Ausdrücke beweist einwandfrei, daß man im Jahre 1396 einen Unterschied zwischen Werkmaurern und einer anderen Kategorie von Maurern machte, die »frei« genannt wurden.

Schließlich teilt *Lennhoff* mit derselben lakonischen Kürze mit, daß die Edinburgher Loge Mary's Chapel als ihren kostbarsten Schatz das älteste maurerische Protokoll aufbewahrt: hier finden sich Anmerkungen, die auf das Jahr 1598 zurückgehen und damit einen der ältesten Beweise für die Aufnahme von Nichtwerkmaurern darstellen. Diesem Protokoll zufolge wurde am 8. Juni 1600 John Boswell von Auchinleck als erster namentlich genannter Nichtwerkmaurer aufgenommen.

Wenn das Protokoll auf diese Tatsache nicht näher eingeht, sondern sie bloß als gegeben erwähnt, so ist anzunehmen, daß die Aufnahme John Boswells als Ehrenmitglied nicht als Präzedenzfall, sondern bereits als ein alltägliches Ereignis betrachtet wurde. Daraus kann man logischerweise schließen, daß die Aufnahme der ersten Nichtwerkmaurer weiter zurückliegt, als es in den bereits genannten Urkunden und gewissen Manuskripten, besonders dem Cooke-Manuskript, bestätigt wird. Die Handschrift preist die Steinmetzenzunft und betont, daß sie sich rühmen durfte, Edelleute, Geistliche und Gelehrte zu ihren Mitgliedern zu zählen.

Zahlreiche Dokumente aus der ersten Hälfte des 17. Jahrhunderts bestätigen die Anwesenheit von Nichtwerkmaurern in den Logen. Eine, die vom 3. Juli 1634 datiert, bezieht sich auf die Aufnahme von Adeligen, Ärzten, Offizieren und Advokaten. Eine andere Eintragung vom 20. Mai 1640 bescheinigt, daß die Edinburgher Loge Mary's Chapel den hochgeachteten General der Artillerie Alexander Hamilton als Mitglied und Meister der Vereinigung aufgenommen hat. Fünf Jahre später wurde der Rosenkreuzer Elias Ashmole, einer der bedeutendsten Gelehrten des 17. Jahrhunderts, Mitglied der Loge zu Warrington.

Bald nach seiner Aufnahme bildeten Elias Ashmole, der Astrologe William Lilly, der Arzt Thomas Warton, der Mathematiker William Oughtred, die Doktoren John Harwitt und John Pearson und einige andere innerhalb der Loge eine Gruppe, die sich die leidenschaftliche Suche nach den tiefsten Mysterien der Natur zum Ziel gesetzt hatte. Es ist begreiflich, daß sich von diesem Augenblick an viele Leute aus allen gesellschaftlichen Schichten dafür interessierten, was in den Logen geschah, und sich aus Neugier oder wissenschaftlichem Interesse aufnehmen ließen, um sich an den Arbeiten zu beteiligen.

Wenn es auch vollkommen einleuchtend ist, daß Nichtwerkliche in diesem Fall einer Loge der Steinmetzenzunft beitreten wollten, so sind die Gründe, die sie vorher dazu bewogen hatten, weniger verständlich.

Alec Mellor gibt folgende Erklärung: »Auf dem Kontinent hat der Verfall der gotischen Baukunst auch den Niedergang der Werkmaurerei nach sich gezogen, und die mittelalterlichen Hütten verschwanden; in England aber, dem Land der Traditionen und der Vorliebe für alles Alte, lebten sie selbstverständlich weiter. Man füllte die Reihen der Werkmaurer durch Ehrenmit-

glieder auf, die gentlemen masons oder accepted masons (angenommene Maurer) genannt wurden und häufig als Mäzene auftraten[21].«
Diese sehr kurze Erklärung ist sicher anfechtbar. Es ist unwahrscheinlich, daß die »gentlemen« und die »Mäzene« die Reihen der Werkmaurer nur deshalb auffüllten, weil man sie dazu aufforderte.
Die Erklärung von *Maurice Colinon* ist ebenfalls unbefriedigend: »Angesichts der wirtschaftlichen Schwierigkeiten, in die man durch die Kriege geraten war, und angesichts der inneren Unruhen beschlossen manche Hütten Anfang des 16. Jahrhunderts bedeutende Persönlichkeiten, deren Unterstützung die Steinmetzen bedurften, als so etwas wie Ehrenmitglieder in ihre Reihen aufzunehmen: Grandseigneure, Grundbesitzer, kirchliche Würdenträger, Ärzte und Offiziere. Zeitlich scheint John Boswell von Auchinleck der erste gewesen zu sein; er wurde am 8. Juni 1600 in die Edinburgher Loge aufgenommen[22].«
Ein anderer Autor erklärt, daß man in der Zeit der Religionskriege und der sozialen Wirren einen Ort des Friedens schaffen wollte, aus dem alle Zwistigkeiten, alle Vorrechte und alle persönlichen Interessen verbannt wären, und dieser Ort sollte die Loge sein.[23]
Diese Hypothese klingt glaubwürdig. Aber ist es nicht merkwürdig, daß Grandseigneure, Adelige und Geistliche plötzlich den Wunsch verspürt haben sollen, auf alle Vorrechte ihres Standes zu verzichten? Die Geschichte lehrt uns eher das Gegenteil!
Am häufigsten findet man die Erklärung, daß die Adeligen und Intellektuellen von der Esoterik und den Geheimwissenschaften angezogen wurden. Die Logen standen in dem Ruf, eine Heimstätte des Hermetismus und der Esoterik zu sein, und es gehörte zum guten Ton, Ehrenmitglied zu werden. Das Überhandnehmen von Geheimgesellschaften, und die Leichtigkeit, mit der Scharlatane wie Cagliostro so viele Leute hinters Licht führen konnten, hätten damit ebenfalls eine Erklärung gefunden.
Im 17. Jahrhundert war die Aufnahme von Ehrenmitgliedern in die Maurerzünfte eine Mode geworden, und die Tatsache, daß

operative Werkmaurer und angenommene Freimaurer nebeneinander als Mitglieder aufschienen, wurde als selbstverständlich hingenommen. Bald gibt es so viele Ehrenmitglieder, daß sie in der zweiten Hälfte des 17. Jahrhunderts den Werkmaurern zahlenmäßig überlegen sind. Dieses rasche Anwachsen erklärt sich aus dem Beitritt hochgestellter Persönlichkeiten, Leuten aus der besten Gesellschaft, Mitgliedern der Aristokratie und des Adels, denen Leute von niederem Rang, die in der gesellschaftlichen Rangordnung aufsteigen wollten, alsbald in Scharen folgten.

Die meisten Autoren äußern sich über das Phänomen des Übergangs von der operativen zur spekulativen Phase nur vage und zurückhaltend. Sie vermeiden es, konkrete Jahreszahlen anzugeben, halten sich an allgemein Bekanntes und hüten sich, die Frage gründlich zu untersuchen.

Alle sind einhellig der Meinung, daß das Phänomen gegen Ende des 15. Jahrhunderts einsetzte und daß die angenommenen Maurer sehr schnell in der Überzahl waren; aus operativen Körperschaften wurden spekulative. Die Erklärungen für dieses Phänomen, das sich übrigens nur bei den Maurern ereignete, sind allerdings fadenscheinig.

Der Übergang vollzog sich weder so einfach noch so ritterlich, wie man es darzustellen pflegt. Im Jahre 1708 revoltierten die Maurer der Logen, in denen die Non-Operativen überwogen, und gründeten 1709 ihre *Lodge of Journeymen*. Die Glasgower Loge St. John's nahm bis 1842 nur operative Mitglieder auf, und die Loge von Melrose blieb ebenfalls eine reine Werkloge, während zum Beispiel von den 49 Mitgliedern der Aberdeener Loge im Jahre 1670 nur 8 Werkmaurer waren.

Aus den ausführlichen Protokollen einer Loge, die 1702 in Hanghfoot von drei Nichtwerkmaurern gegründet wurde, geht hervor, daß sie in den ersten 10 Jahren ihres Bestehens nicht ein einziges operatives Mitglied aufgenommen hat.

Allmählich überwogen die Ehrenmitglieder in den ehemaligen Werklogen derart, daß die operative Freimaurerei Anfang des 18. Jahrhunderts von der spekulativen[24] Freimaurerei vollständig in den Hintergrund gedrängt wurde.

Die Erklärungen, die wir für das plötzliche Eindringen von Adeligen und Reichen in eine Handwerkszunft im 16. Jahrhundert anführten, sind in mehrerer Hinsicht unlogisch.
Wenn wir einerseits verstehen können, daß die Steinmetzenzünfte einflußreiche Persönlichkeiten einluden, ihren Vereinigungen beizutreten, um den Schutz zu genießen, den sie ihnen angedeihen lassen konnten, so ist es schon weniger verständlich, daß andere Zünfte ihrem Beispiel nicht folgten und nicht ebenfalls versuchten, in den Genuß dieses Schutzes und dieser Begünstigungen zu gelangen.
Außerdem galt der Adel niemals als besonders großzügig oder altruistisch, und nichts berechtigt zu der Annahme, er könnte aus selbstlosen Gründen dieser Zunft beigetreten sein, nur von dem Wunsche beseelt, den glorreichen Titel »angenommener Maurer« führen zu dürfen. Wenn sich der Adel also ausnahmsweise zu Zunftgenossen, Handwerkern und zum Volk herabließ, so handelte er ausschließlich in seinem eigenen Interesse. Wenn Adelige in den Maurerzünften auftauchten, wenn Edelleute und Reiche damit einverstanden waren, sich mit Zimmerleuten und Steinmetzen zu verbrüdern, so kann man mit Recht annehmen, daß sie dafür triftige Gründe hatten.
Ohne Zweifel mußten die ersten Ehrenmitglieder denselben Verschwiegenheitseid leisten wie die ordentlichen Mitglieder, auch wenn sie nicht wußten, was etwa die »goldene Zahl« bedeutete. Da sie an den Versammlungen der Zunft teilnahmen und damit Zugang zu allen eifersüchtig gehüteten Werksgeheimnissen, Paßworten und Erkennungszeichen hatten, verlangten die Zünfte von ihnen denselben Eid wie von den Werkleuten. Und da der Übergang von der operativen zur spekulativen Phase nur sehr langsam vor sich ging, so ist nicht verwunderlich, daß das im Laufe der Jahrhunderte gepflegte Ritual auch dann beibehalten wurde, als es nur mehr symbolische Bedeutung besaß.
Wenn man meint, die Mitgliedschaft von Adeligen und Reichen damit erklären zu können, daß die Logen in dem Ruf standen, im Besitz eines hermetischen Geheimnisses zu sein (was auch der Grund für die Eidesleistung gewesen sei), so möchten wir das

kategorisch ablehnen. Diese Tatsache würde den Beitritt einiger weniger Leute erklären, aber warum sollten ihnen jahrzehnte- und jahrhundertelang Tausende andere folgen, obwohl in den Logen nichts Außergewöhnliches geschah und die ersten Ehrenmitglieder sehr bald feststellen konnten, daß die Logen keine hermetischen Geheimnisse besaßen, sondern im Gegenteil ihren Ehrenmitgliedern Beiträge abverlangten und sie zu Spenden und Opfern zugunsten irgendwelcher unbekannter Leute aufforderten, und das noch dazu anonym, so daß sie mit ihrer Wohltätigkeit nicht einmal prahlen konnten.
Eine Entscheidung der Loge bei St. Paul aus dem Jahre 1703 gibt zu denken: »Die Privilegien der Maurerei sind von jetzt an nicht allein den Bauhandwerkern vorbehalten, sondern sollen, wie es bereits geschah, Personen aller Stände zugute kommen, die daran teilhaben wollen, vorausgesetzt . . ., daß sie nach den Regeln eingeführt worden sind.«
Aus diesem Text darf man schließen, daß die Mitgliedschaft in einer Maurerzunft in gewissen Fällen mit Vorrechten verbunden war, die nur die Bauleute genossen. Wie wir später sehen werden, waren diese Vorrechte vielfältig und zuweilen von entscheidender Bedeutung. War zum Beispiel ein »angenommener Maurer« einer Verfolgung ausgesetzt, so bürgte die Tatsache, daß er unter dem Schutz der Zunft stand, für seine Sicherheit und gewährte ihm Zuflucht vor seinen Verfolgern. Diese Tatsache allein könnte genügen, um den Beitritt von Wissenschaftlern, Intellektuellen und Werkleuten zu erklären. Die Anwesenheit der Grandseigneure hingegen kann damit noch nicht erklärt werden; sie brauchten die Vorrechte, die ihnen die Zunft gewährte ja nur einzuräumen, und es ist anzunehmen, daß ihre Schirmherrschaft im Gegenteil den Interessen der Zunft diente. Nun häufen sich seit Anfang des 17. Jahrhunderts die Beweise für die Anwesenheit von Ehrenmitgliedern, und die Anzahl der adeligen und intellektuellen Mitglieder wächst ständig an.
Die Hypothese, die Freimaurerei sei auf dem Boden des Zunftwesens entstanden, ist also durch Fakten zur Genüge untermauert, doch einige Fragen bleiben trotz allem unbeantwortet.

Aus kürzlich entdeckten Urkunden geht hervor, daß die Freimaurerei wesentlich älter ist und seit mehreren Jahrhunderten in der Form existierte, in der sie uns im 17. Jahrhundert entgegentritt. Die Zünfte sind nicht ihr ursprünglicher Ausgangspunkt. Die Freimaurerei mußte seit Jahrhunderten im Schatten existieren. Die Zeit, in der sie zunftmäßige Formen annahm, ist nicht ihre Entstehungszeit, sondern sie gab damals nur ihre Zurückhaltung auf und trat offen ins Licht der Geschichte.
Hier taucht die Theorie der templerischen Herkunft der Freimaurerei auf.

Die templerische Herkunft

Im Jahre 1766 veröffentlicht ein anonymer Autor in Jerusalem das Buch »Les Plus Secrets Mystères Des Hauts Grades De La Maçonnerie Dévoilés«, in dem er die Geschichte der Herkunft der Maurerei folgendermaßen darlegt:
»Dieser Orden wurde 1330 in Palästina von Gottfried von Bouillon nach dem Untergang der christlichen Heere gegründet & ging in der Zeit danach auf die Französischen Maurer über & auf eine sehr kleine Anzahl, zum Dank für die gefälligen Dienste, die sie mehreren unserer Englischen & Schottischen Ritter erwiesen hatten, von denen die wahre Maurerei stammt. Ihre Mutterloge liegt auf dem Berg Heredom, wo die erste Loge Europas arbeitete, & die in vollem Glanz weiterbesteht. Der Generalrat wird noch immer dort abgehalten, & es ist der Sitz des jeweiligen souveränen Großmeisters. Dieser Berg liegt zwischen dem Westen & dem Norden Schottlands, 60 Meilen von Edinburgh entfernt.
»Es gibt andere Geheimnisse der Maurerei, die bei den Franzosen niemals bekannt geworden sind . . .«
»Die Sarazenen hatten die Heiligen Stätten, das heißt Palästina, besetzt, wo sich alle Mysterien unseres erlauchten Ordens ereigneten, & die sie in höchstem Grad entweihten; . . . Die Wut der Barbaren ging so weit, daß sie schon beim Namen Christ alle niedermetzelten, deren Seligkeit er war.

»Das veranlaßte ihren Anführer Gottfried von Bouillon gegen Ende des 13. Jahrhunderts, die Mysterien der Religion zu verbergen & zu tarnen . . . aus diesem Grunde wählten die eifrigen Christen den Tempel Salomos, der so viel Ähnlichkeit mit der Christlichen Kirche hat, & deren Symbol & Sinnbild dieser so herrliche sakrale Bau wahrlich ist. Deshalb verbargen die Christen das Geheimnis des Aufbaus der Kirche unter dem des Tempelbaus, & sie nannten sich Maurer, Baumeister oder Baukünstler, denn sie befaßten sich damit, den Glauben aufzubauen; . . . & sie versammelten sich unter dem Vorwand, Baupläne festzuhalten, um die Christliche Religion mit Hilfe aller Sinnbilder und Allegorien, die die Maurerei bieten konnte, auszuüben . . .
»Da die Geheimnisse der Maurerei im Grunde dieselben waren & sind wie die der Christlichen Religion, war man sorgfältig darauf bedacht, diese Geheimnisse nur denen anzuvertrauen, deren Verschwiegenheit erprobt war & deren man sicher sein konnte. Deshalb erfand man Grade, um alle auf die Probe zu stellen, denen man sie anvertrauen wollte, & man teilte ihnen zunächst nur das symbolische Geheimnis Hirams mit, auf dem die gesamte Geheimlehre der blauen Maurerei aufgebaut ist, sowohl für den Lehrling wie auch für den Gesellen und den Meister.«
»Etwas anderes wurde ihnen nicht erklärt, aus Furcht, verraten zu werden, & man verlieh ihnen die Grade nur als ein geeignetes Mittel, um sich trotz der Verwirrung, in der sie sich unter den Barbaren befanden, gegenseitig zu erkennen. Damit es ihnen besser gelinge, wurde beschlossen, für jeden Grad verschiedene Zeichen, Worte & Merkmale zu verwenden, um sie nicht nur von den uneingeweihten Sarazenen zu unterscheiden, sondern auch, um die verschiedenen Grade zu kennzeichnen, deren Zahl auf sieben festgelegt war, nach dem Beispiel des Großen Baumeisters, der die Welt in sechs Tagen schuf & am siebenten Tage ruhte, ebenso wie man sieben Jahre brauchte, um den Tempel Salomos zu erbauen, den man sinnbildlich als Grundlage der Maurerei gewählt hatte . . .«

Die Templer

Der erste von Papst Urban II. veranlaßte Kreuzzug endete im Juli 1099 mit der Eroberung Jerusalems, und bald darauf strömten Wallfahrer aus ganz Europa ins Heilige Land.
Damals war eine solche Wallfahrt nicht ohne Gefahren. Überfälle von Sarazenen und Wegelagerern auf die wehrlosen Pilger, die sie beraubten und ausplünderten, zu Sklaven machten oder auch töteten, waren an der Tagesordnung.
Unter den in Jerusalem zurückgebliebenen Rittern bildete sich eine kleine Gruppe von neun entschlossenen Männern, die sich verpflichteten, die Pilger gegen diese Überfälle zu schützen. Unter ihrem Führer Hugo von Payens treten die »armen Brüder Christi« im Jahre 1118 ins Licht der Geschichte; durch ihren Mut und ihren selbstlosen Einsatz erwarben sie sich einen solchen Ruf und so viel Achtung, daß sie bald ihren Ordensbrief erhielten. König Balduin II. bot ihnen in der Nähe des Salomonischen Tempels einen Wohnsitz an, und seither nannte sich diese Gesellschaft, die sehr schnell zum berühmtesten Schutz und Schirm der Christenheit wurde, »die armen Brüder Christi vom Tempel zu Jerusalem« oder allgemeiner »Templerorden«.
Zehn Jahre später zählte der Orden 300 Ritter und verfügte über eine bedeutende Anzahl von dienenden Brüdern, die ein regelrechtes Heer bildeten. Wenn der Orden in so kurzer Zeit so reich und mächtig werden konnte, so ist das zweifellos seinen Verdiensten zuzuschreiben. Diese Ritter nahmen nicht nur ein hartes, entbehrungsreiches Leben auf sich, sondern verzichteten auch auf jede Bequemlichkeit, auf jeden Luxus oder materiellen Vorteil und waren stets bereit, für die Kirche, den Glauben und für den Schutz der Pilger ihr Leben hinzugeben. Die Geschichte des Ordens ist geprägt von Opfern und Massakern, bei denen die wehrhaften Ritter sehr oft bis zum letzten Mann fielen. Sie wurden nicht nur durch ihren Heldenmut, sondern noch viel mehr ihrer Selbstlosigkeit wegen bald zur Legende.
Sie handelten mit bewundernswerter Lauterkeit und kämpften mit unglaublicher Beherztheit, wie eine Episode beweist, als 150

»Rittermönche« um den Preis ihres Lebens den Vormarsch von 7000 Mohammedanern verhinderten. Die Briefe des Heiligen Bernhard geben eine ausgezeichnete Beschreibung vom Leben des Ordens.[25]
Als Zeichen der Anerkennung und der Wertschätzung erhielt der Orden Geld und Schenkungen aller Art. Adelige vermachten ihm Land und Schlösser, einfache Leute gaben Geld, und bald finden sich feste Niederlassungen in England, Schottland, Irland, Portugal, Spanien, Sizilien und im Orient, wo er mehrere Burgen baute. Neben diesen Einnahmen erzielte der Orden aus dem Bankgeschäft enorme Gewinne. Die Unsicherheit auf den Straßen und die häufigen Überfälle auf Pilger und reisende Kaufleute kamen seinen Geldgeschäften zugute: Er stellte Wechsel aus, die die Pilger bei ihrer Ankunft präsentieren konnten, um die bei ihrer Abreise hinterlegte Summe zu erhalten, wofür sie dem Orden eine Provision bezahlten.
Im Laufe der Geschichte geschah es manchmal, daß gewisse geistliche Orden der Verlockung des Geldes nicht widerstehen konnten und sich selbst kleine Zugeständnisse machten, um die Härte und die Armut zu mildern.
Der Templerorden war weder der erste, noch der letzte, der dieser Versuchung erlag.
Sicher waren solche Geschäfte bei der Gründung des Ordens nicht vorgesehen und sie gehörten auch nicht zu seinen eigentlichen Aufgaben. Aber es ist trotzdem eine Tatsache, daß das Christentum es dem wirksamen Schutz der Templer verdankte, wenn es den fortgesetzten Angriffen der Ungläubigen standhalten und im Orient, wenn auch nur für kurze Zeit, Fuß fassen konnte.

Die Templer als Baukünstler

Die Templer waren Krieger und Geschäftsleute, aber auch Baukünstler. Die Kirchen und Festungen des Ordens waren eigenhändig errichtet worden, und die Werke, die im Orient und in

Europa noch heute an sie erinnern, wie auch die Straßen und Brücken in Spanien, Italien, Frankreich oder England beweisen, daß sie geschickte Baumeister waren.

Als die Templer im zwölften Jahrhundert zu bauen begannen, war die Architektur bereits eine Kunst. Die einstigen Holzkirchen verschwanden, und an ihre Stelle traten gewaltige gotische[26] Kathedralen aus behauenem Stein und uneinnehmbare Befestigungswerke.

Da die Kampftruppen nur aus Rittern und dienenden Brüdern bestanden, mußte der Orden seine eigenen Bauhütten bilden. So entstanden die »Vereinigungen der Bauleute«, die unter der Leitung von Zimmermeistern (magister carpentarius) standen und die neben den ihnen zugeteilten dienenden Brüdern eine große Anzahl von Maurern, Steinmetzen und Zimmerleuten beschäftigten. Als die Ruhe in Jerusalem wiederhergestellt war, gestalteten sich die Beziehungen zwischen den Templern und den Arabern friedlich, ja sogar freundschaftlich und blieben es auch mehr als ein Jahrhundert. Da die Araber ebenfalls große und ebenso berühmte Baumeister waren wie ihre europäischen Kollegen, unterhielten die Templer enge Beziehungen zu den christlichen wie zu den mohammedanischen Baugesellschaften. Unter ihrem handwerklichen und geistigen Einfluß vollzog sich in der Ideologie wie in der Verfassung des Ordens eine Wandlung. Höchstwahrscheinlich spielten die Templer bei der Verbreitung des arabischen Einflusses in Europa eine wesentliche Rolle, auch wenn sie nur Wegbereiter waren.

Im Orient baute der Orden zahlreiche Festungen und Kirchen; in Europa entfaltete er eine noch weit regere Tätigkeit. In allen christlichen Ländern errichteten ihre Bauhütten Kathedralen, Kapellen und andere Bauwerke, vor allem in England und Frankreich, wo die Templer ein für ihre Entfaltung besonders günstiges Klima vorfanden.

Zwei Umstände kamen ihnen dabei zugute: erstens hatten die Bauhandwerker dank des anhaltenden Aufschwungs, den der Orden nahm, die Gewißheit, immer Arbeit zu finden; zweitens, und das war viel wichtiger, besaßen die Templer als geistlicher

Ritterorden auf ihren riesigen Besitzungen alle Lehnsrechte. Wegen der zahlreichen Privilegien, die alle genossen, die unter seiner Obhut arbeiteten, konnte sich der Orden für alle Berufe die besten Handwerker aussuchen.
Diese Vorrechte und Freiheiten waren von entscheidender Bedeutung. Die Werkleute waren vom Druck der Vasallendienste der Gemeinde wie dem König gegenüber befreit, wie zum Beispiel von der Nachtwache oder der Fronarbeit. Sie genossen Steuerfreiheit, unterlagen nicht dem Zunftzwang und konnten ihren Aufenthalt wechseln. Diese beachtlichen Privilegien, die ihnen der Schutz der Templer verschaffte, diese Freiheiten, die Päpste und Fürsten anerkannten, wie auch das Recht, von Ort zu Ort zu reisen, erklären die ungeheure Anziehungskraft des Ordens.
Die an den Orden gebundenen Bauleute konnten sich in allen christlichen Ländern frei bewegen. Die Bedeutung dieses Privilegs darf man nicht unterschätzen. Der Orden zählte 900 Komtureien, ungefähr 10 000 Schlösser und zahlreiche Bauhütten, wo Facharbeiter immer willkommen waren.
Da der Schutz der Templer vielseitig war und sich nicht nur auf seine Güter und die Werkleute allein beschränkte, sondern allen zuteil wurde, die für den Orden arbeiteten oder in irgendeiner näheren oder entfernteren Beziehung zu ihm standen, und da die Templer außer diesen Freiheiten auch ermächtigt waren, das Asylrecht zu gewähren, ist es nicht verwunderlich, daß sich auch Personen, deren Beschäftigung überhaupt nichts mit einem Handwerk zu tun hatte, auf den Gütern des Ordens einfanden. So lebten hier neben Maurern und Zimmerleuten hermetische Philosophen, Alchimisten (die nicht alle Schaumschläger und Goldmacher, sondern oft echte Wegbereiter der Chemie und gelehrte Denker waren, auch wenn ihr Beitrag zur Philosophie und Religion heute mit scheelen Augen betrachtet wird), Kabbalisten und andere Leute aus allen Gesellschaftsschichten.
Der Schutz der Templer kam in vielen Fällen einem freien Geleit gleich. Der Orden besaß so viele Güter, daß er seine Schützlinge stets von einem zum anderen schicken und sie so in Sicherheit

bringen konnte. Dieses »Asylrecht« des Ordens war sicherlich ein wertvolles Privileg, hat aber anscheinend auch seinen Untergang herbeigeführt.
Nach dem ersten Kreuzzug war Jerusalem nur für kurze Zeit in den Besitz der Christen übergegangen. In den folgenden 150 Jahren wurde die Stadt mehrmals zurückerobert. Der Orden, der jedesmal empfindliche Verluste erlitt, konnte sich dank der aus Europa herbeiströmenden Kreuzritter immer wieder erholen. Im Jahre 1187, ein Jahrhundert nach der Ankunft der ersten Kreuzfahrer, besetzten die Sarazenen Jerusalem und metzelten alle gefangenen Templer nieder. Nach mehreren Kreuzzügen und Schlachten setzte ein Überfall Chwarismistischer Türken im Jahre 1244 der Geschichte des Ordens in Jerusalem ein Ende. Die Stadt wurde eingenommen, die Templer bis zum letzten Mann niedergemacht.
Der siebente und achte Kreuzzug, beide bereits sehr zögernd begonnen, scheiterten, und mit dem Tode Ludwigs IX. von Frankreich (1270) ging die Ära der Kreuzzüge endgültig zu Ende.
Im Jahre 1291 besiegelte der Fall der Stadt Akka, deren Bevölkerung von den Mohammedanern getötet wurde, das Schicksal der Ritter im Orient.
Obwohl der Templerorden in Jerusalem gegründet wurde und seine Geschicke so eng mit dem Heiligen Land verbunden waren, daß der Verlust Palästinas seine Existenzberechtigung in Frage stellte, gelang es ihm zu überleben und weiterzubestehen, da sich die meisten seiner Mitglieder wie auch der größte Teil des Ordensschatzes in Europa befanden.

Klemens V. und Philipp der Schöne

Im Jahre 1295 wählten die Ritter, die sich auf die Insel Zypern zurückgezogen hatten, Jacques de Molay zum Großmeister des Ordens; Zypern war damals der symbolische Sitz des christlichen Königreiches geworden. »Er war ein tapferer Ritter von wahrem

Wert, von hoher Intelligenz, von sanftem, liebenswürdigem Wesen, seine Sitten waren rein und sein Wesen ohne Tadel.«[27]
Philipp der Schöne war König von Frankreich, während Papst Bonifatius VIII. den Stuhl Petri innehatte.
Philipp der Schöne wurde mit 17 Jahren König und war ein skrupelloser und herrschsüchtiger Tyrann. Zwei Faktoren haben seine Regierungszeit entscheidend bestimmt: der unaufhörliche Kampf gegen die Geldknappheit und der Kampf gegen den Papst.
Papst Bonifatius VIII. war ein entschlossener Mann, der neben unbestreitbar guten Eigenschaften auch seine Fehler hatte. Seine radikalen Vorstellungen von der absoluten Weltherrschaft des Papsttums[28] sowie seine Habsucht machten ihn verhaßt.
Frankreich, wo man bereits mit dem Gedanken an eine Trennung von Staat und Kirche spielte und wo die zahllosen Pfründe der Kirche, die nach Rom flossen, das Volk maßlos empörten, war ein besonders geeigneter Boden für die ehrgeizigen Pläne des Königs. Tatsächlich konnte nur das Zusammentreffen aller dieser Faktoren den König dazu ermutigen, den Befehl zu dem Attentat von Anagni[29] zu geben, an dessen Folgen der Papst 1303 starb. Ihm folgte kurz darauf Benedikt XI., dann, kraft eines mit dem französischen Hof geschlossenen Abkommens, Bertrand de Got, der Erzbischof von Bordeaux, der als Papst den Namen Klemens V. annahm.
Als gebürtiger Franzose blieb der Papst in Avignon und stand dermaßen unter dem Einfluß des Königs, daß er sich ihm nicht zu widersetzen wagte und allen seinen Forderungen nachgab. Das ist aber nicht der einzige Grund, warum das Bild jenes Pontifex nicht schmeichelhafter ausfällt. Als man Klemens V. zum Stellvertreter Gottes auf Erden machte, hatte man wahrlich keine gute Wahl getroffen.
Er war engstirnig, habsüchtig und sittenlos. Seine herrschsüchtige Mätresse, die schöne Brunissende de Talleyrand, hat die Kirche ein Vermögen gekostet. Von den neun Kardinälen, die er im Falle seiner Wahl zu ernennen versprochen hatte, waren vier seine Neffen. Er war ein Schwächling, der sich als Papst der

Willkür des französischen Königs unterwarf, der seinerseits aus ganz anderem Holz geschnitzt war.[30]

Da der Papst weder Willenskraft noch Ansehen besaß und da die Mehrheit der Kardinäle als Franzosen auf der Seite des Königs stand, kann man mit Recht sagen, daß »das Oberhaupt der Kirche nur ein willenloses Werkzeug im Dienste der französischen Politik war«[31], und, was noch schlimmer ist, ein willenloses Werkzeug der Launen und Wünsche des Königs. In einer in Avignon erlassenen Bulle scheute sich Klemens V. nicht, seinen Vorgänger Bonifatius VIII. zu verurteilen und zu verkünden, daß der »Eifer« Philipps des Schönen in der Sache, in der er sich gegen den Vatikan stellte, »gut und richtig« (bonum atque justum) gewesen sei.[32]

Da sich die finanzielle Lage in Frankreich zusehends verschlechterte, traf der König eine Reihe ebenso autoritärer wie drakonischer Maßnahmen. Er verbot die Geldausfuhr und zwang den Klerus, gewisse Abgaben zu entrichten – zwei gegen die Kirche gerichtete Maßnahmen –, er erhöhte die Steuern, er zwang die Reichen, einen Teil ihrer Wertgegenstände dem Kronschatz zu überlassen, er sperrte den Export von Silber, Kupfer und Wein; er ließ die Juden foltern, verjagen und enteignen; er beschlagnahmte das Vermögen der lombardischen Bankiers unter dem Vorwand, daß »sie mit ihren Wucherzinsen unsere Untertanen zugrunde richten.« Trotz der Hilfe der Banken und der Templer, die dem König Kredit gewährten, wurde die Misere immer schlimmer. Philipp der Schöne plante also neue Maßnahmen. Der Kredit der Templer genügte ihm nicht mehr, es gelüstete ihn nach ihrem Geld, ihren Gütern, ihrem gesamten Vermögen, und so faßte er den Plan, den Orden aufzulösen.

Der Kampf beginnt

Der König konnte diesen Plan nur fassen, weil er sich der Hilfe der Inquisition sicher war.

Damals zählte der Templerorden 15 000 Mitglieder und besaß in ganz Europa rund 10 000 Häuser und Schlösser, Ländereien, eine eigene Flotte, zahlreiche Banken und ein unermeßliches Vermögen. Ein Drittel von Paris gehörte ihm, und »die Komtureien der Tempelherren waren in vielen Provinzen die blühendsten Ländereien.«[33]

Angesicht einer solchen Macht mußte der König vorsichtig vorgehen und eine günstige Gelegenheit abwarten. Diese war schnell gefunden. Der Großmeister des Ordens hatte den Prior von Montfaucon (Provinz Toulouse) wegen Ketzerei zu lebenslänglichem Kerker verurteilt, und ein Italiener namens Nosso-Dei war wegen seiner Ausschweifungen vom Propst von Paris schwer bestraft worden.

»Diese beiden Gesetzesbrecher, die die gerechte Strafe für ihre Verbrechen erlitten, glaubten, sich ihr entziehen zu können, wenn sie Ordensgeheimnisse verrieten, die bisher keinem Außenstehenden bekannt waren. Sie legten den Rittern so ungeheuerliche Verbrechen zur Last, daß selbst Philipp der Schöne, obwohl er ihnen feindlich gesinnt war, diesen Anklagen kaum Glauben schenken konnte.«[34]

Auf Grund dieser Beschuldigungen, die immerhin von offenkundigen Gesetzesbrechern erhoben wurden, schlug Philipp der Schöne am Freitag, den 13. Oktober 1307 um Mitternacht zu. Nach Rücksprache mit dem Papst[35] ließ er gleichzeitig und ohne Vorwarnung alle Tempelherren in allen Städten verhaften.[35a] Sie wurden in die Staatsgefängnisse geworfen, wo man sie folterte und sie zu den unsinnigsten »Geständnissen« zwang. So sagten sie etwa aus, daß sie Baphomet verehrten und das Kreuz bespien.[36]

»Die Kommissare des Königs gingen mit unerhörter Grausamkeit vor und folterten die Angeklagten so gnadenlos, daß 30 von ihnen im Gefängnis an den Folgen ihrer Qualen starben.«[37] Auf die grausamste Folter gespannt, sagten die meisten von ihnen, was ihre Peiniger hören wollten.[38]

Den Unglücklichen war der Tod auf jeden Fall gewiß: Wenn sie ihre Schuld auf der Folter zugaben, wurden sie als Ketzer zum Flammentod auf dem Scheiterhaufen verurteilt. Wenn sie, wie

ihr Großmeister Jacques de Molay, ihr Geständnis widerriefen, wurden sie als »Rückfällige«[39] verurteilt.
Die Angelegenheit blieb, ganz gegen die Absicht des Königs, nicht geheim. Die Öffentlichkeit und einige Behörden wurden aufmerksam, wobei die Reaktionen in den verschiedenen Staaten Europas allerdings unterschiedlich waren.
Im Juni 1310 brachte der Erzbischof von Reims die Templerfrage vor ein Konzil. Neun Ritter wurden als Rückfällige verurteilt und der weltliche Richter ließ sie verbrennen. Pater Brumoy bemerkt dazu: »Es ist erstaunlich, daß die 59 aus Paris und die neun aus Senlis knapp vor ihrem Tode ihre Geständnisse widerriefen und sagten, man verurteile sie zu Unrecht, und sie hätten nur aus Furcht vor den Folterqualen gegen sich selbst ausgesagt . . .«[40]
Auf dem Konzil von Ravenna und dem Konzil von Bologna, die ebenfalls im Jahre 1310 zusammentraten, waren sieben Templer angeklagt. »Sie mußten einen Eid sprechen, dann wurden die Hauptpunkte der Anklage des Papstes und die Zeugenaussagen verlesen. Sie konnten unabhängig voneinander alles widerlegen, ohne zu wanken und ohne zu weichen, und bestritten standhaft alle Verbrechen, die ihnen zur Last gelegt wurden. Nachdem er sie zurückgeschickt hatte, fragte der Erzbischof das Konzil, ob es sich für befugt halte, über sie zu Gericht zu sitzen. Die Antwort lautete ja, man solle die Templer aber nicht auf der Folter befragen; doch die beiden Inquisitoren der Dominikaner waren der Meinung, daß man sie foltern müsse.«[40a]
Im gleichen Jahr wurde in Vienne an der Rhône ein Konzil einberufen, auf dem die Templerfrage behandelt werden sollte; mit 296 zu vier Stimmen wurde beschlossen, die Angelegenheit nochmals zu überprüfen, der Druck des Königs aber war so stark, daß der Plan einer Wiederaufnahme des Verfahrens fallengelassen wurde. In mehreren europäischen Ländern war die Empörung so heftig, daß man die Angelegenheit den Gerichten übergab. Sie kamen alle zu dem Schluß, daß die von der Inquisition erpreßten Geständnisse nicht als Beweise für die Schuld der Templer angesehen werden könnten.

Auf dem Konzil von Salamanka im selben Jahr wurden die Tempelherren einstimmig für unschuldig erklärt.[41]
Im Jahre 1312 fand das Konzil von Tarragona statt. »Der Erzbischof von Tarragona, Guillermo de Roccaberti, hielt dieses Konzil mit seinen Suffraganen ab, und nach eingehender Untersuchung erklärte er die Templer seiner Provinz für unschuldig an allen Verbrechen, deren man sie bezichtigte.«[42]
Immer wieder versuchte man, den Templern zu Hilfe zu kommen, aber alle diese Aktionen wie auch die Vermittlungsversuche des Heiligen Stuhls waren vergebens. Nichts konnte den König umstimmen. Am 12. Mai 1310 fanden die ersten Hinrichtungen statt: auf Anordnung des Konzils von Paris wurden 59 Templer bei lebendigem Leibe verbrannt. Weitere Todesurteile wurden bald darauf ohne Gnade vollstreckt.

Die Auflösung des Ordens

Am 12. März 1312 richtete der König ein Schreiben an den Papst, um die Aufhebung des Ordens zu erwirken. Der Brief begann mit folgendem Satz: »An den Allerheiligsten Vater im Herrn, Klemens, durch die Göttliche Vorsehung oberster Pontifex der alleingültigen Heiligen Römischen Kirche, Philipp, von Gottes Gnaden König von Frankreich, der seine gesalbten Füße küßt.«[42a]
Am 3. April 1312 verlas der Papst auf der zweiten Versammlung des ökumenischen Konzils in Vienne in Anwesenheit des französischen Königs seine Bulle *Vox clamantis*, mit der er den Orden aufhob, ohne ihn zu verurteilen. In einer weiteren Bulle *Considerantes dudum* erklärt der Papst, warum er als »Diener der Diener Gottes« diesen Entschluß gefaßt hatte: »Da der Generalmeister des Ordens . . . und viele seiner Brüder die besagten Ketzereien gestanden haben;.. weiters wegen der öffentlichen Schande, des heftigen Argwohns und auf dringendes Ersuchen . . . und aus vielen anderen Ursachen und gerechten Gründen haben wir nicht durch einen endgültigen Urteilsspruch, sondern durch eine vor-

läufige Verfügung und auf apostolische Anordnung den ehemaligen Tempelherrenorden aufgelöst, aufgehoben und zerschlagen.«

Philipp der Schöne hatte gesiegt. Aber sein Erfolg war nicht vollständig, denn der Papst, der irdische Güter nicht verachtete, erließ am 2. Mai 1312 die Bulle *Ad providam* in der er bestimmte, daß das Vermögen der Templer in den Besitz des Hospitalordens vom Heiligen Johannes von Jerusalem übergehen solle. Philipp der Schöne scheute sich nicht zu behaupten, er sei Gläubiger der Templer gewesen, außerdem verlangte er fünf Millionen an »Prozeßkosten«. So gelang es ihm schließlich doch noch, beinahe alle Güter der Templer in Frankreich in seine Hand zu bekommen. Bei den katholischen Königen von England und Spanien machte sein Beispiel Schule. Ferdinand II., der König von Kastilien, brachte es fertig, alle Ländereien der Templer in Spanien in seinen Besitz zu bringen.

Dabei war das Empörendste nicht so sehr der Raub Philipps des Schönen, sondern die Gewissenlosigkeit des Papstes, der Menschen, von denen er wußte, daß sie unschuldig waren, zum Tod auf dem Scheiterhaufen verurteilte. Auch Jacques de Molay erlitt das Schicksal seiner Brüder, er wurde am 18. März 1314 verbrannt.

Seine letzten Worte waren der Legende zufolge eine Aufforderung an den Papst und an den König, noch im gleichen Jahr vor einem himmlischen Gericht zu erscheinen. Einen Monat später, am 20. April, starb Klemens V. in Rochemaure[43], und bald darauf verschied Philipp der Schöne im Alter von 46 Jahren in Fontainebleau.

Nicht nur der Reichtum, sondern auch die Macht des Tempelordens führten schließlich seinen Untergang herbei.

Der Tempelherrenorden bildete einen Staat im Staat, und seine Untertanen genossen eine Vorzugsstellung. Die übrigen Franzosen, die ohne Dispens Fronarbeit verrichten und die verschiedensten Vasallendienste leisten mußten, neideten ihnen ihre Privilegien. Zu dieser Ausnahmestellung kam noch das Asylrecht, das der Orden gewähren konnte. Es war zwar grundsätzlich durch die

Oberhoheit der Kirche, praktisch aber durch die Souveränität des Ordens sichergestellt, und wer es in Anspruch nahm, entging jeder Verfolgung durch die Zivilbehörden, auch wenn diese unter dem Deckmantel der Inquisition vorgingen.

Die Rechte der Tempelherren waren durch eine Bulle des Papstes Innozenz III. aus dem Jahre 1200 gesichert, und der König konnte sie weder aufheben noch beschneiden. Philipp der Schöne, der absolut regieren wollte, konnte eine solche Einengung seiner Macht nicht dulden, und da er sich außerdem beträchtliche materielle Vorteile davon versprach, führte er den Schlag gegen die Templer mit um so größerer Härte.

Auch die Beziehungen zwischen dem Heiligen Stuhl und dem Orden waren nicht die besten. Durch sein Vermögen und seinen Einfluß war er vom Heiligen Stuhl praktisch unabhängig, und es kam immer wieder zu Konflikten, vor allem, weil der Orden keine allzu hohe Meinung von Klemens V. hatte. Der König, dem das nicht unbekannt war, nutzte die Lage umgehend für seine Zwecke.

Der Papst war nicht imstande, ihm Widerstand zu leisten. Immerhin ist dazu zu bemerken, daß er zwar die Auflösung des Templerordens verfügte, ihn aber nicht verurteilte. Jedesmal, wenn die Kirche einen Schuldspruch aus religiösen Gründen fällte, ging sie in der Urteilsbegründung ausführlich auf die Art der Ketzerei ein, um die Gläubigen nicht im unklaren zu lassen. Im Falle der Templer tat sie nichts dergleichen, was beweist, daß man ihnen kein religiöses Verbrechen anlasten konnte.

Die Bulle, durch die später die Aufhebung der Gesellschaft Jesu verfügt wurde, enthält im Gegensatz dazu eine lange Liste von Anklagepunkten zur Rechtfertigung dieser Maßnahme.

Den Templerorden traf kein Tadel. Die Bulle erging sich in hohlen Phrasen und Allgemeinplätzen, die die Auflösung eines der Kirche früher so nützlichen Ordens keinesfalls rechtfertigen. Es ist anzunehmen, daß es unter Druck geschah, wenn der Papst in seiner Bulle *Considerantes dudum* vom 6. Mai 1312 zum dritten Mal die Beschuldigungen erwähnt, die gegen den Orden erhoben werden.

Trotz aller Mängel wurde die Anordnung des Heiligen Stuhls vorbehaltlos befolgt. In Portugal wurde der Templerorden in den »Orden Christi« umgewandelt. Der weiße Mantel mit dem Templerkreuz wurde beibehalten, alle anderen Zeichen, die an die Templer erinnert hätten, verschwanden.
In England ging man noch gnadenloser vor als in Portugal: Die Tempelherren wurden verhaftet, ins Gefängnis geworfen und verschwanden schließlich spurlos.

Nach der Aufhebung des Ordens

Einigen Templern gelang es jedoch, dem Blutbad zu entrinnen. In seiner Bulle *Considerantes dudum* verlangte der Papst: »Sie sollen vor ihrem Richter erscheinen . . . daß er sie nach den Regeln des Gesetzes verhöre, und die Konzile werden sie nach ihren Taten richten, sollen jedoch bei ihnen Barmherzigkeit walten lassen . . .« Obwohl ihnen in der Bulle eine andere Strafe (die Exkommunikation) angedroht wurde, wenn sie sich dem Gericht nicht stellten, entschieden sich viele Ritter begreiflicherweise für die Flucht.
So gelang dem Großmeister der Auvergne, Pierre D'Aumont, zwei Kommandeuren und fünf Rittern, die sich als Maurer verkleidet hatten, die Flucht nach Schottland. Bald sollten zahlreiche andere Templer hier Zuflucht finden.
Obwohl die Aufhebung des Ordens nicht gerechtfertigt war, wurde er überall aufgelöst, auch wenn die Ritter nirgends so grausam verfolgt wurden wie in Frankreich. Da es sich um einen geistlichen Orden handelte, der ausschließlich der Gerichtsbarkeit Roms unterstand, mußten sich die weltlichen Gerichte den Anordnungen des Papstes fügen. So waren die einst reichen und mächtigen Templer über Nacht arm und heimatlos geworden. Manche fanden sich mit ihrer Lage ab und verdingten sich als Soldaten oder Bauhandwerker. Einige kehrten in ihre Heimat zurück, andere machten sich nach Schottland auf, wo damals der berühmte Robert Bruce König war.

Robert I. Bruce

Wenn *Robert I. Bruce* den Templern half, so hatte er seine Gründe dafür. Zunächst war er selbst durch eine Bulle des Papstes (18. Mai 1306) exkommuniziert worden, so daß jeder das Recht hatte, ihn vom Leben zum Tod zu bringen, wobei der Mörder noch den Schutz des Heiligen Stuhls genoß. Weiters war er, wie die Templer, mit dem Papst ebenso verfeindet wie mit England und Frankreich. Schließlich waren Verwandte des Königs Mitglieder des Tempelherrenordens.

So war es nicht nur der Zufall, der die Templer bestimmte, nach Schottland zu fliehen; es war vielleicht das einzige Land, das ihnen eine einigermaßen sichere Zuflucht bot, denn Philipp der Schöne hatte einen langen Arm. In England hatte König Eduard I. die Schwester des französischen Königs geheiratet und Eduard II., der damals regierte, dessen Tochter Isabelle. In Schottland war Philipp zum Glück machtlos.

Die Flüchtlinge wurden freundlich aufgenommen. Einer Legende zufolge, deren Entstehung wahrscheinlich auf *Freiherrn von Hund*, den Begründer der Lehre der Strikten Observanz (1756), zurückgeht, sollen die Templer am Johannistag des Jahres 1313 unverzüglich ein Kapitel einberufen haben, auf dem sie beschlossen, künftig nur mehr im verborgenen tätig zu sein. Sie erfanden Erkennungszeichen, Symbole und Geheimworte.

Robert I. Bruce soll selbst im Jahre 1314 eine Sektion des Templerordens und die Königliche Großloge von Kilwinning gegründet haben, eine Bestätigung dafür fand sich allerdings nirgends. Auch wenn der König exkommuniziert war, konnte er eine Auflösung des schottischen Tempelherrenordens nicht verhindern. Da es sich um einen geistlichen Orden handelte, wäre jede Einmischung als Provokation aufgefaßt worden, und es ging nicht an, daß das katholische Schottland den Verfolgten offiziell Asyl gewährte.

Es galt also, einen Ausweg zu finden, um den Schutz, den man den Templern gewährte, ebenso wie ihre Anwesenheit gesetzlich rechtfertigen zu können. Da die Templer berühmte Baumeister

waren, bereitete es wenig Schwierigkeiten, eine Deckorganisation zu finden: sie wurden den Bauhütten eingegliedert.[44]
Man kann sich vorstellen, daß diese Vereinigungen sie ohne weiteres aufnahmen und beherbergten. Sie boten ihnen eine Heimstätte und eine Umgebung, in der sie vor jeder Verfolgung sicher waren. Das ist verständlich, denn einerseits standen die Templer in dem Ruf, ausgezeichnete Baumeister zu sein; andererseits hatten die Steinmetzen die größte Hochachtung davor, wie sie sich ihren Handwerkern gegenüber verhielten. Und schließlich wußte jeder, daß der Templerorden das Opfer einer ungerechten und perfiden Rechtsprechung geworden war. Die Deckorganisation war also ausgezeichnet gewählt. So wie sich in Frankreich zahlreiche Ritter in die Bauhütten aufnehmen ließen, so konnten sie das auch in Schottland tun, ohne daß jemand etwas dagegen einwenden konnte.
Diese Deckorganisation erwies sich auch in anderer Hinsicht als wirksam. Da diesen Vereinigungen in Schottland dieselben Vorrechte gewährt wurden wie in allen anderen Ländern, genossen die Ritter hier die verschiedensten Freiheiten.
Die Anwesenheit der Tempelritter in den Bauhütten könnte die immer wieder aufgeworfene und niemals hinreichend beantwortete Frage klären, warum die Grandseigneure, die Adeligen, Reichen und Intellektuellen eigentlich wirklich Ehrenmitglieder der Steinmetzenbruderschaften wurden.
Höchstwahrscheinlich ließen sich zahlreiche Adelige in die Bauhütten aufnehmen, um den Templern ihre Solidarität, ihre Freundschaft und ihr Mitgefühl zu bekunden. Dieses Zeichen der Anteilnahme war gleichzeitig eine Geste der Mißbilligung und des Vorwurfs dem König und dem Papst gegenüber.
Es ist sicher kein Zufall, daß die ersten Freimaurerlogen samt und sonders in Schottland zu finden sind:
die *Edinburgher Loge Nr. 1*, Mary's Chapel, deren Siegel aus dem Jahre 1475 stammt;
die *Loge von Aberdeen*, die im Jahre 1483 zum erstenmal erwähnt wird;
die *Loge von Dundee*, die bereits im Jahre 1536 bestand;

die *Loge Aitchesons's Haven*, von der wir ein Protokoll aus dem Jahre 1598 besitzen;
die *Loge von Kilwinning*, die im Schaw-Manuskript vom Jahre 1599 erwähnt wird.

Die Freiheiten und die Freimaurer

Wie bereits erwähnt, genossen die Templer gewisse Freiheiten. Dieses Wort gab Anlaß zu einer weiteren Meinungsverschiedenheit über die Herkunft der Bezeichnung »Freimaurer«.
Einige Autoren behaupten, der Name Freimaurer sei nur die Berufsbezeichnung der höher qualifizierten Bauarbeiter gewesen, die den Ornamentstein, den *freestone* bearbeiteten, im Gegensatz zu den gewöhnlichen Handwerkern, die nur den Rauhstein oder rough stone bearbeiten oder behauen konnten, und die rough masons genannt wurden. Andere glauben, daß die Freimaurer diejenigen waren, die im Gegensatz zu den anderen Handwerkern gewisse *Freiheiten* genossen.
Wieder andere meinten, der Name Freimaurer sei deutschen Ursprungs und beziehe sich auf die Freiheiten, die der Kaiser im Jahre 1275 den Dombauleuten von Straßburg eingeräumt habe. In der Straßburger Hüttenordnung vom Jahre 1275 findet sich die Bezeichnung *Frei-Maurer.*
Im Mittelalter nannte man alle, denen handwerkliche und persönliche Dienste oder Abgaben erlassen waren, frei (engl. free frz. francs). Sie genossen also gewisse Freiheiten. So gab es die »francs-métiers« (die freien Gilden), Handwerkerbruderschaften, die besondere Rechte besaßen; die »francs-bourgeois« (etwa freie Bürger), die einem Lehnsherrn untertan waren und der Stadt keine Abgaben entrichteten; es gab den »franc-homme« (den freien Mann), der, ohne adelig zu sein, keinem Lehnsherrn untertan war; ein »franc-alleu« (Freigut), auf dem man dem Lehnsherrn keine Steuern bezahlen mußte. Analogien finden sich auch in anderen Sprachen: Free Fishermen, Free Butchers, Freigraf, Freischütz, Freiherr.

Diese Ausdrücke widerlegen die These, der Name free masons bezeichne den qualifizierten Arbeiter, der im Gegensatz zum rough mason den freien Stein bearbeitete.
Außerdem ist es unwahrscheinlich, daß die Freimaurer diesen Namen angenommen hätten, wenn er nicht ihren Berufsstand, sondern nur den behauenen Stein bezeichnet hätte. Zweifellos kennzeichnete das adjektiv »frei« (free, franc) eine besondere Stellung, die Stellung eines freien Mannes, dem die verschiedensten Dienste erlassen waren. Es ist also anzunehmen, daß das Wort »frei« in »Freimaurer« dasselbe bedeutet wie in »francs-métiers«, in »francs-bourgeois« oder in »Freiherr« und nichts mit dem behauenen oder freien Stein zu tun hatte. Die Verwendung des Wortes free in freestone scheint nur eine zufällige Übereinstimmung zu sein; es könnte im bildlichen Sinne aber auch die bessere Steinqualität bedeuten.
Noch ein anderes Indiz spricht dafür, daß mit free ein Privileg gemeint war: In einer Urkunde aus dem Jahre 1057 stimmt König Malcolm III. von Schottland der Bildung der Zunft der *free incorporate masons* zu, also einer *Zunft freier Maurer*, und nicht von Steinmetzen, die den freien Stein bearbeiteten.
Einer neuen Hypothese zufolge bezeichnete der Name free-masons die Ritter, die Mitglieder der schottischen Bauhütten wurden, und die, ohne als Steinmetzen zu arbeiten, gewisse Freiheiten genossen und so freie Maurer oder – wie man sie später nannte – gentlemen masons wurden.
Noch eine andere, bis heute verwendete Bezeichnung bestätigt, daß mit Freimaurer eher der freie Maurer als der Steinmetz, der den freien Stein bearbeitete, gemeint war, nämlich der Ausdruck free and accepted masons.
Wäre ein Freimaurer ein Steinmetz gewesen, der den freestone bearbeitete, so hätte ein »angenommenes« Mitglied nach seiner Aufnahme ja eigentlich accepted freemason heißen müssen. Der für gewöhnlich verwendete Ausdruck zeigt im Gegenteil ziemlich deutlich, daß es sich um Maurer mit zwei ganz bestimmten Eigenschaften gehandelt hat: sie sind frei und angenommen.

Die Templer unter den Maurern

Die Ritter sind freie, hochangesehene Ehrenmitglieder dieser Zünfte. Sie sind die ersten freien und angenommenen Maurer, von denen keine handwerkliche Tätigkeit verlangt wurde.
Sie hatten einen ähnlichen Status wie die Nichtwerkleute, die seinerzeit auf den Gütern der Templer gelebt hatten und dort gewisse Freiheiten oder das Asylrecht genossen. Die Ritter sind ebenfalls Zunftmitglieder, Nichtsteinmetzen, die zu einer Handwerkszunft gehören. Sie sind bereits Freimaurer.
Den Rittern gelingt es allerdings nicht, sich vollständig hinter ihrem rechtmäßigen Status zu verschanzen. Die Kirche ist mißtrauisch und verliert sie nicht aus den Augen. Der Papst residierte damals nicht in Rom, sondern in Avignon. Da in Frankreich einige Ritter hartnäckig dem Beispiel ihrer nach Schottland geflüchteten Brüder folgten, blieb die Reaktion der Kirche nicht aus: Am 18. Juni 1326 beschäftigte sich das Konzil von Avignon mit dieser Frage und erließ 59 Kanones, von denen einige recht eigenartig sind.[45]
Im 37. Kanon, der sich auf die »vollständige Aufhebung der Gesellschaften, Bünde und Verschwörungen, die den Namen Bruderschaften führen«, bezieht, findet sich folgender Absatz: »In bestimmten Bezirken unserer Provinzen gibt es Leute, meistens Adelige, manchmal auch Bürgerliche, die sich zu Bünden, Gesellschaften und Vereinigungen zusammenschließen, die sowohl nach kirchlichem wie nach weltlichem Recht verboten sind; unter dem Namen Bruderschaften versammeln sie sich einmal im Jahr an irgendeiner Stelle, um hier ihre ketzerischen Zusammenkünfte und Treffen abzuhalten; beim Betreten des geheimen Ortes schwören sie einen Eid, mit dem sie sich verpflichten, einander gegen jedermann, außer gegen ihre Meister, beizustehen, sich bei jeder Gelegenheit gegenseitig zu unterstützen und einander mit Rat und Tat zu helfen. Manchmal wählen sie einen aus ihrer Mitte zum Vorsteher, nachdem sie einheitliche Kleidung angezogen und bestimmte Unterscheidungsmerkmale und -zeichen benutzt haben.«

Die Geschichte kennt nur eine einzige Bruderschaft, deren Mitglieder einen derartigen Eid leisteten, einander gegen jedermann unterstützten, sich gegenseitig halfen, einheitliche Kleidung trugen und bestimmte Unterscheidungsmerkmale und -zeichen benutzten, nämlich die Freimaurerei. Und der Wortlaut des Eides erinnert auffallend an den Geist der Templer.

Die Gründe, die für diese Definition des Konzils von Avignon ausschlaggebend waren, sind unbekannt, ebenso wie die Folgen, die daraus erwuchsen. Da der Einfluß der katholischen Kirche in Frankreich damals sehr stark war, kann man sich vorstellen, daß diese Definition von Avignon den König veranlaßte, durch eine Reihe von Erlässen derartige Bruderschaften aufzulösen.

Aber auch wenn diese Bünde in Frankreich zumindest für eine gewisse Zeit verschwanden, so blieben die Erlässe in Schottland ohne Wirkung. Die aus Werkmaurern und Freimaurern zusammengesetzten Zünfte bestanden weiterhin und konnten sich ungehindert ausbreiten. Binnen kurzem wurden sie sogar zu Verfechtern der katholischen Sache und genossen das Wohlwollen der Kirche.

Die früher so häufig vertretene Hypothese des templerischen Ursprungs der Freimaurerei gelangt zu neuen Ehren. Sie gilt heute als die wahrscheinlichste, auch wenn sie noch immer umstritten ist. Sie gewinnt immer mehr Anhänger, die sich auf ein gesichertes Urkundenmaterial stützen können. Paul Naudons Buch – das Ergebnis zehnjähriger gewissenhafter Forschungsarbeit – ist der beste Beweis dafür.

Man kann sich vorstellen, daß sie bisweilen totgeschwiegen wurde. Zur Zeit der Verfolgungen hätte diese Abstammung den Freimaurern eher geschadet als genützt. Es hieß, die aus dem Tempelherrenorden hervorgegangene Freimaurerei sei in der Absicht gegründet worden, die Auflösung des Ordens, die Ermordung ihres letzten Großmeisters sowie die Verfolgung und den Tod der Ritter zu rächen, und da der Papst und der König für diese Verbrechen gleichermaßen verantwortlich waren, bekämpfe sie Thron und Altar.

Andererseits gibt es nur wenige maurerische Urkunden aus dieser fernen Vergangenheit, und leider sind nicht nur die Kriege, sondern auch die Freimaurer selbst in gewissem Maße schuld daran. Zahlreiche Urkunden, die genaueren Aufschluß über die Geschichte der Freimaurerei geben könnten, wurden während des verhängnisvollen Autodafés im Jahre 1720 vernichtet. Zum Glück können wir an Hand zahlreicher Dokumente, die in Schottland der Vernichtung entgangen sind, die Anfänge der Freimaurerei genauer rekonstruieren, obwohl diese Urkunden nur bis ins 14. Jahrhundert zurückreichen.

Die Gegner der These

Die These der templerischen Herkunft hat unter den Gegnern der Freimaurer ebenso viele Anhänger wie unter den Freimaurern selbst.

Abbé J. A. Huot äußert sich in seinem Buch »Le Fléau maçonnique« sehr unverblümt. Der erste Satz lautet: »Die Freimaurerei erstand aus den Trümmern des Tempelherrenordens. Das erste glaubwürdige Dokument maurerischer Logen, die wir besitzen, die Kölner Urkunde aus dem Jahre 1535, liefert uns den Beweis, daß man zur Zeit ihrer Veröffentlichung allgemein dieser Ansicht war.« Daß eine Ansicht weder ein schlüssiges Argument noch ein schlagender Beweis ist, scheint den Autor nicht zu kümmern.[46]

Die antifreimaurerischen Anhänger der templerischen Herkunft stellen folgende Überlegungen an: die Ritter, die den Verfolgungen entkamen und sich unter den Schutz des Robert Bruce stellten, wollten sich für das, was sie für ein Unrecht hielten, rächen und beschlossen, eine Geheimgesellschaft zu gründen und ihre Stunde abzuwarten. Sie hatten sich geschworen, den Tempelherrenorden wiedererstehen zu lassen und die Güter und Ländereien, die ihnen geraubt worden waren, zurückzugewinnen.

Da sie als Nachfolger der Templer galten, brachten sie allerlei Gerüchte über ihre Herkunft in Umlauf, um ihre Feinde in die Irre zu führen.

Um sich von der gemeinsamen Abstammung der beiden Orden (Templer und Freimaurer) zu überzeugen, braucht man nur ihr Vokabular und ihre Ziele zu vergleichen, die im Haß gegen König und Papst gipfeln (laut Abbé Huot)[47].
Diese Auffassung findet sich auch bei zahlreichen anderen Autoren (besonders geistlichen), zum Beispiel bei *C. C. de Saint-André*[48], bei *D. P. Benoît* O. S. B.[49] oder bei *De Lannoy*[50], um nur einige zu nennen.
Dieselbe These diente auch Kanonikus *S. Coubé* im Jahre 1911 als Vorwand für seine neuerlichen Attacken gegen die Freimaurerei[51]. *De Lannoy* zufolge waren die Tempelherren Gnostiker[52]; die sieben Gründer des Ordens sollen in Palästina in die Gnosis eingeweiht worden sein. Derselbe Autor ist ebenfalls der Meinung, die Freimaurerei sei gegründet worden, um »die Templer zu rächen«.
Findel bestreitet jede Verbindung zwischen der Freimaurerei und dem Tempelherrenorden, dessen Weiterbestehen er in Abrede stellt. Er zitiert *Wilcke*, den berühmten Geschichtsschreiber des Tempelherrenordens[53], der schreibt: »Hätte er (der Orden) im 14. und 15. Jahrhundert noch existiert, so wäre er von den Jesuiten entdeckt und verraten worden. Er hätte nicht einmal zwanzig Jahre, geschweige denn jahrhundertelang, im verborgenen weiterbestehen können.«[54]
Das Argument ist nicht stichhaltig. Als der Orden aufgelöst wurde, waren die Jesuiten in Schottland nicht so mächtig wie in anderen Ländern, wo sie tatsächlich jeden Versuch einer Neubildung hätten vereiteln können.
Albert Mackey, der ausgezeichnete Geschichtsschreiber der Freimaurerei, ist der Ansicht, daß die templerische Herkunft nur eine Legende ist, und der Historiker *William James Hughan* ist derselben Meinung.
Es entspricht den Tatsachen, daß kein Dokument diese Herkunft zweifelsfrei bestätigt. Auch die neuen Templerorden, die in Frankreich, Schweden, England und vor allem in Amerika entstanden, wo ihre Mitgliederzahl heute beinahe eine halbe Million beträgt, sind sich über diese Zeit der templerischen Geschichte

nicht einig. Die einen behaupten, daß John Marcus Larmenius nach dem Tode von de Molay den Orden weitergeführt habe; andere berufen sich auf Pierre d'Aumont, während der schwedische Orden seinen Ahnherrn in Graf Beaujeu, dem Neffen Molays, sieht.

Wenn die These zahlreiche Gegner hat, so hat sie ebensoviele Anhänger, auch wenn sich ihre Argumentation nur auf anfechtbare Beweise stützt.

Aus eindeutig echten Urkunden und Belegen geht indessen hervor, daß die Anfänge der Freimaurerei weiter zurückreichen, als es geschichtlich nachweisbar ist. Sechs Jahrhunderte sind ein zu langer Zeitraum, besonders wenn unzählige Faktoren zum Verschwinden einschlägiger Dokumente beigetragen haben. Vielleicht werden sich eines Tages die Tore der Geheimarchive des Vatikans öffnen, und diese Frage wird – wie viele andere auch – gelöst werden können.

Die Verfechter der These

Gleichwohl gibt es ernstzunehmende Indizien für eine Verbindung zwischen der Freimaurerei und dem Tempelherrenorden. Die Erklärung des Konzils von Avignon vom 18. Juni 1326 beweist, daß es damals Bruderschaften von Adeligen und Bürgerlichen gab, die einen Eid schworen, einander zu helfen und beizustehen, und die Unterscheidungsmerkmale und -zeichen benutzten.

Zeitpunkt und Inhalt dieser Erklärung schließen die Hypothese einer gewöhnlichen Werkmaurervereinigung aus und sprechen für die Existenz einer freimaurerischen Organisation, auch wenn diese Bezeichnung damals noch nicht üblich war.

Ein weiteres, nicht weniger wichtiges Dokument ist die *Kölner Urkunde*. Diese vermutlich im Jahre 1535 auf Pergament niedergeschriebene Charta beginnt mit den Worten *Ad majorem Dei Gloriam Omnipotentis* und enthält eine Erklärung der Meister der dem Heiligen Johannes geweihten Bruderschaften, vor allem

der Bauhütten von London, Edinburgh, Wien, Amsterdam, Paris, Lyon, Frankfurt, Hamburg, Antwerpen, Rotterdam, Madrid, Venedig, Gent, Königsberg, Danzig, Brüssel, Middelburg, Bremen und Köln, die in Form eines Sendschreibens an alle Ordensbrüder gerichtet war.
Zunächst stellen die Meister fest, daß die *Societas* oder der *Ordo liberorum caementariorum* seine Herkunft weder von den Tempelherren noch von sonst einem geistlichen oder weltlichen Ritterorden herleite, sondern wesentlich älter sei. Der Charta zufolge soll der Orden zur Zeit der Kirchenspaltung gegründet worden sein, als gelehrte Männer sich durch einen Eid verpflichteten, die christlichen Lehren zu bewahren. Der Leitsatz des Ordens war: Omnes homines veluti fratres et propinquos ama et dilige (Alle Menschen sollst du wie deine Brüder und Nächsten lieben und schätzen). Sie nannten sich, da sie Johannes den Täufer zu ihrem Schutzpatron gewählt hatten, *Fratres Johanni sacri* (dem Johannes geweihte Brüder) und in ihrem Orden gab es Meister, Gesellen und Lehrlinge. Als Ordensbruder wurde nur anerkannt, wer in Anwesenheit von mindestens sieben Meistern in die Geheimnisse eingeweiht worden war und seine Aufnahme durch Kenntnis der Paßworte und Geheimzeichen beweisen konnte. Schließlich anerkannte die Charta auch die Zeichen und Erkennungsworte von vier Bauhütten des schottischen Ritus. Die Echtheit der Charta ist umstritten, aber man weiß, daß sie bereits im Jahre 1637 bekannt war und einer Den Haager Loge gehörte. Die Urkunde ist ein Beweis, daß die Freimaurerei bereits im 16. oder sogar schon im 15. Jahrhundert existiert hat. Allein die Tatsache, daß die templerische Herkunft bestritten wird, läßt darauf schließen, daß diese These damals sehr verbreitet war, wahrscheinlich schon jahrhundertelang, und deshalb tief in der Vergangenheit wurzelt.
Alec Mellor zitiert in einem seiner Bücher[54a] ein Schreiben von Sir Horace Mann, dem englischen Gesandten in Florenz, an den schwedischen Konsul Udny, das vom Dezember 1738 datiert: »Der König von Schweden hat an den König von Spanien geschrieben . . . und hat Schritte unternommen, die vielleicht lä-

cherlich erscheinen, aber dennoch sicher sind. Sie fußen auf der Annahme, daß nach der Aufhebung des Tempelherrenordens und der Verfolgung seiner Mitglieder einige von ihnen in die schottischen Highlands flüchteten, dort wieder auftauchten und sich dem Freimaurerbund anschlossen, als dessen erbliche Großmeister die schottischen Könige gelten.«

Allerdings gibt es kaum Urkunden, die die These der templerischen Herkunft untermauern. Aber, wie Paul Naudon schreibt: »Die Geschichte hinterläßt nicht immer Spuren in den Urkunden«. Und aus seiner genauen wissenschaftlichen Forschungsarbeit folgert er: »Unsere gesamten Nachforschungen haben uns vollkommen davon überzeugt, daß der Tempelherrenorden der Ahnherr der operativen Freimaurerei ist. Die Beweise liegen vor.«[55]

Seine Schlußfolgerungen decken sich mit den unseren. Auch wir nehmen an, daß die Templer nach der Auflösung des Ordens Mitglieder der schottischen Bauhandwerkerzünfte wurden und damit den Schutz von König Robert I. Bruce sowie besondere Freiheiten genossen, die der Freimaurerei den Namen gaben.

Eckert legt die These der templerischen Herkunft folgendermaßen dar: »Mehrere Tempelherren, die nach der Auflösung des Ordens im Jahre 1312 auf die schottische Insel Mull geflüchtet waren, beschlossen, den Orden neu zu gründen und ihre früheren Leitgedanken und die alten Mysterien an ihn weiterzugeben. Um ihre Pläne zu verschleiern, stellten sich die Ritter unter den Schutz der Bauhandwerkerzünfte. Als Gegenleistung für die Dienste, die diese Männer der Kirche mit der Errichtung wohltätiger Stiftungen und herrlicher Kathedralen erwiesen hatten, gewährten ihnen die Päpste beträchtliche Freiheiten. Deshalb nannten sie sich auch Freimaurer, Maurer also, die von Steuern und Abgaben, wie andere Bürger sie zahlen mußten, befreit waren. Diese Freimaurer bildeten den äußeren Kreis des Ordens. Die Templer teilten ihnen einen unwesentlichen Teil ihrer Geheimnisse mit, boten ihnen aber vor allem häufig die Gelegenheit zu üppigen Festmahlen und öffentlicher Prachtentfaltung. Die Maurerzunft wahrte so ihre Anziehungskraft und wirkte harmlos.

Dank dieses Schutzes konnten die Templer den inneren Kreis des Ordens, die wahre templerische Maurerei, aufbauen.«[56]
Freiherr *Karl von Hund*, der Begründer der Strikten Observanz und einer der bedeutenden Verfechter dieser These, sieht die Sache folgendermaßen: Dem Großmeister der Auvergne, Pierre Aumont, gelang es, in Begleitung von zwei Kommandeuren und fünf Rittern zu entkommen. Um nicht erkannt zu werden, verkleideten sie sich als Maurer. Als sie wohlbehalten in Schottland ankamen, trafen sie dort den Großkommandeur Georges de Harris und die anderen des Landes verwiesenen Ritter, mit denen sie sich in der Absicht zusammenschlossen, den Orden nach dem Tode des Papstes und des Königs womöglich wiedererstehen zu lassen. Um den Verfolgungen, die sie mit Recht fürchteten, zu entgehen, traten sie der Bauhandwerkerzunft als freie Maurer bei.
Die These hat wohl deshalb so viele Anhänger gefunden, weil sie menschlich glaubwürdig ist. Aus reiner Habsucht wird ein Orden vernichtet, der im Laufe seiner Geschichte große Opfer auf sich genommen hat, um den christlichen Glauben zu verteidigen. Die ihn vernichteten, waren nicht seine geschworenen Feinde, sondern die, die ihm am dankbarsten hätten sein müssen, nämlich der Papst und der König. Unzählige unschuldige Menschen wurden zum Verbrennungstod auf dem Scheiterhaufen verurteilt, Tausende wurden auf Befehl des Papstes und des Königs gefoltert und erniedrigt. Ist es nicht eine verständliche menschliche Reaktion, wenn viele Überlebende auf Rache sannen? Das Gegenteil – die Resignation – ist ohne Zweifel weniger wahrscheinlich, wenn man die Geschichte, das Leben und die Gesinnung der Templer kennt.

Der geänderte Inhalt des Eides

Neben den bereits aufgezählten Indizien gibt es zahlreiche weitere Umstände, die für die templerische Herkunft sprechen.
Ein Faktor, der besondere Aufmerksamkeit verdient, betrifft den

geänderten Inhalt des Eides. Alle Urkunden aus der Zeit vor den Templern bestätigen, daß der Eid der Bauleute rein beruflicher Natur war. Es ist immer nur vom Werksgeheimnis die Rede. Der Inhalt des Eides ändert sich mit dem Auftauchen der Templer in den Bruderschaften schlagartig. Da die Anzahl, die Eigenschaft und die Herkunft der Mitglieder geheimgehalten werden sollten, führte man eine neue Eidesformel ein, die die Mitglieder verpflichtete, nicht nur über handwerkliche Dinge, sondern auch über das, was in den Logen geschah, Stillschweigen zu bewahren. Das ist der Anfang des »Geheimnisses«.
Im Regius-Manuskript, das mit Sicherheit aus der Zeit zwischen 1360 und 1400 stammt und daher nach der Auflösung des Ordens verfaßt wurde, beinhaltet der Eid folgende Erklärung: »Gutwillig enthülle er keinem Menschen, was in der Loge geschieht, noch was er hört, noch was er sieht.«
Niemals vorher war von einem »Geheimnis« die Rede. Dieses Geheimnis, das der Freimaurerei so viel Unglück und Leid bringen sollte, wird in der Eidesformel erst nach dem Eintritt der Templer in die Maurerzünfte erwähnt.
Übrigens ist die Lage in den Maurerzünften Italiens, Deutschlands und der Schweiz anders: sie blieben bis zum 15. und 16. Jahrhundert reine Werkgesellschaften. Diese sehr religiösen Zünfte waren von der Definition des Konzils von Avignon nicht betroffen. Bei ihnen gab es weder ein Geheimnis noch einen Eid, die über das Werksgeheimnis hinausgingen, noch Adelige.
Man kann also annehmen, daß diese besondere Lage der schottischen Steinmetzenvereinigungen einen bestimmten Grund hatte.

Das analoge Ritual

Ein weiterer Punkt, der für die These der templerischen Herkunft spricht, ist die Analogie des Rituals der beiden Orden.
Es ist bekannt, daß es bei den Freimaurern eine Initiation gab, in den Steinmetzenzünften hingegen nicht. Nun findet sich bei den Templern ein Ritual, das auch für die freimaurerische Initiation

kennzeichnend ist. Wilcke beschreibt in seinem Werk ausführlich die bei den Templern übliche Verfahrensweise. Erstaunt stellt man fest, daß die Praktiken des zwölften Jahrhunderts bei den Freimaurern heute noch gang und gäbe sind.
So war der oberste Leiter des Ordens der Großmeister. Auch wenn er ein mächtiger Herrscher war, mußte er bei wesentlichen Fragen die Erlaubnis des Rates einholen und sich der Entscheidung der Mehrheit beugen.
Dem Großmeister standen bei seinen Amtsgeschäften zwei Brüder zur Seite. Diesen drei Personen oblag die Leitung des Ordens. Neben diesen gewählten Würdenträgern gab es noch mehrere Beamte mit beschränkter Machtbefugnis, die mit verschiedenen Finanz- und Verwaltungsaufgaben betraut waren.
Der Großmeister allein konnte keine Entscheidung über die Aufnahme eines neuen Bruders treffen. Er mußte das Kapitel einberufen, ihm den Namen des Anwärters vorlegen und sich dem Beschluß der Mehrheit fügen. Er mußte die Brüder auffordern, ihre Einwände gegen die Aufnahme des Kandidaten geltend zu machen und strafbare Handlungen, die ihm zur Last gelegt wurden, zur Sprache zu bringen. Wenn niemand gegen seine Aufnahme Einspruch erhob, wurde der Anwärter vor das Kapitel geführt und mußte drei Prüfungen bestehen; dann mußte er den vorgeschriebenen Eid ablegen und erhielt die Insignien des Ordens.
Eine derartige Ähnlichkeit im Ritual der beiden Orden über sechs Jahrhunderte hinweg wäre unmöglich, wenn es zwischen ihnen nicht Verbindungen gegeben hätte.

Johannes der Täufer

Der Schutzpatron der Freimaurer war immer und überall Johannes der Täufer. Manche Autoren erklären das damit, daß die erste Großloge, die Großloge von England, am 24. Juni 1717, am Johannistag, gegründet wurde. In Andersons Konstitutionsbuch wird hingegen erwähnt, daß die Freimaurer immer am Johannis-

1. Klemens XII.

2. Kardinal Neri Corsini

3. Voltaire

4. Gotthold Ephraim Lessing
5. Charles Montesquieu
6. Michel Ney

tag ihre feierlichen Versammlungen abhielten und ihren Großmeister wählten.

Unter dem Einfluß der Kirche hatten alle Vereinigungen ihren Schutzpatron. Diesen Brauch gab es auch schon in vorchristlicher Zeit, allerdings mit dem Unterschied, daß man damals die Schutzpatrone kurzerhand absetzte und ihre Statuen in Stücke schlug, wenn sich die Leute in ihren Erwartungen getäuscht sahen. In den nachchristlichen Jahrhunderten wurden die Schutzpatrone zu Schutzheiligen, und die Vereinigungen wetteiferten in der Verehrung ihres Heiligen.

Vor den Templern hatte jede Zunft ihren Schutzheiligen – die Steinmetzen den heiligen Thomas, die Zimmerleute den heiligen Blasius, die Dachdecker die heilige Anna – oder sie hatten mehrere zugleich, öfters auch den einen oder anderen von ihnen gemeinsam mit dem heiligen Ludwig, dem heiligen Nikolaus oder dem heiligen Joseph. Mit einem Schlag war der einzige Schutzpatron der Steinmetzenvereinigungen Johannes der Täufer, der schon immer der Schutzpatron der Templer war.

Daß Johannes der Täufer der Schutzpatron der Freimaurer war, solange sich ihre Geschichte zurückverfolgen läßt, fügt sich nahtlos in den Zusammenhang. Es findet sich nur eine einzige Ausnahme: die *Quatuor Coronati*, vier Steinmetzen, die als Christen den Märtyrertod starben, waren die Schutzheiligen dreier relativ junger Logen in Deutschland, Belgien und Frankreich.

Worte hebräischen Ursprungs

Das maurerische Ritual aller Obödienzen bewahrt und verwendet in allen Ländern zahlreiche Worte hebräischen Ursprungs. Um dieses Phänomen zu erklären, beruft man sich gerne auf die Hiramlegende und auf die Errichtung des Salomonischen Tempels. Die templerische Herkunft bietet allerdings eine bessere Erklärung. Es wurde dargelegt, daß die Hiramlegende verhältnismäßig jung ist: Sie erscheint erst Anfang des 18. Jahrhunderts, und auch den seriösesten Geschichtsschreibern der Freimaurerei gelang es nicht, ein einziges Dokument zu finden, in dem diese Legende vor 1723 aufgezeichnet wäre. In diesem Jahr erwähnt sie Anderson zum ersten Mal. Es ist also ausgeschlossen, daß die Worte hebräischen Ursprungs, die sich bereits im ältesten Ritual des Ordens finden, aus dieser Legende stammen.

Die Steinmetzenverbände unterstanden, wie wir gesehen haben, unmittelbar der katholischen Kirche und waren stark vom Katholizismus geprägt. Es erhebt sich die Frage, warum sie nicht Paßworte aus dem Neuen Testament oder aus einer Heiligenlegende wählten. Wahrscheinlich stammten diese Worte hebräischen Ursprungs nicht von Vereinigungen, die vom Klerus beherrscht wurden, sondern von einer Vereinigung, auf die er nicht den geringsten Einfluß hatte.

Erinnern wir uns, daß der Templerorden in Jerusalem entstanden ist und daß sich sein Name von der Unterkunft herleitet, die ihm König Balduin II. in der Nähe des Tempels angewiesen hat. Die Sprache eines Volkes spiegelt seine Geschichte wider und verrät den Einfluß der Völker, mit denen es in Berührung gekommen ist. Da der Templerorden die wichtigste und längste Periode seiner Geschichte in Jerusalem verbrachte, ist es naheliegend, daß er in seinen Wortschatz hebräische Worte aufnahm, auch wenn alle seine Mitglieder katholisch waren. Das ist eine plausible Erklärung für die Herkunft hebräischer Worte, die manche Vereinigungen als Paßworte verwenden.

Es gibt noch ein weiteres Argument, das diese These erhärtet. Wenn die Templer, die sich in die schottischen Vereinigungen geflüchtet hatten, tatsächlich Paßworte benötigten, dann waren Worte hebräischen Ursprungs dafür geeigneter als lateinische Ausdrücke, die bekannter waren und von Laien eher verstanden werden konnten. Die hebräischen Ausdrücke erinnerten überdies an die palästinensische Herkunft des Ordens, auf die die Templer besonders stolz waren.

Bernard E. Jones schreibt, die Sitte, geheime Erkennungszeichen und Paßworte zu verwenden, habe sich zunächst bei den Schotten durchgesetzt.[57] Bei den Engländern trat diese Praxis erst im 17. Jahrhundert in Erscheinung. Die alten englischen Manuskripte enthalten keinen Hinweis auf eine Verwendung von geheimen Zeichen oder Worten. Diese Hypothese kann die Frage nach der Herkunft von Worten hebräischen Ursprungs im Ritual und in der Sprache der Freimaurerei nicht endgültig klären, sie ist aber sicher plausibler als andere, die auf die Hiramlegende zurückgreifen. Gleichzeitig ist sie ein schwerwiegendes Argument zugunsten der templerischen Herkunft der Freimaurerei.[58]

Im Laufe der Jahre verschwanden die Templer, hinterließen aber in der Geschichte der Zünfte ihre Spuren. Jones zitierte John Stowe, einen Historiker des 16. Jahrhunderts, der an einer Stelle »Maurer, die früher Freimaurer genannt wurden« erwähnt.[59] Vermutlich handelt es sich um Maurer, die auf dieses Prädikat als einstiges Unterscheidungsmerkmal Wert legten, als sie sich den Zünften anschlossen.

Auch wenn man niemals den unwiderlegbaren Beweis erbringen kann, daß die Freimaurerei aus dem Tempelherrenorden hervorging, so ist doch nicht zu leugnen, daß die Templer in der Entwicklung des Ordens eine wichtige Rolle spielten.

[1] Lepage, Marius: L'Ordre et les obédiences, S. 127.

[2] Casavis, Jack Nicholas: The Greek Origin of Freemasonry, S. 41.

[3] Pastor, Ludwig Freiherr von: Geschichte der Päpste, Bd. 2, S. 293.

[3a] Bücher der Chronik: die beiden, um 300 v. Chr. entstandenen jüngsten Geschichtsbücher des Alten Testaments (Anm. d. Übers.).

[4] Die falschen Brüder oder die Wahrheit, S. 25.

[5] Op. cit., S. 29.

[6] Allerneuste Geheimnisse der Freymaurer, S. 115.

[7] Findel, Gottfried: History of Freemasonry, S. 525.

[8] Baylot, Jean: Dossier Français de la Franc-Maçonnerie Régulieŕe, S. 72.

[9] Mellor, Alec: La Franc-maçonnerie à l'heure du choix, S. 218.

[9a] »reconnaît uniquement la religion chrétienne et exclut de son sein les juifs, les musulmans et les idolâtres.«

[10] Doumic, Max: Le Secret de la franc-maçonnerie, S. 14.

[11] Allerneuste Geheimnisse der Freymaurer, SS. 10–18.

[12] Arnold, Paul: Histoire des Rose-Croix et les origines de la franc-maçonnerie, S. 219.
[13] siehe S. 12
[14] Daniel-Rops, Henri: Histoire de l'Eglise du Christ, S. 79.
[15] Findel, Gottfried J.: History of Freemasonry, S. 113.
[16] Das Wort »angenommen« (accepted) taucht im Englischen erst zu Beginn des 16. Jahrhunderts auf. Die vor diesem Zeitpunkt für den Begriff verwendeten Ausdrücke sind daher uneinheitlich (gentleman-mason, acception, admitted usw.).
[17] Mackey, Albert Gallatin: The History of Freemasonry, its Legends and Traditions, its Chronological History.
[18] Lennhoff, Eugen: Die Freimaurer, SS. 54–56.
[19] Op. cit., S. 38.
[20] Jones, E. Bernard: Freemason's Guide and Compendium, SS. 145–146.
[21] Mellor, Alec: La Franc-maçonnerie à l'heure du choix, S. 40.
[22] Colinon, Maurice: L'Église en face de la franc-maçonnerie, S. 19.
[23] Horneffer, August: Die Freimaurerei.
[24] Das Wort »spekulativ« kommt vom Lateinischen: specio, das heißt betrachten, sehen, beobachten. Der »Spekulative« war der kontemplative Mensch, der Intellektuelle, der Betrachtende, der Beobachtende, der mehr sah als die Praktiker, die Operativen.
[25] »Non nobis, Domine, non nobis sed nomini tuo da gloriam« lautete der Wahlspruch des Ordens.
[26] Wir haben diesen Ausdruck beibehalten, obwohl André Maurois zufolge »gotisch ein schlecht gewähltes Wort ist, um die Architektur der großen Kathedralen zu beschreiben.« Maurois, André: Histoire de la France, S. 99.
[27] Mackey, A. G.: The History of Freemasonry, S. 1364.
[28] Siehe die Bulle *Salvator mundi* vom 4. Dez. 1301 und die Bulle *Unam Sanctam* vom 1. Nov. 1302.
[29] Bonifatius VIII. hatte Philipp den Schönen exkommunizieren lassen, worauf dieser den Papst am 7. September 1303 durch seinen Vertrauensmann Guillaume de Nogaret gefangennehmen ließ. Mit einer von Sciarra Colonna gedungenen Gruppe von Schergen verschaffte sich Nogaret gewaltsam Zutritt in die päpstliche Residenz von Anagni und mißhandelte den Papst, der nach seiner Rückkehr nach Rom einen Monat später an den Folgen dieses Anschlags starb.
[30] Lortz, J.: Histoire de l'Église, S. 171.

[31] Pastor, L.: Histoire des Papes, Bd. I, S. 75.

[32] In dem Bestreben, Philipp dem Schönen gefällig zu sein, berief er in Vienne in der Dauphine das 15. ökumenische Konzil (1311–1312) ein, auf dem er die beiden Enzykliken seines Vorgängers, Bonifatius' VIII., die das Mißfallen des Königs erregt hatten, für ungültig erklären ließ: die Bulle *Clericis laicos* aus dem Jahre 1296 und die Bulle *Unam Sanctam* aus dem Jahre 1302.
Die letztere enthielt die These, daß sich »die weltliche Macht der geistlichen Macht zu beugen habe.«

[33] Maurois, André: Histoire de la France, S. 84.

[34] Helyot, R. P.: Dictionnaire des Ordres Religieux ou Histoire des Ordres Monastiques, Religieux et Militaires, S. 615.

[35] Vital-Mareille: Le Pape Clément Pontife Gascon, S. 168.

[35a] »Klemens V. war schwach genug, Philipp dem Schönen Einsicht in die Bulle, die er vorbereitete, zu gewähren; darin forderte er die Fürsten Europas auf, die Tempelherren zu verhaften.« Pastor, L.: Op. cit., S. 76.

[36] Dupuy, Pierre: Histoire de la condamnation Des Templiers.

[37] Testas, Guy et Jean: L'Inquisition, S. 61.

[38] Poulet, Dom. Ch.: Histoire de l'Église, S. 608.

[39] So bezeichnete man Personen, die sich des Verbrechens des Rückfalls in die Ketzerei schuldig gemacht hatten, und zwar durch einen Widerruf ihres unter schweren Folterqualen abgelegten Geständnisses.

[40] Avallon, Abbé André de: Histoire Chronologique et Dogmatique des Conciles, S. 265.

[40a] Avallon, Abbé André de: Op. cit., S. 260.

[41] Avallon, Abbé André de: Op. cit., S. 261.

[42] Avallon, Abbé André de: Op. cit., S. 283.

[42a] »Au Très-Saint Père dans le Seigneur Clément, par la divine Providence souverain pontife de la sacro-sainte Église romaine et universelle, Philippe, par la même grâce, roi de France, en baisant ses bienheureux pieds« (pedum oscula beatorum).

[43] Im Jahre 1577 öffneten die Hugenotten von Marmande das Grab Klemens' V. Sie verstümmelten sein Gesicht und warfen seine Gebeine ins Feuer.

[44] Einigen alten Chroniken zufolge hätten sich die Templer von Robert Bruce als Soldaten anwerben lassen und hätten in der Schlacht von Bannockburn (25. Juni 1314) an seiner Seite gekämpft. Damals schlugen 30 000 schottische Soldaten das 100 000 Mann zählende Heer Eduards II. von England vernichtend.

[45] Folgende Beispiele seien erwähnt: Dem dritten Kanon zufolge erhalten alle, die für den Papst beten, zehn Tage Ablaß; im neunten Kanon wird den Laienrichtern verboten, einen Geistlichen wegen einer persönlichen, verbrecherischen oder zivilen Handlung vor Gericht zu stellen; im 35. Kanon wird den Adeligen bei Androhung der Exkommunikation verboten, einen Priester an der Einhebung des Zehnten zu hindern, während der 57. Kanon bestimmt, daß die Juden ein besonderes Kennzeichen tragen müßten und der Kirche eine gewisse Summe für ihre Zehnten und Pfandbriefe zu bezahlen hätten.

[46] Demselben Autor zufolge befindet sich das Original der Kölner Urkunde in den Archiven der Mutterloge von Amsterdam. Der Leser findet die Urkunde in extenso in: Les sociétés secrètes et la société von N. Deschamps, Bd. I., S. 318.

[47] Kleine Widersprüche können große Geister in ihrem Glauben nicht irremachen. So schreibt Abbé Huot im Anschluß an diese Ausführungen: »Es sei darauf hingewiesen, daß der Tempelherrenorden in England weiterbesteht. Der Prinz von Wales soll im Jahre 1873 zum Großmeister ernannt worden sein.« (Op. cit., S. 12) Ist es nicht erstaunlich, daß ein Prinz gegen die Krone arbeitet? Wir werden noch öfter auf diese Marotte stoßen; Abbé Huot war nicht der einzige »Historiker«, der den Königen vorwarf, sie hätten sich mit den Freimaurern gegen ihren eigenen Thron verschworen.

[48] Saint-André, C. C. de: Francs-maçons et Juifs.

[49] Benoit, D. P., O. S. B.: La Franc-maçonnerie.

[50] Lannoy, de: La Révolution préparée par la Franc-maçonnerie.

[51] siehe Kapitel 8 (S. 409) des vorliegenden Buches.

[52] Gnostiker ist eine Ableitung des griechischen Wortes »gnosis« (Erkenntnis). Die ersten Sekten entstanden zu Beginn des christlichen Zeitalters. Nach ihrer Lehre wurde das Weltall nicht vom Gott der Christen geschaffen, sondern ist das Werk des Demiurgen, des Weltbaumeisters der platonischen Philosophie. Die Sekten zerfielen bald, denn ein Teil widmete sich der Erforschung des eigentlichen Wortsinns der Heiligen Schrift, während sich ein anderer Teil der Magie zuwandte.

[53] Wilcke, Ferd.: Geschichte des Tempelherrenordens.

[54] Findel, Gottfried: History of Freemasonry, S. 687.

[54a] Mellor, Alec: La Charte inconnue de la Franc-maçonnerie, S. 150.

[55] Naudon, Paul: Les origines religieuses et corporatives de la franc-maçonnerie, S. 9.

[56] Eckert, V.: La Franc-maçonnerie, Bd. II. S. 32.

[57] Jones, Bernard E.: Freemasons' Guide and Compendium, S. 96.
[58] Hier ist die besondere Bedeutung des Buchstabens »G« im Ritual der Freimaurerei nicht uninteressant. Dieser Buchstabe erscheint in der Mitte ihres Wappens. Die übliche Deutung dafür ist, daß er die fünf Begriffe der Schöpfung darstellt: *Genesis*, *Geometria*, *Genius*, *Generatio* und *Gravitatio*. Die englischen Freimaurer sind der Ansicht, »G« bedeute »GOD«, Gott, oder die Buchstaben G. O. D., die hebräischen Anfangsbuchstaben der drei Leitgedanken des Ordens: Klugheit, Stärke und Schönheit (*gomar*, *oz*, *dabar*).
[59] Jones, Bernard E.: Freemasons' Guide and Compendium, S. 146.

ZWEITES KAPITEL

DIE SPEKULATIVE FREIMAURER
EI

Die politische Lage

Nach dem Tode Roberts I. Bruce, dessen Sohn David damals erst vier Jahre alt war, bemächtigte sich Eduard Balliol der Krone. Aber die schottischen Patrioten stellten eine schlagkräftige Armee auf und erhoben den rechtmäßigen Erben, David II., den Sohn des Robert Bruce, auf den schottischen Thron.

David II. starb im Jahre 1371, ohne einen Erben zu hinterlassen. Die männliche Linie des Herrscherhauses war damit erloschen, nicht aber die weibliche: Die Tochter Roberts, Marjorie, war mit Walter Steward verheiratet und hatte einen Sohn, Robert. Die Verbundenheit der Schotten mit dem Geschlecht der Bruce war so groß, daß sie ihm die Krone anboten. Robert bestieg also im Jahre 1371 den schottischen Thron und wurde somit der erste König des Hauses Stuart (Steward).

Daß die Nachfolger der Templer, die schottischen Freimaurer, dem Geschlecht der Stuarts besonders zugetan waren, versteht sich von selbst. Die Stuarts waren die Nachfolger von Robert I. Bruce, dem unvergeßlichen Schirmherrn der nach Schottland geflüchteten Templer. Es war ihr Tribut an den König, der sie gerettet hatte.

Von dem Tag, als die Stuarts im Jahre 1371 ins Licht der Geschichte traten, bis zum Tod des letzten Stuart hielten ihnen die schottischen Freimaurer die Treue. Sie begleiteten sie ins Exil und scheuten kein Opfer, bis sie selbst ein Opfer der Politik wurden und untergingen.

Heinrich VIII., der »Verteidiger des Glaubens«, war ein eifriger Katholik und ein erbitterter Gegner Luthers, was ihn nicht hinderte, im Jahre 1534 mit Rom zu brechen, als ihm die Erlaubnis, Anna Boleyn zu heiraten, verweigert wurde. Am 27. Dezember 1538 wurde er vom Papst exkommuniziert. Da sich die religiöse Meinung des Königs unter dem Einfluß seiner verschiedenen Gattinnen jeweils änderte, waren seine Opfer einmal die Katholiken und einmal die Protestanten. Der »Verteidiger des Glaubens«, der keinerlei religiöse Überzeugung besaß, konfiszierte die Güter des Klerus und ließ alle enthaupten, die seine Pläne durchkreuzen wollten. Schließlich gründete er eine neue Kirche. Nach dem Tode Eduards VI. verbündete sich Königin Maria Tudor, die älteste Tochter Heinrichs VIII., wieder mit Rom und versuchte, den Katholizismus in England zu stärken. Der Papst verzieh England die Sünden seiner Vergangenheit, und nun wurden die Protestanten verfolgt.

Maria starb im Jahre 1558. Ihre Nachfolgerin, ihre Halbschwester Elisabeth, eine Tochter Heinrichs VIII. und der Anna Boleyn, schlug einen völlig anderen Kurs ein und festigte die Episcopal Church of England, deren Oberhaupt der englische König war, der ebenso absolut herrschte wie der Papst in Rom. Und wieder waren die Katholiken den schwersten Verfolgungen ausgesetzt. Selbstverständlich brach die Königin mit Papst Pius V., der sie 1569 exkommunizierte.

Die Katholiken setzten nun ihre ganze Hoffnung auf die schottische Königin Maria Stuart, in der Annahme, sie werde den englischen Thron besteigen und den Katholizismus wiederherstellen. Aber Maria Stuart konnte nicht einmal ihren schottischen Thron behalten und starb in England im Jahre 1587 auf dem Schafott. Ihr Sohn, Jakob VI. von Schottland, wurde schließlich im Jahre 1603 zum König von Schottland und England gekrönt und nahm den Namen Jakob I. an.

Seine Thronbesteigung weckte bei den Katholiken große Hoffnungen, die sich allerdings nicht erfüllten, denn Jakob verbündete sich mit den Protestanten Englands. Die Verfolgung der Katholiken begann von neuem. Nach dem Tode Jakobs I. im Jahre 1625 wurde sein Sohn, Karl I., König. Auf seine Anordnung hin sollte das *commun prayer book* in allen Kirchen Schottlands eingeführt werden, die Schotten jedoch revoltierten und weigerten sich kategorisch, die englische Episkopalkirche anzuerkennen. Im Jahre 1641 waren es die Katholiken Irlands, die sich erhoben. 8000 Protestanten wurden überfallen und getötet (anderen Quellen zufolge waren es 200 000), ein folgenschweres Ereignis, denn nun wurde ganz England von einer Welle des Papistenhasses erfaßt. Im Jahre 1649 wurde Karl I. als »öffentlicher Feind der Nation« enthauptet. Damit wurde ein Schlußpunkt unter dieses Kapitel der Geschichte gesetzt: die Stuarts mußten ins Exil gehen. Henriette von Frankreich, seine Witwe, zog sich mit ihren beiden Kindern, den künftigen Königen Karl II. und Jakob II., ins Schloß von St. Germain in Frankreich zurück.

Die im Exil lebenden Stuart-Anhänger (Adelige und Militärs waren den Stuarts freiwillig gefolgt) gründeten spontan mehrere Militärlogen als Deckorganisation für ihre Tätigkeit und konnten so ständig den Kontakt mit den in Schottland zurückgebliebenen Stuartisten aufrechterhalten. Obwohl diese ersten Logen schon 1649 entstanden sind, trat die Freimaurerei in Frankreich erst im Jahre 1725 öffentlich auf den Plan. Zahlreichen Autoren zufolge griffen die schottischen Freimaurer damals auf die Hiramlegende zurück, um das Geheimnis ihrer Paßworte zu wahren und um ihre Tätigkeit zu verschleiern. Die Ermordung Hirams bezeichnete die Hinrichtung Karls I., Henriette von Frankreich wurde die »Witwe« und die Prinzen Karl und Jakob wurden »Kinder der Witwe« genannt. In der Folge bezeichnete dieser Ausdruck alle Anhänger des Hauses Stuart.

In England gelang es auch der Republik Cromwells (1649–1658) nicht, die Ruhe wiederherzustellen, und die Lage wurde nach der Rückkehr der Stuarts kaum besser. Karl II., der offiziell Anglikaner war, bekannte sich erst auf dem Totenbett öffentlich zum Katholizismus. Sein Bruder und Nachfolger, Jakob II., war ein eifriger Katholik. Unter seiner Regierung begann die Verfolgung der Protestanten und Anglikaner von neuem, was schließlich die ganze Nation gegen ihn einnahm, so daß er sich gezwungen sah, nach Frankreich zu fliehen und im Jahre 1689 dem kalvinistischen Gatten seiner Tochter Maria II. Stuart, Wilhelm III. von Oranien, Platz zu machen.

Die Thronbesteigung Wilhelms III. führte in England zu einer neuerlichen Kursänderung. Ein Toleranzgesetz wurde erlassen, das allen Religionsgruppen, mit Ausnahme der Katholiken, Religionsfreiheit gewährte. Die Katholiken wurden für vogelfrei erklärt und konnten daher kein öffentliches Amt bekleiden. Ein Katholik war ein christian of low hand, also ein Christ niederer Kaste, ein Bürger ohne politische Rechte. Auf Grund der Act of Settlement vom Jahre 1701 war es einem Katholiken untersagt, den Thron zu besteigen.

Nach dem Tode Wilhelms III. (1702) folgte ihm auf Beschluß des Parlamentes seine Schwägerin Anna Stuart: Sie vereinigte Schottland und England zum Königreich Großbritannien.

Königin Anna starb, ohne einen direkten Erben zu hinterlassen. Sie bestimmte den Kurfürsten von Hannover zu ihrem Nachfolger, der mit dem Hause Stuart durch seine Mutter Sophie, eine Enkelin Jakobs I., verwandt war und bei seiner Thronbesteigung (1714) den Namen Georg I. annahm. Er war durchschnittlich begabt und schwach, und der Augenblick, die Stuarts wieder in ihre Rechte einzusetzen, schien überaus günstig. Jakob der »Prätendent« versuchte, seine Ansprüche geltend zu machen, aber seine Hoffnungen wurden rasch enttäuscht. Im Frieden zu Utrecht entzog ihm Ludwig XIV. seine Unterstützung und bestätigte feierlich die Thronfolge des Hauses Hannover.

Die Tätigkeit der Freimaurerei

Die englische Geschichte des 16., 17. und 18. Jahrhunderts ist mit Blut geschrieben. Seit 1533, als Heinrich VIII. die Religion zum Werkzeug seiner persönlichen Pläne machte, bis zum Tode Jakobs, des letzten Kronprätendenten des Hauses Stuart (1766), also 233 Jahre lang, brachten sich die Engländer der verschiedenen Konfessionen gegenseitig um und litten abwechselnd für ihren Glauben.

Im großen und ganzen sah die Karte der religiösen Konfessionen um die Mitte des 17. Jahrhunderts in Europa einigermaßen seltsam aus. Die Katholiken beherrschten Frankreich, die Anglikaner England, die Lutheraner und die Kalvinisten Deutschland, die Lutheraner die skandinavischen Länder, die Katholiken der Orientalischen Kirche Rußland, die Kalvinisten die Schweizer Kantone. Katholiken, Anglikaner, Lutheraner, Kalvinisten, Presbyterianer, Unitarier, Baptisten und Quäker beriefen sich alle auf denselben Gott und waren trotzdem Todfeinde.
Damals gab die Freimaurerei kaum Lebenszeichen. Sie existierte zweifellos in Schottland. Sie arbeitete im verborgenen und war schon lange nicht mehr rein operativ, wie die Manuskripte beweisen. Doch sie war noch nicht öffentlich auf den Plan getreten.
Trotz der engen Bindungen, die zwischen den katholischen schottischen Freimaurern und dem Hause Stuart bestanden, begünstigte die Thronbesteigung Jakobs I. im Jahre 1603 die Gründung der Freimaurerei in England nicht. Die Freimaurer wollten mit den Engländern nichts zu tun haben: Sie hatten es abgelehnt, Heinrich VIII., den sie als Verräter und Ketzer betrachteten, anzuerkennen und waren dem Hause Stuart treu geblieben, ohne Schottland zu verlassen.
Die Steinmetzenzünfte wurden wegen ihres hohen Ansehens von allen politischen Regimen umworben. Durch die regelmäßige Aufnahme hochgestellter Persönlichkeiten hatte sich die Zahl der Werkmaurer verringert, ohne daß dadurch der Einfluß der Logen geschmälert worden wäre. Im Gegenteil, als sich die politischen und religiösen Kämpfe verschärften, bemühten sich die Könige ebenso wie die Kirche, die Maurer für sich zu gewinnen.
Jakob I. nannte sich »Schirmherr« der Maurerei, aber seine Geste hatte nicht den erhofften Erfolg. Die katholische schottische Freimaurerei blieb ihrem Glauben treu und weigerte sich, Schottland zu verlassen. Allmählich breitete sie sich gleichwohl in England aus, was unvermeidlich war, denn die beiden Länder grenzen aneinander, und die Mitglieder der Steinmetzenzünfte reisten viel. So konnte es nicht ausbleiben, daß sie die *craft*

guilds in England oder die *Steinmetzen-Brüderschaften* in Deutschland beeinflußten.
In Schottland bestand die Freimaurerei weiter, ohne ihre handwerkliche Tätigkeit aufzugeben. Zwei Jahrhunderte lang standen Mitglieder des Hauses St. Clair von Rosslyn, die Jakob II. durch eine Verfügung als Großmeister eingesetzt hatte, an der Spitze der schottischen Steinmetzenzunft.
Ein unvorhergesehenes Ereignis sollte der Freimaurerei in England bald neuen Auftrieb geben.

Die Freimaurerei in England

Im Jahre 1666 wurde London durch eine Feuersbrunst zerstört. Ungefähr 15 000 Häuser und mehr als hundert Kirchen wurden ein Raub der Flammen, London lag in Schutt und Asche. Für den Wiederaufbau der Stadt benötigte man Tausende Bauleute, die aus allen Nachbarländern herbeiströmten. Die Schotten waren unter den ersten, die kamen.
Man weiß nicht genau, ob sie organisiert waren oder ob sie sich erst in London organisierten, aber es ist sicher, daß sie ihre Loge hatten.
Die Freimaurer griffen schon nach kurzer Zeit ins politische Geschehen Englands ein und stellten sich immer auf die Seite desjenigen, dessen Sache sie in Schottland verfochten. Ein Teil der katholischen schottischen Adeligen, die nach der Enthauptung Karls I. und der Machtübernahme Cromwells ins Exil gehen mußten, folgten den Stuarts nach Frankreich, ein Teil aber blieb in England.
Berichte, denen zufolge Cromwell sich in eine Loge aufnehmen ließ, um die englische Freimaurerei für seine politischen Zwecke auszunützen, sind nicht bewiesen. Sicher ist hingegen, daß die Freimaurer sich politisch betätigten, wie auch die Tatsache, daß trotz der Verfolgung der Katholiken alle Freimaurerlogen katholisch geblieben sind. Die Logen blieben nicht nur dem Hause Stuart und der katholischen Kirche treu, sondern gingen sogar so

weit, Katholiken Asyl zu gewähren. Cromwell soll, um ein Gegengewicht zu schaffen, in England protestantische Logen gegründet haben, aber auch das ist nicht bewiesen.
Nach dem Tode Cromwells bestieg Karl II. den Thron. Mit ihm kamen die Freimaurer, die ihm ins Exil gefolgt waren. Es versteht sich von selbst, daß die Freimaurer unter dem Schutz des Königs standen und ihn sogar, laut Anderson, in eine Loge aufnahmen. Die katholische Freimaurerei Englands genoß diese Sonderstellung bis zur Vertreibung Jakobs II., des Nachfolgers Karls II. Zum zweiten Mal folgten die Freimaurer, wie schon im Jahre 1649, dem Königshaus ins Exil. Jakob II. zog sich im Jahre 1689 nach St. Germain zurück, und die schottischen Militärs seines Gefolges gründeten dort bald darauf eine Loge.
Diesmal war die Vertreibung der Stuarts endgültig. Den katholischen Stuarts gelang es nicht mehr, den Thron Schottlands und Englands zurückzugewinnen. Der fehlgeschlagene Versuch Karl Eduards bei Culloden (1746) besiegelte ihr Schicksal für immer. Dieses Ereignis entmutigte die schottischen Freimaurer keineswegs, sondern spornte sie im Gegenteil an. Die Logen bestanden nicht nur weiter, es entstanden sogar mehrere neue, wie die Loge »Saint-Thomas« in Saint-Germain-en-Laye, die Loge »La Constance« in Arras, die Loge »Amitié et Fraternité« in Dünkirchen, usw. Auch wenn es damals nur relativ wenige Freimaurer gab, so war ihr Einfluß auf das politische Geschehen nicht unbeträchtlich. Als Gegenpol zu diesem Machtfaktor, dessen sich die Stuarts so gut zu bedienen wußten, betrieb Wilhelm III. die Gründung einer neuen Loge: So entstand 1691 die protestantische Loge »St. Paul« der Orangisten, der Wilhelm III. im Jahre 1694 weniger aus humanistischen als aus politischen Gründen beitrat. Die Auswirkungen wurden alsbald spürbar. Mehrere Logen stellten sich unter seinen Schutz. Die englische Freimaurerei begann, sich dem Protestantismus zuzuwenden. Der Wunsch, die bisherige Vormachtstellung der Katholiken in den Logen zu untergraben, erklärt das plötzliche Interesse für die Freimaurerei. Trotz des königlichen Schutzes und obwohl sich viele Protestanten, die nach der Aufhebung des Ediktes von Nantes aus Frankreich

flüchten mußten, der Bewegung anschlossen, gab es nur wenige protestantische Logen, deren Existenz in London belegt werden kann. Es finden sich nur zwei Notizen, die auf eine Beziehung zwischen diesen Logen hinweisen. Die erste, im Roberts-Manuskript von 1722, besagt, daß am 8. Dezember 1663 eine Generalversammlung stattgefunden habe, die die geltenden Old Charges durch zusätzliche Beschlüsse ergänzt habe. Eine zweite Versammlung soll am 18. Mai 1691 in London stattgefunden haben. John Aubrey spricht in seiner »Natural History of Wiltshire« (1847) von einer Versammlung der Accepted Masons in der Pauls-Kathedrale, bei der Sir Christopher Wren und Sir Henry Goodric als Brüder aufgenommen wurden. Diese Behauptung ist sehr umstritten. Knoop und Jones sind in der Tat der Ansicht, John Aubrey sei hier ein Irrtum unterlaufen.

Die Gründung der Großloge von England

Mit dem Jahr 1717 beginnt ein neues Kapitel der Freimaurergeschichte, denn in diesem Jahr wurde die erste Großloge, nämlich die Großloge von England gegründet.
Es gibt leider nur wenige Urkunden, die über dieses Ereignis berichten. Die erste, auf die sich die Geschichtsschreibung im allgemeinen stützt, ist Andersons *Neues Konstitutionenbuch* von 1738, in dem die Gründung der Großloge kurz erwähnt wird. Im Jahre 1764 erschien das Buch eines anonymen Autors, *The Compleat Freemason or Multa Paucis for Lovers of Secrets*, dem zufolge nicht vier, sondern sechs Logen an der Gründung der Großloge beteiligt gewesen seien.[1] Zusätzliche Informationen liefern uns schließlich die Aufzeichnungen des Doktor William Stukeley, die erhalten geblieben sind.
Nicht so sehr wegen der Gründung der ersten nationalen Großloge, zu der sich die ehemaligen Einzellogen zusammenschlossen, ist das Jahr 1717 von entscheidender Bedeutung, sondern vor allem deshalb, weil die Freimaurerei damals ihre heutige Gestalt annahm, also rein spekulativ wurde.[2]

Einer der seriösesten Geschichtsschreiber der Freimaurerei, Eugen Lennhoff, gibt zu, daß man nicht mit Sicherheit sagen kann, wann und wie sich der Übergang von den Steinmetzenbruderschaften zur spekulativen Mauererei vollzog.[3]

Beinahe alles, was bisher Gegenstand des vorliegenden Buches war, ist reine Vermutung. Die Ereignisse vor der Gründung der Großloge von England im Jahre 1717 sind und bleiben für immer unklar, ebenso wie die Übergangsphase von der operativen zur spekulativen Maurerei. Mit dem Jahr 1717 ist das vorgeschichtliche Stadium der Freimaurerei zu Ende, sie ist ins Licht der Geschichte getreten.

Doch der Vorhang hebt sich nur zögernd, denn auch die Ereignisse des Jahres 1717 sind uns nur teilweise bekannt. Weder das von der Versammlung der vier Gründerlogen ausgefertigte Protokoll vom 24. Juni 1717 noch die fünf weiteren sind erhalten. Ab 1723 wird die Geschichte des Ordens klarer, weil die Sitzungsprotokolle überliefert sind.

Gewisse Indizien lassen den Verdacht aufkommen, daß der Bericht Andersons über die Geschehnisse des Jahres 1717 nicht allzu genau ist und daß außer den vier Logen, die er erwähnt, zumindest noch eine fünfte an der Logengründung beteiligt war. Die Konstitutionen von 1738 bleiben dessenungeachtet die wichtigste Informationsquelle über die Ereignisse des Jahres 1717. Ihnen ist der folgende Bericht über die ersten sechs Jahre der spekulativen Maurerei entnommen.

König Georg I. hielt am 20. September 1714 seinen Einzug in London, und als der Aufstand im Februar 1717 vorüber war, beschlossen die wenigen Logen in London, da sie sich von Sir Christopher Wren, dem Erbauer der Pauls-Kathedrale, vernachlässigt fühlten, sich unter einem Großmeister zu vereinigen.

Sie und einige andere langjährige Brüder versammelten sich in einem Gasthaus in Covent Garden und konstituierten sich unter dem Vorsitz des ältesten Meisters als Großloge *pro tempore*. In der Folge beschlossen sie, jährlich eine Versammlung und ein Fest abzuhalten und dabei einen Großmeister aus ihrer Mitte zu wählen. Die Versammlung fand im Wirtshaus »Goose and Gridiron« am 24. Juni 1717, am Johannistag, statt. Vor dem Essen schlug der älteste Maurermeister als Vorsitzender eine Liste von Kandidaten vor, und die Brüder wählten Anthony Sayer zum Großmeister der Maurer.

Von *Anthony Sayer*, der hier zum ersten Mal in der Geschichte der Freimaurerei auftaucht, weiß man wenig. Er führte den Titel »Gentleman« und war auch sicher dazu berechtigt. Das ist aber auch schon beinahe alles, was wir über ihn wissen. Sein Name findet sich am 21. April 1730 wieder. Damals befand er sich allem Anschein nach in mißlichen Verhältnissen, denn er wandte sich an die Großloge um Unterstützung und erhielt von ihr umgehend eine Zuwendung von 15 Pfund.

In der nächsten Versammlung, die am 24. Juni 1718 am gleichen Ort stattfand, erklärte Bruder Sayer nach Auszählung der Stimmen *George Payne* zum Großmeister. Weiters wurden zwei Aufseher bestimmt, von denen der eine Zimmermann und der andere Steinmetz war. Er forderte die Brüder auf, alte Schriften und Protokolle der Maurerei beizubringen, so daß im Laufe des Jahres mehrere alte Abschriften der mittelalterlichen Konstitutionen erworben werden konnten.

Der zweite Großmeister der Großloge war eine Persönlichkeit, von der man mehr weiß; er spielte bis ans Ende seiner Tage eine aktive Rolle in der Freimaurerei.

Bei ihrer Entstehung war die Großloge von England ziemlich unbedeutend. Die Anzahl der Maurer war gering, die einzelnen Logen zählten – mit einer Ausnahme – kaum mehr als zwanzig Mitglieder. Ihre Einkünfte waren zweifellos mager, denn der Großmeister war nur ein »Gentleman«, ein kleiner unbekannter Bürger, der auf den Adel und das reiche Bürgertum kaum sehr anziehend wirkte.

Wenn wir Andersons *Konstitutionen* Glauben schenken, so konnte die Großloge jahrelang nicht das geringste Wachstum verzeichnen. Ein Arzt, ein gewisser William Stukeley, ein Mitglied der Royal Society, dessen Aufzeichnungen erhalten sind, schreibt, er sei der erste gewesen, der nach der Gründungsakte von 1717 in die Großloge aufgenommen wurde. Er war beigetre-

ten, weil er sich Aufschluß über die alten Mysterien erhoffte. Er behauptete, es habe damals so wenige Freimaurer gegeben, daß man manchmal Mühe hatte, die für eine Sitzung notwendige beschlußfähige Anzahl zusammenzubekommen.
Durch die Gründungsakte von 1717 erfuhr die Bewegung einen ungeheuren Aufschwung. Wie bereits erwähnt, begeisterten sich die Engländer im 17. und 18. Jahrhundert für die Geheimwissenschaften. Die Magie, die Alchimie, die Astrologie waren in Mode, die Geheimgesellschaften schossen wie Pilze aus dem Boden. Oft wurden sie auch von Abenteurern ins Leben gerufen, die aus dem Interesse der Öffentlichkeit Nutzen ziehen wollten.
Da die Freimaurerei von einem Geheimnis umgeben war, zog auch sie die Aufmerksamkeit der Neugierigen auf sich. Man wollte durchaus nicht begreifen, daß sie trotz ihrer Zurückhaltung nur rein soziale Zwecke verfolgte. Man wollte auch nicht glauben, daß für die Mitglieder dieser Elitegesellschaft die »Suche nach dem Stein der Weisen« das Streben nach Vollkommenheit bedeutete und nichts mit Alchimie zu tun hatte.
Trotz solcher Widrigkeiten erfuhr die Freimaurerei innerhalb kürzester Zeit einen ungeahnten Aufschwung, und es entwickelte sich eine völlig uneigennützige Bewegung, die weder die Entdekkung einer neuen, sklavenliefernden Kolonie pries, noch die Suche nach dem Stein der Weisen der Alchimisten, noch Zauberformeln, einen Liebestrank oder ein Wundermittel, sondern abstrakte Begriffe, die übrigens von den meisten Machthabern der damaligen Zeit abgelehnt wurden.
Die Freimaurerei bekannte sich offen zum Begriff der Humanität. Leute, die sich ihr aus anderen Gründen anschlossen, mußten bald den Sinn der Ermahnung erkennen, die bei ihrer Einweihung an sie gerichtet wurde: »Wenn dich die Neugier hierhergeführt hat, dann geh!« Es steht außer Zweifel, daß die Leute, die in den Logen blieben, aufrichtige, vom humanistischen Streben erfüllte Idealisten waren. Die Freimaurerei gewann immer mehr Anhänger, nicht weil sie sich mit einem Geheimnis umgab, sondern weil ihr die Gewissenserweckung und das Erwachen des Humanitätsgedankens zustatten kam.

»Die Freimaurerei«, schreibt Bernard Fay, »hat etwas Seltsames und Ungewöhnliches, das mit ihrem Ernst und ihrem sittlichen Streben im Einklang steht; sie ist keine Partei, keine Sekte, keine Korporation, keine Akademie, obwohl sie alles gleichzeitig ist; vor allem aber ist sie eine apostolische Gesellschaft. Sie lehrt und leitet ... Sie hilft und lindert das Elend dank ihrer aus dem Innersten kommenden Nächstenliebe und ihrer organisierten Kameradschaft. Sie bietet, was früher die Kirche bot ... aber sie tut es auf eine ungewöhnliche, ritterliche, schöngeistige Weise, die man bei den Religionen schon seit langem vermißt.«[4]
Trotz der Bedeutung, die der Großloge von London zukommt, war sie nicht die erste, die zusammentrat. Auch hier fehlen die Beweise, aber die Loge von York behauptet, daß die erste Generalversammlung in dieser Stadt stattgefunden habe. Von schottischer Seite wird übrigens angenommen, daß am 28. Dezember 1598 in Edinburgh unter dem Vorsitz von William Schaw, Leiter des gesamten Bauwesens des Königs, eine Versammlung stattgefunden habe, an der fast alle Großmeister teilnahmen. Damals soll auch das Schaw-Manuskript entstanden sein.
Es heißt, daß auch in England vor dem Jahr 1717 Versammlungen stattgefunden hätten. Das Roberts-Manuskript von 1722 erwähnt eine Versammlung am 8. Dezember 1663, auf der die neuen Konstitutionen beraten und gebilligt wurden. Auch Anderson erwähnt sie, verlegt sie aber – aus Achtung vor der Tradition – auf den 27. Dezember, da an diesem Tag das Fest des Evangelisten Johannes begangen wurde.
Eine weitere große Versammlung soll am 18. Mai 1691 in London stattgefunden haben, was Knoop und Jones nachdrücklich in Abrede stellen. Auf dieser Versammlung soll Sir Christopher Wren eingeweiht worden sein.
Mangels Beweisen ist man übereingekommen, die Versammlung von 1717 als die erste anzusehen, auch wenn die ersten Protokolle der Großloge von London unauffindbar bleiben. Es wäre aber ungerecht, der Großloge von York die ihr zukommende Bedeutung abzusprechen. Immerhin besitzen wir eine Urkunde, aus der hervorgeht, daß sie ihre eigene Verfassung hatte, die sich *Old*

Rules of the Grand Lodge at York 1725 nennt und sich auf Logengesetze stützt, die schon lange vor der Gründung der Großloge von England gültig waren. Am 24. Juni 1719 wurde auf der dritten Versammlung im Wirtshaus »Goose and Gridiron« ein gelehrter Geistlicher, John Theophilus Desaguliers, zum Großmeister gewählt. Sein Vater, ein protestantischer Geistlicher, war nach der Aufhebung des Edikts von Nantes nach England ausgewandert. Unter Desaguliers schlug die Großloge von England völlig neue Wege ein. Die Richtlinien wurden klar umrissen, die Ideen, zu denen man sich schon immer bekannte, wurden Grundgesetze, und Abweichungen, die ständig Gegenstand heftiger Kritik waren, wurden ausgemerzt. Im Sturm der Religionskriege war die Freimaurerei ein Hort der Toleranz. Man kann ohne Übertreibung sagen, daß die Stärkung der Großloge und ihr spektakulärer Aufschwung hauptsächlich das Verdienst Desaguliers waren.

Er gewann viele einflußreiche Persönlichkeiten für die Freimaurerei, unter anderem auch bei einer Reise nach Holland den Herzog von Lothringen, den künftigen Großherzog von Toskana, was bei der Verurteilung der Freimaurerei eine wichtige Rolle spielen sollte.[5]

Die Versammlung, die am 24. Juni 1720 zusammentrat, wählte George Payne neuerdings zum Großmeister. In diesem Jahr wurden in mehreren privaten Logen Manuskripte von unschätzbarem Wert »allzu eilfertig« von einigen »übereifrigen« Brüdern verbrannt, da sie fürchteten, daß »sie in fremde Hände fallen könnten«. Damit sind wichtige Unterlagen über die Bruderschaft, die Logen, ihre Satzungen, ihre Geheimnisse und ihr Brauchtum für immer verlorengegangen.

Am 24. Juni 1721 wählte die Großloge ihren ersten adeligen Großmeister, Herzog John von Montagu, dem zwei Jahre später Herzog Philipp Wharton folgte.

Unbestreitbar genoß ein Freimaurer von diesem Augenblick an großes Ansehen, und die Adeligen strömten in Scharen in die Logen.

Der Großloge von England gehörten damals bereits 16 Logen

an. Sie war damit in ihrem Bestand gefestigt und unternahm weitere wichtige Schritte von gleicher – oder noch größerer – Tragweite als im Jahr 1717.

Die Konstitutionen von 1723

Am 29. September 1721 beauftragte die Großloge den Pastor James Anderson, das *Neue Konstitutionenbuch* zu verfassen.
Der berühmte und angesehene Reverend Anderson, Doktor der Philosophie und Doktor der Theologie, wurde 1680 in Aberdeen geboren und war schon in Schottland Freimaurer geworden. Er übersiedelte später nach London. Bei der Gründung der Großloge im Jahre 1717 war er nicht anwesend, aber er spielte bald darauf in der englischen Freimaurerei eine bedeutende Rolle. Mit der Arbeit, die man ihm anvertraute, sollte er in die Annalen der Freimaurerei eingehen. Er machte sich unverzüglich ans Werk, und das neue Konstitutionenbuch, dessen Originaltext mehrmals überarbeitet wurde, erschien am 28. Februar 1723.
Das Buch hat den Titel »THE CONSTITUTIONS OF THE FREEMASONS, CONTAINING THE History, Charges, Regulations, &c. of that most Ancient and Right Worshipful FRATERNITY, For the Use of the LODGES.« Das Vorwort mit Widmung an den Großmeister der Großloge, Herzog von Montagu, war von J. T. Desaguliers, Deputy Grand Master, unterzeichnet, der darauf hinweist, daß das Buch auf der Grundlage alter Dokumente entstanden sei und daß sich der Autor bemüht habe, einen genauen Bericht über die Geschichte der Freimaurerei zu geben und das Wesentliche der alten Konstitutionen beizubehalten. Man behauptet, daß 14 Brüder Reverend Anderson beim Sammeln der alten Satzungen und bei der Abfassung der neuen geholfen hätten, wir erlauben uns aber, daran zu zweifeln. Ihre Mitarbeit war auf jeden Fall nur von untergeordneter Bedeutung.
Der Verfasser des Vorwortes, John Theophilus Desaguliers, wurde 1683 in La Rochelle, in Frankreich, geboren. Er wurde an

der Oxforder Universität promoviert und erwarb sich rasch einen ausgezeichneten Ruf als Gelehrter. Als fellow wurde er in die Royal Society aufgenommen und wurde ein Freund Newtons. 1719 wurde er Großmeister der Großloge von England. Seine wissenschaftliche Laufbahn war von Erfolg gekrönt: Durch die Veröffentlichung zahlreicher wissenschaftlicher Werke wurde er einer der Pioniere der Elektrizität. Bis zu seinem Tode im Jahre 1744 spielte er in der Freimaurerei eine wichtige Rolle.

Die Pflichten nach den Konstitutionen von 1723

Das *Neue Konstitutionenbuch* beginnt mit einer völlig wertlosen Chronik der Freimaurerei. Von Begeisterung erfaßt, läßt der Autor die Freimaurerei mit Adam beginnen, der seinen Sohn Kain die Geometrie lehrte, damit er eine Stadt bauen könne. Die Geschichte führt dann über Noah, die Ägypter, die Griechen und die Römer nach England, kurz, der Autor scheut keine Übertreibung und vermengt die Geschichte des Ordens unbekümmert mit der Weltgeschichte.
Bedeutend ist hingegen jener Teil, der von den Pflichten oder Aufgaben der Freimaurer handelt und die allgemeinen Regeln des Ordens darlegt.

Die Hauptstücke lauten:

I. Von Gott und der Religion
II. Von der bürgerlichen Obrigkeit, der höchsten und der untergeordneten
III. Von den Logen
IV. Von den Meistern, Aufsehern, Gesellen und Lehrlingen
V. Von dem Verhalten der Zunft bei der Arbeit
VI. Von dem Betragen
  1. Betragen in der Loge, wenn sie geöffnet ist.
  2. Betragen, wenn die Loge vorüber ist, die Brüder aber noch nicht auseinandergegangen sind.

3. Betragen, wenn Brüder zusammenkommen, ohne daß Fremde zugegen sind, doch nicht in einer förmlichen Loge.
4. Betragen in Gegenwart von Fremden, welche nicht Maurer sind.
5. Betragen zu Hause und in Eurer Nachbarschaft.
6. Betragen gegen einen fremden Bruder.

Das erste Hauptstück über Gott und die Religion hat folgenden Inhalt:

»Der Maurer ist durch seinen Beruf verbunden, dem Sittengesetz zu gehorchen, und wenn er seine Kunst recht versteht, wird er weder ein dummer Gottesleugner (stupid Atheist) noch ein Wüstling ohne Religion (irreligious libertine) sein.
Aber obgleich in alten Zeiten die Maurer verpflichtet waren, in jedem Lande von der jedesmaligen Religion des Landes oder der Nation zu sein, so hält man es doch jetzt für ratsam, sie bloß zu der Religion zu verpflichten, in welcher alle Menschen übereinstimmen und jedem seine besondere Meinung zu lassen, das heißt, sie sollen gute und wahrhafte Männer sein, Männer von Ehre und Rechtschaffenheit, durch was für Sekten und Glaubensmeinungen sie auch sonst sich unterscheiden mögen. Hierdurch wird die Maurerei ein Mittelpunkt der Vereinigung und ein Mittel, treue Freundschaft unter Personen zu stiften, welche sonst in ständiger Entfernung voneinander hätten bleiben müssen.«

Das zweite Hauptstück von der bürgerlichen Obrigkeit, von der höchsten und der untergeordneten, legt folgende Pflichten fest:
»Der Maurer ist ein friedfertiger Untertan der bürgerlichen Gewalt, wo er auch wohnet und arbeitet, und muß sich nie in Meuterei oder Verschwörung gegen den Frieden und die Wohlfahrt der Nation einlassen, noch sich pflichtwidrig gegen die Unterobrigkeit betragen.
Denn gleichwie Krieg, Blutvergießen und Verwirrung der Maurerei immer nachteilig gewesen sind, so waren auch vor alters Könige und Fürsten sehr geneigt, die Zunftgenossen ihrer Fried-

fertigkeit und Treue wegen, wodurch sie den bösen Leumund ihrer Gegner mit der Tat widerlegten, aufzumuntern und die Ehre der Brüderschaft zu fördern, welche immer in Friedenszeiten blühte.«

Das Buch schließt mit der noblen Empfehlung:
»Endlich: Alle diese Vorschriften habt Ihr zu befolgen, wie auch diejenigen, welche Euch auf einem anderen Wege kundgemacht werden. Übt brüderliche Liebe, den Grund- und Schlußstein, den Kitt und Ruhm der alten Bruderschaft. Vermeidet allen Zank und Streit, alle Lästerungen und Afterreden. Auch erlaubet nicht, daß andere einen rechtschaffenen Bruder verleumden, sondern verteidigt seinen Ruf und leistet ihm alle guten Dienste, soweit es mit Eurer Ehre und Wohlfahrt bestehen kann, aber nicht weiter.«[5a]

Bei der Lektüre der Konstitutionen erhebt sich die Frage, ob es sich tatsächlich um die Grundsätze der Freimaurerei oder um einen Köder handelt, um die Öffentlichkeit zu täuschen. Nichts berechtigt offenbar zu dieser zweiten Annahme. Die Konstitutionen sind unstreitig die echten Grundgesetze der Freimaurerei. Was aber ist nun mit dem berühmten Geheimnis, um dessentwillen man die Freimaurer anklagt und verurteilt? Worauf gründen sich Verdacht und Beschuldigungen? Ist es die Initiation? Die maurerische Initiation ist nicht mehr und nicht weniger esoterisch als diejenige der Malteserritter oder der Columbusritter und ist sicher weniger mystisch und weniger formell als die der Jesuiten. Die Symbolik? Ist sie hermetischer, geheimnisvoller oder symbolischer als die Feier des Abendmahls? Der Eid? Ist er tiefgehender, mysteriöser oder bindender als der des Gläubigen?
»Um sich zur natürlichen Gleichheit zu bekennen und menschliche Brüderlichkeit zu üben, brauchte man nicht so viel Geheimnis«, wendet Alec Mellor ein.[6] Er hätte sicherlich recht – wenn er nicht verschweigen würde, daß die Freimaurer sich mit einem Geheimnis umgeben mußten, um den Verfolgungen zu entgehen. Nicht wegen ihrer Geheimnisse wurden sie verfolgt, sondern wegen der Verfolgungen umgaben sie sich mit Geheimnissen.

Alle diese Fragen sollten allerdings erst einige Jahre später spruchreif werden, als nämlich die Verfolgungen einsetzten.
Im Augenblick war alles ruhig. Das Buch Andersons setzt sich eindeutig mit bereits bekannten Gedanken auseinander, die zwar oft proklamiert, aber nur selten veröffentlicht wurden.
Das erste Hauptstück enthält bereits mehrere: den Gedanken einer Religion, »in der alle Menschen übereinstimmen«, den Toleranzgedanken und den Begriff der Religionsgleichheit, die alle drei von der katholischen Kirche verurteilt und bekämpft wurden. Das »Geheimnis« der Freimaurerei lag nun offen zu Tage und in gewissem Sinne lieferte Anderson die Waffen, die die Feinde der Freimaurerei später im Kampf gegen den Orden einsetzen sollten.

Die Abkehr vom Katholizismus

Anderson wird oft beschuldigt, er habe den Orden protestantischen Einflüssen geöffnet. Vom katholischen Standpunkt aus ist dieser Vorwurf sicher gerechtfertigt. Tatsächlich sind die Konstitutionen das Werk eines protestantischen Pastors, der ein glühender Verfechter seiner Religion war, und John Theophilus Desaguliers, der sie angeregt hatte, war ein Hugenotte, der von den Katholiken verfolgt wurde und deshalb sein Vaterland verlassen mußte. Es ist also verständlich, daß er gegen den Katholizismus revoltierte. Die Pflichten in bezug auf Gott und die Religion sind in einem eher protestantischen Sinne deistisch; der Geist und das Gedankengut sind christlich, nicht aber katholisch. Ohne Zweifel haben die neuen *Konstitutionen* den bisherigen Religions- und Gottesbegriff stark modifiziert; der rein katholische Charakter der *Old Charges* sollte sich fortan grundlegend wandeln.
Trotz der Zerstörung alter Urkunden jeder Art besitzt die Freimaurerei heute dank intensiver Forschungsarbeit ungefähr hundert alte Manuskripte, die im allgemeinen *Old Charges* genannt werden und die man an den verschiedensten Orten Schottlands

und Englands entdeckte. Es ist also leicht, die neuen, von Anderson aufgezählten Pflichten mit den alten zu vergleichen. Fast alle diese Manuskripte beginnen mit einer Abhandlung über die »sieben freien Künste«, unter denen die Geometrie einen Ehrenplatz einnimmt. Es folgt eine Aufzählung historisch bedeutsamer Persönlichkeiten, die diese Kunst beherrschten und den Tempel sowie alle anderen Bauwerke errichteten, die Beweise der Bildung und Gelehrsamkeit der Steinmetzenzünfte darstellen.

Man unterscheidet allgemein sechs Gruppen von Manuskripten:
1. das Regius-Manuskript oder Halliwell-Manuskript aus der zweiten Hälfte des 14. Jahrhunderts;
2. die drei Cooke-Manuskripte vom Anfang des 15. Jahrhunderts;
3. die fünf Manuskripte der Plot-Familie (1686);
4. die ungefähr 70 Manuskripte der Großlogenfamilie;
5. die sechs Manuskripte der Roberts-Familie;
6. die sechs Manuskripte der Spencer-Familie.

Die wahrscheinlich älteste Handschrift ist die Urkunde, die James Orchard Halliwell, ein Londoner Altertumsforscher, entdeckte. Sie erhielt den Namen Halliwell-Manuskript oder Regius-Manuskript. Der vollständige Titel lautet: Hic incipiunt constitutiones artis Geometriae secundum Euclidem. Alle, die das Manuskript vor seiner offiziellen Entdeckung zu Gesicht bekamen, ließen sich von diesem Titel irreführen: sie meinten eine Abhandlung über Geometrie vor sich zu haben. Die Handschrift, deren Abfassung in die Jahre 1356–1400 verlegt wird, erschien in Halliwells Buch »The Early History of Freemasonry in England« (1840).
Die Handschrift ist in 15 Artikel und 15 Punkte unterteilt. Die 15 Artikel enthalten die Pflichten der Maurer. Nacheinander werden Fragen abgehandelt wie Gottesfürchtigkeit, Unsterblichkeit, Bruderliebe, Redlichkeit, Geheimhaltung, Gleichheit, rechtes Betragen, Selbstachtung usw. In den nächsten Abschnitten folgten die Legende von den Vier Gekrönten sowie Erzählungen über die Sintflut, den Turmbau zu Babel und König Nabuchodo-

nosor usw. Es finden sich weder Symbole, noch ein Hermetismus, noch ein Geheimnis, das sich nicht auf handwerkliche Fragen bezieht.

Aus derselben Zeit stammt eine Urkunde, die unter der Bezeichnung »Ordenunge der Steinmetzen zu Straßburg« (1459) bekannt ist. Sie wurde von Abbé Grandidier entdeckt, der sie zwar in seinem Werk erwähnt, aber nicht veröffentlicht. (Sie sollte erst 1819 veröffentlicht werden.) Nach dem Vorbild dieser Ordnungen entstanden auch die Ordnungen von Torgau (1462), die sich die Steinmetzen Nord- und Ostdeutschlands gaben, da sie an der Versammlung, auf der die Straßburger Ordnungen zustandekamen, nicht teilnehmen konnten. Das zweitälteste Manuskript wurde von Matthew W. Cooke aus London entdeckt und stammt wahrscheinlich aus dem Jahre 1481.[7] Es wurde 1861 veröffentlicht und enthält die althergebrachte Chronik der Maurerei. Auf das Regius-Manuskript geht die Verbreitung der Edwinsage zurück. Dieser Legende zufolge soll die Freimaurerei zur Zeit des Königs Athelstan in England eingeführt worden sein. Dieselbe Legende findet sich auch im Cooke-Manuskript: hier ist Edwin der Sohn des Königs Athelstan. Er soll sich der Zunft angeschlossen und von seinem Vater eine Charta für sie erwirkt haben. Etwas jünger sind das Großlogen-Manuskript von 1583 und das Tew-Manuskript aus dem 17. Jahrhundert.

Eine eingehende Prüfung dieser *Old Charges* bestätigt eindeutig das Vorherrschen eines katholischen Geistes in den Logen. Alle alten Manuskripte sind tief religiös und bekennen sich streng zur göttlichen Dreieinigkeit. Das ist weiter nicht erstaunlich.

Woher alle diese Organisationen, Glaubensgemeinschaften oder Steinmetzenbruderschaften auch stammten, sie standen alle unter dem Einfluß der katholischen Kirche. Da so gut wie alle ihre Mitglieder Analphabeten waren, fiel die Aufgabe, die Pflichten und Satzungen aufzuschreiben, den katholischen Geistlichen zu. Solange die Kathedralen und Kirchen im gotischen Stil errichtet wurden und nur die Baumeister, ihre Schüler und der Klerus die Geheimnisse der Baukunst kannten, blieben auch die Steinmetzenvereinigungen der katholischen Kirche verbunden. Die ka-

tholische Gesinnung der Templer und ihrer Nachfolger ist durch ihr Eintreten für die Sache der Stuarts zur Genüge bewiesen.
Dieses Bekenntnis zur Heiligen Kirche und zur Heiligen Dreifaltigkeit ist also ein Wesensmerkmal aller alten Manuskripte, mögen sie sich formal auch voneinander unterscheiden. Das Regius-Manuskript gebietet den Maurern, Gott, die Heilige Kirche und ihren Meister (das heißt Gott), die römisch-katholische Kirche und den Papst von ganzem Herzen zu lieben.[8]
Die Ordnungen von Torgau (1462) enthalten ebenfalls eine Anrufung »der Heiligen Dreifaltigkeit und der Himmelskönigin Maria.«
Die Urkunde der Yorker Loge, die nur 20 Jahre jünger ist, fordert nachdrücklich, daß die Maurer »Gott und die Heilige Kirche« verehren. Dieselbe Gesinnung verrät auch das sogenannte Locke-Manuskript, das vermutlich aus dem Jahr 1422 stammt und 1696 in der Bücherei Bodelin in Oxford von dem berühmten Schriftsteller und Philosophen John Locke entdeckt wurde. Auch wenn die Echtheit dieses Manuskripts und des Leland-Manuskripts stark in Zweifel gezogen wird, so ist es doch nicht zu leugnen, daß alle diese Handschriften denselben Geist atmen. Im Jahre 1722, ein Jahr nach dem Beschluß der Großloge, ein neues Konstitutionenbuch zu verfassen, erscheint in London eine neue Ausgabe der alten Konstitutionen, The Old Constitutions of Free Masonry, deren erster Artikel wie eine Warnung klingt: »Ich muß Euch ermahnen, Gott und seine Heilige Kirche zu ehren . . . Der allmächtige Himmlische Vater, der richten wird mit dem Göttlichen Sohn und dem Heiligen Geist, drei Personen in einem einzigen Gott.«
Der Verfasser des »Neuen Konstitutionenbuches« wird also beschuldigt, den katholischen Geist der Freimaurerei zerstört zu haben. Dieses Hinwenden zum Protestantismus ist jedoch darauf zurückzuführen, daß die moderne Freimaurerei in einem protestantischen Land entstanden ist.

Die ersten Angriffe

Nachdem Anderson in seinem Konstitutionenbuch Prinzipien und Ziele dargelegt hatte, wurde die Freimaurerei zur Zielscheibe heftiger Angriffe. Die ersten Anfeindungen blieben zunächst auf England beschränkt. In seinem Buch »Masonry Dissected«, das 1730 in London erschien, legte *Samuel Prichard* den Grundstein zu einer »Bücherei des Hasses«.[9] Zum ersten Mal wurde, zweifellos durch Indiskretion eines Freimaurers, das Ritual der Logen öffentlich breitgetreten. Der Ton des Buches war ironisch, höhnisch und verächtlich. Eine Gegenschrift erschien im gleichen Jahr unter dem Titel »Defence of Masonry« in der Absicht, die Grundsätze und den eigentlichen Sinn der Freimaurerei darzustellen. Die Wirkung war allerdings anders, als der Verfasser erwartet hatte: statt die Gemüter zu beruhigen, hatte er Öl ins Feuer gegossen, und die Angriffe häuften sich.

Pamphlete, die angebliche »Enthüllungen« enthielten, erschienen in wachsender Zahl. Einer der Verfasser behauptete, die Freimaurer hätten den Frauen die Teilnahme an den Versammlungen verboten, um ungehindert ihren perversen Lüsten frönen zu können. Ein anderer meinte dagegen, es seien nur die Frauen der Mitglieder ausgeschlossen, nicht aber alle Frauen, so daß die Männer ihre Triebe befriedigen könnten. Wieder andere taten kund, die Arbeiten seien nur ein Vorwand für Völlerei und Saufgelage. Es entstanden satirische Lieder und Spottgedichte, die die Freimaurerei verhöhnten. Das »Geheimnis« hingegen wurde noch nicht aufs Korn genommen. Die Freimaurer maßen diesen Angriffen wenig Bedeutung bei und verzichteten auf eine Erwiderung. Sie machten aus ihrer Existenz kein Hehl, sondern nutzten im Gegenteil jede sich bietende Gelegenheit, um öffentlich in Erscheinung zu treten. Sie kamen in ihren traditionellen Gewändern zur Messe, zu Beerdigungen und Einweihungen. Da sich ein Mitglied des englischen Königshauses, Friedrich, Prinz von Wales, am 5. November 1737 aufnehmen ließ, wagten die Feinde der Freimaurerei noch nicht, von einer »Verschwörung gegen die Krone« zu sprechen. Die große Anzahl von geistlichen Logen-

mitgliedern schloß die Anschuldigung einer »Verschwörung gegen den Altar« aus. Diese beiden Verbrechen wurden ihnen erst einige Jahre später zur Last gelegt.
Das Erscheinen der Konstitutionen gab den Gegnern der Bewegung neuen Auftrieb, denn sie lieferten ihnen die Waffen für ihren Kampf. Den nicht ernst zu nehmenden Argumenten der ersten Pamphlete folgten rasch handfestere Vorwürfe von seiten derer, die sich zu Hütern des Glaubens und der Moral aufwarfen.

Die Bewegung weitet sich aus

Die Konstitutionen wurden auch mit größerer Begeisterung aufgenommen, als man in gewissen Kreisen zu hoffen wagte, denn sie vertraten Prinzipien, die im Namen der Humanität schon seit langem gefordert wurden. Die Engländer waren es leid, sich dem König oder der Königin zuliebe gegenseitig umzubringen. Sie hatten genug von Religionskriegen, von Zwietracht, Haß und Hader, Intoleranz, Verfolgungen, Sittenlosigkeit und Schrekkensherrschaft. Hätte die Freimaurerei eine neue Religion gründen wollen – eine Anschuldigung, die immer wieder erhoben wird – und jeden aufgenommen, der seinen Kirchenbeitrag bezahlt, so hätte sie innerhalb weniger Jahre zur größten Glaubensgemeinschaft Europas werden können. Doch die Freimaurerei wollte niemals eine Religion sein, ebensowenig wie eine »Gegenkirche«.
Im 18. Jahrhundert begann sich das Bürgertum zu erheben, ohne aber die Schranken, die es von der privilegierten Klasse trennten, niederreißen zu wollen. Die Intellektuellen waren größtenteils von bäuerlicher oder bürgerlicher Abkunft. Sie bekleideten ehrenvolle Ämter, doch es gelang ihnen bis auf wenige Ausnahmen nicht, in die höchsten Kreise der Reichen und des Adels Eingang zu finden. In den Logen hingegen gab es keine Schranken, sie wurden ein Treffpunkt für Menschen, die sich sonst fremd geblieben wären.
Es ist bezeichnend und von Bedeutung (obwohl es nur selten

erwähnt wird), daß die Freimaurerei im Jahre 1723 den *Fund of Benevolence*, eine philantropische Einrichtung, ins Leben rief. Einige Jahre später legte sie den Grundstein zu einer anderen Stiftung, die sich die Unterstützung von Waisen zum Ziel gesetzt hatte. Im Jahre 1725 umfaßte die Bewegung 64 Logen, von denen fünfzig ihren Sitz in London hatten. Einige Jahre später gab es in allen Ländern der Welt Logen.

Die Freimaurerei in Frankreich

Wenn John Theophilus Desaguliers, der tatkräftigste und bedeutendste Förderer der englischen Freimaurerei, ein französischer Protestant war, so ist der Vorkämpfer der Bewegung in Frankreich ein schottischer katholischer Adeliger, Chevalier de Ramsay. Der Beginn der Freimaurerei in Frankreich erregte weniger Aufsehen als in England, dennoch war ihr Einfluß nicht zu unterschätzen. Zu ihren Mitgliedern zählten weniger die Adeligen als die Intellektuellen. Sie besaß weniger Ansehen, aber mehr Gewicht. Man begegnete ihr eher mit Achtung als mit Verehrung. In England spielte sie im politischen Leben eine große Rolle, in Frankreich sollte sie die Geisteswelt nachhaltig beeinflussen.

In Frankreich herrschten trotz der Prachtentfaltung des Hofes unerträgliche Zustände. Das mißachtete und arme Volk zahlte die Zeche für die Ausschweifungen und den Luxus des Königs und seines Hofstaates.

Nach der Aufhebung des Ediktes von Nantes mußten zahlreiche Protestanten Frankreich verlassen und flüchteten nach England. Umgekehrt zwang die Verfolgung der Katholiken in England zahlreiche Engländer, nach Frankreich auszuwandern. Sie wurden Botschafter englischer Gesinnung, denn sie blieben Engländer. Die Franzosen wurden ihrerseits anglophil, und die größten Geister Frankreichs schwärmten für alles Englische, ohne sich darüber klar zu sein, daß England ebenso korrupt und lasterhaft war wie Frankreich.

Die Engländer wußten es. Sie waren sich ihrer Lage bewußt und

7. Wolfgang Amadeus Mozart
8. Joseph Haydn
9. Franz Liszt

10. Jan Sibelius

11. Mark Twain

12. Rudyard Kipling

begannen, angewidert von den Religionskriegen, Klubs zu gründen, wo sie Komplotte schmieden konnten, und Geheimgesellschaften, wo sie sich mit Magie oder – wenn es sein mußte – auch mit Philosophie beschäftigten.

Politisch gesehen hatte England die Revolution bereits hinter sich. Sie war unblutiger und weniger radikal verlaufen als die französische Revolution, die Frankreich zu Ende des 18. Jahrhunderts erschüttern sollte. Der englische König war enthauptet worden, seine Macht ging auf das Parlament über. Die Beziehungen zwischen Kirche und Staat waren zugunsten des letzteren geregelt, die Gesellschaftsordnung aber war nicht erschüttert worden. So konnte nach einer kurzen Zeit der Gärung jeder das gleiche Amt bekleiden und den gleichen Titel führen wie vor der Revolution. Das letzte Wort Karls I. »Remember« hatten anscheinend nur die Historiker gehört. In Frankreich schien alles ruhig. Ludwig XV. folgte seinem Urgroßvater Ludwig XIV., aber er war erst fünf Jahre alt, als er den Thron bestieg, und sein alter Erzieher, Kardinal Fleury, leitete die Staatsgeschäfte. Der König war zu jung, um die Empfindungen seines Volkes zu verstehen, der Regent war zu alt. Seit der Aufhebung des Ediktes von Nantes war die Kirche mächtiger als je zuvor. Der Adel versammelte sich in den Salons und vertrieb sich die Zeit mit leichtfertigem Getändel.

Aber aus England kamen die liberalen Ideen, die bei den Franzosen begeisterten Anklang fanden. Frankreich schickte sich an, die Fackel des Geistes weiterzutragen. Zu Ende des 18. Jahrhunderts konnte die Freimaurerei sich rühmen, einige der genialsten Dichter und Denker, die Frankreich je hervorgebracht hatte, zu ihren Mitgliedern zu zählen: Montesquieu, Helvetius, Lalande, Condorcet, Lacèpède, de La Rochefoucauld, La Fayette, Pastoret, d'Alembert, Sieyès, Camille Desmoulins, Mirabeau, Beaumarchais, d'Holbach, Beauharnais, Joseph de Maîstre, Talleyrand, Voltaire ebenso wie zahlreiche Marschälle und einige der hervorragendsten Vertreter des Adels und der Geistlichkeit.

Dank der Grundgedanken, zu denen er sich bekannte, konnte der Orden bald auf der ganzen Welt Fuß fassen, und überall wurden Logen gegründet. Die ersten entstanden 1725 in Frankreich, 1727 in Hamburg, 1728 in Spanien, 1729 in Irland, 1731 in Holland sowie in Rußland, 1733 in Deutschland, 1735 in Schottland sowie in Polen, 1736 in Schweden, 1737 in Genf, 1743 in Kopenhagen usw. In Amerika besaßen die Maurer ab 1731 eine reguläre Loge.

In den Registern der Großloge von England stammt die erste Eintragung, in der eine französische Loge erwähnt wird, vom 3. April 1732.[10] Sie bezieht sich auf die Ausstellung des Patentes für die Loge »Au Louis d'Argent de la rue de la Boucherie« in Paris. Diese Loge wurde angeblich 1725[11] von dem Engländer Lord Dervenwater gegründet, erhielt aber ihr Patent erst 1732.[12] Am 17. Mai 1729 entstand in derselben Straße eine zweite Loge, die Loge »Sainte-Marguerite«, deren Gründer André-François Lebreton war. Im darauffolgenden Jahr konstituierte sich in Valenciennes die Loge »Parfaite Union«, der bald drei andere folgten; eine in Bordeaux, eine in Aubigny-sur-Nère und eine weitere in Paris. Die bereits erwähnten jakobitischen Logen, die von schottischen Stuartisten in Frankreich gegründet wurden, sind hier nicht berücksichtigt. Paul Naudon schreibt: »Man kann annehmen, daß die schottische Freimaurerei lange vor der Verbannung der Stuarts in Frankreich Eingang fand. Den *Annales maçonniques des Pays-Bas* (Brüssel, 1822–1823, Bd. 4, S. 372) zufolge, die sich auf eine Urkunde aus dem 16. Jahrhundert berufen, soll es in Frankreich im Jahre 1535 zwei schottische Logen gegeben haben, eine in Paris, die andere in Lyon. Wir wissen, daß in Schottland schon Anfang des 16. Jahrhunderts zahlreiche Persönlichkeiten als angenommene Maurer den Logen beitreten konnten. Es wäre also naheliegend, daß die Schotten, die am französischen Hof lebten und insbesondere die adelige Garde des Königs bildeten (die Ramsays gehörten schon im 15. Jahrhundert dazu), bei uns die Sitten und Gebräuche ihres Landes einführten,

unter anderem auch den Brauch, Freimaurerlogen zu gründen[13].«
Die französische Freimaurerei weitete sich rasch aus. In einem Bericht an den Polizeileutnant aus dem Jahre 1737 über die Gespräche in den Tuilerien und im Palais Royal heißt es: »Es wird von nichts anderem gesprochen, als vom Fortschritt des Ordens der ›Frimaçons‹: Groß und klein will ihm beitreten; es ist wie eine Seuche.«[14]
Der französische Witz machte auch vor der Freimaurerei nicht halt. Der Spott kommt nicht von ungefähr. Da die Gründung einer Loge in Frankreich nicht so viele Formalitäten erforderte wie in England, schossen die Logen wie Pilze aus dem Boden. Die Besitzer von Gaststätten gründeten sie gleich selbst, und nicht selten sah man ein Schild mit der Aufschrift: »In dieser Gaststätte gibt es Freimaurer«. [14a]
Dessenungeachtet gingen von der französischen Freimaurerei innerhalb weniger Jahre mehr Impulse aus als von der gesamten Bewegung in England. Die Engländer blieben theoretisch, pflegten die Tradition und achteten streng auf Formalitäten, während die Franzosen konkreter waren. Sie wollten Tatsachen. Die englischen Könige ließen den Freimaurern ohne zu zögern ihren Schutz zuteil werden. Sie kannten die Ziele, die Grundgedanken und Ideen des Ordens und wußten, daß sie von ihm nichts zu befürchten hatten, sondern daß im Gegenteil die maurerische Sache ihrer Unterstützung würdig war. In Frankreich nahm der König, von seinen Ratgebern beeinflußt, von vornherein eine feindliche Haltung ein und verbot den Adeligen sogar, sich der Bewegung anzuschließen. Die Adeligen wie auch die Mitglieder des Klerus setzten sich über dieses Verbot hinweg und traten ihr in ebenso großer Zahl bei wie in England.
Aus dieser großen Popularität erwuchsen der Freimaurerei auch prompt erhebliche Nachteile. Der König drohte, die Adeligen ihrer Ämter zu entheben und sie sogar in die Bastille werfen zu lassen, wenn sie sein Verbot mißachteten. Da heimliche Zusammenkünfte nicht gestattet waren, nahm der Generalleutnant der Polizei, René Hérault, auf Anordnung seines Ministers an Orten,

wo sich die Freimaurer gewöhnlich versammelten, Hausdurchsuchungen vor. Weder die Hausdurchsuchungen noch die Drohungen des Königs hatten indessen die gewünschte Wirkung. Der Herzog von Antin nahm die Großmeisterschaft an, und nach seinem Tode folgte ihm der Graf von Clermont, ein Mitglied des Königshauses. Auch Prinz Conti hatte sich um das Amt beworben, ohne den Bannstrahl des Königs zu fürchten. Die vorgesehenen Strafen wurden nicht verhängt.

Innere und äußere Wirren

In *Deutschland* fand die Bewegung verhältnismäßig spät Eingang. Erst am 6. September 1737 entstand die erste Loge in Hamburg, aber zwei Jahre später, am 14. August 1739 ließ sich Kronprinz Friedrich von Preußen in die Logen aufnehmen. Als er 1740 als Friedrich II. (der Große) König wurde, entstanden überall Logen: in Leipzig, in Hannover, in Braunschweig, in Frankfurt, in Breslau usw.

Durch die Persönlichkeit ihrer Mitglieder und die Sprengkraft ihrer Ideen besaß die französische Freimaurerei die größte Ausstrahlung. Die englische Maurerei bewahrte ihr feierliches Gepräge, ihr elegantes Äußeres und spielte eine eher mäßigende Rolle.

In einigen Ländern Europas stand man der Bewegung kalt, ja sogar feindselig gegenüber. Im Jahre 1735 griffen Fanatiker, angestiftet von einem Priester, die Loge in Amsterdam an und zerstörten die gesamte Einrichtung. Obwohl die Regierung betonte, sie habe dem Orden nichts vorzuwerfen, hielt sie es doch für klüger, ihn aufzulösen, um weiteren Auseinandersetzungen vorzubeugen. Eine Loge versammelte sich weiterhin, und eines Tages wurden alle ihre Mitglieder verhaftet und vor Gericht gestellt. Der Großmeister und die Aufseher, bekannte und geachtete Leute, beteuerten ihre Unschuld und schlugen den Richtern vor, einen Vertrauensmann zu ernennen, der in die Freimaurerei eintreten und über ihre Tätigkeit Bericht erstatten

könne, ohne die Geheimnisse zu verraten. Der Stadtschreiber, der für diese Aufgabe ausersehen wurde, war vom Orden angetan und schrieb einen so günstigen Bericht, daß alle Richter um Aufnahme ansuchten und begeisterte Freimaurer wurden.
In England hatte das *Neue Konstitutionenbuch* einige Unruhe ausgelöst, und das Leben der Großloge war durch innere und äußere Wirren erschüttert. So drohte die Loge von York aus der Großloge auszutreten. 1725 wählte sie Mr. Bathurst zum Großmeister und gab sich eine eigene Verfassung, die *Old Rules of the Grand Lodge at York*.
Sie pochte auf ihre Tradition als »älteste Bauhütte«, wobei sie sich auf zahlreiche Urkunden berief, die ihre Ansprüche untermauerten. Die Edwinsage, der zufolge die Maurer im Jahre 926 von König Athelstan ein Patent (charter) erhalten hätten, ist eng mit der Stadt York verknüpft.
Die Loge betrachtete sich als Nachfolgerin der ältesten bekannten Logen, der Logen von York Minster, die 1352 und 1370 gegründet worden waren.
Neben den Eintragungen in den Handschriften wird auch in der zweiten Auflage der Konstitutionen Andersons über ein Ereignis berichtet, das der Loge von York recht zu geben scheint. Königin Elisabeth hatte offenbar am 27. Dezember 1561 eine Maurerversammlung in York durch ihre Soldaten sprengen lassen. Der damalige Großmeister, Sir Thomas Sackville, konnte die Königin beruhigen, und sie griff niemals mehr in die Geschicke des Ordens ein. Es fanden sich indessen keine weiteren urkundlichen Belege für dieses Ereignis, und man hält es für eine Legende.
Obwohl das York-Manuskript von 1693 die Behauptungen der Loge von York nicht bestätigt, ist es nicht zu leugnen, daß sie älter ist als die Großloge von England. Ein Protokoll vom 19. Mai 1712 enthält eine Liste ihrer ehemaligen Großmeister seit dem Jahre 1705. Sie beginnt mit einem Baronet, dem Lord Bingley, Lord Mayor von York, folgte.
Überzeugt, daß es ihr gutes Recht sei, nannte sich die Loge von York im Jahre 1735 Society of Free and Accepted Masons und im darauffolgenden Jahr Grand Lodge of All England. Schwie-

rigkeiten machten auch die irischen Freimaurer, die sich weigerten, der Großloge von England beizutreten. Die unabhängigen irischen Logen, in die sich viele Freimaurer flüchteten, da sie die Neuerungen Andersons mißbilligten, nannten sich Antients und drohten, sich zu einer analogen Organisation zusammenzuschließen. Sie verwirklichten ihre Drohung 1751 mit der Gründung der Grand Lodge of England according to the Old Institutions. Die Loge, allgemein Antients genannt, stand zunächst unter der Leitung von Laurence Dermott, der selbst im Jahre 1756 eine neue Konstitution, »Ahiman Rezon«[15], verfaßte.

Andreas Michael Ramsay

Chevalier Ramsay, begeisterter Katholik und Bewunderer Fénélons, wurde Erzieher des Sohnes des vertriebenen Königs Jakob III., Eduard Stuart. Im Jahre 1728 hatte sich die Großloge geweigert, ihn aufzunehmen, da er sich unmißverständlich für eine Erneuerung der Freimaurerei aussprach. Er wollte in ihr offensichtlich seinen Grundsatz, aus einem Atheisten einen Deisten, aus einem Deisten einen Christen und aus einem Christen einen Katholiken zu machen, verwirklicht sehen.
Im Jahre 1736 war er wieder nach Frankreich zurückgekehrt und sollte in der französischen Freimaurerei bald eine führende Rolle spielen: Sein »Discours« von 1737 ist ein Meilenstein in der Geschichte des Ordens und die Größe seiner Gedanken prägte die Freimaurerei für alle Zukunft.
In diesem »Discours«, der die Ziele der Freimaurerei erläutern sollte, vertritt er Grundsätze, die sich erst 200 Jahre später durchzusetzen begannen: »Die Menschen unterscheiden sich nicht wesentlich durch die verschiedenen Sprachen, die sie sprechen, durch die Kleidung, die sie tragen, durch die Länder, in denen sie wohnen, noch durch die Würden, die ihnen verliehen sind. Die ganze Welt ist nur eine große Republik, in der jede Nation eine Familie, der Einzelne eines ihrer Kinder ist. Um diese wesentlichen Maximen, die sich aus der menschlichen Na-

tur herleiten, wieder zu Ehren zu bringen und zu verbreiten, wurde unser Bund geschaffen. Wir wollen alle Menschen von aufgeklärtem Geist, von guter Sitte und reinem Gemüt vereinen ... durch die erhabenen Grundsätze der Tugend, der Wissenschaft und der Religion, aus welchen alle Nationen tiefe Weisheit schöpfen können, und die alle Untertanen aller Königreiche lehren, einander zu lieben, ohne die Pflichten gegen das Vaterland zu verletzen.

Die Freimaurerei will ein neues Volk schaffen, das die trennenden Schranken zwischen Menschen guten Willens, offenen Geistes und reinen Herzens nicht mehr kennt, und auch edle Menschen, gute Staatsbürger, gute Untertanen heranbilden, die unverbrüchlich zu ihrem Versprechen stehen, Gott und die Nächstenliebe ehren und die Tugend mehr lieben als den Lohn.«

Wahrscheinlich war es der Einfluß Ramsays, der die französische Freimaurerei veranlaßte, sich von der Großloge zu lösen.

Die Angriffe nehmen Gestalt an

Die Anfeindungen häuften sich, zunächst eher zaghaft und inhaltlich verworren, bald aber konkreter und heftiger. Sie richteten sich gegen die Ideologie der Bewegung: den Deismus, die religiöse Toleranz und den Einheitsgedanken.

Das Buch Prichards gab den Ausschlag. Es enthielt Einzelheiten über die Einweihung, die man für Enthüllungen eines indiskreten Freimaurers und daher für wahr hielt.

Allmählich konzentrierten sich die Angriffe auf drei Gedanken, die alle in der ersten Pflicht (»Von Gott und der Religion«) dargelegt wurden. Im Mittelpunkt der Diskussionen steht vor allem der Satz: »Derjenige, der seine Kunst versteht, wird weder ein dummer Atheist noch ein Freigeist ohne Religion sein.«

Dieser Gedanke war Gegenstand der spitzfindigsten Auslegungen, Schlußfolgerungen und Stellungnahmen. Die Kritiker verhedderten sich und widersprachen einander. Der eine behauptete, der Text Andersons würde die Atheisten schützen, denn er

schließe nur dumme Atheisten aus. Ein anderer meinte, die Konstitutionen seien Satzungen der Gegenkirche, die die katholische Kirche ersetzen solle. Der deistische Charakter der Schrift sei ein Anzeichen dafür, daß diese »Freigeister«[16] die theistische Auffassung mit List untergraben würden.
Eines steht fest: In den Konstitutionen von 1723 ist keine Rede mehr von Heiligen, von der Heiligen Kirche oder von der Heiligen Dreifaltigkeit. Es ist niemand mehr gezwungen, auf eine bestimmte Religion Rücksicht zu nehmen, wie »in früheren Zeiten«, als die Maurer verpflichtet waren »in jedem Lande die Religion dieses Landes auszuüben.« Nun wurde ihnen nur eine Religion auferlegt, »in welcher alle Menschen übereinstimmen.« Damit wird die Gewissens- und Meinungsfreiheit anerkannt. Es wird kein bestimmtes Glaubensbekenntnis verlangt, sondern ein Bekenntnis zu einer Religion des Guten, des Edlen, der Ehre und der Sitte, also eine, in der alle Menschen übereinstimmen.

Der Deismus

Die neue Lehre des Deismus war verstandesmäßig leichter zu erfassen als die katholische Lehre, die sich auf die Offenbarung und das Übernatürliche beruft. Es war allerdings nur in einem protestantischen Land möglich, gefahrlos für sie einzutreten. Die Inquisition gehörte noch nicht der Vergangenheit an. In katholischen Ländern scheute sie sich nicht, die Anhänger dieser neuen Lehre hochnotpeinlich zu befragen.
Trotz vieler Gemeinsamkeiten und Übereinstimmungen besteht zwischen dem Deismus und dem Theismus ein gewaltiger Unterschied, den Kant so definiert: »Der Deist glaubt an Gott, der Theist glaubt an einen lebenden Gott.« Dem Diktionär von Oxford zufolge anerkennt der Deist die Existenz eines Gottes, lehnt aber jede geoffenbarte Religion ab, während der Theist an Gott als Schöpfer und Weltenlenker glaubt, ohne die Offenbarung abzulehnen. Schließlich findet sich im Littré folgende Definition: »Der Deist anerkennt die Existenz Gottes, lehnt aber

jede geoffenbarte Religion ab, während der Theist an einen persönlichen Gott und an dessen geoffenbarten Willen glaubt.«
Der Unterschied liegt tiefer als aus diesen Definitionen auf den ersten Blick hervorgeht Die Theisten sind der Auffassung, daß Gott ein geistiges Wesen ist, das die Welt aus seinem Willen heraus geschaffen hat und sie kraft seiner göttlichen Allmacht, der Quelle seines übernatürlichen Wirkens, lenkt und leitet. Auch die Deisten anerkennen die Existenz eines Gottes, der aber ihrer Ansicht nach gleichzeitig mit der Erschaffung der Welt auch ihre Gesetze geschaffen hat, und die Annahme, daß er immer wieder wundertätig in das Geschehen eingreifen müsse, wäre eine Verleugnung seiner Vollkommenheit.
Nach deistischer Auffassung ist Gott ein unendlich viel größeres, mächtigeres und vor allem erhabeneres Wesen: Gott der Schöpfer der Welt, des Sonnensystems und des ganzen Universums, nur aus seinem allerhöchsten Willen heraus; das ganze Universum und die ganze Menschheit wird geleitet durch seine Gesetze, die ihr Sein, ihren Endzweck und ihre Geschicke bestimmen.
Diese Theorie unterscheidet sich grundlegend von der kirchlichen Lehre. Der Deismus begann sich durchzusetzen und beherrschte allmählich das religiöse Denken in Europa. Er trug vor allem dazu bei, den Aberglauben zu überwinden. Man glaubte nicht mehr, eine Seuche sei die Vergeltung Gottes für begangene Sünden oder ein Unglücksfall eine Strafe, weil man den Zehent nicht bezahlt habe. Man hatte keine Angst mehr, einen Blick in das Teleskop Galileis zu werfen.
Anderson und die Freimaurerei waren weder die Begründer noch die ersten Vorkämpfer des Deismus. Allgemein gelten Edward Herbert, Lord Cherbury (1648) und John Toland[17], ein irischer Philosoph, der durch sein Werk »Christianity not mysterious« berühmt wurde, als geistige Urheber der Idee. Auch Comenius und Leibnitz waren Wegbereiter deistischen Gedankengutes. Die Freidenker (freethinkers) waren zur Zeit der Veröffentlichung der Konstitutionen zu zahlreich, als daß man Anderson für die Verbreitung der Idee verantwortlich machen könnte. Es stimmt nicht, daß der Deismus das Dogma der Freimaurerei

war: Die Freimaurer konnten ihrem Gewissen folgen und, dem Geist des Ordens getreu, Theisten oder Deisten sein. Doch es war nicht möglich, Atheist und Freimaurer zugleich zu sein.

Der Toleranzgedanke

Der zweite Grundsatz, den die Gegner der Freimaurerei scharf kritisierten, war die Toleranzidee.
Das vorliegende Werk würde nicht ausreichen, um die blutige Geschichte der religiösen Intoleranz und die philosophischen und humanitären Hintergründe des Toleranzgedankens, den heute auch die Kirche predigt, erschöpfend darzustellen.
Ein Satz des Heiligen Cyprianus kennzeichnet den Geist, der die lange Konsolidierungszeit der Kirche und ihrer Dogmen beherrschte: »Habere non potest Deum patrem qui ecclesiam non matrem«. (Niemand kann Gott zum Vater haben, der nicht die Kirche zur Mutter hat.)
Dieses Motto diente als Rechtfertigung für die schrecklichen Verfolgungen, denen alle ausgesetzt waren, die auch nur im geringsten von den Lehren der Kirche abzuweichen wagten. Sie galten als Atheisten, die Gott nicht zum Vater hatten, als Sendlinge Satans. Ihr Einfluß lief den Interessen der katholischen Theokratie tatsächlich zuwider, denn diese predigte ja, daß es außerhalb der Kirche kein Heil gebe (Salus extra ecclesiam non est) und daß ihre Kirche die alleinseligmachende sei. Alsbald begannen die Vergeltungsmaßnahmen. Die Inquisition holte zum Gegenschlag aus, und wieder schien sich der Satz zu bestätigen: »Sanguine fundata est religio.« (Die Wege der Kirche sind mit Blut getränkt.) Vor allem die Abscheu vor der Intoleranz verhalf dem Toleranzgedanken zum Durchbruch.
Wer seine Stimme gegen die Intoleranz erhob, tat es im Namen des Fortschritts und verlangte religiöse und soziale Reformen. Auch Erasmus, Luther, Zwingli, Melanchton, Calvin, Knox, Cranmer, Servetius, Honterus, Giordano Bruno und ihre Schüler wandten sich hauptsächlich gegen die Unduldsamkeit der Kirche.

Sie haßten Vorurteile und religiösen Fanatismus. Anhänger aller Religionen werden zugeben müssen, daß William Penn, ein Geschichtsschreiber der Quäker, recht hat, wenn er sagt: »Menschen, die sich aus religiösen Gründen bekämpfen, haben keine Religion, denn sie tun in ihrem Namen, was sie selbst verbietet.«
Das Bekenntnis zum Toleranzgedanken trug weitgehend zur Entwicklung einer Gesellschaft bei, die ihn auf ihre Fahnen geschrieben hatte. Die Freimaurerei gewann damit die Sympathie und Anerkennung der größten Geister des Jahrhunderts, die sich ihr anschlossen, ebenso wie viele, die nicht in Vorurteilen befangen waren.
Es steht außer Zweifel, daß die absolute Achtung der Gedankenfreiheit einer der Hauptgründe für den Erfolg der Freimaurerei war. Der Grundsatz, daß jeder das Recht auf seine eigene Meinung habe, war ihr ein besonderes Anliegen.

Ein Ort der Eintracht

Auch der Gedanke eines Ortes der Eintracht war den Gegnern der Bewegung ein Dorn im Auge. Dem Prinzip der Eintracht getreu förderte die Freimaurerei die brüderliche Begegnung verschieden gesinnter Menschen, die sich sonst nie kennengelernt hätten oder sogar erbitterte Gegner geworden wären.
Wenn sich Angehörige aller Religionen in den Logen trafen, so hatte das nichts mit der Schaffung einer »Gegenkirche« zu tun, wie manche Gegner behaupteten, auch wenn diese Form der Zusammenkunft im Widerspruch zu den Lehren der katholischen Kirche stand. Man verlangte nur, daß Menschen, die ohnehin an denselben Gott glaubten, nicht durch Konfessionen getrennt würden.
Die katholische Kirche sträubte sich, denn sie vertrat ja den Standpunkt, daß sie allein die geoffenbarte Religion sei und daß es außerhalb ihrer Lehre kein Heil gebe. Für Religionsgleichheit einzutreten, hielt sie für ein Sakrileg (das sollte auch ein Anklagepunkt der Bulle Papst Leos XIII. im Jahre 1884 sein).

Die anderen Religionen konnten ihr nicht gleichgestellt sein, und sie duldete nicht, daß sie sich mit ihr verglichen.
Um die Eintracht nicht zu gefährden, verbot die Freimaurerei in den Logen jede Diskussion über Religion und Politik. Sie glaubte, daß Toleranz und Ehrfurcht gegenüber allen Glaubensbekenntnissen eher ein Klima des gegenseitigen Verstehens und der Brüderlichkeit zwischen den Menschen schaffen könnten als der Glaube an die Dogmen einer einzigen Religion.
Der Erfolg der Freimaurerei hat also sehr einfache Gründe: Friedliebende Menschen sehnten sich danach, einander an einem Ort zu begegnen, wo Zank und Streit über Fragen der Religion, der Gesellschaft, der Politik und der Nation ausgeschlossen waren und wo sie mit ihren bescheidenen Mitteln dazu beitragen konnten, das Elend zu lindern und das durch die Gesellschaftsordnung verursachte Unrecht wieder gutzumachen. Die Freimaurerei bot ihnen einen solchen Ort der Begegnung und sie verlangte nichts anderes als ein unbedingtes Bekenntnis zum Freiheits- und Gleichheitsgedanken.

Die Pflichten gegenüber der bürgerlichen Obrigkeit

Was die Pflichten des Maurers gegenüber der bürgerlichen Obrigkeit betrifft, so ist dem Originaltext nichts hinzuzufügen. In den vergangenen 250 Jahren haben sich die Zeiten gewandelt. Zahlreiche Konstitutionen wurden verfaßt und mehrmals umgeschrieben, aber am Text Andersons hat sich nichts geändert. Trotz der immer wieder erhobenen Beschuldigung, die Freimaurerei sei ein Zentrum des Kampfes gegen Thron und Kirche, ist und war der Maurer immer ein treuer Untertan, der seine Pflichten der bürgerlichen Obrigkeit gegenüber gewissenhaft zu erfüllen suchte.
Im 18. Jahrhundert, erklärt der Jesuit Michel Dierickx, urteilte man anders. Die päpstlichen Erklärungen hätten für die Zustände des 18. Jahrhunderts gegolten und der Mentalität des 18. Jahrhunderts entsprochen.[18] Es sei dahingestellt, ob er recht hat.

Die geschlossene Einheit war zerstört, und die Mentalität hatte sich geändert: Man duldete nicht mehr, daß die Kirche allen ihren Willen aufzwang.
Nachdem die Reformatoren das Joch der katholischen Kirche abgeworfen und ihre Zersplitterung herbeigeführt hatten, entbrannte ein Streit, der seit langem unter der Asche schwelte und nun die Existenz der katholischen Kirche gefährdete. Die Vorstellung einer Begegnungsstätte, wo Menschen aller Religionen Freundschaft schlossen, war kaum dazu angetan, die Geistlichkeit zu beruhigen, vor allem zu einer Zeit, wo sie es bitter nötig hatte, ihre Anhänger um sich zu scharen. Wenn es auch verständlich ist, daß die Menschen, der Religionskriege müde, eine Stätte des Friedens suchten, wo sie sich nicht wegen eines Dogmas, das sie oft gar nicht verstanden, zu bekämpfen brauchten, so ist es ebenso verständlich, daß die Kirche darüber nicht sehr glücklich war.
Als die Kirche später beschloß, die Freimaurerei mit aller Schärfe anzugreifen, wurde ihr Vorhaben besonders dadurch erschwert, daß sich in den Konstitutionen des Ordens nichts fand, was ernstlich Anlaß zu einer Kritik gegeben hätte. Die philantropische Tätigkeit der Freimaurerei sprach zu ihren Gunsten, und die Verwirklichung des Toleranzgedankens störte zwar die Kirche, nicht aber die Gesellschaft.
Objektiv gesehen ist das Neue Konstitutionenbuch Andersons ein bewundernswertes Dokument, dem auch die Kirche ihre Anerkennung nicht versagen konnte und dessen Grundsätze sie sich heute mehr und mehr zu eigen macht. Die Tatsache, daß sein Inhalt in 250 Jahren nichts an Gültigkeit und Aktualität verloren hat, spricht für sich. Das Streben nach Anpassung mußten die Kirche und die Gesellschaft billigen.

Die Konstitutionen von 1738

In den Jahren nach der Veröffentlichung der Konstitutionen von 1723 nahm die Freimaurerei einen ungeahnten Aufschwung,

doch ihre Feinde wurden immer zahlreicher, wobei sicher auch Neid, Mißgunst, Bigotterie, Mißtrauen und Bosheit im Spiel waren.
Die Kritik verschonte auch die Konstitutionen Andersons nicht. Die Katholiken sahen darin eine »Tendenz zur Protestantisierung« und eine »Verschwörung der Pastoren«. Sie hatten gar nicht so unrecht, obwohl diese Beschuldigung kein Grund war, die Freimaurerei in Bausch und Bogen zu verurteilen. Niemand wird Charles Ledré vorwerfen, daß er für die Freimaurerei eine übermäßige Schwäche hatte, dennoch schreibt er: »Wir wollen nicht leugnen, daß die englische Maurerei den Atheismus und die Sittenlosigkeit, die nach den Religionskriegen in den herrschenden Klassen dieses Landes immer mehr Platz gegriffen haben, erfolgreich bekämpfte. Wir bestreiten auch nicht, daß damals viele Maurer – vor allem die Anhänger des Schottischen Ritus – dem Katholizismus, oder zumindest dem Geist des Christentums, treu geblieben sind.«[19]
Die Konstitutionen verlangten ausdrücklich Ehrfurcht vor allen Glaubensbekenntnissen, und diese Forderung konnte die Empfindungen eines überzeugten Katholiken tatsächlich verletzen. Nun sollte dieser Grundsatz aber gerade verhindern, daß irgendein Maurer – gleichgültig, zu welchem Glauben er sich bekannte – in seinen religiösen Gefühlen verletzt werde. Möglicherweise hat sich die Großloge von England aus diesem Grund zu einer Neuauflage der Konstitutionen entschlossen und denselben Autor, Reverend James Anderson, mit der Umarbeitung betraut.
Die verläßlichste Quelle, das Versammlungsprotokoll der Großloge vom 24. Februar 1735, erwähnt, daß Pastor Anderson eine Petition eingebracht habe, in der er darauf hinwies, daß die erste Auflage der Konstitutionen vergriffen sei, und daß er einige Änderungen und Zusätze für angebracht halte, ehe eine zweite Auflage, nach der große Nachfrage herrsche, veröffentlicht werde. Es wurde beschlossen, daß ein Komitee, bestehend aus ehemaligen und amtierenden Großbeamten sowie einigen anderen Meistern, die Arbeit eingehend überprüfen und sie der Großloge zur Genehmigung vorlegen solle.

Aus dem Protokoll vom 31. März 1735 geht hervor, daß Pastor Anderson ersucht wurde, in dieses Neue Konstitutionsbuch die Namen aller bisherigen Großmeister – soweit sie sich feststellen ließen – aufzunehmen, ebenso wie eine Liste der stellvertretenden Großmeister, der Großaufseher und der dienenden Brüder.
Diese Hinweise sind ziemlich unergiebig, und wenn es auch einleuchtet, daß die Konstitutionen überarbeitet werden mußten, so wird aus diesen Eintragungen doch nicht deutlich, was die Loge zu einer Neubearbeitung bewog.
Selbstverständlich gehen die Ansichten der Geschichtsschreiber je nach ihrer religiösen Überzeugung auseinander. Einige Erklärungen sind reichlich phantastisch und übertrieben. Immerhin weiß man, daß die erste Auflage der Konstitutionen heftig kritisiert wurde, auch von den Freimaurern selbst. Beanstandet wurden vor allem die Unterschiede zwischen den Alten Pflichten und den Konstitutionen sowie die unklare Formulierung der ersten Pflicht (»Von Gott und der Religion«). Man warf Pastor Anderson auch vor, alle diese Änderungen eigenmächtig und ohne die Erlaubnis der Großloge vorgenommen, ja sie nicht einmal davon in Kenntnis gesetzt zu haben. Die zweite Abfassung der Konstitutionen nahm mehr Zeit in Anspruch als die erste. Am 25. Jänner 1738, legte Anderson der Großloge den neuen Text vor, der genehmigt und zur Veröffentlichung freigegeben wurde. Doch erst im Juni desselben Jahres konnte man das *Neue Konstitutionenbuch* käuflich erwerben.
Die geringfügigen Unterschiede zwischen den beiden Werken sind dennoch von Bedeutung. Außer im Abschnitt von Gott und der Religion sind die Abweichungen von der ersten Fassung nicht wesentlich genug, um eine Neuauflage rechtfertigen zu können. Es ist also anzunehmen, daß das Buch wegen dieses ersten Abschnittes überarbeitet wurde.
Die Ausdrücke »dummer Atheist« (stupid Atheist) und »Freigeist ohne Religion« (irreligious libertine) wurden immer wieder erörtert, interpretiert und kritisiert.
Die neuen Konstitutionen sind hier deutlicher. Das erste Hauptstück über Gott und die Religion lautet nun folgendermaßen:

»Der Maurer ist durch seinen Beruf verbunden, das Sittengesetz zu achten wie ein echter Noachide, und wenn er seine Kunst recht versteht, wird er weder ein dummer Atheist noch ein Freigeist ohne Religion sein, noch gegen sein Gewissen handeln. In alten Zeiten waren die christlichen Maurer verpflichtet, den christlichen Gepflogenheiten des jeweiligen Landes, in dem sie reisten und arbeiteten, zu folgen: aber da es die Maurerei in allen Nationen von unterschiedlicher Religion gibt, sind sie jetzt nur mehr zu der Religion verpflichtet, in welcher alle Menschen übereinstimmen und die jedem Bruder seine eigenen Anschauungen läßt, das heißt, sie müssen gute und redliche Menschen von Ehre und Rechtschaffenheit sein, durch welche Namen, Religionen und Bekenntnisse sie sich auch unterscheiden: denn alle stimmen sie in den drei großen Artikeln Noahs überein, genug, um den Kitt der Loge zu erhalten; so ist die Maurerei ihr Mittelpunkt und ihr einigendes Band und eine beglückende Möglichkeit, Menschen zusammenzuführen, die sonst ewig Fremde geblieben wären.«

Der Ausdruck »Noachide« zerstreut die letzten Zweifel. Der Noachide, der Nachkomme Noahs, achtet die Gebote Gottes nach der Sintflut und glaubt daher an Gott und die Lehren der Bibel.

Diese Präzisierung konnte jedoch die Gemüter nicht vollkommen beruhigen, und man warf den Freimaurern weiterhin den protestantischen Geist der Konstitutionen von 1723 vor. Viele wollten einfach nicht wahrhaben, daß zwischen der Abfassung der *Old Charges* des Regius-Manuskriptes und der Fertigstellung der Konstitutionen drei Jahrhunderte lagen und daß die Engländer inzwischen endgültig vom Katholizismus zum Anglikanismus übergegangen waren.

Der Text von 1723 wurde als zu parteiisch widerrufen und durch den obenerwähnten ersetzt. Darin wird deutlich festgehalten, daß der Gott, zu dem sich die Maurer bekennen, der Gott der Bibel ist: der alleinige und einzige Gott der ganzen Menschheit.

Über den Ort der Eintracht enthalten die Konstitutionen von 1738 einen Abschnitt (3e), der folgenden Wortlaut hat:

»Daher dürfen keine Privathändel und Streitigkeiten über die Schwelle der Loge mitgebracht werden, am allerwenigsten Streitigkeiten über Religion oder Nationen oder Staatsverwaltung. Denn wir gehören als Maurer bloß zu der oben angeführten allgemeinen Religion.«
Es ist auch nicht uninteressant, daß die neuen Konstitutionen, die klarer formuliert waren, schon veröffentlicht wurden, bevor der Heilige Stuhl offiziell gegen die Freimaurerei Stellung nahm und den »protestantischen« oder »protestantisierenden« Charakter des Hauptstückes über Gott und die Religion anprangerte. Man konnte also annehmen, daß die letzten Zweifel zerstreut und die heiklen Fragen der Religion und der religiösen Gesinnung der Freimaurer endgültig und zur Zufriedenheit aller entschieden waren. Die Tatsachen schienen diesen Eindruck zu bestätigen.
Derartige Unklarheiten waren nur in England möglich. In den katholischen Ländern, wie in Frankreich, Belgien, Spanien, Portugal, Schottland und in den italienischen Staaten waren die Maurer vorwiegend Katholiken und in den Logen herrschte ein katholischer Geist. Viele Mitglieder und oft auch die Beamten selbst waren katholische Geistliche, denen man sicher weder eine »Protestantisierung« der Logen noch eine Vernachlässigung der Gebote der Religion oder der katholischen Kirche vorwerfen konnte.
Im gleichen Jahr allerdings, einige Wochen nach der Veröffentlichung der neuen Konstitutionen, kam wie ein Donnerschlag aus heiterem Himmel der Schiedsspruch des Heiligen Stuhls: die Freimaurer jeder Religion, jeder Nationalität und jeder Obödienz wurden exkommuniziert.

[1] Es wird oft behauptet, es habe außer den vier Gründerlogen keine anderen Logen gegeben. Nun erwähnt sogar das Konstitutionenbuch Andersons von 1738 andere Logen, die sich der Großloge nicht angeschlossen hatten, vor allem die, die sich im St. Thomas-Hospital in Southwark, gegenüber der St. James-Kirche in Piccadilly, in der Nähe der Westminster-Abtei, beim Covent-Garden, in Holborn und auf dem Tower-Hill versammelten.

[2] Manche Autoren sind der Ansicht, daß der 24. Juni 1717 nicht nur der Gründungstag der spekulativen Maurerei ist, sondern auch das Ende der operativen Maurerei bedeutet. Diese Behauptung wird durch die Protokolle der Loge von Alnwick widerlegt. Sie beginnen am 3. Oktober 1703 und enden am 24. Juli 1757 und beweisen, daß die Loge während dieser ganzen Zeit ihren rein operativen Charakter beibehalten hat.

[3] Lennhoff, Eugen: Die Freimaurer, S. 41.

[4] Fay, Bernard: La Franc-maçonnerie et la révolution intellectuelle, S. 117.

[5] Bernard Fay schreibt, Desaguliers »gewann eine ganze Gruppe von Grandseigneuren für die Freimaurerei. Das bedeutete eine Blutsauffrischung und einen Prestigegewinn, die die junge Institution brauchte.« Dank der guten Beziehungen, die Desaguliers zum Königshaus und zu Newton hatte, wurden viele Granseigneure und Adelige Mitglieder der Bewegung.
Fay, Bernard: La Franc-maçonnerie et la révolution intellectuelle, S. 103.
Die Rolle Desaguliers wird von allen Historikern anerkannt. Fast alle sind der Meinung, daß seine Tätigkeit für den Aufschwung des Ordens von entscheidender Bedeutung war. Da er Mitglied der Royal Society war, schreibt ein anderer Historiker, sind viele Mitglieder dieser gelehrten Gesellschaft nach seiner Wahl zum Großmeister in die Logen eingetreten. Dazu siehe:
Schenkel, Gotthilf: Die Freimaurerei im Lichte der Religions- und Kirchengeschichte, S. 23.

[5a] Deutsche Fassung aus: Lennhoff, Eugen und Posner, Oskar: Internationales Freimaurer-Lexikon, Einleitender Teil, S. 15 ff (Anm. d. Übers.).

[6] Mellor, Alec: Nos Frères séparés, les francs-maçons, S. 54.

[7] Dieses Manuskript befindet sich ebenso wie das Regius-Manuskript im Britischen Museum in London.

[8] »He must love wel God, and holy Church algate
And hys mayster also, that he ys wythe.«

[9] Vgl. Kap. 8

[10] Andere Autoren geben das Jahr 1736 an.
Coen, Antonio und Dumesnis de Gramont, Michel: La Franc-maçonnerie écossaise, S. 15.

[11] Lepage, Marius: L'Ordre et les obédiences, S. 61, und Mackay, Albert: The History of Freemasonry, Bd. 5, S. 1184.

[12] Lennhoff, Eugen: Die Freimaurer, S. 82.
[13] Naudon, Paul: Les Origines religieuses et corporatives de la franc-maçonnerie, S. 267.
[14] Priouret, Roger: La Franc-maçonnerie sous les lys, S. 6.
[14a] »Dans cette taverne, on fait des francs-maçons«.
[15] Der vollständige Titel ist etwas länger: »Ahiman Rezon, or a Help to a Brother showing the Excellency of Secrecy and the first cause or motive of the Institution of Masonry; the Principles of the Craft; and the Benefits arising from a strict Observance thereof etc. Also the Old and New Regulations etc. To which is added the greatest collection of Mason's Songs, etc.«
[16] Es herrschte allgemein die Meinung vor, daß die sogenannten »Freidenker«, offen oder nicht, Feinde der Kirche und des Christentums waren, und die Bezeichnung »Freidenker« wurde daher in diesem Sinne gebraucht.
[17] Er war ein unehelicher Sohn eines katholischen Priesters und wurde, bis er erwachsen war, wegen seiner Herkunft verspottet (wie Erasmus). Er war zunächst schriftstellerisch tätig und wandte sich dann religiösen Fragen zu. Sein Buch »Christianity not mysterious«, in dem er die Offenbarung und die Wunder ablehnt und für den Deismus eintritt, wurde in Dublin 1697 verbrannt.
[18] Dierickx, Michel S. J.: Freimaurerei die große Unbekannte, S. 66.
[19] Ledré, Charles: La Franc-maçonnerie, S. 52.

DRITTES KAPITEL

DIE ERSTE VERURTEILUNG

Nah dem Tode Benedikts XIII. am 21. Februar 1730, trat das Konklave zur Wahl des neuen Papstes zusammen. Die Lage war außerordentlich gespannt: Frankreich und Spanien lehnten alle Kandidaten ab, die aus Mailand oder Neapel stammten oder vom Hause Österreich abhängig waren. Der österreichische Kaiser wiederum wies die Kandidaten der Toskana und die von Spanien vorgeschlagenen oder unterstützten Kandidaten zurück.
Durch die Exklusionserklärung dieser Länder kamen die meisten der 37 am Konklave teilnehmenden Kardinäle für das Pontifikat nicht mehr in Frage, denn praktisch konnte ein von irgendeinem Staat – und sei er auch so klein wie etwa Savoyen – abgelehnter Kandidat nicht mehr Papst werden. Unglücklicherweise gehörten die aussichtsreichsten Kandidaten zu dieser Gruppe, vor allem Kardinal Imperiali, der eigentlich die größten Chancen gehabt hätte, auf den Stuhl Petri zu gelangen.
Beinahe wäre Kardinal Imperiali dennoch gewählt worden, denn trotz der Exklusion, gegen die das Konklave machtlos war, fehlte ihm bei einem Urnengang nur eine einzige Stimme.
Schließlich verzichtete der österreichische Kaiser auf seinen Einspruch gegen die Toskaner, und nach fünfmonatiger Beratung und unzähligen Wahlgängen[1] wurde der florentinische Kardinal Lorenzo Corsini als Klemens XII. zum Papst gewählt.
Diese Entscheidung war eher ein Kompromiß, der durch den Einspruch gegen die aussichtsreichsten Kandidaten, die Müdigkeit des Konklaves, sowie das geschickte Vorgehen seines Neffen zustandegekommen war. Außerdem war der neue Papst alt, krank und müde und würde nur ein Übergangspapst sein, so daß sich die Gemüter und Leidenschaften inzwischen abkühlen konn-

ten. Unter günstigeren Voraussetzungen müßte es dann möglich sein, eine stärkere Persönlichkeit auf den päpstlichen Stuhl zu erheben.

Das Weltbild

Klemens XII. war weder der erste noch der letzte Übergangspapst, dessen Wahl durch einen Kompromiß zustandegekommen war, aber er übernahm sein Amt zu einem sehr ungünstigen Zeitpunkt. Die Lage war schwierig.
Anfang des 18. Jahrhunderts setzte man sich gegen die Mißstände kaum zur Wehr; man ergab sich in sein Schicksal. Die da und dort aufkeimenden neuen Ideen waren noch nicht kraftvoll genug, um die Gesellschaftsordnung erschüttern zu können.
Seit langem wurde eine Glaubensreform gefordert sowie die Überprüfung von Fragen, die die Dogmen nicht berührten, wie die weltliche Macht der Kirche. Die Unfehlbarkeit des Papstes und der Ablaßhandel stießen bereits im 14. und 15. Jahrhundert auf scharfe Ablehnung: Im Jahre 1412 verbrannte Johannes Hus die Bulle, in der Papst Alexander V. denjenigen Ablaß versprach, die die Kreuzzüge durch Geldspenden unterstützten. Hus wurde exkommuniziert, vom Konzil von Konstanz verurteilt und schließlich als Ketzer verbrannt. Seiner Lehre aber konnte der Scheiterhaufen nichts anhaben, sie fand im Gegenteil immer mehr Anhänger. Trotz der von Papst Alexander VI. und Papst Leo X. verhängten Zensur, die die Verbreitung häretischer oder kritischer Schriften verhindern sollte, nahmen die Ereignisse ihren Lauf. Die evangelischen Glaubensgemeinschaften, die anglikanische Kirche und der Jansenismus schlugen ebenfalls eine Bresche in die Festung der katholischen Kirche. Die Religion, die brüderliche Liebe predigte, konnte sich nicht mehr auf die Folter stützen, um sich zu behaupten. Die Menschheit wurde sich ihrer Kräfte bewußt und machte ihre Rechte geltend.
Die Jahrhundertwende brachte auch eine Wende im Kampf gegen die Kirche. Die Angriffe häuften sich und wurden immer

heftiger. Allein der Gedanke, Ideen erörtern zu können, für die ein Jahrhundert früher auch die bedeutendsten Gelehrten zum Tode verurteilt worden waren, wirkte berauschend.
Zwar forderte die Inquisition weiterhin ihre Opfer. Sie existierte immer noch und arbeitete noch ebenso rücksichtslos wie ehedem. Chevalier de la Barre war nicht der einzige, der auf dem Schafott hingerichtet wurde. Sie verurteilte die einen zum Tod auf dem Scheiterhaufen, andere zur Galeere, doch ihr Einfluß war trotz allem im Schwinden. Sie ließ weiterhin gottlose Bücher durch ihre Henkersknechte verbrennen, doch das Feuer vernichtete nur, was brennbar war. Die Ideen lebten weiter.
Anfang des 18. Jahrhunderts hatten sich so viele Gelehrte und Intellektuelle die neuen Ideen zu eigen gemacht, daß man ihre Forderungen nicht mehr zurückweisen konnte. Die Erinnerung an die führenden Geister des 17. Jahrhunderts war noch nicht verblaßt: Gassendi, Molinos, Descartes, Pascal, Bossuet, Spinoza, Locke, Boileau, Torricelli, Römer, Newton ebenso wie Corneille, Racine oder Molière, die gute Christen waren, prägten der Zeit den Stempel ihrer Ideen auf. Ihnen folgten Montesquieu, d'Alembert, Rousseau, Diderot und etwas später Réaumur, Celsius, Benjamin Franklin, Lavoisier, Voltaire und viele andere. Sie bildeten die »unbezwingliche Armada« der Wissenschaft und ihr Kampf galt in erster Linie den Dogmen, die die Vernunft beleidigten. Die Mathematiker stellten Berechnungen an, die die Bibel widerlegten. Die Geschichte der Chinesen und Ägypter, wissenschaftliche Untersuchungen, die ergaben, daß die Erde Millionen Jahre alt ist und der Himmel unendlich; das alles mußte den unbedingten Glauben an die Bibel erschüttern.
Durch die Entdeckungen der Mathematiker und Physiker nahm die Wissenschaft einen beispiellosen Aufschwung. Man begann, in die Geheimnisse der Welt einzudringen und konnte Dinge erklären, die bisher als »Mysterium« galten. Von jetzt an akzeptierte die Wissenschaft nichts mehr, was nicht experimentell bewiesen werden konnte. Schließlich führten die Fortschritte auf allen Gebieten zur größten Entdeckung: der Entdeckung des Menschen. Der Mensch, stellte man fest, sei der Mittelpunkt der

Welt und des Lebens – oder er sollte es sein –, und alle Menschen hätten die gleichen Rechte.
Die neue Philosophie, die immer mehr an Boden gewann, war nicht unbedingt mit der katholischen Glaubenslehre vereinbar. Der Toleranzgedanke, der eigentlich schon viel älter war, wurde zum erstenmal offen ausgesprochen, und andere Forderungen folgten ihm auf dem Fuß: Man verlangte die Freiheit und Gleichheit aller Menschen und Religionen.
Die Erfindung des Buchdrucks, der man im 15. Jahrhundert zuwenig Bedeutung beigemessen hatte, sollte in kurzer Zeit die Gesellschaft verändern. Das Buch trat seinen Siegeszug an und verbreitete die Gedanken der klassichen Schriftsteller.
Man begann die Wahrheit der Offenbarung und die These, es gebe nur eine einzige Religion der Offenbarung, in Frage zu stellen, man zweifelte an der göttlichen Vorsehung sowie an den Wundern und wollte nichts mehr hinnehmen, was nicht durch die Vernunft erklärt werden konnte.
Diese Strömung gipfelte in einer Religion der Vernunft, die die Religion der Offenbarung nicht ablehnte, sondern nur ihren Vorrang und ihre Vorzugsstellung zurückwies. Von der Forderung nach der Gleichheit aller Religionen, die eigentlich alle denselben Inhalt haben, fehlte nur noch ein Schritt zur Gottesauffassung des Deismus.

Die Lage der katholischen Kirche

Die katholische Glaubenslehre war in Gefahr. Europa blieb zwar weiterhin christlich, aber die nationalen Spannungen wurden durch den Hader der Konfessionen noch verstärkt.
Überall gärte es. Die Fürsten begannen zu begreifen, daß sie nicht mehr die absoluten Herren ihrer Untertanen waren. Auch die Autorität des Papstes geriet ins Wanken, denn die immer widerspenstiger werdenden Fürsten machten ihm seine jahrhundertealte Vorrangstellung streitig.
Der Druck der katholischen Länder und die Einmischung der

katholischen Könige in kirchliche Angelegenheiten nahmen zu. Die weltliche Macht der Kirche war nur noch ein Schatten dessen, was sie einst darstellte.
Der neue Geist durchdrang alle Gebiete. Der Jansenismus und der Gallikanismus lebten wieder auf. Die Bulle *Unigenitus*, die Klemens XI. am 8. September 1713 erließ, führte zu einer neuerlichen Spaltung des katholischen Lagers. In Frankreich, wo es zwischen Befürwortern (acceptants) und Gegnern (appelants) der Bulle zu heftigen Auseinandersetzungen kam, drohte ein neues Schisma. Die Atmosphäre war vergiftet. Klemens XI. exkommunizierte die Gegner der Bulle, die daraufhin die Gültigkeit der Exkommunikation anfochten – und Frankreich war nahe daran, das Beispiel Englands nachzuahmen und eine von Rom unabhängige Staatskirche zu schaffen. Der Plan Heinrichs VIII. blieb nicht ohne Wirkung: Die Idee einer Staatskirche war für viele Fürsten verlockend. Sogar in Spanien und in Portugal neigte man dazu, sich von Rom loszusagen.
Die Lage der katholischen Kirche war überall verworren. Die Niederlande und vor allem Belgien (das Geburtsland des Cornelius Jansen) wurden in der zweiten Hälfte des 17. Jahrhunderts bis zur Revolution zum Schlachtfeld der Lehren des Erasmus, des Jansenismus und des Unglaubens.
In allen skandinavischen Ländern dominierte Ende des 17. Jahrhunderts die Lutherische Kirche. In Dänemark drohte seit drei Jahrhunderten jedem katholischen Priester, der das Land betrat, der Tod, und wer zum katholischen Glauben übertrat, lief Gefahr, des Landes verwiesen zu werden[2]. In Schweden war es nicht anders. Von Glaubensfreiheit war man bis zum Beginn des 18. Jahrhunderts meilenweit entfernt.
In Deutschland waren die Katholiken nicht in Gefahr und wurden wegen ihres Glaubens nicht angefeindet, sie waren aber eine Minderheit in einem protestantischen Land. Friedrich Wilhelm I., der »Soldatenkönig«, stand dem Katholizismus zwar fern, behinderte die Katholiken aber in ihrer Religionsausübung nicht. Italien war zu Beginn des 18. Jahrhunderts eine Ansammlung von unabhängigen Staaten, Königreichen, Republiken, Herzog-

tümern und Fürstentümern. Die meisten wurden von Österreich und Spanien beherrscht, und diese beiden Länder besaßen genügend Einfluß, um auch auf den Heiligen Stuhl einen gewissen Druck ausüben zu können. Die einzigen freien Staaten waren das Königreich Sardinien, Venetien, Modena und der Kirchenstaat. Bald gelangte allerdins in Modena das Haus Österreich-Este, eine habsburgische Seitenlinie an die Macht. Venedig, die Stadt der lockeren Sitten und des Spiels, der Zufluchtsort für Abenteurer aller Art, war kein geeigneter Verbündeter des Heiligen Stuhles.

In allen Ländern entfremdete man sich allmählich der katholischen Kirche, wobei sich der Protest eher gegen die Autorität des Papstes und gewissen theologischen Ansichten richtete als gegen die Kirche selbst. Die Kirche an sich blieb mächtig. Sie war ungeheuer reich (In Frankreich z. B. besaß sie ein Fünftel des gesamten Territoriums), sie verfügte über riesige Einnahmen, und die Mehrzahl der Gläubigen bekannte sich zu ihren Lehren. Die Kirche behauptete ihre Stellung. Ihre weltliche Macht aber, die Autorität des Papstes, die Unangreifbarkeit der Bibel und die These, daß die katholische Religion die einzige geoffenbarte Religion sei, wurden in Frage gestellt.

Der Übergangspapst Klemens XII.

Der neue Pontifex, Sprößling einer angesehenen Florentiner Patrizierfamilie, aus der auch der Heilige Andrea Corsini stammte, wurde am 7. April 1652 geboren. Nachdem er an der Universität von Pisa das Doktorat in beiden Rechten erworben hatte, reiste er zu seinem Onkel, Kardinal Neri Corsini I., nach Rom.

Während seiner ganzen Laufbahn vergaß er niemals, was er seinem Namen und seiner Stellung schuldig war. Vom Schicksal begünstigt, wohlhabend und erfolgreich, von untadeliger Gesinnung, war er ein »Ehrenmann in jeder Hinsicht«[3]. Er war ein Freund der Künste. Obgleich ein wenig eigensinnig, war er dennoch für gewisse Freundlichkeiten empfänglich. Als Schützling

Klemens' XI. neigte er zur Orthodoxie. Kurz, er war ein rechtschaffener Mensch, etwas farblos und ohne besondere Vorzüge, die seine Wahl gerechtfertigt hätten. Er galt eher als ein guter Administrator denn als großer Theologe oder Staatsmann. Aber »daß der Kardinal einmal die Tiara erhalten werde, dachte niemand«[4].

Bedauerlicherweise erfüllte er auch als Administrator die in ihn gesetzten Erwartungen nicht. Zum Zeitpunkt seines Amtsantritts waren die Finanzen des Heiligen Stuhls zerrüttet. Mit viel Energie und bewundernswertem Eifer ging er daran, das Budget zu sanieren und die Finanzlage des Kirchenstaates in Ordnung zu bringen. Die Mißwirtschaft, die er vorgefunden hatte, seine offene Hand gegenüber Wissenschaftlern und Künstlern sowie die großzügige Unterstützung aufwendiger Bauvorhaben vereitelten seine Bemühungen, und obwohl er die besten Absichten gehabt hatte, verarmte die Kirche zusehends, und sein Nachfolger verfügte schließlich über noch weniger Geldmittel als er selbst bei seiner Inthronisation. Die mittelmäßige Begabung Klemens' XII., seine diplomatische Unerfahrenheit und vor allem sein schlechter Gesundheitszustand mußten sich auf seine Amtsführung nachteilig auswirken.

Der neue Papst war 78 Jahre alt und bereits sehr krank, als er am 30. Juli 1730 den päpstlichen Stuhl bestieg[5].

Im Jahre 1732 war er völlig erblindet[6]. Präsident de Brosses beschreibt in seinen »Lettres familières sur l'Italie«, wie die Sekretäre des Papstes jeden Morgen an sein Bett kamen, um ihm über einige laufende Angelegenheiten Bericht zu erstatten, und ihm die Hand auf die Stelle eines Papieres legten, wo das Namenszeichen hinzusetzen war. Eigentlich war es sein Neffe, Kardinal Neri Corsini II., der die Geschäfte des Heiligen Stuhls leitete. De Brosses berichtet – wobei er sich auf Kardinal Passionei beruft –, dem Papst sei eines Tages von seinem Neffen und seinen Beratern eine Sache mitgeteilt worden, die ihm äußerst mißfiel, worauf er ausgerufen habe: »Von mir aus, sollen sie doch machen, was sie wollen, sie sind ja doch die Herren«[7].

Im Jahre 1735 war der Gesundheitszustand des Papstes so

schlecht, daß »sich in den Kanzleien bereits das Gerücht von seinem Tode verbreitete«[8]. Das wiederholte sich einigemale. Es fanden auch schon Verhandlungen über ein Konklave statt[9]. Der Papst hatte an den Angelegenheiten des Heiligen Stuhles praktisch keinen Anteil mehr[10].
Er war nun 83 Jahre alt und völlig entkräftet. Trotzdem erholte er sich wie durch ein Wunder. Im Jahre 1736 ging es ihm wieder schlechter: er verlor im Juli nach einer langen Ohnmacht beinahe ganz das Gedächtnis[11]. Sein Zustand wurde noch durch ein Gichtleiden verschlimmert, das ihn zwang, von Beginn des Jahres 1737 an bis zu seinem Tode das Bett zu hüten[12].
Altersschwach und blind, nur noch selten im Vollbesitz seiner geistigen Kräfte, stand er den kirchlichen Angelegenheiten völlig fern. Wenn man ihn gelegentlich über irgend etwas zu unterrichten geruhte, so geschah es aus Achtung vor seinem Amt als Oberhirte, das er formell bis zu seinem letzten Atemzug innehatte[13].

Die Kongregation

Am 25. Juni 1737 soll Papst Klemens XII. eine außerordentliche Kongregation einberufen haben. Wir schreiben absichtlich »soll«, denn die Initiative ging nur formell vom Papst aus, der damals bereits ein hilfloser Greis war und einen solchen Beschluß zweifellos nicht mehr fassen konnte. Die Einberufung ging auf Kardinal Neri Corsini zurück, der zu dieser Zeit die Angelegenheiten des Heiligen Stuhls mit tyrannischer Hand lenkte. In Wirklichkeit berief also der Kardinal am 25. Juni 1737 im Namen Klemens' XII. eine Kongregation seiner Günstlinge ein.
Die Teilnehmer an dieser Kongregation waren, außer Kardinal Corsini, Kardinal Ottoboni, ein Großneffe des Papstes Alexander VIII., Kardinal Zondadari, ein Großneffe des Papstes Alexander VII., Kardinal Spinola, ein Neffe oder Großneffe von 13 Kardinälen, und Pater Ambrosio Ambrogi, der oberste Inquisitor von Florenz.
Keiner dieser Männer war Theologe und keiner hatte die erfor-

derlichen Befugnisse, die ihm zugedachte Rolle zu übernehmen. Ihre Ämter verdankten sie alle der in Rom herrschenden Vetternwirtschaft, was de Brosses zu dem Ausspruch veranlaßte: »Es ist immer ein sehr guter Beruf, der Neffe eines Papstes zu sein . . .«[14].

Kardinal Neri Corsini

Der Marchese Nereus-Maria Corsini II.[15], der Bruder des Fürsten Corsini, des Gouverneurs von Sizilien, der bei der Wahl Klemens' XII. eine wichtige Rolle spielte, wurde im Jahre 1685 in Florenz geboren.

Bereits am Tage nach seiner Wahl ernannte ihn der Papst zum Sekretär der Memorialen und am 14. August zum Kardinal in petto. Den Kardinalshut erhielt er am 18. Dezember 1730, doch spielte er anfangs keine sehr bedeutende Rolle. Das sollte sich bald ändern: Er wurde der Vertrauensmann seines Onkels und übte in der Folge auf Klemens XII. den größten Einfluß aus. Auch sein Bruder, Bartolomeo Corsini, war zur gleichen Zeit zum Kardinal ernannt worden, er stand aber stets im Schatten seines mächtigeren Verwandten.

Kardinal Neri Corsini war – wie de Brosses berichtet – »ein unterdurchschnittlich begabter Mensch«[16], dessen Bildung einiges zu wünschen übrig ließ. Er hatte, schreibt de Brosses weiter, »wenig Geist, noch weniger Hirn und keinerlei Fähigkeiten«[17].

Da er seine Stellung ausschließlich seiner Verwandtschaft mit dem Papst verdankte, war er eifersüchtig auf alle, die begabter und gelehrter waren als er und verhinderte mit allen Mitteln, daß einer neben ihm aufkam[18].

Obwohl er als Politiker und als Theologe unfähig war[19], konnte er sich durchsetzen. Er war herrschsüchtig, ehrgeizig und unglaublich vital, doch er war dank seines Reichtums zumindest ehrlich, was man von den anderen Kardinälen nicht behaupten konnte.

Er nützte die Schwäche seines Onkels, um die Regierung des

Kirchenstaates an sich zu reißen, und leitete die Geschäfte des Heiligen Stuhls mit ungeheurer Tatkraft. Er war – wenn auch nicht de jure, so doch de facto – der eigentliche Papst[20]. Da er zwar die weltliche Macht des Papsttums gnadenlos verteidigte[21], als Staatsmann aber ein Dilettant war, »blieb seine unterdurchschnittliche Begabung nicht ohne Folgen auf die Politik des Kirchenstaates«, wie Raybaud feststellte[22].

Kardinal Pietro Ottoboni

Pietro Ottoboni wurde im Jahre 1667 als einziger Sohn eines vornehmen Venetianers geboren. Sein Großonkel, der als Alexander VIII. am 6. Oktober 1689 auf den päpstlichen Stuhl gelangte, verlieh ihm umgehend die höchsten Würden der Kirche, und obgleich er erst 21 Jahre alt war, ernannte er ihn zuerst zum Staatssekretär, dann zum Kardinal und schließlich zum Leiter der päpstlichen Kanzlei.
Kardinal Ottoboni war wegen der zahlreichen Klatschgeschichten, die über ihn im Umlauf waren, in Rom eine populäre Figur . Präsident de Bosses schildert ihn als »liederlich, unglaubwürdig, lasterhaft und heruntergekommen«. Im Grunde war er nur mehr ein harmloser, alter Lebemann, dem man wahrscheinlich ganz ohne seinen Willen die Soutane angezogen hatte. Unter Klemens XII. war er Propräfekt des Heiligen Offiziums.

Kardinal Zondadari

Antonio-Felice Zondadari war der jüngere Bruder des Marco-Antonio Zondadari, des Großmeisters des Ordens vom Heiligen Johannes von Jerusalem. Seine Mutter war die Schwester des Kardinals Fabio Chigi und die Nichte des Papstes Alexander VII. Diese Verwandtschaft sicherte ihm eine erfolgreiche Laufbahn als Geistlicher.
Im Jahre 1665 in Siena geboren, wurde er von Papst Klemens XI.

im Jahre 1712 zum Kardinal ernannt. Außer seiner Teilnahme an der Kongregation im Juni 1737 ist über sein Leben nichts bekannt.

Kardinal Giovanni Battista Spinola II.

Sproß einer der ältesten Genueser Familien, aus der 12 Dogen, 13 Kardinäle und eine stattliche Anzahl von Senatoren, Botschaftern und Admirälen hervorgingen, wurde Giovanni Battista Spinola II. im Jahre 1681 geboren und starb 1753.
Durch seine Herkunft dazu bestimmt, wurde er unter Klemens XII. Kardinal und trat nur ein einziges Mal, anläßlich der Kongregation vom 25. Juni 1737, aus der Anonymität heraus.

Pater Ambrosio Ambrogi

Die Enzyklopädien, Annalen und Chroniker der damaligen Zeit erwähnen Pater Ambrosio Ambrogi nicht. Daraus darf man schließen, daß er sich weder als Theologe noch als Kanonist, noch als Prediger oder als Geistlicher auszeichnete. Da er der oberste Inquisitor von Florenz war, kannten ihn zweifellos seine unglücklichen Opfer am besten.
Warum also wurde er zu dieser Kongregation eingeladen?
Man darf nicht vergessen, daß damals das Heilige Offizium, d. h. die Inquisition, die Aufgabe eines Geheimdienstes erfüllte.
Der bestunterrichtete Mann in Florenz war selbstverständlich der oberste Inquisitor, Pater Ambrogi. Wir werden später sehen, welche Rolle Florenz und die Toskana spielten: Das erklärt auch, warum Pater Ambrogi als einziger von allen seinen Amtskollegen eingeladen wurde.

Die Folgen der Kongregation: Die Bulle »In Eminenti«

Das sind die Personen, die über die Freimaurerei ein äußerst folgenschweres Urteil fällen sollten. Es ist unwahrscheinlich, daß der Papst keine fähigeren oder geachteteren Kardinäle, Theologen oder Geistlichen gefunden hätte, wenn er sich darum bemüht hätte. Man kann annehmen, daß die Wahl der Kongregationsmitglieder kein Zufall war und daß nicht der Papst, sondern derjenige, der das Ganze inszenierte, diese Wahl traf. Er war sorgfältig darauf bedacht, sich mit Leuten zu umgeben, die ihm nicht widersprachen, damit er alles nach seinem Willen lenken könne[23].
Die Kongregation trat also zum festgesetzten Zeitpunkt zusammen. Der Gegenstand der Beratungen wurde nicht bekannt, aber es lag auf der Hand, daß sich etwas anbahnte.
Im Juli 1737, einige Wochen nach der Versammlung, griff die Inquisition von Florenz die Maurerloge der Stadt an. Da die Inquisition im allgemeinen nicht auf halbem Weg stehenblieb, war man auf das Schlimmste gefaßt, doch vorläufig geschah nichts weiter. Es handelte sich um eine Kriegslist. Pater Ambrogi eröffnete den Feldzug.
Im Herbst 1737 schloß die Inquisition überraschend die jakobitische Loge in Rom, aber auch diesmal hatte die Angelegenheit keine Folgen. Zum Erstaunen aller wurde niemand belästigt und niemand zur Rechenschaft gezogen. Niemals hatte die Inquisition so viel Milde walten lassen.
Bald konnte die Loge sogar ihre Pforten wieder öffnen, ohne daß jemand daran Anstoß nahm.
Große Ereignisse werfen ihre Schatten voraus.
Am *28. April 1738* brach das Unheil über die Freimaurerei herein: Der Heilige Stuhl veröffentlichte im Namen von Klemens XII. die Bulle *In Eminenti* und exkommunizierte alle Mitglieder des Ordens sowie deren Freunde. Bald sollten Hunderte unschuldige Menschen zum Tod auf dem Scheiterhaufen oder zur Galeerenstrafe verurteilt werden, Tausende andere wurden geächtet, verfolgt und in Acht und Bann getan.
Es bedarf keines besonderen Scharfsinns, um zu begreifen, daß

der Papst, der seit sechs Jahren völlig erblindet war und an der Kirchenpolitik schon längst keinen Anteil mehr nahm – er war seit zwei Jahren nicht mehr im Vollbesitz seiner geistigen Kräfte –, diese Bulle nicht erlassen haben konnte. Tatsächlich hat er die in seinem Namen veröffentlichte Bulle nicht einmal unterzeichnet.

Sicher war der Papst nicht verpflichtet, die in seinem Namen erlassenen Bullen zu unterzeichnen. Von den fünf Arten von Papstdokumenten: den apostolischen Konstitutionen (ad perpetuam rei memoriam), den litterae decretales oder konsistorialen Bullen (die die Unterschrift der Kardinäle tragen), den litterae apostolicae (Breves), den litterae encyclicae und schließlich den motu proprio, bedürfen nur diese letzteren der Unterschrift des Papstes, um in Kraft zu treten[23a]. Es ist also nicht entscheidend, daß die Bulle *In Eminenti* nicht vom Papst unterzeichnet wurde, obwohl das von zahlreichen Autoren immer wieder behauptet wird.

Haywood schreibt kurz und bündig: »Am 28. April 1738 erließ Papst Klemens XII. eine gegen die Freimaurerei gerichtete Bulle. Er unterzeichnete sie, nachdem er sich mit drei Kardinälen und dem Inquisitor von Florenz beraten hatte. Sie war an Großherzog Franz von Toskana gerichtet, der die Gründung zahlreicher Logen in ganz Italien gefördert hatte, obwohl es ihm vom Papst untersagt worden war[24].«

Alec Mellor berichtet in seinem Buch »Nos frères séparés: les francs-maçons« über die Unterzeichnung der Bulle: »Vielleicht war Klemens XII., als er völlig entkräftet und bereits vom Tode gezeichnet, seinen Namenszug unter das Dokument setzte, das seine Augen nicht mehr sahen, das aber durch die Jahrhunderte fortwirken sollte, dennoch der einzige, der sich der Bedeutung des Augenblicks bewußt war und der die Hintergründe der Urkunde, die durch seine Unterschrift Gültigkeit erlangte, erfaßte[25].« Diese Darstellung ist nicht überzeugend. Vielleicht war sich der Urheber der Bulle der Bedeutung des Augenblicks bewußt, Klemens XII. aber hat sicher nicht mehr erfaßt, worum es ging.

Es liegt auf der Hand, daß der Papst die Bullen nicht immer selbst abfaßte, sondern meist andere mit der Ausfertigung eines so wichtigen Dokumentes beauftragte. Im allgemeinen sind es die fähigsten Theologen, Fachleute auf dem Gebiet, auf das die Bulle Bezug nimmt, denen diese Aufgabe übertragen wird.
Aber auch wenn die Bulle von anderen Personen oder von einem Komitee verfaßt wird, behält sich der Papst das Recht zur Einsichtnahme vor. Auch wenn er die Bulle nicht persönlich unterzeichnet, nimmt er dazu Stellung, proklamiert sie oder legt die Anwendungsbestimmungen fest. Im vorliegenden Fall tat er nichts dergleichen. Die Urheber dieser Bulle hatten keinerlei Sachkenntnis, und angesichts des Geisteszustandes des Papstes ist es absolut ausgeschlossen, daß Klemens XII. ihnen persönlich die Verfassung einer Bulle von solcher Tragweite anvertraut hätte.
Soviel man weiß, erwähnte Klemens XII. weder die Freimaurerei noch die Bulle auch nur ein einziges Mal. Es gibt nicht das geringste Anzeichen dafür, daß er mit diesen Vorgängen etwas zu tun gehabt hätte. Der altersschwache Blinde, der kaum noch lichte Momente hatte und bereits ein Kind des Todes war, der Greis, von dem man jede Aufregung fernhielt, wußte sicherlich nichts über die Hintergründe, die zur Verurteilung der Freimaurerei führten. Er nahm an den Diskussionen der Kongregation keinen Anteil und wurde über die in seinem Namen veröffentlichte Bulle wahrscheinlich gar nicht informiert.
Dem »*Bullarium Romanum*«[26] zufolge ist die Bulle folgendermaßen gezeichnet:

Visa da Curiâ A. card. prodatarius

N. Antonellus

I. B. Eugenius

Wie das Faksimilie beweist, steht unter dem Dokument nur der Name Eugenius in kalligraphischer Form. Dieser Eugenius aber ist unbekannt. Vielleicht war er derjenige, der den Text der Bulle kalligraphierte. Die im *Bullarium Romanum* angeführten Namen

geben nur noch weitere Rätsel auf. Da diese Personen unbekannt sind, an der Kongregation nicht teilgenommen haben und kein wichtiges kirchliches Amt bekleideten, stellt sich die Frage, in welcher Eigenschaft sie diese Bulle unterzeichneten. Warum werden ihre Namen im *Bullarium Romanum* festgehalten, obwohl sie nicht unter der Bulle stehen? Zweifellos geschah es, weil man im *Bullarium Romanum* keine Bulle protokollieren wollte, die nur vom Schreiber unterzeichnet war. So hat man aus formalen Gründen zwei Namen angeführt.
Warum aber haben nicht zwei der vier Kardinäle, die an der Kongregation teilnahmen, ihren Namen unter das Schriftstück gesetzt? Kardinal Corsini wollte sich nicht verraten, das ist verständlich. Aber warum hat keiner der drei anderen die Bulle unterzeichnet? Die Situation ist merkwürdig. Weder der Papst noch der Staatssekretät, noch ein anderer Würdenträger haben die Bulle unterschrieben, auch keiner der vier Kardinäle, die sie vorbereiteten, und, um die Verwirrung vollständig zu machen, haben auch die beiden, deren Namen im *Bullarium Romanum* angeführt werden, sie nicht unterzeichnet. Wer also hat die Freimaurerei verurteilt? Der Schreiber?
Diese äußerst merkwürdigen Umstände bestätigen die These, daß Klemens XII. von der in seinem Namen gegen die Freimaurerei erlassenen Bulle nichts wußte und sie auch niemals signierte. Das Dokument beweist es: Klemens XII. hat die Freimaurerei niemals verurteilt.

Der offizielle Text der Bulle hat folgenden Wortlaut:

BISCHOF KLEMENS
der Diener der Diener Gottes
allen Gläubigen in Christo Gruß
und apostolischen Segen

»Von der göttlichen Vorsehung trotz unserer Unwürdigkeit an die höchste Stelle des Apostolates berufen, getreu dem uns anvertrauten Hirtenamt, haben Wir, soweit es Uns durch Göttliche Gnade möglich war, mit aller Sorgfalt darüber gewacht, Fehler und Laster

auszuschließen, die Reinheit der rechtsgläubigen Religion zu wahren und in diesen so schwierigen Zeiten die Gefahr der Verwirrung aus der katholischen Welt zu verbannen.
Durch allgemeines Gerücht haben Wir vernommen, daß gewisse Gesellschaften, Vereinigungen, Bünde, Verbindungen oder Konventikel, allgemein Liberi Muratori oder Francs Massons oder in anderen Sprachen auch anders genannt, in denen sich Menschen aller Religionen und Sekten, wenn sie sich nur einer natürlichen Rechtschaffenheit und Wohlanständigkeit befleißigen, untereinander durch einen ebenso engen wie undurchsichtigen Pakt verbinden, Gesetze und Statuten beobachtend, die sie sich selbst geschaffen haben, und in denen sie sich durch einen Eid auf die Bibel und unter Androhung der schwersten Strafen verpflichten, unverbrüchliches Stillschweigen über alles, was sie tun, zu bewahren, weit verbreitet sind und sich mit jedem Tag mehr ausweiten.
Da aber das Verbrechen so beschaffen ist, daß es sich selbst verrät, und durch das Zetergeschrei, das es erhebt, entlarvt, haben die obengenannten Gesellschaften oder Winkelversammlungen bei den Gläubigen einen so starken Verdacht erregt, daß ein rechtschaffener und kluger Mensch sich diesen Gesellschaften nicht anschließen kann, ohne sich mit dem Makel der Perversion und des Bösen zu beflecken; denn würden sie nichts Böses tun, so hätten sie das Licht nicht zu scheuen. Dieses Gerücht ist so verbreitet, daß die besagten Gesellschaften in den meisten Gegenden von den weltlichen Obrigkeiten schon seit langem geächtet und ausgewiesen sind, denn sie gefährden die Sicherheit des Staates.
Eingedenk der großen Gefahren, die diese Art von Gesellschaften oder Konventikel für gewöhnlich nicht nur für die Ruhe des Staates, sondern auch für das Heil der Seelen bedeuten, und erwägend, daß sie deshalb weder mit den bürgerlichen noch mit den kanonischen Gesetzen vereinbar sind; und da Wir durch Göttliche Fügung dazu ausersehen sind, Tag und Nacht als umsichtiger und treuer Knecht über die Kinder der Herrn zu wachen, damit Menschen dieser Art nicht wie Diebe in das Haus einbrechen und wie Füchse den Weinberg des Herrn zu zerstören trachten; das Herz der Arglosen verderben und es im geheimen mit ihren vergifteten

Pfeilen verletzen; um dem Unrecht, das auf diese Weise ungestraft verübt werden kann, den breiten Weg zu versperren; und aus anderen, Uns bekannten gerechten und vernünftigen Gründen, dem Rat mehrerer Unserer Ehrwürdigen Brüder, Kardinäle der Heiligen Römischen Kirche folgend, wie auch auf eigenen Entschluß und auf Grund sicheren Wissens und nach reiflicher Überlegung, haben Wir in Ausübung Unseres Apostolischen Amtes beschlossen und angeordnet, die besagten Gesellschaften, Vereinigungen, Bünde, Verbindungen und Konventikel, Liberi Muratori oder Francs Massons oder in anderen Sprachen anders genannt, zu verurteilen und zu verbieten, so wie Wir sie durch diese Unsere ewig geltende Konstitution verbieten und verurteilen.
Deshalb untersagen wir ausdrücklich und vermöge des heiligen Gehorsams allen Gläubigen in Christo jeden Standes, Grades, Ranges, Ansehens und Amtes, Laien wie Welt- und Ordensgeistlichen, auch denen, die sich besonders ausgezeichnet haben, zu wagen oder daran zu denken, aus irgendeinem Grund, unter irgendeinem Vorwand in die besagten Gesellschaften der Liberi Muratori oder Francs Massons, oder wie sie sonst genannt werden mögen, einzutreten, für sie zu werben, sie zu unterstützen, sie bei sich aufzunehmen oder ihnen anderswo Unterkunft zu gewähren, sie zu verbergen, ihnen anzugehören, sich ihnen zuzugesellen, ihnen beizuwohnen, ihnen die Gelegenheit und die Mittel zu verschaffen, um sich zu versammeln, ihnen irgend etwas zu besorgen, ihnen offen oder geheim, direkt oder indirekt, in eigener Person oder durch andere, auf welche Art auch immer, einen Rat, Hilfe oder eine Vergünstigung zukommen zu lassen, wie auch andere aufzufordern, zu veranlassen oder zu verleiten, dieser Art von Gesellschaften anzugehören, ihnen beizutreten, ihnen beizuwohnen, ihnen auf irgendeine Art zu helfen, sie zu unterstützen oder zu beraten; und Wir befehlen ihnen ausnahmslos, diesen Gesellschaften, Vereinigungen, Bünden, Verbindungen oder Konventikeln fernzubleiben, unter Strafe der Exkommunikation, mit der alle obengenannten Zuwiderhandelnden durch die Tat allein ohne weitere Erklärung belegt werden und von der keiner von einem anderen als von Uns oder dem jeweiligen Römischen Pontifex die

Wohltat der Absolution erhalten kann, außer im Angesicht des Todes.
Wir wollen außerdem und befehlen, daß alle Bischöfe, höheren Prälaten und andere örtliche Ordinarien sowie die überall angeordneten Inquisitoren der Häresie gegen die Frevler jeden Standes, Grades, Ranges, Ansehens und Amtes vorgehen und Untersuchungen anstellen, sie züchtigen und der verdienten Strafe zuführen, denn sie sind der Ketzerei höchst verdächtig.
Deshalb geben und verleihen wir ihnen die Gewalt, Übeltäter zu verfolgen und Untersuchungen anzustellen, sie mit den verdienten Strafen zu züchtigen und sich gegebenenfalls der weltlichen Macht zu bedienen.
Es darf keinem gestattet werden, durch einen ruchlosen Frevel diese Bulle unserer Kundgebung, Verurteilung und Untersagung, Unseres Verbotes und Unserer Verdammung zu verletzen oder zu übertreten; wenn jemand sich erkühnt, gegen sie zu verstoßen, so hat er den Zorn Gottes des Allmächtigen und der seligen Apostel Petrus und Paulus zu gewärtigen.
Gegeben zu Rom, Santa Maria Maggiore, im Jahre nach der Menschwerdung Jesu Christi 1738, am 28. April, im achten Jahre Unseres Pontifikates.«

Die offiziellen Gründe der Verurteilung

Folgende Gründe werden zur Rechtfertigung der Verurteilung angeführt:
1. daß die Freimaurer in ihre Vereinigungen unterschiedslos Menschen aller Religionen und Sekten aufnehmen;
2. daß sie sich durch einen Eid auf die Heilige Schrift verpflichten, über alles, was in den Versammlungen geschieht, unverbrüchliches Stillschweigen zu bewahren;
3. aus mehreren anderen nicht angeführten Gründen, die der Papst kennt und geheimhält, die aber gleichfalls gerecht und vernünftig sind.
Da wir die wahren Ursachen kennen, wissen wir sehr wohl, daß

die oben angeführten Gründe nur Vorwände waren. Den wahren Tatbestand konnte man nicht gut veröffentlichen.
Die katholische Kirche hat in allen drei Punkten ihre Meinung revidiert: Sie fördert die ökumenische Bewegung, die Existenz eines maurerischen Geheimnisses ist ein Hirngespinst, und die anderen »gerechten und vernünftigen« Gründe, die in Wirklichkeit politische Gründe waren, sind nicht mehr stichhaltig.

Die Bulle von 1738 beruft sich auf folgende Anklagepunkte:

1. Eine Vereinigung von Menschen aller Religionen

Zu Beginn des 18. Jahrhunderts ist die katholische Kirche immer noch überzeugt, daß sie allein den göttlichen Auftrag hat, die Offenbarungsreligion zu lehren, die einzige Religion, außerhalb derer kein Heil ist, und daß es gottgefällig ist, dieser Anschauung mit allen Mitteln zum Sieg zu verhelfen.
Eckhart sagte: Der höchste Gott hat keinen Namen. Ob man ihn Jehova, Gott, Allah oder den Großen Baumeister des Weltalls nennt, es ist immer der Ausdruck derselben Idee: *Unus es Deus*. Dem Ungläubigen bedeutet der Name Gottes nichts. Für den Gläubigen ist dieser Name ein von Menschen erfundener Ausdruck, um den Begriff des höchsten Wesens zu bezeichnen, und das Wort hat weniger Bedeutung als der Glaube an die Existenz dieses höchsten Wesens. Daraus folgt, daß Gott über den Konfessionen steht: er ist weder Jude noch Katholik, weder Protestant noch Angehöriger irgendeiner anderen Glaubensgemeinschaft. Keine Religion hat das Recht, ihn für sich zu beanspruchen. Er heißt weder Gott noch Jehova, noch Allah, noch Großer Baumeister des Weltalls, denn sein Name ist nirgends eingetragen und nirgends verbrieft. Der Alleinanspruch irgendeiner Religion verstößt gegen den Glauben, daß er über allem und allen steht, daß er der Schöpfer des Universums und der Vater der ganzen Menschheit ist.
Die Freimaurer unterscheiden zwischen »dummen Atheisten«, Freigeistern ohne Religion, und jenen Menschen, die sich zu der Religion bekennen, in welcher alle Menschen übereinstimmen.

Die erstgenannten durften dem Orden nicht beitreten. Aufgenommen wurden nur diejenigen, die das Sittengesetz der Heiligen Schrift gewissenhaft befolgten – wobei es gleichgültig war, welcher christlichen Gemeinschaft sie angehörten –, die den Herrn mit ganzer Kraft verehrten, ein gottesfürchtiges Leben führten und ihren Nächsten liebten wie sich selbst, sei es im Sinne des Heiligen Thomas von Aquin, des Heiligen Augustinus oder Calvins.

Die Anerkennung der Gleichheit aller Religionen ist im Grunde genommen das Glaubensbekenntnis der Freimaurerei, und man kann ihr daraus keinen Vorwurf machen. Im Gegenteil, das Toleranzprinzip war schon immer einer ihrer Grundgedanken, und der Heilige Stuhl verurteilte damals diesen Gedanken nur deshalb, weil er den Interessen der Kirche abträglich war. Außerdem war die Zeit für die Verwirklichung dieser Idee noch nicht reif. Heute hat die katholische Kirche ihre Meinung geändert[27]. Freilich hat sie in der Vergangenheit diese Gedanken weder vertreten noch toleriert. Im 18. Jahrhundert waren die Katholiken überzeugt, es sei Ketzerei, die Kirche einer anderen Konfession zu betreten. Es war sogar verboten, mit Angehörigen anderer Religionen zu verkehren.

Im Gegensatz zu dieser starren und unerbittlichen Auffassung war die Freimaurerei fortschrittlicher und toleranter gesinnt, sie vermied jede Vorrangstellung, jedes Vorrecht und jede Diskriminierung. Daher war der Konflikt zwischen Kirche und Freimaurerei unabwendbar, auch wenn der Heilige Stuhl aus taktischen Überlegungen den Ausbruch offener Feindseligkeiten hinauszögerte.

Das politische Geschehen der damaligen Zeit und das ungeschickte Verhalten des Kardinals Corsini bildeten den Auftakt der Konfrontation, zu der die Bulle endgültig das Signal gab. Der Heilige Stuhl zog im Namen des Herrn, der »dem Strom der Perversion Einhalt gebieten wollte«, gegen alle zu Felde, die sich mit Menschen anderer Religionen verbanden, auch wenn es sich um Christen handelte, und erklärt, alle seien der Ketzerei verdächtig, die mit Angehörigen einer anderen Religion in Berührung kamen. Die Kongregation vergaß zu erwähnen, daß sich die katholische Kirche, auf die Wahrung ihrer Interessen bedacht, des öfteren mit anderen Religionen zusammengeschlossen hatte. Die Protestanten waren einige Male die Verbündeten der Katholiken, die ihnen dann selbstverständlich ihr Ketzertum verziehen. Die Kongregation machte sich zwei Faktoren zunutze: die Unwissenheit des Volkes und ihre eigene Stärke. Sie wußte wohl, daß das Volk weder die Weltgeschichte noch die Kirchengeschichte kannte und daß alle, die dennoch Bescheid wußten, nicht den Mut haben würden, gegen diese Verurteilung zu protestieren. Sie hätten sich damit nur der Gefahr ausgesetzt, ihrerseits verurteilt zu werden, da ihr Protest als Eintreten für die Ketzerei ausgelegt worden wäre. Wir leben heute in einem Zeitalter religiöser Toleranz; als aber die Bulle erlassen wurde, hielt der Heilige Stuhl jede Verbindung von Katholiken mit Angehörigen anderer Religionen für Häresie. Für den Heiligen Stuhl war also dieser Grund stichhaltig, zumindest solange die Gläubigen und nicht die Kirche selbst diese Verbindung eingingen.

2. Das Geheimnis

Der zweite Grund für die Verurteilung der Freimaurerei war jenes Geheimnis, für das Tausende unschuldige Menschen leiden mußten; das Geheimnis, das die Freimaurerei mit einem Mysterium umgab; das Gegenstand von 60 000 verworrenen Abhandlungen war; das Millionen leichtgläubige Menschen in Schrecken versetzte; ein Geheimnis, das . . . niemals existiert hat.

Die Freimaurerei hat aus ihrer Existenz nie einen Hehl gemacht, ausgenommen in Zeiten der Verfolgung. Sie war nie eine Geheimgesellschaft und wollte nie eine sein. Sie besaß niemals ein Geheimnis, das nicht unter normalen Umständen hätte gelüftet werden können.

Alec Mellor zufolge wurde an der Freimaurerei immer wieder Kritik geübt. »Vor allem beschuldigte man sie, das Verschwiegenheitsgelöbnis beibehalten zu haben, obwohl es gar kein Geheimnis gab«[28].

»Ich kenne die Freimaurerei und muß mit allem Nachdruck erklären, daß es kein Geheimnis gibt.« Dieser Satz stammt aus einem Buch eines ehemaligen Freimaurers[29], der die Freimaurerei ohne Rücksicht auf sein Gelöbnis verraten hat, der in seinem Buch alles enthüllt, was man enthüllen kann, auch das, was er nicht hätte sagen dürfen. Er hätte sicherlich ohne die geringsten Skrupel alle Geheimnisse, auch die schwerwiegendsten, verraten, falls es sie gegeben hätte.

Man muß schließlich zur Kenntnis nehmen, daß die Freimaurer nicht deshalb im verborgenen und ohne großes Aufsehen ein gutes Werk tun, weil sie ein »Geheimnis« haben, sondern weil sie anonym bleiben wollen, wenn sie jemandem eine Wohltat erweisen. Die Freimaurer haben nicht deshalb geschworen, die Namen ihrer Mitbrüder nicht zu verraten, weil sie einer Geheimgesellschaft angehören, sondern weil sie zu bestimmten Zeiten Vorsichtsmaßnahmen treffen mußten, um sich vor Verfolgungen zu schützen. Man darf nicht vergessen, daß die Preisgabe seines Namens für einen Freimaurer lebensgefährlich war.

Keine wie immer geartete Organisation ließ jemals Fremde an ihren Beratungen und Versammlungen teilnehmen oder gestattete die Bekanntmachung ihrer internen Angelegenheiten. Auch Klemens XII. hat die Verfahrensbestimmungen für das Konklave geändert, um die Beratungen geheimhalten zu können. Niemals hätte es zum Beispiel die Inquisition einem Außenstehenden gestattet, an ihren internen Gesprächen teilzunehmen. Aus gutem Grund. Niemals hätten die Jesuiten einen Protestanten über ihre Entscheidungen unterrichtet, niemals hätten die Barmherzigen Schwestern einen Fremden an ihrer Liturgie teilnehmen lassen. Hatten sie alle etwas zu verbergen? Oder wird, was den Katholiken gestattet ist, als verabscheuungswürdiges Verbrechen betrachtet, wenn es eine Organisation tut, die Menschen aller Religionen vereint?

Sicher könnte man sich fragen, ob eine von der Kirche unabhängige Gesellschaft, die die Interessen der Kirche nicht beeinträchtigt, die keine religiösen Ziele hat und sich nicht mit religiösen Fragen beschäftigt, der Kirche über ihre Tätigkeit Rechenschaft

geben muß, und auf welches göttliche oder andere Recht sich diese beruft, um unschuldige Menschen, deren einziges Verbrechen darin besteht, die Kirche nicht in alles einzuweihen, zu vernichten oder zum Tode zu verurteilen.
Man weiß, mit welcher Zähigkeit die Kirche ihre weltliche Macht verteidigte. Im Laufe der Jahrhunderte geriet sie deshalb mit allen Staaten und Fürsten in Konflikt und mußte einen ununterbrochenen Kampf führen. Im Jahre 1738 hielt der Heilige Stuhl mit seinen greisen Kardinälen das Gebäude der Kirche dicht geschlossen und weigerte sich, die Sprünge zu sehen.
Es erschienen zahllose Bücher, von Autoren, die keine Freimaurer waren, die sich ausschließlich mit den »Geheimnissen« der Freimaurerei beschäftigten. Man hat alle diese Geheimnisse so oft und so genau enthüllt, daß manche Verfasser sogar eine vollständige Liste aller Mitglieder und aller Logen ihres Landes veröffentlichen konnten, was beweist, wie »geheim« die Geheimnisse der Freimaurerei waren. In manchen Büchern werden die Paßworte, die Zeichen, das Ritual, die maurerische Organisation und die Arbeit in den Logen in allen Einzelheiten beschrieben; kurz, es wurde alles enthüllt. Wenn wir die Absicht gehabt hätten, in diesem Werk etwas zu enthüllen, so müßten wir zu unserer Schande gestehen, daß es nichts mehr zu enthüllen gibt.
Die Kirche wußte sehr wohl, daß es kein Geheimnis gab. Die Freimaurerei war mit ihrem Einverständnis entstanden und gewachsen; Hunderte Angehörige des hohen und niederen Klerus waren Mitglieder der Bewegung; die jakobitischen Logen in Rom waren ihre Verbündeten und wurden 80 Jahre lang vom Heiligen Stuhl finanziert. Es ist höchst unwahrscheinlich, daß die Kirche dieses Geheimnis erst 1737 entdeckte, und noch unwahrscheinlicher, daß sie einen ihr bekannten Tatbestand, den sie bisher tolerierte, plötzlich als verabscheuungswürdiges Verbrechen betrachtete. »Der Heilige Stuhl war, wenn man diese Pointe hier wagen darf, in die Geheimnisse der Freimaurerei eingeweiht . . .«, schreibt Alec Mellor, der sich stets zurückhaltend äußert und der Haltung der Kirche viel Verständnis entgegenbringt[30].

In Wahrheit war das »Geheimnis« immer nur ein geschickt gewählter Vorwand, um die Verdammung der Freimaurerei zu rechtfertigen. Die wirklichen Gründe konnte man nicht enthüllen, und sie hätten auch nicht ausgereicht, um die Freimaurerei zu verurteilen.

So konstruierte man »das Geheimnis«, das den Erfordernissen entsprach. Nur wenige argwöhnten, daß die wahren Gründe der Verurteilung ganz einfach und prosaisch waren. Als die Kirche die Sturmglocke läutete, sprangen die Gläubigen erschrocken auf. Die Bulle war für die Inquisitoren das Startzeichen, um »gegen die Frevler vorzugehen, ihnen Einhalt zu gebieten und sie der verdienten Strafe zuzuführen, da sie der Ketzerei höchst verdächtig sind«. Jeder kannte die Folgen einer solchen Anschuldigung und sagte sich, daß dieses »Geheimnis« etwas Ernstes sein müsse, wenn der Heilige Stuhl so schwere Strafen für nötig befinde. Es war klüger, sich nicht näher mit dieser Frage zu beschäftigen, denn mit der Inquisition wollte niemand etwas zu tun haben.

Die Katholiken wurden von Furcht erfaßt, ausgenommen jene, die Mitglieder des Ordens waren, und daher wußten, daß es kein Geheimnis gab. Der Klerus, durch die Bulle mobilisiert, griff durch, wo immer er konnte, und plötzlich stand die Freimaurerei am Pranger. Ihren Mitgliedern begegnete man mit Mißtrauen, Furcht, Zurückhaltung und Unbehagen. Und diese Stimmung wurde von der Kanzel aus angeheizt.

Die Inquisition trat in Aktion. Auch ihre Mitglieder mußten geloben, das Geheimnis zu wahren, und auf Eidbruch stand ausnahmslos die Todesstrafe, gegen die es keinen Einspruch gab. Da die Inquisitoren wußten, daß sie schwerwiegende Dinge zu verbergen hatten, mußten sie annehmen, daß die Geheimnisse der Freimaurer ebenso schwerwiegend waren wie die ihrigen.

In einer solchen Atmosphäre wiesen die Freimaurer vergebens darauf hin, daß sie kein Geheimnis hatten. Die Anstrengungen der Inquisition, es ihnen zu entreißen, waren verständlich. Einerseits gab es eine Bulle, die die Existenz eines Geheimnisses öffentlich verkündete; und dieses Geheimnis mußte gewichtig sein, denn es wurde mit der Exkommunikation bestraft. Andererseits ließen sich diejenigen, die sie den Folterknechten übergeben konnten, mißhandeln und verstümmeln, ohne etwas zu gestehen. Anstatt nun daraus zu folgern, daß es kein Geheimnis gab, kamen die Inquisitoren zum gegenteiligen Schluß, daß nämlich hinter dem Geheimnis sehr ernste Dinge steckten. Besessen vom Gedanken an eine Verschwörung, beobachteten sie mit doppelter Aufmerksamkeit, was in den Logen geschah. Warum schlossen sich die Freimaurer ein? Die Bulle mußte doch recht haben: »Würden sie nichts Böses tun, so hätten sie das Licht nicht zu scheuen«. Was taten sie also? Was verbargen sie? Wie konnten die Freimaurer erklären, daß sie kein Geheimnis hatten und nur *ihre Würde* verteidigen wollten.

Diese Frage bewegte 230 Jahre lang die Gemüter, ohne daß man je hinter das »große Geheimnis« gekommen wäre. Aber die Kirche kannte es, denn die Freimaurerei war mit ihrer Einwilligung gegründet worden und sie hatte ihre ersten Schritte gelenkt. Sie besaß bis zum Bruch Vertreter und Informanten in allen Logen. Sie wußte, daß die Freimaurerei kein Geheimnis hatte; aber sie selbst hatte eines: Sie wußte, daß das »Geheimnis« nur ein Vorwand war, um die Verfolgung der Freimaurerei zu rechtfertigen.

» . . . sie sind der Ketzerei höchst verdächtig . . .«

Aus diesen beiden Gründen (Toleranz allen Religionen gegenüber und das Geheimnis) waren die Freimaurer »der Ketzerei höchst verdächtig«.

Ein vorschnelles Urteil, dessen Wortlaut uns vertraut ist. Tatsächlich werden im Spruch des Heiligen Offiziums im Prozeß gegen Galilei dieselben Worte verwendet: »Es ergeht folgendes Urteil: Wir erklären, daß du, Galilei, dich dem Heiligen Offizium der Ketzerei dringend verdächtig gemacht hast, denn du hast an eine falsche Lehre, die der Heiligen Göttlichen Schrift zuwiderläuft, geglaubt und an ihr festgehalten, daß nämlich die Sonne der Mittelpunkt des Weltalls ist und sich nicht vom Osten nach

dem Westen bewegt; daß sich die Erde bewegt und nicht der Mittelpunkt der Welt ist«.
Wenn die Freimaurer der Ketzerei höchst verdächtig waren und das Wort »höchst« fast schon einer Gewißheit gleichkommt, warum hat dann die Kirche fünfzehn Jahre gewartet, um sie zu verurteilen, und warum duldete sie, daß sie ungestraft ketzerisches Gedankengut verbreiteten? Die Kirche könnte darauf nur antworten, daß sie über das Treiben der Freimaurer nicht unterrichtet war und daß sie den Inhalt und die Grundgedanken der Konstitutionen nicht kannte.
Doch der Heilige Stuhl kannte die Konstitutionen Andersons. Jeder Interessierte konnte sich mit ihrem Inhalt vertraut machen, und der Heilige Stuhl hatte sie nie auf den Index gesetzt, was er bei verdächtigen oder zweideutigen Schriften niemals unterließ. Die Konstitutionen waren also nicht verurteilt worden. Niemals traf sie ein Tadel. Plötzlich erklärt der Heilige Stuhl Leute für »der Ketzerei höchst verdächtig«, die im Sinne dieser unverdächtigen Konstitutionen arbeiteten und einen Eid auf die Heilige Schrift leisteten.
Der Widerspruch ist eklatant.
Seit damals hat man selbstverständlich versucht, die Entscheidung des Heiligen Stuhls auf mannigfache Weise zu erklären. In einer Erklärung wurde behauptet, daß sich die maurerische Lehre von der der katholischen Kirche unterscheide und im Grunde deistisch sei, was der Heilige Stuhl verurteilen mußte. In der Bulle steht nichts davon, sie erwähnt den Deismus der Freimaurer mit keinem Wort.
Auch wenn die Kirche den Deismus niemals gutgeheißen hat, so hat sie ihn doch nicht verurteilt. Vom theologischen Standpunkt aus konnte er kein Grund für eine Verurteilung und noch weniger für eine Exkommunizierung sein.
Die Anklage ist um so hinfälliger, als die Kirche wußte, daß zahlreiche Geistliche, auch Mitglieder des hohen Klerus, schon immer für die Sache der Freimaurerei stritten. Wäre der Widerspruch zwischen den Grundgedanken der Freimaurerei und der Lehre der Kirche so groß gewesen, dann wären die Geistlichen

zweifellos aus dem Orden ausgetreten. Doch sie verließen die Logen auch nach der Verurteilung nicht. Sie blieben Mitglieder und unerschütterliche Anhänger der Freimaurerei.
Wenn die Kirche »der Ketzerei höchst verdächtige« Priester in ihrem geistlichen Amt beließ, so mußte sie wissen, daß die Anklage unbegründet war. Der Heilige Stuhl wußte auch, daß die englische Maurerei im Jahre 1723, als die Konstitutionen veröffentlicht wurden, die einzige Organisation dieses Landes war, die die Katholiken ohne jede Diskriminierung aufnahm. Obwohl die Katholiken wegen ihres Glaubens und ihrer Abhängigkeit von Rom verfemt waren und verfolgt wurden, nahmen sie die Freimaurer nicht nur auf, gewährten ihnen Asyl und versteckten sie, sondern hatten auch den Mut, einen Katholiken, Herzog Thomas von Norfolk, im Jahre 1729 zum Großmeister zu wählen. Ketzer hätten den Katholiken ohne Zweifel nicht so viel Wohlwollen entgegengebracht.

» . . . die anderen gerechten Gründe . . .«

Keiner der beiden erstgenannten Gründe für die Verurteilung lag im Bereich der Theologie, und da keiner der an der Kongregation teilnehmenden Kardinäle Theologe war, kann man ohne weiteres behaupten, daß die wahren Ursachen nicht theologischer, sondern politischer Natur waren.
In diesem Punkt bleibt die Bulle wortkarg. Ohne sich deutlicher auszudrücken, erklärt sie, daß es neben den erstgenannten Gründen noch andere gebe.
Trotz aller schuldigen Achtung vor einer so hohen Behörde, wie es der Heilige Stuhl zweifellos ist, bleibt die geheimnisvolle Aussage, es »gebe noch andere gerechte und Uns bekannte vernünftige Gründe«, fragwürdig. Daß es »andere Gründe« gegeben hat, die nur dem Heiligen Stuhl bekannt waren, steht fest. Ob sie aber »vernünftig« und vor allem »gerecht« waren, steht auf einem anderen Blatt. Dieses Argument erinnert an den Spruch Klemens' V., der bei der Aufhebung des Templerordens ebenfalls

zahlreiche völlig aus der Luft gegriffene und wenige überzeugende Gründe angeführt hatte, um schließlich als letzten Trumpf das Argument auszuspielen: »und in Anbetracht vieler anderer gerechter Gründe und Ursachen . . .« Offensichtlich hatten beide Päpste dieselben »gerechten« Gründe und Ursachen.

»Man wird den Schlüssel zu dieser rätselhaften Aussage vergeblich im Religiösen suchen«, schreibt Alec Mellor. »Der eigentliche Grund war die Sache der Stuarts, die in Rom im Exil lebten[31].« Die wahren Ursachen waren der diplomatische Fauxpas, den Kardinal Neri Corsini unter dem Einfluß des Prätendenten beging und die Sache der Toskana.

Die Sache der Stuarts in Rom

Als Klemens XII. im Jahre 1730 zum Papst gewählt wurde, gab es in den Staaten Italiens noch keine Freimaurerlogen. Erst im Jahre 1733 wurde in Florenz die erste Loge gegründet. Ihr folgten in den Jahren 1734 und 1735 die Logen von Venedig, Neapel, Verona, Padua und Vicenza.

In Rom gab es eine jakobitische Loge, deren Register von der Großloge von Edinburgh aufbewahrt werden. Aus ihnen geht hervor, daß ihr Meister vom Stuhl Lord Wintown, der berühmte Held der Stuartisten, gewesen ist. Zu den Mitgliedern der Florentiner Loge zählten viele Engländer, die dem Hause Hannover nahestanden und ein Gegengewicht zur Tätigkeit der jakobitischen Loge in Rom bilden wollten[32].

Leider griffen damals mehrere Logen direkt ins politische Geschehen ein. Das Eintreten für das Haus Stuart war eine der Triebfedern, die zur Gründung der Loge von Rom führten, und die Stuartisten bestimmten auch andere Logen zu einer Tätigkeit, die mit dem Geist der Freimaurerei nicht in Einklang standen. Schließlich mußte die gesamte Freimaurerei dafür büßen, denn die politische Tätigkeit war sicherlich eine der Hauptursachen für die Verurteilung der Bewegung. Der Heilige Stuhl war ohne Zweifel über alles unterrichtet, was in den Logen vor sich ging, vor allem in jenen, die sich für oder gegen die Sache der Stuarts engagierten. Der Papst hatte alle Ursache, die Sache des jungen Prätendenten Karl Eduard zu unterstützen. »Die Kirche hat an der Sache der Stuarts das allergrößte Interesse«, schreibt Benedikt XIV. in einem Brief an Kardinal de Tencin. Wenn Paris für Heinrich IV. eine Messe wert war, dann war die Wiedergewinnung Englands der Kirche noch viel mehr wert.

Während die Loge von Rom unter dem Schutz des Vatikan stand, wurde die Florentiner Loge vom englischen Premierminister Walpole unterstützt, und beide Gruppen bespitzelten sich gegenseitig. Da der Prätendent den englischen Thron zurückerobern wollte und es im Land noch immer jakobitische Zirkel gab, konnte die englische Regierung und besonders Sir Robert Walpole die Augen vor der Tätigkeit der Jakobiten in Rom nicht verschließen.

Von den beiden Konkurrenten diente anscheinend die Florentiner Loge ihrem Herrn am besten. »Baron Stosch«, der englische Spion, war erfolgreicher als die jakobitischen Gegenspione. Der Prätendent griff also ein, um die Florentiner Loge unschädlich zu machen.

Das konnte ihm nur gelingen, wenn er die Freimaurerei in Bausch und Bogen beschuldigte, was er auch ohne Bedenken tat. Sicher waren die Freimaurer seit eh und je treue Verbündete der Stuarts: Zur Zeit Wilhelms von Oranien hatten sie für die Stuarts jede Gefahr auf sich genommen und waren auch vor einer Verschwörung nicht zurückgeschreckt. Nun aber waren sie ein Hemmschuh für die ehrgeizigen Pläne des Prätendenten.

Dieser gab Kardinal Neri Corsini, mit dem er befreundet war, zu verstehen, »daß sich die Kirche im Interesse des englischen Katholizismus, den er verkörperte, von diesem »Klotz am Bein« befreien müsse[33]«.

Es kostete ihn um so weniger Mühe, ihn davon zu überzeugen, als die neuen Konstitutionen tatsächlich protestantischen Geist atmeten und den Schluß zuließen, daß die englischen Freimaurer die Rückkehr eines katholischen Stuart nicht befürworten würden.

Unter der Herrschaft Neri Corsinis gab die Kirche dem Drängen Karl Eduards nach. Selbstverständlich mußte sie den eigentlichen Grund ihres Vorgehens geheimhalten. »Die Sache der Stuarts wäre für immer verloren gewesen, wenn man ein solches Motiv in einer Enzyklika veröffentlicht hätte«, schreibt Alec Mellor[34].

Die Toskana

Auch die Sache der Toskana beunruhigte die Kirche.
Alexander von Medici wurde im Jahre 1530 von König Karl V. zum Herzog von Florenz erannt, 1569 wurde er Großherzog von Toskana. Das Geschlecht der Medici blieb an der Macht, bis es mit Gaston Medici, trotz dessen burlesk anmutender Versuche, seine Nachkommenschaft zu sichern, 1737 ausstarb.
Die Frage der Toskana beschäftigte die europäischen Mächte seit Jahrzehnten, ebenso wie die Angelegenheiten Parmas und Piacenzas. Am 2. August 1718 sicherte der Vertrag von Cockpit (Vertrag des Viererbundes) Don Carlos die Anwartschaft auf Parma, Piacenza, die Toskana und die Presjidios. Der polnische Thronfolgekrieg (1733–1735) änderte die Lage: Im Wiener Vertrag vom 18. November 1738 wurden die italienischen Staaten neu aufgeteilt. Da Lothringen von Frankreich besetzt war, erhielt Franz Stephan von Lothringen, der künftige Gatte Maria Theresias, Parma, Piacenza und das Großherzogtum Toskana als Entschädigung, während die Presjidios und das Königreich beider Sizilien Don Carlos zugesprochen wurden. Der Heilige Stuhl wurde hellhörig. Sieben Jahre vorher hatte er das Herzogtum Parma-Piacenza verloren, das nach dem Tode des letzten Farnese an Spanien gefallen war. Nun verlor er die Toskana.
Für den Heiligen Stuhl bedeutete das Ereignis mehr als den Verlust eines kleinen Gebietes[35]. Seine weltliche Macht war in Gefahr[36, 37, 38, 39].
In Wien hatte man über das Schicksal der Toskana entschieden, ohne ihn zu fragen, ja ohne ihn zu berücksichtigen, obwohl man genau wußte, daß er das Großherzogtum für sich beanspruchte.

Die katholischen Herrscher wurden immer anmaßender. Ihr Exklusionsrecht, kraft dessen sie die Wahl eines ihnen nicht genehmen Papstes verhindern konnten, wurde ein Mittel der Erpressung. Sie machten oft mit einer solchen Leichtfertigkeit davon Gebrauch, als handelte es sich um die Ernennung eines Steuerbeamten.

Die weltliche Macht der Kirche, die einst die Herrscher erzittern ließ, war erschüttert. Die Fürsten verbaten sich jede Einmischung des Papstes in ihre politischen Angelegenheiten. Die Bourbonen erkannten zwar die Oberhoheit des Papstes noch immer an, doch das war eine bloße Formalität, eine traditionelle Zeremonie, die nichts besagte. Sie beugten das Knie vor der weltlichen Macht des Papstes. Die Kirche war sich dieser veränderten Einstellung bewußt und mit Recht darüber empört.

Außerdem beunruhigte die Toskana den Heiligen Stuhl seit langem. Die Florentiner Loge, Zentrum der antijakobitischen Engländer und der Spione Walpoles, war ein Treffpunkt der Freidenker der Universität von Pisa, der Heimat Galileis. Hier wurde offen Kritik an der Kirche geübt, und das geschah, ohne daß Franz Stephan von Lothringen, der selbst Freimaurer war, etwas dagegen unternahm.

Kardinal Neri Corsini, »der unbeugsame Verteidiger der weltlichen Macht des Papsttums«, wandte sich gegen die Toskana.

Das ist eine weitere Erklärung für die Teilnahme des obersten Inquisitors von Florenz an der Kongregation vom 25. Juni 1737. Er war der Fachmann, der die für die Kongregation interessanten Fragen am besten beantworten konnte, denn dank seiner Spitzel und Vertrauensleute erhielt er seine Informationen aus erster Hand. Nun »war das Treiben der Florentiner Maurer ohne Zweifel einer der Gründe, wenn nicht der Hauptgrund, die ihn zur Verurteilung veranlaßten«, schrieb Van de Schelden[40].

Die Tätigkeit der Maurer in Florenz war also für die Verurteilung ausschlaggebend. War aber das Treiben der Florentiner Maurer tatsächlich ein »gerechter Grund«, um die gesamte Freimaurerei und alle Freimaurer als »der Ketzerei höchst verdächtig« zu verurteilen?

Zwei spätere Beweggründe

Zwei Einwände, die die Kirche hätte geltend machen können, um die Verurteilung der Freimaurerei zu begründen, sollen nicht unerwähnt bleiben.

Der erste Punkt wurde im zweiten Kapitel bereits ausführlich besprochen: Durch Desaguliers und Anderson geriet die Freimaurerei unter protestantischen Einfluß, und die Konstitutionen, deren Geist eher deistisch war, hatten den rein katholischen Charakter der *Old Charges* verändert. Diese Tendenz wurde durch die Neufassung der Konstitutionen im Jahre 1738 noch deutlicher. Die Kirche hätte auch noch einen zweiten Einwand erheben können: Die Freimaurerei erwies sich als ein Zentrum der Entwicklung und Verbreitung eines neuen Geistes. Die englische Freimaurerei lehnte die Offenbarung rundweg ab und bekannte sich offen zum Deismus. In Frankreich war die Freimaurerei die Heimstätte der Philosophie, die bald überall Eingang fand. Der Toleranzgedanke, eines der großen Prinzipien der Freimaurerei, beeinflußte das religiöse Leben nachhaltig. Diese beiden Tatsachen scheinen in der Bulle nicht auf. Erst viel später behaupteten die Kommentatoren, die sich mit dieser heiklen Frage auseinandersetzten, diese beiden Anklagepunkte seien für die Verurteilung der Freimaurerei entscheidend gewesen.

Die Fakten widerlegen diese Erklärung: Wären die Mitglieder der Kongregation über diese Probleme unterrichtet gewesen, so hätten sie nicht gezögert, sie in der Bulle zu erwähnen und als Grund der Anklage gegen die Freimaurerei anzuführen.

Das Umsichgreifen des Unglaubens und des Rationalismus, der zunehmende Einfluß des Jansenismus und des Quietismus, kurz, die Ausbreitung der modernen geistigen Strömungen, nahm ernste Ausmaße an. Der Heilige Stuhl hätte sicher eingegriffen, wenn die Mitglieder der Kongregation zum Zeitpunkt der Veröffentlichung der Bulle diese Tatsachen als Grund für eine Verurteilung betrachtet hätten. Der Deismus fand immer mehr Anhänger, und der Heilige Stuhl hätte alle Ursache gehabt, sich darüber Gedanken zu machen.

Den Heiligen Stuhl schienen aber die kleinen politischen Intrigen mehr zu beschäftigen als die Entwicklung einer neuen Ideologie, die die Kirche alsbald in ihren Grundfesten erschüttern sollte. Die Mitglieder der Kongregation verstanden von so heiklen und komplizierten wissenschaftlichen Fragen nicht viel. Das Episkopat verhandelte hauptsächlich über die Nominierung des zukünftigen Papstes, anstatt sich mit wichtigeren Problemen zu beschäftigen. So berief sich die Bulle auf das »Geheimnis«, um die Verurteilung der Freimaurerei zu begründen, und erwähnte den Deismus, der erst 1832 in der Bulle *Mirari Vos* Gregors XVI. verurteilt wurde, mit keinem Wort.

Auf der Suche nach einer Rechtfertigung

Die Frage, ob die Verurteilung der Freimaurerei gerechtfertigt war oder nicht, wurde ungezählte Male gestellt und bis zum Überdruß analysiert. Das Ergebnis ist stets das gleiche: die Verteidiger der Kirche billigen sie, die Anhänger der Freimaurer kritisieren sie.

Auch bei den katholischen Schriftstellern sind indessen die Meinungen geteilt, was beweist, daß die Verurteilung keineswegs unvermeidlich und unumgänglich war.

J. Berteloot, ein Jesuit, der für die Freimaurerei keine besondere Sympathie hegte, sich aber um Objektivität bemühte, war der Meinung, daß der auf der Freimaurerei lastende Verdacht begründet und die Strafe gerechtfertigt seien, denn die Maurer verbreiteten Ideen, die mit der Lehre der Kirche unvereinbar wären[41].

Dagegen könnte man mit Recht einwenden, daß die Freimaurerei ihrer Zeit voraus war und Ideen vertrat, die zwar damals verboten waren, die aber die Kirche später selbst übernahm.

Die übrigen Vorwürfe entbehrten jeder Grundlage. Wie man weiß, betraf das Gelöbnis weder eine unmoralische noch eine antikirchliche Lehre. Die Freimaurerei wurde wegen eines bloßen Verdachts oder einer Fiktion verurteilt, wie auf Grund der

niemals bewiesenen Behauptung, sie habe der Kirche und der katholischen Religion den Kampf angesagt.
Ein anderer katholischer Schriftsteller, Alec Mellor, bemüht sich, die Verurteilung zu rechtfertigen, indem er gegen alle Wahrscheinlichkeit religiöse Gründe anführt.
Maurice Colinon schreibt, dreierlei Gründe seien für die Verurteilung der Freimaurerei ausschlaggebend gewesen: die Existenz eines Eides, die Neigung zur Ketzerei und der Verdacht der Sittenlosigkeit[42].
Das Problem des Eides wurde bereits behandelt.
Wenn Colinon von der Neigung zur Ketzerei spricht, so meint er damit die Protestantisierung der englischen Logen und die Furcht vor einer Ausbreitung des Protestantismus. » . . . Die französischen Maurer sind zum allergrößten Teil Katholiken, das stimmt. Aber sie sind in ihrem Glauben vom Zeitgeist beeinflußt . . .«, sagt Colinon. Damit meint er die Exkommunizierung rechtfertigen zu können.
Der dritte Vorwurf Colinons scheint unüberlegt. »Es gab zahlreiche Würdenträger, die vom moralischen Standpunkt aus suspekt waren«, schreibt er. »Der Herzog von Antin unterhielt mit einer Ballettänzerin ein anstößiges Verhältnis; der Graf von Clermont, der ihm als Großmeister wie auch in der Gunst von Mademoiselle Le Duc nachfolgte, war bestens geeignet, die Bacchusjünger zu befehligen und jemanden in die Freuden der Liebe einzuführen«[43, 44].
Niemand hat jemals behauptet, die Freimaurer seien Heilige, die gegen menschliche Schwächen und Leidenschaften gefeit wären. Wenn man aber verallgemeinert und die gesamte Freimaurerei der Sittenlosigkeit beschuldigt, so ist dieses Argument eine ungerechte und voreilige Schlußfolgerung.
Colinon sei daran erinnert, daß »zahlreiche vom moralischen Standpunkt aus suspekte Würdenträger« Kirchenfürsten waren, die als solche viel eher zu einem moralischen Lebenswandel verpflichtet gewesen wären, als ein weltlicher Grandseigneur. Colinon vergaß zu erwähnen, daß Graf von Clermont, der Abbé von Saint-Germain-des-Prés, Geistlicher war. Wenn sein Verhal-

ten Anlaß zur Kritik bot, so warf man ihm nicht so sehr vor, daß er ein Verhältnis mit einer Tänzerin hatte, sondern daß er es hatte, obwohl er Geistlicher war, was Colinon in seinen Ausführungen nicht berücksichtigt.

Die Wirkung der Bulle

Die Bulle löste zunächst ungläubiges Staunen aus.
Diese Akte des Heiligen Stuhls war für die meisten unverständlich, denn sie hatten von der Freimaurerei noch nie etwas gehört. Auch wenn sie in gewissen Kreisen großen Anklang fand, so handelte es sich doch durchaus um geschlossene Zirkel. Die Freimaurerei war keine Massenbewegung, und ihre Anhänger kamen nicht aus dem Volk. Nur in Paris war man auch in weiten Kreisen der Bevölkerung über die Existenz der Freimaurer informiert – wenn man auch nichts Näheres wußte –, denn geistvolle Köpfe hatten Spottlieder verfaßt und in Umlauf gesetzt. In Spanien oder Portugal hingegen waren sie vollkommen unbekannt. Aber die Verurteilung setzte auch diejenigen in Erstaunen, die über die Freimaurerei im Bilde waren. Sie begriffen weder die Beschuldigungen noch die Härte der Strafe. Die Haltlosigkeit der Anklage war ihnen klar, denn sie wußten, daß die Kirche die Freimaurer niemals getadelt oder eines Verbrechens bezichtigt hatte. Im Gegenteil, sie hatte ihnen stets Schutz angedeihen lassen und sie immer wieder gefördert.
Mit Ausnahme von drei katholischen Ländern, die fanden, die Befolgung der Bulle sei eine rentable Sache (die Exkommunizierung ermöglichte ihnen die Verurteilung der Freimaurer und infolgedessen die Konfiszierung des gesamten Vermögens der Verurteilten), zogen andere Staaten keine wie immer gearteten Konsequenzen.
Trotz ihrer verhängnisvollen Folgen war die Bulle zur Zeit ihrer Veröffentlichung zunächst ein Schlag ins Wasser.
Vorläufig setzten sich nur die Freimaurer in den italienischen

Staaten einer gewissen Gefahr aus. Seltsamerweise wurde die Bulle in Rom nicht veröffentlicht. Da es in Rom nur eine einzige Loge gab, nämlich die der Stuartisten, die vom Heiligen Stuhl immer gefördert worden war, hütete sich dieser, die Bulle in die Tat umzusetzen, zweifellos, um seine Schützlinge zu schonen und seinem eigenen Erlaß nicht zuwiderzuhandeln.

Die Regierung von Florenz, die von der Proklamierung der Bulle in Kenntnis gesetzt wurde, wandte sich umgehend an Großherzog Franz Stephan in Wien, um ihn zu fragen, wie man sich verhalten solle. Dieser antwortete, man müsse die Bulle anerkennen, solle sie aber nicht weiter beachten. Kardinal Neri Corsini wandte sich ebenfalls in einem Schreiben an Franz Stephan. Nichts beweist eindeutiger als dieses Schreiben, daß der Heilige Stuhl nicht an die Beschuldigungen glaubte, die er gegen die Freimaurerei erhoben hatte. Der Kardinal sagte, er mißbillige nur die Entartung der italienischen Logen.

In welcher Hinsicht aber waren die italienischen Logen »entarteter« als die englischen? Gab es vom religiösen Standpunkt aus irgendeinen Unterschied? Gewiß nicht! Die Gründe für die Exkommunizierung (das Geheimnis und die Aufnahme von Menschen aller Religionen) galten für England ebenso wie für Italien. Warum schrieb also der Kardinal, daß die Freimaurerei »in Italien entartet und in diesem Land eine Schule der Gottlosigkeit geworden ist«? War sie in England gottesfürchtiger? Die Antwort ist einfach. Der Kardinal konnte dem Großherzog die in der Bulle angeführten Gründe nicht wiederholen, denn beide kannten die eigentlichen Gründe und wußten, daß politische Ursachen ausschlaggebend waren. Die italienischen Logen waren politisch »entartet«, denn sie beeinträchtigten die Interessen des von der Kirche unterstützten Prätendenten. Das waren die »anderen Uns bekannten gerechten und vernünftigen Gründe«.

Das Schreiben des Kardinals war zugleich eine Warnung an den Großherzog, der selbst Freimaurer war und den Freidenkern von Pisa in den Florentiner Logen Zuflucht gewährte. Damit förderte er die »Entartung«.

Dem ungläubigen Staunen folgte also zunächst nichts Konkretes.

Die Inquisition schritt gegen die Freimaurer in den italienischen Staaten trotz der Verurteilung seltsamerweise nicht ein und bewies eine Toleranz wie nie zuvor in ihrer ganzen Geschichte. Die jakobitischen Logen wurden nicht nur nicht aufgelöst, sondern konnten ihre Tätigkeit sogar ausweiten: Darin liegt eine weitere Erklärung für die Teilnahme des obersten Inquisitors von Florenz an der Kongregation vom 25. Juni. Pater Ambrogi, der zweifellos über die eigentlichen Gründe der Verurteilung unterrichtet war, erhielt die Weisung, nichts zu unternehmen.
Am promptesten reagierte Spanien, wo der Geist Torquemadas herrschte. Die ersten spanischen Logen waren 1730 in Gibraltar und Madrid entstanden, und sie hielten ihre Tätigkeit streng geheim. Dennoch zögerte Philipp V. nicht, das Königliche Exequatur zu geben. Der Generalinquisitor Orbe y Larreategui ließ das Edikt an allen Kirchtüren anschlagen und gab Weisung, es während der Messe zu verlesen. Die Gläubigen wurden aufgefordert, jeden Verstoß gegen die Bulle bei Strafe der Exkommunizierung und einer Geldbuße von 200 Dukaten zu melden. Da eine Geldstrafe in der Bulle nicht vorgesehen war, ist anzunehmen, daß der fromme Inquisitor diesen Beschluß gefaßt hatte, um die Wirkung des vatikanischen Erlasses zu erhöhen. Zweihundert Dukaten verleihen einer Bulle manchmal mehr Nachdruck als die Exkommunizierung. Polen, Portugal und Schweden folgten alsbald dem Beispiel Spaniens. Die Entscheidung Polens hatte wenig Bedeutung. Die erste Loge war erst 1736 gegründet worden, und zwei Jahre später stand die Bewegung immer noch am Anfang. Die Logen wurden ohne viel Aufhebens geschlossen, und es kam zu keinen Zwischenfällen, so daß sie schon 1742 wieder geöffnet werden konnten. In aller Stille nahmen sie ihre Tätigkeit wieder auf, diesmal allerdings mit größerem Erfolg.
In Portugal war die erste Loge 1735 in Lissabon entstanden. Die Maurer erlitten dasselbe Schicksal wie in Spanien: Die Logen wurden geschlossen, und die Maurer mußten sich zurückziehen, um den Verfolgungen zu entgehen.

In Frankreich

In Frankreich konnte eine Bulle weder veröffentlicht noch in Kraft gesetzt werden, ohne vorher vom Parlament gebilligt zu sein. Aus politischen Gründen – man stand der katholischen Kirche nicht sonderlich wohlwollend gegenüber – wurde die Bulle dem Parlament nicht einmal vorgelegt. Es war zu erwarten, daß das Pariser Parlament, das sich geweigert hatte, die Bulle der Heiligsprechung des Vinzenz von Paul zu ratifizieren, sich auch weigern würde, die Verurteilung von Mitgliedern einer bürgerlichen Gesellschaft, die der Kirche in keiner Weise unterstand, zu billigen. Noch dazu hatte diese Gesellschaft mit der Kirche nicht das geringste zu tun, und sie wurde aus Gründen verurteilt, die die Kirche nicht zu enthüllen gedachte. Für das Pariser Parlament waren die »Uns bekannten Gründe« nicht überzeugend. Kardinal Fleury mußte seinerseits schwerwiegende Gründe gehabt haben, wenn er trotz seines hohen kirchlichen Amtes die Bulle dem Parlament nicht einmal vorlegte.

Die Franzosen hielten sich an die Maxime Lex non promulgata non obligat, keiner braucht ein Gesetz zu befolgen, das nicht veröffentlicht ist. Hie und da zogen einige übereifrige Priester in ihren Predigten gegen die Freimaurer zu Felde, aber niemand maß dem besondere Bedeutung bei.

Obwohl die Bulle niemals veröffentlicht worden war, kannten alle ihren Inhalt, aber selbst der Klerus setzte sich darüber hinweg.

Diese Gleichgültigkeit der Geistlichen ist unerklärlich. Für sie war der Papst die höchste Instanz, und sie hatten seine Anweisungen zu befolgen, auch wenn die staatlichen Behörden mit den Ansichten des Papstes nicht übereinstimmten. Die Weigerung des Parlaments konnte für die Geistlichkeit keine Entschuldigung sein, die Weisungen des obersten Pontifex zu ignorieren. Trotzdem besuchten gläubige Christen und Mitglieder des Klerus weiterhin die Logen, als ob nichts geschehen wäre.

Für diese Haltung gibt es verschiedene Erklärungen. Einerseits wußten sie genau, daß die Anklage unbegründet war und daß die

Tätigkeit der Freimaurerei weder der kirchlichen Lehre noch dem Geist der Bibel widersprach. Auch das maurerische Gelöbnis war weder religionsfeindlich noch sittenwidrig.

Andererseits hatte auch die Strafe ihren Schrecken verloren. »Der Kirchenbann und die Exkommunizierung wurden so oft ausgesprochen, daß sie keine Bedeutung mehr hatten und niemanden beeindruckten[45].«

Ebenso merkwürdig wie die Haltung des Klerus ist auch die Reaktion der Kirche selbst. Sie wußte sehr wohl, daß sich der Klerus trotz der angedrohten Exkommunizierung weder unterwerfen noch aus den Logen austreten würde. Dennoch übte die Kirche keinen Druck aus. Hätte die Verurteilung religiöse Gründe gehabt, wären der Glaube und die Interessen der Kirche tatsächlich in Gefahr gewesen, dann hätte der Heilige Stuhl vor allem gegen diejenigen vorgehen müssen, die, anstatt die Verurteilten zu verfolgen und zu bestrafen, sich mit ihnen solidarisch erklärten und weiterhin in den Logen blieben, was einen eindeutigen Verstoß gegen die Bulle bedeutete. Die Kirche mußte dieser Rebellion ohnmächtig zusehen, und die Inquisition konnte nicht einschreiten, um die Ordnung wiederherzustellen. Wir glauben aber nicht, daß diese seltsame Situation nur ein Spiel des Zufalls war. Der Heilige Stuhl und die Inquisition müssen zwingende Gründe gehabt haben, sich ruhig zu verhalten.

Wie wäre es sonst zu erklären, daß die Kirche zwar Privatpersonen streng bestrafte, jedoch die Herausforderung ihrer eigenen Vertreter gelassen hinnahm? Der Heilige Stuhl übte deshalb keinen Druck auf seine Priester aus, weil er die wahren Ursachen der Bulle kannte.

Österreich und Seine Apostolische Majestät

Auch in Österreich und Ungarn war die Bulle nicht veröffentlicht worden. Der Klerus ignorierte sie, obwohl er über ihren Inhalt Bescheid wußte. Und es kam noch besser: Im Jahre 1741 ließ sich Graf Schaffgotsch, Fürstbischof von Breslau in eine Loge

aufnehmen und erklärte trotz des Verbotes offen, er sei Freimaurer. Zu diesem Zeitpunkt waren bereits zahlreiche Adelige der Freimaurerei beigetreten.
Am 7. März 1743 drangen auf Befehl der Kaiserin Maria Theresia Grenadiere in eine Wiener Loge ein und verhafteten die Anwesenden. Die Maurer wurden in Gegenwart des Kardinals Kollonits streng verhört, einige Tage später aber wieder auf freien Fuß gesetzt. »Seine Majestät, der vornehmste Maurer Europas«, Franz Stephan von Lothringen, erklärte, er könne dafür garantieren, daß alle Vorwürfe gegen die Maurer unbegründet seien[46].

Die Reaktion der Freimaurer

Von seiten der Freimaurerei war zunächst so gut wie keine Reaktion erfolgt. Einige Monate nach der Bulle erschien eine Schrift, »Relation apologique et historique de la Société des Francs-Maçons« von J.G.D.M.F.M., in der der Orden verteidigt wurde. Der Autor tat gut daran, anonym zu bleiben, denn die Schrift wurde nicht nur auf den Index gesetzt, sondern sollte auch verbrannt werden, was am 25. Februar 1739 auf der Piazza Santa-Maria-Minerva in Rom tatsächlich geschah. Wäre es der Kirche gelungen, den Verfasser aufzuspüren, so hätte er wahrscheinlich das Schicksal seines Werkes geteilt.

Das Edikt des Kardinals Firrao

Obwohl zunächst alles darauf hindeutete, daß die Angelegenheit im Sand verlaufen würde, schwelte das Feuer, das die Bulle entzündet hatte, weiter. Plötzlich griff die Kirche rücksichtslos durch. Am 14. Jänner 1739 erließ Kardinal Joseph Firrao ein Edikt, das drakonische Strafen vorsah.
Man weiß noch nicht genau, warum der Kampf gegen die Freimaurerei so unvermittelt und unerwartet wieder aufflammte.

Vielleicht empörte den Heiligen Stuhl die Gleichgültigkeit, mit der die Bulle bei den Katholiken aufgenommen wurde, vielleicht verbitterte ihn die Depesche des Kardinals Fleury an den französischen Botschafter in Rom, Saint-Aignan, in der es heißt: »Die Bulle, die der Papst gegen die Freimaurerei erlassen hat, wird möglicherweise nicht ausreichen, um diese Bruderschaft aufzulösen, wenn keine andere Strafe als die Exkommunikation zu befürchten ist. Der römische Hof verhängt diese Strafe so oft, daß sie heute niemanden mehr von irgendetwas abhält[47].«
Mit dieser Äußerung hatte Kardinal Fleury Öl ins Feuer gegossen. Kardinal Corsini hielt nicht viel von Diplomatie, sondern reagierte auf diese Beleidigung mit durchgreifenden Maßnahmen.
In diesem Augenblick trat Kardinal Firrao auf den Plan.
Nicolo Firrao (auch Ferrao oder Firau), eine unbedeutende, zwielichtige Persönlichkeit, stammte aus Neapel und war der Bruder des Prinzen von Santa Agatha. Auf Betreiben Neri Corsinis wurde er am 24. September 1731 vom Klemens XII. zum Kardinal ernannt. Corsini brauchte ergebene Mitarbeiter, und Firrao, der ihm seinen Kardinalshut verdankte, tat alles, was dieser von ihm erwartete. Als »Kreatur Corsinis[48]« unterstützte er ihn in jeder Weise, und »diese beiden Männer bestimmten sieben Jahre lang die Politik des Heiligen Stuhls[49]«.
Am 14. Jänner 1739 erließ Kardinal Firrao, immer noch im Namen des Papstes, ein Edikt und verhängte die Todesstrafe. Außerdem befahl er, die Versammlungsstätten der Freimaurer anzuzünden und zu zerstören, »ohne Hoffnung auf Gnade[50]«.

Der Text des Edikts lautet:

Edikt

»Joseph Kardinal Firrao, Kardinal-Priester der Titelkirche St. Thomas in Parione und des Heiligen Kollegiums zu Rom; Dessen eingedenk, daß unser allerhöchster Oberhirte, Seine Heiligkeit Papst Klemens XII. in seiner Bulle vom 28. April vergangenen Jahres, beginnend mit IN EMINENTI, bei Strafe der Exkommu-

nikation, welche ihm selbst vorbehalten ist, gewisse Verbände, Gesellschaften und Vereinigungen, genauer Konventikel genannt, welche Francs Massons heißen und unter dem Deckmantel von Laiengesellschaften Menschen aller Sekten und Religionen aufnehmen, sie durch strenges Geheimnis verpflichten und durch einen Eid auf die Bibel alles, was in den besagten Versammlungen gesprochen oder getan wird, besiegeln, verboten hat; und da solche Gesellschaften, Versammlungen und Konventikel nicht nur der Ketzerei verdächtig, sondern auch für die öffentliche Ruhe und die Sicherheit des Kirchenstaates gefährlich sind, denn wenn sie nichts täten, was der Rechtsgläubigkeit, dem Staat und der öffentlichen Ruhe Abbruch tut, so würden sie die Mitglieder nicht durch strenges Geheimnis verpflichten, wie die obengenannte Bulle richtig bemerkt; und es der Wille Seiner Heiligkeit, unseres obenerwähnten allerhöchsten Hirten ist, daß solche Gesellschaften, Vereinigungen und Konventikel vollständig abgeschafft und aufgelöst werden und daß diejenigen, welche den Tadel nicht fürchten, zumindest durch eine zeitliche Strafe abgehalten werden;
Deshalb ergeht durch dieses Edikt der ausdrückliche Befehl Seiner Heiligkeit, allen Personen jeder Klasse, jeden Standes und Ranges, Priestern, Weltlichen oder Ordensgeistlichen jeder Gemeinschaft, jeder Stellung und Würde, gewöhnlichen oder außergewöhnlich bevorzugten, einschließlich der vier Legationen von Bologna, Ferrara, der Romagna und der Stadt und des Herzogtums Benevent, hiemit zu verbieten, daß irgendjemand sich den besagten Gesellschaften oder Vereinigungen der Francs Massons anschließt, ihnen beitritt oder mit ihnen Verbindung aufnimmt, wo immer, in welcher Eigenschaft oder unter welchem Deckmantel es auch sei, oder auch an diesen Versammlungen oder Zusammenkünften teilzunehmen, widrigenfalls sie mit dem Tode und der Konfiszierung ihrer Güter unter allen Umständen und ohne Hoffnung auf Gnade bestraft werden.

Es ist gleicherweise wie oben allen Personen verboten, zu versuchen oder andere zu verführen, es zu tun, sich solchen Gesellschaften, Versammlungen oder Vereinigungen anzuschließen, sie zu beraten, ihnen zu helfen oder die besagten Versammlungen oder

Vereinigungen in solcher Absicht zu fördern, ebenfalls bei obengenannter Strafe; und diejenigen, welche ein Haus oder eine andere Stätte zur Abhaltung solcher Versammlungen oder Konventikel sei es unter dem Vorwand der Miete, der Bezahlung oder durch welchen Vertrag auch immer besorgen oder zur Verfügung stellen, werden hiemit zusätzlich zu den obengenannten Strafen dazu verurteilt, daß ihr Haus oder ihre Häuser oder andere Stätten, an denen solche Versammlungen oder Konventikel abgehalten werden, vollständig zerstört und dem Erdboden gleichgemacht werden; und es ist der Wille Seiner Heiligkeit, daß jede menschliche Wahrscheinlichkeit, jeder Verdacht und jede Vermutung ausreichend sein können und müssen, um die obengenannten Strafen der Zerstörung zu gewärtigen, ohne Anerkennung irgendeiner wie immer gearteten Entschuldigung, denn es ist anzunehmen, daß die Besitzer solcher Häuser oder Stätten unterrichtet waren und Bescheid wußten.

Und da es der ausdrückliche Wille unseres Oberhirten ist, daß solche Versammlungen, Gesellschaften und Konventikel nicht länger bestehen sollen, und als gefährlich und der Ketzerei und der Rebellion verdächtig endgültig aufgelöst werden, gibt Seine Heiligkeit hiemit strengen Befehl, daß alle obengenannten Personen, die in Zukunft von der Abhaltung solcher Versammlungen, Zusammenkünfte oder Konventikel Kenntnis erlangen oder aufgefordert werden, ihnen beizutreten, oder in irgendeiner Weise Helfershelfer oder Mitwisser sind, diese Seiner Eminenz oder dem obersten Richter des ordentlichen Stadtgerichtes oder dem eines anderen Ortes, an dem gegen dieses Edikt verstoßen wird, zu melden, widrigenfalls sie zusätzlich zu den jeweils verhängten schweren Leibesstrafen, die Galeere nicht ausgenommen, zu einer Geldbuße von 1000 Goldkronen verurteilt werden; dabei wird dem Anzeigenden oder Informanten versprochen und zugesichert, daß sein Name unverbrüchlich geheimgehalten und seine Sicherheit garantiert wird, und daß er überdies Begnadigung und Immunität erwarten kann, trotz der Strafen, die er verdienen könnte oder müßte.

Und damit sich niemand mit dem Vorwand entschuldigen kann, er sei an das Geheimnis, an das heilige Gelöbnis oder durch eine andere, noch strengere Fessel gebunden, ergeht hiemit auf Befehl seiner Heiligkeit an alle die Mitteilung, daß solche Verpflichtungen wie das Geheimnis oder irgendein Gelöbnis verbrecherischer Art, die bereits bei Strafe der Exkommunikation verboten sind, in keiner Weise verpflichten oder binden, daß sie null und nichtig und ungültig sind.

Es ist unser Wille, daß das vorliegende Edikt, wenn es an den üblichen Plätzen angeschlagen ist, für Rom und seinen Distrikt verpflichtend und bindend ist, wie auch nach Ablauf von 21 Tagen für den ganzen Kirchenstaat, inbegriffen die Städte Bologna, Ferrara und Benevent, so als ob sie einzeln davon in Kenntnis gesetzt worden wären.

Gegeben zu Rom, am 14. Januar 1739.«

Die Revision der Bulle

Es scheint absurd, daß ein Kardinal eine Strafe, die in einer Bulle verhängt wird, im Sinne einer Verschärfung abändern kann. Man nimmt an, daß die Bullen unter Einwirkung des Heiligen Geistes abgefaßt werden und daß der Papst in solchen Fällen unfehlbar ist. Die Strafe, die er durch diese Eingebung und nach reiflicher Überlegung verhängt, ist dem jeweiligen Vergehen angemessen. Wie kann ein Kardinal, der vom Papst ernannt wird, im nachhinein eigenmächtig die Durchführungsbestimmungen der Bulle verschärfen?

Soviel man weiß, ist es in der Geschichte der Kirche kein zweites Mal vorgekommen, daß ein Kardinal im Namen des Papstes den Inhalt einer Bulle modifiziert und auch die vorgesehenen Strafen abändert. Dem Edikt zufolge »ist es der Wille seiner Heiligkeit. . ., daß diejenigen, welche den Tadel nicht fürchten, zumindest durch eine zeitliche Strafe abgehalten werden.«

Die Bulle *In Eminenti* enthält keine derartige Willensäußerung des Papstes, und außerdem grenzt es an Zynismus, die Todesstrafe eine »zeitliche Strafe« zu nennen.

13. Alfred Brehm

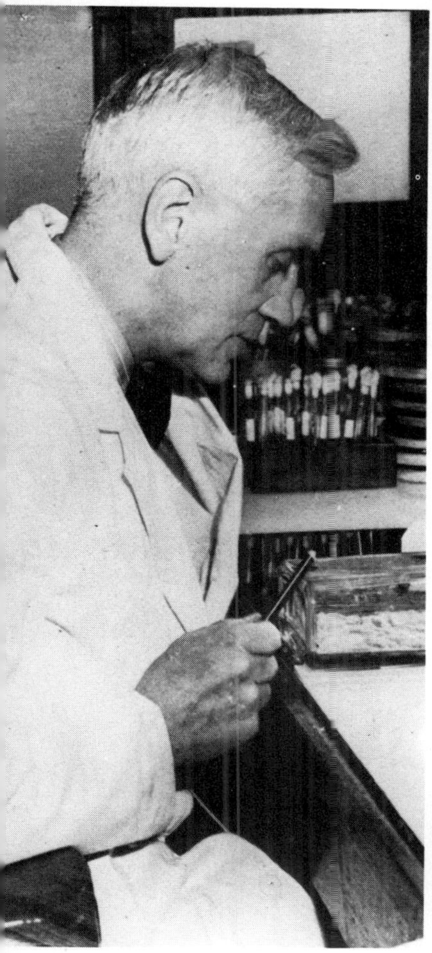

14. Alexander Fleming

15. Arthur Wellington

16. Georges Washington
17. Theodore Roosevelt
18. Harry S. Truman

»Es ist der Wille seiner Heiligkeit«, fährt das Edikt fort, »daß die Häuser in denen Versammlungen abgehalten werden, zu zerstören sind und daß jede menschliche Wahrscheinlichkeit, jeder Verdacht und jede Vermutung ausreichen können und müssen, um die obengenannte Strafe der Zerstörung zu gewärtigen, . . . ohne Anerkennung einer wie immer gearteten Entschuldigung.«

Eine Verurteilung, die auf einem Verdacht oder einer Vermutung beruht, ohne daß die Schuld bewiesen ist oder mildernde Umstände anerkannt werden, gereicht dem Verfasser des Edikts sicher nicht zur Ehre. Aber es geht noch weiter.

»Zusätzlich zu den jeweils verhängten schweren Leibesstrafen, die Galeere nicht ausgenommen«, verurteilt der Kardinal alle, die es verabsäumen, einen Verstoß gegen das Edikt zu melden, zu einer Geldstrafe von 1000 Goldkronen, und verspricht den Denunzianten Straffreiheit und Immunität.

Daß der Papst von diesem Edikt nichts wußte, ist eine Tatsache, die keines weiteren Beweises bedarf.

Niemals würde ein Papst einem Kardinal gestatten, daß er nach der Proklamation einer Bulle deren Inhalt abändert. Niemals hätte es Klemens XII. oder irgendein anderer Papst zugelassen, daß ein Kardinal unter Berufung auf den Papst Strafen verhängt, die weit härter sind als die in der Bulle geforderte Sühne.

Der Papst kann über dieses von Kardinal Neri inspirierte Edikt nicht unterrichtet gewesen sein[51].

Die Wirkung des Edikts

In Frankreich wurde das Edikt stillschweigend übergangen. Sogar René Hérault, der übereifrige Generalleutnant der Polizei, machte nicht viel Aufhebens davon. Übrigens verliefen seine Nachforschungen und Haussuchungen immer ergebnislos. Er stieß unfehlbar auf ein Mitglied des Hochadels, bei dem er sich entschuldigen mußte, um sich mit tiefen Verbeugungen zurückzuziehen, wobei er noch so tun mußte, als sähe er das ironische

Lächeln seiner Untergebenen nicht. Solche Haussuchungen konnten als Mißbrauch der Amtsgewalt ausgelegt werden, denn die Bulle war ja vom Parlament nicht gebilligt worden. Als kluger Mann zog es Hérault deshalb vor, die Freimaurer unbehelligt zu lassen.

Dem Edikt war kein größerer Erfolg beschieden als der Bulle. Im Gegenteil, unter Ludwig XV. gründeten Offiziere des Königshauses die »Loge de la Chambre du Roi«, die sich auch noch während der Regierungszeit Ludwigs XVI. versammelte, ohne jemals angefeindet zu werden.

In Florenz wurde die Loge zweifellos auf Betreiben des Paters Ambrogi geschlossen, und am 19. Mai 1739 wurden mehrere Freimaurer – unter ihnen auch Crudeli, einer der führenden Köpfe der Florentiner Freimaurerei – festgenommen und in die Kerker der Inquisition geworfen, wo man sie folterte, um ihnen das »Geheimnis« zu entreißen. Mangels Beweisen und dank der äußerst wirksamen Vermittlung des Herzogs Franz Stephan wurden sie bald wieder auf freien Fuß gesetzt.

Es waren die Staaten der katholischen Könige, die als erste die Anordnungen des neuen Edikts befolgten. So beeilte sich König Friedrich August III. von Polen, wo die Bewegung allerdings noch in ihren Anfängen stand und keine große Rolle spielte, seinen Gehorsam unter Beweis zu stellen. Zum Glück fand er trotz seines eifrigen Bemühens nur wenige Opfer.

Spanien ging, wie zu erwarten war, andere Wege. König Philipp V. nahm die Sache ernst. Im Jahre 1740 veröffentlichte er seinerseits ein Edikt gegen die Freimaurer, kraft dessen mehrere Mitglieder der Madrider Loge festgesetzt, gefangengenommen oder zur Galeerenstrafe verurteilt wurden. Die Inquisition war noch schneller. Sie wartete dieses Edikt erst gar nicht ab, um auf die Freimaurer Jagd zu machen. Am 11. Oktober 1748 hatte der Generalinquisitor Orbe y Larreategui bereits ein Edikt herausgegeben, mit dem er durchsetzte, daß allein die Inquisition für die Prozesse gegen die Freimaurer zuständig war und die Bestimmungen der Bulle Klemens XII. verwirklichen konnte[52]. Dieses Edikt des Generalinquisitors hatte eine weit größere Wirkung als

die päpstliche Bulle. Die Inquisition machte unermüdlich Jagd auf die Freimaurer, und ihr Eifer erlahmte jahrelang nicht.
Sicher waren nicht nur religiöse Gründe ausschlaggebend. Die Verurteilung eines Verdächtigen hatte die Konfiszierung seiner Güter zur Folge, und der König und die Inquisition teilten sich das eingezogene Vermögen. Daher kam es nicht selten vor, daß ein Reicher unter der Folter gestand, Freimaurer zu sein, auch wenn er von dieser Bewegung noch nie etwas gehört hatte. Doch die Inquisition hatte für diesen Fall ein Wort des Trostes für ihn bereit: »Der unschuldig Verurteilte möge den Urteilsspruch mit Fassung ertragen und sich freuen, die Folter für den Glauben erleiden zu dürfen«.
Es ist erstaunlich, daß es trotz dieser drakonischen Maßnahmen noch einige Logen gab . . . bis zum Verrat des Zensors Torrubia. Im Jahre 1751 hatte Fra José Torrubia, der fanatische Inquisitor, die Erlaubnis des Heiligen Stuhls eingeholt, den maurerischen Eid leisten zu dürfen, und ließ sich dann unter falschem Namen in die Madrider Loge aufnehmen. Innerhalb weniger Monate war er im Besitz sämtlicher Unterlagen und konnte dem höchsten Gericht der Madrider Inquisition die vollständige Liste aller Freimaurerlogen und ihrer Mitglieder aushändigen. Aufgrund dieses Verrats wurden die 97 Logen Spaniens geschlossen und die Freimaurer verhaftet[53].
In diesem Jahr erreichten die Verfolgungen ihren Höhepunkt. Fra Torrubia ließ nicht locker und erwirkte unter Berufung auf die Namenslisten, die er besaß, von König Ferdinand VI. am 2. Juli 1751 den Erlaß eines neuen Dekrets. Darin wird bestimmt, daß alle Freimaurer ohne vorherige Gerichtsverhandlung zum Tode verurteilt werden. So wie die päpstliche Bulle »alle Zuwiderhandelnden ohne weitere Erklärung durch die Tat allein« exkommunizierte, und das Dekret des Kardinals Firrao »jede menschliche Wahrscheinlichkeit, jeden Verdacht und jede Vermutung« als Schuldbeweis gelten ließ, so verhängte das Dekret des frommen und gerechten Königs die Todesstrafe, ohne dem Angeklagten die Möglichkeit zu geben, sich zu verteidigen. Dieses Dekret erlaubte es den Machthabern, die sich durch den

zähen Widerstand der Freimaurer in ihrer Eitelkeit gekränkt fühlten, einige hundert Freimaurer festzunehmen, in die Kerker zu werfen, sie zu foltern und dann als Verräter hinzurichten.
Auch in Portugal war die Lage ernst. Die Freimaurer wurden als Ketzer verhaftet und vor das Gericht der Inquisition gestellt, wo sie drei Monate lang unter allen erdenklichen Foltern zu einem Geständnis gezwungen und dann zur Galeerenstrafe oder zum Verbrennungstod verurteilt wurden.
Das Protokoll des Verhörs von John Coustos, einem englischen Freimaurer, den die Inquisition in Lissabon im Jahre 1742 verhaftet hatte, beweist, wie Unschuldige gefoltert wurden, ohne die geringste Hoffnung, sich der Tortur entziehen zu können. Die Inquisitoren waren entschlossen, ihnen das maurerische Geheimnis zu entreißen, und verwarfen im vornherein alles, was der Angeklagte zu seiner Verteidigung vorbringen konnte, denn einerseits waren sie in so subtilen Dingen nicht genügend bewandert, und andererseits hatten sie gar nicht die Absicht, seine Antworten anzuhören. Die Inquisitoren waren ungebildet, aber um so fanatischer. Wenn der Papst etwas verurteilt hatte, so war das für sie nicht eine Frage der Polemik, sondern ein Befehl, den sie ausführten.
Allmählich jedoch ließ der Eifer der Folterknechte nach.
Die Bulle und die verschiedenen zusätzlichen Edikte konnten die Freimaurerei nicht zerstören. Sie versetzten ihr zwar einen schweren Schlag, und ihre Mitglieder zerstreuten sich, doch dort, wo sie hinkamen, entstanden Tausende neue Logen. Innerhalb kurzer Zeit erwachte die Freimaurerei zu neuem Leben. Überall schossen die Logen wie Pilze aus dem Boden, und dreißig Jahre später hatte jedes Land seine Großloge. Oft übernahm der Herrscher selbst die Großmeisterschaft, und die Zugehörigkeit zu einer Loge, die früher als Verbrechen galt, wurde nun als Ehre betrachtet.

Die Wahrheit kommt ans Licht

Seit der Veröffentlichung der ersten Bulle und des Edikts Kardinals Firrao erließen acht Päpste 17 Bullen und Enzykliken gegen die Freimaurerei. Die Bulle *In Eminenti* aus dem Jahre 1738 ist aber das folgenschwerste antifreimaurerische Dokument. Diese Bulle bedeutete den Beginn der Feindseligkeiten, sie entfesselte die Leidenschaften und ermöglichte es gewissenlosen Menschen, andere zu verfolgen, deren Eigentum sie begehrten.

Seltsamerweise betraf die Exkommunikation immer nur die Bürgerlichen. So beeilte sich der Papst, den Großherzog von Toskana, Franz Stephan von Lothringen – den Gatten der Kaiserin Maria Theresia – anzuerkennen, denselben, der die Florentiner Logen unterstützt und »die Gründung zahlreicher Logen in ganz Italien gefördert hatte, obwohl es ihm vom Papst untersagt worden war«, als er als Franz I. am 13. September 1745 Kaiser von Österreich wurde. Man vergaß plötzlich, daß er Freimaurer und daher exkommuniziert war und für die Sache der Freimaurerei Partei ergriffen hatte. Gleichzeitig aber machte man den bürgerlichen Ordensmitgliedern weiterhin das Leben schwer.

Nichts beweist deutlicher als die Geschichte der französischen Freimaurerei, daß der Befehl zur Exkommunizierung ein diplomatischer Fehler war.

Wie man weiß, waren zahlreiche katholische Priester Mitglieder der französischen Logen und vertraten als solche maurerische Prinzipien. Die Geistlichen durften bis zum Konkordat von 1801 in den Logen verbleiben, und die Einstellung der Freimaurerei der Kirche gegenüber änderte sich bis dahin nicht. Hätte die Kirche den Priestern die Mitgliedschaft nicht verboten, so hätte sich die Haltung der Freimaurerei wahrscheinlich auch niemals gewandelt. Ein Stimmungsumschwung zeichnete sich erst ab, als der Klerus und gläubige Katholiken aus den Logen austreten mußten. Die antiklerikale Gesinnung der Freimaurer ist nicht nur darauf zurückzuführen, daß es in den Logen keine Geistlichen mehr gab, sondern man wertete diese Verfügung der Kirche als einen feindseligen Akt, der Empörung auslöste.

»Als die Kirche die Freimaurerei verurteilte, wie sie es im Laufe ihrer Geschichte immer wieder tat, so verteidigte sie damit einen der Hauptpunkte ihrer Verfassung, nämlich die Oberhoheit des Papstes[54]«.

Das sagt der Jesuit Pater Berteloot. Die Freimaurerei bedrohte weder den Glauben noch die Kirche Christi, noch die Gläubigen, noch die Gesellschaft, sondern die Oberhoheit des Papstes. Ein anderer katholischer Schriftsteller kommt zu demselben Schluß: »Die angegebenen Gründe sind nicht allzu klar. Es ist eher anzunehmen, daß der Papst in ihr eine Kriegsmaschine sah, die seine weltliche Souveränität gefährdete[55]«.

In Wirklichkeit hat die Freimaurerei die weltliche Souveränität, an der dem Papst so viel lag, niemals bedroht. Sie hat weder den Papst oder das Papsttum noch deren Legitimität jemals angegriffen. Es entwickelten sich neue geistige Strömungen, durch die die Vormachtstellung des Heiligen Stuhls in Frage gestellt wurde, doch die neuen Ideen hätten auch ohne die Freimaurerei Fuß gefaßt, und sie konnten durch die Unterdrückung der Freimaurerei nicht zerstört werden. Sie wurden nicht von der Freimaurerei verbreitet, sondern waren eine Reaktion auf die Unnachgiebigkeit des Kardinalskollegiums. Der Toleranzgedanke konnte sich nur durchsetzen, weil die Intoleranz immer unerträglicher wurde.

Es ist merkwürdig, daß dieses »Geheimnis«, das man 250 Jahre lang zu enträtseln suchte, den Heiligen Stuhl nicht beunruhigte. Er wußte also, daß in den Logen nichts Schreckliches geschah. Er wußte, daß er von Leuten, die einen Eid auf die Heilige Schrift leisteten und die Bibel offen auf dem Altar liegen hatten, nichts zu befürchten hatte. Er kannte die Wahrheit über die Freimaurerei und auch die wahren Gründe der Verurteilung; er wußte, daß das große Geheimnis der Freimaurerei darin besteht, daß sie keines hat.

Auch die erste Verurteilung erscheint in einem anderen Licht. Klemens XII. hat die Freimaurerei niemals verurteilt und die Bulle, die man ihm zuschreibt weder unterzeichnet noch erlassen. Diese außerordentlich folgenschwere Verurteilung war nichts als ein Manöver seines Neffen, Kardinal Neri Corsini.

Dennoch ist die falsche Bulle in Kraft, und die Freimaurerei leidet immer noch an den Nachwirkungen der Verurteilung, auch wenn diese durch nichts gerechtfertigt ist.

[1] Ein genauer Bericht über das Konklave findet sich in Pastors: Geschichte der Päpste, Bd. 15, S. 607–624.
[2] Preclin, E. & Jarry, E : Les Luttes politiques et doctrinales, Bd. 8.
[3] Pastor, Ludwig Freiherr v.: Geschichte der Päpste, Bd. 15, S. 626.
[4] Op. cit., S. 626.
[5] Kühner, Hans: Dictionnaire des papes, S. 206
[6] Encyclopedia Cattolica, Città del Vaticano, 1953.
New Catholic Encyclopedia, The Catholic University of America, Washington, D.C., 1967.
Lexikon für Theologie und Kirche, Verlag Herder, Freiburg, 1958.
Rogier de Bertier de Sauvigny-Hajjar: Nouvelle histoire de l'Eglise.
Pastor, Ludwig Freiherr v.: Op. cit., Bd. 15, S. 627.
[7] Brosses, Charles de: Lettres familières sur l'Italie, S. 304.
[8] Raybaud, L.-P.: Papauté et pouvoir temporel, S. 25.
[9] Pastor, Ludwig Freiherr v.: Op. cit., Bd. 15, S. 630.
Derselbe Autor versichert auch, man habe bereits im Jahre 1730 davon gesprochen, nachdem die Krankheit Klemens XII. ans Bett fesselte.
[10] Raybaud, L.-P.: Op. cit., S. 25
[11] Pastor, Ludwig Freiherr v.: Op. cit., Bd. 15, S. 631.
Der Autor zitiert an dieser Stelle den Bericht des kaiserlichen Gesandten Graf Harrach vom Juli 1736, in dem es heißt, der Papst habe sich zwar erholt, aber sein früher so treffliches Gedächtnis sei fast ganz verschwunden.
Dierickx, Michel S.J.: Freimaurerei, die große Unbekannte, S. 63.
[12] Kühner, Hans; Op. cit., S. 208
[13] Pastor, Ludwig Freiherr v.: Op. cit., Bd. 15, S. 631.
[14] Brosses, Charles de: Op. cit., S. 302.
[15] Neri Corsini I. war der Onkel Klemens' XII.
[16] Brosses, Charles de: Op. cit., S. 275.
[17] Brosses, Charles de: Op. cit., S. 384.
[18] Pastor, Ludwig Freiherr v.: Op. cit., Bd. 15, S. 632.
An dieser Stelle zitiert der Autor einen Bericht des Botschafters Alvise Mocenigo vom 28. November 1737, in dem es heißt:

»Was ihm aber Einsichtige nicht verzeihen konnten, war die Eifersucht, mit der er darüber wachte, daß in politischen Angelegenheiten keiner neben ihm aufkomme. So hatte er nach dem Tode Banchieris den sehr fähigen Kardinal Rivera ferngehalten und das Staatssekretariat Firrao zugewandt, damit er alles nach seinem Willen lenken konnte, ohne daß ihm jemand widersprach. Relazione 28 Octobre 1737 del N.U. Alvise Mocenigo IV, Cavaliere e Procuratore ritornato di Roma.
Ranke, Leopold von: History of the Popes, their Church and State, S. 445.

[19] »Amabile e desinteressato, non parve ai contamporanei l'umo piu adatto aglio affari, e nello controversie teologiche non mostrò molta comprensione, sebbene giungesse sino ad essere segretario del S. Uffizio«, Encyclopedia Cattolica, Città del Vaticano, 1953.

[20] Brosses, Charles de: Op. cit., S. 302.

[21] Raybaud, L.-P.: Op. cit., S. 35.

[22] Raybaud, L.-P.: Op. cit., S. 86.

[23] siehe Anm. [18]

[23a] Grat, Felix: Etude sur le motu proprio, S. 7.

[24] Haywood, H.L.: Freemasonry and Roman Catholicism, S. 7.

[25] Mellor, Alec: Nos frères séparés: les francs-mạcons, S. 169.

[26] Bullarium Romanum, A Vecco et Sociis Editoribus, MDCCCLXXII, Bd. XXIV.

[27] Das Vatikanische Konzil erklärt, daß jeder Mensch das Recht auf Religionsfreiheit habe. Es erklärt . . ., daß das Recht auf Religionsfreiheit in der Würde des Menschen selbst begründet sei, wie es das Wort Gottes und auch die Vernunft selbst erkennen lassen.
Erklärung DIGNITATIS HUMANAE des zweiten Vatikanischen Konzils.

[28] Mellor, Alec: La Franc-maçonnerie à l'heure du choix, S. 470.

[29] Marquès-Rivière, Jean: La Trahison spirituelle de la franc-maçonnerie, S. 19.

[30] Mellor, Alec: Nos frères séparés, Les Francs-maçons, S. 111.

[31] Mellor, Alec: La Charte inconnue de la franc-maçonnerie, S. 11

[32] Findel stellt in Abrede, daß die Maurer zur Zeit Cromwells im politischen Geschehen eine aktive Rolle spielten.
Findel, G.J.: History of Freemasonry, S. 115.

[33, 34] Mellor, Alec: Nos frères séparés, les Francs-maçons, SS. 94–95. Dieselbe These vertritt der Autor auch in seinem Buch: La Charte inconnue de la franc-maçonnerie, S. 56 und S. 119.

[35] »A more beautiful realm, in all of Nature's gifts, is not gladdened by the sun. The grand-duke could without great difficulty extort from it an annual revenue amounting to four million five hundred thousand dollars.«
Abbot, John S.C.: Italy, S. 469.

[36] »Der Infant Don Carlos bemächtigte sich des Herzogtums Parma-Piacenza, ohne dem Papst für die Überlassung des apostolischen Lehens die schuldige Dankbarkeit zu bezeigen . . . Die weltlichen Mächte lehnten die Einmischung des Papstes ab.«
Vacant, Mangenot & Aman: Dictionnaire de théologie catholique, Bd. III, S. 111.

[37] »Der Heilige Stuhl betrachtete sich als Herrscher über die Herzogtümer Parma und Piacenza und proklamierte deren Besitzergreifung, wobei er untersagte, eine andere Herrschaft als die seine anzuerkennen; aber Kardinal Stampa ließ den Anschlag entfernen und bemächtigte sich ihrer im Namen des Infanten Don Carlos.« Biographie Unverselle Ancienne et Moderne.

[38] Trotz aller seiner Anstrengungen während des polnischen Thronfolgekrieges, konnte er (der Heilige Stuhl) weder seine Ansprüche auf Parma und Piacenza durchsetzen noch den Verfall der politischen Macht des Papsttums aufhalten.
Lexikon für Theologie und Kirche, Bd. II, S. 1227.

[39] » . . . Nothing remained to the Pope but to issue protests, to wich no one paid the slightiest attention.«
Ranke, Lepold von: History of the Popes, their Church und State, Bd. VIII, S. 130.

[40] Van de Schelden: La Franc-maçonnerie belge, S. 292.

[41] Berteloot, R.P. Joseph S.J.: La Franc-maçonnerie et l'Eglise catholique, S. 22.

[42] Colinon, Maurice: L'Eglise en face de la franc-maçonnerie, S. 55.

[43] Colinon, Maurice: L'Eglise en face de la franc-maçonnerie, S. 58.

[44] Graf von Clermont würde die Möglichkeit bieten, drei Klassen anzugreifen: den Adel, den Klerus und die Offiziere, denn sein vollständiger Name lautete: Son Altesse Sérénissime Monseigneur le prince Louis de Bourbon-Condé, comte de Clermont, abbé de Saint-Germain-des Prés, du Bec, de Saint-Claude, de Marmoutiers et maréchal des armées du Roi.
Verglichen mit diesen Titeln und Würden kam seinem Amt als Großmeister kaum entscheidende Bedeutung zu. Merkwürdigerweise nimmt

auch Bernard Fay den Grafen Clermont aufs Korn und bezeichnet ihn als »wenig leuchtendes Beispiel« der maurerischen Tugenden (Op. cit., S. 195). Es sei dahingestellt, ob Abbé Clermont ein leuchtendes Beispiel für die Tugend der Kirchenfürsten war.

[45] Lortz, J.: Histoire de l'Église, S. 170.

[46] Die Kaiserin, die sich des Titels »Apostolische Majestät« würdig erweisen wollte und die Freimaurerei ablehnte, änderte gegen Ende ihrer Regierungszeit ihre Meinung radikal. »Ich bin überzeugt«, sagte sie, »daß die Freimaurerei eine unschuldige Gesellschaft ist. Mein verstorbener Gatte, der Kaiser, war auch Freimaurer, und ich bedaure, daß ich sie verfolgt habe. Das soll in Zukunft nicht mehr vorkommen. Ich werde mich bemühen, den Präzedenzfall zu tilgen.«
Lennhoff, Eugen: Die Freimaurer, S. 141.

[47] Dem Buch de Brosses wurde die folgende Geschichte entnommen: Kardinal Coscia verbot in seiner Diözese Benevent das Tragen von Perücken. Als man ihm mitteilte, Abt Entieri trage eine, ließ er ihn von seinem Almosenier exkommunizieren. Der Abt suchte den Kardinal auf, und als es Zeit war, zur Messe zu gehen, verwahrte sich Abt Entieri dagegen, denn er sei exkommuniziert, fügte aber hinzu, daß das Verbot für ihn eigentlich nicht gelte, denn er gehöre nicht zur Diözese Benevent. »Das stimmt«, antwortete der Kardinal und befahl, den Almosenier zu exkommunizieren.

[48] Brosses, Charles de: Lettres familières sur l'Italie, S. 416. Siehe auch Anmerkung 20 des vorliegenden Kapitels.

[49] Raybaud, L.-P.: Papauté es pouvoir temporel, S. 34.

[50] »Sotto Pena della morte, e confiscazione dei beni da incorressi, irremissibilmente senza speranza di grazia«.

[51] In der katholischen Enzyklopädie heißt es hingegen: »Auf ihn (Papst Klemens XII.) geht die erste Verurteilung der Freimaurerei zurück, wie die beiden Bullen vom 28. April 1738 und vom 14. Jänner 1739 beweisen«.
(A lui è dovuta la prima condanna della massoneria con le due bolle del 28 apr. 1738 e del 14 genn. 1739)
Enciclopedia Cattolica, Città del Vaticano, 1949.

[52] Havas, Karoly: Az inkvizicio története (Die Geschichte der Inquisition), S. 331.

[53] Mit seinem Lied gegen die Freimaurer ging Torrubia zwar nicht in die Unsterblichkeit ein, aber er verewigte seinen Verrat.

[54] Berteloot, R.P. Joseph S.J.: La Franc-maçonnerie et l'Église catholique, S. 35.
[55] Raybaud, L.P.: Papauté et pouvoir temporel, S. 64.

VIERTES KAPITEL

Benedikt XIV. und die Bestätigung der Verurteilung

Klemens XII. starb am 6. Februar 1740 nach langem schweren Todeskampf.

Der Tod eines Papstes führte unweigerlich zu personellen Veränderungen im Vatikan. Die Neffen und Günstlinge des verstorbenen Papstes zogen sich zurück und machten den Favoriten des neuen Platz. Es kam nicht selten vor, daß die graue Eminenz des früheren Pontifex spurlos verschwand, es sei denn, man erinnerte sich an seine Skandale.

So verschwanden auch die Favoriten Klemens' XII., Kardinal Neri Corsini – der beim folgenden Konklave nur knapp die Stimmenmehrheit verfehlte – und die Kardinäle Ottoboni, Zondadari, Spinola und Firrao von der Bildfläche. Sie wurden von zwei Meistern der Intrige, zwei wahren Künstlern des Ränkespiels, den Kardinälen Annibale Albani und de Tencin, abgelöst.

Präsident de Brosses entwarf ein wenig schmeichelhaftes Bild von den Intrigen und Machenschaften, die der Wahl des neuen Stellvertreters Christi auf Erden vorausgingen. Da die beiden Kardinäle wußten, daß sie keine Chance hatten, selbst gewählt zu werden, stürzten sie sich in Unkosten, um die Wahl eines Mannes durchzusetzen, der gefügig war und ihnen keinen Widerstand entgegensetzen würde. Von allen Kardinälen war Kardinal Albani zweifellos die stärkste Persönlichkeit, trotzdem wurde er nicht gewählt. Am 16. August 1740, nach unzähligen Wahlgängen, entschied sich das Konklave für den 65jährigen Kardinal-Erzbischof von Bologna, Prosper Lambertini, der den Namen Benedikt XIV. annahm.

Kardinal Annibale Albani

Während des Interims nach dem Tode eines Papstes führte der Kämmerer der Heiligen Römischen Kirche die Amtsgeschäfte. Einige Tage lang hatte er das Recht, zu seinen Gunsten Münzen mit seinem Bild prägen zu lassen. Unter Berufung auf dieses Privileg ließ Kardinal Albani dem Münzmeister sagen, daß »er ihn hängen lassen werde, wenn er nicht innerhalb der drei folgenden Tage für eine recht beträchtliche Summe Münzen herstellen würde. Der Münzmeister hütete sich, diesem Befehl nicht nachzukommen; dieser schreckliche Kämmerer ist ein Mann von Wort[1]«. Kardinal Albani hatte dieses Amt bereits einmal nach dem Tode Benedikts XIII. während des langen Interims vor der Wahl Klemens' XII. ausgeübt.
Präsident de Brosses beschreibt Albani folgendermaßen: »Der Kämmerer, ein Neffe Klemens' XI., wurde wegen seiner Fähigkeiten außerordentlich geschätzt und über alle Maßen gehaßt und gefürchtet; er glaubte an nichts, hatte keine Prinzipien und war ein Feind, der nie verzieh, auch wenn er versöhnt zu sein schien; er war ein ausgezeichneter Geschäftsmann und kannte alle Schliche des Intrigenspiels. Der Kardinal war der beste Kopf des Kollegiums und der schlechteste Mensch von Rom[2].«
Mit allen Mitteln der Intrige verhinderte Albani die Wahl Neri Corsinis, des ehemals mächtigsten Mannes am päpstlichen Hof, dann die Wahl Aldrovandis, der beinahe die notwendige Stimmenmehrheit auf sich vereinigt hätte, und die einiger anderer aussichtsreicher Kandidaten, bis er sich mit seinem gefürchtetsten Feind, Kardinal de Tencin verständigte.

Kardinal de Tencin

»Eine Geißel aller anständigen Leute, ein Mann, der vor Simonie und Blutschande nicht zurückschreckt, ein schlechter Bürger, von jedermann gehaßt und verachtet«, das ist die Beschreibung, die d'Argenson von Kardinal Pierre de Tencin gibt[3].

Auch die übrigen Zeitgenossen brachten dem Kardinal wenig Sympathie entgegen. De Brosses schreibt: »Der Kardinal ist im Grunde dünkelhaft, hart und hochmütig, obwohl er bei Hof geschmeidig, und schönen Damen gegenüber äußerst galant ist[4].«

Das Bild des Kardinals de Tencin wäre nicht vollständig, wenn man nicht auch seine Schwester erwähnen würde. Im Larousse findet sich folgende Bemerkung: »Sie war das Glück ihres Bruders, eines mittelmäßigen und korrupten Menschen[5]«.

Madame de Tencin und ihr Bruder wurden in Grenoble geboren. Ihr Vater, ein sehr autoritärer Mann, zwang sie beide, ihr Leben der Kirche zu weihen. Alexandrine war ständig in Skandale verwickelt, und als ihr Vater starb, erhielt sie durch die Vermittlung einflußreicher Freunde die Erlaubnis »ins weltliche Leben zurückzukehren und über ihre Person zu verfügen[6]«.

Als sie mit 30 Jahren in der Gesellschaft eine Rolle zu spielen begann, besaß sie nichts als ihren Geist und ihren Charme. Sie stürzte sich ins Vergnügen, und aus ihrer Liaison mit Chevalier Destouches-Canon entstammte ein Kind, »das auf den Stufen vor Saint-Jean-le-Rond gefunden wurde« und das sie nie anerkannte. Dieses Kind war der später so berühmte d'Alembert.

Sie wurde schnell reich und führte einen der ersten literarischen Salons, in dem unter anderem Frontenelle und Montesquieu verkehrten. »Sie tat alles für die Karriere ihres Bruders«, dem sie besonders zugetan war[7].

Im Jahre 1720 wurde Abbé de Tencin nach Rom entsandt. Er wurde kurz darauf damit betraut, die Angelegenheiten Frankreichs beim Heiligen Stuhl zu vertreten.

Bald hatte er die besten Beziehungen zu einflußreichen Leuten des päpstlichen Hofes und des diplomatischen Korps angeknüpft. Er machte die Bekanntschaft des Prätendenten und des Chevalier Saint-Georges und war mit Prälat Lambertini befreundet, über den er in einem Brief an seine Schwester schreibt: »Ich verbrachte den Abend in bester Gesellschaft, mit Lambertini, übrigens ein verdienter Mann, der der größte Spaßvogel der Welt ist[8].«

Im Mai 1724 wurde Abbé de Tencin auf Betreiben Fleurys zum Erzbischof von Embrun ernannt und kehrte nach Frankreich zurück. Im Jahre 1739 wurde er »trotz seines verheerenden Rufes Kardinal[9]«.

Über seine Erhebung ins Heilige Kollegium kursierten zahlreiche Gerüchte. Man sprach vor allem von einer Hilfestellung des Prätendenten, der eine Summe von 300 000 Pfund ausgelegt hätte (es war der Prätendent, der den Kardinal als erster über seine Ernennung informierte).
Da er nach Rom gekommen war, um den Kardinalshut entgegenzunehmen, beschloß er, hier zu bleiben und das Konklave abzuwarten, denn Klemens XII. schien im Sterben zu liegen. Er mußte sich acht Monate gedulden, doch er nutzte die Zeit, um sich Freunde zu schaffen, mit deren Hilfe er innerhalb weniger Monate einer der einflußreichsten Kardinäle wurde. Beim Konklave spielte er eine bedeutende Rolle, und sein Einfluß war auch für die Wahl des Papstes ausschlaggebend: Der neue Pontifex war sein langjähriger Freund Lambertini[10]. Obwohl de Tencin erst seit kurzem Kardinal war, wurde er so mit einem Schlag einer der mächtigsten Männer in Rom, der Favorit des Papstes, des Königs und Kardinal Fleurys. Im Juli 1742 kehrte er nach Frankreich zurück. Offiziell übernahm er wieder das Amt des Erzbischofs von Lyon, doch er verbrachte die meiste Zeit am Hofe des Königs und führte das Leben eines Grandseigneurs, der sich durch die Soutane wenig stören ließ.

Benedikt XIV.

»Man hat allgemein das Gefühl, daß Tencin den Heiligen Geist in der Tasche trägt und allein über die Wahl des Papstes entscheiden wird«, schreibt Präsident de Brosses vor dem Konklave[11].
Dieser Meinung war nicht nur de Brosses, doch bald merkte man, daß man auch mit Kardinal Albani rechnen mußte. Die Wahl war das Endergebnis eines erbitterten Kampfes zwischen diesen bei-

den gleich starken Männern, die intrigierten, kombinierten und Ränke schmiedeten, wobei ihnen jedes Mittel recht war, und die sich schließlich nach fünfeinhalb Monaten auf einen Kompromißkandidaten einigten: Kardinal Lambertini.

Der neue Pontifex, der im März 1675 in Bologna geboren worden war, hatte zu Beginn seiner Laufbahn den Beruf eines Advokaten ausgeübt. Er stand in dem Ruf, ein großer Gelehrter zu sein, der besonders im kanonischen Recht bewandert war. Er besaß eine gründliche juristische Ausbildung, war außerdem schriftstellerisch tätig und interessierte sich für Literatur. Seine Briefe waren berühmt, und wegen seines umgänglichen Wesens war er allgemein beliebt.

Präsident de Brosses schätzte ihn sehr und beschrieb ihn folgendermaßen: »Wir werden ... den Abend mit Kardinal Erzbischof Lambertini verbringen, einem besonders liebenswürdigen Menschen, der die schönsten Geschichten über Mädchen oder den römischen Hof zu erzählen weiß ... Er versteht angenehm zu plaudern und ist ein geistvoller, gebildeter und heiterer Mann[12].«

Seine Wahl fand uneingeschränkte Zustimmung. Vor der Abstimmung hatte er selbst dem Konklave empfohlen: »Wenn ihr einen Heiligen wählen wollt, nehmt Conti. Wenn ihr einen Politiker wollt, nehmt Aldobrandini. Wenn ihr aber einen vernünftigen Menschen wollt, nehmt mich.«

Der neue Papst ist vor allem durch sein literarisches Schaffen – er verfaßte ein 17bändiges Werk – in die Geschichte eingegangen. Nicht zu Unrecht warfen ihm die Römer vor »er habe zuviel geschrieben und zuwenig regiert«. Leider mußte sich Benedikt XIV. auch mit Politik beschäftigen. Nun »verstand er aber von öffentlichen Angelegenheiten wenig, und die Politik mißfiel ihm[13]«.

Zu allem Unglück wollte es der Zufall, daß sich in dem Jahr, da er den Stuhl Petri bestieg, nämlich 1740, das politische Bild Europas änderte. So war der neue Papst mit einer Reihe von Problemen konfrontiert, von denen zwei besonders gravierend waren. Nach dem Tode Karls VI. im Jahre 1740 brach der österreichische Erbfolgekrieg aus. Maria Theresia wurde Kaiserin, und im gleichen Jahr bestieg Friedrich der Große den preußischen Thron. Er war seit kurzem Freimaurer und wurde der erste und beispielgebende Herrscher des aufgeklärten Absolutismus. Ein solches Zusammentreffen von Umständen erschwerte Benedikt XIV. seine Aufgabe, auf die er zudem kaum vorbereitet war. Er kannte seine Schwächen und bemühte sich, zu vermitteln und zu versöhnen, um jeden Konflikt zu vermeiden, auch wenn er Zugeständnisse machen mußte. Diese an sich lobenswerte Einstellung fand allerdings nicht immer die Zustimmung der Kardinäle.

Um sich im Gestrüpp der Politik zurechtzufinden, war der Papst auf die Ratschläge seiner Umgebung angewiesen. Besonders die Kardinäle de Tencin und Albani besaßen sein volles Vertrauen, und meistens geschah, was sie für richtig hielten.

Benedikt XIV. stand den katholischen Polemikern wie auch anderen Religionen mit einer damals noch ungewöhnlichen Toleranz gegenüber. Seine Herrschaft bedeutete den Beginn einer neuen Ära auf dem Gebiet der Kirchendoktrin, einer Ära, die von einem bis dahin unbekannten Liberalismus geprägt war.

Man darf die Gefahr, die der Kirche aus dem Liberalismus erwuchs, nicht unterschätzen. Der Deismus beherrschte in zunehmendem Maße das religiöse Denken in Europa und sollte, begünstigt durch die Gedanken- und Redefreiheit, noch vor Ende des 18. Jahrhunderts zu tiefgreifenden Veränderungen führen.

Die Außenpolitik Benedikts XIV. war wenig erfolgreich und endete mit der Besetzung des Kirchenstaates. Außerdem war der Papst mit dem Jansenismus, der Doktrin der Jesuiten, und anderen Strömungen konfrontiert. Der katholische Historiker Daniel-Rops beschreibt die Situation folgendermaßen: »Wie sollte ein so schwaches Papsttum nicht zur Zielscheibe von Angriffen der verschiedenen Staaten werden, noch dazu in einer Zeit, wo die neuen Ideen die Regierungen dazu verleiteten, ihre Macht zu vergrößern und die Rechte, auch die geistigen Rechte, der Kirche zu schmälern. Es gibt wahrscheinlich keinen einzigen katholischen Staat, der im Laufe des 18. Jahrhunderts nicht in irgendeiner Weise mit Rom in Konflikt geraten wäre[14].«

In den meisten Fällen hatte der Papst gar keine Wahl. Die politische Entwicklung und die dadurch bedingte Explosion des antiklerikalen Rationalismus zwangen ihn zu Zugeständnissen. Und er gab nach, wenn er zur Überzeugung kam, daß jeder Widerstand sinnlos wäre.
»Benedikt XIV.«, schreibt Hayward[15], »starb am 3. Mai 1758 nach langem, qualvollem Leiden, das aber seine unermüdliche Schaffenskraft nicht beeinträchtigen konnte. Er war damals 83 Jahre alt. Das Volk trauerte aufrichtig, und Graf Rivera konnte ausrufen: ›Ein Wunder ist geschehen! Das Volk sagt nichts Schlechtes über den toten Papst, nicht einmal Pasquino[16]!‹«
Dieses Lob Benedikts XIV. bedeutet aber gleichzeitig eine harte Kritik an seinen Vorgängern. Die Päpste, Stellvertreter Christi auf Erden und Nachfolger des Heiligen Petrus, hatten also bisher dem Volk Anlaß gegeben, sie nach ihrem Tode zu verfluchen. Dieses »Wunder« nach dem Hinscheiden Benedikts XIV. stimmt einen nachdenklich.

Die politische Lage

Die Versöhnungspolitik Benedikts XIV. wurde von den einen als ein Zeichen der Schwäche beklagt, von den anderen als hellsichtig gepriesen. Als liberaler und aufgeklärter Papst scheint er rascher und besser als seine Umgebung begriffen zu haben, wie wichtig es war, sich dem Zeitgeist anzupassen.
Es wird nie geklärt werden, ob seine Einstellung und seine Haltung seiner Schwäche oder seiner Größe entsprangen, aber eines ist sicher: Er wurde »der gute Papst« genannt, und das Volk liebte ihn.
Die Kirche verzieh ihm nur schwer einige Zugeständnisse, die man ihm sehr übelnahm, wie zum Beispiel, daß er im Jahre 1740 freiwillig auf die Patronanz und Kontrolle der kirchlichen Pfründe in Portugal verzichtet hatte.
Man darf aber annehmen, daß seine Politik von den besten Absichten diktiert wurde. Er hatte begriffen, daß Gewalt den

Interessen der Kirche schadete, und daß diese mehr gewann, wenn sie sich dem Zeitgeist anpaßte.
Es sei dahingestellt, ob es klug war, den Markgrafen von Brandenburg als »König von Preußen« anzuerkennen, anstatt die Kirche in einen kostspieligen Konflikt zu verwickeln. Dieselbe versöhnliche Haltung nahm er auch den Jansenisten, Protestanten, Deisten und liberalen Philosophen gegenüber ein. Auch wenn deren Tätigkeit den Interessen der Kirche nicht immer dienlich war, so hätten sie zweifellos dem Papsttum noch mehr geschadet, wenn sie, durch eine unnachgiebige Haltung des Heiligen Stuhls in die Opposition gedrängt, auf Rache gesonnen hätten.
In Europa war die politische Situation gespannt. Ludwig XV. regierte in Frankreich. Seine Mätressen, die Schwestern de Mailly, Madame de Pompadour und Madame Dubarry, gaben Millionen Pfund für ihre Toiletten aus, während die Bauern im Elend verkamen. Dreißig Jahre lang beschränkte der König seine Tätigkeit darauf, die Akten des Kardinals Fleury zu unterzeichnen. Solange der Kardinal an der Macht war, unterdrückte er die Jansenisten, wo er konnte. Im Namen der Bulle *Unigenitus* stellte er unzählige Haftbefehle gegen sie aus. Nach dem Tode Fleurys im Jahre 1744 beschloß Ludwig XV., selbst zu regieren, doch als Herrscher versagte er. Im Jahre 1766 erklärte er, seine Macht komme unmittelbar von Gott, und er sei deshalb die einzige Quelle jeden Rechts. Eine derartige Erklärung zeigt die tiefe Kluft auf, die das Volk vom Königtum trennte. Gibt es einen triftigeren und überzeugenderen Grund für die Revolution, als Versailles, diesen »Geldschlucker«, wie Voltaire es nannte? Während die Leute aus dem Volk kaum etwas zu essen hatten, zählte der Hofstaat des Königs 36 000 Leute, der Monarch besaß 6000 Pferde und spielte, um sich die Zeit zu vertreiben, mit den Hofdamen Verstecken oder ging auf Schmetterlingsfang.
In Preußen regierte Friedrich Wilhelm I., der Soldatenkönig, von dem man hauptsächlich weiß, daß er äußerst streng war und baumlange Grenadiere besaß. Friedrich der Große, sein Sohn und Nachfolger, war gerecht, besonnen und hatte die besten

Absichten. Er sprach sich für religiöse Toleranz aus und erklärte, daß in seinem Königreich jeder glauben könne, was er für richtig halte.
Die einen meinten, seine Toleranz entspringe den maurerischen Prinzipien, zu denen er sich bekannte, die anderen sagten, er dulde alle Religionen, nicht weil er großzügig und einsichtig war, sondern weil er an keine glaubte. Beide Annahmen haben etwas für sich. Es ist nicht ausgeschlossen, daß der König, ein Freund Voltaires, nicht besonders religiös war.
Seine tolerante Haltung kam vor allem den Katholiken zugute. Obwohl er selbst Freimaurer und daher exkommuniziert war, gestand Friedrich der Große den Katholiken in einem vorwiegend protestantischen Land das Recht zu, Kirchen zu bauen und ihren Glauben zu verbreiten. Auch der Papst blieb mit diesem »der Ketzerei Verdächtigen« in Verbindung, und die Beziehung zwischen ihnen war sogar freundschaftlicher Natur.
In Spanien herrschte Philipp V., der Enkel Ludwigs XIV., dem im Jahre 1746 Ferdinand VI. folgte. Beide waren streng katholisch und glaubenseifrig, so daß Spanien eines der wenigen Länder war, das dem Papst keine Sorgen bereitete. Die Inquisition wachte darüber, daß die neuen Ideen die mittelalterliche Ruhe der Kirche nicht störten.
Für Portugal galt das Gleiche, doch im Jahre 1750 erschütterte ein unerwartetes Ereignis das Land. In diesem Jahr beschloß König Joseph Emanuel, seinem Minister, Marquis Sebastiao Pombal, die Regierungsgeschäfte zu übertragen. Dieser aufgeklärte Staatsmann war Freimaurer und stand daher allen geistigen Strömungen aufgeschlossen gegenüber.
In England war alles ruhig. Walpole war tot, doch sein großes Prinzip, Quieta non movere (Was ruhig ist, soll man nicht aufrühren), wurde weiterhin befolgt. Während sich der Adel amüsierte, widmete sich das gewerbetreibende Volk ausschließlich den Geschäften, die durch die herrliche Kolonie Amerika einen ungeahnten Aufschwung nahmen.
In Italien, das immer noch in verschiedene kleine Staaten aufgespalten war, blieb die Lage weiterhin verworren. Die italieni-

schen Staaten wurden von Herrschern regiert, die mittelmäßig waren (Modena), oder korrupt (Venedig), oder sie standen unter dem Einfluß von ausländischen Monarchen und wurden von Vertretern Maria Theresias oder der Bourbonen regiert. Sie mischten sich immer wieder in Angelegenheiten, die sie nicht direkt betrafen, wie den Polnischen Thronfolgekrieg und den Österreichischen Erbfolgekrieg, die beide zu tiefgreifenden Veränderungen führten.

Spanien, Frankreich, England, die Niederlande, Österreich und Polen interessierten sich alle für die italienischen Staaten. Sie wurden besetzt, mußten wieder abgegeben werden und wurden ausgetauscht, als ob es sich um Spielzeug handelte. Vom Volk war niemals die Rede. Es wurde nur wichtig, wenn es galt, Steuern, Gebühren oder den Zehnten einzuheben.

Von allen italienischen Staaten war der Kirchenstaat am gefestigtsten. Aber auch er war vor Erschütterungen nicht mehr sicher. Zwar waren seine Grenzen nicht bedroht, doch seine weltlichen Privilegien waren ins Wanken geraten, seine Macht untergraben, und seine Lehre wurde von der neuen Philisophie in Frage gestellt.

Die Herrscher Europas gaben sich immer noch der Illusion hin, ihre Macht käme unmittelbar von Gott. Den Ideen John Lockes, der von einem »Kontrakt« zwischen Herrscher und Volk sprach, schenkten sie keine Beachtung. Dieser Vertrag, fordert Locke, müsse vom Herrscher eingehalten werden, da er sonst null und nichtig sei. Die Vertreter des aufgeklärten Absolutismus, Friedrich der Große von Preußen, Joseph II. von Österreich und Katharina die Große von Rußland, die sich zu dieser Staatsidee bekannten, übernahmen die Herrschaft ihrer Länder. Ihre Nachfolger sollten erfahren, daß es einen solchen »Kontrakt« gab und daß ein Vertragsbruch verheerende Folgen haben konnte.

Der Jansenismus

Nach der Reformation, die die Einheit und das Prinzip der Stärke des Katholizismus gesprengt hatte, schlug der Jansenismus im 17. Jahrhundert eine weitere Bresche in die festgefügten Mauern der Kirche. Trotzdem die Lehre Jansens verboten war, gewann sie immer mehr Anhänger. Zu Beginn des 18. Jahrhunderts versuchte Klemens XI. der Bewegung durch die *Unigenitus* Einhalt zu gebieten, doch sein Beginnen war erfolglos. Der Jansenismus führte zur Kirchenspaltung in Holland und breitete sich sogar in Italien aus.

Frankreich, einst ein Bollwerk der Kirche, wurde im 18. Jahrhundert eine der jansenistischen Hochburgen. Es gab aber seit dem 18. Jahrhundert auch Widerstände anderer Art: Alles, was der Vernunft widersprach, wie das Dogma der Offenbarungslehre, wurde zur Zielscheibe heftiger Angriffe.

Die Geisteswelt streifte die Fesseln der Vergangenheit ab und stürzte sich in einen Strudel von Diskussionen und Grundsatzdebatten, die immer heftiger wurden, die Meinungen prallten hart aufeinander. Nur in einem war man sich einig: im Protest. Man protestierte gegen alles, was mit der Vernunft nicht vereinbar war, gegen alles Unklare und Undeutliche.

Cornelius Jansen, der Begründer des Jansenismus, stammte aus Flandern. Seine Ideen drangen bald über Belgien hinaus und eroberten zunächst Frankreich, dann Holland, Italien und das übrige Europa. »Ein Jansenist«, hieß es, »ist ein Katholik, der die Jesuiten nicht liebt.« Nach damaliger Auffassung bedeutete das, daß alle Katholiken Jansenisten waren.

Der aus England kommende Deismus hatte nicht genügend Durchschlagskraft, um die Staatskirche Englands erfolgreich zu bekämpfen, fiel aber in Frankreich auf fruchtbaren Boden.

Von allen Bewegungen übte der Kartesianismus die größte Wirkung aus. Sein Begründer Descartes war ein eifriger Katholik, ehemaliger Jesuitenschüler, Thomist, ein Verehrer der Heiligen Jungfrau, der sich gerne »Verteidiger Gottes« (Défenseur de Dieu) nannte.

Als Descartes eines Tages das, was er zu wissen glaubte, den wissenschaftlichen Erkenntnissen gegenüberstellte, kam er zu folgender Synthese: Die Wissenschaft führt zum Zweifel, der der Ausgangspunkt jeder Denkmethode sein muß. Der einzige Satz, der als unbezweifelbar am Anfang steht, ist: *Cogito ergo sum* (Ich denke, also bin ich). Descartes forderte, daß in der Wissenschaft nur das Vernünftige anerkannt werden dürfe, und befreite sich damit von der scholastischen Tradition.
Ihm folgten Pascal, Bossuet und Fénélon. Der Kartesianismus eroberte innerhalb kurzer Zeit England, danach, dank des von den Jesuiten verhängten Kirchenbanns, auch Belgien. Tatsächlich war der Ausbreitung des Kartesianismus nichts förderlicher als eine Verurteilung von seiten der Jesuiten. Sie waren so unbeliebt, daß ein Buch, das sie verboten, erst recht gelesen wurde. Der Kartesianismus breitete sich auch in Italien und Holland aus und beeinflußte die Weltanschauung eines Leibnitz oder Spinoza auf das nachhaltigste.
Rom wurde auch durch den Febronianismus, einer von Febronius in Frankfurt gegründeten Bewegung, erschüttert. Er vertrat die Auffassung, nicht der Papst, sondern das Konzil der Bischöfe sei die höchste Instanz. Dem Gallikanismus verwandt, fand diese Theorie in Deutschland und Österreich zahlreiche Anhänger und bestimmte auch die Politik Josephs II.

Die Enzyklopädie

Ideen, die sich einst nur langsam durchsetzten und die Masse kaum erreichten, konnten sich nun vor allem dank der Zeitschriften, die sie aufgriffen, mit unglaublicher Geschwindigkeit verbreiten.
In England erschien im Jahre 1728 eine »Cyclopedia«, das »Universal Dictionary of the Arts and Sciences«, dessen Verfasser ein Gelehrter namens Ephraim Chambers war. Das Buch hatte Erfolg, was einen Pariser Verleger, Le Breton, auf die Idee brachte, eine Übersetzung herauszugeben. Er wandte sich im Jahre 1745

an den jungen Schriftsteller und Philosophen Diderot, der ihm einen besseren Vorschlag machte: er sollte statt einer Übersetzung eine eigene moderne Enzyklopädie in französischer Sprache veröffentlichen. Der Verleger war einverstanden und betreute Diderot mit der Abfassung des Werkes. Sein erster Mitarbeiter wurde der Mathematiker und Philosoph d'Alembert, der natürliche Sohn der Madame de Tencin.

Die »Encyclopédie ou Dictionnaire raisonné des sciences, des arts et des métiers« – das Werk war ebenso wie das Große Vollständige Universallexikon von Ludewig, das in Deutschland von 1732 bis 1750 in 68 Bänden veröffentlicht wurde, nur ein Abglanz der chinesischen Enzyklopädie, die 5020 Bände mit insgesamt 852 408 Seiten umfaßte – beeinflußte die Auffassung der damaligen Zeit über Sklaverei, staatsbürgerliche Rechte und religiöse Toleranz entscheidend. Die Enzyklopädie prangerte alle Mißstände der Epoche an und schonte nichts und niemanden.

Der 1751 erschienene erste Band schlug ein wie eine Bombe. Die Enzyklopädie wurde eine der stärksten Waffen im Kampf gegen Religion, Kirche und alles Übernatürliche. Sie war »eine mächtige Waffe gegen die Religion im allgemeinen und den Katholizismus im besonderen[17]«, ein schweres Geschütz gegen Aberglauben, Mystizismus und gegen jede Weltanschauung, die auf einem blinden Glauben an die Lehren der Kirche beruhte. Nach dem Erscheinen des zweiten Bandes im Oktober 1751 ersuchte Abbé de Prades den König, die Veröffentlichung der weiteren Bände zu verbieten, was eineinhalb Jahre später auch geschah: Die Veröffentlichung des Werkes wurde vorläufig untersagt, und das vollständige 28bändige Werk konnte erst 1772 erscheinen.

Selbstverständlich war die Wirkung der Enzyklopädie in Frankreich am größten. In den italienischen Staaten fanden die Enzyklopädisten so gut wie keinen Widerhall. Das vom Adel regierte Venedig, die Republica serenissima, liebte das lockere Leben und interessierte sich kaum für die Vorgänge in Frankreich oder im übrigen Ausland. Genua, Piemont und der Kirchenstaat waren mit ihren eigenen Problemen beschäftigt und legten dieselbe

Gleichgültigkeit an den Tag. Zu den wenigen Ausnahmen gehörten die Toskana, wo Großherzog Leopold, ein Sohn Franz Stephans von Lothringen und Maria Theresias, bereits Reformen im Sinne des Enzyklopädisten durchgeführt und ihre Ideen zum Teil verwirklicht hatte, sowie Parma, wo der Bourbone Philipp dem Beispiel seines toskanischen Cousins folgte, bis sein Sohn und Nachfolger Ferdinand weitere Reformen untersagte. Das Gleiche galt für das Königreich beider Sizilien, wo Don Carlos die Erneuerungsbestrebungen unterstützte, bis gerade dieser Staat unter seinem Nachfolger Ferdinand IV. zu einem Zentrum der Reaktion wurde.

In Deutschland und Österreich hingegen erregte die Enzyklopädie das größte Interesse.

Der Antiklerikalismus

Eine andere Strömung, der Antiklerikalismus, gewann in der zweiten Hälfte des 17. Jahrhunderts in Frankreich an Boden, erreichte jedoch erst zu Beginn des 18. Jahrhunderts einen vorläufigen Höhepunkt. Diesmal horchte Italien auf – und das ist auch verständlich, denn dort hielt sich der weitaus größte Teil der Geistlichkeit auf.

Der Klerus wurde auf drei verschiedenen Ebenen angegriffen. Der erste Vorwurf betraf die Privilegien aller Art, die den Geistlichen zustanden. Man protestierte gegen das Prinzip, daß ein Mensch einem anderen überlegen sei, und infolgedessen griff man auch diejenigen an, die sich verpflichtet hatten, Gott zu dienen, und anderen eine Belohnung im Jenseits versprachen, während sie selbst die für das Volk unerreichbaren irdischen Vorrechte und Vorteile für sich in Anspruch nahmen.

Die Verarmung der Massen, auf deren Kosten sich der Klerus bereicherte, war einer der Hauptangriffspunkte. Die zahlreichen Kardinäle, die mit unlauteren Mitteln, wie Schutz der Schmuggler, Ablaßhandel und Schacher mit Ämtern, ein riesiges Vermögen erworben hatten, sowie die unglaublichen Skandale anderer hoher Würdenträger, wie zum Beispiel die Affären Coscias, Aquavivas, Albanis usw., lösten Empörung aus und begünstigten die antiklerikale Strömung.

Dennoch hielt sich der Antiklerikalismus in Grenzen: Man griff nicht das Priestertum als solches an, sondern die Verderbtheit einiger seiner Vertreter. Man war nicht gegen die Religion und lehnte sie nicht grundsätzlich ab. Die meisten Kritiker waren, auch wenn sie sarkastisch wurden, tiefgläubige Menschen[18].

Der zweite Vorwurf der dem Liberalismus nahestehenden Strömung betraf die Rolle der Institution an sich. Die Zeit und die geistige Entwicklung waren über sie hinweggegangen. Die Kirche, die sich im Laufe ihrer Geschichte immer an den Thron geklammert hatte und von ihm erwartete, daß er als weltliche Obrigkeit auch den Glauben verteidige, war häufig ein gefügiges Instrument der Herrscher der verschiedenen Staaten geworden, und wenn man an die Kardinäle Bernis, Cranmer oder Talleyrand denkt, muß man zugeben, daß diese Anschuldigung nicht unbegründet ist.

Der dritte und schwerste Vorwurf betraf die Existenz der Kirche als Institution, die radikal und auf das entschiedenste in Frage gestellt wurde. Ohne die Existenz Gottes, das Leben im Jenseits oder das Jüngste Gericht zu verwerfen oder abzulehnen, beschuldigte man die Institution, sie sei ein mit Gold, Diamanten und Perlmutter geschmückter und mit Privilegien ausgelegter Elfenbeinturm.

Diese Strömung war nicht dazu angetan, die Massen zu mobilisieren, fand aber doch in gewissen Kreisen Anklang. Diesmal war es wahrscheinlich ein Glück für die Kirche, daß sie auf mehreren Ebenen zugleich angegriffen wurde, anstatt einer einzigen mächtigen Strömung gegenüberzustehen. Tatsächlich hatte sie es mit einer ganzen Reihe verschiedener Bewegungen zu tun.

Das 18. Jahrhundert, das mehr Philosophen, Schriftsteller und Genies hervorgebracht hatte als jedes andere, mußte unweigerlich das Thema aufgreifen, das die vergangenen Jahrhunderte beherrscht hatte: die Religion. Man anerkannte nur, was fortschrittlich, vernünftig und beweisbar war. Sobald eine Domäne wie die Interpretation von Dogmen und Theoremen Gegenstand von Debatten wird, kann es nicht ausbleiben, daß die verschiedensten Standpunkte vertreten werden. Einige Grundsätze der katholischen Kirche gestatten aber keine Auslegung: Man bekennt sich zu ihnen, ohne zu diskutieren, oder man lehnt sie ab, doch man kann sie weder analysieren noch zergliedern.

War es erst einmal so weit gekommen, daß die Ablehnung der Offenbarung und des Übernatürlichen nicht mehr mit dem Tod auf dem Scheiterhaufen oder mit anderen schweren Strafen geahndet wurde, so konnten sich die Dinge nur mehr in einer Richtung weiterentwickeln: Die neuen Ideen waren nicht mehr aufzuhalten und mußten die Barrikaden der Kirche durchbrechen.

Der Theismus war überholt. Der Deismus breitete sich aus, und die Zeit war nicht mehr fern, da die Aufklärung ihre Herrschaft antreten sollte.

Die Aufklärung

Wenn Lord Cherbury der »Vater des Deismus« in England war, so verdient der Philosoph und Mathematiker Christian Wolff (1679–1754) den Beinamen »Vater der deutschen Aufklärung«, und Immanuel Kant (1724–1804) könnte man das Gehirn und den siegreichen General der neuen Geistesrichtung nennen.

Die neue Philosophie ist bestrebt, eine Reihe von zweifelhaften Fragen, vagen Prinzipien und unbewiesenen Lehren aufzuklären, kurz, sie will die Wahrheit mit Hilfe der Vernunft und der Wissenschaft finden.

Es konnte nicht ausbleiben, daß diese Philosophie auch Fragen der Religion erörterte und analysierte. Eine ihrer vordringlichsten Anliegen war die rationale Gotteserkenntnis. Ihre Anhänger kämpften von Anfang an gegen die Bevormundung durch die Kirche, gegen dogmatische Festlegungen und die Offenbarung. Die Auslegung der Bibel unter diesem neuen Gesichtspunkt erfüllte viele mit tiefem Mißtrauen oder stieß auf heftige Ablehnung. Man wehrte sich gegen den Gedanken, daß die Bibel Gegenstand einer wie immer gearteten rationalen Analyse sein könnte[19].

Was die Religionen betrifft, so vertraten die Aufklärer zwei denkbar einfache und prägnante Grundgedanken: Erstens ist der Gegenstand aller Religionen Gott und das Jenseits und zweitens sind alle Religionen gleich.

Man verwirft alle Dogmen des Übernatürlichen, der Offenbarung und des Mystizismus und bekennt sich klar und deutlich zur Auffassung, daß es nur einen einzigen Gott gibt, der allen Religionen gemeinsam ist.

Leider schien die Kirche die Lage nicht zu begreifen. Die welt- und wirklichkeitsfremden Machthaber des Heiligen Stuhls wollten nicht wahrhaben, daß man neben der Gleichberechtigung und der Freiheit für alle auch die Gleichheit aller Religionen und ihrer Lehren forderte, also religiöse und bürgerliche Freiheiten. Mit Gottfried Ephraim Lessing und den Philosophen Moses Mendelssohn und Immanuel Kant erreichte die Aufklärung ihren Höhepunkt. Der Kreis, der sich um diese größten Vertreter der Bewegung bildete, umfaßte Literaten und Gelehrte aller Länder.

Der aufgeklärte Absolutismus

Die neue Geistesbewegung erregte die Aufmerksamkeit einiger Herrscher, teils weil auch sie Verfechter der neuen Ideen waren, teils weil ihnen aus staatspolitischen Gründen Vorsicht geboten schien. Sie bemühten sich, ihre absolute Macht mit den aufklärerischen Prinzipien in Einklang zu bringen.

Es waren Friedrich II., der Große von Preußen, Joseph II. von Österreich und Katharina II., die Große von Rußland, die als erste erkannten, daß das alte Europa sich zu regen begann.

Friedrich der Große, der sich in seiner Jugend höchstens für Literatur und Musik interessiert hatte, setzte als König alles daran, ein gerechter Herrscher zu sein.

Obwohl er immer noch absolut regierte, wurde der Freimaurer Friedrich II. zum Vorläufer der neuen Staatsform des aufgeklärten Absolutismus.
Seine Neuerungen waren tatsächlich revolutionär. Drei Tage nach seiner Thronbesteigung schaffte er die Folter in jeder Form ab und gestattete die Heirat von Personen verschiedener Religionen. Er garantierte völlige Religionsfreiheit, damit »in seinem Land jeder seinen eigenen Weg zum Himmel finden könne« und ging auf diesem Gebiet so weit, daß er sogar in Hamburg und Frankfurt eigene Ämter einrichten ließ, um allen, die anderswo wegen ihrer Religion verfolgt wurden, die Einwanderung nach Preußen zu erleichtern.
Im gleichen Jahr wie Friedrich der Große und Benedikt XIV. bestieg auch Ihre Apostolische Majestät, Maria Theresia, Königin von Ungarn und Kaiserin von Österreich, den Thron.
Als gute und gläubige Katholikin stand sie der Religionsfreiheit eher ablehnend gegenüber, war aber unter Umständen zu Ausnahmen bereit. Sie wurde ihrer Überzeugung nicht untreu, auch wenn sie auf dem »Placetum regium[19a]« beharrte, um die Beziehungen zwischen den Priestern ihrer Länder und dem Heiligen Stuhl zu überwachen.
Es handelte sich um rein politische Maßnahmen. Denn ohne Zweifel war Maria Theresia, die stolz war, den Titel »Apostolische Majestät« führen zu dürfen, eine fromme, aber anpassungsfähige Frau.
Sie erkannte klar, daß sie dem Druck von allen Seiten auf die Dauer keinen Widerstand entgegensetzen konnte, denn der Ruf nach Reformen war nicht mehr zu überhören.
Die Spannungen zwischen Staat und Kirche verstärkten sich, als ihr Sohn Joseph II. an die Macht kam. Der »aufgeklärte Monarch« von Österreich, der Sohn Maria Theresias und des Freimaurers Franz Stephans von Lothringen, der von diesen beiden Persönlichkeiten in verschiedenen Richtungen beeinflußt worden war, griff wesentlich härter durch. Er war ein außergewöhnlicher Mensch, der nur schwer zu durchschauen war. Obwohl er ebenso katholisch war wie seine Mutter, wehrte er sich gegen die Einmi-

schung des Heiligen Stuhls in staatliche Angelegenheiten. Zwar hatte er niemals die Absicht, mit Rom zu brechen oder eine unabhängige Staatskirche zu schaffen, doch er legte größten Wert darauf, seine Vormachtstellung zu sichern, um nach eigenem Gutdünken regieren zu können, und war bestrebt, die Kirche dem Staat unterzuordnen.

Der sogenannte »Josephinismus« unterschied sich kaum von der toleranten Haltung Friedrichs des Großen. Am 15. Oktober 1781 erließ Joseph II. seinerseits das sogenannte »Toleranzpatent«, das den Protestanten und Juden freie Religionsausübung zusicherte. Er führte die Ziviltrauung ein, löste einige Klöster auf und gründete mit den so gewonnenen finanziellen Mitteln Schulen oder wandelte Konvente in Spitäler um.

Rußland, das sich in der Vergangenheit allen Neuerungen verschlossen hatte, ging unter Katharina der Großen ebenfalls neuen Zeiten entgegen. Sie begnügte sich nicht damit, die Enzyklopädisten zu lesen, sondern leistete Bewunderungswürdiges für ihr zurückgebliebenes Land, das bisher nur Tyrannei und grenzenlosen Despotismus kennengelernt hatte.

Die 260 Städte, die sie bauen ließ, die Brücken, Straßen und Kanäle von Petersburg sowie der ungeheure Aufschwung des Seehandels beweisen, welche Anstrengungen das Land unternahm, um den Rückstand aufzuholen.

Ihre verwegenste Tat auf religiösem Gebiet war die »Verstaatlichung« der kirchlichen Güter. Die Kirche besaß in ihren Ländereien eine Million Leibeigene. Katharina folgte dem Beispiel Josephs II. und verwendete einen großen Teil dieser neuen Einkünfte für den Bau und die Finanzierung von Schulen und Spitälern. Sie garantierte Religionsfreiheit, und diesmal kam ihre Zusicherung, alle Konfessionen anzuerkennen, den Katholiken zugute, denn die aus verschiedenen Ländern ausgewiesenen Jesuiten fanden in Rußland Asyl.

Man braucht die Bedeutung der Maßnahmen dieser drei Herrscher nicht eigens zu betonen. Da sie alle drei Vertreter einer Großmacht waren, konnte es nicht ausbleiben, daß ihre Auffassungen, ihre Handlungen, ihre Entscheidungen und deren Auswirkungen die Gesinnung der Könige und Völker anderer Länder beeinflußten. Selbstverständlich war die wirtschaftliche und soziale Lage in ihren Staaten jeweils verschieden, und deshalb mußten es auch ihre Reformen sein. Dennoch stimmten diese drei Herrscher des aufgeklärten Absolutismus in einem Punkt überein: Sie traten für die Gleichheit aller Religionen ein.

Der Toleranzgedanke

Auch heute noch stößt die Forderung nach religiöser oder politischer Freiheit auf Unverständnis oder Ablehnung. Trotzdem war der Toleranzgedanke jahrhundertelang ein Wunschtraum der Menschheit. Als dieser Gedanke im 18. Jahrhundert Gestalt annahm, erregte er bei den beharrenden Kräften und den Vertretern der etablierten Ordnung Verdacht und Mißtrauen.

Als John Locke zu Beginn des Jahrhunderts in England mit dieser Forderung an die Öffentlichkeit trat, wurde sie sofort von der Freimaurerei aufgegriffen. Sie galt deshalb in den Augen der damaligen Machthaber als ein Orden, der den Interessen der Kirche schadete, denn er verbreitete ein Gedankengut, das im Gegensatz zu den Dogmen stand und den bedingungslosen Gehorsam der Gläubigen untergraben konnte. In Wirklichkeit richtete sich der Toleranzgedanke keineswegs gegen den Katholizismus, sondern kämpfte für die Anerkennung der anderen Religionen. Sicher gestattete diese Haltung auch eine tendenziöse Auslegung: Man konnte sie als Ausdruck der Feindseligkeit der katholischen Kirche gegenüber betrachten.

Die Inquisition war noch immer ebenso aktiv wie im zwölften Jahrhundert. Aber obwohl es weiterhin zahlreiche Verurteilungen gab, diente der Tod der armen Opfer, die wegen angeblicher Ketzerei, Hexerei oder Zauberei unschuldig verbrannt wurden, eher als abschreckendes Beispiel. Die über die Kirche hereinbrechende Katastrophe konnte auch durch diese drakonischen Maßnahmen nicht mehr verhindert werden.

Mit fortschreitender Ausbreitung der neuen Ideen verhärtete

19. Franklin D. Roosevelt
20. Gerald R. Ford
21. Winston Churchill

22. Friedrich II. von Preußen
23. Gebhard Leberecht Blücher
24. Wilhelm I., deutscher Kaiser

sich die Haltung der Kirche. Die Lage war anders als im 15. Jahrhundert: Die Kirche stand nicht mehr einigen andersgesinnten Männern, sondern einer Massenbewegung gegenüber. Die neuen Prinzipien der Vernunft wurden von den Menschen aller Länder begeistert aufgegriffen. In den Augen der Kirche handelte es sich um Feinde, die den Gehorsam verweigerten, die man aber trotzdem weder der weltlichen Obrigkeit ausliefern noch systematisch vernichten konnte.
Der Toleranzgedanke fand überall unzählige Anhänger. Montesquieu vertrat ihn in seinem »Esprit des lois« und forderte damit den Klerus heraus. Dieser nahm den Fehdehandschuh auf, und die Kirche, der sich die Jesuiten und Jansenisten anschlossen, warf ihm vor, er würde einer »natürlichen Religion« das Wort reden. Montesquieu mußte sich beugen. Mit Montesquieu starb einer der freimaurerischen Verfechter der Toleranzidee. Es waren Rousseau, der Freund Montesquieus, und Voltaire, der große Spötter des Jahrhunderts, dessen unzählige bissige Schriften auf fruchtbarsten Boden fielen, die die Feder mit so viel Überzeugungskraft führten, daß sie alle, die dem aufstrebenden Toleranzgedanken Hindernisse in den Weg legen wollten, einfach hinwegfegten.
Auch in Deutschland wurde dieser Gedanke von den hervorragendsten Philosophen und Schriftstellern, wie Herder, Kant und Lessing, aufgegriffen. Die Einstellung Kants war prägnant, aber radikal: »Es gibt nur eine einzige Religion, aber es kann mehrere Arten des Glaubens geben«. Die natürliche Religion ist die einzige, in der alle Menschen übereinstimmen, da sie die Verehrung eines einzigen Gottes lehrt, aber niemanden daran hindert, an etwas zu glauben, was andere ablehnen. Dieses Recht muß jedem eingeräumt werden und ist von allen zu respektieren.
Diese Idee war verführerisch und besaß eine ungeheure Ausstrahlungskraft. Dennoch weigerte sich die Kirche, sich mit ihr zu beschäftigen.
Obwohl in Preußen Mischehen seit 1740 und in Österreich seit 1781 gestattet waren, wurden in Frankreich die Ehen zwischen Katholiken und Protestanten bis zum Erlaß des Ediktes von 1788

von der Kirche nicht anerkannt, und die katholischen Ehepartner lebten in den Augen der Klerus in wilder Ehe, was für sie und ihre Nachkommen äußerst nachteilige Folgen hatte[20].
Es ist begreiflich, daß aus den obengenannten Gründen in manchen Staaten eine kirchenfeindliche Stimmung aufkam, besonders in Kreisen, die in ihrem Kampf um religiöse Duldung auf den heftigsten und härtesten Widerstand der Kirche stießen. Sie verwehrte zwei Christen das Recht, eine Familie zu gründen, wenn einer der beiden Teile protestantisch war.
Der Zeitgeist, und noch mehr der Geist der Aufklärung begünstigten eine Abkehr von der Kirche.

Die Lage der Freimaurerei

Wie bereits ausgeführt, wirkte sich die Verurteilung der Freimaurerei in den einzelnen Staaten verschieden aus. Die Länder, die die Verurteilung guthießen, warteten nicht auf das Edikt des Kardinals Firrao, um die Weisungen der Bulle zu befolgen. Die anderen, die eine solche Härte der Freimaurerei gegenüber für ungerechtfertigt hielten und die Einmischung der Kirche in Angelegenheiten, die ihrer Meinung nach der staatlichen Gerichtsbarkeit unterstanden, mißbilligten, maßen der Bulle und dem Edikt des Kardinals keine Bedeutung bei.
Es wäre freilich übertrieben zu behaupten, daß die Bulle nicht beachtet wurde und völlig wirkungslos blieb. Wie wir gesehen haben, stürzten sich Spanien und Portugal auf die neuen Opfer, die sie dank der Bulle vor Gericht stellen konnten. Einige kleinere Zwischenfälle ereigneten sich zwar auch in anderen Ländern, doch glücklicherweise beschränkte sich die große Menschenjagd auf die Iberische Halbinsel. In den übrigen Staaten löste die Bulle Betroffenheit aus, doch sonst geschah, von gelegentlichen Ausnahmen abgesehen, so gut wie nichts.
Die Ereignisse haben bewiesen, daß »der Kirchenbann und die Exkommunikation keine Bedeutung mehr hatten und keinen Eindruck machten, da sie zu oft verhängt worden waren«.

In Italien bestanden die Logen nach wie vor. Niemand belästigte sie, nicht einmal die Inquisition des Heiligen Offiziums.
Diese Haltung ist immerhin erstaunlich, wenn man die Geschichte und die Vorgangsweise dieser Institution kennt. Sie besaß im 18. Jahrhundert nur mehr drei Bollwerke, und eines davon war Italien. Es ist nicht anzunehmen, daß die Inquisition die Logen in Rom aus reiner Großherzigkeit duldete und daß dieselbe Institution, die jahrhundertelang mit aller Härte gegen die Gewissensfreiheit gekämpft hatte, ausgerechnet in Rom – dem Zentrum der Kirche und des Glaubens, dem Sitz des Heiligen Offiziums – eine verständnisvolle Gesinnung an den Tag legte und hier eine Tätigkeit tolerierte, die sie anderswo bei Höchststrafe verbot. Es ist wahrscheinlicher, daß sie eindeutige Weisungen erhalten hatte und diese Politik betrieb, weil es so gewünscht wurde.
Dank dieses »Versehens«, oder vielmehr aus uns unbekannten Gründen, gab es im Jahre 1750 in fast allen Städten Italiens Logen, die sich ganz offen mit Wissen und Billigung des Heiligen Offiziums versammelten, ohne irgendwelche Strafen befürchten zu müssen.
Als Benedikt XIV. im Jahre 1740 – ein Jahr nach der Veröffentlichung der Bulle – zum Papst gewählt wurde, mußte er feststellen, daß die Bulle nicht den erwarteten Erfolg gehabt hatte und daß sie für die Kirche eher eine Niederlage als einen Sieg bedeutete.
Im Laufe der Jahre geriet diese erste Bulle immer mehr in Vergessenheit. In den italienischen Staaten entwickelte sich die Freimaurerei weiter. Im Königreich beider Sizilien besaßen fast alle Städte ihre Logen. In Neapel gab es drei sehr bekannte, fest verankerte, weitere arbeiteten in Capua, Messina, Caltagirone, Catania, Aversa und in Gaeta, ohne sich um die Bulle oder die Exkommunikation zu kümmern. Sogar im Kirchenstaat gründete ein gewisser Martin Folkes, ein englischer Gelehrter von internationalem Ruf, der der Nachfolger Halleys in der Académie Francaise war, bei einem Besuch in Rom im Jahre 1742 – also vier Jahre nach der Veröffentlichung der ersten Bulle – eine neue Loge, ohne auf irgendwelche Schwierigkeiten zu stoßen. Andere

Logen entstanden in Livorno, Mailand, Verona und Venedig. Aus nicht ganz durchschaubaren Gründen wurde die Bulle nach dem Tode Klemens' XII. als hinfällig erachtet. In den meisten Staaten legte sich damit auch die Aufregung, die sie verursacht hatte.

Die erste Verurteilung hatte die Entwicklung der Freimaurerei nicht beeinträchtigt, doch unter der Regierung Benedikts XIV. kam es zu einigen unliebsamen Zwischenfällen. Neben der Bulle beeinflußten auch andere Faktoren das Leben der Freimaurerei, doch sie wirkten eher heilsam und anregend als hemmend.

In England hatte die Freimaurerei ihren Höhepunkt erreicht. Allerdings hatte die Großloge von England mit Schwierigkeiten zu kämpfen, denn trotz des ungeheuren Aufschwungs der Bewegung mußte sie ohnmächtig der Bildung und Entwicklung einer neuen Gruppe von Freimaurern zusehen. Diese nannten sich selbst Altmaurer (Antients) und bezeichneten die Mitglieder der Großloge etwas abwertend als Neumaurer (Moderns).

Wie und warum es zur Bildung dieser neuen Großloge kam, ist nicht ganz geklärt. Hier gibt es, wie immer, wenn es sich um die Vergangenheit der Freimaurerei handelt, zahlreiche Theorien. Einige Historiker behaupten, daß sich mehrere bestehende Logen, die an der Gründung der Großloge von England nicht teilgenommen hatten, damals zusammenschlossen. Andere wieder sind überzeugt, daß die irischen Logen untereinander eine Art Kartell eingingen, das später zur Bildung einer neuen Großloge führte.

Es steht fest, daß es neben den vier Logen, die die Gründungsakte von 1717 nicht unterzeichneten, in London, im übrigen England, in Schottland und in Irland zahlreiche andere gab, die sich der Großloge nicht anschlossen. Es ist durchaus möglich, daß außerdem viele mißvergnügte, aus der Großloge ausgeschiedene Brüder den Weg zu den Antients suchten. Sie waren entweder mit dem deistischen Geist der Konstitutionen Andersons oder mit gewissen Regelungen und Bestimmungen, die sie als unangebrachte Neuerungen empfanden, nicht einverstanden. Diese zahlreichen Unzufriedenen könnten selbst die Gründer der

neuen Bewegung gewesen sein oder die eigentlichen Gründer unterstützt haben.
Zweifellos waren auch die Fehler und Schwächen der ersten Großloge eine der Ursachen für die Entstehung einer zweiten. Als sich die vier Gründerlogen 1717 zusammenschlossen, herrschte große Begeisterung, und der spektakuläre Aufschwung der darauffolgenden Zeit machte die erste Großloge etwas zu vertrauensselig. Der Erfolg blendete sie. Im Jahre 1747 war Lord Byron, der Onkel des großen Dichters Großmeister. Als er gewählt wurde, war er erst 25 Jahre alt, und in den fünf Jahren, die er dieses Amt ausübte, erschien er nur dreimal zu den Arbeiten. Das Beispiel dieses Großmeisters war nicht dazu angetan, den Zusammenhalt zu fördern, und die allgemeine Unzufriedenheit begünstigte die Entstehung einer neuen Großloge.
Der Ire Lawrence *Dermott*, einer der bedeutendsten Freimaurer Englands, ehemaliger Meister vom Stuhl einer Dubliner Loge, gab das Zeichen zum Angriff. Einige Vorwürfe, die er gegen die Großloge erhob, ließen deutlich gewisse Unterschiede im Ritual erkennen: Er beschuldigte sie unter anderem, sie habe die Erkennungszeichen der ersten beiden Grade umgekehrt. Das Schisma führte am 17. Juli 1751 zur Gründung der »Grand Lodge of England according to the Old Institutions«. Dermott wurde Großsekretär dieser neuen Großloge und trug durch seine Tatkraft und seinen unermüdlichen Einsatz wesentlich zur Entwicklung der neuen Freimaurerei bei. Im Jahre 1756 veröffentlichte er unter dem Titel »Ahiman Rezon[21]« die Konstitution der Antients. Die Spaltung der englischen Freimaurerei dauerte bis zum Jahre 1813. Damals entstand nach einigen vergeblichen Versöhnungsversuchen durch den Zusammenschluß der beiden Großlogen die Vereinigte Großloge von England.
In Frankreich stieß die Freimaurerei nach ihren glänzenden Anfangserfolgen auf unerwartete Hindernisse, die ihren Aufschwung lange Zeit hemmten. Im Jahre 1743 verlor sie gleich zwei ihrer brillantesten Köpfe: Chevalier Ramsay und der Herzog von Antin starben fast zur gleichen Zeit. Mit der Wahl des Grafen von Clermont zum neuen Großmeister beging die Frei-

maurerei einen schweren Fehler, der sich als verhängnisvoll erweisen sollte. Das Für und Wider dieser Entscheidung wurde lange diskutiert, und die Gegner der Freimaurerei triumphierten. Durch das Versagen des neuen Großmeisters ließ die anfängliche Begeisterung der Mitglieder merklich nach, und durch den Verfall der Logen verlor die Bewegung wertvolle Zeit. Allerdings litt nur die Arbeit in den Logen unter diesen Mißständen, die Verbreitung des maurerischen Geistes war davon nicht betroffen.
Als Graf von Clermont gewählt wurde, zeigte er zunächst einen erfreulichen Eifer, der sich allerdings rasch als Strohfeuer entpuppte. Er bewies bei der Wahl seiner Stellvertreter keine sehr glückliche Hand. Sie waren ungeeignet und schadeten dem Ruf der Freimaurerei. Tatsächlich war diese Zeit die unerfreulichste in der ganzen Geschichte der französischen Freimaurerei.
Unter dem Deckmantel einer maurerischen Bewegung gründete der praktizierende Katholik Martinez Pasqually im Jahre 1754 die hermetische Gesellschaft »Elus Coëns« (Auserwählte Coëns). In ihrem Gefolge entstanden eine ganze Reihe von Geheimgesellschaften, die alle mit der Freimaurerei in Zusammenhang gebracht wurden. Die absichtliche oder unabsichtliche Verwechslung dieser Vereinigungen mit der Freimaurerei – oder dem, was man darunter verstand – war dem Orden außerordentlich abträglich. Tatsächlich verfolgten die meisten von ihnen andere Ziele als der Orden, und ihre Prinzipien waren nicht dieselben.
Das waren aber nicht die ersten Schwierigkeiten, mit denen die Bewegung in Frankreich zu kämpfen hatte. Einige Zeit vorher, im Jahre 1735, hatten sich die Pariser Logen an die Großloge von England gewandt und um die Erlaubnis ersucht, eine Provinzial-Großloge gründen zu dürfen, was ihnen 1743 auch gestattet wurde. Seit 1756 führte diese die Bezeichnung »Grande Loge de France« und hatte sich von der Großloge von England losgesagt.
1758 beging Graf von Clermont den Fehler, den Tanzmeister Lacorne zu seinem Stellvertreter zu ernennen, der völlig ungeeignet war. Die Folgen konnten nicht ausbleiben. Es kam zu Unstimmigkeiten, und die Unzufriedenen stellten immer radikalere

Forderungen. Das Schisma, ein Übel das einst der Kirche vorbehalten war, verschonte auch die Freimaurerei nicht mehr. Sie besaß nun zwei Großlogen, die sich, dem Beispiel der Kirche folgend, gegenseitig exkommunizierten.
Die Spaltung der Grande Loge de France hemmte den Aufstieg der maurerischen Bewegung. Unter der Herrschaft Klemens' XIII. hatte sie einen Tiefpunkt erreicht und mußte ihre Tätigkeit für eine gewisse Zeit sogar einstellen. König Ludwig XV., von dem es hieß, er sei Freimaurer gewesen – was aber nie bewiesen werden konnte –, brachte dem Orden zweifellos große Sympathien entgegen und förderte seine Wiederherstellung, sobald er nicht mehr unter dem Einfluß Fleurys stand, der seinerseits die Freimaurerei abgelehnt hatte.
Im selben Jahr wurden mehrere unabhängige Logen gegründet, wie zum Beispiel eine, die den großartigen Namen »Grande et Souveraine Loge Ecossaise Saint-Jean de Jérusalem« führte. Sie wurde von einem gewissen Pirlet 1758 ins Leben gerufen, und ihr Ritus kannte eine Stufenleiter von 25 Graden.
In Spanien hatten der Eifer König Philipps V. und der Inquisition – die auch die materiellen Vorteile der Verurteilung eines Freimaurers wohl zu schätzen wußten – sowie die Verfolgungen unter König Ferdinand VI., dem Nachfolger Philipps V., und der schändliche Verrat des Fra José Torrubia den Orden praktisch ausgelöscht. Das 14 Jahre währende Kesseltreiben seit der ersten Verurteilung bis zum Verrat Fra Torrubias zeitigte seine Früchte. Während dieser Zeit wurden unzählige Freimaurer – ihre genaue Zahl ist nicht bekannt – gefoltert, zur Galeerenstrafe verurteilt oder mit ihrer ganzen Familie an den Bettelstab gebracht. Doch alle diese Maßnahmen konnten die Logen zwar zum Schweigen bringen, aber nicht vernichten.
Ein Dekret vom 2. Juli 1751 bestimmte endgültig, daß alle Freimaurer ohne Gerichtsverfahren zum Tode verurteilt werden. Die Inquisition verurteilte unter Berufung auf dieses Dekret bedenkenlos alle zum Tod am Schafott, die sie der Freimaurerei verdächtigte, und nutzte die Gelegenheit, um sich auch derer zu entledigen, die ihr aus anderen Gründen nicht genehm waren.

Diesmal waren der Freimaurerei die Hände gebunden.
Wie immer war die Lage des Ordens und seiner Mitglieder in Portugal ähnlich. Auch hier ließ die Inquisition keine Milde walten, obwohl in diesem Land aus Versehen oder aus welchen Gründen auch immer kein zusätzliches Dekret veröffentlicht worden war. Immerhin gab es einen Unterschied zwischen der spanischen und der portugiesischen Inquisition: In Portugal waren ihre Möglichkeiten nicht unbegrenzt. Allerdings zögerte sie nicht, alles in ihrer Macht Stehende zu tun.
Im Jahre 1750 wurde Marquis von Pombal Minister, und die Inquisition war zum Schweigen verurteilt.
In Preußen war Friedrich der Große der königliche Schirmherr der Freimaurerei. Nach seiner Thronbesteigung im Jahre 1740 leitete er persönlich die erste Arbeit seiner Loge in Charlottenburg und nahm später die Großmeisterwürde an. Das »Journal de Berlin« brachte darüber eine Meldung folgenden Inhalts: »Eine unglückliche Gesellschaft, der man anscheinend dasselbe Schicksal zugedacht hat wie den ehemaligen Templern, darf daher hoffen, dank des großzügigen Schutzes Seiner Majestät hier Asyl zu finden. Ich meine die Freimaurer. Die Loge genießt das Wohlwollen des Throns, sie wird hier Ruhe finden und vor Verfolgungen sicher sein«.
Tatsächlich erlebte die Freimaurerei unter der Herrschaft Friedrichs des Großen, und nach seinem Tod auch unter Friedrich Wilhelm II., eine Zeit der Ruhe, wie sie ihr in ihrer Geschichte nur selten beschieden war. Sie hatte Gelegenheit, sich zu entfalten und konnte durch die Verwirklichung einiger ihrer Ideen beweisen, welche Ziele sie eigentlich verfolgte.
Dank des königlichen Schutzes entstanden zahlreiche Logen, unter anderm die Loge »Aux trois globes« (Zu den drei Weltkugeln), aus der später die Großloge des preußischen Staates hervorgehen sollte. Auf die geistigen Hintergründe der Freimaurerei soll hier nicht näher eingegangen werden, da die deutsche Maurerei damals noch keineswegs so viele brillante Köpfe aufzuweisen hatte wie die französische. Selbst der König sprach und schrieb besser Französisch als Deutsch.

Erst im 19. Jahrhundert zählte die deutsche Maurerei die genialsten und hervorragendsten Persönlichkeiten des Geisteslebens zu ihren Mitgliedern, wie Lessing, Goethe, Hegel, Herder, Wieland, Börne, Fichte oder standen ihr nahe, wie Kant und viele andere.
In den anderen europäischen Staaten wurde die Freimaurerei kaum behelligt. Von Zeit zu Zeit kam es zu Zwischenfällen, die rasch und ohne Aufsehen beigelegt werden konnten und die man nicht ernst nahm. Tatsächlich war die Exkommunikationsbulle weitgehend unbekannt, und wenn man von ihr wußte, so kümmerte man sich nicht darum.
In den folgenden Jahren änderte sich nichts. Ab und zu schritt man gegen eine Loge ein oder es wurde in irgendeinem Land eine Großloge gegründet.
Im Jahre 1743 ließ Ihre Apostolische Majestät, Kaiserin Maria Theresia in Wien eine Logensitzung sprengen. Im Jahre 1744 verbot der Großrat von Genf die Freimaurerei, die damals in der Schweiz erst drei Logen besaß. Im darauffolgenden Jahr waren es bereits zehn, und diesmal wurde das Verbot verschärft. Der Orden mußte mehr als 20 Jahre warten, ehe er seine Tätigkeit wieder aufnehmen konnte.
Ein seltsames Verbot betraf den Hannoveraner Orden: Die Teilnahme an den Logenarbeiten wurde untersagt, die Verordnung galt aber nur für die Geistlichkeit.
Im Jahre 1745 wurde in Paris die »Loge de la Chambre du Roi« von Offizieren, die im persönlichen Dienst des Königs standen, ins Leben gerufen.
Frankreich war übrigens das einzige Land, in dem sich entscheidende Dinge ereignen sollten, die die Kirche ernstlich beunruhigten.
Es war kein Geheimnis, daß man in Frankreich an der Enzyklopädie arbeitete. Die Namen der Verfasser waren ebenfalls bekannt: Diderot, Deist und später überzeugter Pantheist[22]; d'Alembert, Freimaurer und Mitglied der Loge »Neuf Soeurs« in Paris[23]. D'Alembert kündigte in seinem »Discours Préliminaire« zur Enzyklopädie an, die Wissenschaft werde das kommende Jahrhundert bestimmen und die Theologie und die Philosophie

ablösen. Den Gründern der Enzyklopädie schlossen sich die größten Geister der Zeit an. Ein weiterer Mitarbeiter, Baron Charles de Montesquieu de Secondat, ebenfalls Freimaurer, war Mitbegründer einer der ersten französischen Logen in der Rue de Bussy in Paris. In seinem Werk »L'Esprit des lois« setzte er sich für die Gewaltenteilung ein (Gesetzgebung, Verwaltung und Rechtsprechung). Baron Paul d'Holbach, der sagte, »die Geschichte der Menschheit ist nichts als eine Aufzählung der Ungerechtigkeiten der Herrscher«, war Freimaurer und trat offen für den Materialismus ein. Claude Adrien Helvetius war ebenfalls Freimaurer, und es war bekannt, daß er merkwürdige Anschauungen hatte, obwohl man damals noch nicht wissen konnte, daß sein bedeutendstes Werk »De l'Esprit« im Jahre 1758 vom Papst verurteilt und öffentlich verbrannt werden würde. Ohne den Namen Voltaires wäre die Liste der Enzyklopädisten unvollständig: er erhielt 1745 den apostolischen Segen Benedikts XIV., später schloß er sich der Freimaurerei an. Auch Rousseau, Turgot, Quesnay, Prades und Marmontel[24] gehörten zu diesem Kreis.

Ihre Arbeit und die von ihnen vertretenen Ideen waren kaum dazu angetan, die Bedenken der Kirche zu zerstreuen. Doch es wäre völlig falsch zu glauben, die Arbeit der Enzyklopädisten wäre das auslösende Moment für eine Reaktion gewesen, die ebenso unerwartet kam wie die erste Verurteilung: Am 28. Mai 1751 veröffentlichte Benedikt XIV. die Bulle Providas, die zur allgemeinen Überraschung die Wiederholung der Bulle seines Vorgängers gegen die Freimaurerei war.

Die Bulle »Providas«

Der erste Absatz der Bulle[25] ist eine kurze Einleitung, die folgendermaßen lautet:

§ 1 »... Klemens XII. seligen Angedenkens, Unser Vorgänger, hat in seinem Apostolischen Sendbrief ..., der mit den Worten:

›In eminenti‹ beginnt, gewisse Gesellschaften . . ., gemeinhin Freimaurer genannt, . . . für immer und ewig verurteilt und untersagt . . ., und hat allen Gläubigen in Christo bei Strafe der Exkommunikation, die durch die Tat allein und ohne weitere Erklärung verhängt wird und von der keiner von einem anderen als dem jeweiligen Papst losgesprochen werden kann, außer im Angesicht des Todes, verboten, sich zu erdreisten . . ., diesen Gesellschaften anzugehören, sie zu verbreiten . . .«

Nach dieser Einleitung folgt eine genaue und wortgetreue Wiedergabe der Klemens XII. zugeschriebenen Bulle, die vollinhaltlich in § 2 wiederholt wird.
Nachdem er die gesamte Bulle des Jahres 1738 zitiert hat, geht Benedikt XIV. auf die Gründe ein, die für die Bestätigung der Verurteilung ausschlaggebend waren.

§ 3 »Da es, wie Wir erfahren haben, manche gibt, die sich nicht scheuen, öffentlich zu behaupten und auszusprechen, daß die von Unserem Vorgänger verhängte Strafe der Exkommunikation keine Wirkung mehr habe, da die damals ergangene Konstitution von Uns nicht bestätigt wurde, als ob es einer ausdrücklichen Bestätigung des nachfolgenden Papstes bedürfte, damit die Apostolischen Konstitutionen eines Papstes weiterhin gültig seien;

§ 4 Und da Uns viele fromme, gottesfürchtige Menschen rieten, daß es, um den Verleumdern jede Ausflucht zu nehmen und um die Übereinstimmung Unserer Absichten mit dem Willen Unseres Vorgängers kundzutun, zweckmäßig sei, die Konstitution Unseres obengenannten Vorgängers durch Unsere nachträgliche Bestätigung zu bekräftigen . . .

§ 5 haben Wir, auf den Rat mehrerer Unserer verehrungswürdigen Brüder, Kardinäle der Heiligen Römischen Kirche, . . .

§ 6 . . . beschlossen, hiemit die obengenannte Konstitution Unseres Vorgängers . . . in allem und für alles zu bestätigen, als ob sie zum ersten Mal in Unserem Namen veröffentlicht worden wäre; Wir wollen und verfügen, daß sie ewige Gültigkeit und Wirkung habe.

§ 7 Unter den schwerwiegenden Gründen für die obengenannte Verurteilung und des obengenannten Verbotes ... ist der erste, daß sich in dieser Art von Gesellschaften ... Menschen aller Religionen und Sekten zusammenfinden, woraus bereits klar ist, welches Übel für die Reinheit der katholischen Religion aus ihnen hervorgeht. Der zweite ist das enge und undurchdringliche Bündnis durch das Geheimnis, kraft dessen alles, was in diesen Konventikeln geschieht, verborgen bleibt; für diese trifft der Ausspruch des Caecilius Natalis zu, der bei Minucius Felix ... sagt: »Honesta semper publico gaudent, scelera secreta sunt[25a]*.« Der dritte ist der Eid, mit dem sie sich verpflichten, dieses Geheimnis unverbrüchlich zu bewahren, als ob irgend jemand unter dem Vorwand eines Versprechens oder Eides davor geschützt wäre, nicht alles zu gestehen, was man von ihm wissen will, wenn er von einer legitimen Macht befragt wird, um zu erfahren, ob in diesen Konventikeln etwas geschieht, was dem Staat und den Gesetzen der Religion zuwiderläuft. Der vierte Grund ist, daß diese Gesellschaften nach bürgerlichem wie nach kanonischem Recht als gesetzwidrig anzusehen sind, denn alle Kollegien, alle Gesellschaften, die sich ohne öffentliche Genehmigung versammeln, sind durch das bürgerliche Gesetz verboten, wie aus Buch XLVII der Pandekten, Tit. 22, De collegiis ac corporibus illicitis, ersichtlich ist ...«*

§ 8 Formelhafte Wendungen

§ 9 »Das alles billigen, bestätigen, raten und befehlen wir nicht nur für die hohe Geistlichkeit selbst, sondern Wir fordern persönlich ... mit allem Nachdruck, um die Durchführung des obigen Erlasses zu sichern, die Hilfe und den Beistand aller katholischen Fürsten und aller weltlichen Mächte, denn die Herrscher sind von Gott auserwählt, die Verteidiger des Glaubens und die Beschützer der Kirche zu sein, weshalb es ihre Pflicht ist, alle Mittel einzusetzen, um den Apostolischen Konstitutionen den schuldigen Gehorsam zu verschaffen; daran gemahnten sie die Väter des Tridentinischen Konzils, Sess. 25, Kap., 20 ...«

Die Bulle schließt mit dem üblichen Verbot, sich nicht zu erkühnen, sie zu übertreten oder ihr zuwiderzuhandeln, und wenn irgend jemand wagen würde, gegen sie zu verstoßen, so möge er wissen, daß er den Zorn Gottes des Allmächtigen und der seligen Apostel Petrus und Paulus zu gewärtigen habe.

Gegeben zu Rom, Santa Maria Maggiore, im Jahre nach der Menschwerdung Jesu Christi 1751, am 15. der Kalenden des April, im elften Jahre Unseres Pontifikates.
»Bekanntgegeben am 28. Tag desselben Monats und desselben Jahres.«

Die offiziellen Gründe

Zunächst stellt sich die folgende Frage: Wenn die Bulle die erste Verurteilung wiederholt und der Papst sie bestätigt, »als ob sie zum ersten Mal in Unserem Namen« bekanntgegeben worden wäre, warum war es dann notwendig, sie durch acht weitere Paragraphen zu vervollständigen und peinlich genau die vier Gründe der Verurteilung (§ 7) aufzuzählen, ohne den fünften Grund zu erwähnen, der die größte Rolle spielte: »und aus anderen Uns bekannten gerechten und vernünftigen Gründen . . .«?
Wenn man diese Bulle mit der ersten Verurteilung vergleicht, so ist es, trotz der Weitschweifigkeit und Unklarheit der ersten Bulle, überraschend, wie wenig Gründe die zweite anführt, die zumindest dem Schein nach die Notwendigkeit ihrer Bekanntgabe rechtfertigen würden.
Die Bulle selbst ist bestrebt, eine Erklärung abzugeben: In den Abschnitten, die der Bekanntgabe der ersten Bulle folgen, versucht sie, Gründe anzuführen, die nicht religiöser Natur sind, sondern die Notwendigkeit einer Bestätigung der ersten Verurteilung erläutern. Es ist bezeichnend, daß diese Argumente recht fadenscheinig sind.
»Es gibt manche«, heißt es in der Bulle, »die sich nicht scheuen auszusprechen, daß die besagte von Unserem Vorgänger verhängte Strafe der Exkommunikation . . . keine Wirkung mehr habe, da die Konstitution nicht von Uns bestätigt wurde . . .«

Wenn sich noch weitere Personen gefunden hätten, die der Meinung waren, daß keine Konstitution seiner Vorgänger mehr wirksam sei, hätte Benedikt XIV. dann alle Bullen seiner Vorgänger bestätigt?

Muß man sich nicht fragen, warum man eigentlich zu behaupten wagte, daß gerade diese im Namen Klemens' XII. veröffentlichte Bulle keine Wirkung mehr habe? Weil sie vom neuen Papst nicht bestätigt wurde? Dieser Grund ist nicht stichhaltig. Es stimmt, daß ein Fall der erste sein muß. Aber wie ist es zu erklären, daß in der 17 Jahrhunderte währenden Geschichte der Kirche ausgerechnet die Bulle von 1738 als erste einer Bestätigung durch eine zweite Veröffentlichung bedurfte? Wie ist es zu erklären, daß keine andere Bulle, die im Laufe der Jahrhunderte in Vergessenheit geraten war, aus dem gleichen Grund wie die kurz vorher erlassene Bulle *In Eminenti* ein zweites Mal bekanntgemacht worden war? Waren die anderen alle noch wirksam?

Niemals haben Päpste die Bullen ihrer Vorgänger bestätigt. Wenn ein Papst auf eine von seinen Vorgängern erlassene Bulle zu sprechen kam, so hat er sie meistens für ungültig erklärt, aber nicht bestätigt! Wenn er dieselbe Sache neuerlich verurteilen wollte, dann verfaßte er eine eigene Bulle und hatte dafür seine eigenen Gründe.

Wenn in diesem Fall » . . .viele fromme Menschen . . . rieten . . ., daß es zweckmäßig sei, die Konstitution . . . durch Unsere nachträgliche Bestätigung zu bekräftigen . . .«, dann wußten diese frommen Menschen vielleicht, daß es aller Welt bekannt war, daß die erste Exkommunikationsbulle nicht von Papst Klemens XII. erlassen worden war. Wenn sie rieten, daß es zweckmäßig sei, sie zu bestätigen, dann scheute man sich vielleicht gar nicht zu behaupten, daß nach dem Rücktritt der Kardinäle Corsini und Firrao die Strafe der Exkommunikation keine Wirkung mehr hatte und deshalb eine Bestätigung notwendig war.

War das die allgemeine Meinung und wußte man, daß die Verurteilung nicht von Klemens XII. ausgesprochen worden war? Diese Frage wird durch die folgende Stelle der Bulle beantwortet: » . . . haben wir . . . beschlossen, hiemit die obengenannten

Konstitution Unseres Vorgängers . . . zu bestätigen, als ob sie . . . zum ersten Mal in Unserem Namen veröffentlicht worden wäre . . .«

Benedikt XIV. mußte also gewußt haben, daß die erste Bulle nicht *vom* Papst, sondern nur *in seinem Namen* bekanntgemacht worden war.

Sicher ist ein Papst nicht verpflichtet, der Politik, den Ansichten und Erklärungen seiner Vorgänger zuzustimmen, und nichts kann ihn andererseits daran hindern, das Werk seines Vorgängers fortzuführen und seine Vorstellungen zu übernehmen. Es läßt sich allerdings nur schwer ein Beispiel dafür finden, daß der neue Papst die Politik oder das Vorgehen seines Vorgängers bestätigt, wenn alles seinen Gang geht.

Für das Gegenteil kann man zahlreiche Beispiele anführen. Im folgenden Kapitel werden wir einen Fall aufgreifen, der diese Behauptung untermauert: Klemens XIII. rühmt die Jesuiten wegen ihrer außergewöhnlichen Verdienste um die Kirche, während sein Nachfolger Klemens XIV. den Orden aus Sorge um das Heil der Kirche aufhebt.

Es ist also sehr wahrscheinlich, daß Benedikt XIV. sich aus irgendeinem Grund veranlaßt sah, dieses Problem noch einmal aufzurollen und die Freimaurerei erneut zu verurteilen, obgleich die in der Bulle angeführten Gründe seine Handlungsweise keineswegs rechtfertigen.

Die in der Bulle erhobenen Vorwürfe

Um die Verurteilung der Freimaurerei zu rechtfertigen, erhebt diese Bulle beinahe die gleichen Vorwürfe gegen die Bewegung wie die erste:

1. In diese Gesellschaften werden unterschiedslos Menschen aller Religionen und aller Sekten aufgenommen, was die Reinheit der katholischen Religion gefährdet.
2. Es gibt ein Geheimnis, kraft dessen alles verborgen bleibt, was in diesen Konventikeln geschieht.

3. Sie leisten einen Eid, dieses Geheimnis unverbrüchlich zu bewahren.
4. Diese Gesellschaften sind nach bürgerlichem wie nach kanonischem Recht gesetzwidrig.

Da einerseits der in Punkt 4 angeführte Grund nicht ausreicht, um eine Exkommunikation zu rechtfertigen, sondern höchstens eine Geldstrafe oder die Auflösung der Gesellschaft, und da andererseits die unter Punkt 2 und 3 aufgezählten Gründe in engstem Zusammenhang stehen (sie werden in der Bulle zwar in zwei Teile geteilt, bilden jedoch nur einen einzigen Vorwurf, der bereits in der ersten Bulle erhoben wird), kommt man zu dem Schluß, daß die Bulle nur zwei Anschuldigungen enthält:

1. Die Freimaurer nehmen Menschen aller Religionen auf.
2. Kraft eines Eides, das Geheimnis zu wahren, bleibt alles verborgen, was in den Versammlungen geschieht.

Es handelt sich also um eine bloße Erneuerung der ersten Verurteilung, die aus denselben Gründen – mit Ausnahme des letzten – ausgesprochen wird wie beim ersten Mal, oder besser gesagt, es handelt sich um die erste offizielle Bekanntmachung der ersten Verurteilung.
Dennoch besteht zwischen den beiden Bullen ein Unterschied, der von entscheidender Bedeutung ist.
Die erste Bulle versucht zunächst, die relativ geringfügigen Gründe darzulegen, die zur Verhängung einer so schweren Strafe führten, und, um das Gewissen aller zu beruhigen, die nach der Lektüre der angeführten Argumente noch daran zweifeln, ob sie stichhaltig und dem Vergehen angemessen sind, versichert sie ihnen, daß es neben diesen Argumenten noch andere, anscheinend schwerwiegendere gibt, die gerecht, vernünftig und dem Papst bekannt sind, die er aber nicht enthüllt. Diese Versicherung fehlt in der zweiten Bulle, in §7 steht nichts dergleichen. Warum die »anderen gerechten und vernünftigen Gründe« hier ausgelassen wurden, weiß man nicht. Vielleicht widerstrebte es Benedikt XIV. als ehemaligem Advokaten und ausgezeichnetem Juristen, sich auf derartige Argumente zu berufen.

Wenn aber dieser Grund, der immer als der schwerwiegendste und eigentlich ausschlaggebende betrachtet wurde, obgleich er politischer Natur war, nun nicht mehr existiert, dann bleiben nur die obenerwähnten beiden Gründe übrig, die eine Verurteilung rechtfertigen sollen.
Diese beiden Anschuldigungen wurden bereits analysiert. Dennoch ist bezüglich des zweiten Grundes – der Eid und das Geheimnis – inzwischen ein Ereignis eingetreten, das näher untersucht werden muß, denn es liefert wahrscheinlich eine Bestätigung der im vorigen Kapitel vorgenommenen Analyse.

Der zweite offizielle Vorwurf

Der zweite Vorwurf, der gegen die Freimaurer erhoben wird, betrifft den Eid auf die Heilige Schrift, der sie verpflichtet, alles geheimzuhalten, was in ihren Versammlungen geschieht. Ohne auf die Tatsache einzugehen, daß der Eid auf die Heilige Schrift geleistet wurde, was von vornherein eine antireligiöse Tätigkeit ausschließt, soll in diesem Zusammenhang auf einen anderen interessanten und bezeichnenden Umstand hingewiesen werden.
Die Bulle *Providas* wurde am 18. Mai 1751 unterzeichnet und am 28. Mai bekanntgemacht: Darin wird behauptet, man wisse nicht, was in den Versammlungen vor sich gehe.
Wie bereits erwähnt, leistete ein fanatischer Inquisitor, Fra José Torrubia Anfang 1751 mit Erlaubnis des Heiligen Stuhls einen Scheineid auf die Heilige Schrift, um in die Madrider Loge aufgenommen zu werden. Innerhalb kurzer Zeit verfügte er über alle gewünschten Informationen und übergab dem obersten Gericht der Inquisition die vollständige Liste aller Logen und aller Freimaurer.
Diese Tatsache ist bekannt, und man darf mit Recht daran zweifeln, daß der Heilige Stuhl wirklich nicht wußte, was in den Versammlungen geschah.
Hier erhebt sich nun eine weitere Frage. Dieser Spion, der, obwohl er Priester war, einen Meineid auf die für ihn »heilige«

Schrift leistete, der den Mut hatte, Leute zur Galeerenstrafe zu verurteilen, die ihm mit brüderlicher Zuneigung entgegengekommen waren, und der genügend Zynismus besaß, sich über seine Opfer lustig zu machen, behauptete niemals, daß in den Logen etwas Sittenwidriges, Unmoralisches oder Verbotenes geschah! Wie ist das zu erklären? Kann man annehmen, daß er nicht eidbrüchig werden wollte und deshalb dem Heiligen Stuhl etwas verschwieg? Hätte ein Priester, der so wenig Achtung vor der Heiligen Schrift und so wenig Pietät bewies, daß er einen Eid auf die Bibel ablegte, obwohl er wußte, daß er ihn brechen würde, ein Priester, der so scheinheilig war, daß er seine geweihte Hand, mit der er den Segen spendete, auf die Heilige Schrift legte, obwohl er wußte, daß er log, hätte der nicht sein Wissen sofort preisgegeben, wenn er auch nur irgend etwas Anstößiges entdeckt hätte? Fra Torrubia warf aber denen, die er verriet, nichts anderes vor, als daß sie Freimaurer waren.

Dieser zweite Vorwurf war also nichts als ein Vorwand. Welcher Vorwurf trifft nun die Freimaurerei wirklich? Warum wurde die Freimaurerei tatsächlich verurteilt?

Man schrieb erst das Jahr 1751. Der Kampf des Fra Torrubia galt nicht einer Gruppe von Widerspenstigen, sondern es war der Kampf eines Reaktionärs, der das Mittelalter gegen die Kräfte des Fortschritts verteidigte.

»Das Ehrenhafte liebt immer die Öffentlichkeit«

Die Maxime des Caecilius Natalis bei Minucius Felix: »Honesta semper publico gaudent, scelera secreta sunt« ist anfechtbar. Im Laufe der Geschichte gab es zahlreiche Bewegungen und Gesellschaften, die im Hintergrund blieben und »die Öffentlichkeit nicht liebten«, obwohl ihre Tätigkeit vollkommen ungefährlich war, und andere, die sich in den Vordergrund drängten, obwohl sie die schändlichsten Ziele verfolgten. Erinnern wir uns an die ersten Christen, die sich in unterirdischen Gängen, Höhlen und in den Katakomben verbargen und die nichts Böses, sondern nur

Gutes taten. Auch sie »liebten die Öffentlichkeit nicht« und scheuten das Tageslicht. Auch sie mußten sich verbergen, ihre Verfolger hingegen nicht. Diejenigen, die fliehen mußten, verbreiteten aus der Dunkelheit heraus das Licht.

Zitieren wir nochmals die Worte der im Namen Klemens' XII. erlassenen Bulle: ». . . denn würden sie nichts Böses tun, so hätten sie das Licht nicht zu scheuen . . .«.

Wenn eine Bewegung oder eine Gesellschaft gezwungen wird, im verborgenen zu wirken, so beweist das, wie die Geschichte lehrt, nur eines: daß sie nämlich Auffassungen vertritt, die sich von denen des Regimes, der Machthaber oder der herrschenden Klasse unterscheiden. Dafür gibt es unzählige Beispiele. Ob diese Gesellschaft gut oder schlecht ist, hängt von ihren sittlichen Forderungen, ihren Zielen und Absichten usw. ab.

Ein Blick auf das politische Geschehen und die ideologischen Strömungen im Laufe der Jahrhunderte zeigt, daß ehrenwerte Menschen sich häufig verbergen mußten, auch wenn sie das Tageslicht liebten, während Freveltaten meist in aller Öffentlichkeit verübt wurden. Es ist traurig, wenn man immer wieder sieht, daß das Gute nicht umhin kann, sich zu tarnen, sobald das Böse triumphiert. Die Diktaturen, der Faschismus, der Kommunismus haben die Kirche unterdrückt, aber sie konnte dank ihrer Macht, ihrer Größe und ihres Reichtums überleben. In denselben Ländern bildeten die in alle Winde zerstreuten Freimaurer nur kleine, ohnmächtige Gruppen, die sich nicht halten konnten.

Wenn der Papst in §9 die Meinung vertritt, die Herrscher seien von Gott auserwählt, »die Verteidiger des Glaubens und die Beschützer der Kirche« zu sein, so scheint das Beispiel Heinrichs VIII., den Papst Leo X. »Verteidiger des Glaubens« nannte, diese Ansicht nicht zu bestätigen.

Quandoque bonus dormitat Homerus. (Manchmal schläft selbst der gute Homer.)

Die wahrscheinlichen Gründe

Da wir nicht mit Sicherheit wissen, was den Papst veranlaßte, die Bulle *Providas* zu veröffentlichen, sind wir auf Vermutungen angewiesen. Die Geheimarchive des Lateran könnten uns Auskunft geben, warum die Bestätigung der ersten Verurteilung notwendig und zweckmäßig war.

Alec Mellor schreibt in seinem Buch, das zwar nicht gerade mit dem ausdrücklichen Segen des Großmeisters der Großloge von Frankreich, der er heute angehört, jedoch damals noch mit dem nihil obstat des Paters Bonnichon S. J. im Jahre 1961 erschien: »Durch einen wahren Glücksfall kennen wir die persönlichen Gedanken Benedikts XIV. vor der Bekanntmachung der Bulle *Providas*, und zwar aus einem freundschaftlichen Briefwechsel, den der Papst lange Jahre hindurch mit Kardinal Tencin unterhielt. Aus diesen Briefen werden die Ursachen der Verurteilung der Freimaurerei ersichtlich, wir erfahren die Hintergründe dieses Ereignisses gleichsam durch eine Indiskretion[26].«

Für Mellor bedeuten diese Briefe einen »Glücksfall«, ohne daß er diese einzigartige Gelegenheit übrigens nutzt. Die Wahrheit geht aus dieser Korrespondenz nicht hervor.

Die Briefe, von denen er spricht, sind ebenso unbekannt wie die eigentlichen Gründe, die Benedikt XIV. zur Bestätigung der Verurteilung veranlaßten. Es stimmt, daß im Jahre 1912 einige Briefe von einem gewissen E. de Heeckeren veröffentlicht wurden, aber sie liefern nicht die gewünschte Erklärung. Auch Mellor geht nicht näher darauf ein, obwohl er behauptet, die Hintergründe zu kennen. Daniel-Rops gibt den Grund dafür an, wenn er über die Korrespondenz Benedikts XIV. schreibt: »Die meisten seiner zahllosen, hochinteressanten Briefe liegen unveröffentlicht in den Archiven des Vatikan[27].«

Dennoch darf man aus der damaligen politischen Situation und der Lage der Kirche Rückschlüsse ziehen, die zweifellos einiges für sich haben.

Wenn die erste Bulle für die Kirche wichtig war, so mußte der Heilige Stuhl ernstzunehmende Gründe gehabt haben, eine zweite zu erlassen. Und einer dieser Gründe war anscheinend die Gleichgültigkeit, mit der die Geistlichkeit auf die erste reagierte.

Papst Benedikt XIV. sagte nur die Wahrheit, als er erbittert feststellte: »Der Papst befiehlt, die Kardinäle gehorchen nicht, und das Volk macht, was es will[28].«

Man darf mit Recht annehmen, daß es die Kirche nicht dulden konnte, wenn ihre Priester einer Bewegung angehörten, die sie verurteilt hatte, und sich Regeln und Vorschriften unterwarfen, die sich der Autorität des Papstes entzogen, obwohl dieser Grund nirgends erwähnt wird. Der Heilige Stuhl war der Meinung, daß diese Priester zum Teil ein Doppelleben führten oder zumindest ein Leben, das sich von dem der anderen Geistlichen unterschied, denn der Klerus unterstand ansonsten ausnahmslos der kirchlichen Obrigkeit.

Dieser Umstand war aber nicht die Hauptursache der zweiten Verurteilung. Wir zweifeln nicht daran, daß es andere, zwingende Gründe gab, die nicht religiöser Natur waren.

Es ist zwar nicht bewiesen, aber immerhin möglich, daß Kardinal Tencin eingegriffen hat. Auch diese These kann nicht ausgeschlossen werden.

Es ist hingegen erwiesen, daß die erste Verurteilung vor allem auf Drängen des Prätendenten erfolgte. Er verlangte eine Auflösung des Ordens, da »es im Interesse des in seiner Person verkörperten englischen Katholizismus liege, daß sich die Kirche von diesem Klotz am Bein befreie.«

Es ist weiters erwiesen, daß der Prätendent ein Freund des Kardinals Tencin war und ihn als erster von seiner Ernennung zum Kardinal in Kenntnis setzte, die angeblich auf Betreiben Karl Eduards erfolgt war.

Es ist erwiesen, daß zwischen dem Papst und Kardinal Tencin freundschaftliche Beziehungen bestanden.

Kann man also die Möglichkeit ausschließen, daß der Prätendent, als er sah, daß die erste Verurteilung nicht den gewünschten Erfolg hatte, durch Vermittlung ihres gemeinsamen Freundes, Kardinal Tencin, von neuem einen gewissen Druck auf den

Papst ausübte, damit die erste, unwirksam gebliebene Verurteilung bestätigt würde? Die Briefe des Papstes und Kardinal Tencins, die in den Geheimarchiven des Lateran liegen, könnten diese Frage beantworten.

Aber nicht nur zufällige Umstände spielten eine Rolle, sondern es gab auch einen schwerwiegenderen, schicksalhaften Grund: Die Gesellschaftsordnung war in Gefahr. Leider war es bereits zu spät, als man sich dessen bewußt wurde.

Man spürte zweifellos die kritische Stimmung und fühlte, daß es an der Zeit wäre, etwas zu unternehmen. Unter der Herrschaft Benedikts XIV. verbot die Kirche weiterhin die Veröffentlichung von Büchern, deren Inhalt mit ihren Lehren nicht vereinbar war, und der »weltliche Arm« verbrannte die Gottlosen oder ließ in ruhigeren Zeiten Milde walten und verurteilte sie bloß zur Galeerenstrafe. Außerdem unterstützten die Regierungen die Kirche durch die Veröffentlichung von Erlässen, Inspektionen in den Büchereien und die Verurteilung nicht rechtgläubiger Autoren zur Galeerenstrafe.

Um diese Gesellschaft, die man für vollkommen hielt, zu »retten«, bekämpfte man alle Erneuerungsbestrebungen und alle neuen Ideen, die sie zu zerstören drohten. Aus diesem Grunde hielten es viele für »zweckmäßig«, die erste Verurteilung zu bestätigen.

Fassen wir also die Gründe, die für die Bekanntmachung dieser zweiten Bulle ausschlaggebend gewesen sein konnten, nochmals zusammen:

1. Die Empörung des Heiligen Stuhls über die Gleichgültigkeit der Gläubigen und über die völlige Nichtbeachtung der Bulle *In Eminenti* in einigen Ländern;

2. Die herausfordernde Haltung des Klerus, von dem die Kirche erwartet hätte, daß er eine Verurteilung von seiten des Heiligen Stuhls zur Kenntnis nehmen und befolgen würde, ohne sich um die offizielle Reaktion der Regierungen zu kümmern;

3. Der Aufschwung der Freimaurerei, die sich trotz des über sie

verhängten Verbotes entfaltete, weiterentwickelte und ausdehnte, als ob nichts geschehen wäre;

4. Der Kampf gegen dogmatische Festlegung und der Toleranzgedanke, zu dessen Verbreitung viele Freimaurer wesentlich beitrugen.

Die völlige Nichtbeachtung der ersten Bulle

In vielen Ländern wurde die Bulle gar nicht veröffentlicht, und die Bevölkerung war daher über die Verurteilung der Freimaurerei nicht unterrichtet. In Spanien, Portugal und in Polen überließ man die Angelegenheit der Kirche, und die Inquisition verfolgte unnachsichtig einige bedauernswerte Opfer. Diesmal veranstaltete sie keine Hexenjagd, sondern jagte die Freimaurer.
Was aber den Heiligen Stuhl beunruhigte, war die Haltung des Klerus. In Frankreich, einem katholischen Staat, der immerhin eine Großmacht war, stellten sich die Priester taub und besuchten in Begleitung der Gläubigen weiterhin die Logen, als ob sich nichts ereignet hätte. Es drängt sich der gar nicht unlogische Gedanke auf, daß sich die Geistlichkeit deshalb der Bulle gegenüber völlig gleichgültig verhielt, weil sie wußte, daß es nicht der todkranke Papst war, der den Kirchenstaat regierte, sondern sein Neffe. Aus diesem Grund schrieb man die Bulle Corsini zu und beachtete sie kaum.
Dieser Umstand konnte und mußte die Entscheidung des Papstes Benedikt XIV., die Verurteilung der Freimaurerei zu wiederholen, entscheidend beeinflussen. Er wollte den Klerus zwingen, eine im Namen des Papstes bekanntgemachte Bulle zu befolgen, auch wenn dieser körperlich nicht mehr in der Lage war, sein Amt auszuüben.
Es ging also um das Ansehen des Heiligen Stuhls und die Anerkennung einer Bulle, die der Klerus ohne Kommentar und ohne die näheren Umstände zu untersuchen, hätte zur Kenntnis nehmen und beachten müssen.

Das könnten die Überlegungen gewesen sein, die hinter den Worten der Bulle steckten, wenn der Papst auf die Gründe eingeht, die ihn zur Bestätigung der Bulle seines Vorgängers veranlaßten:

». . . da es . . . manche gibt, die sich nicht scheuen, öffentlich zu behaupten und auszusprechen, daß die von Unserem Vorgänger verhängte Strafe der Exkommunikation keine Wirkung mehr habe, da der damals ergangene Erlaß von Uns nicht bestätigt wurde, . . .« ». . . und da viele fromme, gottesfürchtige Menschen rieten, daß es, um den Verleumdern jede Ausflucht zu nehmen und um die Übereinstimmung Unserer Absichten mit dem Willen Unseres Vorgängers kundzutun, zweckmäßig sei, die Konstitution Unseres obengenannten Vorgängers durch Unsere nachträgliche Bestätigung zu bekräftigen . . . »haben Wir . . . beschlossen, die obengenannten Konstitution Unseres Vorgängers . . . zu bestätigen, als ob sie . . . zum ersten Mal in Unserem Namen veröffentlicht worden wäre . . .«

Diese Formulierungen bestätigen unsere Untersuchungen bezüglich der Beweggründe, die zu einer neuerlichen Verurteilung führten. Warum hielt es der Papst für notwendig, seine Übereinstimmung mit dem Willen seines Vorgängers zu bekunden, und warum betonte er, daß er die Bulle seines Vorgängers bestätige, als wäre sie zum ersten Mal in seinem Namen bekanntgemacht worden?

Die Antwort ist einfach: aus den obengenannten Gründen.

Die katholische Geistlichkeit und die Freimaurerei

Trotz zweier päpstlicher Verurteilungen und trotz des Ediktes Kardinal Firraos, der die geringste Beziehung zur Freimaurerei mit der Exkommunikation »ipso facto« oder sogar mit der Todesstrafe ahndete, blieb die Anzahl der Geistlichen in den Freimaurerlogen unverändert.

Um ein möglichst wirklichkeitsgetreues Bild zu geben, sei darauf hingewiesen, daß die Geistlichen, die Freimaurer waren, nicht nur dem niederen Klerus angehörten, »der sich allmählich den Gleichheitsgrundsatz des Philosophen J.-J. Rousseau zu eigen machte, und, da er dem ersten Stand mißtraute, für ein Werk ausgleichender Wohltätigkeit, wie es die Freimaurerei war, nur Sympathie empfinden konnte[29]«, sondern daß auch höchste Prälaten sowie Kardinäle in den Logen vertreten waren.

Auf einen Punkt soll hier noch hingewiesen werden: Angeblich sollen zwei Päpste der Freimaurerei angehört haben, Benedikt XIV. und Pius IX.[30]. Da diese Behauptungen nicht einwandfrei beweisbar sind, soll darauf nicht näher eingegangen werden.

Ein anderer, nicht weniger bedeutender Aspekt ist die Anzahl der Katholiken in den Logen, die auch nach der Verurteilung der Freimaurerei nicht austraten. Es ist bekannt, daß nicht ein einziger Katholik, auch kein Geistlicher, auf Grund der Exkommunikation seine Loge verließ. Ein katholischer Schriftsteller schreibt: » . . . die Exkommunikation Roms hatte auf die französischen Katholiken keine Wirkung . . ., und die Katholiken wie die Mitglieder des Klerus besuchten die Logen weiterhin, als ob nichts geschehen wäre[31].«

Aus dem Buch Daniel-Rops, das wie das Werk Colinos mit dem *nihil obstat* des Zensors erschienen war, stammt folgendes, nicht weniger interessantes und bezeichnendes Zitat: »Man fand in den Archiven der Logen nicht einen einzigen Brief eines Geistlichen, der infolge der Haltung Roms resignierte, . . .was beweist, daß nicht nur die Autorität des Papstes sehr gelitten hatte, sondern daß auch die Öffentlichkeit und die Freimaurer nicht der Meinung waren, die Bewegung sei antichristlich[32].«

Unserer Meinung nach konnte die Zugehörigkeit zu einem Orden, der so viele bedeutende Persönlichkeiten zu seinen Mitgliedern zählte, in keiner Weise kompromittierend gewesen sein, und die Tatsache, daß man Freimaurer war, wurde nicht als sittenwidrig betrachtet, auch wenn es sich um einen Prälaten oder Abt handelte.

Die damals außergewöhnliche Lage Frankreichs verdient, daß man ihr besondere Aufmerksamkeit schenkt.

Tatsächlich wurde die Bulle in Frankreich niemals veröffentlicht, der Klerus kannte sie also offiziell gar nicht und besuchte die Logen weiterhin, als ob nichts geschehen wäre oder als ob er von dem Erlaß nichts wüßte. Was noch merkwürdiger ist: Die Geistlichen stellten sich nicht nur taub und blieben Mitglieder der Logen, sondern sie lehnten auch niemals hohe Ämter ab. Zahlreiche Geistliche waren als Meister vom Stuhl Vorsitzende ihrer Logen.

In den Jahren vor der Revolution gab es 629 Logen, die alle einen oder mehrere Geistliche zu ihren Mitgliedern zählten. Die Loge »La Parfaite Union« von Rennes und die Loge »L'Amitié à l'Epreuve« bestanden ausschließlich aus Geistlichen. Andere waren sogar von religiösen Kongregationen gegründet worden, wie von der Abtei von Clervaux oder dem Kloster der Minimen von Guise, die einen ausgezeichneten Ruf genossen und zur Freimaurerei bekanntermaßen gute Beziehungen unterhielten. In 27 von den 629 Logen war ein Geistlicher Meister vom Stuhl.

Eine der berühmtesten Logen, die Loge »Les Neuf Soeurs«, der d'Alembert, Lalande, Helvetius, Condorcet, Lafayette, André Chenier, Camille Desmoulins, Guillotin, Lacépède, Sieyès usw. angehörten und in die auch Benjamin Franklin und Voltaire aufgenommen wurden, hatte 13 geistliche Mitglieder. Nach der Einweihung Voltaires willigte der Abbé Cordier de Saint-Firmin ein, das Amt eines der drei Beamten der Loge zu übernehmen. Weitere Informationen finden sich in der Untersuchung Colinons[33], aus der eine Stelle zitiert sei:

»R. P. Berteloot führt im Anhang seines Hauptwerkes ›Les Francs-maçons devant l'Histoire‹ eine lange Liste freimaurerischer Priester an. Wir selbst haben eine große Anzahl in den Registern des Grand Orient von 1771 bis 1789 vorgefunden. Hier seien einige charakteristische Beispiele genannt.« Nach dieser Einleitung folgt eine genaue, zwei Seiten lange Aufzählung konkreter Fälle, von denen wir nur einige herausgreifen wollen:

In Alençon war Abbé Daquin Meister vom Stuhl der Loge »Saint-Christophe de la Forte Union«, mehrere Priester waren Mitglieder; in Andelys war der Meister vom Stuhl der Loge »Parfaite Cordialité« der Domherr Abbé de Saint-Martin. In

Annonay waren sieben Priester Mitglieder der Loge »Vraie Vertu«, während die Loge »Saint-Germain« von Compiège neben Abbé Bourgeois, der ihr Meister vom Stuhl war, 14 geistliche Mitglieder zählte. Die berühmte Loge von Glanfeuil setzte sich im Jahre 1773 folgendermaßen zusammen: Meister vom Stuhl: Legrand, Benediktiner; Aufseher: Wiot, Domherr, Benediktiner; Redner: Waillant de la Motte, Domherr; Schriftführer: Paillard, Augustiner; Schatzmeister: Dupont, Augustiner. Von den 20 Mitgliedern waren 14 Geistliche. In Lyon, Narbonne, Orléans bot sich das gleiche Bild; ein Meister vom Stuhl ist Geistlicher, eine große Anzahl von Mitgliedern sind Priester.

Daniel-Rops liefert einige zusätzliche Informationen: »Eine Tatsache ist nicht zu widerlegen: Sehr viele Freimaurer waren Geistliche. Sie besaßen sogar das Vorrecht, ohne Prüfung der Unbescholtenheit aufgenommen zu werden, ›da ihr Beruf für sie spricht‹. In Caudebec waren von 80 Mitgliedern der Loge 15 Priester, in Sens 20 von 50. Domherren und Pfarrer waren Meister vom Stuhl. Die Zisterzienser von Clairvaux hatten sogar eine Loge in ihrer Abtei! . . . Um 1789 kam ein Viertel der französischen Freimaurer aus dem geistlichen Stand . . . und sie sahen keine Unvereinbarkeit zwischen ihrem Glauben und ihrer Zugehörigkeit zur Maurerei, sondern sie hielten sie für einen mächtigen Faktor, den man im Dienste der Kirche einsetzen konnte. So war in Savoyen Joseph de Maistre, ›Josephus a Floribus‹, Gründer seiner Loge in Chambéry . . .[34]«

Die im Jahre 1778 gegründete Loge »John of Scotland« hatte als ersten Meister vom Stuhl Abbé Bartolio und zu ihren Mitgliedern zählten: Abbé Robinson, Abbé Durand, der Prior von Entraignes und Dom Chabriet, Benediktiner des Klosters von Cluny.

Aber alle diese Listen sind unvollständig. So scheinen etwa in den französischen Listen die Namen des Kardinals Rohan, des Kardinals Dubois, des Erzbischofs Loménie von Brienne usw. nicht auf.

Die Listen anderer Länder weisen nicht weniger Namen von Geistlichen auf. Die Wiener Freimaurerei zählte zu ihren Mit-

gliedern: den Prälaten Nikolaus Tour von Nikolsburg, den Kämmerer des Kardinals von Wien, Jakob Sardagna, die Domherren Johann Wolff von Regensburg und Andreas Schwarzenbach von Linz, den Grafen Anton Casciani, den Grafen Joseph Welsberg von Passau. Die ungarische Freimaurerei hatte folgende geistliche Mitglieder: den Erzdechanten Franz Hell von Csakvar, den Fürstbischof Johann Michael Brigido von Breswitz, den Bischof Josip Galyuff, den Bischof Maximilian Verhovacz, Hunderte Domherren, Äbte und Pfarrer, von denen mehrere Meister vom Stuhl waren. Wenn man die alten Listen der Freimaurer in allen Ländern überprüft, stößt man überall auf dasselbe Phänomen.
Abschließend sei noch auf das Buch des Jesuiten Michael Dierickx hingewiesen, der versichert, daß es im Laufe des 18. Jahrhunderts Hunderte, ja Tausende Priester und Mönche gab, die Freimaurer waren. Er zitiert das Buch R. Tautes: »Die katholische Geistlichkeit und die Freimaurerei«, in dem der Autor eine Liste von 500 Namen anführt und die Beziehungen des Klerus zu den Logen Deutschlands beleuchtet. Auch hier waren die Geistlichen der Meinung, die Freimaurerei sei mit ihrem Glauben durchaus vereinbar. In Mainz bestand die Loge »Zu den drei Disteln« fast ausschließlich aus Geistlichen. Die Loge von Erfurt wurde im Jahre 1783 vom Erzbischof und späteren Fürst-Primas Dalberg gegründet, und in Lüttich wie in Namur waren die Meister vom Stuhl Geistliche, gar nicht zu reden von den unzähligen Geistlichen, die, wie Joseph de Maistre, der sich »Josephus a Floribus« nannte, in den Logen arbeiteten, ohne daraus ein Hehl zu machen[35].
In Belgien war der Fürstbischof von Lüttich, Franz Karl Wellbrück, von 1772–1784 der geistliche wie der weltliche Führer des Fürstentums Lüttich, überzeugter Freimaurer, und die meisten Personen seiner Umgebung waren es ebenfalls. Die zwei größten Logen waren die Loge »La Parfaite Intelligence«, die von einem Priester, dem Kanonikus de Gelves, gegründet worden war – er war auch ihr erster Meister vom Stuhl –, und die Loge »La Parfaite Egalité«, deren Meister vom Stuhl der Domherr Nikolas Devaux war. Daneben finden sich Vertreter des Adels, wie die

Herzöge Arenberg und Ursel, Prinz Karl von Hessen-Rheinfeld, der Fürst von Ligne, die Grafen von Hohenzollern, de Vigneuille, de Spaar, de la Marck, de Sainte-Aldegonde usw. Leider machte die Revolution die Arbeit in fast allen Logen unmöglich, und es überlebte nur eine von ihnen, die Loge »Les Vrais Amis de l'Union«.

Schließlich war auch in Namur der Meister vom Stuhl der Loge »Parfaite Union« ein Geistlicher, der Kanonikus Mahy, der im Jahr seines Todes (1783) Großredner der Provinzial-Großloge der österreichischen Niederlande war. Im Jahre 1773 gab es in Mons eine geistliche Loge, die ausschließlich aus Mitgliedern religiöser Kongregationen bestand.

Es erübrigt sich, weitere Beispiele anzuführen. Im allgemeinen ist die Lage in fast allen Ländern, Spanien ausgenommen, mehr oder weniger die gleiche. Erwähnt sei noch, daß das Auftreten einer Loge als Gruppe und in Uniform bei Kirchgängen oder Messen, die von einem Priester derselben Loge zelebriert wurden, keine Seltenheit war, wie die Tatsache, daß jede Loge ihren Almosenier hatte.

Die Erklärungen für dieses Phänomen sind je nach Autor verschieden. Die einen meinen den Grund in der Mittelmäßigkeit des Klerus gefunden zu haben, der sich seiner Sorglosigkeit gar nicht bewußt war und die Bedeutung seines Verhaltens aus Mangel an Gelehrsamkeit nicht begriff. Andere suchen die Erklärung in der Tatsache, daß die Geistlichen, die in den Logen verkehrten, eher geistliche Philosophen, Politiker und ungläubige Priester waren und deshalb die Freimaurerei dem Altar vorzogen. Es gibt auch eine Gruppe von Autoren, die weniger wohlwollend ist und den Klerus der Beteiligung an einer von der Freimaurerei angezettelten Verschwörung beschuldigen.

Unserer Meinung nach ist die Erklärung dieses Phänomens übrigens recht einfach. Die Geistlichen, die in der kirchlichen Hierarchie die höchsten Ämter innehatten, Kardinäle und Erzbischöfe, die gleichzeitig Meister vom Stuhl einer Freimaurerloge waren, besaßen genügend Urteilsfähigkeit, um zu erkennen, ob Ziele und Geist der Freimaurerei im Widerspruch zu den Lehren der

Kirche standen oder nicht. Die Tatsache, daß sie nicht aus der Freimaurerei austraten, ist eine klare Antwort auf diese Frage, auch wenn es angeblich besser informierte Geistliche gab, wie Abbé Barruel, die durch nicht ernstzunehmende Behauptungen über die Freimaurerei eine feindselige Stimmung schufen und selbst Joseph de Maistre vorübergehend unsicher machen konnten.

Joseph de Maistre, dessen Aufrichtigkeit und Sachkenntnis der eines Abbé Barruel oder eines Abbé Salomon turmhoch überlegen war, legt ein sehr klares Glaubensbekenntnis ab: »Sobald wir vor unserem Gewissen sicher sind«, sagt er, »daß das maurerische Geheimnis nichts Religions- oder Vaterlandsfeindliches enthält, betrifft es nur mehr das natürliche Recht.«

Joseph de Maistre, ein aufrichtiger und überzeugter Katholik, ein Philosoph und Verteidiger der Autorität des Königs und des Papstes, fand in diesem Orden, in dem er eines der höchsten Ämter bekleidete, nichts Religions- oder Vaterlandsfeindliches.

Was die ursprüngliche Frage betrifft, ob die Haltung der Geistlichen für die Bestätigung der ersten Verurteilung ausschlaggebend war, so ist die Antwort darauf nicht schwer, wenn man sich an die Tatsachen hält und aus ihnen seine Schlüsse zieht.

Die Freimaurer und alle, die zu ihr in irgendeiner Beziehung standen, waren exkommuniziert. Trotz der Verurteilung strömten die Geistlichen weiterhin in die Logen, und sie blieben nicht nur einfache Mitglieder, sondern wurden sogar Meister vom Stuhl oder auch Logenbeamte. Dieser Widerspruch war beunruhigend und erklärt, daß die Kirche dieses Verhalten nicht länger dulden konnte, sondern durch eine Erneuerung der Verurteilung diesem merkwürdigen Zustand ein Ende zu setzen versuchte.

Die Weiterentwicklung der Freimaurerei

Die Freimaurerlogen lösten sich nicht auf. Ganz im Gegenteil: die nach der ersten Bulle vorschnell geschlossenen Logen nahmen ihre Arbeit wieder auf. Der Papst selbst beklagte sich in einem seiner Briefe an Kardinal Tencin, daß die Loge von Neapel wieder eingerichtet worden sei.

Dieselbe Situation finden wir in Schweden vor. Nach der ersten Verurteilung verbot der König jede maurerische Tätigkeit, doch im Jahre 1746 wurden anläßlich der Geburt Gustavs III. zur Erinnerung an dieses Ereignis Münzen in Umlauf gesetzt, die mit maurerischen Symbolen geschmückt waren. Das beweist, daß die Freimaurer zu diesem Zeitpunkt ihre Arbeit wieder aufgenommen hatten, ohne belästigt zu werden. Übrigens weiß man, daß nicht nur diese Gedenkmünzen geprägt wurden, sondern daß die schwedische Freimaurerei damals auch ein Waisenhaus gründete, das sie bis heute unterhält.

In Polen, einem der drei Länder, in denen die Kirche eine überragende Rolle spielte, existierte die Freimaurerei erst seit 1736 und wurde nach der ersten Bulle verboten. Interessanterweise wurden in den Jahren 1742 bis 1749 auch hier in Lemberg, Warschau und Wischniowiec Logen gegründet.

In allen anderen Ländern, mit Ausnahme Spaniens, wo die Freimaurerei verfolgt wurde, schenkten die kirchlichen wie auch die staatlichen Behörden dieser päpstlichen Bannbulle keine Aufmerksamkeit.

In Österreich und Ungarn, zwei katholischen Ländern, in denen sich die Bewegung erst organisierte, fügte man sich dem Spruch des Pontifex ebenfalls nicht. Anstatt jede maurerische Tätigkeit zu verbieten, was damals unter Berufung auf die Bulle leicht gewesen wäre, stellte man die Autorität und die Zuständigkeit des Papstes in Frage. Man sprach ihm das Recht ab, ein solches Verbot auszusprechen und so schwere Strafen zu verhängen. Die ungarischen Logen zählten nicht weniger geistliche Mitglieder als die französischen.

In Frankreich entwickelte sich die Freimaurerei weiter, auch wenn es durch die Passivität des Grafen von Clermont Schwierigkeiten gab und Spaltungen nicht zu vermeiden waren. Die verschiedensten Systeme entstanden, wie der »Souverain Conseil Sublime Mère Loge Ecossaise du Grand Globe Français« (1752), vorübergehend ein Rivale der Großloge; der »Conseil des Empe-

reurs d'Orient et d'Occident« (1756); die »Sublimes Princes du Royal Secret« in Bordeaux und die »Mère Loge Ecossaise« in Marseille, sowie verschiedene andere Riten mit ähnlich eindrucksvollen Namen. Sie hielten sich alle nicht sehr lange. Dennoch waren zahlreiche Logen geöffnet, die Mitgliederzahl stieg und trotz der beiden Verurteilungen ließen sich immer mehr Geistliche in die Logen aufnehmen.
Alles in allem blieb die Bulle Benedikts XIV. ebenso wirkungslos wie diejenige, die man Klemens XII. zuschrieb, was eher die Nutzlosigkeit und Unbrauchbarkeit von Maßnahmen wie die »zu oft verhängte Strafe der Exkommunikation« beweist, als ein Schwinden der Autorität des Papstes und des Heiligen Stuhls, die man weiterhin respektierte. Woran lag es also, wenn die verurteilte und geschmähte Freimaurerei damals ihren Weg fortsetzte, gefolgt von einer wachsenden Zahl von Anhängern, die sich zu maurerischen Prinzipien bekannten, zu neuen Ideen, die Menschen, Gelehrte, Fürsten und Länder in ihren Bann schlugen?

Der Zeitgeist

Die Rolle der Freimaurerei bei der Verbreitung der zugleich antikirchlichen und fortschrittlichen Ideen soll weder geleugnet noch bagatellisiert werden. Der vierte offizielle Grund der Verurteilung, auf den sich die zweite Bulle beruft, scheint in der Klemens XII. zugeschriebenen Bulle nicht auf: Diese Gesellschaften seien nach bürgerlichem wie nach kanonischem Recht gesetzwidrig, da sie sich ohne Erlaubnis der Behörden versammelten. Dieses Argument scheint eher angeführt worden zu sein, um den Leuten Angst einzujagen und sie davon in Kenntnis zu setzen, daß sie einer ungesetzlichen Vereinigung angehören, als daß es eine Exkommunikation rechtfertigen würde. Man hat niemals jemanden exkommuniziert, weil er einer Gesellschaft angehörte, die nach bürgerlichem Gesetz verboten war. In Spanien war die Freimaurerei zwar behördlich verboten, doch in

Portugal und in anderen Ländern war sie es im Jahre 1751 nicht. Es handelte sich also nur um ein einziges Land, und das reicht für eine Verallgemeinerung nicht aus.
Der Zeitgeist, an dessen Verbreitung die Freimaurerei zweifellos einen wesentlichen Anteil hatte, war sicher ein schwerwiegenderer Grund, auf den man sich aber nicht berufen konnte, ebensowenig wie auf die politischen Motive, die für die erste Bulle ausschlaggebend waren. Die angeführten Gründe waren wenig überzeugend. Außerdem gehorchte der »weltliche Arm« nicht mehr, und auch die Menschen gerieten beim Anblick eines Inquisitors nicht mehr in Panik und hatten aufgehört, vor der Kirche zu zittern.
Wie der Zauberlehrling erhoben sich die Menschen der damaligen Zeit gegen alle, die sie im Namen des Glaubens und der unantastbaren, alleinseligmachenden und sakrosankten Religion zwangen, sich blind dem Willen einiger Menschen von manchmal zweifelhaftem Ruf unterzuordnen. Der Zeitgeist des 18. Jahrhunderts war ein Wegbereiter unserer heutigen Denkweise.
Wahrscheinlich waren das die Gründe, die die Kirche zum Eingreifen zwangen. Man wollte den Gang der Ereignisse aufhalten, und da die Freimaurer das Geschehen nicht nur als Zuschauer verfolgten, sondern aktiv und wesentlich daran beteiligt waren, »rieten viele fromme Menschen, daß es zweckmäßig sei«, die erste Verurteilung der Maurerei zu bestätigen, was Benedikt XIV. auch tat.
Die Erneuerung der Verurteilung war ein fruchtloser Versuch, die stürmische Aufwärtsentwicklung des neuen Geistes zu bremsen.

Die Wirkung der Bulle

Die erste Bulle löste Bestürzung aus, auf die zweite reagierte man zunächst mit ungläubigem Staunen. Ihre Bekanntmachung war für alle Welt unverständlich und unfaßbar.
Man fragte sich, was den Papst eigentlich wirklich veranlaßte,

eine Verurteilung zu erneuern, für die es schon zum Zeitpunkt ihrer ersten Veröffentlichung keine einleuchtende Erklärung gab. Tatsächlich war das nicht das einzige Mal, daß der Papst eine Bulle, die in Vergessenheit geraten war, erneuern mußte, um ihr wieder Geltung zu verschaffen.

Am 3. Dezember 1740 erneuerte Benedikt XIV. die Bulle *Ubi primum*, die den Juden verbot, mit Christen zusammen am gleichen Ort zu leben. Daß ein Papst, der ein Ansehen genoß, wie es sich seine Vorgänger schon seit Jahrhunderten nicht mehr verschaffen konnten, der als aufgeklärter, liberaler und toleranter Oberhirte galt, eine solche Bulle bestätigte, rief begreiflicherweise Überraschung hervor. Dann bestätigte er im Jahre 1745 in *Vix Pervenit* die Verurteilung der Wucherer, eine Maßnahme, die allgemein Beifall fand, denn die Betroffenen waren allseits unbeliebt. Die Bestätigung der Bulle *In Eminenti* hingegen blieb zu Recht ein Rätsel.

Dieses Rätsel ist bis heute ungelöst, auch wenn man allerlei Vermutungen anstellte und eine mögliche Erklärung vorsichtig umschrieb. Da man über die eigentlichen Gründe nichts Sicheres weiß, ziehen es beinahe alle Historiker und Autoren vor, diese Frage nicht anzuschneiden.

Es ist also nicht überraschend, wenn eine Bulle, die zum zweiten Mal ohne ersichtlichen Grund bekanntgemacht wurde, wobei dieselben Ziele verfolgt und dieselben Leute verurteilt wurden, nur absoluter Gleichgültigkeit begegnete. Wäre die Verurteilung begründet gewesen, so hätte die Bulle sicherlich eine andere Wirkung gehabt.

Die Folgen konnten nicht ausbleiben.

Ein europäisches Land, nämlich England, nahm die Bulle gar nicht zur Kenntnis. Hier war die katholische Kirche gestorben und begraben. Im Jahre 1740 hatte die katholische Kirche den Spaniern während des Krieges gegen England eine bedeutende finanzielle Unterstützung gewährt. Das hatte die Engländer derart empört, daß man in diesem Land sicher umgehend Freimaurerlogen gegründet hätte, wenn sie nicht schon vorhanden gewesen wären, nur weil die Kirche sie verboten hatte.

Es wäre müßig, noch einmal auf die Wirkung der Bulle in Spanien einzugehen. Dank der Position Fra Torrubias wurde sie umgehend in Kraft gesetzt. In Portugal hätte sie sicherlich dieselbe Wirkung gehabt, denn Benedikt XIV. hatte dem König im Jahre 1748 den Titel »Allergläubigste Majestät« verliehen, wenn nicht Marquis von Pombal Minister geworden wäre und den Ereignissen eine andere Richtung gegeben hätte.

Im Königreich beider Sizilien verbot Karl III. nach der Bekanntmachung der Bulle die Freimaurerei, wahrscheinlich als Dank für die Zugeständnisse, die ihm vom Papst gemacht worden waren.

In Frankreich war die Lage am interessantesten: Der Bulle *Providas* Benedikts XIV. war dasselbe Schicksal beschieden wie der ersten, die im Namen Klemens XII. veröffentlicht worden war. Kardinal Fleury zog es trotz seines hohen kirchlichen Ranges in seiner Eigenschaft als Minister vor, sie dem Parlament gar nicht vorzulegen. Diese Politik sollte sich als wirksames Mittel erweisen, um das Gewissen der geistlichen Logenmitglieder oder Logenbeamten zu beruhigen, die, wären sie offiziell von der Existenz der Bulle in Kenntnis gesetzt worden, vielleicht Bedenken gehabt hätten.

Die Bevölkerung wußte von der neuen Bulle nichts. Eine Ausnahme bildete nur Marseille, wo sie ein übereifriger Prälat als einziger bekanntmachte.

Die Logen setzten ihre Tätigkeit in aller Ruhe fort, und die Gläubigen wie die Geistlichen suchten sie weiterhin auf, als ob nichts geschehen wäre.

Trotz eines Schreibens des Papstes an Kardinal Tencin, in dem er diesem empfahl, beim König in dieser Hinsicht vorstellig zu werden, wurde die Bulle Benedikts XIV. in Frankreich nicht veröffentlicht. Aus einem anderen Brief des Papstes an den französischen Prälaten geht hervor, daß der letztere den Oberhirten offenbar mit dem Versprechen beruhigte, es würden in Kürze Maßnahmen gegen die Freimaurerei getroffen werden, was den Pontifex einigermaßen besänftigte. In Wirklichkeit verlief die Angelegenheit im Sande.

Alec Mellor schreibt: »Die Briefe Tencins sind leider verlorengegangen[36].« So wie wir bestritten haben, daß die Briefe, die der Papst lange Jahre mit Kardinal Tencin wechselte, bekannt sind, so bestreiten wir auch deren Verlust. Im Vatikan kann der Briefwechsel, den ein Papst mit seinem Kardinal in Frankreich führte, nicht verlorengehen. Daher werden sich die Briefe wiederfinden, sobald der Heilige Stuhl einwilligt, die tatsächlichen Gründe dieser zweiten Verurteilung zu enthüllen.

[1] Brosses, Charles de: Lettres familières sur l'Italie, S. 392.
[2] Brosses, Charles de: Op. cit., S. 387.
[3] Argenson, Marquis d': Autour d'un ministre de Louis XV.
[4] Brosses, Charles de: Op. cit., S. 279.
[5] Grand Larousse Encyclopédique, Paris 1963.
[6] Coynart, Ch. de: Les Ghérin de Tencin, S. 399.
[7] Biographie Universelle Ancienne et Moderne.
[8] Coynart, Ch. de: Op. cit., S. 212.
[9] Grand Larousse Encyclopédique.
[10] Kardinal Lambertini stand mit Madame de Tencin in regem Briefwechsel. Auch als Benedikt XIV. bewahrte er ihr seine Freundschaft und sandte ihr sogar sein Porträt.
[11] Brosses, Charles de: Lettres familières sur l'Italie, S. 406.
[12] Brosses, Charles de: Op. cit., S. 123.
[13] Raybaud, L.-P.: Papauté et pouvoir temporel, S. 28.
[14] Daniel-Rops, Henri: Histoire de l'Eglise du Christ.
[15] Hayward, Fernand: Histoire des Papes, S. 352.
[16] Eine griechische Statue auf der Piazza Navone, auf die spottlustige Römer ihre Schmähschriften zu heften pflegten. Daher der Name ›Pasquille‹, Schmähschrift.
[17] Braure, Maurice: L'Eglise à l'époque classique, S. 95.
[18] Berteloot, R. P. Joseph S. J.: Les Francs-maçons devant l'histoire S. 29.
[19] Das Buch des sowjetischen Schriftstellers E. Jaroslawski »Die Bibel für die Gläubigen und die Ungläubigen«, das 1958 in Moskau veröffentlicht wurde, beweist, wohin die Bibelanalyse führt.
[19a] Unter dem »Placetum regium« verstand man die landesfürstliche Genehmigung als Voraussetzung für die Verlesung päpstlicher Bullen

und bischöflicher Hirtenbriefe von der Kanzel herab (Anm. d. Übers).
[20] Daniel-Rops: Histoire de l'Église du Christ, S. 192.
[21] siehe auch Kapitel II, S. 102 des vorliegenden Buches.
[22] Anschauung, nach der die Welt (Pan) und Gott (Theos) eine Einheit bilden. Obwohl diese Lehre zwischen der Natur und Gott eine enge Verbindung herstellt, ist sie ihrer naturalistischen Form wegen eher materialistisch, und als solche kirchenfeindlich und verboten.
[23] Die Loge »Neuf Soeurs« war eine der berühmtesten Logen des 18. Jahrhunderts. Ihr Gründer war Lalande, der auch ihr erster Meister vom Stuhl war. Zu ihren Mitgliedern zählten Benjamin Franklin, Condorcet, Lacépède, Voltaire, Lafayette, Pastoret, d'Alembert, André Chenier, Sieyès, Camille Desmoulins, Guillotin, Danton usw.
[24] Um jedes Mißverständnis zu vermeiden, sei hier vermerkt, daß von den ungefähr 150 Enzyklopädisten nur circa ein Dutzend Freimaurer waren.
[25] Bullarium Romanum, SS. 167–169.
[25a] Das Ehrenhafte liebt immer die Öffentlichkeit, die Verbrechen sind geheim.
[26] Mellor, Alec: Nos frères séparés, S. 219.
[27] Daniel-Rops, Henri: L'Eglise dans le XVIIIe siècle, Bd. 5/2, S. 272.
[28] Raybaud, L.-P.: Papauté et pouvoir temporel, S. 38.
[29] Preclin, E. und Jarry, E. Les luttes politiques et doctrinales, S. 755.
[30] Lennhoff und Posner vermerken in ihrem Internationalen Freimaurer-Lexikon: »In einer 1752 in Nimwegen erschienenen Schrift ›Lettres d'un Franc-Maçon de la Loge Saint-Louis de Nimègue‹ wurde behauptet, der Papst (Benedikt XIV.) sei selbst Freimaurer gewesen.«
Mehreren anderen Quellen zufolge soll er als junger Abt 1728 in Polen eingeweiht worden sein.
Bezüglich der Zugehörigkeit Pius' IX. zur Freimaurerei siehe: Sibley, W. G.: The Story of Freemasonry, SS. 23 und 24.
[31] Colinon, Maurice: L'Eglise en face de la Franc-Maçonnerie, S. 58.
[32] Daniel-Rops, Henri: L'Eglise au XVIIIe siècle, S. 86.
[33] Colinon, Maurice: l'Eglise en face de la Franc-maçonnerie, SS. 67 und 68.
[34] Daniel-Rops, Henri: Histoire de l'Eglise du Christ, SS. 80 und 81.
[35] Dierickx, Michel: Freimaurerei die große Unbekannte, S. 73.
[36] Mellor, Alec: Nos frères séparés, S. 220.

FÜNFTES KAPITEL

1758–1799: Die Welt erwacht

Klemens XIII.

Bereits zu Lebzeiten Benedikts XIV. begann das Feilschen um seine Nachfolge.

Als er nach langer, schwerer Krankheit am 3. Mai 1758 starb, befand sich das Konklave wie immer in einer schwierigen Lage. Wie gewöhnlich mußten die fähigsten Kandidaten aus politischen Erwägungen ausscheiden. Es war niemals eine leichte Aufgabe, sich für einen der übriggebliebenen Kandidaten zu entscheiden. Diesmal bestand die Schwierigkeit darin, einen Nachfolger zu finden, der ebenso würdig und beliebt war wie der verstorbene Papst.

Das Glück war dem Konklave hold, es fand einen solchen Mann in der Person des Kardinals Carlo Rezzonico, dessen Wahl mit Freude aufgenommen wurde.

Der neue Papst, Sohn eines reichen Bankiers, nahm den Namen Klemens XIII. an. Er wurde 1693 in Venedig geboren, Papst Klemens XII. ernannte ihn zum Kardinal. Er hatte sein ganzes Leben im Dienste der Kirche verbracht und genoß einen ausgezeichneten Ruf.

Der ehemalige Jesuitenschüler besaß ein reines und unschuldiges Gemüt. Er betete viel und mit Inbrunst; sein innigster Wunsch war es, der Ehre der Heiligsprechung teilhaftig zu werden. Gleichzeitig war er der festen Überzeugung, daß die Vorrechte des Papstes geheiligt und unverletzlich seien, und bedauerte es zutiefst, wenn eines von ihnen verlorenging[1].

Dieser »aufrichtige, friedfertige und sanfte Mann, dem es mehr darum zu tun war, die Herz-Jesu-Verehrung zu fördern als ernstlich in die Polenkrise einzugreifen[2]«, wurde trotz seiner Bemühungen, die Gemüter zu beruhigen, von allen Seiten angegriffen. Der Zeitgeist war ebenso kirchenfeindlich wie unter seinem Vorgänger. Wenn eine geistige Strömung wie der Unglaube durch Werke wie den »Contrat Social« und den »Emile« von Jean-Jacques Rousseau oder den »Dictionnaire Philosophique« von Voltaire – Schriften, für die die Enzyklopädie damals ein günstiges Klima geschaffen hat – gefördert und weiterverbreitet wird, können ihr weder Kanzelreden noch die Proteste des Papstes Einhalt gebieten.

Die nationalen Kirchen zogen gegen den Heiligen Stuhl zu Felde und beschuldigten ihn, der »Verteidiger des Obskurantismus« zu sein. Es kam auch zu Auseinandersetzungen mit Ferdinand von Bourbon, (1768), da die Kirche im Herzogtum Parma die weltliche Macht verloren hatte. Während seiner ganzen Herrschaft mußte der Papst gegen den Jansenismus ankämpfen, der in Holland zu dominieren schien, und gegen den Unglauben, der sich immer weiter ausbreitete. Die größte Sorge jedoch bereitete dem Heiligen Stuhl unter Klemens XIII. die Jesuitenfrage.

Die Jesuitenfrage

Bereits zwei Jahrhunderte nach der Gründung der Gesellschaft Jesu verlangten verschiedene Regierungen, besonders die Bourbonenkönige, die sofortige und vollständige Auflösung des Ordens. Ein Großteil des Kardinalskollegiums war ihm feindlich gesinnt, was sich für ihn nachteilig auswirken mußte. Die Jesuiten waren nie sonderlich beliebt, doch diesmal wurde eine Flut von Anklagen erhoben, und in einigen Ländern waren die Vergeltungsmaßnahmen gegen die Gesellschaft Jesu äußerst besorgniserregend. Die sporadischen Angriffe, denen man zunächst keine besondere Bedeutung beigemessen hatte, wurden zum offenen Kampf, der die Gegensätze zwischen der Kirche und allen katholischen Ländern Europas schließlich verschärfte. Die ersten Widerstände kamen überraschenderweise aus dem katholischen

Portugal. Da die Gesellschaft durch ihre Tätigkeit gegen die Interessen des Staates verstieß, verlangte dieser ihre Auflösung. Im Jahre 1762 verwies sie Frankreich des Landes, nachdem es ihretwegen zu einem aufsehenerregenden Skandal gekommen war; im Jahre 1767 wurden die Jesuiten aus Spanien ausgewiesen und wenig später auch aus Neapel, der Toskana, dem Königreich beider Sizilien und Parma.

In seinem Breve *Apostolicum* vom 9. Januar 1765 verteidigte der Papst die Gesellschaft Jesu:

»Die Gesellschaft Jesu . . . , die viele Unserer Vorgänger, darunter Paul III., Julius III., Gregor XIII., Gregor XIV., und Paul V., . . . insgesamt neunzehn . . . wiederholt gebilligt und bestätigt haben, . . . wurde vor kurzem von zwei Männern verleumdet, die sie durch falsche und böswillige Auslegungen diffamierten und sich nicht scheuten, sie als religions- und gottlos zu bezeichnen . . .
. . . um das abscheuliche Unrecht, das der Kirche Gottes, Uns selbst und dem Heiligen Stuhl, den Wir innehaben, damit zugefügt wurde, zurückzuweisen, . . . erklären und versichern Wir in derselben Art und Weise wie Unsere Vorgänger, daß sich die Institution der Gesellschaft Jesu im höchsten Grade durch Frömmigkeit und Heiligkeit auszeichnet, beides in der Absicht, die sie immer verfolgte, die katholische Religion zu verteidigen und zu verbreiten . . . «

Doch die Jesuitenfrage, die unter Klemens XIV. gelöst werden sollte, war nicht das einzige Problem, das dem Papst Sorgen bereitete. Während der Papst darum kämpfte, die Gesellschaft Jesu zu retten, erschien im September 1763 ein Buch, das ihn noch weit mehr beunruhigte.

Der Febronianismus

Unter dem Pseudonym Justinius Febronius wandte sich Weihbischof Johann Nikolaus von Hontheim gegen die Kirche[3].

Er behauptete unter anderem, die Kirche, die »Ecclesia«, sei die Gemeinschaft der Gläubigen; Träger der obersten Gewalt sei also diese Gemeinschaft, der Papst nur ihr höchster Vertreter. Er verfüge nicht über eine absolute Macht und könne nicht willkürlich verfahren. Der Autor vertrat die Ansicht, daß der Papst nur der »Primus inter pares« innerhalb des Bischofskollegiums und der Vollstrecker der Kanones der ihm übergeordneten Konzile sei.

Das Buch fand wegen der Brisanz seines Inhalts und wegen des Geheimnisses, das seinen Autor umgab – man nahm an, er sei ein hoher Würdenträger der deutschen katholischen Kirche – ein unerwartetes Echo. In Spanien und in Portugal wurde es auf Grund seiner Angriffe gegen die Jesuiten sogar in einem königlichen Erlaß zitiert.

Diese Anschauungen sind nicht neu. Über Fragen wie die Oberhoheit des Papstes und die Rückkehr der Kirche zu ihrer ursprünglichen Bestimmung waren bereits zahlreiche Abhandlungen geschrieben worden. Durch das rasche, entschlossene und energische Eingreifen der Inquisition aber wurden diese Bücher auf den Index gesetzt und verschwanden. Doch die in ihnen vertretenen Anschauungen lebten weiter.

Die einzige Waffe des Papstes gegen den wachsenden Ungehorsam und den Unglauben war die Feder. Er verfaßte Breves, Proteste und päpstliche Briefe, doch seine Stimme war im ohrenbetäubenden Konzert der neuen Ideen zu schwach.

Die Wissenschaft war unbestreitbar im Vormarsch; die Kirche war in tausendjährigen Dogmen erstarrt und bemühte sich nicht im geringsten um eine Versöhnung mit Andersdenkenden, die für die Wissenschaft eintraten und sich deshalb immer mehr von der Kirche entfernten; auf der einen Seite Erstarrung, auf der anderen der Unglaube.

Man glaubte vor allem nicht mehr an die Dogmen und Thesen, die sich auf das Übernatürliche beriefen und deshalb mit der Vernunft, die nur anerkennt, was bewiesen ist, nicht vereinbar waren (Sapiens nihil affirmat quod non probet). Man verlangte, daß sich auch die Kirche zu diesem Prinzip bekennen sollte.

De Dominis, der Bischof von Dalmatien, wurde von der Inquisition verurteilt, bis zu seinem Ende gefangengehalten und nach seinem Tode mitsamt seinen Büchern verbrannt, weil er behauptet hatte, der Regenbogen sei eine optische Erscheinung, die durch Brechung der Sonnenstrahlen entstehe. Nach Auffassung der Inquisitoren bezweifelte er damit, daß der Regenbogen von Gott geschaffen sei. Man erwartete von der Kirche, daß auch sie seine Lehren anerkennen solle, doch das überstieg ihre Möglichkeiten. Die Kirche berief sich nicht nur auf Dogmen, die auf dem Übernatürlichen beruhten, sondern sie hatte auch Menschen wegen Hexerei verbrannt und verlangte, daß man an die tatsächliche Existenz Satans glauben müsse, obwohl diese weder bewiesen noch beweisbar war. Die Geständnisse auf der Folter waren keine Beweise.

Da es immer Leute gab, die anderer Meinung waren als die Kirche, die nicht glauben wollten, was sie glauben sollten, gab es immer Ketzer. Hier trifft die Behauptung Bossuets zu, der sagte: »Jeder Mensch, der denkt, ist ein Ketzer.«

Die Kirche erlebte die schwerste Zeit ihrer Geschichte, denn Vergangenheit und Gegenwart hatten sich gegen sie verschworen. Die Sittenlosigkeit des Klerus, der Mißbrauch ihrer weltlichen Gewalt, ihre intolerante Haltung, ihre starre Auslegung der Bibel nach dem Tridentinischen Konzil, ihre Auffassung, der Papst sei ein absoluter und unumschränkter Souverän, sowie interne Schwierigkeiten, die ihr schwer zu schaffen machten, brachten die Kirche an den Rand einer Krise, aus der sie erst ein halbes Jahrhundert später sehr geschwächt hervorgehen sollte.

Die Freimaurerei zur Zeit Klemens' XIII.

Nach zwei Verurteilungen versuchte die Freimaurerei, ihr Gleichgewicht wiederzufinden.

In Frankreich bedeutete das Jahr der Wahl Klemens' XIII. einen wichtigen Einschnitt in ihrer Geschichte. Es war das Jahr, in dem die »Grande Loge de France« offiziell ihre Unabhängigkeit proklamierte. Doch dieses entscheidende Ereignis sollte sich eher ungünstig auswirken: Durch die Untätigkeit ihres Großmeisters, der sich vom Tanzlehrer Lacorne vertreten ließ, und durch die darauffolgende Spaltung wurden die Zustände unhaltbar.

Im Jahre 1762 trat Chaillon de Jouville an die Stelle Lacornes, doch die Mißstände innerhalb der Grande Loge bedrohten schließlich sogar die Existenz der Freimaurerei.

Lacorne war zutiefst verletzt von der Haltung der adeligen Mitglieder, die sich weigerten, einen einfachen Tanzlehrer als Großmeister anzuerkennen, obwohl er bei jeder Gelegenheit seinen klingenden Titel: »Substitut du Grand-Maître, Grand-Elu Parfait, Chevalier substitut et Prince Maçon« ins Spiel brachte. Er begann, seine Anhänger um sich zu sammeln, die »Lacornards«.

Es bildeten sich zwei Gruppen. Die Freimaurerei besaß nun zwei Großlogen, die sich gegenseitig exkommunizierten. Die Feindschaft wurde so groß, daß die Polizei im Dezember des Jahres 1765 einschritt und jede maurerische Tätigkeit verbot. Mehr als vier Jahre lang ruhte die französische Freimaurerei, die Logen waren geschlossen und die Lichter erloschen.

Im Jahre 1761 nahm Lacorne, ehe er sein Amt abgab, Etienne Morin, der sich damals gerade in Paris aufhielt, in die Loge auf.

Bevor dieser wieder nach Amerika zurückkehrte, erhielt er in seiner Eigenschaft als Großinspektor von der »Grande et Souveraine Loge Ecossaise Saint-Jean de Jérusalem« die Erlaubnis, neue Logen in Amerika zu gründen. Dieses »Patent Morin« wurde zum Ausgangspunkt des Schottischen Ritus in der Neuen Welt, und es wurden zahlreiche Logen ins Leben gerufen, die sich dieser Obödienz unterstellten.

Unter der Herrschaft Klemens'XIII. machte auch eine andere Richtung von sich reden: die »Strikte Observanz« des Freiherrn von Hund.

Der Freiherr erklärte, er sei in Anwesenheit des Prätendenten Karl Eduard Stuart und in Gegenwart von Lord Kilmarnock und Lord Clifford in den Tempelherrenorden, der immer noch existiere, aufgenommen worden. Er habe den Titel »Chevalier de l'Epée« erhalten und sei zum Provinzial-Großmeister ernannt worden. Der weiße Mantel mit dem großen roten Kreuz sowie die hochtrabenden Titel verfehlten ihre Wirkung nicht. Da sich die Franzosen ablehnend verhielten, verließ der Reichsfreiherr das Land und ließ sich in Deutschland nieder, wo der Erfolg nicht auf sich warten ließ: der Orden wurde reich und mächtig. Im Jahre 1772 wurde Herzog Ferdinand von Braunschweig der »Magnus Superior Ordinis per Germaniam Inferiorem«, 26 weitere Adelige konnten ebenfalls für das System gewonnen werden. Trotz dieses Erfolges löste sich der Orden bald nach dem Tode des Reichsfreiherrn (1776) auf.

Allerdings war Reichsfreiherr von Hund nicht der einzige, der einen Freimaurerorden gründete. Im Jahre 1760 rief ein gewisser Martines de Pasqually, ein französischer Kabbalist, dessen Herkunft umstritten ist, in Bordeaux eine Gesellschaft ins Leben, die die Bezeichnung »Elus Coëns« führte. Das System beruhte auf Pasquallys *»Traité de la réintegration des êtres dans leurs premières propriétés, vertus et puissances spirituelles divines«,* einem wahren Labyrinth dunkler und unverständlicher Aussagen, einer Mischung aus allen möglichen esoterischen und mystischen Lehren, mit deren Hilfe er direkt mit den Göttern in Verbindung treten wollte, um sich das Vorrecht der Unsterblichkeit zu sichern. Offensichtlich konnte Pasqually diese direkte Verbindung nicht herstellen, denn der Großsouverän des Ordens starb im Jahre 1774. Einige Jahre später folgte ihm sein Orden in die Ewigkeit.

Wie so viele okkulte Gesellschaften des 18. Jahrhunderts entstand auch diese nach dem Vorbild eines Freimaurerritus.

Das Schicksal der Freimaurerei in Spanien nahm eine interessante Wendung: Im Jahre 1759, ein Jahr nach der Wahl Klemens' XIII., bestieg König Karl III. den Thron. Er war liberal gesinnt und gestattete der Großloge von England, in seinem Land im Jahre 1767 eine Provinzial-Großloge zu gründen, deren Mitglieder zum ersten Mal in der Geschichte Spaniens von der Inquisition unbehelligt blieben.

In Portugal blieb die Lage in bezug auf die Freimaurerei unverändert.

In England herrschte Ruhe. Die beiden Großlogen entwickelten sich weiter, ohne daß sich jemand um sie kümmerte.
Eine lebhaftere Tätigkeit war in Deutschland zu verzeichnen, wo französische Kriegsgefangene im Jahre 1758 in Berlin die Loge »La Fidélité« gründeten, der 1760 die Loge »Aux trois Colombes« folgte. Anschließend kam es zu Logengründungen in einigen anderen Städten Deutschlands.
Die Kirche war mit ihren eigenen Angelegenheiten beschäftigt, und hatte keine Zeit, sich um das angebliche »maurerische Geheimnis« zu kümmern. Diesmal war sie selbst die Zielscheibe heftiger Angriffe. Diese Jahre verliefen für die Freimaurerei verhältnismäßig ruhig. Klemens XIII. war einer der wenigen Päpste, die die Freimaurerei nicht verurteilten. Das gleiche galt für seine beiden Nachfolger, die wie er mit schwerwiegenderen Problemen konfrontiert waren. Die Lawine der Verurteilungen sollte erst mit Pius VII. wieder einsetzen. Der Freimaurerei war also eine kurze Atempause gegönnt.

Klemens XIV.

Joseph de Maîstre sagte: »Man schuldet den Päpsten nichts als die Wahrheit, und sie brauchen nichts als die Wahrheit.« Leider ist diese Wahrheit im Falle Klemens' XIV. nicht sehr schmeichelhaft.
Schon seine Wahl war problematisch. Die Sitzungen des Konklaves glichen eher einer Versteigerung als einer Versammlung von Kirchenfürsten, die zur Wahl des Verdienstesten, Vornehmsten und Besten zum Stellvertreter Christi auf Erden zusammengetreten war.
Fernand Hayward zitiert in seiner »Histoire des Papes« einen Satz der Madame de Sévigné, die in bezug auf die Machenschaften dieser Kirchenfürsten schrieb: »Welche Ränke es auch innerhalb des Konklaves gibt, es ist doch immer der Heilige Geist, der den Papst erwählt.«
Man hat den Eindruck, daß das Konklave alles tat, um das

Gegenteil zu beweisen. Wenn bei der Wahl Benedikts XIV., wie de Brosses schreibt, Kardinal Tencin den Heiligen Geist in der Tasche trug, so war es diesmal Kardinal de Bernis. Tatsächlich spielte bei den Beratungen die Jesuitenfrage eine wesentlich größere Rolle als der Heilige Geist.

Während der Herrschaft Klemens' XIII. bestand für die Jesuiten keinerlei Gefahr. Die Haltung des Papstes und das Breve, mit dem er sich schützend vor die Gesellschaft Jesu stellte, waren eine ausreichende Garantie für ihren Weiterbestand. Die Lage sollte sich nach dem Tode Klemens' XIII. schlagartig ändern.

»Das Konklave begann am 15. Februar 1769 und war eines der bewegtesten und traurigsten der ganzen Kirchengeschichte. Die Liste der Kardinäle, deren Wahl die regierenden Bourbonen wünschten und billigten, umfaßte ein Dutzend Namen, von denen nur drei oder vier ernstlich in Frage kamen. Außerdem hatten die Regierungen ausdrücklich erklärt, sie würden nur einen Papst anerkennen, der entschlossen sei, die Gesellschaft Jesu aufzulösen[4].«

Die Bourbonenkönige, vertreten von Kardinal de Bernis, dem Botschafter Ludwigs XV., übten auf das Kardinalskollegium einen entscheidenden Einfluß aus. Den Kardinälen war die Gesellschaft Jesu ohnehin ein Dorn im Auge, und sie ergriffen nun die Gelegenheit, um gegen den Orden vorzugehen.

Die Kardinäle wußten von allem Anfang an, daß das Konklave nicht nur über die Wahl des Papstes, sondern auch über das Wohl und Wehe der Gesellschaft Jesu entscheiden würde. Die Stimmung war so jesuitenfeindlich, daß der neue Papst nur jemand sein konnte, der die Gesellschaft verurteilen und auflösen würde.

Die Beratungen zogen sich in die Länge: Die Wahl gab Anlaß zu Intrigen und Machenschaften aller Art. Die drei Höfe der Bourbonen erklärten rundheraus, daß sie nur einen Papst anerkennen würden, der entschlossen sei, die Gesellschaft Jesu aufzulösen. Daniel-Rops schreibt dazu: »Viele Anzeichen deuten darauf hin, daß Kardinal Garganelli, der alte Franziskaner ohne jedes Ansehen, nicht ohne triftige Gründe vom spanischen Kardinal de Solis

und vom französischen Kardinal de Bernis vorgeschoben wurde; beide Konklaveteilnehmer rühmten sich übrigens, daß sie dem Papst das formelle Versprechen abgenommen hätten, die Gesellschaft Jesu aufzulösen, ehe sie seine Wahl in die Wege leiteten[5].«
Pastor widmet der Wahl Klemens' XIV. 55 Seiten. Er vertritt die Ansicht, daß die Botschafter Frankreichs, Spaniens und Portugals sowie der stets gut informierte Abgesandte Venedigs einhellig der Auffassung waren, daß, wenn die Auflösung des Ordens einmal sicher sei, man es dem Papst überlassen könne, den geeigneten Augenblick und die geeignete Vorgangsweise zu bestimmen, um den Plan auszuführen[6]. Den Kardinälen Solis, Malvezzi, Alessandro Albani und dem Erzbischof Azpuru, alle entschlossene Gegner der Gesellschaft, waren die Einzelheiten dieser Verhandlungen bekannt.
Sicher ist, daß man sich nach dreimonatigen Beratungen, während derer die angesehensten und achtbarsten Kardinäle nacheinander ausgeschieden wurden, plötzlich »in der Nacht vom 17. auf den 18. Mai auf den Namen Lorenzo Ganganelli einigte, der am Morgen des 18. Mai mit 46 von 47 möglichen Stimmen gewählt wurde[7]«. Er selbst hatte aus Bescheidenheit für Kardinal Ressonico gestimmt. Dieser plötzliche Umschwung ist weniger die Bestätigung der Behauptung von Madame de Sévigné, sondern das Resultat der Einigung des Vorabends, da Kardinal Ganganelli sich verpflichtet hatte, die Gesellschaft aufzulösen.
Die Höfe nahmen die Wahl des neuen Papstes mit Befriedigung und Freude auf. Nur die Jesuiten waren aufs äußerste beunruhigt, denn sie wußten, daß die Wahl nur eines bedeuten konnte: Er hatte den Wünschen der Spanier zugestimmt.
Der neue Papst, der den Namen Klemens XIV. annahm, war ein Freund der schönen Künste, friedfertig, doch keineswegs nur tugendhaft. Er war mißtrauisch, ränkesüchtig und leicht zu beeinflussen. Er war derart unentschlossen, daß sich bald alle seine Freunde von ihm abwandten.
Als er Papst war, versuchte er mit allen Mitteln, seine Verpflichtung, die Gesellschaft Jesu aufzulösen, zu umgehen. Es gelang ihm einige Jahre, sich aus der Affäre zu ziehen, doch die energi-

sche Intervention eines Kardinals zwang ihn zu handeln. Dieser Kardinal war der Vertreter Frankreichs, eines katholischen Landes.

Kardinal de Bernis

François-Joachim de Pierre, Graf von Lyon und Kardinal de Bernis, wurde am 22. Mai 1715 in Saint-Marcel in Vivarais geboren.

Er stammte aus einer adeligen, doch mit Glücksgütern wenig gesegneten Familie. Deshalb meinten seine Eltern, der geistliche Stand würde ihm die Möglichkeit bieten, durch eine Karriere diesen Nachteil auszugleichen. Ihre Erwartungen wurden bei weitem übertroffen.

»Durch seine anmutigen, höflichen Manieren erzielte er schmeichelhafte Erfolge bei den vornehmsten Männern und liebenswürdigsten Frauen der exklusivsten Kreise[8].« Er wurde rasch bekannt, besonders bei den Frauen, die alles daransetzten, ihm etwas Geld zu verschaffen[9]. Durch einen Glücksfall und dank seiner Frauenbekanntschaften lernte er auch Madame Antoinette Poisson kennen, die mit seiner Hilfe die Marquise de Pompadour wurde und ihren alten Freund auch später nicht vergaß: Er verdankte ihr seine Stellung als französischer Botschafter in Venedig.

Die Auflösung der Gesellschaft Jesu

Wir haben nicht die Absicht, die Geschichte der Gesellschaft Jesu genauer zu untersuchen. Wenn wir hier dennoch auf die Auflösung des Ordens eingehen, so deshalb, weil es uns angebracht scheint, die Rolle der Freimaurerei, von der es heißt, daß sie die Schuld am Unglück der Jesuiten trage, zu klären.

Die Gesellschaft Jesu wurde zu einer Zeit gegründet, als sich die Kirche in einer schwierigen Lage befand. Die Lehren Luthers konnten in ungeahntem Ausmaße Fuß fassen, und im Jahre 1524 erschien ein neuer Reformator, der Züricher Pfarrer Ulrich Zwingli. Zehn Jahre später, im Jahre 1534, gründete England seine eigene neue Kirche; so hatte sich innerhalb von neunzehn Jahren ein Drittel Europas der Oberhoheit des Papstes entzogen. Die politische Lage war kaum besser. Italien war von kaiserlichen Truppen überschwemmt, der Einfluß Deutschlands wuchs, und die weltliche Macht des Heiligen Stuhls war ernstlich bedroht.

Den sechs Kampfgefährten des Offiziers Inigo Lopez Recalde, des späteren Heiligen Ignatius von Loyola, mangelte es sicher nicht an Mut. Angesichts der gefährlichen Lage erklärten sie den Feinden des katholischen Geistes den Krieg und stellten Ordensregeln auf, die in ihrer Strenge in der Geschichte der religiösen Orden nicht ihresgleichen fanden. Sie legten das Gelübde der Armut, der Keuschheit, der Demut und des absoluten Gehorsams gegenüber dem Stellvertreter Christi auf Erden ab. Papst Paul III. bestätigte die Gesellschaft Jesu in seiner Bulle *Regimini Militantis Ecclesiae,* die am 27. September 1540 erlassen wurde. Trotz der unerbittlichen Auslese, der strengen Ausbildung und der harten Disziplin fand die Gesellschaft Jesu ein außergewöhnliches Echo.

Die Jesuiten erzielten die glänzendsten Erfolge. Und als Orden, der sich dem Schulunterricht widmete, genossen sie bald einen hervorragenden Ruf.

Dank der ausgezeichneten Ausbildung der Jesuiten galt die Gesellschaft bald als die wirksamste Waffe der Kirche im Kampf gegen den Protestantismus. Diesen Vertretern des reinen katholischen Glaubens, diesen »großen Grenadieren des Fanatismus und der Intoleranz[10]« standen die Fürstenhöfe offen, sie wurden die Beichtväter der Könige und der Adeligen, auf die sie infolgedessen einen beträchtlichen Einfluß ausüben konnten. Bald waren sie allgegenwärtig und mengten sich trotz der Warnung des dritten Generals Francesco Borgia in politische und gesellschaftliche Belange.

Im Bewußtsein ihrer Gelehrsamkeit vertraten die Jesuiten, ihre

Auffasung über gewisse theologische Fragen nachdrücklich und ihre Einstellung unterschied sich weitgehend von den Vorstellungen der traditionellen Theologie. Zwei Thesen wurden vor allem diskutiert: der Gedanke der Prädestination ohne Rücksicht auf Verdienst[11] und der Gedanke der wirksamen Gnade[12]. Die mittelalterliche Theologie hatte in diesen Fragen die Vorstellungen und Lehrsätze des Heiligen Augustinus übernommen.
Im Jahre 1588 erörterte Pater Molina in seinem berühmten Buch die Thesen der Jesuiten und ersetzte den Begriff der wirksamen Gnade durch den der hinreichenden Gnade, und den Begriff der Prädestination ohne Rücksicht auf Verdienste durch den einer verdienten Vorherbestimmung. Sogleich brach der Sturm los.
Die Dominikaner verteidigten die Lehren des Augustinus und des Thomas von Aquin, und die Feindseligkeiten nahmen solche Ausmaße an, daß sich Papst Paul V. gezwungen sah, einzugreifen und den Jesuiten und den Dominikanern zu verbieten, sich gegenseitig der Ketzerei zu beschuldigen.
Wo immer die Jesuiten ihren Einfluß geltend machen konnten, kam es unweigerlich zu Konflikten.

Die Missionstätigkeit

Die Missionstätigkeit des Ordens begann im Jahre 1549 in Japan unter Franz Xavier, einem der Mitbegründer der Gesellschaft Jesu. Im Jahre 1582 brachten drei Mitglieder des japanischen Hochadels dem Papst feierlich ihre Huldigung dar, 400 000 Bewohner dieses Landes hatten sich damals bereits zum Christentum bekehrt. Infolge des unverschämten Verhaltens eines Bischofs einem japanischen Adeligen gegenüber wurden seit dem Jahre 1597 die Katholiken angefeindet und verfolgt. Das Abenteuer ging 1613 zu Ende, als Kaiser Iejasu durch einen Erlaß die Ausweisung aller katholischen Priester und die Zerstörung der Kirchen verfügte. Das Bekenntnis zum Katholizismus wurde verboten.

Obwohl China damals noch beinahe unzugänglich war, gelang es den Patres Ruggieri und Matteo Ricci, 1580/81 eine Jesuitenmission zu gründen. Im Gegensatz zu den Anfängen in Japan war hier die Atmosphäre feindselig. Um das Christentum einführen zu können, griffen die Jesuiten zu ungewohnten Praktiken: Von Pater Ricci ermutigt, ließen sie sich einen Bart wachsen, trugen das Haar nach chinesischer Art, und kleideten sich wie Mandarine, um denen, die sie bekehren wollten, näherzukommen. Doch die Sache der »chinesischen Riten« scheiterte an ihren liturgischen Konzessionen. In Indien hatte Pater Roberto Nobili dank dieser geschmeidigen »Anpassungspolitik« glänzende Erfolge erzielt. Er nahm die Lebensweise und die Sitten der Brahmanen an, und als er sich später unter die Parias mischte, gelang es ihm, 150 000 von ihnen zu bekehren.
Die Dominikaner, die 1631 nach China kamen, meldeten diese Zugeständnisse in Rom. Es kam zu heftigen Auseinandersetzungen, die erst 1742 zu Ende gingen; Papst Benedikt XIV. verlangte in der Bulle *Ex Quo Singulari,* daß sich alle Missionare verpflichteten, auf dem Gebiet der Riten keine Zugeständnisse zu machen.
Die Hoffnungen der Jesuiten, China zu bekehren, zerrannen. Infolge dieser Streitigkeiten und auf Grund der dadurch entstandenen Atmosphäre griff Kaiser Jong-Tscheng ein und verbot das Christentum.
Das Ereignis, das schließlich den gemeinsamen Angriff der europäischen Regierungen auslösen sollte, war das Unternehmen der Jesuiten in Paraguay.
Die Kolonisation Südamerikas war das Werk Spaniens und Portugals. Da der Kontinent reich war und man für die Pflanzungen ein ganzes Heer von Arbeitern brauchte, machten die Spanier und Portugiesen die Eingeborenen einfach zu Sklaven, die sie auch verkauften. Der Sklavenhandel blühte.
Angesichts des Elends und der Unterdrückung der Indianer gründeten die Jesuiten kleine Kolonien, die sogenannten »Reduktionen«, in denen den Indianern die Früchte ihrer Arbeit zugute kamen. Außerdem befanden sich die Eingeborenen hier

in Sicherheit, die Jesuiten schützten sie davor, als Sklaven verkauft zu werden. Da diese »Reduktionen« ihren bisher so schwunghaften Handel gefährdeten, schickten Spanien und Portugal eine portugiesisch-spanische Armee nach Paraguay, die von den Indianern, die heldenhaft für ihre Freiheit kämpften, vernichtend geschlagen wurde.
Die beiden »Allergläubigsten Könige« zögerten nicht, sich an den Jesuiten zu rächen. Da diese letzteren die kleine Indianerrepublik ins Leben gerufen hatten, machte man sie für die Niederlage und den Verlust des Sklavenpotentials verantwortlich. Daher wurden die Jesuiten im Januar 1759 von der portugiesischen Regierung ausgewiesen, wobei auch für die Beichtväter der königlichen Familie keine Ausnahme gemacht wurde.
Drei Jahre später wurde die Gesellschaft Jesu auch in Frankreich aufgelöst. Wie überall, waren auch hier vor allem zwei Gründe ausschlaggebend: Einmischung in die politischen Angelegenheiten des Landes und Geschäftstüchtigkeit.
Trotz ihrer Gelübde, der wiederholten Warnungen und der Niederlagen, die sie immer wieder einstecken mußten, lockte die Jesuiten die verbotene Frucht. In einigen Provinzen beklagten sich die Kaufleute bitter über die Konkurrenz der Jesuiten[13].
Für die Bourbonenkönige, die den Klerus um jeden Preis beherrschen wollten, bedeuteten die Jesuiten, die die Vorrechte des Heiligen Stuhls beharrlich verteidigten, ein feindliches Element, und sie warteten nur auf eine günstige Gelegenheit, um gegen die Gesellschaft einschreiten zu können.
Ein folgenschweres Ereignis, das sich in Frankreich zu einem riesigen Skandal auswuchs, wurde durch die Unternehmen des Paters de La Valette ausgelöst. La Valette, der Superior der Mission in Martinique, hatte auf der Insel Faktoreien gegründet und besaß eigene Schiffe, um die Produkte seiner Pflanzungen zu transportieren. Eines Tages war er insolvent. Seine Gläubiger wandten sich an die Gesellschaft Jesu in Frankreich, die sich unter einem fadenscheinigen Vorwand weigerte, die Schulden des Paters de la Valette zu bezahlen, was sich als schwerer Fehler erweisen sollte. Die Gläubiger wandten sich an das Gericht, dann

an das Parlament. Die Angelegenheit erregte ein derartiges Aufsehen, daß das Pariser Parlament die Gesellschaft Jesu in Frankreich am 6. August 1762 verbot.
Einige Jahre später verwies ein anderer König, Karl III. von Spanien, die Jesuiten des Landes. Er ließ sie auf ein Schiff bringen und schickte sie nach Rom zurück, wo man sich weigerte, sie aufzunehmen. Schließlich landeten sie in Korsika. Es war Don Pedro-Pablo Adarca de Bolea, Graf von Aranda, Präsident des Rates von Kastilien, der zum entscheidenden Schlag gegen die Jesuiten ausgeholt hatte. Unter größter Geheimhaltung hatte er die Ausweisung der Jesuiten aus allen Staaten des »Allergläubigsten Königs« in die Wege geleitet und durchführen lassen[14].
Dem Beispiel Karls III. von Spanien folgten alsbald der König von Neapel und im darauffolgenden Jahr der Großherzog von Toskana. Die Jesuiten der sechs Häuser Neapels wurden in der Nacht vom 5. zum 6. November entführt und auf päpstliches Territorium gebracht. Dasselbe Schicksal war auch den Patres auf Sizilien beschieden. Im Februar 1767 ließ sie Marquis Tillot aus Parma auf päpstliches Staatsgebiet abschieben. Sogar amerikanische Jesuiten wurden per Schiff in den Kirchenstaat zurückgebracht[15].

Das Eingreifen Klemens' XIV.

Unmittelbar nach der Thronbesteigung Klemens' XIV. begannen die Vertreter der europäischen Regierungen den Pontifex zu drängen, die Gesellschaft durch eine Bulle aufzuheben. Der Papst zögerte und versuchte, allerlei Ausflüchte zu machen, ehe er in letzter Instanz über das Schicksal der Gesellschaft Jesu entschied, doch der politische Druck war zu stark. Es waren vor allem die Höfe Frankreichs, Spaniens, Portugals, Parmas und Neapels, die auf eine Auflösung des Ordens hinarbeiteten und gemeinsame Schritte unternahmen. Am ungeduldigsten und unerbittlichsten verhielt sich Graf Florida-Blanca, der Vertreter des Allergläubigsten Königs von Spanien. Der Papst versuchte, ihn milder zu stimmen, indem er Karl III. einige Zugeständnisse machte, wie die Kanonisation der Maria von Agreda und die dogmatische Festlegung der Unbefleckten Empfängnis[16], doch es war alles vergebens. Am 22. Juli 1769 brachte Kardinal de Bernis[17] im Namen Frankreichs, Spaniens und Neapels einen offiziellen Antrag ein. »Die drei Monarchen«, hieß es darin, »beharren auf ihrer Meinung, daß die Auflösung der Jesuiten nützlich und notwendig ist. Der Antrag, der bereits von den drei Höfen gestellt wurde, ist an Eure Heiligkeit allein gerichtet und wird mit dem heutigen Tag erneuert[18].«

Der Papst wollte nicht nachgeben, doch es gelang ihm nicht, die Gemüter zu beruhigen. Im Gegenteil, je länger er zögerte, desto ungeduldiger wurden die Antragsteller.

»Karl III. war wütend, weil die Auflösung noch immer nicht beschlossen war, und drängte seinen Minister Azpuru[19] derart, daß dieser schließlich dem Papst ein äußerst kompromittierendes Dokument abnötigte. Am 30. November 1769 schrieb Klemens XIV. an den König von Spanien: ›Wir glauben, nicht darauf verzichten zu können, Eurer Majestät mitzuteilen, daß wir weiterhin die Absicht haben, Ihm untrügliche Beweise Unseres Wunsches, Unseren Verpflichtungen nachzukommen, zu geben. Wir haben alle Dokumente beibringen lassen, die Uns dazu dienen können, das vereinbarte Motuproprio zu erlassen, mit dessen Hilfe Wir in den Augen der ganzen Welt das kluge Verhalten Eurer Majestät bei der Ausweisung der Jesuiten als unruhige und störende Untertanen rechtfertigen werden‹ ... ›Wir werden der Klugheit und Weisheit Eurer Majestät einen Plan zur vollständigen Vernichtung dieser Gesellschaft vorlegen, und Eure Majestät wird ihn in Kürze erhalten[20].‹«

Als Graf Florida-Blanca merkte, daß er gesiegt hatte, arbeitete er einen Plan zur Vernichtung des Ordens aus. Die wesentlichen Bestimmungen dieses Plans finden sich im Breve Klemens' XIV. wieder. Entscheidend war in diesem Kampf die Einstellung der Geistlichkeit, die im Grunde genommen über das Schicksal der Gesellschaft entschied. Tatsächlich hatten die Jesuiten viele Feinde und wenig Freunde. Zwischen Jesuiten und Dominikanern herrschte offene Feindschaft, und auch die Jansenisten, die Quietisten und die Anhänger des Gallikanismus in Frankreich bekämpften die Gesellschaft. Leider stand auch die Mehrheit der Kardinäle der Sache der Jesuiten ablehnend gegenüber, und die Partei des Kardinals Marefoschi entschied die Angelegenheit. Krank und zutiefst verärgert, willigte Klemens XIV. schließlich ein. Im Breve *Dominus Ac Redemptor Noster*, das am 21. Juli 1773 bekanntgemacht wurde, löste er die vom Heiligen Ignatius gegründete Gesellschaft auf.

Das Breve »Dominus Ac Redemptor Noster«

Es beginnt mit der feierlichen Versicherung, daß der Papst, dessen Aufgabe es sei, auf dieser Welt die »Einheit des Geistes im Sinne des Friedens« zu sichern, bereit sein müsse, da es »das Wohl einer gegenseitigen Nächstenliebe erfordere, auch das ihm Wohlgefälligste auszureißen und zu zerstören, selbst wenn dessen Verlust ihm bitteren Schmerz und größtes Bedauern verursacht«. Diese Stelle klingt zwar wie eine Entschuldigung, doch der Papst erinnert daran, daß seine Vorgänger ihre höchste Macht ebenfalls gebraucht haben, um geistliche Orden, wenn sie »gefährlich wurden und eher geeignet waren, die Ruhe der Völker zu stören als sie herzustellen«, zu reformieren oder sogar aufzulösen. Der Papst führt Beispiele an und legt dar, daß »Unsere Vorgänger, die die mühsame und beschwerliche Methode, wie sie gewöhnlich bei Verfahren angewandt wird, ablehnten, alle diese Dinge durch die Machtfülle, die sie als Stellvertreter Christi auf Erden genossen, durchführten, ohne den geistlichen Orden, deren Auflösung beschlossen wurde, zu gestatten, ihre Rechte geltend zu machen, die schweren, gegen sie erhobenen Anklagen zu entkräften oder die Gründe, die zu dieser Entscheidung geführt hatten, zu widerlegen.«
Wie aus dem Breve hervorgeht, befand sich der Papst in einer solchen Lage, und er ging in der Darlegung der Gründe der Verurteilung sehr weit, wenn nicht zu weit. Er warf seinem

Vorgänger, Klemens XIII., vor, die Jesuiten verteidigt zu haben. Klemens XIV. sagte, Klemens XIII. sei erpreßt worden, als er diese Erklärung abgab, ohne allerdings auf die näheren Umstände einzugehen.

»Da die Entrüstung und Empörung gegen die Gesellschaft von Tag zu Tag wuchs, ... waren auch diese, deren angestammte Ehrerbietung und Wohltätigkeit der Gesellschaft gegenüber allen Nationen genügend bekannt ist, nämlich Unsere Geliebten Söhne in Christo, die Könige Frankreichs, Spaniens, Portugals und beider Sizilien, gezwungen, alle Geistlichen dieses Ordens aus ihren Königreichen, Staaten und Provinzen zu verbannen und auszuweisen, überzeugt, daß so große Übel nur durch dieses äußerste Mittel beseitigt werden können.«

Dieselben Fürsten verlangten jetzt die vollständige Auflösung der Gesellschaft Jesu. »Durch die Aufgaben seines Amtes gezwungen«, und da es unmöglich scheint, »daß die Kirche einen wirklichen und dauerhaften Frieden genießt, solange dieser Orden besteht«, sieht sich der Papst genötigt, die Gesellschaft Jesu aufzuheben, »die übrigens nicht mehr die reichen Früchte und die beträchtlichen Vorteile bringt, um derentwillen sie gegründet wurde.«

Aber das sind nur Worte.

Die Gesellschaft wurde in Wirklichkeit für eine Tiara geopfert, und die Kardinäle, die die Einzelheiten der Verhandlungen und die Hintergründe der Verurteilung kannten, waren mit Recht »über den ständigen Verfall der Papsttums entsetzt[21].«

Die 23 000 Mitglieder der Gesellschaft wurden in den weltlichen Stand zurückversetzt, ihr General, Lorenzo Ricci, und seine greisen Mitarbeiter wurden in der Engelsburg gefangengehalten, wo der General zwei Jahre später starb.

Um den Preis dieser Verurteilung beschlossen die Höfe Frankreichs und Neapels die Rückgabe von Avignon und Benevent. Sie verwirklichten ihr Versprechen Ende des Jahres 1773.

Nach der Auflösung der Gesellschaft Jesu

Die Auflösung des Jesuitenordens hatte unvorhergesehene Folgen. Die Verurteilung erschütterte das Vertrauen der Gläubigen in die Kirche. Sie erlebten die gnadenlose Vernichtung eines geistlichen Ordens, der zwar nicht beliebt war, von dem man aber wußte, daß er stets für die Verteidigung der Kirche und des Glaubens gekämpft hatte. Außerdem war es noch nicht lange her, daß der Vorgänger des Papstes die Verdienste der Jesuiten gepriesen hatte. Auch das Vertrauen der Geistlichen war angesichts der Zerstörung des mächtigsten geistlichen Ordens geschwunden.

Die geistlichen Orden waren bestürzt. Wenn die Gesellschaft Jesu so leichtfertig geopfert werden konnte, noch dazu von dem, der sie hätte verteidigen müssen, wem durfte man dann noch vertrauen? Die Schadenfreude der Gegner des Ordens verwandelte sich rasch in Entsetzen.

Wenn die Exkommunikationsbulle gegen die Freimaurerei nicht ohne Vorbehalte in Kraft gesetzt worden war, so wiederholte sich die Geschichte diesmal in noch merkwürdigerer Form. Das Breve *Dominus Ac Redemptor Noster,* in dem nicht eine bürgerliche Vereinigung, sondern ein geistlicher Orden verurteilt wurde, der unbestreitbar der kirchlichen Gerichtsbarkeit unterstand, wurde in den Ländern Friedrichs II., des Großen (Protestant) und Katharina II., der Großen von Rußland (orthodox) nicht beachtet. Beide gestatteten den Jesuiten weiterhin, ihr Ordensleben zu führen und ihre Tätigkeit auszuüben. Während die »Allergläubigsten Könige« die ersten waren, die die Jesuiten aus dem Land jagten, und auf eine Auflösung der Gesellschaft drängten, konnte der Orden durch den Schutz eines protestantischen Königs und einer orthodoxen Kaiserin überleben.

Zwei Faktoren waren für die Aufhebung der Gesellschaft Jesu ausschlaggebend: Die politischen Schachzüge des Heiligen Stuhls und ihre eigenen Fehler.

Die Tatsache, daß der Papst dem Druck der Höfe nachgegeben hatte und gezwungen worden war, die Gesellschaft gegen die

Tiara einzutauschen, beweist eines: Der Heilige Stuhl hatte seit langem seine universelle Gewalt eingebüßt. Die Einmischung der ausländischen Höfe ging so weit, daß der Papst nicht einmal einen Gouverneur von Rom ernennen konnte, wenn dieser einem der Könige mißfiel.

Nun hatten ja die Kardinäle längst die Interessen des Heiligen Stuhls ihren persönlichen Machtansprüchen geopfert. Da sie den Kardinalshut oft durch königliche Intervention erhielten, waren sie häufig nur allzu bestrebt, die Interessen des Königs zu vertreten, um dessen Vertrauen zu gewinnen oder sich seine Unterstützung bei der Papstwahl, und damit die Tiara, zu sichern. Diejenigen, die an der Auflösung der Gesellschaft Jesu entscheidend beteiligt waren, erhielten den Löwenanteil.

Trotzdem wäre es übertrieben, in den Jesuiten nur unschuldige Opfer zu sehen. Bei aller Objektivität muß man zugeben, daß der Orden selbst ein ganzes Arsenal von Waffen lieferte, die sich gegen ihn richteten. Seit er existierte, versuchte er überall Zwietracht zu säen. Man beklagte allgemein die Habgier, den Hochmut und die Herrschsucht der Jesuiten und prangerte ihr Intrigenspiel, ihre Willkür und ihre Überheblichkeit an. Alle Welt fürchtete diese grauen Eminenzen, die als Beichtväter und Berater einen maßgeblichen Einfluß auf die regierenden Fürsten ausübten und in politischen Dingen eine bedeutende Rolle spielten, obwohl ihnen ihre Ordensverfassung jede politische Tätigkeit verbot. Immer wieder kann man feststellen, daß eine wichtige staatspolitische Entscheidung auf jesuitischen Einfluß hin getroffen wurde.

Außerdem war es allgemein bekannt, daß sie reiche Ländereien sowie unzählige Klöster besaßen und beträchtliche Reichtümer angehäuft hatten, obwohl sie das Gelübde der Armut ablegen mußten[22]. Man wußte auch, daß ihnen jedes Mittel recht war, um zum Ziel zu gelangen. Im Jahre 1595 richtete ein gewisser D. Polycarp Leyser im Vorwort des Buches von Hasenmüller folgende Aufforderung an die Zivilbehörden, deren Aufgabe es sei, die Bürger zu schützen: »Denkt immer daran, daß allen anderen Menschen, den Adeligen wie den Bürgerlichen, die so ihrer Güter beraubt werden, ein Alter im Elend bevorsteht; es darf nicht gestattet werden, daß diese Jesuiten den Söhnen das väterliche Erbe wegnehmen und sich in die Gunst der Töchter einschleichen. Diese spanischen und italienischen Jesuiten befriedigen ihre grenzenlose Habgier mit unmenschlicher Grausamkeit[23].«

Außerdem darf man nicht vergessen, daß die Mitglieder der Societas Jesu sich oft nur widerwillig den Anordnungen des Heiligen Stuhls fügten, obwohl sie durch einen besonderen Eid dazu verpflichtet waren, den Obersten Pontifex mit allen Mitteln zu verteidigen.

Die wahren Gründe der Auflösung des Ordens sind einleuchtend: Die Jesuiten waren zu reich, zu mächtig und zu raffgierig, um beliebt zu sein. Sie hatten überall ihre Hand im Spiel. Man kann ohne Übertreibung behaupten, daß ein Jesuit jeden Königshof in einen Jesuitenkonvent verwandelte, sobald er am Hof Eingang gefunden hatte.

Die Auflösung der Gesellschaft Jesu und die Freimaurerei

Fernand Hayward schreibt: »Nach dem Tode Klemens' XIV. wurde der verstorbene Pontifex auf die unwahrscheinlichste Art und Weise verleumdet. Nicht nur die Freunde der Jesuiten nahmen es ihm übel, daß er die Gesellschaft Jesu geopfert hatte, sondern auch die Gegner des Ordens warfen ihm vor, er habe sich von den ausländischen Fürstenhöfen manipulieren lassen und habe das Breve, in dem er die Auflösung verfügte, erlassen, ohne die Kardinäle befragt zu haben[24].«

Es dauerte nicht allzulange, bis sich diese Anklage gegen den ewigen Sündenbock, die Freimaurerei, kehrte. Man beschuldigte sie, die europäischen Höfe mobilisiert zu haben, und warf ihr vor, sie habe den Pontifex rücksichtslos und unbarmherzig unter Druck gesetzt und ihn veranlaßt, die Gesellschaft Jesu aufzulö-

sen, um sich ihres schärfsten Gegners zu entledigen. Damit sei es ihr gelungen, die Widerstandskraft der Kirche entscheidend zu schwächen.
Diese Behauptungen waren zwar widersinnig, doch sie wurden geglaubt. Bald verzieh man dem Papst, daß er dem »gnadenlosen Druck von seiten der Freimaurerei« nachgegeben hatte. Der Minister des Königs von Portugal, Marquis von Pombal, der in diesem unglaublichen Intrigenspiel mitgewirkt hatte, war Freimaurer, und das genügte, um die gesamte maurerische Bewegung für die Auflösung der Gesellschaft Jesu verantwortlich zu machen. Außerdem hatte es ein phantasiebegabter Autor verstanden, seinen Lesern diese These schmackhaft zu machen. Da diese Erklärung sowohl der Kirche als auch den Jesuiten und den Katholiken gelegen kam, widersprach niemand, und die Freimaurerei erhielt einen neuen Beinamen: Zerstörerin der Gesellschaft Jesu.

Marquis von Pombal

Die Anklage stützte sich nur auf das Argument, daß Marquis von Pombal Freimaurer war. Diese Tatsache reichte aus, um die gesamte maurerische Bewegung verantwortlich zu machen.
Offensichtlich fiel es niemandem auf, daß von allen, die an der Auflösung des Jesuitenordens beteiligt waren, einzig und allein Pombal Freimaurer war. Die katholischen Könige Frankreichs, Spaniens, Portugals, Neapels, Parmas und beider Sizilien, die einstimmig die Aufhebung der Gesellschaft Jesu verlangt hatten, die Kardinäle, die sie dabei unterstützten, und der Papst, der die Auflösung verfügt hatte, waren keine Freimaurer. Es ist zudem kaum vorstellbar, daß Papst Klemens XIV. wie eine Marionette auf Befehl von Freimaurern, die mehrfach exkommuniziert worden waren, den mächtigsten geistlichen Orden der Christenheit aufgelöst hätte. Die Wahrheit ist bekannt: Der Papst sprach diese Verurteilung aus, um einer Verpflichtung nachzukommen, die er aus freiem Willen eingegangen war.

Minister Sebastiao José de Carvalho Melo, Marquis von Pombal, der 25 Jahre lang seinem Souverän mit eiserner Energie zur Seite stand, war ein gebildeter Mann und ein unermüdlicher Arbeiter. Unerbittlich bekämpfte er alle Institutionen, die dem Staat schadeten. So beschnitt er den Einfluß der Kirche und unterband die Auswüchse der Inquisition. Im Jahre 1751 verbot er alle Autodafés.

Die Auflösung der Gesellschaft Jesu, dieses Vorpostens der Römischen Kurie, wie Friedrich der Große sagte, war ein bedauerlicher Fehler und ein schwerer Verlust für die katholische Kirche. Zwei Jahre nach dem Tode Klemens' XIV. verlangte man die Annullierung des Breves *Dominus Ac Redemptor Noster,* doch aus diplomatischen Rücksichten und taktischen Erwägungen mußten 40 Jahre vergehen, ehe man dieses Unrecht wiedergutmachte.

Pombal löste zwar eine Institution auf, aber nicht die Gesellschaft Jesu. Ihm war es zu verdanken, daß in Portugal im Jahre 1773 die meistgehaßte Institution der Geschichte aufgelöst wurde: die Inquisition.

Die Freimaurerei zur Zeit Klemens' XIV.

Die französische Freimaurerei verlor im Jahre 1771 ihren Großmeister, den Grafen von Clermont, der als Freimaurer völlig passiv war, obwohl er auf anderen Gebieten des gesellschaftlichen Lebens eine sehr aktive Rolle spielte. Vor seinem Tode bestimmte er den Herzog von Chartres, den späteren Philippe-Egalité, zu seinem Nachfolger. Dieser, ein Cousin des Königs und Mitglied des höchsten Adels, nahm die Würde im Oktober 1773 an. Damals wußte man noch nicht, daß er eines Tages für den Tod des Königs stimmen würde, um seine Haut zu retten, und daß er vor keinem Verrat zurückschreckte. Er war ein sehr geachteter Mann, und ihm war es zu verdanken, daß der Adel und die Elite der französischen Gesellschaft in Scharen in die Logen strömte, obgleich sich auch der neue Großmeister nicht

allzu sehr um die Ausübung seines Amtes kümmerte. Doch das war nur die äußere Seite eines neuen Aufschwungs.
Die innere Erneuerung des freimaurerischen Geistes war das Verdienst des Herzogs von Montmorency Luxembourg, der im Jahre 1773 Generaladministrator der Grande Loge geworden war. Er setzte sich tatkräftig und selbstlos für die Freimaurerei ein, was man von seinen Vorgängern nicht behaupten konnte, und war von dem aufrichtigen Wunsch beseelt, die Einheit und Disziplin des Ordens wiederherzustellen. Als aktiver Förderer des freimaurerischen Geistes spielte er bei der Gründung des Grand Orient de France eine wesentliche Rolle.
Seine Bemühungen waren nicht vergeblich, denn seit dieser Zeit nahm die Freimaurerei, die nach glänzenden Anfangserfolgen um die Mitte des 18. Jahrhunderts einen Tiefstand erreicht hatte, an dem sich zwanzig Jahre lang nichts änderte, wieder einen neuen Aufschwung. Leider fand die Aufwärtsentwicklung ein jähes Ende, als die Revolution fünfzehn Jahre später die Bewegung fast vollständig zerstörte. Während ihr die Verurteilungen der Päpste nichts anhaben konnten, besiegelten die Revolutionäre, die auch vor der Zerstörung der Kirche nicht haltmachten, vorläufig das Schicksal der Freimaurerei in Frankreich.
In England wurden die Freimaurer, von einigen unbedeutenden Zwischenfällen abgesehen, kaum behelligt. Einige Freimaurer entfalteten eine rege Tätigkeit, wie der Marineoffizier Thomas Dunckerley, ein natürlicher Sohn Georgs II. von England. Er gründete überall, wo sich die Gelegenheit bot, neue Logen, ohne dem Ort allzu große Bedeutung beizumessen. So gründete er eine Loge in Amerika, eine andere auf seinem Schiff »Vanguard«, eine dritte in Quebec und zwei weitere auf den Schiffen »Prinz« und »Guadeloupe«, die heute noch, wenn auch unter anderem Namen, in England existieren.
Eine andere bemerkenswerte Persönlichkeit war William Preston, einer der begeistertsten Freimaurer Englands und Verfasser des Buches »Illustrations of Masonry«, das 1772 erschien. Er war noch aktiver als Dunckerley. Da er mit den Statuten der Großloge nicht einverstanden war, gründete er mit Freunden eine

zweite, die »Grand Lodge of England South of the River Trent«. Preston und seine Freunde wurden deshalb aus der Großloge der Moderns ausgeschlossen, bald darauf wurden sie wieder aufgenommen, da sie darauf verzichteten, die von ihnen gegründete Großloge weiterzuführen.

Es gab andere störende Zwischenfälle, wie eine von Königin Elisabeth I. angeordnete Untersuchung über die Tätigkeit der Freimaurerei. Der Bericht fiel so günstig aus, daß er der Freimaurerei nicht schadete, sondern im Gegenteil zahlreiche neue Mitglieder zum Beitritt anregte. Die Störung wurde also durch den Prestigegewinn mehr als aufgewogen.

Es liegt in der Natur der Sache, daß der Erfolg der Freimaurerei manche skrupellose Charaktere dazu verleitete, Geheimgesellschaften für ihre Zwecke auszunutzen, wie etwa der Abenteurer Joseph Balsamo, der unter dem Namen Alexander Graf von Cagliostro in Frankreich sein Unwesen trieb. Er tauchte zunächst in England auf, wo es ihm gelang, Kontakte mit der Freimaurerei aufzunehmen. Das brachte ihn auf die Idee, eine ägyptische Freimaurerei zu erfinden, und im Jahre 1775 gründete er seinen eigenen ägyptischen Ritus. In diesem Rahmen konnte er als »Groß-Koptha« ein okkultes Freimaurersystem entwickeln. Die Schaffung von Logen, die fast ausschließlich aus Frauen bestanden, brachte ihm ein beträchtliches Vermögen ein.

Nachdem er in England reiche Ernte gehalten hatte, verschmähte er auch Frankreich nicht, wo ihm Kardinal Rohan sogar ein Haus zur Verfügung stellte. Geschickt nutzte er die Leichtgläubigkeit der Menschen, denen er dank seiner Zauberkräfte ewige Jugend verhieß. Damit verschaffte er sich Zugang in die höchsten Kreise, und in der berühmten Halsbandaffäre kompromittierte er sogar Königin Marie Antoinette. Schließlich setzte ein radikales Eingreifen der Inquisition seinem Treiben ein Ende.

In Deutschland suchte Reichsfreiherr von Hund Cagliostro nachzueifern, hatte allerdings wenig Erfolg.

Der abgesprungene protestantische Theologe Philipp Samuel Rosa behauptete, dank seiner »theologischen, astrologischen, kosmologischen, kosmosophischen, physiognomischen, alchimi-

25. Fürst von Bülow

26. Gustav Stresemann

27. Richard Gf. Coudenhove-Calergi

28. Giuseppe Garibaldi 29. Lajos v. Kossuth

30. Josephine Baker

stischen, kabbalistischen und theosophischen Kenntnisse« Sonnenstaub in Gold verwandeln zu können.
Die Entstehung solcher Sekten, die nicht das geringste mit der Freimaurerei zu tun hatten (obwohl sie sie in mancher Beziehung nachahmten) sowie die Notwendigkeit, gewisse Meinungsverschiedenheiten zu regeln, führten zur Einberufung einer Versammlung, auf der alle Grundsatzfragen der Freimaurerei diskutiert und geregelt werden sollten.
So fand in Wilhelmsbad im Jahre 1782 ein Konvent statt. Mehrere Fragen konnten gelöst und einige Entscheidungen getroffen werden, darunter folgende: Die drei Grade, Lehrling, Geselle und Meister, bilden die Grundlage der Freimaurerei. Alle Riten stützen sich auf sie und jeder, der in diese drei Grade eingeführt ist, wird von allen Logen als Bruder anerkannt. Jeder Ritus kann seine Mitglieder nach freiem Ermessen in diese Grade erheben. Leider wurden der Konvent und seine Entscheidungen rasch vergessen.
In Deutschland konnte sich die Freimaurerei bis zum Tode Friedrichs des Großen im Jahre 1786 unter dem Schutz ihres Großmeisters und Königs weiterentwickeln. In fast allen Städten entstanden Logen, deren Tätigkeit anerkannt und geschätzt wurde. Die größten Gelehrten, Schriftsteller und Philosophen der Zeit schlossen sich der Bewegung an. Zu ihren Mitgliedern zählten neben Goethe der Philosoph Fichte und die Dichter Lessing, Herder und Wieland. Vor allem Goethe begeisterte sich für die maurerischen Ideen, wie seine Werke beweisen.
Auch in Österreich wurde die Freimaurerei nicht behelligt und konnte sich in Ruhe entfalten. Joseph II., einer der drei Vertreter des aufgeklärten Absolutismus und Sohn eines Herrschers, der selbst Freimaurer war, bewies Toleranz und gestattete der Freimaurerei, sich ungehindert weiterzuentwickeln, obwohl er selbst sich niemals aufnehmen ließ. Allerdings erließ er 1785 ein Freimaurer-Patent, das die Anzahl der Logen begrenzte.
Zu ihren berühmtesten Mitgliedern zählten die Komponisten Haydn und Mozart. Als Mozart im Jahre 1770 mit seinem Vater Rom besuchte, hörte er das Miserere von Allegri, das er danach

aus dem Gedächtnis niederschrieb. Dafür erhielt er von Papst Klemens XIV. den Orden vom Goldenen Sporn.
Auch der große ungarische Pianist und Komponist Franz Liszt war Freimaurer. Es ist merkwürdig, daß diese Komponisten wohl durch die Bulle *In Eminenti* als Ketzer zu gelten hatten, und »aus anderen Gründen« exkommuniziert worden waren, daß aber die katholische Kirche an hohen Fest- und Feiertagen die Messen und andere kirchenmusikalische Werke dieser katholischen Freimaurer aufführen ließ, ohne sich um ihre Exkommunizierung zu kümmern. Der Gedanke, daß die Gläubigen in einer katholischen Kirche zu den Klängen einer von exkommunizierten Ketzern geschriebenen Musik zu Gott beteten, mutet doch seltsam an. In der Tat waren diese Komponisten Kinder der Kirche, sie waren tief religiös und bekannten sich zum katholischen Glauben. Franz Liszt empfing sogar in Rom die niederen Weihen. Durch ihre Kirchenmusik bereicherten sie die katholische Liturgie in höchstem Maße.
Im selben Jahr, als Klemens XIII. zum Papst gewählt wurde, erklärte auch die französische Grande Loge ihre Unabhängigkeit; als Klemens XIV. den Stuhl Petri bestieg, wurde die erste Großloge der Vereinigten Staaten gegründet. Sie konstituierte sich im Staate Massachusetts. Ihr erster Großmeister, Joseph Warren, bezahlte wenige Jahre später den Kampf für die Freiheit mit seinem Leben.

Pius VI.

Nach langem, schwerem Leiden und nicht weniger grausamen Gewissenskonflikten starb Klemens XIV. am 2. Oktober 1774. Das nach seinem Tode einberufene Konklave dauerte ebensolange und war ebensosehr von Skandalen beherrscht wie das vorhergehende. Leider war es Klemens XIV. nicht gelungen, die Institution des Papsttums zu stärken, im Gegenteil, die päpstliche Autorität war im Schwinden begriffen, und das Konklave war sich dieser Tatsache bewußt. Die Kardinäle mußten also einen

Kandidaten finden, der diplomatisch genug war, um die Angriffe abzuwehren, dem Druck standzuhalten und das Gleichgewicht der Kirche wiederherzustellen. Es sollte sich später herausstellen, daß das dem Konklave gründlich mißlungen war.
Schließlich siegte der Kandidat des Kardinals de Bernis, Gian Angelo Braschi aus Cesena. Die Entscheidung fiel am 15. Februar 1775 am 131. Tag des Konklaves und im 265. Wahlgang. Der neue Papst nahm den Namen Pius VI. an. Er hieß allgemein »il papa bello«, während er im Volksmund wenig schmeichelhaft »Pius VI., der Letzte von Rom« genannt wurde.
Als er gewählt wurde, war der Papst erst 58 Jahre alt. Er liebte den Prunk und die Annehmlichkeiten des Lebens, und da es Tradition war, die höchsten Ämter seinen Verwandten vorzubehalten, blühte auch unter seiner Herrschaft der Nepotismus.
Selten ging es in Rom so fröhlich und so wenig sittenstreng zu wie zur Zeit Pius' VI. Schmähschriften waren an der Tagesordnung. Ganz Europa trug an der Last der Vergangenheit, überall spürte man den Atem der kommenden Ereignisse, nur der Papst schien nichts zu sehen und nichts zu bemerken.
Seine Herrschaft dauerte fast 25 Jahre und fiel in eine Zeit, da die Kirche dringend einer Reform bedurft hätte. Pius VI. aber war außerstande, die Notwendigkeit einer Erneuerung auch nur zu begreifen, geschweige denn, sie durchzuführen.
Was die Encyclopaedia Britannica über ihn schreibt, könnte die damaligen Ereignisse erklären: »Pius VI. verwechselte die politischen und die religiösen Reaktionen in einem Maße, daß man sich fragen muß, ob die Identifizierung des Liberalismus mit dem Antiklerikalismus nicht eher eine Folge als eine Entschuldigung seiner Politik ist.«
Eines ist sicher: Es gibt kaum ein anderes Beispiel in der ganzen Kirchengeschichte, daß die Amtsführung eines Papstes in einem so krassen Gegensatz zu den tatsächlichen gesellschaftlichen Erfordernissen und sozialen Gegebenheiten stand wie unter Pius VI.
Das Ansehen des Papsttums hatte einen absoluten Tiefpunkt erreicht. Seit der Reformation hatte der Kirche nichts mehr

geschadet als die Auflösung der Gesellschaft Jesu, und es ist nicht verwunderlich, daß nach dieser autoritären Entscheidung die Rolle, die Rechte und die Macht des Papsttums erneut in Frage gestellt wurden.

Die Wiederbelebung des Febronianismus

Die Bewegung, die zur Zeit Klemens' XIII. eine kurze Blüte erlebt hatte, konnte erneut Fuß fassen und die Führung im Kampf gegen die Vormachtstellung des Papstes übernehmen. Obwohl das dem »Febronianismus« zugrundeliegende Buch durch eine Dekret vom 27. Februar 1764 auf den Index gesetzt worden war – womit es auch für jene interessant wurde, die es sonst nicht gelesen hätten – , erinnerte man sich noch genau an die Rolle, die Klemens XIV. bei der Auflösung der Gesellschaft Jesu gespielt hatte. Diese düstere Angelegenheit wie auch der Nepotismus, dieses alte Übel aller Päpste, dem auch Pius VI. prompt verfiel, lieferten so viele Trümpfe, daß eine Infragestellung der päpstlichen Autorität gerechtfertigt schien. Das Buch wurde in mehrere Sprachen übersetzt und gab dem Febronianismus neuen Auftrieb. Die Bewegung eroberte ein Land nach dem anderen und gewann sogar in Rom Anhänger. Der römische Klerus unterstützte die Auffassung, daß die Bischöfe die Vertreter der Gläubigen seien, während die Souveränität in den Händen der Gläubigen liege.

Die Reaktion des Papstes war kraftlos und unwirksam. Er begnügte sich damit, die Behauptungen, seine Macht gehe von der Kirche aus und nicht von Christus, als ketzerisch zurückzuweisen. Er sei der Nachfolger des heiligen Petrus und der wahre Stellvertreter Gottes auf Erden.

Gleichzeitig lebte auch der Jansenismus in Deutschland wieder auf. Die Anzahl der jansenistischen Werke wuchs. Aber das Land, in dem die Bewegung bisher unerreichte Ausmaße annahm, war die Toskana, wo der Bischof von Pistoja, Scipin Ricci, sich zum Wortführer der Jansenisten aufschwang und verkünde-

te: »der Papst ist der oberste Minister der Kirche und der erste unter den Bischöfen, seine angebliche Unfehlbarkeit hingegen ist nichts als ein Hirngespinst[25].«
Am 18. September 1786 berief er eine Synode ein. Die 244 anwesenden Geistlichen waren übereinstimmend der Meinung, daß »die Unfehlbarkeit der Entscheidungen von Christus nicht einem einzelnen (dem Papst) übertragen worden sei, sondern der gesamten Priesterschaft, die die Kirche vertrete[26].«
Der Papst seinerseits blieb passiv. Bonaparte riß ihn aus seiner Apathie, als er 1797 Rom besetzte und die römische Republik ausrief. Der Papst floh in die Toskana, die er wieder verließ, sobald die französische Armee einmarschierte. Er begab sich nach Frankreich und ließ sich in Valence nieder, wo er in der Nacht vom 28. zum 29. August 1799 starb.

Die Lage der Freimaurerei

Trotz der beiden Verurteilungen in den Jahren 1738 und 1751 entwickelte sich die Freimaurerei weiter.
In Italien waren in Mailand, Verona, Padua, Vicenza, Venedig und sogar in Rom neue Logen entstanden. Die Beschuldigungen, die gegen die Bewegung erhoben wurden, häuften sich ebenfalls, und diesmal traf sie auch der Vorwurf, religionsfeindlich zu sein und das Freitagsfasten nicht einzuhalten. Die Freimaurer, hieß es, würden behaupten, ein Mensch, der nachdenke, dürfe keine Vorurteile haben und blinder Glaube sei nur etwas für Einfältige. Da eine Reaktion ausblieb, verliefen auch diese Anklagen im Sand, und der Aufschwung des Ordens hielt an. In Neapel wuchs die Zahl seiner Anhänger, und auch in kleinen Städten wie Capua, Messina und Gaëta entstanden Logen.
Im Jahre 1776 stellte ein merkwürdiges Ereignis die Freimaurerei ernstlich in Frage und hemmte eine Zeitlang ihre Weiterentwicklung. Dieser besondere Fall ist charakteristisch und verdient, näher beleuchtet zu werden.
Seit dem 3. Jahrhundert nach Christus verflüssigte sich in Neapel

jedes Jahr das Blut des heiligen Januarius. Dieses Wunder geschah im Laufe der ersten Maiwoche oder am 19. September, dem Jahrestag seines Märtyrertodes, oder am 19. Dezember, dem Jahrestag des Vesuvausbruchs. Das Blut des heiligen Januarius wurde in zwei Glasfläschchen in einem gläsernen Reliquienschrein aufbewahrt, der sich in der dem heiligen Januarius, dem Schutzpatron von Neapel, geweihten Kapelle befand. Sankt Januarius war in Pozzuoli um das Jahr 304 zur Zeit der Christenverfolgung unter Diokletian enthauptet worden, und der Jahrestag der Überführung der sterblichen Überreste des Heiligen in die Katakomben ist ein neapolitanisches Fest.

Im Mai 1776 verflüssigte sich das Blut des heiligen Januarius nicht.

Neapel war unter Ferdinand IV. eines der Zentren der Reaktion. Der König, »ein schwacher, unwissender und plumper Mann«, war mit der lebhaften und rührigen Maria Karoline verheiratet. Sie war eine Tochter Maria Theresias und Franz Stephans von Lothringen, und die Schwester des aufgeklärten Monarchen Joseph II. An den Schalthebeln der Macht saß Minister Bernado Tanucci, ein merkwürdiger, launischer und autoritärer Mann von hintergründigem Wesen, der sich niemandem unterordnen wollte. Sein ganzes Leben war ein ständiger Kampf gegen den Heiligen Stuhl, »wobei ihn eher die Erbitterung als die Klugheit leitete[27].«

Im Dictionnaire de Théologie Catholique (Bd. III, S. 111) findet sich folgende Beschreibung: »Bernardo Tanucci, Professor aus Pisa, war besessen vom hoheitsrechtlichen Gedanken und den Päpsten feind ... « Pastor beschreibt ihn als wütenden Gegner des Heiligen Stuhls[27a], der die Jesuiten aus Neapel auswies und kirchliche Güter säkularisierte. Er löste Klöster und Abteien in Sizilien auf, suchte wegen der Ernennung von Bischöfen Streit mit dem Heiligen Stuhl und zerstörte schließlich das gute Einvernehmen, das bisher zwischen dem Hof von Neapel und dem Kirchenstaat geherrscht hatte.

Dieser Gegner des Heiligen Stuhls hatte auch für die Freimaurerei nichts übrig, im Gegenteil.

In der Geschichte ist jedes Mittel recht, wenn man es nur geschickt anwendet. Am Januariusfest wartete das Volk umsonst auf das Wunder. Das Blut begann nicht zu fließen. Minister Tanucci und sein minderbegabter König fanden, das sei eine ausgezeichnete Gelegenheit, um ein Kesseltreiben gegen die Freimaurer zu beginnen. Sie erklärten, es sei die Schuld des Ordens, wenn sich das Blut nicht verflüssige; der Heilige wolle damit sein Mißfallen über die Freimaurerei kundtun. Mit Hilfe einiger Fanatiker, die diese Erklärung glaubten, wurde die Stimmung angeheizt; die Verfolgungen begannen. Zahlreiche Freimaurer wurden festgenommen und eingesperrt.

Königin Maria Karoline aber war intelligent, aufgeklärt und kannte keine Vorurteile. Ohne zu zögern setzte sie sich für die unschuldig verfolgten Freimaurer ein und beschloß, einige Reformen durchzuführen. Empört über die Machenschaften Tanuccis, ließ sie ihn absetzen und übernahm selbst die Herrschaft. Im Oktober 1776 ernannte sie den Marquis della Sambuca zum Minister. Auf seinen Befehl wurden die Privilegien der neapolitanischen Mitglieder der römischen Kongregationen abgeschafft, die Ziviltrauung eingeführt und einige Kirchengüter beschlagnahmt.

Diese Angelegenheit hatte noch weitere Folgen. Seit Jahrhunderten zahlte der König von Sizilien dem Heiligen Stuhl als Vasall Tribut, vor allem einen weißen Zelter und 7 000 Goldduketen. Im Jahre 1776 weigerte sich König Ferdinand, der auch die beiden Sizilien regierte, diesen Tribut zu bezahlen und brüskierte damit den Papst.

Obwohl die Freimaurerei damals nicht behelligt wurde, arbeitete sie weiterhin im verborgenen. Ein Autor schreibt: »Zur Zeit sind die meisten italienischen Adeligen und Geistlichen Freimaurer und halten ihre Versammlungen im allgemeinen in Privathäusern ab, auch wenn sie in Neapel, Livorno, Venedig, Verona, Turin, Messina, in Sizilien, in Genua und Modena Logen gegründet haben[28].«

Im Jahre 1796 marschierte Bonaparte gegen Rom. Der Papst gewährte den französischen Armeen Durchzug durch seine Staaten und öffnete den französischen Schiffen seine Häfen. Im Jahre 1797 besetzte Bonaparte Rom und fünf Tage später wurde die römische Republik ausgerufen. Der Papst ging ins Exil, und unter dem Schutz der Bonapartes konnte sich die Freimaurerei ausweiten.

In Spanien war die Lage nicht weniger interessant. In diesem sehr katholischen Land waren die Freimaurer immer verfolgt worden. Im Jahre 1767 gründete die Großloge von England hier eine Provinzial-Großloge, die 1780 ihre Unabhängigkeit erklärte und sich als Grande Oriente von Spanien konstituierte. Ihr Großmeister war Pedro Pablo Graf von Aranda, der Minister König Karls III., ein Anhänger der französischen Aufklärunsphilosophie und ein Feind der Inquisition.

Zwei befreundete Länder, Spanien und Portugal, schlugen nun denselben Weg ein. Doch diese für die Freimaurerei günstige Konstellation war nur von kurzer Dauer. Nach dem Tode Karls III. wurde Graf Aranda durch Minister Godoy, einen Vertreter der Reaktion ersetzt, der seit seiner Machtübernahme eine ganz andere Richtung als sein Vorgänger vertrat. Bis zum Einmarsch der französischen Armee im Jahre 1807 konnte die Freimaurerei den Platz, den sie so plötzlich hatte aufgeben müssen, nicht wieder einnehmen.

In Frankreich war Roëttiers de Montaleau seit 1796 der »Grand Vénérable« des Grand Orient de France. Im Jahre 1799 gelang es der Grande Loge nach 20jähriger Spaltung, die Einheit wieder herzustellen, auch wenn es noch einige schottische Logen gab, die sich ihr nicht anschlossen, sondern eifersüchtig über ihre Unabhängigkeit wachten.

Es herrschte allerdings niemals völlige Ruhe. Im Jahre 1779 predigte der Dominikaner Ludwig Greinmann eines Sonntags in Aix-la-Chapelle, daß die für die Kreuzigung Christi verantwortlichen Juden Pilatus, Herodes und Judas Freimaurer gewesen seien, die in eine Synagoge in Palästina aufgenommen worden waren. Die sehr religiösen Richter der Stadt erließen am gleichen Tag ein Dekret, das die Freimaurerei verurteilte.

In England, wo man sich für die Bullen kaum interessierte und

das Grollen des Gewitters fern war, beschäftigte sich die Freimaurerei hauptsächlich mit der Schlichtung interner Streitigkeiten.
Seit die »Grand Lodge of Free and Accepted Masons of the Old Institution« im Jahre 1751 gegründet worden war, hatte sie dank der Tätigkeit von Laurence Dermott einen ungeheuren Aufschwung erfahren[29]. Im Jahre 1756 veröffentlichte Dermott das Konstitutionsbuch dieser Großloge der »Antients« als Gegengewicht zu Andersons Konstitutionenbuch, und da seine Verfassung eher vom katholischen Geist geprägt war als die Andersons, schlossen sich die Großlogen Irlands und Schottlands 1762 und 1773 den »Antients« an. Aus demselben Grund stieg die Zahl der Logen rasch an, und zahlreiche Katholiken, die von der Todsünde, die sie damit begingen, nichts ahnten, traten ihnen als Mitglieder bei. Seltsamerweise war auch der Großmeister der Großloge von London, Robert Edward Petre, Baron of Writtle (1772–1777), Katholik ebenso wie der Großmeister der »Antients«, Thomas Matthew. Im Laufe dieser Jahre hatten sich 74 Londoner Logen der Großloge der »Antients« angeschlossen, in anderen Städten war es beinahe die doppelte Anzahl.
Die Großloge bemühte sich, als nationale Großloge anerkannt zu werden, was ihr aber nicht gelang. Um das Jahr 1780 sollte England vier Organisationen besitzen, von denen jede behauptete, eine Großloge zu sein, und die sich gegenseitig Konkurrenz machten. Die erfolgreichste Großloge war die der »Antients«.
Es ist selbstverständlich, daß eine Großloge die Nationalität ihres Heimatlandes widerspiegelt, was ja auch im Sinne der Konstitutionen Andersons ist. Es ist aber von Übel, wenn sich gewisse Großlogen, besessen von der Idee eines maßlosen Nationalismus oder einer übertriebenen Religiosität, von der internationalen Familie der Freimaurer lossagen, wie es die englische Freimaurerei tat. Nichts ist dem maurerischen Geist ferner als ein solches Verhalten, und es ist bedauerlich, daß die Großloge so gehandelt hat.
Ein anderes Ereignis verleiht dem oft zitierten Jahr 1776 eine besondere Bedeutung: Am 4. Juli erklärten die Vereinigten Staa-

ten ihre Unabhängigkeit. Eine Episode sei hier erwähnt: Die Katholiken wandten sich alsbald an den Papst und ersuchten ihn um einen Bischof. Pius VI. überließ es den amerikanischen Katholiken, ihn selbst zu wählen, und der erste Bischof der Vereinigten Staaten, der in Baltimore gewählt wurde, war niemand anderer als der Jesuit Pater Carroll. Trotz allem, was vorgefallen war.

Es waren die Ideen Lockes, den wir bereits erwähnten – er verlangte gleiche Rechte für alle, das Recht jedes Menschen auf Leben, Glück und Freiheit – , die das Klima für die Ereignisse in den Vereinigten Staaten schufen, und es ist nicht zu leugnen, daß die Freimaurerei dabei eine wesentliche Rolle spielte. Wenn es einen Staat auf Erden gibt, an dessen Schaffung die Freimaurerei einen entscheidenden Anteil hatte, dann sind das die Vereinigten Staaten, obgleich man nicht übersehen darf, daß ihre Loslösung von England das Resultat der starren britischen Politik war.

Zu Beginn des 18. Jahrhunderts, als die Großloge von England gegründet wurde, war Amerika nur eine englische Kolonie, die ebenso schlecht verwaltet war und ebensowenig Ansehen genoß wie alle anderen.

Die drei ältesten Logen des nordamerikanischen Kontinents sind die Loge »St. John's« in Boston, Massachusetts, die 1733 gegründet wurde; die Loge »Solomon« in Savannah, Georgia, die 1735 gegründet wurde, und die Loge »Solomon« in Charleston, South Carolina, die ebenfalls 1735 gegründet wurde.

Es ist sicher, daß Benjamin Franklin im Jahre 1730 eine Loge in Philadelphia gegründet hatte; die Protokolle konnten gefunden werden. Sie arbeitete aber als unabhängige Loge, ohne von irgendeiner Großloge ein Patent erbeten oder erhalten zu haben.

Nach der Unabhängigkeitserklärung löste sich die in den 13 Kolonien bestehende Freimaurerei am 14. Juli 1776 von der Großloge von England. Seit dieser Zeit spielte die maurerische Bewegung in der Entwicklung der Vereinigten Staaten eine gewichtige Rolle. Anfangs waren die beiden Großlogen einander ziemlich ähnlich, doch im Laufe der Jahre wurden die Unter-

schiede zwischen der amerikanischen und der englischen Maurerei immer stärker. Es konnte auch gar nicht anders sein, denn in den Vereinigten Staaten hatte jeder Staat seine Großloge, und es gab keine nationale Großloge, wie es in den meisten europäischen Staaten der Fall war. Die Eigentümlichkeiten der verschiedenen Staaten beeinflußten die Bildung und Entwicklung der amerikanischen Freimaurerei auf mannigfaltige Weise.
Die Tätigkeit der Freimaurerei war für die Geschichte der Vereinigten Staaten von entscheidender Bedeutung. Von Anfang an standen Freimaurer an der Spitze der Unabhängigkeitsbewegung. Auch der Beitrag Frankreichs ist wesentlich, und besonders der französische Dramatiker Beaumarchais spielte eine entscheidende Rolle.
Der Entwurf der Unabhängigkeitserklärung wurde von einem Freimaurer, Thomas Jefferson, ausgearbeitet. Zwar wurde sein Entwurf nicht zur Gänze angenommen, doch die an seiner Abfassung beteiligten Freimaurer drückten ihm ihren Stempel auf.
Am 30. April 1789 wurde George Washington zum ersten Präsidenten der Vereinigten Staaten gewählt. Auch er war Freimaurer.
Die Französische Revolution beeinflußte die Geschicke Amerikas nicht, denn hier waren die Grundgedanken, für die man in Frankreich kämpfte, bereits Wirklichkeit geworden. Von den 56 Personen, die die Unabhängigkeitserklärung unterzeichneten, waren 50 Freimauerer. Auf dem von ihnen vorgezeichneten Weg entwickelte sich der neue Staat weiter.

Die Französische Revolution und die Freimaurerei

Man hat allzu oft zu beweisen versucht, daß die Freimaurerei die Revolution ausgelöst oder ihr zumindest den Weg geebnet habe. Da diese These verführerisch klingt, setzen sich einige Autoren über historische Gegebenheiten hinweg und weil sie über keine Unterlagen verfügen, die ihre These rechtfertigen würden, präsentieren sie pseudowissenschaftliche Theorien als Beweise.

Zwei Abbés verdanken wir die These des maurerischen Komplotts: Die Französische Revolution sei, wie alle Revolutionen überhaupt, nur das Ergebnis einer freimaurerischen Verschwörung gegen Thron und Altar.
Zum ersten Mal trat Abbé Lefranc mit dieser These an die Öffentlichkeit. Er war der Verfasser des 1792 erschienen Buches »Le Secret des révolutions révélé à l'aide de la franc-maçonnerie et la conjuration contre la religion catholique et les souverains«. Trotz der originellen Entdeckung Lefrancs war seinem Buch nur ein mäßiger Erfolg beschieden.
Der bekannteste Kolporteur dieser absurden These, der auch heute noch gelesen und zitiert wird, war Abbé Barruel, der im Jahre 1797 in London, wo er Zuflucht gefunden hatte, sein berühmtes Werk »Mémoires pour servir à l'histoire du Jacobinisme« herausgab. Obwohl seine Anschuldigungen aus der Luft gegriffen waren, »glaubte man ihm blindlings, als er behauptete, die Revolution sei die Tochter der Freimaurerei, was heute historisch einwandfrei widerlegt ist[30].«
Tatsächlich kann nur ein Ignorant oder ein Fanatiker die Freimaurerei beschuldigen, die Französische Revolution vorbereitet oder verursacht zu haben. Wer auch nur das geringste von geschichtlichen Zusammenhängen versteht, weiß sehr wohl, daß einer Revolution schwerwiegendere und tiefgreifendere Dinge zugrunde liegen als die Machenschaften, Agitationen und Querelen einiger Unzufriedener.
Joseph de Maîstre, der große katholische Philosoph, Augenzeuge und kluger Beobachter des Zeitgeschehens, hat bereits 1795 klargelegt, daß die Freimaurerei am blutigen Gemetzel der damaligen Zeit unschuldig war und an der Revolution keinen Anteil hatte.
Es wäre allerdings unrichtig, die geistige Verbindung zwischen der Freimaurerei und den Enzyklopädisten zu leugnen. Die Enzyklopädisten waren die Wegbereiter liberaler Ideen, und mehrere bedeutende Vertreter dieser Gruppe waren Freimaurer.
James Otis, der große amerikanische Patriot und Freimaurer (den H.G. Wells erwähnt), schrieb im Jahre 1762: »Gott hat alle

Menschen von Natur aus gleich geschaffen. Unsere Vorstellungen von der Überlegenheit mancher Menschen sind ein Produkt der Erziehung; sie sind nicht angeboren. Die Könige sind für das Volk geschaffen, und nicht das Volk für die Könige. Keine Regierung hat das Recht, aus ihren Untertanen Sklaven zu machen[31].«

Es soll auch nicht geleugnet werden, daß zahlreiche Freimaurer an Revolutionen oft sogar entscheidend beteiligt waren. Tatsächlich ist die amerikanische Revolution mit dem Namen George Washington verbunden; die Führer der italienischen Einigungsbewegung waren drei Freimaurer: Cavour, Mazzini und Garibaldi; Venezuela hatte seinen Simon Bolivar; die Philippinen ihren José Rizal und die Ungarn ihren Lajos Kossuth. Von den fünf führenden russischen Dekabristen waren drei Freimaurer. Es versteht sich deshalb von selbst, daß es auch in Frankreich unter den Promotoren der Revolution Freimaurer gegeben hatte.

Doch es waren niemals die Freimaurer, und noch weniger die Freimaurerei, die für den Ausbruch einer Revolution verantwortlich waren. »Die meisten Revolutionen werden durch Übergriffe, Gewaltmaßnahmen und Mißachtung der Gesetze von seiten des Souveräns beschleunigt[32].« Die wirtschaftliche Lage, die Ungerechtigkeiten der Gesellschaftsordnung und der Mißbrauch der Gewalt durch die Machthaber waren ein wesentlich wirksamerer Zündstoff als die Tätigkeit der Freimaurer.

Dessenungeachtet wurde die These eines maurerischen Komplotts bei vielen zu einer fixen Idee, die bis zur russischen Revolution immer wieder auftauchte. Diese verlief viel blutiger als die französische und griff auf mehrere Länder Europas über, doch an ihrer Spitze stand kein einziger Freimaurer.

Die Französische Revolution und der Heilige Stuhl

Sobald die liberalen Ideen den Panzer der Kirche gesprengt hatten, war es nicht mehr möglich, die Flut einzudämmen. Das starre Festhalten an der aristotelischen Auffassung von der Unbeweglichkeit der Erde und der Unveränderlichkeit des Himmels (in dem es genau 1022 Fixsterne gibt, keinen mehr und keinen weniger) zu einer Zeit, als die Wissenschaft und die Entdeckungen einen antiken Mythos nach dem anderen zerstörten, machte eine Zusammenarbeit zwischen Gelehrten und der Kirche unmöglich. Seitdem Bücher dank der Erfindung des Buchdrucks durch Gutenberg im Jahre 1434 für jedermann zugänglich geworden waren, begannen die Menschen zu überlegen und zu denken.

Von diesem Zeitpunkt an war eine ständige Auseinandersetzung mit den Lehren der Kirche nicht mehr aufzuhalten, und alle großen Denker wehrten sich gegen die erstarrte Ordnung, die die Kirche im Laufe von 15 Jahrhunderten ihren Gläubigen aufgezwungen hatte. Die Theorien von Wissenschaftlern, die katholisch waren, wie Galilei, Rabelais, Pascal, Montaigne oder der Kanonikus Gassendi haben andere Menschen zum Denken angeregt und damit zur Vorbereitung des großen Kampfes gegen die Unbeweglichkeit der Kirche beigetragen.

»Niemand verstand die Zeitläufe und kein Mensch begriff, welche Richtung die geistige Entwicklung nahm; Alexander VI. beschmutzte das Ansehen der Päpste durch seine Verbrechen; Julius II. legte einen Küraß an, Leo X. trieb Ablaßhandel, um Paläste zu bauen; Urban VIII. warf Galilei ins Gefängnis. Die Völker gingen in eine Richtung, und die Päpste in die entgegengesetzte; tausend Stimmen erhoben sich gegen die Erpressungen und die Willkürherrschaft, die der Kirche zur Schande gereichten; man exkommunizierte und man kreierte Mönche. So wurde die große Krise vorbereitet, durch die den Päpsten in Rom halb Europa verlorenging[33].«

Doch alle Klagen können nichts mehr ändern. Die Päpste, die die Kirche im 18. und 19. Jahrhundert regierten, wollten nicht begreifen, daß der Gang der Ereignisse nicht mehr aufzuhalten war. So war es möglich, daß »die Französische Revolution wie ein Blitzschlag aus dem heiteren römischen Himmel kam, ohne daß jemand das Herannahen des Gewitters bemerkt hätte[34].« Die Nachricht vom Ausbruch der Revolution in Frankreich traf den

Heiligen Stuhl völlig unvorbereitet, niemand hatte die Ereignisse vorausgesehen.
Die Revolution war eindeutig gegen das Papsttum gerichtet, und die Kirche war auch der erste große Verlierer. Sie büßte nicht nur ihr Vermögen, ihre Güter und Einnahmen ein, sondern sie durfte auch ihre Tätigkeit nicht mehr ausüben. Das kirchenfeindliche Regime, mit dem sie sich auseinanderzusetzen hatte, stand unter der Führung einfacher Bürger, bei denen die Kirche nicht die geringste Chance hatte, mit ihrer Theorie einer weltlichen und einer geistlichen Obrigkeit durchzudringen.
Am 29. März 1790 berief Pius VI. die Kardinäle zu sich, um die Lage zu analysieren. Da er glaubte, hinter den Ereignissen die Tätigkeit der Freimaurerei zu entdecken, ließ der Papst die meisten Mitglieder der römischen Logen festnehmen. Daniel-Rops schreibt dazu: »Muß man tatsächlich annehmen, daß alle diese Kräfte von der ›unsichtbaren Hand‹, von der La Fayette in seinen Memoiren spricht, gelenkt und geleitet wurden, wie manche glauben; daß es wahrhaftig eine ›revolutionäre Verschwörung‹ gab, deren Seele die Freimaurerei war? Die kirchenfeindlichen Kräfte waren im Jahre 1789 sehr stark und brauchten sicher keinen geheimen Oberen, der sie zum Angriff aufhetzte[35].«
Revolutionen sind das Ergebnis eines Reifungsprozesses. Der Einfluß eines einzelnen auf den Lauf der Geschichte spielt im Verhältnis zu den eigentlichen Ursachen so gut wie keine Rolle. Die Revolution brach aus, weil die Zeit reif war. Die Entwicklung war an einem Punkt angelangt, an dem die Explosion unvermeidlich war.

Die Zeit des Aufbruchs

Die zweite Hälfte des 18. Jahrhunderts war hochbrisant. Innerhalb weniger Jahrzehnte veränderte sich die Welt in einer Weise, wie man es bisher nicht für möglich gehalten hätte. In 20 Jahren verschwanden Institutionen, von denen man dachte, sie würden ewig währen.

Die Kirche war in eine Krise geraten. Sie wurde von allen Seiten kritisiert und angegriffen. Der Unglaube breitete sich weiter aus. Allmählich kämpften die größten Denker im Namen der Vernunft gegen den Katholizismus und wandten sich gegen die Erstarrung der Kirche, die auf ihren Positionen beharrte.
Die neuen Ideen festigten sich: Gott hat alle Menschen gleich erschaffen, und weder der König noch die Regierungen, noch irgendein anderer hat das Recht, Untertanen wie Sklaven zu behandeln. Die Könige sind für das Volk da. Die Kirche stand im Kreuzfeuer der Kritik, die Argumente waren klar und einfach: Wenn Christus für die ganze Menschheit gestorben ist, so tat er das für jeden Menschen und nicht nur für die Könige und die Reichen.
Die Kirche aber hielt an der Bibel und den Lehren der Apostel fest; sie weigerte sich, dem Fortschritt der Wissenschaft Rechnung zu tragen und verhinderte die Emanzipation der Menschheit. Es war ihr in den vergangenen 18 Jahrhunderten gelungen, alle Angriffe, die ihre Stellung bedrohten, zurückzuschlagen. Jetzt stand sie einer neuen Kraft gegenüber, der sie nicht mehr gewachsen war.
Die Feinde der Kirche zitterten nicht mehr vor dem Wort des Papstes. Die Exkommunizierung, die einst gekrönte Häupter in die Knie gezwungen hatte, beeindruckte selbst die Priester nicht mehr. Die Inquisition, die einst Hunderte von Menschen zum Tod auf dem Scheiterhaufen verurteilt hatte, lag da, wo es sie noch gab, in den letzten Zügen.
Im Jahre 1777 erschien die erste politische Tageszeitung, das »Journal de Paris«. Das Evangelium wurde nur mehr am Sonntag von den Gläubigen in der Kirche gelesen.
Die Staaten, die zur rechten Zeit gewisse Forderungen anerkannten, konnten eine Katastrophe vermeiden.
In Preußen hatte Friedrich der Große seit seiner Thronbesteigung eine Reihe von Reformen durchgeführt, die zehn Jahre früher ins Reich der Träume gehört hätten. In Österreich setzte Joseph II., der letzte der aufgeklärten Monarchen, der den Thron bestieg, die Reformtätigkeit fort. Dasselbe Bild bot Rußland

unter Katharina der Großen. In Schweden hatte Gustav III. im Jahre 1772 Pressefreiheit gewährt.
Die Vereinigten Staaten, die alle sozialen Schranken zwischen den Völkern und innerhalb der Gemeinschaft zwischen den Menschen niedergerissen hatten, gaben sich eine demokratische Verfassung. Der neue Staat besaß keine privilegierte Klasse, und die Unabhängigkeitserklärung proklamierte offen den Gleichheitsgrundsatz. Jedem wurde verfassungsmäßig das Recht zugesichert, die von ihm gewählte Religion ausüben zu können.

Frankreich vor der Revolution

Wenn man das Frankreich des 18. Jahrhunderts etwas vereinfachend, aber treffend charakterisieren wollte, so könnte man sagen, es war das Land der Extreme.
Einerseits gab es das Frankreich der »drei Ludwigs«, die ein sagenhaftes Vermögen verschwendeten, obwohl das Volk im Elend lebte. Andererseits gab es das Frankreich der Genies, die alle Gebiete der Wissenschaft, der Kunst und der Philosophie nachhaltig beeinflußten. Im Laufe dieses Jahrhunderts wirkten trotz der schwierigen sozialen und wirtschaftlichen Lage so viele große Geister, daß einen dieses Phänomen immer wieder in Erstaunen setzt.
Marquis von Argenson entrollte in seinen Aufzeichnungen ein anschauliches Bild des Hoflebens. Ludwig XIV. war vor allem bestrebt, um jeden Preis zu glänzen. Ludwig XV. war nur eine Marionette der Madame de Pompadour oder der Dubarry. Er führte Kriege und schloß Verträge, nur um den Clan seiner jeweiligen Mätresse zu befriedigen.
Zur Zeit Ludwigs XV. hatte Frankreich ungefähr 22 Millionen Einwohner, von denen 84% arme, ausgebeutete und verachtete Bauern waren. 82% ihres Einkommens mußten sie in Form von Steuern und Abgaben abliefern.
Von den Früchten ihrer Arbeit konnten sie praktisch nur einen verschwindend kleinen Anteil für sich behalten, gerade genug,

um nicht zu verhungern. Zur gleichen Zeit betrugen die Einkünfte eines Herzogs von Orléans 11 Millionen Pfund: Er bezahlte keine Steuern. Der Adel und die Geistlichkeit, die großen Nutznießer der herrschenden Gesellschaftsordnung, genossen Steuerfreiheit. Der König war im Jahre 1766 der ehrlichen Überzeugung, daß seine Macht und seine Souveränität von Gott kämen und daß er in seinem Staat die alleinige Quelle des Rechts sei.

Es ist also nicht verwunderlich, wenn Marquis von Argenson feststellt: »Man kann in kein Haus gehen, in dem nicht Verwünschungen gegen den König und seine Regierung ausgestoßen werden[36].«

Sicher traf man Maßnahmen, um der Lage Herr zu werden. Der Marquis schreibt darüber folgendes: »Auf dem Land nimmt man weiterhin mit großem Erfolg die armen Bettler und Vagabunden fest, so daß es jetzt viel weniger gibt; . . . wenn man diesen Plan weiter durchführt, wird es gelingen, die Bettler aus dem Königreich zu verbannen, ohne indessen das drückende Elend zu lindern. Aber die Armen werden geduldig verhungern[36].«

Doch die Armen verhungerten nicht geduldig. Am 10. Mai 1774 starb Ludwig XV. an den Pocken. Sein Nachfolger wurde sein Enkel Ludwig XVI., ein schwacher, willenloser Mensch, ein Mann, der keine Eigenschaften hatte, nicht einmal schlechte, und was noch schlimmer ist, er war von den besten Absichten beseelt. So hatte er den Ehrgeiz, ein großer Reformator zu werden. Daher verfaßte er persönlich ein Dekret, kraft dessen es verboten sein sollte, in der Nähe von Jagdgebieten Kaninchen zu halten.

Die wirtschaftliche Lage hatte sich seit der Zeit Ludwigs XVI. immer weiter verschlechtert. Es herrschten so katastrophale Zustände, daß eine Krise unvermeidlich schien. Der Großteil der Bevölkerung lebte im bittersten Elend, während die vornehme Gesellschaft in höchstem Grade korrupt war. Der Klerus war mächtig und zahlenmäßig stark vertreten. Man schätzt die Anzahl der Geistlichen auf eine halbe Million und ihr jährliches Einkommen auf 130 Millionen Pfund. Es gab 19 Erzbistümer, 114 Bistümer, 40 000 Pfarreien, 800 Abteien, 320 Klöster, 670

Domkapitel, 24 Damenstifte und 15 000 klösterliche Niederlassungen. Das Volk zahlte den Preis für diese Religiosität.
Der Hof blieb teilnahmslos, und niemand schien es zu kümmern, daß die Stimmung den Siedepunkt erreicht hatte. Gleichzeitig vergiftete ein unglaublicher Skandal nach dem anderen die Atmosphäre. Die Halsbandaffäre und der darauffolgende Prozeß erregten ungeheures Aufsehen, und die Königin, »diese unglückselige Frau«, wie ihre Mutter, Kaiserin Maria Theresia, schrieb, »bemerkt weder ihren eigenen Untergang noch den des Landes, sondern sie unterhält sich, spielt im Trianon Theater und tanzt, während sie weiß Gott auf einem Vulkan tanzen . . . , und Ludwig beschäftigt sich mit seinen Uhren, ohne etwas zu bemerken und ohne zu ahnen, daß früher oder später die letzte Stunde schlägt: für ihn wie für die französische Monarchie[37].«
Maria Theresia hatte die Situation klar erkannt. Sie wußte, daß alles seine Grenzen hat auch die Geduld des Volkes.
Leider war der König nicht stark genug, um die Geschicke des Landes in die Hand zu nehmen. Er berief zunächst die Notabelnversammlung ein, dann eine Versammlung der Generalstände, doch die Geisteshaltung und die Strukturen waren seit dem 14. Jahrhundert gleichgeblieben. Der Klerus hatte 306 Vertreter, während die 22 Millionen Bürger nur 621 hatten. Von diesem Augenblick an trieben die Dinge unaufhaltsam der Katastrophe entgegen. »Die Schwäche des Königs, der Egoismus der Privilegierten . . . führten zwangsläufig zur Revolution[38].«
Damals waren die Bauern immer noch gesetzlich verpflichtet, in der Nacht das Wasser zu peitschen, damit die Frösche mit ihrem Gequake den Schlummer des Herrn nicht stören konnten, auch wenn dieses Gesetz in Vergessenheit geraten war. Dasselbe Gesetz sicherte dem Herrn das ius primae noctis zu. Die Freiheit des einzelnen existierte ebensowenig wie die Gedankenfreiheit. Haftbefehle, körperliche Züchtigung und Folter galten noch immer als wirksames Mittel, alle Freiheitsbestrebungen zu unterdrücken. Die Klasse der Privilegierten verstand es, die Ungleichheit vor dem Gesetz und ihre eigene Vormachtstellung erfolgreich zu verteidigen. In Frankreich waren die Standesunter-

schiede so groß und so unüberwindlich, daß man kaum von zwei Franzosen sprechen konnte, wenn der eine ein Adeliger und der andere ein armer Bauer oder Handwerker war. Die Revolution verwischte die Standesunterschiede und verringerte das soziale Gefälle.

Die Revolution

Am 14. Juli 1789 erhob sich das Volk, um eine unhaltbare Situation zu beenden. Am 20. August verabschiedete man das Gesetz, das den stolzen Namen »Déclaration des droits de l'homme et du citoyen« (Erklärung der Menschen- und Bürgerrechte) trug.

Diese Erklärung sicherte die allen menschlichen Institutionen zugrundeliegenden Prinzipien: die Souveränität des Volkes, Gewissens- und Meinungsfreiheit, Rede- und Pressefreiheit, gerechte Steuerverteilung und andere Errungenschaften der Revolution. Keines dieser Grundprinzipien war gegen die Kirche oder die Religion gerichtet. Dennoch war die Kirche einer der großen Verlierer, denn sie hatte ihren Ausschließlichkeitsanspruch verloren: In Artikel 10 wird proklamiert, daß »niemand wegen seiner religiösen Überzeugung zur Rechenschaft gezogen werden darf«, und außerdem hatte sie das Privileg eingebüßt, als offizielle Religion des Staates zu gelten.

Es versteht sich von selbst, daß in einem Land, in dem die Bürger beinahe zur Gänze katholisch sind, die katholische Religion ohnehin eine offzielle Religion ist, auch wenn dieses Vorrecht nicht gesetzlich verankert ist. Doch die Kirche kann keinen Anspruch darauf erheben oder auf ihr Privileg pochen, wenn sich die Mehrheit der Bürger zu einer anderen Religion bekennt. In Frankreich hatte deshalb der Verlust des Titels »offizielle Religion« praktisch keine Bedeutung, sondern war eine Frage des Prinzips.

Die Revolution nahm auch die dornige Frage der Religionen in ihr Programm auf. Am 10. Oktober schlug Talleyrand, der Bischof von Autun, der Nationalversammlung vor, die Kirche solle die Güter des Klerus »der Nation zur Verfügung stellen«. Infolgedessen wurden die Kirchengüter im November 1789 verstaatlicht, und im Februar 1790 wurden alle geistlichen Orden mit Ausnahme der Schul- und Wohltätigkeitsorden aufgehoben.

Der Papst protestierte und erließ zwei Breves, in denen er die Verfassung für ketzerisch erklärte und den König an seine Pflichten der Kirche gegenüber erinnerte. Doch damit goß er nur Öl ins Feuer. Freilich war es wenig diplomatisch, sich an den König zu wenden.

Am 10. März 1791 veröffentlichte Pius VI. das Breve *Quod Aliquantum* bezüglich der zivilrechtlichen Konstituierung der Geistlichkeit, die von der Versammlung beschlossen worden war. Dieses Breve sandte er an Kardinal de La Rochefoucauld. Der Papst verlangte Achtung vor den Rechten der Kirche und »daß die kirchlichen Domänen in Zukunft ohne Betrug unangetastet bleiben . . . «

Das Breve konnte die Nationalversammlung nicht besänftigen. Zwei Jahre später war die Abkehr vom Christentum eine vollendete Tatsache.

Die gesellschaftliche Veränderung vollzog sich hauptsächlich auf Kosten des Adels, der auf Vorschlag des Vicomte de Noailles auf alle seine Rechte, Einkünfte, auf Dienstleistungen und alle Privilegien, die ihm unter dem Feudalsystem zustanden, verzichtete. Die Gesellschaft mußte nun für die Fehler der Vergangenheit bezahlen.

Die Französische Revolution wäre ausgebrochen, auch wenn es die Freimaurerei niemals gegeben hätte. Sie wurde ausgelöst durch das Auftauchen neuer Gedanken, die das Leben und die Gesinnung der Menschen des 18. Jahrhunderts änderten; durch Faktoren, die nicht das Produkt der Freimaurerei waren: Ausschlaggebend waren der Fortschritt der Wissenschaften, die den beengten Horizont erweiterten; die Selbstbesinnung, hervorgerufen durch neue Ideen, die sich wie ein Lauffeuer verbreiteten; die Auflehnung gegen die Ungerechtigkeit; die Auflehnung gegen den Mißbrauch der Gewalt von seiten der Privilegierten und Unterdrücker; ein Reifungsprozeß, der in diesem Augenblick ins

Stadium der Explosion getreten war. Die Zeit war gekommen, wo das Neue stürmisch nach vorne drängte und das Alte weichen mußte.

Der wahre Anteil der Freimaurerei an der Französischen Revolution besteht darin, daß sie unter den ersten war, die für Gedankenfreiheit, Gleichberechtigung und religiöse Duldsamkeit eintrat.

Die objektive, authentische und historische Darstellung des Anteils der Freimaurerei an der Revolution ist schwierig, vor allem weil es im Sturm der Ereignisse vor und während der Revolution tatsächlich viele Freimaurer gab, die eine wesentliche Rolle spielten, was zu Verallgemeinerungen führen könnte. Es erfordert ein hohes Maß an Objektivität, um dieser Versuchung zu widerstehen. Man behauptet, daß die Enzyklopädisten aus Freimaurern bestanden, auch wenn von den 150 Mitgliedern dieser Gruppe nur ein Dutzend Freimaurer waren. Die Tatsache, daß Diderot kein Freimaurer war und daher seine Mitarbeiter nicht, wie behauptet wird, in den Logen anwerben konnte, scheint niemanden zu stören. Doch gibt es kein Werk, in dem die Freimaurerei als Opfer der Revolution dargestellt wird, obwohl sich die meisten Maurer wegen ihrer Zugehörigkeit zu diesem Orden verbergen mußten und obwohl zahlreiche angesehene Mitglieder angeklagt waren, »gegen die Revolution konspiriert zu haben«.

Persönlichkeiten, die berufen waren, den Gang der Ereignisse zu bestimmen, wie Mirabeau, Condorcet, La Fayette, Talleyrand, Brissot und Bailly, handelten nach eigenem Ermessen, ohne vorher die Erlaubnis ihrer Loge eingeholt zu haben oder gar von ihr beauftragt worden zu sein. Danton und Robespierre waren keine Freimaurer, obwohl das immer wieder behauptet wird.

Auch wenn es unter den eifrigsten Revolutionären Freimaurer gab, so kann man daraus nicht auf eine politische Betätigung der Freimaurerei schließen. Dennoch wäre es falsch zu glauben, die Freimaurerei habe mit der Revolution nichts zu tun gehabt. Nichts ist schwieriger, als die Ideen der damaligen Zeit von denjenigen zu trennen, die die Freimaurerei seit ihren Anfängen vertreten und verbreitet hat. Der »Contrat social« (1762) von

Rousseau legte nur schriftlich nieder, was alle Welt damals dachte, fühlte und wußte: daß jeder Mensch Anspruch auf menschliche Würde und ein Recht auf Freiheit innerhalb einer Gemeinschaft gleichberechtigter Partner habe. Infolgedessen müsse es das Ziel und die Aufgabe der Gesellschaft sein, den Staat und die Rechte seiner Mitglieder mit aller Kraft zu verteidigen. Die Mitglieder des Staates, deren Aufgabe es ist, ihn durch ihren Willen zu lenken, haben das Recht, denjenigen zu ernennen, der die Macht ausübt, und denjenigen abzusetzen, der sie mißbraucht.
Damals galt der Toleranzgedanke, ein Grundgedanke der Freimaurer, noch als revolutionär und vor allem als kirchenfeindlich. Man hielt ihn für einen Angriff gegen die Religion der Offenbarung: gegen die römische Kirche, die Vereinigung der Christen in ihrem Glauben an Jesus Christus. Die Gleichstellung aller Konfessionen erschien als eine Rebellion gegen den Vorrang des Katholizismus als alleinseligmachende Kirche.
Es wäre leichtfertig zu behaupten, die Freimaurerei habe an den Ereignissen, die zum Ausbruch der Revolution führten, keinen Anteil: sie war ein Zentrum, in dem der Reform- und Freiheitsgedanke reifen konnte. Erfunden hat sie diese Ideen sicher nicht.

Die Lage der Freimaurerei

Im vorhergehenden Kapitel haben wir bereits von den Erfolgen der Freimaurerei trotz der Bekanntmachung der beiden Verurteilungen gesprochen, eine Entwicklung, die nur in wenigen Ländern gebremst wurde. Trotz der Verurteilungen breitete sich die Freimaurerei weiter aus und erreichte nach einer kurzen Unterbrechung in den Jahren 1780–1789 ihren Höhepunkt. Zu ihren Mitgliedern zählten Könige, eine große Anzahl Adeliger und vor allem die größten Gelehrten, Forscher, Schriftsteller, Dichter, Philosophen und Staatsmänner der damaligen Zeit.
Der Grand Orient, das Zentrum freimaurerischer Tätigkeit in

Frankreich, wurde im Jahre 1773 gegründet. Sein Großmeister war Philippe von Orléans, Herzog von Chartres, der sich kaum um sein Amt kümmerte, der Generaladministrator war der Herzog von Luxembourg. Der Adel, die Intellektuellen, die Künstler, der Klerus und das Großbürgertum drängten in die Logen, alle wollten dazugehören. Bald entstanden auch Logen für Frauen. Im Jahre 1774 wurde offziell die erste »Adoptionsloge« gegründet, deren erste Großmeisterin die Herzogin von Bourbon war. Im Jahre 1780 wurde die Herzogin von Lamballe ihre Nachfolgerin.
Sicher gab es in Paris auch geheime oder nicht erlaubte Klubs und hermetische Gesellschaften, in denen man sich mit Alchimie und auch mit Politik beschäftigte. Bedauerlicherweise verwechselten zahlreiche Autoren diese Vereinigungen immer wieder mit der Freimaurerei, während diese – sie zählte damals 629 Logen und ungefähr 70 000 Mitglieder – ihren von Anfang an vorgezeichneten Weg weiterverfolgte.
Aus Urkunden geht hervor, daß der Grand Orient vor der Revolution nicht beabsichtigte, eine Revolution vorzubereiten, sondern die Gründung von vier Spitälern plante, für die er bereits eine Summe von 1 200 000 Pfund beschafft hatte. Es kam der Tag, da auch die Freimaurerei den Argwohn der stets mißtrauischen Protagonisten der Revolution erregte. Die allgemeine Anklage wegen »Konspiration gegen die Revolution« wurde leichtfertig und gleicherweise gegen Freimaurer und Geistliche erhoben.
Die Revolution, die die Feudalgesellschaft abgeschafft und alle Klassen und privilegierten Institutionen hinweggefegt hatte, verschonte auch die Freimaurerei nicht. So viel man weiß, konnte kein Opfer der Schreckensherrschaft und der Revolution durch seine Zugehörigkeit zur Freimaurerei sein Leben retten.
Es ist erstaunlich und nicht uninteressant, daß während der Revolution mehrere Logen im geheimen weiterbestanden, obwohl sie sich damit einer Gefahr aussetzten, wie die Logen »Guillaume Tell«, »Le Centre des Amis«, »Les Amis de La Liberté« oder die Loge »La Martinique des frères réunis«. Doch das sind seltene

Ausnahmen. Vom Revolutionsjahr 1789 an, noch vor Beginn der Schreckensherrschaft, war die Freimaurerei bereits tödlich getroffen.

Die Logen waren verlassen. Man hatte sie geräumt, da der Pöbel begonnen hatte, sie zu plündern, und die Mitglieder versuchten, wenigstens einen Teil des Logenbesitzes zu retten. Von den Mitgliedern der Logen war die überwiegende Mehrheit im Gefängnis oder im Exil. Der Rest teilte das Los derer, die unerwünscht waren. Und da »nur die Toten nicht wiederkehren«, wie Betrand Barrère am 26. Mai 1794 im Konvent sagte, versuchte man, alle, die man nicht wiedersehen wollte, endgültig auszuschalten.

Die Freimaurerei löste sich auf. Priouret schrieb mit bitterer Ironie: »Die Sansculottes (»Ohnehosen«) können die Freimaurer nicht dulden, denn die Mitglieder dieser Vereinigung tragen Hosen [39].« Die Freimaurerei ruhte, wie auch jede religiöse Betätigung bis zum Ende der Schreckensherrschaft eingestellt wurde, also bis zum Juli 1794. Einige Logen versammelten sich im verborgenen; einige Priester lasen heimlich die Messe. Alle wußten, daß sie damit ihr Leben aufs Spiel setzten. Doch es gab auf beiden Seiten Menschen, die sich ihres Eides würdig zeigten.

Im Jahre 1796 marschierte die französische Armee in Italien ein und wurde mit offenen Armen empfangen. Genua und Mailand wurden Haupstädte zweier neuer Republiken. Der König von Sardinien unterwarf sich wie der Papst den Siegern. Doch der Papst verhandelte im geheimen mit Österreich und Neapel. Als Bonaparte davon erfuhr, besetzte er die Romagna und die Marken, um einem Einmarsch der Österreicher zuvorzukommen. Der Papst floh nach Neapel. Im Januar 1798 wurde Rom eingenommen. Der Neffe des Papstes, Kardinal Braschi, steckte die Kokarde der Trikolore an und blieb als Bürgermeister der Stadt in Rom.

Für die Freimaurerei verliefen diese Jahre friedlich. Nach der Schreckensherrschaft gelang es dank des aufopferungsvollen Einsatzes Roëttiers de Montaleau, der sogar vom Gefängnis aus mit der Loge in Verbindung geblieben war, die Freimaurerei mit neuem Leben zu erfüllen. Ihr spektakulärer Erfolg beweist zur Genüge, daß sie durch den Gang der Ereignisse nicht in Mißkredit geraten war und daß sie dasselbe Ansehen und denselben Ruf genoß wie in ihren glanzvollsten Zeiten. Wenn nach der Schrekkensherrschaft von den 629 Logen nur 18 übriggeblieben waren, so gab es im Jahre 1804 bereits wieder 300, und im Jahre 1814 waren es beinahe tausend; und das, obwohl nach dem Konkordat von 1801 die katholischen Logen praktisch nicht mehr existierten.

Die Wiedergeburt des Ordens ist ein sprechender Beweis, daß die Behauptung, es habe ein »maurerisches Komplott« gegeben, ein reines Hirngespinst ist. Denn hätte die Freimaurerei tatsächlich den Sturz Ludwigs XVI. geplant, so hätte man nach der Wiedereinführung der Monarchie sicher nicht gezögert, einen Vergeltungsschlag gegen eine Organisation zu führen, die eine ständige Gefahr für das Königtum bedeutete.

Es liegt uns fern, die Freimaurerei von jeder Schuld reinzuwaschen. Sicher hat auch sie Fehler gemacht, und es gab unter ihren Mitgliedern einige, die ihr wenig Ehre machten. Der letzte Großmeister, der knapp vor dem Ausbruch der Revolution an der Spitze des Ordens stand, war Philippe von Orléans, Herzog von Chartres, der spätere Philippe Egalité. Seine Niedertracht kannte keine Grenzen. Er verriet seinen Cousin, den König, und stimmte für dessen Tod, um sich zu retten. Und er schreckte auch nicht davor zurück, am 22. Februar 1793 im »Journal de Paris« folgenden Brief zu veröffentlichen:

»Hier ist eine freimaurerische Geschichte. Zu einer Zeit, als sicher niemand unsere Revolution voraussah, hatte ich mich der Freimaurerei angeschlossen, denn sie bot eine Art Bild der Gleichheit, sowie ich mich dem Parlament angeschlossen hatte, da es eine Art Bild der Freiheit bot. Seither bin ich von diesem Phantom abgerückt und zur Realität zurückgekehrt.

Im Dezember vergangenen Jahres hatte sich der Sekretär des Grand Orient an die Person gewandt, die bei mir das Amt des Sekretärs des Großmeisters ausübte, um mir eine Anfrage bezüglich der Arbeiten dieser Gesellschaft zu übermitteln. Ich antwortete ihm am 5. Jänner: Da ich nicht weiß, wie der Grand Orient zusammengesetzt ist und da ich im übrigen glaube, daß es in einer Republik kein Mysterium und keine geheime Versammlung geben dürfe, vor allem zu Beginn dieser Republik, möchte ich mich mit dem Grand Orient und den Versammlungen der Freimaurer nicht mehr beschäftigen.«

Die am 13. Mai 1793 einberufene Versammlung des Grand Orient hörte sich die Verlesung dieses Briefes schweigend an, erklärte dann Philippe Egalité für abgesetzt, zerbrach sein Schwert und verkündete seinen Ausschluß. Ein halbes Jahr später sollte sich der vornehme Herzog ein letztes Mal an den von ihm verleugneten Orden erinnern, als ihm die Hinrichtungsmaschine seines ehemaligen Mitbruders Guillotin bewies, daß tatsächlich eine Gleichheit existierte, obwohl er sicher nicht an diese Art von Gleichheit gedacht hatte, als er sich Philippe Egalité nannte[39a].

Der Herzog von Luxembourg, der eigentliche Großmeister der Freimaurerei, verriet seinen König niemals. Als er am 12. Juni 1789 zum Präsidenten der Kammer des Adels gewählt wurde, war er mit aller Macht bemüht, den König und den Thron zu retten. Als er sah, daß alle Anstrengungen vergeblich waren, zog er es vor zu emigrieren An Ereignissen, die ihn zu einem Verrat an seiner eigenen Vergangenheit hätten zwingen können, wollte er keinen Anteil haben. Er starb völlig verarmt im Ausland.

Doch der Verrat des Philippe Egalité hatte auf die Geschichte des Ordens so gut wie keinen Einfluß. Die Freimaurerei hatte seit 1789 aufgehört zu existieren und ruhte bis zum Jahre 1795.

Die Worte und Voraussagen der Konstitutionen Andersons hatten sich hier bewahrheitet: »Krieg, Blutvergießen und Verwirrung sind der Maurerei immer nachteilig gewesen . . .« Die Französische Revolution ist nur der erste Beweis für die Richtigkeit seiner Behauptung, die sich bis heute immer wieder bestätigt. Doch trifft die Freimaurerei keine Schuld. Sie beging im Laufe ihrer Geschichte nur einen Fehler: daß sie an der Spitze des Fortschritts und der humanitären Bewegung stand. Sie wollte niemals siegen, sie wollte nur überzeugen. Sie wollte die Mensch-

heit lehren, was richtig oder falsch ist, was gut oder schlecht ist, was menschenwürdig oder menschenunwürdig ist. Sie hat niemals Revolutionen begünstigt, sondern die Evolution.
Nach der Schreckensherrschaft lag die Freimaurerei völlig danieder, doch bald darauf erstand sie von neuem. Die vielen Freimaurer, die mit dem Leben davongekommen waren oder emigrieren konnten, hätten damals sicher nicht gezögert, Anklage zu erheben, falls die Freimaurerei entgegen ihren Prinzipien eine Revolution geplant oder auf die Enthauptung der königlichen Familie hingearbeitet hätte. Der neuerliche Zustrom von Adeligen, Geistlichen und ehemaligen Freimaurern in die wiedereröffneten Logen ist ein untrüglicher Beweis für die Haltlosigkeit dieser Anschuldigungen.

[1] Ranke, Leopold von: History of the Popes, their Church and State, S. 141.

[2] Encyclopedia Britannica.

[3] Pastor schreibt dazu: » ... Nach Richelieu, Mazarin, Alberoni sollte es von neuem ein Geistlicher sein, der der Kirche die tiefste Wunde zufügte: Johann Nikolaus von Hontheim, Weihbischof von Trier. Das Buch hat folgenden Titel: »Iustini Febronii Iuris Consulti de statu Ecclesiae et legitima potestate Romani Pontificis liber singularis, ad reniendos dissidentes in religione christianos compositus.« Bullioni apud Guillelmum Evradi, MDCCLXIII Frankfurt, Esslinger, Pastor, Ludwig Freiherr v.: Geschichte der Päpste, Bd. 16/1.

[4] Vacant-Mangenot-Amann: Dictionnaire de théologie catholique, S. 125–126.

[5] Daniel-Rops, Henri: Histoire de l'Eglise du Christ, S. 284.

[6] Pastor, Ludwig Freiherr v.: Histoire des Papes, Bd. 16/2, S. 57.

[7] Vacant-Mangenot-Amann: Dictionnaire de théologie catholique, S. 126.

[8] Biographie Universelle Ancienne et Moderne, S. 316–318.

[9] Cheke, Marcus: The cardinal de Bernis.

[10] Diese Definition stammt von d'Alembert.

[11] Der Mensch ist durch einen Willensentschluß Gottes zur Seligkeit bestimmt.

[12] Die Gnade wird dem Menschen von Gott so gewährt, daß sie unfehlbar zur Wirkung kommt, ohne die Freiheit des Menschen zu zerstören.
[13] Etiemble, R.: Les Jésuites en Chine, S. 248.
»Der Autor der ›Anecdotes sur les affaires de la Chine‹ (II. S. 5 und 16) berichtet Folgendes: Die Jesuiten begnügten sich nicht mit diesen ungeheuren Gewinnen. Sie waren auch Kaufleute und Bankiers. Sie handelten mit Perlen, Diamanten, Goldbarren, besonders kostbaren Stoffen, sie erzeugten Wein, Tabak, Zucker, Gewürznelken, Pfeffer, Zimt, Drogen, um Krankheiten zu heilen, Uhren usw. Dank dieser Manufakturen und des Handels häuften sie riesige Schätze an und wurden in Indien reicher als der König von Portugal.«
Ein anderes Buch eines unbekannten Verfassers, dessen Inhalt sich mit dem oben zitierten weitgehend deckt, trägt den Titel: Les Jésuites marchands, usuriers, usurpateurs et leurs cruautés dans l'ancien et le nouveau continent. Den Haag, 1759.
[14] Biographie Universelle Ancienne et Moderne, S. 354.
[15] Histoire de l'Eglise depuis les origines jusqu'à nos jours, S. 696.
[16] Op. cit., S. 698.
[17] Barry, William: The Papacy and Modern Times, S. 176: »Bernis ... himself no pattern of priestly decorum.«
[18] Dictionnaire de Théologie Catholique.
[19] Der spätere Erzbischof von Valencia.
[20] Dictionnaire de Théologie Catholique.
[21] Luz, Pierre de: Histoire des Papes, S. 157.
[22] Dem schwedischen Historiker Magnus Morner zufolge, der den catalogus rerum, das Inventar der Güter der Orden, studiert hatte, besaß das Jesuitenkollegium von La Plate folgendes Vermögen: 300 Sklaven, 11 000 Schafe, 5000 Pferde, 13 000 Rinder, während das Novizenhaus von Cordoba im selben Jahr 300 Sklaven, 30 000 Schafe und 13 000 Rinder besaß. Morner, Magnus: The Political and Economic Activities of the Jesuits in the La Plata Region, S. 789.
In Chile besaßen die Jesuiten 50 große Plantagen mit den dazugehörigen Sklaven und leibeigenen Bauern.
Galdames, L.: A History of Chile, S. 86
Von allen spanischen Kolonien waren vor allem Peru, Mexico und Paraguay Zentren der jesuitischen Tätigkeit. In Peru nannten sie 5200 Sklaven ihr eigen, was uns einen Begriff davon gibt, was ihnen gehörte, wenn man diese Sklaven mit der Anzahl derer in La Plata und Cordoba vergleicht.

Bernard, Moses: Spain's Declining Power in South America, S. 128–129.

[23] Hasenmüller, Elias: Historia ordinis jesuitici.

[24] Hayward, Fernand: Histoire des Papes, S. 356.

[25] Luz, Pierre de: Histoire des Papes, S. 168.

[26] Op. cit., S. 169.

[27] Biographie Universelle Ancienne et Moderne de Michaud.

[27a] Pastor, Ludwig Freiherr v.: Geschichte der Päpste, Bd. 16/1, S. 850–855.

[28] Smith, George: The Use and Abuse of Freemasonry, zitiert in: Makkey, Albert: Encyclopedia of Freemasonry, Philadelphia 1917, S. 419.

[29] Dermont war, wie Gould schreibt, ein eifriger Freimaurer, dessen Fähigkeiten zwar erreicht, jedoch niemals übertroffen werden könnten (may be equalled but cannot be surpassed).

[30] Mellor, Alec: Nos frères séparés, S. 274.

[31] Wells, H. G.: Esquisse de l'Histoire Universelle, S.426.

[32] Wells, H. G.: Esquisse de l'Histoire Universelle, S. 400.

[33] Gaudet, M.: Histoire politique du Pape Pie VII., S. 5.

[34] Kühner, Hans: Dictionnaire des Papes, S. 218.

[35] Daniel-Rops, Henri: Histoire de l'Eglise du Christ, Bd. 6/1, S. 10.

[36] Brette, Armand: Journal du Marquis d'Argenson.

[37] Marki, Sandor: L'Histoire moderne (Az ujkor története), S. 351.

[38] Préclin & Tapie: Le XVIIIe siècle, S. 440.

[39] Priouret, Roger: La Franc-maçonnerie sous les Lys, S. 186.

[39a] Er wurde im Jahre 1793 hingerichtet (Anm. d. Übers.).

SECHSTES KAPITEL

DER EWIGE SÜNDENBOCK

Pius VII.

Pius VI. regierte 24 Jahre lang, die längste Regierungszeit, die man bisher erlebt hatte. Er starb am 19. August 1799. Die Beratungen über die Wahl seines Nachfolgers dauerten 3½ Monate und wurden wie gewöhnlich durch allerlei Intrigen gestört. Dank des Eingreifens des jungen Prälaten Mgr. Ercole Consalvi konnte eine Einigung erzielt werden. Am 14. März 1800 wurde Kardinal Gregorius Barnaba, Graf Chiaramonti, zum Stellvertreter Christi auf Erden gewählt. Er nahm den Namen Pius VII. an.
Auch wenn er in Rom so gut wie unbekannt war, wurde seine Wahl beifällig aufgenommen. Der neue Papst war ein mittelmäßiger Mensch, sonst ist über ihn nicht viel zu sagen. Als er gewählt wurde, waren die Gebiete des Kirchenstaates von österreichischen Truppen besetzt. Österreich wollte diese Gebiete behalten, mußte sich aber nach der Niederlage bei Marengo gegen die Franzosen am 14. Juni 1800 wieder zurückziehen. Damit war der Papst zwar einen gefährlichen Feind losgeworden, doch er brauchte nicht lange zu warten, um einem anderen, viel entschlosseneren und mächtigeren gegenüberzustehen: Frankreich und Bonaparte.

Die ersten Unstimmigkeiten konnten gütlich beigelegt werden. Am 15. Juli 1801 wurde ein Konkordat unterzeichnet. Kraft dieses Konkordates anerkannte die französische Republik die katholische, apostolische und römische Religion als »die Religion der Mehrheit der französischen Bürger«.

Darin wurde festgelegt, daß der Staatschef sich nicht in die inneren Angelegenheiten der Kirche einmischen durfte. Diese Be-

stimmung des Konkordates sollte auf die Entwicklung der Freimaurerei unerwartete Auswirkungen haben.
Der Papst hatte als unbestrittenes Oberhaupt der katholischen Kirche das absolute Recht, über alle Gläubigen zu herrschen, und das französische Parlament war nicht mehr befugt, in kirchliche Angelegenheiten einzugreifen. Den Katholiken blieb also nur eine einzige Wahl: Unterwerfung oder Religionswechsel.
Die Exkommunizierung, die wie ein Damoklesschwert über dem Orden hing, beunruhigte und verwirrte viele Freimaurer oder solche, die der Bewegung beitreten wollten. Sie dachten, daß sie als gläubige Katholiken zwischen dem Orden und der Kirche wählen müßten, obwohl sie eigentlich nicht recht einsahen, warum. Die Geistlichen traten aus den Logen aus, ihnen folgte eine beträchtliche Anzahl gläubiger Katholiken, die sich dem Spruch der Kirche unterwarfen.
Das Konkordat war also zum Tragen gekommen, wenigstens auf diesem Gebiet.
Doch Napoleon gab sich damit nicht zufrieden, sondern ergänzte das Konkordat, ohne den Papst zu verständigen, durch die *Articles organiques*, worüber Pius VII. begreiflicherweise empört war. Die beiden wichtigsten Paragraphen waren folgende:

§ 1: Keine Bulle, kein Breve, Erlaß, Dekret, keine Anweisung, kein Urteilsspruch noch irgendeine Unterschrift, die als Urteilsspruch gilt, noch andere Briefschaften des römischen Hofes, selbst wenn sie nur Privatpersonen betreffen, dürfen ohne Erlaubnis der Regierung empfangen, veröffentlicht, gedruckt oder auf irgendeine andere Weise vollstreckt werden.
§ 54: Die Priester dürfen nur Personen ehelich verbinden, die beweisen können, daß sie die Ehe in aller Form vor dem Standesbeamten geschlossen haben.«

Damals gehörte die Französische Revolution bereits der Vergangenheit an. Doch die Kirche wollte nicht begreifen, daß irgendetwas auf Erden ihre Macht brechen könnte. Zu einer Zeit, da die Kirche auf die Eheschließung keinen Einfluß mehr hatte und die Ziviltrauung bereits in zahlreichen Ländern eingeführt worden

31. Die Bulle »In Eminenti«

32. Einführung des Aufzunehmenden in die Loge

33. Der Eid

34. Aufnahme in eine Wiener Loge

war, brachte Pius VII. in seinem Breve *Vix Nova a Nobis* am 27. Februar 1809 die Meinung der Kirche über Mischehen zum Ausdruck:

»Einige von Euch haben mich ersucht, die Dispens erteilen zu dürfen oder zu gestatten, daß die Ehe zwischen zwei Personen geschlossen werde, von denen die eine sich zum katholischen Glauben bekennt und die andere ein Ketzer ist; wir sind der Ansicht, daß Ihr Euch der Tatsache vollkommen bewußt seid, daß die wahre katholische Kirche, die Kirche Jesu Christi, die Ehe mit Ketzern immer mißbilligte; die Kirche betrachtet solche Eheschließungen mit Abscheu ...«

Bald verschlechterten sich die Beziehungen zwischen dem Heiligen Stuhl und dem Kaiser, und 1809 kam es zum Bruch. Pius VII. exkommunizierte Napoleon, der den Papst daraufhin gefangennehmen und nach Savona bringen ließ. Fünf Jahre lang war der Pontifex der Gefangene des Kaisers. Erst im Jahre 1813 sollten sich die Beziehungen zwischen dem Heiligen Stuhl und Frankreich wieder normalisieren.

Das Konkordat von 1813 und das Ende der napoleonischen Ära

Nach langen und schwierigen Verhandlungen wurde Anfang 1813 ein neues Konkordat unterzeichnet. Der Papst stimmte der Annektierung des Kirchenstaates durch das französische Kaiserreich zu und willigte ein, in Avignon zu bleiben.

Am 9. März 1814 war der Kaiser geschlagen, und im Mai kehrte der Papst nach Rom zurück. Unterstützt von seinem getreuen Kardinal Consalvi begann er unverzüglich, den Kirchenstaat neu aufzubauen. Er setzte zunächst die Heilige römische Inquisition wieder ein, dann die Gesellschaft Jesu. Die Juden, die sich unter französischer Verwaltung frei bewegen durften, wurden wieder ins Ghetto verbannt.

Im April 1814 bestieg Ludwig XVIII. den französischen Thron, was der Papst begeistert begrüßte. Doch »bald war diese Freude getrübt; sie wich einem großen Schmerz, als Wir von der vom Pariser Senat beschlossenen Verfassung des Königreiches, die in den Zeitungen veröffentlicht wurde, Kenntnis erhielten«, schrieb er an den Bischof von Troyes, Mgr. de Boulogne. »Diese katholische Religion . . . wird nicht als die einzige betrachtet, die in ganz Frankreich den Anspruch auf gesetzlichen und behördlichen Schutz von seiten der Regierung hat . . .«

Doch nicht nur darüber hatte sich der Papst zu beklagen.

». . . Neuen Anlaß zur Sorge, die Unser Herz noch heftiger bedrückt, bereitet Uns der Paragraph 22 der Verfassung. Es wird nicht nur Religions- und Gewissensfreiheit gewährt . . ., sondern es wird auch versprochen, diese Freiheit zu unterstützen und zu schützen . . . Wenn man allen Konfessionen ohne Unterschied freie Religionsausübung gestattet, verwechselt man Wahrheit und Irrlehre[1].«

Als seine Proteste nichts fruchteten, wandte der Papst seine Aufmerksamkeit einer anderen Frage zu, die er zum Abschluß brachte. Am 31. Juli 1814 unterzeichnete er die Konstitution *Sollicitudo Omnium Ecclesiarum*, die das Breve *Dominus ac Redemptor Noster* Klemens' XIV. aufhob, und die Gesellschaft Jesu wiederherstellte.

In dieser Bulle erklärte der Papst, Zar Paul von Rußland und König Ferdinand von Neapel hätten sich für die Wiedereinsetzung der Gesellschaft in diesen Staaten verwendet. Er habe allergnädigst ihren demütigen Bitten nachgegeben und erweise der Welt diese Wohltat, die die aufgeklärten Geister klugerweise so sehr schätzen.

Wie gewöhnlich schließt die Bulle mit der üblichen Klausel, daß jeder, der sich erdreiste, gegen die Bulle zu verstoßen, den Zorn Gottes des Allmächtigen und der seligen Apostel Petrus und Paulus zu gewärtigen habe.

Die Wiederherstellung der Gesellschaft war bereits seit längerem geplant, deshalb kam dieser Schritt für niemanden überraschend. Das Ausmaß des Schadens, der der Kirche durch die Auflösung des Ordens erwachsen war, machte die Rehabilitierung der Gesellschaft notwendig. Merkwürdigerweise beeilte sich der Papst,

eine Woche nach dieser historischen Tat eine weitere Bulle bekanntzumachen: Am 15. August 1814 verurteilte er die »teuflischen, subversiven Konventikel, die die Throne und die Religion gefährden«.
Die Carbonari schickten sich an, aktiv zu werden. Die Bulle war eigentlich gegen die Carbonari gerichtet, doch es sollte sich als verhängnisvoll erweisen, daß der Papst die Bewegung der Carbonari mit der Freimaurerei verwechselte. Er meinte, die Carbonari seien eine Deckorganisation, ein Pseudonym, hinter dem sich die Mitglieder des Ordens verbargen. Deshalb wurde die Freimaurerei erneut verurteilt, auch wenn sie mit der Tätigkeit der in Süditalien entstandenen geheimen, politischen Gesellschaft nicht das geringste zu tun hatte.
Daß er in seiner sieben Jahre später veröffentlichten Bulle *Ecclesiam* vom 13. September 1821 die Carbonari mit der Freimaurerei nicht mehr in Verbindung bringt, macht diejenigen nicht mehr lebendig, die diesen Irrtum des Papstes mit ihrem Leben bezahlten.

Die Freimaurerei nach der Revolution

Wie bereits erwähnt, mußten die Logen bereits in den ersten Tagen der Revolution ihre Pforten schließen. Dann kamen die Jahre, da die ehemaligen Mitglieder der Freimaurerei verfolgt wurden. Die meisten von ihnen wurden festgenommen, mehrere auch hingerichtet. Mit Ausnahme einiger Logen, vor allem in den Provinzen, verschwand die Freimaurerei und mußte sich lange Zeit hindurch verborgen halten.
Nach der Reaktivierung des Ordens in Frankreich wurde Roëttiers de Monteleau der »Grand Vénérable« des Grand Orient, und im Jahre 1799 wurde die Einheit der Grande Loge nach 25jähriger Trennung wiederhergestellt. Allerdings gab es noch einige schottische Logen, die ihre Unabhängigkeit wahren wollten und sich der Grande Loge nicht anschlossen. Sie gründeten am 22. Oktober 1804 die »Grande Loge générale écossaise« des

Alten und Angenommenen Ritus, und Frankreich hatte wiederum zwei Großlogen. Im Jahre 1805 trennte sich die Grande Loge erneut vom Grand Orient. Der Großmeister des Grand Orient war Joseph, der Bruder Napoleons: Dadurch erlebte diese Großloge einen ungeahnten Aufschwung. Obwohl sie im Jahre 1802 nur ungefähr hundert Logen besaß, zählte sie zehn Jahre später beinahe tausend.

Zum Glück genoß die Freimaurerei den Schutz des prominentesten Mannes des frühen 19. Jahrhunderts. Auf die Frage, ob Napoleon Freimaurer war oder nicht, soll hier nicht näher eingegangen werden. Wichtig ist vor allem seine Haltung der Freimaurerei gegenüber. Er wurde ihr Schirmherr, und unter seiner Patronanz konnte sich die Freimaurerei in allen Ländern, die er eroberte, in ungeahntem Ausmaß entfalten. Auch die Mitglieder seiner Familie waren der Freimaurerei gegenüber positiv eingestellt. In Frankreich war sein Bruder Louis stellvertretender Großmeister, und Joseph wurde, wie schon erwähnt, Großmeister des Grand Orient. In Mailand hatte Prinz Eugène de Beauharnais das Amt eines Großmeisters inne, in Neapel war es der neue König, Joachim Murat.

Abgesehen davon waren die Vertreter des neuen Regimes in allen Logen anzutreffen, und auch nach der Abdankung Napoleons legte Ludwig XVIII., ein Cousin des Philippe Egalité, dem Orden nichts in den Weg. Er enthielt sich jeder Stellungnahme und tat nichts, um die Entfaltung der Bewegung zu hemmen oder zu verhindern.

Die Revolution hatte ganz Europa erschüttert. Die Vertreter des aufgeklärten Absolutismus hatten sehr wohl begriffen, daß man an einem Wendepunkt der Geschichte stand und eine neue Zeit herannahte. Doch als das Ereignis, das Maria Theresia vorausgeahnt hatte, tatsächlich eintrat, kam es zwar nicht überraschend, doch es erschütterte alle durch seine Größe und seine Gewalt.

Selbstverständlich reagierte jedes Land anders. Da sich die Freimaurerei bekanntermaßen durch ihre fortschrittliche Gesinnung auszeichnete, wandten sich die Regierungen, denen jeder Fortschrittsgedanke Unbehagen bereitete, gegen die Freimaurerei.

Sie hätten übrigens alles und jedes auszuschalten versucht, was die liberale Gesinnung der damaligen Zeit begünstigt hätte. So befahl König Viktor Amadeus III. von Sardinien umgehend die Auflösung des Ordens. Zum Glück fand er in den anderen italienischen Staaten keine Nachahmer, auch England folgte seinem Beispiel nicht, und noch weniger die Staaten des aufgeklärten Absolutismus, Preußen, Österreich und Rußland.
Am 12. Juli 1799 verabschiedete das englische Parlament ein Gesetz, das die Auflösung aller revolutionären und konspirativen Gesellschaften vorsah, doch um jedes Mißverständnis auszuschließen, enthielt der Gesetzestext den Zusatz, daß diese Bestimmung nicht für die Freimaurerei gelte, denn es sei bekannt, daß diese philanthropische Ziele verfolge.
Im übrigen zerfiel die Freimaurerei noch immer in zwei Großlogen, die einander Konkurrenz machten. Die Londoner Großloge, die »Moderns«, zählte 380 Logen, während sich die Anzahl der Logen, die sich den »Antients« angeschlossen hatten, auf 260 belief. Gegen Ende des 18. Jahrhunderts wurde der Wunsch nach einem Zusammenschluß der beiden Großlogen immer stärker, – und obwohl die Angelegenheit drängte, mußte man bis zum Winter-Johannisfest, am 27. Dezember 1813, warten, bis der Zusammenschluß Wirklichkeit wurde: An diesem Tag wurde in einer feierlichen Versammlung die »*United Grand Lodge of Ancient Freemasons of England*« geschaffen. Ihr erster Großmeister wurde der Herzog von Sussex, der Sohn König Georgs III.
In Preußen hatte sich die Lage unter Friedrich II. so sehr gefestigt, daß die Revolution, die in einem anderen Land wütete, den Staat nicht allzusehr erschüttern konnte. Sein Nachfolger, Friedrich Wilhelm III., beobachtete die durch die Revolution hervorgerufenen Veränderungen aufmerksam, doch er stellte niemals eine direkte Verbindung zwischen den revolutionären Ereignissen und der Tätigkeit der Freimaurerei her. Auch wenn er selbst niemals eingeweiht wurde, verhinderte er die weitere Entwicklung der Freimaurerei nicht. Dank dieser günstigen Konstellation wuchs die Zahl der Logen, und die Freimaurerei bestand weiterhin, ohne behelligt zu werden.

Weniger erfreulich war es, daß neben den zahlreichen neuen Logen auch unzählige Geheimgesellschaften und hermetische Vereine entstanden, die mit der Freimaurerei nichts zu tun hatten, sie aber nach Möglichkeit nachzuahmen versuchten. Schließlich setzte ein Dekret des Königs von Preußen vom Jahre 1798 diesem heillosen Durcheinander ein Ende. Die drei Großlogen wurden anerkannt, doch das Dekret verbot die Gründung jeder weiteren Vereinigung, deren Auffassungen mit denen des Regimes nicht übereinstimmten oder die geheime oder mystische Ziele verfolgten.

Erst als dieses Dekret wieder aufgehoben wurde, erwies sich, wie klug der König die Lage beurteilt hatte. In den folgenden 13 Jahren wurden nicht weniger als 25 sogenannte freimaurerische Gesellschaften gegründet, die über insgesamt 500 Logen verfügten. Die Mitglieder wurden, wenn es nicht anders ging, mit Hilfe von Zeitungsannoncen oder ähnlichen Mitteln angeworben, Methoden, die der Freimaurerei völlig fremd waren.

Katharina die Große von Rußland hatte sich vor der Revolution zu liberalem Gedankengut bekannt und den Fortschritt gefördert. Nun war sie zwar der Meinung, daß die Ereignisse zu Ende des Jahrhunderts eine wohlverdiente Strafe für die Könige darstellten, doch obwohl sie die Folgen der Revolution verurteilte, machte sie keineswegs die Freimaurerei dafür verantwortlich.

Friedrich der Große starb im Jahre 1786. Er erlebte also die Revolution nicht mehr. Doch für Joseph II. wurden die Voraussagen seiner Mutter einige Monate vor seinem Tod (20. Februar 1790) traurige Wirklichkeit. Er war viel zu klug, um Einzelpersonen oder eine Vereinigung für die Ereignisse verantwortlich zu machen, die nicht nur seine Mutter vorausgesehen hatte.

Auf Spanien und Portugal schienen die revolutionären Ereignisse keinen Einfluß ausgeübt zu haben. Die bestehende Ordnung war niemals in Gefahr.

In Portugal kam es nach der Absetzung des großen Schirmherrn der Freimaurerei, Minister Pombal, immer wieder zu Verfolgungen, die von der Königin gefördert und vom stets wachsamen obersten Inquisitor Diego de Pina Manique durchgeführt wur-

den. Dennoch existierte die Bewegung weiterhin, und im Jahre 1800 konstituierte sich die Großloge von neuem.
Doch ihr Bestand war nur von kurzer Dauer. Die Freimaurerei überschätzte den Aufschub, der ihr vorübergehend gewährt wurde. Im Jahre 1810 setzten die Verfolgungen wieder ein, und die dreißig vornehmsten Freimaurer von Lissabon wurden in Ketten auf die Azoren deportiert. Unter König Johannes VI., der vor Napoleon nach Brasilien floh und nach dessen Sturz wieder zurückkehrte, erreichten die Verfolgungen ihren Höhepunkt. Der König gab einen Erlaß gegen die Freimaurerei heraus, der für alle Mitglieder Zwangsverschickung oder Tod durch Erhängen vorsah: Das Urteil wurde gnadenlos vollstreckt.
In Spanien herrschten zu Beginn des 19. Jahrhunderts verworrene Verhältnisse, die Lage war gespannt. Das Land war wirtschaftlich durch den Unabhängigkeitskrieg (»Halbinselkrieg«) geschwächt, König Ferdinand VII. wurde in Paris gefangengehalten. Das 1812 wiedereingesetzte Parlament (Cortes) beschloß eine neue Verfassung, die zwar die Monarchie bestätigte, aber die Rechte des Königs schmälerte. Weiters wurden Pressefreiheit und die Abschaffung der Sklaverei, der Folter und der Inquisition verfassungsmäßig proklamiert.
Im Jahr 1814 kehrte Ferdinand VII. zurück und hob umgehend alle Reformen auf. Er setzte die Inquisition wieder ein, schloß die Universitäten und verbot alle Zeitungen.
Auch die Freimaurerei wurde bis zur Thronbesteigung Joseph Bonapartes verboten. Die 1809 gegründete Großloge von Madrid wurde nach dem Sturz Napoleons von Ferdinand VII. wieder geschlossen.
Pius VII. veröffentlichte am 15. August 1814 ein Breve, das Geheimgesellschaften verurteilte. Es wurde von Ferdinand VII. sofort anerkannt und als Waffe gegen die Freimaurerei verwendet. Über ihre Mitglieder wurden Strafen verhängt, wie sie sonst nur bei schweren Verbrechen gegen die Staatssicherheit üblich waren, während die Inquisition in einem am 2. Jänner 1815 veröffentlichten Edikt für sich das Recht beanspruchte, diese Strafen gnadenlos zu vollstrecken. Es ist anzunehmen, daß sich der

König und die Inquisition das Vermögen der Freimaurer teilten. Im Jahre 1819 sammelte der ehemalige Großmeister, der spanische General Rafael del Riego, eine kleine Armee um sich und verlangte die Wiederherstellung der Konstitution. Der König gab schweigend nach, vergaß ihm aber seine Niederlage nie. Als Frankreich im Jahre 1823 unter Ludwig XVIII. Spanien erneut besetzte, wurde Rafael del Riego erschossen, und der König erklärte, daß alle, die nicht innerhalb von 30 Tagen der Freimaurerei abgeschworen hätten, unweigerlich gehängt würden.

Dennoch versammelten sich einige Logen im geheimen, worauf im Jahre 1824 ein neues Verbot verhängt wurde: Alle Meister der Loge von Granada wurden enthauptet, und der einzige Lehrling, der gerade eingeweiht worden war, zur Galeerenstrafe verurteilt. Im Jahre 1828 schlug Ferdinand VII. abermals zu: Zwei namhafte Persönlichkeiten wurden hingerichtet, weil sie der Freimaurerei verdächtig waren. Nach dem Tode des Königs hörten die Verfolgungen auf; dennoch mußte man mehr als zehn Jahre warten, ehe sich die Logen neu konstituierten und ihre Tätigkeit wieder aufnahmen.

Es scheint zunächst merkwürdig, daß die Freimaurerei in den einzelnen Ländern jeweils unterschiedlich behandelt wurde, im Grunde aber ist es nicht verwunderlich, denn die Großlogen spiegelten zwangsläufig den Charakter ihrer Mitglieder wider.

Die englische Freimaurerei hebt das Ansehen ihrer Mitglieder und legt mehr Wert auf das Zeremoniell. Die französische Freimaurerei ist zu allen Reformen bereit, wenn sie ein Wegbereiter des Fortschritts werden kann. Die deutsche Freimaurerei ist dynamisch und entschlossen; sie geht ihren Weg ohne Rücksicht auf Schwierigkeiten und Opfer, die ihr die Entfaltung der Bewegung abverlangt. Die Ereignisse des 20. Jahrhunderts bestätigen leider, daß diese Feststellung zutrifft.

Und während Pius VII. mit der Freimaurerei, »dieser abscheulichen Pest«, scharf ins Gericht ging, vertrat ein katholischer Freimaurer, Joseph de Maîstre, in seinem Werk »Du Pape« (1819) den kirchlichen Absolutismus gegen die Anschauungen des Gallikanismus.

Pius VII. und die Carbonari

Die Zusammenstöße mit Napoleon nahmen zwei Drittel der Regierungszeit Pius' VII. in Anspruch, doch auch das letzte Drittel seiner Amtszeit verlief keineswegs ruhig, obgleich der Kaiser der Franzosen von der politischen Bühne abgetreten war. Tatsächlich trat eine neue Gesellschaft unbekannten Ursprungs nachhaltig in Erscheinung; über ihre Tätigkeit war nichts Genaues bekannt, doch sie tat ihre Wirkung. Die »Carbonari« machten immer mehr von sich reden, obgleich sie unsichtbar blieben und niemand wußte, wer ihre Führer waren. Doch sie handelten so koordiniert, daß es jemanden geben mußte, der die Fäden in der Hand hielt.

Ihr Ziel war die Einigung Italiens, ihr symbolischer Wahlspruch hieß: »Säuberung des Waldes von den Wölfen«, also Befreiung von den Tyrannen.

Die Organisation ahmte einige Riten und einzelne Formen der Freimaurerei nach und war tatsächlich ein Geheimbund. Ihre Logen hießen »Vendita«, die Zeremonien gingen in der »Baracca« vor sich, wo die taktischen Pläne ausgearbeitet wurden; ihr Gelöbnis war zweifellos folgenschwer, denn jedes Mitglied mußte nicht nur schwören, über die Vorgänge in den Logen Stillschweigen zu bewahren, sondern mußte sein Leben dem Sieg der Freiheit, der Einheit und des Fortschritts weihen und nötigenfalls opfern.

Die Bewegung, die schließlich in ganz Italien Triumphe feierte, stand unter Pius VII. erst in ihren Anfängen, doch Frankreich hatte bewiesen, wohin derartige Bewegungen führen können, wenn sich das Volk seines eigenen Wertes, seiner eigenen Kraft und seiner Rechte bewußt wird.

Den Auftakt bildete in Italien das »Risorgimento«, eine Strömung, die sich anfangs für die Wiedererstehung der italienischen Kultur einsetzte, später allerdings vorwiegend politisch tätig war und sich die Befreiung und Einigung Italiens zum Ziel gesetzt hatte.

Sobald sich das Gerücht von der Existenz einer solchen Bewegung verbreitete, wurden sofort Maßnahmen getroffen, um die Einigungsbestrebungen im Keim zu ersticken. Kardinal Pacca, eher wegen seiner Härte als wegen seiner Frömmigkeit bekannt, wurde vom Papst mit der Verfolgung der Carbonari beauftragt. Wie schon erwähnt, lehnte sich das Carbonaritum an die Freimaurerei an. Es handelte sich sicher nicht um eine philanthropische, sondern um eine nationalistische Bewegung. Da sie von allen Seiten angefeindet und verfolgt wurde, mußte sie ihre Tätigkeit geheimhalten, denn sie hatte wie die Freimaurerei ihre Märtyrer, die ihre Mitgliedschaft mit ihrem Leben bezahlten. Kardinal Pacca hatte trotz seiner Hartnäckigkeit Mühe, ihrer habhaft zu werden und sie zu bestrafen. Für den Heiligen Stuhl war diese Intervention unerläßlich, denn der fortschrittliche Geist der Bewegung lief seinen Interessen zuwider. Also mußte man ihn bekämpfen.

Am 13. September 1821 erließ der Papst seine Bulle *Ecclesiam* gegen jene, die sich »gegen den Herrn und gegen ihren Christus« verschworen und unter der Bezeichnung »Carbonari« eine neue Gesellschaft gegründet hätten, deren Hauptziel es sei, »das Papsttum, gegen das sie die schwärzesten und verabscheuungswürdigsten Komplotte schmieden, zu stürzen, denn sie hassen den Stuhl Petri wegen seines Primates ganz besonders«.

Das Breve konnte den Wunsch der Italiener nach einem freien und geeinten Vaterland nicht unterdrücken.

Am 20. August 1823 starb der Papst im Alter von 81 Jahren. Niemals war in ihm die Ahnung aufgestiegen, daß er einer der letzten Vertreter einer vergangenen Epoche war, die einige Jahrzehnte später endgültig zu Ende sein sollte.

Leo XII.

Das Konklave trat zusammen, um den Nachfolger Pius VII. zu wählen, doch für die Kardinäle war die Zeit stehengeblieben. Die reaktionäre Partei der Zelanti war immer noch sehr stark, und schließlich einigte sich das Konklave am 28. September 1823 auf

einen der Kandidaten dieser Partei, Kardinal Annibale Graf Della Genga. Von ihm hieß es, er habe »innerhalb weniger Tage auf dem Gebiet des Despotismus einen Grad seltener Vollkommenheit erreicht[2]«.
Obwohl er zur Zeit seiner Wahl noch relativ jung war (63 Jahre), hatte das Alter bereits seinen Rücken gebeugt, und seine Gesundheit ließ zu wünschen übrig.
Er nahm den Namen Leo XII. an.
»Mgr. Della Genga war bereits mit 22 Jahren Kämmerer Seiner Heiligkeit, Pius' VI., gewesen. Zur Zeit der Revolution und des Kaiserreiches war er mit zahlreichen diplomatischen Missionen betraut worden, die seltsamerweise alle mehr oder weniger gescheitert waren[3].«
Als er Papst wurde, war seine erste Tat die Ausschaltung des Kardinals Consalvi, des allmächtigen Staatssekretärs zu Lebzeiten seines Vorgängers. Seine Ansichten waren ihm zu liberal[4].
Mit ihm bestieg die Reaktion und der Geist des Mittelalters den Stuhl Petri. Die Inquisition nutzte die Gelegenheit, um möglichst viele Vorteile für sich herauszuschlagen, und pochte auf ihre angestammten Rechte. Ein päpstlicher Gesandter, ein Kardinal »von einer Grausamkeit, wie sie seit langem kaum mehr vorstellbar war, verurteilte in der Romagna innerhalb von drei Monaten 508 Angeklagte zum Tode oder zu lebenslänglichem Kerker oder er schickte sie ins Exil[5]«. Die Juden wurden neuerlich in die Gettos verbannt. Dieser Stellvertreter Gottes auf Erden wollte das Rad der Geschichte so weit zurückdrehen, daß er nicht nur den Weinverkauf verbot, sondern auch die Pockenschutzimpfung, um dem Göttlichen Willen nicht in den Arm zu fallen. Kühner schreibt: »Engstirnigkeit, Kleinlichkeit und Borniertheit waren die vorherrschenden Eigenschaften seines Charakters wie seines Pontifikates[6,7].«
Er wollte die frühere weltliche Macht des Heiligen Stuhls wiederherstellen und forderte sogar den jährlichen Tribut, den der König von Neapel einst an den Papst zu bezahlen hatte. Allerdings lehnte es der König beider Sizilien ab, sich als Vasall des Pontifex zu betrachten.

Die Freimaurerei unter Leo XII.

Wie bereits erwähnt, wurden auch die Freimaurer während der Revolution verfolgt. Viele machten die Freimaurerei für die Ereignisse verantwortlich, und diesen Gerüchten schenkten auch einige Monarchen Glauben.

Zar Nikolaus I., überzeugt von der Teilnahme der Freimaurer an der Revolution der Dekabristen (oder Dezembristen), die 1825 eine konstitutionelle Regierungsform gefordert hatten, erneuerte 1826 den Erlaß seines Vorgängers, Zar Alexanders I., der nach der Rebellion des Regimentes Semenowsky am 1. August 1822 den Orden auf dem ganzen russischen Territorium hatte verbieten lassen.

Am 1. August 1824 veröffentlichte König Ferdinand von Spanien einen neuen Erlaß, der an Grausamkeit nicht zu überbieten war: Jeder Freimaurer, der entdeckt würde, sollte binnen 24 Stunden ohne irgendein Verfahren und ohne weitere Erklärung gehängt werden. Tatsächlich wurden am 9. September 1825 sieben Mitglieder einer Loge in Granada bei einer Versammlung überrascht, und man ließ ihnen gerade noch Zeit, zu beichten und zu kommunizieren, ehe man sie hängte[8].

Leider waren sie nicht die einzigen Opfer. In den vergangenen Jahren waren mehrere Freimaurer in Granada und Barcelona hingerichtet worden, und in einer neuen Bartholomäusnacht wurden die meisten Freimaurer Lissabons ermordet.

Der Heilige Stuhl ging im Jahre 1826 zum Angriff über. Am 13. März 1825 wurde das Breve *Quo Graviora Mala* erlassen.

Die Bulle richtete sich vor allem gegen »geheime« Gesellschaften im allgemeinen und ganz besonders gegen »diejenige, die man mit dem Namen Universitär bezeichnet und welche immer Unsere Aufmerksamkeit auf sich zog ...« Doch:

» ... Wir glauben, daß es Unsere Pflicht ist, diese geheimen Gesellschaften abermals zu verurteilen, damit keine von ihnen behaupten kann, sie sei von Unserem Apostolischen Spruch nicht betroffen ...

Wir verurteilen vor allem, und erklären für null und nichtig den ruchlosen und verbrecherischen Eid, durch den diejenigen, welche diesen Gesellschaften beitreten, sich verpflichten, niemandem etwas über die Angelegenheiten dieser Sekten zu enthüllen . . . Ist es nicht in der Tat ein Verbrechen, einen Eid als unwiderrufliches Band anzusehen, also als einen Akt, der rechtskräftig ist und mit dem man sich verpflichtet, einen Mord zu begehen und die Autorität derer zu verachten, die alles, was für die Religion oder die Gesellschaft wichtig ist und ihre Ruhe gefährden kann, wissen müssen, da sie mit der kirchlichen oder staatlichen Gewalt ausgestattet sind?
. . . . Schließlich wenden wir uns mit Wohlwollen denen zu, die trotz der Erleuchtung, die ihnen zuteil wurde, und trotz der Gabe des Himmels und der Gnade des Heiligen Geistes, deren sie teilhaftig wurden, das Unglück hatten, sich verführen zu lassen und in solche Gesellschaften einzutreten, sei es in die niederen Ränge oder in die höchsten Grade . . . Wir bitten und ersuchen sie eindringlich, zu Jesus Christus zurückzukehren . . .«

Da die Freimaurerei offiziell als eine »geheime Gesellschaft« angesehen wurde und die Verurteilung keine von ihnen ausnimmt, gilt das Breve *ex offo* auch für die Freimaurerei, und man zählt es im allgemeinen zu denen, die gegen die Freimaurerei gerichtet sind, auch wenn der Orden nicht ausdrücklich genannt wird.
Allmählich machten sich die Freimaurer mit dem Gedanken vertraut, daß jede Art von päpstlicher Verurteilung, gleichgültig, welcher Gesellschaft, automatisch auch sie betraf.
Diese Praxis hatte auch ihr Gutes. Als nach zahlreichen, weniger folgenschweren Verurteilungen im Laufe des Jahrhunderts im Jahre 1884 der letzte und schwerste Schlag gegen sie geführt wurde, waren sie gegen Verbote aller Art schon so immun, daß sie auch diese Verurteilung gelassen hinnahmen.

Pius VIII.

Leo XII. starb am 10. Februar 1829. Man zerbrach den Fischerring, und der Kämmerer berief ein neues Konklave ein, und das um so rascher, als man den verblichenen Pontifex nicht in besonders guter Erinnerung hatte.
Der Kirchenstaat und ganz Italien erlebten eine bewegte Zeit. Im Volk gärte es, und die Aktionen der Carbonari hatten zu derart gespannten Verhältnissen geführt, daß der geringste Fehler unabsehbare Folgen haben konnte.
Dank des unermüdlichen Einsatzes des Kardinals Albani wurde Kardinal Castigliani zur allgemeinen Überraschung und zu seinem eigenen Erstaunen zum Papst gewählt. Er war wenig bekannt, verhältnismäßig beleibt und ungewöhnlich häßlich. Rasch wurde er zur Zielscheibe des Spottes, und alle Welt machte sich über ihn lustig.
Der neue Papst nahm den Namen Pius VIII. an, und da er bereits bei seinem Amtsantritt kränklich war, stand zu erwarten, daß sein Pontifikat von kurzer Dauer sein würde.
Als ob er gefühlt hätte, daß ihm wenig Zeit blieb, erließ er kurz nach seiner Wahl in aller Eile seine Enzyklika *Traditi* (24. Mai 1829), in der er die universitäre Gesellschaft und die eigenmächtige Übersetzung und Verbreitung der Heiligen Schrift streng verurteilt.
Im darauffolgenden Jahr veröffentlichte der Papst am 25. März eine weitere Bulle bezüglich der Mischehen, *Litteris Alto*, in der es unter anderem heißt:

»Katholiken, Männer oder Frauen, die Nichtkatholiken heiraten;.. verstoßen nicht nur gegen die heiligen Kanones, sondern versündigen sich auch direkt und schwer gegen das väterliche und göttliche Gesetz.
Jedesmal wenn ein Katholik einen Nichtkatholiken ehelichen will, ist der Bischof oder der Priester der Pfarre verpflichtet . . . eine solche Person eindringlich vor der Schwere des Verbrechens, dessen sie sich vor Gott schuldig macht, zu warnen . . .

Daß außerhalb des wahren katholischen Glaubens niemand gerettet werden kann ..., und da infolgedessen die katholische Frau im vorhinein aufs grausamste den Kindern gegenüber handeln würde ..., wenn sie eine solche Ehe eingeht ...«

Diese Bestimmungen sind immer noch in Kraft, wenn sich auch die Bischöfe und Priester nicht mehr daran halten.
Diesmal hatten diejenigen recht behalten, die ein kurzes Pontifikat vorausgesagt hatten. Pius VIII. starb am 30. November 1830, nach einer Amtszeit von nur 20 Monaten.

Die Grabinschrift des Pasquino traf zu:

Chi dell'ottavo Pio contezza vuole avere
Tanquem si non fuisset dee sapere

(Wer sich für den achten Pius interessiert, muß wissen, daß alles so geschah, als ob er nicht existiert hätte.)

Gregor XVI.

Auch mit dem folgenden Papst hatte die Kirche nicht mehr Glück.
»Genial war Gregor XVI. sicherlich nicht ...«, schrieb der katholische Schriftsteller Daniel-Rops[9].
Als das Konklave zusammentrat, war die politische Lage gespannt. Das Jahr war sehr ereignisreich gewesen. Polen hatte sich 1830 gegen die russische Unterdrückung erhoben, und die zweite französische Revolution hatte neuerlich den Thron gestürzt und eine antiklerikale Welle ausgelöst.
Im selben Jahr gründete ein katholischer Priester, Abbé Lamenais, in Frankreich die Zeitung »L'Avenir«, in der er die Trennung von Staat und Kirche forderte. Der seit 1789 schwelende Konflikt, der durch das Konkordat von 1801 und die Charta von 1814 vorübergehend beigelegt worden war, brach 1830 von neuem aus. Gleichzeitig erstarkte der Liberalismus als Gegenströmung zur unbeugsamen Haltung der Kirche.

Wieder waren im Konklave, das am 14. Dezember 1830 zusammentrat, zwei Gruppen vertreten: die Zelanti und die Liberalen. Am 2. Februar 1831 gingen die Parteigänger der Reaktion abermals als Sieger hervor, und ihr Kandidat, Kardinal Mauro Cappellari, wurde zum Papst gewählt. Er nahm den Namen Gregor XVI. an. »Das Konklave hatte sich für den Starrsinn entschieden[10].«

Dreierlei kennzeichnete seine Regierungszeit:

1. Sein eigensinniger Kampf gegen das, was er »die Absurdität der Gedankenfreiheit« nannte;
2. die Bulle *Mirari Vos*;
3. die Einstellung des Heiligen Stuhls, die sich in der Aussage des Papstes widerspiegelt: »Der Stuhl Petri wurde in seinen Grundfesten erschüttert. Die Bande der Einheit lockerten sich von Tag zu Tag. Die Kirche war dem Haß der Völker ausgeliefert . . .« Offenbar war ihm nicht bewußt, daß er an dieser Situation nicht unschuldig war. Die einzige Institution, die während seiner Amtsführung neuen Auftrieb erhielt, war die Inquisition.

Die Wahl Gregors XVI. wurde von den Anhängern der italienischen Einigungsbewegung und von den Liberalen als eine Herausforderung empfunden. Unmittelbar danach brach die Revolution im Zentrum Italiens aus. Doch der Papst gab nicht nach. Starrsinnig bekämpfte er alles, was seinen Ansichten zuwiderlief. Die Situation spitzte sich zu. Es wurde eine päpstliche Armee geschaffen, um den Kirchenstaat im Falle einer Revolution verteidigen zu können. Der Gegenschlag ließ nicht auf sich warten: die revolutionären Unruhen verstärkten sich, man ließ sich nicht mehr einschüchtern.

Die Bewegung der Carbonari unternahm einen weiteren Schritt. Mazzini, eines ihrer Mitglieder, der wegen seiner revolutionären Artikel nach Marseille flüchten mußte, gründete dort im Jahre 1831 die Gesellschaft La Giovana Italia (Das Junge Italien).

Der Papst stand der Situation hilflos gegenüber. Sein plötzlicher Tod am 1. Juni 1846 befreite ihn von seinen Leiden.

Der unbegreiflichste Erlaß von allen, die er veröffentlichte, war

das Breve *Superiori Anno* von 9. Juni 1832: Darin verurteilte er die polnischen Katholiken, die sich gegen die russische Unterdrückung erhoben hatten.
Die Bulle *Mirari Vos* wurde am 15. August 1832 bekanntgemacht. Sie vertritt folgenden Standpunkt:

»Die Perversität, die schamlose Wissenschaft, die schrankenlose Zügellosigkeit regen sich voll Heftigkeit und Dreistigkeit; . . . Die göttliche Autorität der Kirche wird angegriffen; man entreißt ihr ihre Rechte; sie wird nach ganz und gar weltlichen Überlegungen beurteilt . . .
Es ist der Gipfel der Absurdität und Schmähung, wenn behauptet wird, daß sie eine Erneuerung oder Regeneration nötig hätte, ... als ob es denkbar wäre, daß auch sie einer Schwächung, einer Verdunklung oder einer anderen derartigen Veränderung unterworfen sein könnte.
Wir kommen nun auf eine Sache zu sprechen, ... die der Kirche gegenwärtig schwere Sorgen bereitet. Wir meinen den Indifferentismus, oder diese verhängnisvolle Meinung, ... daß man durch jedwedes Glaubensbekenntnis das ewige Seelenheil erlangen könnte, vorausgesetzt, daß man einen Lebenswandel führt wie ihn die Gerechtigkeit und Redlichkeit erfordert . . . Der Apostel hat uns davor gewarnt: ›Es gibt nur einen Gott, nur einen Glauben, nur eine Taufe‹; mögen alle zittern, die glauben, daß jede Religion auf einem leichten Weg zum Hafen der Glückseligkeit führt . . .
Aus dieser vergifteten Quelle des Indifferentismus entspringt diese falsche und absurde Maxime, oder eher dieser Irrsinn: daß man jedem die Gewissensfreiheit einräumen und gewährleisten muß; ein äußerst unheilvoller Irrtum, dem diese absolute und schrankenlose Meinungsfreiheit, die überall um sich greift, den Weg ebnet, zum Verderben der Kirche und des Staates . . .
Dazu kommt die Pressefreiheit, die verhängnisvollste Freiheit, eine verwerfliche Freiheit, für die man niemals genügend Abscheu empfinden kann und die manche Menschen mit so viel Lärm und so viel Hartnäckigkeit zu fordern und überall zu verbreiten wagen . . . Durch die ständige Obsorge, mit der der Heilige Apostoli-

sche Stuhl sich zu jeder Zeit bemühte, verdächtige und gefährliche Bücher zu verurteilen und sie den Händen der Menschen zu entreißen, ist Uns klar, wie falsch, dreist und schmählich für den Apostolischen Stuhl und wie unheilschwanger für das christliche Volk die Lehre derer ist, die sich nicht damit zufriedengaben, die Zensur als zu belastend und drückend abzulehnen, sondern die die Perversität so weit trieben zu verkünden, daß die Zensur den Grundsätzen der Gerechtigkeit widerspreche, und so weit, daß sie sich erkühnten, der Kirche das Recht abzusprechen, sie zu beschließen und auszuüben.
Wir haben in Erfahrung gebracht, daß in der Öffentlichkeit Schriften verbreitet sind, deren Lehren die Treue und den Gehorsam den Fürsten gegenüber erschüttern; . . . Alle mögen sorgfältig erwägen, daß es nach den Worten des Apostels ›keine Macht gibt, die nicht von Gott kommt und daß die bestehenden Mächte von Gott eingesetzt wurden; wenn man sich also der Macht widersetzt, so widersetzt man sich dem Gebot Gottes‹.
Zu den anderen Dingen, die uns schwer bedrücken, kommen noch gewis-se Gesellschaften und Vereinigungen, die bestimmte Regeln befolgen. Sie organisieren sich als Armeekorps[11]*, mit Sektierern falscher Religionen und Konfessionen jeder Art, zwar unter dem Deckmantel der Ergebenheit gegenüber der Religion, in Wirklichkeit jedoch in dem Wunsch, überall Neuerungen und Aufruhr zu verbreiten, indem sie jede Art von Freiheit fordern, Unruhe gegen die kirchliche und weltliche Gewalt stiften und jede Autorität, auch die heiligste, ablehnen.*
Übrigens mögen die Fürsten, Unsere vielgeliebten Brüder in Christo . . . bedenken, daß die Macht ihnen nicht nur zur Beherrschung der Welt, sondern vor allem zur Unterstützung und Verteidigung der Kirche verliehen wurde; . . . sie mögen begreifen, daß die Sache des Glaubens ihnen teurer sein muß als selbst die Angelegenheiten ihres Reiches.«

Die Enzyklika *Mirari Vos* bedeutet eine Verurteilung des Liberalismus, wobei für den Papst alle Auffassungen liberalistisch sind, die die Freiheit vor die Autorität der Kirche stellen. Die

Stimme des unfehlbaren Stellvertreters Gottes auf Erden erhob sich also gegen diese »absurden und satanischen« Ideen.
Am 8. Mai 1844 veröffentlichte der Papst seine letzte Bulle, *Inter Praecipuas*: Darin verurteilt er die Bibelgesellschaften, die die Bücher der Heiligen Schrift in alle Volkssprachen übersetzten und sie in der Absicht veröffentlichten, sie »wahllos Christen und Ungläubigen« anzubieten, »um jeden dazu zu verleiten, die Schrift ohne Anleitung zu lesen und zu interpretieren«.
Das Scheitern seiner Politik hatte ihn in seinen letzten Jahren mürrisch werden lassen. Er hatte Schiffbruch erlitten, und er wußte es. Die revolutionären Kräfte, die er bekämpft hatte, waren nicht mehr einzudämmen, und die Kirche mußte sich ihre Ohnmacht eingestehen.
Dank der italienischen Einigungsbewegung, deren Einfluß von Tag zu Tag wuchs, hatte man die Freimaurerei zwar nicht behelligt, doch der Friede währte nicht lange: Der Nachfolger Gregors XVI. nahm sich des Ordens erneut an.

Die Frage der italienischen Einigung

Zu Beginn des 19. Jahrhunderts hatte man in Italien keine Möglichkeit, Forderungen durchzusetzen, die den Interessen der herrschenden Klasse oder der absolutistischen Regierungen abträglich waren.
Die Forderung nach Gleichberechtigung und Freiheit war mit den Interessen der damaligen Machthaber unvereinbar. Da die italienischen Patrioten mit Recht Repressalien befürchteten, schlossen sie sich in Geheimgesellschaften zusammen, um Pläne zur Verwirklichung ihrer Forderungen auszuarbeiten.
So entstand auch die Bewegung der Carbonari. Sie arbeitete im geheimen, doch ihre Existenz und ihre Ziele waren bekannt: Sie strebte die nationale Einigung Italiens an. Das in kleine politische Einheiten aufgespaltene Volk war ohnmächtig. Es ist also verständlich, daß die italienische Einigung ein Wunschtraum der italienischen Patrioten war.

Der Wiener Kongreß von 1815 konnte das Problem nicht lösen. Italien war nur ein »geographischer Begriff«. Es zerfiel in acht kleine, immer wieder umgruppierte Staaten und war ein Spielball der Mächte, denen die Wünsche der Bevölkerung gleichgültig waren. Diese wirklichkeitsfremde Teilung ihres Landes erbitterte die italienischen Patrioten. Im Laufe der folgenden 30 Jahre wurden in allen italienischen Staaten immer wieder Komplotte geschmiedet, doch da es weder eine gemeinsame Organisation noch koordinierte Aktionen gab, wurden die verschiedenen kleinen Gruppen rasch aufgerieben. Schließlich entstand eine gesamtitalienische Bewegung, da eine Koordinierung der verschiedenen Aktionen unerläßlich geworden war. Die Zeit war reif, und das Carbonaritum war nur mehr die äußere Form dieser Bewegung, ihr Aktions- und Führungsorgan.
Der politische Geheimbund wurde Anfang des 19. Jahrhunderts gegründet und war im Jahre 1815 am stärksten.
Trotz der Begeisterung ihrer Führer und ihrer Mitglieder war die Tätigkeit der Carbonaria zunächst wenig erfolgreich. Sie organisierte einen ersten Aufstand in Macerata, das zum Kirchenstaat gehörte (Juni 1817), doch die Rebellion wurde innerhalb weniger Stunden niedergeschlagen, die Anführer wurden verhaftet und zu lebenslänglichem Zuchthaus oder zur Galeerenstrafe verurteilt. In Neapel waren die Carbonari erfolgreich. Sie erhoben sich gegen die Mißwirtschaft Ferdinands I. und erzwangen von ihm im Juli 1820 den Erlaß einer Konstitution. Durch einen Verrat des Königs marschierte jedoch im März 1821 die österreichische Armee in Neapel ein. Die Rache des Königs war grausam. Die Anführer der Carbonari wurden zum Tode oder zu lebenslänglichem Kerker verurteilt. Doch dieser Schlag bedeutete nicht das Ende der Bewegung, sondern stärkte sie. Es kam zu weiteren Aktionen. Unter Pius VII. verurteilte ein Sondergericht in Verona mehrere Carbonari im Jahre 1822 zum Tode.
Die Rolle der Geistlichen in der Carbonaria ähnelte der, die sie nach der ersten Verurteilung in der Freimaurerei gespielt hatten. »Trotz der allerhöchsten Exkommunikation der Anhänger der Carbonaria blieben zahlreiche Geistliche Mitglieder der Bewe-

gung und nahmen an ihren Aktionen teil[12], Aktionen, von denen man zumindest sagen muß, daß sie mit den Interessen der Kirche nicht im Einklang standen[13].«

Unter Leo XII. ging man mit äußerster Schärfe gegen die Carbonari vor. Der Papst entsandte als Legaten den energischen Kardinal Rivarola nach Ravenna, der seinem Wesen nach eher ein Soldat als ein Priester war[14] und der in kürzester Zeit die Gefängnisse füllte. Im Jahre 1825 ließ er mehr als 500 »Gute Vettern« verhaften, ihre Anführer, sieben an der Zahl, wurden zum Tod auf dem Schafott verurteilt. Die Carbonari protestierten gegen den Kardinal Sekretär, der bald von dem »wilden« Mgr. Filippo Invernizzi abgelöst wurde, und es setzte eine neue Welle von Verfolgungen ein. Im Jahre 1826 verurteilte die Kommission Invernizzis sechs Carbonari zur Galeerenstrafe und Hunderte andere zu Strafen zwischen drei und 25 Jahren Zuchthaus.

Trotz der Verfolgungen, denen die Carbonari in ganz Italien ausgesetzt waren, verstummte die Forderung nach einem Zusammenschluß Italiens nicht. ». . . . für einen verhafteten Carbonaro ließen sich zehn andere aufnehmen[15].«

Im Jahre 1825 wurden in Rom zwei Carbonari hingerichtet, im Jahre 1828 fünfzehn in Vallo, sechs weitere in Salerno und drei in der Hauptstadt, während Hunderte von Verschwörern ins Bagno wanderten.

Da und dort feierte die Revolution der Carbonari Triumphe.

Obwohl sich Kardinal Benvenuti in der Kapitulationsakte vom 26. März 1831 »ehrenwörtlich verpflichtete, daß kein Angehöriger des Kirchenstaates . . . jemals verfolgt, belästigt oder behelligt werden würde« und, obwohl Seine Eminenz Reverendissimus Kardinal Benvenuti sein Wort verpfändete, daß »Seine Heiligkeit allen Ausländern, die an der Revolution teilgenommen hatten, freien Abzug unter Mitnahme ihrer Güter gewähren würde . . .[16]«, setzte sich Gregor XVI. über die Zusicherung seines Legaten hinweg und erklärte sie für null und nichtig, indem er erklärte, der Kardinal sei eingeschüchtert und erpreßt worden. Er setzte zwei Kommissionen ein, die über die Revolutionäre zu Gericht sitzen sollten. Dank der Intervention der

französischen und der englischen Regierung, die gegen diesen Wortbruch protestierten, wurden einige tausend Verhaftete wieder freigelassen, und man begnügte sich damit, rund hundert Angeklagten den Prozeß zu machen.
In Modena folgte Franz IV., diesem Beispiel. Obwohl er schriftlich erkärt hatte, daß Ciro Menotti nicht zum Tode verurteilt werden würde, und auf das Kreuz geschworen hatte, daß er sein Leben schonen werde, endeten Menotti und der Notar Borelli, der die Verzichtserklärung des Hauses Este beglaubigt hatte, am 26. Mai 1831 auf dem Schafott.
Selbstverständlich trug ein solches Verhalten nicht dazu bei, die Gemüter zu beruhigen. Damals trat der Carbonaro Mazzini auf den Plan. In Marseille, wo er La Giovane Italia gründete, sammelte er alle geflüchteten Carbonari und Patrioten um sich, und der Kampf um die Einigung Italiens begann von neuem, diesmal unter der Devise Italia faràdasè. Sie verzichteten auf jede Unterstützung durch das Ausland, sondern wollten ihr Land selbst befreien, trotz der Opfer, die ihnen durch diese Haltung auferlegt wurden.
Im Februar des Jahres 1848 kam es in Frankreich neuerlich zu einer Revolution. Die italienischen Patrioten setzten nun ihre ganze Hoffnung auf Frankreich, mußten aber bald einsehen, daß sie sich getäuscht hatten. Nun kontrollierte die französische Armee ganz Frankreich, und von Freiheit oder Einigung war keine Rede mehr.
Im Kirchenstaat kam es zu immer neuen Aufständen. Die Herzogtümer verjagten ihre Herrscher, und in Venedig wurde die Republik ausgerufen. Die Massen gerieten in Taumel, und in ganz Europa gab der Freiheitsgedanke Tausenden von Unterdrückten neue Hoffnung.

Pius IX.

Gregor XVI. war kaum zu Grabe getragen, als das Konklave in aller Eile zusammentrat, und 48 Stunden später erhielt infolge eines ungeschickten Schachzugs der Kardinäle, die die Wahl des Kardinals Lambruschini verhindern wollten und daher für einen Kardinal stimmten, der nicht einmal kandidierte, zur allgemeinen Überraschung am 16. Juni 1846 Kardinal Giovanni-Maria Mastai-Ferretti im ersten Wahlgang die Stimmenmehrheit. Er nahm den Namen Pius IX. an.

Da er für seine liberale Haltung bekannt war, wurde seine Wahl von den Italienern mit grenzenloser Freude begrüßt. Sie sahen in ihm einen Verbündeten und setzten ihre ganze Hoffnung auf ihn. Leider zerrannen ihre Hoffnungen innerhalb weniger Monate. Dieser Papst war die größte Enttäuschung, die das italienische Volk im Laufe seines Kampfes um die nationale Einigung erleben mußte. Die Stimmung schlug um, das Volk wandte sich gegen den Papst. Im November floh Pius IX. nach Gaeta, das römische Parlament erklärte ihn für abgesetzt und rief die Republik aus. Doch auch diese war nur von kurzer Dauer. Eine französische Armee marschierte in Rom ein, die Österreicher besetzten die übrigen Staaten, die Unterdrückung begann von neuem. Alle Mühe und alle Opfer waren vergebens gewesen.

»Italien«, wie Fürst Metternich, der österreichische Staatskanzler im Sommer 1847 zu Lord Palmerston sagte, »ist eine geographische Bezeichnung.«

Die nun einsetzende Reaktion war härter als je zuvor. Im Jahre 1850 kehrte Pius IX. nach Rom zurück und übernahm die Staatsgeschäfte. Fortan war er ein erbitterter Gegner des liberalen Zeitgeistes und bekämpfte alles, was die weltliche Macht des Papsttums bedrohte oder zu bedrohen schien.

Die Sache der italienischen Einigung schien verloren, die Wiedereinsetzung des Papstes in seine früheren Rechte hatte ihr einen schweren Schlag versetzt. In allen Staaten wurde die alte Ordnung wiederhergestellt. Nur Piemont behielt das konstitutionelle Regime von 1848 bei und war daher eher als alle anderen Staaten geeignet, Ausgangspunkt der neuen Einigungsbewegung zu werden.

Im Jahre 1852 wurde Graf Cavour Premierminister von Piemont. Seine erste Sorge galt der Modernisierung der politischen und wirtschaftlichen Strukturen des Staates. Gleichzeitig gingen Mazzini und seine Anhänger zum Angriff über. Im Jahre 1853 kam es zu Unruhen in Venedig, Mailand und im Norden der Toskana; im Jahre 1854 erschütterte die Ermordung des Herzogs Karl III. Parma, und in Sizilien führten verschiedene Aktionen schließlich im Jahre 1856 zu einem Aufstand.

Zwei Jahre später wurde der Kampf um die italienische Einigung auf militärischer Ebene fortgesetzt. Damals trat Garibaldi auf den Plan. Dieser Mann des Volkes, der eine ungeheure Popularität genoß, gab die neue Parole aus: Italia e Vittorio-Emmanuele. Am 11. Mai 1860 landete er in Marsala und eroberte ganz Sizilien. Am 20. August setzte er nach Italien über und besetzte Neapel[17] und später Rom, die künftige Hauptstadt Italiens. Die revoltierenden Städte jubelten ihm zu und ergaben sich ohne Schwertstreich.

Damals war die Kirche nicht mehr Herr der Lage, auch in Rom nicht. Sie konnte sich weder auf das Volk verlassen noch mit der Nachsicht der Mitglieder des Jungen Italien rechnen.

Italien wurde sich seiner Stärke bewußt. Das neue Königreich brauchte eine Hauptstadt. Die Ankündigung, daß man Florenz zur Hauptstadt machen wolle, stieß auf Ablehnung und rief neue Unruhen hervor. Für alle war Rom die einzig mögliche Lösung. Um eine gütliche Einigung zu erzielen, wurden Geheimgespräche mit dem Papst geführt, die aber ergebnislos verliefen. Der Papst blieb unerbittlich. Pius IX. war nicht bereit, auf Rom zu verzichten.

Durch den plötzlichen Tod Cavours am 6. Juni 1861 trat in der Entwicklung der Ereignisse ein gewisser Stillstand ein. Erst im Jahre 1870 wurde die Frage der endgültigen Einigung Italiens wieder aktuell. Am 19. Juli brach der Deutsch-Französische Krieg aus. Die französische Armee verließ Rom, um ihr eigenes Land zu verteidigen.

In dieser gespannten Atmosphäre blickte nun ganz Italien nach Rom. Der König sandte ein persönliches Schreiben an den Papst, um sich mit ihm zu verständigen, doch Pius IX. blieb hart. Er lehnte alle Verhandlungen ab und befahl der päpstlichen Armee,

Widerstand zu leisten. Also griff Victor Emanuel Rom an, und einige Tage später hatte er die Stadt erobert. Die weltliche Macht des Papstes hatte aufgehört zu existieren.
Um eine Regelung zu finden, erließ die italienische Regierung am 13. Mai 1871 das Garantiegesetz: Die Person des Papstes wurde für geheiligt und unantastbar erklärt; außer einer Jahresrente von 3 225 000 Pfund sollte der Stellvertreter Christi auf Erden alle päpstlichen Paläste des Vatikan und des Lateran behalten, ebenso wie die Villa in Castel Gandolfo, alle Gärten, Güter und Nebengebäude, alle Bibliotheken, alle archäologischen Sammlungen und Kunstsammlungen, ohne weitere Auflage und steuerfrei; außerdem wurden ihm alle Rechte eines Souveräns zugesichert, wie Exterritorialität, Immunität, Repräsentation und sonstige Vorrechte.
Papst Pius IX. lehnte das Gesetz ohne zu zögern ab und lief bis zu seinem Lebensende dagegen Sturm. Er kämpfte bis zu seinem letzten Atemzug um die Wiederherstellung der alten Ordnung und die Wiedererlangung seiner weltlichen Macht.

Die Rolle der Freimaurerei

Der Anteil der Freimaurerei an der Bewegung, die zur Schaffung des italienischen Staates führte, wird, wie so oft, falsch beurteilt. Weder die Französische Revolution noch der Kampf um die Einigung Italiens waren ihr Werk. Sicher haben einige Freimaurer eine führende Rolle gespielt, doch es wäre unrichtig, zu verallgemeinern und die Vereinigung der italienischen Patrioten mit der Freimaurerei zu verwechseln.
Mazzini, Garibaldi, Cavour, Victor Emanuel I. und Victor Emanuel II., die führenden Köpfe der italienischen Patrioten, Crispi, Bertani und Lafarina, die den Zug der 1000 vorbereitet hatten, Fauchè, der ihnen zwei Schiffe zur Verfügung stellte, Lafarina und Buscalioni, die das Unternehmen finanzierten, waren alle Freimaurer. Dennoch lehnt es die Freimauerei ab, den Ruhm für die Taten dieser Männer zu ernten. Revolutionen sind nicht

Sache der Freimaurerei, sie gründet keine nationalistischen Bewegungen, auch wenn Freimaurer daran teilnehmen, wie ja auch zahlreiche Geistliche Mitglieder der nationalen Einigungsbewegung Italiens waren.

Die Carbonari ahmten zwar einige äußere Formen und praktische Organisationsmethoden der Freimaurerei nach, um den Schutz und die Sicherheit ihrer Mitglieder zu gewährleisten, dennoch darf man die beiden Bewegungen nicht miteinander verwechseln. Es waren nicht die Freimaurer, die der Idee der italienischen Einigung zum Sieg verhalfen. Sie wirkten höchstens als Katalysator. In Deutschland war Wilhelm I. ein Wegbereiter der Einigung des Landes, und er wurde der erste König eines geeinten Deutschland. In Italien war es Victor Emanuel. Beide wurden von Millionen von Patrioten unterstützt, von denen einige Freimaurer waren.

Pius IX. starb am 7. Februar 1878 im Alter von 86 Jahren. Sein Pontifikat währte 32 Jahre und war das längste in der Geschichte der Kirche. »Die außergewöhnliche Langlebigkeit Pius' IX. ist ein Wunder, das Gott zum Wohle der Kirche vollbrachte . . ., oder um sie zu bestrafen[18].« Die Italiener haben ihm seine Haltung niemals verziehen. Als drei Jahre später sein Sarg heimlich mitten in der Nacht in die Basilika San-Lorenzo-fuori-le-Mura überführt wurde, wo er zur letzten Ruhe gebettet werden sollte, griff eine Menge von zwei- oder dreihundert Leuten den Zug an. Mit dem Ruf: »Al fiume, al fiume la carogna« versuchten sie, der Leiche habhaft zu werden und sie in den Tiber zu werfen. »Die römische Polizei tat nichts, um diese Demonstration zu verhindern . . .[19]«

Die Bulle »Qui Pluribus«

In seiner ersten Enzyklika *Qui Pluribus* vom 9. November 1846 zeigt sich Pius IX. nicht weniger entschlossen als seine Vorgänger, die Traditionen der Kirche zu wahren.

Dieser Erlaß, der an die Bulle *Mirari Vos* Gregors XVI. erinnert und sie auch zitiert, ist eine Verurteilung der geheimen Gesellschaften, der Bibelgesellschaften und vor allem des aufkommenden Kommunismus. Nach einer verhältnismäßig milden und toleranten Einleitung fährt die Bulle in wesentlich schärferem Ton fort:

»Ihr kennt, hochehrwürdige Brüder, die . . . ungeheuerlichen Irrtümer und die Ränke, durch welche die Kinder dieses Jahrhunderts täglich versuchen, mit erbitterter Wut die katholische Religion, die göttliche Autorität der Kirche und ihre nicht weniger ehrwürdigen Gesetze zu bekämpfen; wie sie auch die Rechte der heiligen Macht und der staatlichen Obrigkeit mit Füßen treten . . .
Das ist das Ziel dieser geheimen Gesellschaften, die aus der tiefsten Finsternis emporgestiegen sind, um dem geistlichen und dem weltlichen Stand überall nur Verwüstung und Tod zu bringen . . .
Das ist das Ziel dieser arglistigen Bibelgesellschaften, die die alten Ränke der Ketzer von neuem beginnen und immer wieder, in einer ungeheuren Anzahl von Exemplaren, wobei sie keine Kosten scheuen, die Bücher der Heiligen Schrift verbreiten, die gegen die allerheiligsten Bestimmungen und gegen den Willen der Kirche in alle Volkssprachen übersetzt werden . . . Diese Bücher werden kostenlos allen Personen ohne Unterschied, auch den unwissendsten, angeboten[20] *. . .*
Das ist das Ziel dieses entsetzlichen Systems der Gleichgültigkeit gegen jede Religion, das mit der Erleuchtung der Vernunft selbst absolut unvereinbar ist. In diesem schrecklichen System behaupten die Apostel des Irrglaubens . . ., daß die Menschen in jedweder Religion das Heil erlangen können . . . Das ist das Ziel dieser ruchlosen Verschwörung gegen das geheiligte Zölibat der Priester: . . . Das ist das Ziel dieser perversen Art und Weise, vor allem die philosophischen Wissenschaften zu lehren[21] *. . . Das ist das Ziel der verabscheuungswürdigen Lehre, die sich Kommunismus nennt.«*

Diese Bulle war nur der Anfang. Von den 17 Verurteilungen, die die Freimaurerei betrafen, stammten acht von Pius IX. Für ihn war dieser Orden »eine Synagoge des Satans«.

Als Italiener konnte Pius IX. die italienische patriotische Bewegung nicht allzu scharf verurteilen, auch wenn er sie mißbilligte; sie kämpfte schließlich für die Befreiung und Einigung seines Landes. Also mußte die Freimaurerei, diese »geheime Gesellschaft«, die man immer verurteilen konnte, als Sündenbock dienen.

Die italienische Freimaurerei war in diesen Jahren stark in den Hintergrund getreten, doch sie war weiterhin die Zielscheibe heftiger Angriffe. Der Papst ließ sich keine Gelegenheit entgehen, um mit ihr abzurechnen. In jeder Rede, die er im Konsistorium oder anderenorts hielt, kam er immer wieder auf die »geheimen Gesellschaften« und auf die Freimaurerei zu sprechen. Er betrachtete die Freimaurerei als »das Gespenst, das Europa bedroht«.

Die Bullen gegen die »zügellose Gedankenfreiheit«

Nach zwei Konsistoriumsreden gegen die Geheimgesellschaften, ». . . diese Verbreiter perverser Dogmen, die auf diese Art versuchen, . . . allen Verbrechen den breiten Weg der Straflosigkeit zu öffnen, . . . diese abscheuerregenden Sekten des Verderbens«, veröffentlichte Pius IX. am 8. Dezember 1849 die Enzyklika *Noscitis et Nobiscum*. Er hielt sich immer noch in Gaeta auf – er war nach Gaeta geflohen, als Rom von den französischen Truppen besetzt wurde –, und der Ton des Breves war daher sicher nicht milder als der der vorhergehenden.

Hier einige Auszüge:

»Ihr wißt und seht wie Wir, . . . welche Verderbtheit einige verlorene Menschen entfalten . . ., sie tun alles, um die zügellose Freiheit des Gedankens und der Rede sowie jeder dreisten und ruchlosen Handlung zu verbreiten, in der Absicht, die katholische Religion zu zerstören . . .

Es ist Euch nicht unbekannt, hochehrwürdige Brüder, daß die Hauptakteure dieses verabscheuungswürdigen Unternehmens das

Ziel verfolgen, die Völker, die durch verderbte Lehren im Innersten erschüttert sind, zur Vernichtung jeder Ordnung in den menschlichen Dingen zu verleiten und sie den verbrecherischen Systemen des neuen Sozialismus und des Kommunismus auszuliefern.«

Nach dieser Einleitung kommt er auf die Bibelgesellschaften zu sprechen und verurteilt sie neuerlich, weil »sie nicht erröten, die heilige Bibel in volkssprachlichen Übersetzungen zu verbreiten«, dann greift er das erste Thema wieder auf:

». . . Von dieser Lehre der Verderbtheit und diesen Systemen weiß bereits alle Welt, daß es ihr Hauptziel ist, im Volk durch den Mißbrauch der Worte ›Freiheit‹ und ›Gleichheit‹ die schädlichen Erfindungen des Kommunismus und des Sozialismus zu verbreiten.
. . . die Arbeiter und die Menschen der niederen Schichten, getäuscht durch ihre arglistige Sprache und verleitet von dem Versprechen einer glücklicheren Lebensweise, in ständiger Unruhe zu halten und sie nach und nach an verbrecherischere Taten zu gewöhnen.
. . . daß unsere Armen sich daran erinnern, daß gerade nach den Lehren Christi ihre Mittellosigkeit sie nicht zu betrüben braucht: denn es ist eben die Armut, die ihnen den Weg zum Heil erleichtert, vorausgesetzt, daß sie ihre Bedürftigkeit geduldig ertragen und nicht nur in der Wirklichkeit arm sind, sondern auch im Geiste, denn es steht geschrieben: ›Selig die Armen im Geiste, denn ihrer ist das Himmelreich‹.«

Als der Papst 1850 nach Rom zurückkehrte, veröffentlichte er eine weitere Bulle gegen Johann Nepomuk Nuytz, Professor am königlichen Athenäum in Turin, der so unvorsichtig gewesen war, die Autorität der Kirche in weltlichen Belangen und bezüglich der Heiligkeit der Ehe in Frage zu stellen. Dann verurteilte er das Buch des Francisco de Paula G. Vigil aus Lima, der, ». . . obgleich Katholik und sogar, wie man sagt, im Priesterstand«, leugnet, daß »die katholische Kirche die Macht hat,

dogmatisch festzulegen, daß ihre Religion die einzig wahre Religion ist; er lehrt, daß jeder frei ist, an diejenige zu glauben und sich zu jener zu bekennen, die er, dem Lichte der Vernunft folgend, für richtig erachtet.«
In den folgenden Ansprachen und Bullen werden immer wieder die gleichen Fragen angeschnitten. Der Papst erklärt mit aller Deutlichkeit: »Die Kirche sagt ihnen immer wieder, daß die Grundlage des Glaubens nicht die Vernunft, sondern die Autorität ist.«
Im Jahre 1860 exkommunizierte er alle, die die Regierung Piemonts unterstützt hatten; dann verurteilte er die Mitglieder des Klerus, die die weltliche Macht des Heiligen Stuhls in Frage stellten, und es unter dem Schutz der piemontesischen Regierung gewagt hatten, »geistlich-liberale« Gesellschaften zu gründen.
Zu Beginn des Jahres 1864 war die Kirche bereits von den Wirren der vergangenen Jahre erschüttert, ihre weltliche Macht drohte zusammenzubrechen, und ihre geistliche Vorrangstellung war ebenfalls gefährdet[22].
Pius IX. war nicht bereit, Kompromisse zu schließen. Als er sah, daß ihm von allen Seiten Gefahr drohte, ging er zum Angriff über.
Am 8. Dezember 1864 veröffentlichte er die Enzyklika *Quanta Cura* und als Anhang einen *Syllabus*, ein zusammenfassendes Verzeichnis der von ihm verdammten Irrtümer.

Die Enzyklika *Quanta Cura* enhält im wesentlichen folgendes:

»Hochehrwürdige Brüder, Gruß und Apostolischen Segen;
»Alle haben erfahren, alle wissen, und Ihr besser als jeder andere, hochehrwürdige Brüder, mit welcher Sorge und welcher Wachsamkeit des Hirten die römischen Pontifices, Unsere Vorgänger, die ihnen von Jesus Christus selbst in der Person des Heiligen Petrus' übertragene Aufgabe und Pflicht erfüllten, nämlich die Lämmer und Schafe zu weiden: ... Voll Sorge um das Heil der Seelen, lag ihnen nichts mehr am Herzen als ... alle Ketzereien und alle Irrtümer zu entdecken und zu verdammen ...
Ihr wißt sehr wohl, hochehrwürdige Brüder, daß Wir, sobald Wir

durch den geheimen Ratschluß der Vorsehung und ohne irgendein Verdienst von Unserer Seite, auf den Stuhl Petri erhoben wurden, zu Unserem größten Seelenschmerz die schrecklichen Stürme, hervorgerufen durch soviele verderbte Lehren, und die erdrückendsten Übel erleben mußten . . . Wir haben Unsere Stimme erhoben, und haben in mehreren veröffentlichten Enzykliken, in Ansprachen im Konsistorium und in anderen Apostolischen Sendbriefen die hauptsächlichen Irrtümer unserer so traurigen Zeit verurteilt . . . Die Sache der katholischen Kirche und das Heil der Seelen, das Gott uns anvertraut hat, und das Wohl der menschlichen Gesellschaft erfordern nachdrücklich, daß Wir von neuem an Eure priesterliche Obsorge appellieren, um weitere falsche Ideen, die aus ebendiesen Irrtümern entspringen, zu verdammen. . . . In der Tat ist Euch genau bekannt, hochehrwürdige Brüder, daß es heute nicht an Menschen fehlt, die . . . im Gegensatz zur Lehre der Heiligen Schrift, der Kirche und der Kirchenväter, sich nicht scheuen zu behaupten, daß ›die beste Regierung diejenige sei, in der die Machthaber nicht das Recht haben, durch Vollziehung der Strafen die Schänder der katholischen Religion in die Schranken zu weisen, wenn es nicht die Erfordernisse der öffentlichen Ruhe verlangen‹.

Infolge dieser vollständig falschen Auffassung über die Regierung der Gesellschaft, zögern sie nicht, diese irrige Meinung zu vertreten . . ., daß nämlich die ›Freiheit des Gewissens und der Religion ein Recht sei, das jedem Menschen zusteht; daß es in jedem wohlbegründeten Staat proklamiert und garantiert werden muß; und daß die Bürger Anspruch auf die volle Freiheit haben, ihre Meinungen, welcher Art sie auch seien, durch das Wort, die Presse oder auf andere Weise laut und öffentlich kundzutun, ohne daß die kirchliche oder staatliche Behörde sie beschränken kann‹. Wenn sie aber solche dreisten Behauptungen unterstützen, bedenken und überlegen sie nicht, daß sie die Freiheit der Verdammnis predigen . . .

Ohne die sichersten Prinzipien der gesunden Vernunft im geringsten zu berücksichtigen, scheuen sich manche nicht zu behaupten, daß ›der Wille des Volkes, der sich in dem äußert, was sie die öffentliche Meinung oder auch anders nennen, das oberste Gesetz, auf das weder das göttliche noch das menschliche Recht Einfluß hat, darstellt . . .‹ Wer aber sieht und begreift nicht sehr wohl, daß eine Gesellschaft ohne die Gesetze der Religion und der wahren Gerechtigkeit kein anderes Ziel haben kann als die Reichtümer zu sammeln und aufzuhäufen . . . Deshalb verfolgen auch Leute dieser Art mit derart grausamen Haß die geistlichen Orden, trotz der ungeheuren Verdienste, die diese der christlichen Religion, der bürgerlichen Gesellschaft und der Gelehrsamkeit erwiesen haben . . .

Sie begnügen sich nicht damit, die Religion aus der Gesellschaft zu verbannen, sondern sie wollen sie auch aus dem Leben der Familie entfernen. Sie lehren und vertreten die verderblichen Irrlehren des Kommunismus und des Sozialismus und fordern, daß den Geistlichen als den Feinden des wahren Fortschritts der Wissenschaft und der Kultur jede Aufgabe und jede Rolle in der Ausbildung und Erziehung der Jugend genommen werden muß.

Sie scheuen sich nicht zu behaupten, daß ›die Gesetze der Kirche das Gewissen nur verpflichten, wenn sie von den staatlichen Behörden bekanntgemacht werden‹, . . . und sie erröten nicht zu behaupten, daß die Apostolischen Konstitutionen, die die Geheimgesellschaften, ob sie nun ein Gelöbnis der Verschwiegenheit fordern oder nicht, verurteilen und die deren Anhänger und Helfershelfer mit dem Bannfluch belegen, in den Ländern keine Gültigkeit haben, in denen die staatliche Regierung diese Arten von Gesellschaften duldet; daß die Kirche . . . nicht das Recht hat, die Übertreter ihrer Gesetze durch weltliche Strafen in die Schranken zu weisen . . .

Umgeben von einer derartigen Verderbtheit der unheilvollsten und gefährlichsten Meinungen . . . in Sorge um das Heil der Seelen, das Gott Uns anvertraut hat, und um das Wohl der Gesellschaft, . . . verwerfen Wir kraft Unseres Apostolischen Amtes, verbieten und verdammen Wir alle diese irrigen Meinungen und Lehren, die in diesem Schreiben im einzelnen angeführt sind.

Deshalb wenden Wir Uns auch in diesem Schreiben an Euch . . . Lehret, daß ›die Reiche auf der Grundlage des katholischen Glau-

bens stehen‹ . . . daß ›die königliche Macht nicht nur verliehen wurde, um die Welt zu regieren, sondern vor allem zum Schutz der Kirche‹ und daß ›wenn es um die Sache Gottes geht und gemäß der Ordnung, die Er eingesetzt hat, für die Staatsoberhäupter und Könige nichts nützlicher und ruhmreicher sein kann, als es sich angelegen sein zu lassen, den königlichen Willen dem der Priester Christi unterzuordnen, anstatt ihn über jenen zu stellen.«

Die Wirkung der Bulle

Die Wirkung der Bulle war unbeschreiblich. Sie war eine Kriegserklärung gegen den Liberalismus und den Fortschritt.

Um die Wirkung dieses päpstlichen Erlasses zu illustrieren, seien einige Stellen aus einem Artikel von E. Forçade zitiert, erschienen in der »Revue des Deux-Mondes« vom 1. Jänner 1865:

»Das große und nachhaltige Ereignis des Tages ist die Enzyklika des Papstes. Zunächst schien uns, es wäre politisch gesehen am klügsten, dieses peinliche Dokument als das Werk einer routinemäßigen und professionellen Übertreibung aufzufassen . . . Wir fühlen nichtsdestoweniger, daß es unter diesen Umständen nicht angebracht ist, eine ernste und tiefe Sorge unter der Maske der Heiterkeit zu verbergen. Die Enzyklika des Heiligen Vaters hat seine Freunde und seine Feinde gleichermaßen bestürzt.

Wenn man die Enzyklika des Papstes in Händen hat, kann man jetzt allen sagen, nun ist die Probezeit beendet. Ihr seht, daß die Vorstellung eines Kompromisses eine trügerische Täuschung ist. Ihr seht, daß jede gütliche Einigung unmöglich ist. Die Gewissensfreiheit wird als etwas Schändliches verworfen; der wohltuende Tolerenzgedanke wird als eine Abweichung von der Wahrheit zurückgewiesen; der Papst verlangt im Namen der Kirche das Recht, durch Leibesstrafen die Übertretung seiner geistlichen Gesetze zu ahnden. Unwillkürlich empfindet man Ekel und Entsetzen, wenn man bedenkt, daß in der Vergangenheit diese Ansprüche keine wirkungslosen Prahlereien waren, sondern mit der Gewalttätigkeit und Grausamkeit der fanatisierten Macht durchgesetzt wurden. Wenn man die Zukunft betrachtet, so scheint es ausgeschlossen, daß aufgeklärte Geister und aufrechte Menschen einer theokratischen Autorität willkürlich auf dem kleinsten Fleck der Erde die weltliche Macht einräumen, einer Autorität, der diese Macht dazu dienen würde, ihre Ansprüche zu verwirklichen[23].«

Der Syllabus

Der Bulle *Quanta Cura* war ein Syllabus beigefügt, ein Verzeichnis der hauptsächlichen Irrtümer, die in konsistorialen Allokutionen, Enzykliken und anderen apostolischen Schreiben im Laufe der vergangenen 18 Jahre verurteilt und verdammt worden waren. Aufgezählt werden 80 Irrtümer, die nach Meinung des Papstes der Kirche, dem Papsttum und den Rechten dieser Institutionen schaden.

Die Veröffentlichung des Syllabus war das Ergebnis 12jähriger Arbeit. Man kann dem Papst also nicht vorwerfen, daß er überstürzt gehandelt habe, denn diese Tatsache beweist, daß er diese Frage eingehend und sorgfältig geprüft hat. Dennoch könnte man leicht eine ganze Bibliothek nur mit Werken katholischer Schriftsteller füllen, die den Papst wegen seiner rückständigen Gesinnung und seiner kurzsichtigen, reaktionären Anschauungen tadeln und verurteilen.

Zufolge dieses Syllabus[24] waren die hauptsächlichen Irrtümer zur Zeit Pius' IX. folgende (Auszug):

4. Alle Wahrheiten der Religion kommen aus der natürlichen Kraft der menschlichen Vernunft; die Vernunft ist also die oberste Richtlinie, durch welche der Mensch das Wissen über alle Wahrheiten jeder Art erwerben kann und muß;
12. Die Dekrete des Apostolischen Stuhls und der Römischen Kongregationen verhindern den freien Fortschritt der Wissenschaft;
13. Die Methoden und Prinzipien, nach denen die alten schola-

stischen Doktoren die Theologie betrieben, entsprechen nicht mehr den Erfordernissen unserer Zeit und dem Fortschritt der Wissenschaften;

15. Es ist jedem Menschen freigestellt, jene Religion anzunehmen und sich zu ihr zu bekennen, die er im Lichte der Vernunft als die wahre erachtet;
16. Die Menschen können in der Pflege jeder Art von Religion den Weg zum ewigen Heil finden und das Heil erlangen;
18. Der Protestantismus ist nur eine andere Form derselben wahren christlichen Religion, eine Form, in der man Gott ebenso gefällig sein kann wie in der katholischen Kirche.

Kapitel 4: Sozialismus, Kommunismus, Geheimgesellschaften, Bibelgesellschaften, geistlich-liberale Gesellschaften.
Diese verschiedenen Arten von Teufelswerk werden in den schärfsten Worten verurteilt: in der Enzyklika *Qui pluribus* vom 9. November 1846, in der Allokution *Quibus quantisque* vom 20. April 1849, in der Enzyklika *Noscitis et Nobiscum* vom 8. Dezember 1849, in der Allokution *Singulari quadam* vom 9. Dezember 1854, in der Enzyklika *Quanto conficiamur maerore* vom 10. August 1863.

Kapitel 5: Irrtümer bezüglich der Kirche und ihrer Rechte.

21. Die Kirche hat nicht das Recht, dogmatisch festzulegen, daß die Religion der katholischen Kirche die einzig wahre Religion ist.
24. Die Kirche hat nicht das Recht, Gewalt anzuwenden; sie hat keinerlei direkte oder indirekte weltliche Macht.
45. Die gesamte Leitung jeder öffentlichen Schule, in denen die Jugend eines christlichen Staates erzogen wird, kann und muß einer staatlichen Behörde anvertraut werden, und das derart, daß keiner anderen Behörde das Recht zugestanden wird, in den Schulunterricht einzugreifen.
47. Die richtige Verfassung der bürgerlichen Gesellschaft verlangt, daß die öffentlichen Schulen allen Kindern aus allen Klassen des Volkes offenstehen, und im allgemeinen, daß die öffentlichen Institutionen, die die Wissenschaften lehren

und mit der höheren Ausbildung und Erziehung der Jugend beauftragt sind, der kirchlichen Obrigkeit und jeder Einmischung von seiten der Kirche entzogen sind und vollständig der Leitung der staatlichen Obrigkeit unterstellt werden.

54. Die Könige und Fürsten sind nicht der Gerichtsbarkeit der Kirche unterstellt und stehen sogar über der Kirche, wenn es sich darum handelt, über Fragen der Rechtsprechung zu entscheiden.
55. Die Kirche muß vom Staat getrennt werden und der Staat von der Kirche.
65. Es kann kein Beweis beigebracht werden, daß Christus die Ehe zum Sakrament erhoben hat.
66. Das Sakrament der Ehe ist nur ein Beiwerk des Vertrages, von dem es getrennt werden kann, und das Sakrament an sich besteht nur aus dem Ehesegen.
67. Durch das natürliche Recht ist das Band der Ehe nicht unlösbar, und in manchen Fällen kann die Scheidung im eigentlichen Sinne von der staatlichen Obrigkeit sanktioniert werden.
68. Die Kirche hat nicht die Macht, eine Eheschließung zu verhindern oder eine Ehe zu annullieren; diese Macht steht der staatlichen Obrigkeit zu.
74. Eheschließungen und Verlobungen fallen in den Bereich der bürgerlichen Rechtsprechung.
77. In unserer Zeit ist es nicht mehr angebracht, die katholische Religion unter Ausschluß aller anderen Glaubensbekenntnisse als die einzige Religion eines Staates zu betrachten.
78. Daher ist es richtig, daß in einigen katholischen Ländern gesetzlich bestimmt wird, daß den Ausländern, die sich in diesem Land niederlassen, die öffentliche Ausübung ihrer eigenen Religion gestattet ist.
80. Der Papst in Rom kann und muß sich mit dem Fortschritt, dem Liberalismus und der modernen Kultur versöhnen und befreunden.

Kurz, der Syllabus bezeichnete als »Irrtümer«: die Vorstellung von der Überlegenheit der menschlichen Vernunft; die Behauptung, alle Religionen seien gleich; die Zurückweisung des Anspruchs der katholischen Kirche, ihre Religion sei die einzig wahre; die Trennung von Kirche und Staat; die Aberkennung des Rechtes der Kirche, Gewalt anzuwenden; die Zivilehe; es wird auch als Irrtum angesehen, daß der römische Pontifex sich mit dem Fortschritt und der modernen Kultur versöhnen kann und muß.

Der Syllabus erregte ungeheures Aufsehen. Selbst die gläubigsten und gehorsamsten Katholiken waren bestürzt und empört. Der Bischof von Orléans, Mgr. Félix Dupanloup, veröffentlichte kurz darauf eine Broschüre mit einem Kommentar. Darin versuchte er, durch allerlei Spitzfindigkeiten dem Syllabus eine andere Deutung zu geben, um die Gemüter zu beruhigen. Doch obwohl die Broschüre für ihn persönlich einen ungeheuren Erfolg bedeutete, war seine Mühe vergebens. Dieser Syllabus rief in der ganzen Welt und in allen Kreisen Empörung hervor, denn wenn man die »Irrtümer« überprüfte, mußte man zu dem Schluß kommen, daß die Kirche sich gegen den Fortschritt aussprach. War es nicht ein Beweis dafür, daß die Kirche mit dem Fortschritt nichts zu tun haben wollte, wenn sie die Forderung, der Papst solle sich mit dem Fortschritt und der modernen Kultur aussöhnen und anfreunden, als »Irrtum« verurteilte[25]?

Der Kulturkampf

Die Bulle und der Syllabus empörten nicht nur die Katholiken, sondern sie waren sicher auch einer der Gründe, wenn nicht der Hauptgrund, daß in Deutschland eine neue Bewegung auf den Plan trat, deren Ziel der sogenannte »Kampf für die Kultur« war. Die eigentlichen Ursachen des Kulturkampfes lagen vielleicht woanders, doch diese Fehler des Heiligen Stuhls lieferten einen ausgezeichneten Vorwand.

Deutschland strebte, wie Italien, eine Einigung der verschiedenen kleinen, von Duodezfürsten regierten und ausgebeuteten Staaten an, als Bismarck, der »eiserne Kanzler«, zur Macht kam.

Dieser machte sich die kirchenfeindliche Stimmung nach der Veröffentlichung der beiden päpstlichen Dokumente zunutze.
Otto von Bismarck (der nie Freimaurer, sondern eher ein Gegner der Bewegung war) hatte von Anfang an in der Person des Papstes einen Feind, der an der Einigung Deutschlands wenig Gefallen fand. Das Verhältnis zwischen dem Papst und Bismarck verschlechterte sich zusehends. Im Jahre 1872 kam es zu einem Religionsstreit, der schließlich zum Abbruch der Beziehungen zwischen Deutschland und dem Heiligen Stuhl führte.
Als König Wilhelm die Einigung Deutschlands anstrebte, unterstützten ihn die Freimaurer aller kleinen deutschen Staaten.
Dem Papst war Teilnahme der Freimaurerei an der italienischen Einigungsbewegung nicht unbekannt; daher mißtraute er nach diesem geglückten Unternehmen allen Aktionen, die eine Einigung Deutschlands zum Ziel hatten, um so mehr. Nun stellte bereits Preußen allein eine größere Gefahr für die Kirche dar als jeder andere mächtige Staat, und die Aussicht, daß sich alle deutschen Staaten zu einer einzigen Nation vereinigen könnten, die noch dazu protestantisch und kirchenfeindlich wäre, mußte den Papst beunruhigen. Die Unterstützung durch die verhaßten Freimaurer war auch nicht dazu angetan, ihn zu besänftigen.
Die Erklärungen des Papstes boten Bismarck eine ausgezeichnete Gelegenheit, um energisch durchzugreifen, und der Kulturkampf erhielt einen entscheidenden Impuls.

Die Freimaurerei und der Sozialismus

Die Entwicklung der deutschen Freimaurerei vollzog sich trotz des königlichen Schutzes nur langsam. Einerseits wurde sie durch interne Streitigkeiten geschwächt, andererseits war ein neuer Gegner aufgetaucht, der ebenso mächtig war wie Kirche: der Sozialismus, der sich mit unglaublicher Schnelligkeit ausbreitete und der der Freimaurerei zweifellos feindlich gegenüberstand.
Die rein naturalistischen und materialistischen Vorstellungen der Sozialisten, und mehr noch der Kommunisten, vertrugen sich

schlecht mit den Grundgedanken der Freimaurerei, denn diese war zwar stets eine Fahnenträgerin liberaler und fortschrittlicher Ideen gewesen, doch sie hatte von ihren Mitgliedern immer verlangt, an die Existenz des Großen Baumeisters aller Welten zu glauben, und hatte sich nie von der Religion oder der Kirche losgesagt, Begriffe, die der Sozialismus verwarf. Diese »Prediger des Humanismus«, wie die Sozialisten die Freimaurer spöttisch nannten, waren ihnen ebenso verdächtig wie die Prediger der Kirche. Doch Glaube und materialistische Auffassung waren nicht die einzigen Gegensätze zwischen der Freimaurerei und dem sozialistisch-kommunistischen Lager. Der Toleranzgedanke, zu dem sich die Freimaurerei stets bekannt hatte, war mit dem Klassenkampf der Kommunisten ebensowenig vereinbar wie das Bekenntnis zu einer Religion. Es lag also in der Natur der Dinge, daß sich die beiden Bewegungen und ihre Mitglieder als Gegner betrachteten.

»Sogar in Frankreich und in Italien . . . beschlossen die Mitglieder der sozialdemokratischen Partei, daß jedes Mitglied, das einer Loge angehörte, aus der Partei austreten müsse[26].«

Die Freimaurerei, die bisher nur einen Feind gehabt hatte, wurde nun von zwei Seiten bekämpft. Zwischen zwei Feuer geraten, befand sie sich in einer mehr als seltsamen Lage: Sie wurde von der Kirche verurteilt, die ihr vorwarf, sie sei religionsfeindlich, und sie wurde von den Sozialisten abgelehnt, weil sie den Glauben hochhielt. Sie wurde von der Kirche verurteilt, weil sie fortschrittliche Ideen verbreitete, und von den Sozialisten abgelehnt, weil sie sich zum Toleranzgedanken und zu humanitären Zielen bekannte. Sie war der Sündenbock zweier feindlicher Lager, die sie beide verfolgten, während die Freimaurerei niemals gegen eines der beiden Stellung genommen hatte.

Die Sozialisten betrachteten die Freimaurerei als eine elitäre Gesellschaft und hatten es immer abgelehnt, mit ihr zusammenzuarbeiten. Die Kirche warf andererseits der Freimaurerei vor, sie habe die Grundsätze des Sozialismus erfunden, verbreitet und verteidigt.

Die Freimaurerei im Kreuzfeuer der Kritik

Die Gemüter hatten sich noch keineswegs beruhigt, als der Papst am 25. September 1865 in einer Allokution vor dem Konsistorium die Freimaurerei mit einer Heftigkeit angriff, die selbst dann überraschend wirkt, wenn man den Stil und die Gesinnung des Papstes kennt. In seinem Breve *Multiplices Inter* läuft er gegen die Freimaurerei Sturm.

Hier einige Auszüge aus diesem Breve:

»Zu den zahlreichen Machenschaften und Mitteln, durch welche die Feinde des christlichen Namens sich erdreisteten, die Kirche Gottes anzugreifen, und versuchten, wenngleich vergebens, sie zu zerschmettern und zu zerstören, ist ohne Zweifel auch diese entartete Gesellschaft von Menschen gemeinhin ›maurerisch‹ genannt, zu zählen, die, zunächst von Dunkelheit und Finsternis umfangen, schließlich ans Licht getreten ist, um die Religion und die menschliche Gesellschaft gleichermaßen zu vernichten.
Sobald Unsere Vorgänger ... ihre Fallstricke und Ränke erkannt hatten, dachten sie, daß keine Zeit zu verlieren sei ... um diese Sekte, die das Verbrechen in sich trägt, zu verurteilen und wie mit dem Schwerte auszurotten.
Wollte es der Himmel, daß die Monarchen den Worten Unseres Vorgängers Gehör geschenkt hätten ... Wollte es der Himmel, daß sie in einer so schwerwiegenden Angelegenheit nicht so halbherzig gehandelt hätten. Wir (und auch Unsere Väter) hätten sicher niemals so viele beklagenswerte aufrührerische Bewegungen, so viele Aufstände, die ganz Europa in Schutt und Asche legten, erleben müssen, noch so viele bittere Übel, die die Kirche betrübten und noch betrüben.
Allerdings hatten diese Bemühungen des Apostolischen Stuhls nicht den Erfolg, den man hätte erwarten dürfen. Die maurerische Sekte, von der wir hier sprechen, wurde weder besiegt noch zum Schweigen gebracht: im Gegenteil, sie hat sich derart entwickelt, daß sie in diesen schweren Tagen überall in Erscheinung tritt, ohne bestraft zu werden, und daß sie das Haupt dreister erhebt als je

zuvor. Wir haben es deshalb für notwendig erachtet, auf diese Frage zurückzukommen, erwägend, daß man durch Unkenntnis ... fälschlich glauben könnte, daß diese Gesellschaft harmlos sei, daß diese Institution kein anderes Ziel habe, als den Menschen zu helfen und ihnen in der Not beizustehen; und daß sie für die Kirche Gottes keine Gefahr darstelle.

Wer hingegen sieht nicht, wie sehr sich eine solche Vorstellung von der Wahrheit entfernt? Wonach trachtet also diese Gesellschaft von Menschen jeder Religion und jedes Glaubens? Warum diese heimlichen Versammlungen und dieses strenge Gelöbnis ... Eine Gesellschaft, die das Tageslicht so sehr scheut, ist ohne jeden Zweifel gottlos und verbrecherisch; ›denn wer Böses tut‹, sagt der Apostel, ›haßt das Licht‹.

Wie sehr unterscheiden sich von einer solchen Gesellschaft die frommen Vereinigungen der Gläubigen, die innerhalb der katholischen Kirche blühen! Bei ihr ist nichts Verborgenes, kein Geheimnis ... Daher haben Wir nicht ohne Schmerz erleben müssen, daß katholische Gesellschaften dieser Art, die so heilsam sind ... mancherorts angegriffen und sogar vernichtet werden, während man im Gegenteil die lichtscheue maurerische Gesellschaft ermutigt oder zumindest duldet ...

In dieser Lage ... verwerfen und verurteilen Wir diese maurerische Gesellschaft und die anderen derselben Art ...

»Nun bleibt Uns nur noch ..., die Gläubigen zu warnen und zu ermahnen ... Wir ermahnen sie streng, vor den durchtriebenen Reden der Sektierer auf der Hut zu sein, denn unter einem ehrenwerten Äußeren sind sie von einem brennenden Hasse gegen die Religion Christi und die rechtmäßige Obrigkeit erfüllt und haben nur einen einzigen Gedanken sowie ein einziges Ziel, nämlich alle göttlichen und menschlichen Rechte zunichte zu machen.

Wollte Gott ..., daß ... die Verblendeten zur Vernunft kommen und ... das Wüten der verderbten Menschen eindämmen, die mit Hilfe der obenerwähnten Gesellschaften gottlose und verbrecherische Taten planen, auf daß die Kirche und die menschliche Gesellschaft sich von den so zahlreichen und so tief verwurzelten Übeln erholen können.«

Diese Allokution gegen die Freimaurerei ist sicherlich schwerwiegend. Man wundert sich über diese Beschuldigungen und über den aggressiven Ton, der auch dann nicht angebracht wäre, wenn die Vorwürfe zu Recht bestünden. Sie sind aber um so bestürzender, als sie aus dem Munde des Stellvertreters Christi kommen, obwohl Christus die brüderliche Liebe lehrte. Immerhin verurteilt der Papst die Gesellschaft auf Grund abenteuerlicher Beschuldigungen und erklärt, sie sei »ein Feind Gottes und der Kirche«.

Die Argumente sind stets dieselben. Da der Papst nichts Neues gegen die Freimaurerei vorzubringen hat, wirft er ihr den Eid vor, die Bestrafung der Ungehorsamen, die Furcht vor dem Tageslicht und die Verschwörung gegen Altar und Krone.

Pius IX. war ein Extremist. Er war der festen Überzeugung, daß die weltliche Macht der Päpste göttlichen Ursprungs sei, daß die Stimme der Kirche stets genügend Kraft haben werde, um die Weiterentwicklung des Fortschritts und der Menschheit zu verhindern, und daß der Papst unfehlbar sei.

Am 12. Oktober 1869 veröffentlichte Pius IX. die Bulle *Apostolicae Sedis*, in der er die Freimaurerei neuerlich mit derselben Heftigkeit und Entschlossenheit verurteilt wie in seinem Breve von 1865.

Die Bulle beginnt mit einem Hinweis auf alle früheren Verurteilungen, die im Namen von Klemens XII., von Benedikt XIV., Pius VII., Leo XII. und Gregor XIV. ausgesprochen wurden. Diese Verurteilungen werden ohne die geringste Änderung vollinhaltlich bestätigt, dann heißt es weiter:

»Wir verhängen die dem Papst vorbehaltene Exkommunikation latae sentenciae über diejenigen, welche den Sekten der Freimaurer oder der Carbonari oder Vereinigungen derselben Art angehören, da sie entweder öffentlich oder geheim gegen die Kirche oder die rechtmäßigen Obrigkeiten konspirieren.«

Hätte sich der Papst mit dieser Wiederholung der Exkommunikation begnügt, so wäre diese Bulle nicht weiter erwähnenswert. Doch die Verurteilung erstreckte sich diesmal auch auf jene, die

es unterließen, die Mitglieder dieser Vereinigungen anzuzeigen; so wurden Kinder und Ehefrauen exkommuniziert, wenn sie ihren Vater oder ihren Gatten nicht verraten wollten.
Dieser Papst, der die Unfehlbarkeit des Papstes zum Dogma erhob, verurteilte die Freimaurerei acht Mal. Doch trotz dieser Verurteilungen entwickelte sich die Freimaurerei und die sozialistischen Ideen unaufhaltsam weiter.

Die Freimaurerei in Frankreich

Durch den Sog der politischen Ereignisse geriet die französische Freimaurerei vorübergehend in ein anderes Fahrwasser und begab sich auf ein Gebiet, das mit ihren eigentlichen Pflichten und Zielen nichts zu tun hatte. Das Zweite Kaiserreich wollte sie zu seiner Verbündeten machen, und Prinz Murat wurde zum Großmeister des Grand Orient ernannt, während Prinz Jérôme Vorsitzender des Suprême Conseil wurde. Der erstere wurde im Jahre 1862 von Marschall Magnan abgelöst, der einen so guten Ruf genoß, daß er nach seinem Tode trotz der Proteste des Vatikan ein christliches Begräbnis erhielt.
Ein weiteres Ereignis sollte sich als folgenschwer erweisen: Im Jahre 1877 beschloß der Grand Orient de France auf Vorschlag des Pastors Desmons, die Formel »Zum Ruhme des Allmächtigen Baumeisters Aller Welten« aus der Konstitution zu streichen. Diese revolutionäre Neuerung wurde immer wieder falsch ausgelegt und wird dem Grand Orient selbst heute noch übelgenommen. Als Folge dieses Beschlusses brach die Vereinigte Großloge von England unmittelbar darauf alle Beziehungen mit dem Grand Orient de France ab. Dabei beabsichtigte der Grand Orient sicher nicht, dem Atheismus das Wort zu reden.
Seine Absichten gehen klar aus dem Protokoll hervor, das anläßlich der Abstimmung über diese Frage angefertigt wurde. Dennoch ist über dieses Thema schon viel geschrieben worden. Folgendes wurde protokolliert: »Die Freimaurerei ist weder deistisch noch atheistisch und auch nicht positivistisch. Als Institu-

tion, die die Solidarität aller Menschen vertritt und in die Tat umsetzt, ist ihr jedes Dogma und jedes religiöse Kredo fremd. Ihr einziges Prinzip ist die absolute Achtung vor der Gewissensfreiheit . . .«

Der Wortlaut dieser Erklärung hat den widersprüchlichsten und auch feindseligsten Kommentaren Tür und Tor geöffnet. Man beabsichtigte ohne Zweifel, den Toleranzgedanken genauestens zu definieren und wollte betonen, daß der Grand Orient ausschließlich Achtung vor der Gewissensfreiheit verlangte und der Tatsache, ob seine Mitglieder praktizierende Katholiken oder Agnostiker waren, keinerlei Bedeutung beimaß. Doch es lag ihm fern, durch den obenzitierten Satz den Glauben an den Großen Baumeister aller Welten aus den Logen zu verbannen. Man rückte praktisch nur von dem Grundsatz ab, die Bibel aufzulegen, da ja auch der Koran, das Alte Testament, der Talmud, die Veden und das Tao-te-king nicht auflagen, obwohl Juden oder Mohammedaner ebenso Logenmitglieder waren wie Katholiken. Abgesehen davon war die herrschende Stimmung gegen die Freimaurerei.

Die Historiker wußten, daß die Freimaurerei als Orden weder für den Ausbruch der französischen Revolution noch für die patriotische Bewegung Italiens verantwortlich war, obgleich freimaurerische Patrioten eine wesentliche Rolle gespielt hatten. Doch die Gegner der Freimaurerei betonten unablässig den subversiven Charakter ihrer Arbeiten, bis schließlich auch intelligente Leute zur Überzeugung kamen, der Orden sei gefährlich. Die Werke der beiden Abbés Lefranc und Barruel hatten immer noch Bedeutung, denn es fanden sich genügend unkritische Menschen, die den haltlosen Beschuldigungen der beiden erbitterten Feinde der Freimaurerei Glauben schenkten.

Als Beispiel für diese Animosität sei abermals Daniel-Rops zitiert: Er macht die Freimaurer dafür verantwortlich, daß in Ungarn die Zivilehe zum Gesetz erhoben wurde, wobei er allerdings vergißt, daß der damalige König von Ungarn, Seine Apostolische Majestät Franz Joseph I., der Freimaurerei sehr wenig Sympathie entgegenbrachte. Er beschuldigte auch Frankreich, unter Einfluß

der Freimaurerei die Feuerbestattung erlaubt und damit eine antiklerikale Maßnahme getroffen zu haben, denn die Kirche habe diese Praxis verurteilt. Er wirft den Freimaurern vor, die weltlichen Schulen unterstützt zu haben. Daniel-Rops zufolge ermöglichte ihr »atheistischer« Humanismus das Auftauchen der »totalitären Monstren mit ihren unfehlbaren Methoden durch die das Individuum im Kollektiv versklavt und das vernichtet wird, was den wahren Menschen ausmacht: die Möglichkeit und das Recht, ein persönliches Schicksal zu verwirklichen[27].«
Aber hatte eigentlich der Mensch in den vergangenen Jahrhunderten, als die Kirche und die Inquisition über seine religiöse Erziehung wachten, die Möglichkeit und das Recht, sein persönliches Schicksal zu verwirklichen? Leidet er heute nicht noch stärker unter der Versklavung durch das Kollektiv?
Heute besitzt man genügend Abstand, um sich eine objektive und unparteiische Meinung zu bilden, und es ist nicht schwer, die Haltlosigkeit dieser Anschuldigungen zu beweisen.
Doch zur Zeit Pius' IX., in einem Klima, das bestimmt war durch den Fortschritt der Wissenschaft, die Verbreitung sozialistischen Gedankengutes und die Ansteckungsgefahr, die vom deutschen Kulturkampf und vom französischen Antiklerikalismus ausging, neigte man dazu, einen Sündenbock zu suchen, den man für alle diese »Übel« verantwortlich machen konnte.
Allerdings trafen die Schläge nicht mehr so hart wie einst. Die Scheiterhaufen waren für immer erloschen. Die Inquisition war verschwunden. Die Kirche konnte zwar Einspruch erheben, doch man kümmerte sich immer weniger um ihre Proteste.

Das Aufkommen des Materialismus

Die Angriffe richteten sich nicht nur gegen die Religion, den Glauben und die Kirche, sondern die Existenz Gottes selbst wurde geleugnet. Der Kommunismus machte vor der Religion nicht halt. Der Materialismus bestritt, daß es außerhalb der Materie ein selbständiges geistiges Wesen gäbe. Nach dieser Auffas-

sung gab es nur eine einzige Religion: der Glaube an den Menschen, der sein eigener Herr, der Schöpfer seiner Nachkommen und seines eigenen Glückes Schmied ist.
Das maurerische Gelöbnis, nicht zu enthüllen, was in den Logen geschah – wo gar nichts geschah –, ist eine Kinderei im Vergleich zur offenen Kriegserklärung der Kommunisten, die laut verkündeten, daß sie die Vernichtung der Kirche anstrebten. Leere Versprechungen und ungedeckte Schecks auf den Himmel ließ man nicht mehr gelten; man verlangte das Glück auf Erden, und für alle, auch für die Armen. Damals wünschte sich der Heilige Stuhl die gute alte Zeit zurück, als man noch seiner Empörung über die »in der Finsternis verborgenen« Freimaurer Ausdruck geben konnte, während in Wirklichkeit nichts leichter war als sie zu identifizieren, wie Fra Torrubia bereits 1751 bewiesen hatte. Doch die Kommunisten dachten gar nicht daran, »in der Finsternis verborgen« zu bleiben, und kein Fra Torrubia konnte sie zum Tod auf dem Scheiterhaufen verurteilen.
Im Februar des Revolutionsjahres 1848 erschien das »Kommunistische Manifest« von Karl Marx. Diesmal war die Religion ernstlich in Gefahr, und der Fortschritt der Wissenschaften erschütterte ihre Position in noch stärkerem Maße. Theorien, die 18 Jahrhunderte lang mit Feuer und Schwert verteidigt worden waren, fielen wie Kartenhäuser in sich zusammen. Einst wurden Kopernikus und Giordano Bruno verurteilt, weil sie die Theorie des Aristoteles widerlegt hatten, und Galilei mußte seine Theorie von der Unbeweglichkeit der Sonne widerrufen. Noch 100 Jahre zuvor, im Jahre 1779 diskutierten die Gelehrten ernsthaft, ob die Welt am 21. März 4004 v. Chr. oder am 21. September desselben Jahres erschaffen worden sei[27a]. Plötzlich widerlegten die Geologen die Geschichte von der Entstehung der Welt in sechs Tagen, und im Jahre 1859 erschien Darwins Werk »Über die Entstehung der Arten durch natürliche Zuchtwahl«, in dem er seine Evolutionstheorie entwickelte. Die Geschichte von Adam und Eva gehörte von nun an ins Reich der Märchen. Durch die Entwicklung der Ereignisse trat ein Gesinnungswandel ein, und alle Fragen nahmen ungeheure Dimensionen an. Man begnügte

sich nicht mehr mit untertänigen Bitten um Reformen, sondern man verlangte eine völlige Umgestaltung der Welt. Da die überwiegende Mehrheit der Menschen immer noch unterdrückt und ausgebeutet wurde, konnte eine revolutionäre Doktrin, die die Herrschaft der Massen, die gerechte Verteilung aller Güter, allgemeines Glück auf Erden, die vollkommene Gleichberechtigung verhieß, also alles, was bisher einer kleinen Gruppe vorbehalten war, beim Proletariat nur Begeisterung hervorrufen. Die Parole lautete: Vernichtung der Ausbeuter und Privilegierten.
Die Namen eines Febronius oder eines Jansen, die man einst nur zu flüstern wagte, wurden nun bedeutungslos. Neue tauchten auf: Marx, Engels, Bakunin, Lassalle.
Der Kommunismus war ein Feind der Kirche, ein unerbittlicher Feind, der direkt angriff, sooft er konnte. Er hatte den Kampf gegen alles, was mit Kirche und Religion zusammenhing, auf seine Fahnen geschrieben. Er bezeichnete das Übernatürliche als lächerlich und verkündete, die Existenz eines Gottes als Schöpfer des Universums sei eine Erfindung der Kirche, die aus dieser Illusion den größtmöglichen Gewinn herausgeschlagen habe; Religion sei »Opium für das Volk«.
Die Kirche stand im Kreuzfeuer der Kritik. Die Wissenschaft widerlegte ihre Lehren, und die Philosophie trieb sie in die Enge.
Der Gesinnungsumschwung der mittellosen Schichten traf die Kirche unvorbereitet. Die Armen, diese Klasse der Proletarier, die einst das Fußvolk der Kirche darstellten, wandten sich von ihr ab und schlossen sich den Sozialisten und Kommunisten an. Die Gründe sind nur allzu verständlich. Die sozialistische Bewegung kämpfte für ihre Interessen, während die Priester, anstatt zu handeln, ihnen weiterhin das ewige Heil als Entschädigung für die Armut und das Elend auf Erden versprachen, obwohl sie selbst unermeßliche Reichtümer besaßen und im Wohlstand lebten.

Die Freimaurerei steht weiterhin im Vordergrund

Man kann die langsame Entwicklung der Freimaurerei nicht mit dem stürmischen Aufschwung der sozialistischen und kommunistischen Partei vergleichen. Die Freimaurerei war immer eine »Elite«, die ihre Mitglieder sorgfältig auswählte. Den Kommunisten und Sozialisten genügten einige Jahre, um eine größere Anhängerschaft zu besitzen als die Freimaurerei in eineinhalb Jahrhunderten. Angesichts dieser neuen religionsfeindlichen Ideologie mußte sich die Kirche verteidigen. Das ist verständlich. Aber was hatten die Freimaurer damit zu tun? Unter den Kommunisten gab es nicht einen einzigen Freimaurer! Ein Sündenbock war nicht mehr nötig, als dieser Riese aufstand, der von Tag zu Tag wuchs, der radikal und unerbittlich war und der aus seiner Absicht, die Kirche und alle ihre Institutionen zu zerschlagen, gar kein Hehl machte.

Die Geschichte wiederholt sich. So wie die englische Freimaurerei einst die verfolgten Katholiken geschützt hatte, so blieben die exkommunizierten Freimaurer nun der Kirche treu und verteidigten weiterhin die Religion, den Glauben und Gott. Alle, von Mozart bis Gounod, von Abbé Prévost bis Goethe, standen auf Seiten der Kirche, die ihrerseits die Freimaurerei verurteilte. Ihnen verdankt die Kirche unsterbliche Werke, in denen Gott verherrlicht wird, Werke, die auch von höchsten kirchlichen Würdenträgern wohlgefällig aufgenommen wurden.

Was während der 32jährigen Regierungszeit Pius' IX. geschah, war von entscheidender Bedeutung. Ereignisse, wie die Einigung Italiens, der Verlust Roms und der weltlichen Souveränität des Papstes; die Entstehung Deutschlands und die Anfänge einer Bewegung, deren Mitgliederzahl ein Jahrhundert später doppelt so groß war wie die damalige Weltbevölkerung, bestimmten den weiteren Verlauf der Geschichte. Doch die Kirche war nicht bereit, ihren Elfenbeinturm zu verlassen: Sie verurteilte weiterhin die Freimaurerei. Für sie waren die bedeutendsten Ereignisse während der Regierungszeit Pius' IX. die Veröffentlichung des Syllabus und die Tatsache, daß die Unbefleckte Empfängnis Ma-

riä und die Unfehlbarkeit des Papstes zum Dogma erhoben wurden.
Zur Zeit Pius' IX. war die Freimaurerei, zumindest in Europa, nicht sehr beliebt. Hier glaubte man die Dummheiten des Mgr. de Ségur oder später die des Mgr. Meurin. Das Gerücht, daß der Teufel an den Logenarbeiten teilnehme, wollte nicht verstummen. Der Geist des Abbé Barruel lebte weiter. Man schenkte seinen haarsträubenden Anschuldigungen immer mehr Gehör. Pius IX. unterstützte sie, indem er die Freimaurerei mit einer Flut von Verurteilungen überschüttete.
Allmählich verlagerte sich der Schwerpunkt der Freimaurerei nach Amerika. Dort zählte sie im Jahre 1885 bereits mehr als eine Million Mitglieder. In Europa war ihre Lage von Land zu Land verschieden.
In Belgien beging die Freimaurerei denselben Fehler wie in Frankreich: Sie mischte sich in die Tagespolitik ein. Die Folgen waren auch hier verhängnisvoll. Sicher kann man mit einigem Recht behaupten, daß die öffentliche Meinung durch die Bulle *Quanta Cura* und der *Syllabus* beeinflußt worden sei, doch es ist eine Tatsache, daß diese Einmischung in politische Angelegenheiten der Weiterentwicklung der Freimaurerei äußerst abträglich war.
Außerdem folgte sie am 29. Mai 1871 dem Beispiel des Grand Orient de France und ersetzte die Formel »A la Gloire du Grand Architecte de l'Univers« (Zum Ruhme des Großen Baumeisters Aller Welten) durch die Formel »Au nom du Grand Orient de Belgique« (Im Namen des Grand Orient de Belgique), was ihnen von den anderen europäischen Großlogen verübelt wurde.
In Portugal erreichte die Freimaurerei zur Zeit Pius IX. ihren Höhepunkt (was eigentlich unerklärlich ist). Die Mitgliederzahl stieg sprunghaft an, die Freimaurerei entwickelte sich so rasch, als müßte sie verlorene Zeit nachholen. In Spanien begannen die Verfolgungen um 1853 von neuem, und wieder wurden zahlreiche Freimaurer verurteilt.
In Rußland wurde Zar Alexander II. nach drei mißglückten Attentaten im Jahre 1881 ermordet. Damals organisierten sich

die ersten marxistischen Gruppen, deren Zeitung »Rabocij« (Der Arbeiter) im Jahre 1885 noch heimlich gedruckt wurde. Im gleichen Jahr wurde die Freimaurerei ohne Angabe von Gründen verurteilt.

Alle, die der Meinung waren, die Anklagen von seiten der Kirche würden mit dem Tode Pius' IX. zu Ende sein, sollten sich getäuscht haben. Leo XIII. holte im Jahre 1884 zum entscheidenden Schlag gegen die Freimaurerei aus.

1 Apostolisches Schreiben *Post tam diuturnas* vom 29. April 1814.

2 Falcionelli, Albert: Les Sociétés Secrètes Italiennes, S. 247.

3 Hayward, Ferdinand: Histoire des Papes, S. 373.

4 Als Kardinal Consalvi unmittelbar nach dem Tode Pius' VII. in Ungnade fiel, erschien folgendes, von Emilio del Cerro zitiertes Spottgedicht:

Quando regno Pio / Tutto facea sol io / Ora che regna Leone / Son messo in un cantone. (Als Pius VII. regierte, machte ich alles alleine, jetzt, wo Leo regiert, hat man mich in eine Ecke geworfen.)

5 Kühner, Hans: Dictionnaire des Papes, S. 223.

Dierickx, Michel S. J.: Freimaurerei, die große Unbekannte, S. 77: Unter Papst Leo XII. ging Kardinal Rivarola mit aller Strenge vor: Er ließ in Ravenna 508 Mitglieder geheimer Verbindungen festnehmen, sieben von ihnen aufhängen und über hundert zu schweren Strafen verurteilen.

6 Kühner, Hans: Dictionnaire des Papes, S. 223.

7 Falcionelli verweist in den Anmerkungen am Schluß seines Buches (Les Sociétés Secrètes Italiennes, SS. 233–234), als er Leo XII. erwähnt, auf das Buch des Emilio del Cerro, des größten Spezialisten des päpstlichen Rom von 1800 bis 1870, der in seinem Roma che ride treffende Spottgedichte zitiert. Auch Leo XII., dieser rückständige Geist, dessen Herrschaft« eine der tyrannischsten war, die der Kirchenstaat je erlebte«, wurde mit Epigrammen bedacht. Nach seinem Tode, der durch einen ungeschickten chirurgischen Eingriff verursacht worden war, erschien folgendes Gedicht: ›Alli dieci de febbraro / Succedette un caso raro / Un fierissimo Leone / Fu ammazzato da un somaro / (Am 10. Februar trat ein seltener Fall ein: ein stolzer Löwe wurde von einem Esel getötet). Der Löwe war Leo XII., der Esel war Doktor Todini, der

den Papst am 9. Februar 1829 wegen eines Blasenleidens operiert hatte. Bei derselben Gelegenheit erschien auch ein anderes Spottgedicht: Tre dispetti ci festi o Padre Santo / Accettare il Papato, viver tanto / Morir di Carneval per esser pianto. (Drei Streiche hast du uns gespielt, o Heiliger Vater: du hast das Pontifikat angenommen, du hast sehr lange gelebt und bist im Karneval gestorben, damit wir dich beweinen müssen.) Schließlich brachte Pasquino noch diese Grabinschrift: Qui della Genga giace / Per sua e nostra pace / (Hier ruht Della Genga, zu seinem und unserem Frieden). Falcionelli, Albert: Op. cit., S. 113.

[8] Wright, Dudley: Roman Catholicism and Freemasonry, S. 104.

[9] Daniel-Rops, Henri: Histoire de L'Eglise du Christ, Bd. 6/1, S. 387.

[10] Luz, Pierre de: Histoire des Papes, S. 213.

[11] Der Ausdruck ›Armeekorps‹ wird auch in dem Breve *Inter Praecipuas* verwendet, wo aber nur von Bibelgesellschaften die Rede ist.

[12] »Um sich das zur Verwirklichung ihrer Pläne nötige Geld zu beschaffen, verständigten sich die Carbonari mit Räuberbanden, die reiche Häuser und die Wagen, die den Peterspfennig und die Steuergelder nach Rom brachten, überfielen.« Falcionelli, A.: S. 92.

[13] Falcionelli, Albert: Les Sociétés Secrètes Italiennes, S. 93.

[14] Falcionelli, Albert: Op. cit., S. 93.

[15] Idem, S. 93.

[16] Falcionelli, Albert: Op. cit., S. 137.

[17] Neapel, der damals größte Staat, hatte fast 10 000 000 Einwohner, während ganz Italien, die direkten Besitzungen Österreichs inbegriffen, nicht mehr als 25 000 000 zählte.

[18] Thierry, Jean-Jacques: La Vie quotidienne au Vatican. S. 35.

[19] Lettres Apostoliques de Pie IX., Grégoire XVI., Pie VII., S. 13.

[20] Heute findet man mit Billigung der Kirche in den Hotelzimmern vieler Städte eine Bibel.

[21] »Sie berufen sich unaufhörlich auf die Macht und die Überlegenheit der menschlichen Vernunft.«

[22] Die weltliche Macht des Heiligen Stuhls geht auf die Zeit des römischen Kaisers Konstantin I. des Großen (274–337) zurück. Unter seiner Herrschaft wurde das Christentum im Jahre 313 als Staatsreligion des römischen Reiches anerkannt. Konstantin war es auch, der den Kaisersitz von Rom nach Byzanz verlegte. Der Heilige Stuhl hatte also de facto im 4. Jahrhundert und de jure im 8. Jahrhundert die weltliche Macht erlangt, »die Gott dem Stuhl des Heiligen Petrus verleihen wollte«, und war entschlossen, sie zu behalten. Energisch wehrte die

Kirche alle Angriffe ab, die darauf abzielten, ihr die weltliche Macht streitig zu machen. Im Laufe der zwölf darauffolgenden Jahrhunderte war diese Frage eine Quelle ständiger Konflikte, in deren Verlauf viel Blut floß und die auch immer wieder den Ruf und das Ansehen der Kirche als geistlicher Souverän trübten.

[23] Dieser Artikel ist in extenso abgedruckt in: Pius IX.: Quanta cura et Syllabus, herausgegeben von J. J. Pauvert, erschienen 1967, SS. 95–99.

[24] Der vollständige Titel lautet: Syllabus complectens praecipuos nostrae aetatis errores qui notantur in Allocutionibus consistorialibus, in Encyclicis, aliisque apostolicis Litteris sanctissimi Domini Nostri Pii Pape IX.

[25] Dieser »Irrtum« wurde vom zweiten Vatikanischen Konzil, das sich eindeutig für den Fortschritt aussprach, endgültig annulliert.

[26] Keller, L.: Die Freimaurerei, S. 99.

[27] Daniel-Rops, Henri: Histoire de l'Eglise du Christ, Bd. 6–2, S. 33.

[27a] Diese Theorie stammt von Erzbischof Ussher von Irland. Der jüdischen Bibel zufolge fiel die Schöpfung auf den 7. Oktober 3761 v. Chr., fünf Uhr nachmittag.

SIEBENTES KAPITEL

DIE LETZTE VERURTEILUNG

Am 9. Jänner 1878 starb König Victor Emanuel, und einen Monat später folgte ihm sein Gegner Pius IX. in den Tod.
Das Konklave, das nach diesem langen Pontifikat zusammentrat, war eines der kürzesten in der Geschichte der Kirche. Es begann am 18. Februar und endete zwei Tage später, am 20. Februar 1878. Tatsächlich war es eines der wenigen Konklaven, bei denen die Mehrheit der Kardinäle bereits wußte, für wen sie stimmen würde. Der Heilige Stuhl hatte nicht nur seine weltliche Macht eingebüßt, sondern er lag auch mit allen europäischen Staaten im Streit. Daher brauchte er damals eher einen Diplomaten als einen Heiligen. Nun war Kardinal Gioacchino Pecci, Kämmerer der Kirche, ein ausgezeichneter Diplomat, der seine Fähigkeiten im Laufe seiner Karriere wiederholt bewiesen hatte. Daher war es für das Konklave nicht schwer, sich für ihn zu entscheiden. Er nahm den Namen Leo XIII. an.

Leo XIII.

Leo XIII. war zum Zeitpunkt seiner Wahl 68 Jahre alt. Der ehemalige Jesuitenschüler war 32 Jahre lang Erzbischof von Perugia. Obwohl seine Gesundheit angegriffen war, bewies er Entschlossenheit und handelte zielstrebig. Man kannte seine unnachgiebige Haltung in bezug auf die römische Frage, sein Ruf als Diplomat war hervorragend, und sein erklärtes Ziel war es, die weltliche Macht des Heiligen Stuhls zurückzuerobern.
Was die italienische Frage und die weltliche Macht der Kirche anbelangt, enttäuschte Leo XIII. die Kardinäle nicht; doch alle,

die von ihm eine liberalere und zeitgemäßere Einstellung erwartet hatten, sahen ihre Hoffnungen schwinden. Der neue Pontifex war leider ebenso reaktionär wie sein Vorgänger.
Er duldete keinerlei Freiheiten. Mit einer gewissen Bitterkeit stellte Henri de Houx fest: »Wer spricht frei vor dem Obersten Pontifex? Wer kann im Schatten des Vatikan frei schreiben? Schreibt man auf den Knien[1]?«
Auf keinen Fall kann man ihm vorwerfen, daß er untätig war. Während seiner 25jährigen Herrschaft erließ er nicht weniger als 86 Bullen, und mit dieser Lawine von enzyklischen Schreiben verurteilte er praktisch alles, was mit dem Fortschritt oder mit neuen Ideen zusammenhing, alles, was seiner Meinung nach die Interessen der Kirche oder des Heiligen Stuhls, seine weltliche Macht und die Autorität des Papstes gefährdete oder gefährden konnte.
Diesmal, Ende des 19. Jahrhunderts, entbrannte der große Kampf zwischen dem Heiligen Stuhl und dem Fortschritt an allen Fronten: Man verbrannte Bücher, die fortschrittliches Gedankengut verbreiteten, man ließ alle einsperren, die Gedankenfreiheit forderten, wobei man sich auf das Verbot Pius' IX. berief: Mit dem Kirchenbann wird belegt, wer behauptet, daß es jedem Menschen freigestellt ist, jene Religion anzunehmen und sich zu ihr zu bekennen, die er im Lichte der Vernunft als die wahre erachtet; wer behauptet, daß die Kirche nicht das Recht hat, Gewalt anzuwenden und daß sie keinerlei direkte oder indirekte weltliche Macht hat; wer behauptet, daß sich der Papst in Rom mit dem Fortschritt, dem Liberalismus und der modernen Kultur versöhnen und befreunden muß.
Als Leo XIII. sein Amt antrat, sah er sich mit Problemen konfrontiert, die ihn zutiefst beunruhigten. Die weltliche Macht der Päpste gehörte der Vergangenheit an, ihre geistliche Macht wurde ernsthaft in Frage gestellt. Es darf auch nicht übersehen werden, daß die Angriffe aus Ländern kamen, die einst Hochburgen des Katholizismus waren, wie Ungarn, Spanien und Mexiko. Angesichts dieser Tatsachen mußte der Papst handeln. Die erste Bulle Leos XIII. bewies, daß er der Herausforderung nicht ge-

wachsen war und denselben Weg einschlagen würde wie sein Vorgänger. Die Bulle *Inscrutabili Dei Consilio* bot ihm die Gelegenheit seine Pläne darzulegen: Der Geist der Vergangenheit sollte weiterleben. Leo XIII., der Verfasser dieser ersten Bulle, vertrat dieselben Ansichten wie Pius IX., der Verfasser des Syllabus. Die Welt hatte sich geändert, doch die Päpste nicht. Das Hauptanliegen Leos XIII. war es, die Mauern um die Kirche zu verstärken, um sie zu einem wirksamen Bollwerk gegen die neuen subversiven Doktrinen werden zu lassen. Dieses Ziel bestimmte sein Handeln vom ersten Tag seines Pontifikates an bis zum Ende seines Lebens.

Die Unnachgiebigkeit der beiden Päpste und ihre unverhohlene Abneigung gegen alle Neuerungen beschleunigten den Gang der Ereignisse, jedoch in einem anderen Sinne, als es der Heilige Stuhl wünschte, denn diese starre Haltung war mit dem Zeitgeist immer weniger vereinbar.

Die politische Lage war verworren, die Stimmung kirchenfeindlich. Der deutsche Kulturkampf, der fünf Jahre dauerte, griff auf Frankreich über, wo er auf fruchtbaren Boden fiel und mit noch größerer Heftigkeit tobte als in Deutschland. Statuen wurden zertrümmert, die Jesuiten wurden von neuem ausgewiesen und ihre Häuser geschlossen. Frankreich war übrigens nicht das einzige Land, das die Jesuitenfrage erneut aufgriff und jesuitenfeindliche Maßnahmen traf.

Um die unzähligen Konflikte, in die die Kirche verstrickt war, zu beenden, und um eine Annäherung der Standpunkte zu erreichen, war der neue Papst als geschickter Diplomat zu Verhandlungen mit einigen Regierungen bereit. In Deutschland hatten seine Bemühungen Erfolg: Bismarck gab nach, und die Verleihung des Christusordens entwaffnete ihn schließlich. Trotzdem konnten die vertriebenen Redemptoristen erst 1894 in ihre Heimat zurückkehren, und das Jesuitengesetz wurde erst gegen Ende des Ersten Weltkriegs aufgehoben.

Pius IX. hatte die diplomatischen Beziehungen zu Rußland abgebrochen, und alle Versuche, sie wiederaufzunehmen, blieben erfolglos.

Im Jahre 1880 brach der Heilige Stuhl die diplomatischen Beziehungen mit Belgien ab, da die Regierung die Schulen der Kontrolle des Staates unterstellt hatte. Weltliche Schulen gab es bereits in mehreren Ländern, oder es wurde ein diesbezügliches Gesetz vorbereitet. In Frankreich war diese Frage seit langem endgültig geregelt. Auch die Zivilehe und die Scheidung wurden in mehreren Ländern diskutiert: Der Heilige Stuhl lief gegen diese Praktiken Sturm, konnte sich jedoch nicht durchsetzen.

In Ungarn, das im Jahre 1867 eine eigene Verfassung erhielt, widersetzten sich sogar die Bischöfe selbst den Anordnungen des Heiligen Stuhls. Sie weigerten sich, das Dogma der päpstlichen Unfehlbarkeit anzuerkennen, nahmen aber ohne weiteres den Beschluß Seiner Apostolischen Majestät zur Kenntnis, daß jede kirchliche Tätigkeit in Ungarn von seinem »placet« abhängig sei. Das Gesetz, demzufolge die kirchliche Trauung erst nach der standesamtlichen Eheschließung erfolgen dürfe, trat am 1. Jänner 1895 trotz der Proteste des Heiligen Stuhls in Kraft, und die Priesterschaft fand sich damit ab.

Mit Frankreich, das von den siegreichen Republikanern regiert wurde, bestanden zwar diplomatische Beziehungen, doch das Verhältnis zwischen der Republik und dem Heiligen Stuhl war gespannt.

Durch die Schulgesetze von 1880 und 1881 war der Einfluß der Kirche auf dem Schulsektor völlig ausgeschaltet. Der größte Teil der geistlichen Kongregationen wurde kraft eines Gesetzes, das ebenfalls aus dem Jahre 1880 stammte, des Landes verwiesen.

Das damals brennendste Problem war die römische Frage. Hier erwartete niemand eine Änderung in der Politik des Heiligen Stuhls, denn es war allgemein bekannt, daß Leo XIII., der neue »Gefangene des Vatikan«, ebensowenig bereit sein würde, den Verlust der weltlichen Macht hinzunehmen, wie sein Vorgänger.

In Italien hatte sich seit der Einigung des Landes und der Erlangung der Unabhängigkeit vieles geändert; die starre Politik des Papstes wurde immer irrationaler, und die Kluft zwischen dem Heiligen Stuhl und den Italienern vertiefte sich zusehends. Mit der gleichen Entschlossenheit und Hartnäckigkeit wie sein Vorgänger weigerte sich Leo XIII., ein Fait accompli zur Kenntnis zu nehmen: ein geeintes Italien mit Rom als Hauptstadt. Er verweigerte sogar Humbert von Savoyen die Erlaubnis, am Begräbnis Pius' IX. teilzunehmen. So blieb während des Pontifikates Leos XIII. die römische Frage ebenso offen wie unter Pius IX. Erst Pius XI. traf mit Mussolini im Jahre 1929 ein diesbezügliches Abkommen.

Die Bulle »Humanum Genus«

Leo XIII. hat seine Zeit niemals verstanden. Im Dezember 1878 verdammte er den Sozialismus und den Kommunismus und erwartete deren Zusammenbruch, der indessen nicht erfolgte. Also kam er auf das bewährte Rezept seines Vorgängers zurück, und veröffentlichte am 20. April 1884 seine Bulle *Humanum Genus* gegen die »wahren Übeltäter unserer Zeit«: die Freimaurer.
Angesichts der Bedeutung dieses letzten und heftigsten Angriffs gegen die Freimaurerei seien die wichtigsten Gedanken, Anklagen und Behauptungen dieser Bulle auszugsweise wiedergegeben:

»An alle hochehrwürdigen Brüder, Patriarchen, Primaten, Erzbischöfe und Bischöfe, in Gnade und in Vereinigung mit dem Apostolischen Stuhl, Leo XIII., Papst, Gruß und Apostolischen Segen.
Seit sich das Menschengeschlecht durch die Mißgunst des Dämons auf das erbarmungswürdigste von Gott getrennt hat, dem es für den Ruf zum Leben und die übernatürlichen Gaben Dank schuldet, hat es sich in zwei feindliche Lager aufgeteilt, die nicht aufhören zu kämpfen, das eine für die Wahrheit und die Tugend, das andere für alles, was das Gegenteil der Wahrheit ist. Das eine ist das Reich Gottes auf Erden, nämlich die wahre Kirche Jesu Christi . . . das zweite ist das Reich des Satans . . .
Zu unserer Zeit scheinen sich die Übeltäter in einer gewaltigen Anstrengung verbündet zu haben, auf Betreiben und mit Hilfe

einer an zahlreichen Orten verbreiteten und stark organisierten Gesellschaft, der Gesellschaft der Freimaurer.

In ihrer stets wachsamen Sorge um das Heil des christlichen Volkes haben Unsere Vorgänger sehr rasch diesen Hauptfeind erkannt . . .

Die Gefahr wurde zum ersten Male von Klemens XII. im Jahre 1738 aufgezeigt, und die Konstitution dieses Papstes wurde von Benedikt XIV. erneuert und bestätigt. Pius VII. folgte dem Beispiel der Päpste, und Leo XII., der in seine Apostolische Konstitution ›Quo Graviora‹ alle Urkunden und Dekrete der früheren Päpste über diese Frage einschloß, bestätigte und erneuerte sie für immer. Pius VIII., Gregor XIV. und zu wiederholten Malen Pius IX., haben ihre Stimme in diesem Sinne erhoben.

. . . es war selbstverständlich, daß dieser Apostolische Stuhl die Sekte der Freimaurer öffentlich als eine verbrecherische Vereinigung anprangerte . . . Er verhängte über sie die schwersten Strafen . . .

Es ist über alle Maßen wichtig, darauf hinzuweisen, wie sehr die Ereignisse der Weisheit Unserer Vorgänger recht gaben . . . Innerhalb von eineinhalb Jahrhunderten hat die Sekte der Freimaurer eine unglaubliche Ausweitung erfahren . . . Aus dieser raschen und schrecklichen Verbreitung sind eben für die Kirche, die Souveränität der Fürsten und das öffentliche Wohl die Übel hervorgegangen, die Unsere Vorgänger seit langem voraussahen.

Bei jeder sich bietenden Gelegenheit haben Wir die hauptsächlichen doktrinären Thesen erörtert, auf die die unheilvollen Ansichten der maurerischen Sekte den größten Einfluß ausgeübt zu haben scheinen. So haben Wir Uns in Unserer Enzyklika ›Quo apostolici muneris‹ bemüht, die ungeheuerlichen Systeme der Sozialisten und der Kommunisten zu bekämpfen.

Heute haben Wir, dem Beispiel Unserer Vorgänger folgend, beschlossen, Unsere Aufmerksamkeit direkt auf die maurerische Gesellschaft, auf die Gesamtheit ihrer Lehre, auf ihre Pläne, ihre Empfindungen und ihre traditionellen Handlungen zu richten, um ihre Macht zum Bösen auf das deutlichste hervorzuheben und das Fortschreiten der Ansteckung dieser Geißel zu beenden.

Es gibt auf der Welt eine gewisse Anzahl von Sekten, die, obwohl sie sich voneinander durch den Namen, die Riten, die Form, den Ursprung unterscheiden, dennoch untereinander ähnlich und einig sind, durch die gleichen Ziele und die gleichen wesentlichen Grundsätze. In der Tat sind sie identisch mit der Freimaurerei, die für alle anderen wie ein zentraler Punkt ist, aus dem sie hervorgehen und in dem sie münden. Und obwohl sie gegenwärtig . . . Versammlungen im vollen Licht und vor den Augen aller abhalten, obwohl sie ihre Journale veröffentlichen, kann man erkennen, daß sie, wenn man den Dingen auf den Grund geht, zur Familie der Geheimgesellschaften gehören und deren Sitten beibehalten. Es gibt bei ihnen in der Tat so etwas wie Mysterien, deren Enthüllung ihre Verfassung strengstens verbietet . . . Meistens müssen diejenigen, welche die Initiation begehren, versprechen, und noch mehr, sie müssen feierlich schwören, niemandem, zu keiner Zeit und auf keine Weise die Namen der Mitglieder, ihre Erkennungszeichen und die Lehren der Gesellschaft zu entdecken. Unter dem Schein der Lüge und indem sie aus der Verheimlichung eine ständige Verhaltensregel machen, scheuen die Freimaurer keine Anstrengung, um sich zu verbergen und um keine anderen Zeugen als ihre Komplizen zu haben, wie einst die Manichäer.

Wenn man ihnen glaubt, so ist es ihr einziges Ziel, das Schicksal der Menge zu verbessern und die Vorteile der bürgerlichen Gesellschaft einer größeren Zahl von Menschen zukommen zu lassen. Doch vorausgesetzt, daß das ihre ernsten Absichten wären, so sind sie doch weit davon entfernt, erschöpfend über alle ihre Ziele Auskunft zu geben. In der Tat müssen diejenigen, die sich ihnen anschließen, versprechen, blind und ohne Diskussion den Anordnungen der Oberen zu gehorchen; immer in Bereitschaft zu sein, bei der geringsten Bemerkung und beim leisesten Zeichen, die gegebenen Befehle auszuführen, im Bewußtsein, daß sie im gegenteiligen Fall die härteste Behandlung und sogar den Tod zu gewärtigen haben. Tatsächlich wird die Todesstrafe häufig verhängt, wenn jemand eines Vergehens überführt wird, sei es, daß er die geheime Lehre verraten hat, sei es, daß er sich den Befehlen der Oberen widersetzte; und das geschieht mit einer solchen Gewandt-

heit, daß sich der Vollstrecker dieser Todesurteile meistens der Gerichtsbarkeit, die eingesetzt ist, über die Verbrechen zu wachen und sie zu rächen, entziehen kann.

Andere Beweise von großer Klarheit fügen sich zu den vorhergehenden und machen noch deutlicher, wie sehr diese Gesellschaft durch ihre Grundverfassung gegen die gute Sitte verstößt . . . Ein guter Baum kann keine schlechten Früchte tragen und ein schlechter keine guten.

Nun sind die Früchte, die die maurerische Sekte hervorbringt, schädlich und bitter wie Galle. Das geht in der Tat aus dem hervor, was Wir oben dargelegt haben, und dieser Schluß ermöglicht es Uns, das letzte Wort über ihre Pläne zu sprechen. Die Freimaurer erstreben – und alle ihre Anstrengungen zielen in diese Richtung – eine vollständige Zerstörung jeder religiösen und gesellschaftlichen Ordnung, die aus den christlichen Institutionen hervorgegangen ist, und wollen sie durch eine neue, nach ihren Vorstellungen gestaltete ersetzen, deren Grundprinzipien und Gesetze dem Naturalismus entlehnt sind.

Nun ist es der erste Grundsatz des Naturalismus, daß in allen Dingen die Natur oder die menschliche Vernunft die Herrin und Gebieterin sein muß . . . Für sie gibt es außerhalb dessen, was die menschliche Vernunft begreifen kann, kein religiöses Dogma, keine Wahrheit und keinen Herrn, dessen Wort man im Namen seines offiziellen Lehrauftrages Glauben schenken muß. Da nun aber der wesentliche und besondere Auftrag der katholischen Kirche darin besteht, die von Gott geoffenbarten Lehren ebenso wie die Autorität, die eingesetzt wurde, um diese zu verbreiten – wobei ihr der Beistand des Himmels zur Rettung der Menschen gewährt wird –, in ihrer Gesamtheit anzunehmen und in unbestechlicher Reinheit zu bewahren, so gelten der katholischen Kirche der erbittertste Kampf und die heftigsten Angriffe der Gegner.

So . . . ist es ihr Plan, die Herrschaft und die Autorität der Kirche innerhalb der bürgerlichen Gesellschaft zu zerstören; daher auch die Schlußfolgerung, die die Freimaurer so eifrig unter das Volk bringen und für die sie nicht aufhören zu kämpfen, daß nämlich die Kirche absolut vom Staat zu trennen sei. Infolgedessen schlie-

ßen sie aus den Gesetzen wie aus der öffentlichen Verwaltung den höchst heilsamen Einfluß der katholischen Religion aus, und sie gelangen zwangsläufig zu der Forderung, den gesamten Staat außerhalb der Institutionen und der Gebote der Kirche zu errichten. Doch es genügt ihnen nicht, die Kirche, diese so weise und sichere Führerin, von jeder Teilnahme an der Leitung der menschlichen Angelegenheiten auszuschließen; sie müssen sie überdies als Feindin behandeln und mit Gewalt gegen sie vorgehen . . . Weder die Rechte noch die Vorrangstellung, die ihr die Vorsehung verliehen hat, nichts entgeht ihren Angriffen. Man schränkt ihre Handlungsfreiheit beinahe zur Gänze ein, und das geschieht durch Gesetze, die scheinbar keinen Zwang ausüben, die aber in Wirklichkeit eigens geschaffen wurden, um diese Freiheit in Fesseln zu legen . . . Die geistlichen Gemeinschaften werden verboten und aufgelöst . . . Nachdem der Papst unter Vorspiegelung falscher Tatsachen seiner weltlichen Macht beraubt worden war, die eine notwendige Sicherung seiner Freiheit und seiner Rechte darstellt, haben sie ihn in eine Lage gebracht, die zugleich widerrechtlich und unerträglich ist . . . Um die Existenz eines solchen Plans außer Zweifel zu stellen, genügt es, an Stelle von anderen Beweisen, sich auf die Zeugenaussage derjenigen zu berufen, die der Sekte angehört haben . . .

Wenn sie außerdem Anhänger, die aus den verschiedensten Religionen zu ihnen kommen, als Mitglieder aufnehmen, so gelingt es ihnen um so sicherer, den Irrlehren unserer Zeit Gehör zu verschaffen . . . und alle religiösen Formen für gleichberechtigt zu erklären. Nun genügt allein dieser Grundsatz bereits, um alle Religionen, und besonders die katholische Religion, zu vernichten, denn da sie die einzig wahre ist, kann sie nicht dulden, daß die anderen Religionen ihr gleichgestellt werden, weil ihr damit die schlimmste Schmach und das ärgste Unrecht widerfahren würde. Die Naturalisten gehen noch weiter. Dreist den Weg des Irrtums einschlagend . . . und wie von der Vernunftlehre bis zu den äußersten Folgen ihrer Prinzipien getrieben, . . . wahren sie nicht einmal mehr die Unantastbarkeit und Gewißheit jener Wahrheiten, die dem bloßen Lichte der natürlichen Vernunft zugänglich sind, wie es sicherlich die Existenz Gottes, die Geistigkeit und die Unsterblichkeit der Seele sind. Auf diesen neuen Weg des Irrtums mitgerissen, hat auch die Freimaurerei diese Klippen nicht vermieden. In der Tat, obwohl sich die Sekte in ihrer Gesamtheit genommen, zum Glauben an Gott bekennt, bestätigen Zeugenaussagen ihrer eigenen Mitglieder, daß dieser Glaube nicht für jeden einzelnen von ihnen Gegenstand unumstößlicher Zustimmung und unerschütterlicher Gewißheit ist . . . Tatsächlich läßt die Sekte den Eingeweihten völlige Freiheit, sich in diesem oder in jenem Sinne zu entscheiden, ob sie nun die Existenz Gottes bejahen oder verneinen; und diejenigen, welche dieses Dogma entschieden ablehnen, werden ebenso eingeweiht, wie diejenigen, die es zwar in einer gewissen Weise anerkennen, es aber entstellen . . .

Wenn nun aber diese nötige Grundlage zerstört oder auch nur erschüttert ist, so ist es selbstverständlich, daß die übrigen Prinzipien der natürlichen Ordnung in der menschlichen Vernunft ins Wanken geraten und daß sie nicht mehr weiß, woran sie sich zu halten hat, wenn es sich um Fragen handelt, wie die Schaffung der Welt durch einen freien, höchsten Willensakt des Schöpfers; die Lenkung durch die göttliche Vorsehung; das Weiterleben der Seele und die Wirklichkeit eines künftigen, unsterblichen Lebens, das nach dem jetzigen kommen wird . . .

. . . Die Freimaurer glauben nicht an die Offenbarung Gottes; sie leugnen, daß der Vater des Menschengeschlechtes gesündigt hat, und daß infolgedessen die Kräfte des freien Willens in gewisser Weise ›geschwächt sind oder zum Bösen neigen‹ . . .

Bezüglich der häuslichen Gemeinschaft behauptet die Lehre der Naturalisten zusammenfassend folgendes: Die Ehe ist nur eine Art von Vertrag; sie kann also rechtmäßig nach dem Willen der Vertragschließenden aufgelöst werden . . . Bei der Erziehung der Kinder darf man ihnen in religiösen Fragen nichts vorschreiben . . . Sobald diese das nötige Alter erreicht haben, ist es jedem von ihnen freigestellt, die ihm zusagende Religion zu wählen. Nun unterstützen die Freimaurer dieses Prinzip nicht nur voll und ganz, sondern sie tun alles in ihrer Macht Stehende, um es moralisch und institutionell zu festigen. In vielen Ländern, auch in katholischen, ist bereits eingeführt, daß es außer der Zivilehe keine legitime Vereinigung gibt. Anderswo gestattet das Gesetz die Scheidung, die andere Völker sich anschicken, so schnell wie möglich in ihre Gesetzgebung aufzunehmen. Alle diese Maßnahmen beschleunigen die baldige Verwirklichung des Planes, das Wesen der Ehe zu ändern und daraus eine unstete, vorübergehende Vereinigung zu machen, die, geboren aus einer Laune des Augenblicks, aufgelöst werden kann, wenn die Laune sich ändert.

Die Sekte vereinigt alle ihre Kräfte und alle ihre Anstrengungen, um sich der Erziehung der Jugend zu bemächtigen . . . in der Erziehung und Unterweisung der Kinder wollen sie die Diener der Kirche nicht dulden, weder als Aufseher noch als Lehrer. Es gelang ihnen bereits in mehreren Ländern, die Erziehung der Jugend ausschließlich Laien zu übertragen . . .

Dazu kommen die Dogmen der politischen Wissenschaft. Die Thesen der Naturalisten auf diesem Gebiet sind folgende: die Menschen sind gleichberechtigt, alle sind in allen Punkten gleich veranlagt. Da alle von Natur aus frei sind, hat keiner von ihnen das Recht, einem seiner Mitmenschen Befehle zu erteilen, und es hieße den Menschen Gewalt anzutun, wenn man sie irgendeiner Autorität unterstellen wollte, außer wenn diese Autorität aus ihnen selbst hervorgeht. Alle Macht geht vom Volke aus: diejenigen, welche die Herrschaft ausüben, sind die Machthaber nur durch Auftrag oder mit Einwilligung des Volkes, so daß, wenn sich der öffentliche Wille ändert, die Führer des Staates ihrer Autorität entkleidet werden, auch gegen ihren Willen. Die Quelle aller Rechte und aller staatlichen Funktionen liegt entweder bei der Menge oder bei der Macht, die den Staat regiert, aber erst, wenn er nach den neuen Prinzipien eingerichtet worden ist. Außerdem muß der Staat atheistisch sein. Er findet in der Tat keinen Grund, die eine religiöse Form der anderen vorzuziehen; also müssen sie alle die gleichen Rechte erhalten.

Daß diese Lehren von den Freimaurern vertreten werden, daß das für sie das Prinzip ist, nach dem sie die Gesellschaft errichten wollen, ist fast allzu augenscheinlich, als daß es bewiesen werden müßte . . . Sie ebnen so zahlreichen anderen und dreisteren Sektie-

rern den Weg, die sich anschicken, aus diesen falschen Prinzipien noch abscheulichere Schlüsse zu ziehen, nämlich die gleiche Teilung und die Gemeinschaft der Güter zwischen allen Bürgern, nachdem jede Unterscheidung des Ranges und des Vermögens abgeschafft ist.

Die Tatsachen, die Wir anführten, werfen ein ausreichendes Licht auf die geheime Verfassung der Freimaurer und zeigen klar, auf welchem Weg sie ihr Ziel anstreben. Ihre hauptsächlichen Dogmen stehen in einem so vollständigen und so offensichtlichen Widerspruch zur Vernunft, daß man sich nichts Entarteteres vorstellen kann . . .

. . . die Gemeinschaft des Menschengeschlechtes, für die die Natur uns geschaffen hat, wurde von Gott, dem Schöpfer der Natur, begründet . . .

Daraus geht hervor, daß . . . es nach dem Willen Gottes ist, daß die Menschen geboren werden, um sich zusammenzuschließen und um in Gemeinschaft zu leben; die Autorität ist die nötige Bindung, um die staatliche Gemeinschaft aufrechtzuerhalten, so daß, wenn diese Bindung zerstört wird, sie sich zwangsläufig sofort auflöst. Der Schöpfer der Autorität ist also dasselbe Wesen, welches auch die Gemeinschaft geschaffen hat. In wessen Händen auch immer die Macht liegt, er ist ein Diener Gottes. Infolgedessen . . . muß man der rechtmäßigen Obrigkeit, die gerechte Dinge befiehlt, gehorchen wie der Autorität Gottes selbst, der alles lenkt; und nichts ist wahrheitswidriger als zu behaupten, daß es vom Willen des Volkes abhänge, den Gehorsam zu verweigern, wann immer es ihm beliebt.

Wenn man erwägt, daß alle Menschen von derselben Abkunft und derselben Natur sind und daß sie alle dasselbe Endziel erreichen müssen, und wenn man die Aufgaben und die Rechte betrachtet, die sich aus dieser Ursprungs- und Schicksalsgemeinschaft herleiten, so ist es ebenso nicht zweifelhaft daß sie alle gleich sind . . .

Durch die schädlichen Irrtümer, die Wir angeführt haben, drohen den Staaten die schrecklichsten Gefahren. In der Tat, schafft die Gottesfurcht und die Achtung vor den göttlichen Gesetzen ab; laßt zu, daß man die Autorität der Fürsten verleumdet; laßt zu, daß die

35. Freimaurerisches Mahl

36. Rosenkreuz-Schurz

Seuche der Revolutionen um sich greift und unterstützt sie; laßt den Leidenschaften des Volkes die Zügel schießen; reißt jede Schranke nieder, außer der der Strafen; und ihr werdet durch die Macht der Dinge zu einem allgemeinen Umsturz und zur Vernichtung aller Institutionen gelangen: Das ist auch tatsächlich das ausdrückliche und erwiesene Ziel, das viele kommunistische und sozialistische Vereinigungen mit aller Macht verfolgen; und die Sekte der Freimaurer hat nicht das Recht zu behaupten, sie habe mit ihren Angriffen nichts zu tun, denn sie begünstigt ihre Pläne und stimmt auf der Ebene der Prinzipien voll und ganz mit ihnen überein . . .

Die Fürsten? Die Freimaurer haben sich unter der Maske der Freundschaft in ihre Gunst eingeschlichen, um sie zu Verbündeten und mächtigen Gehilfen zu machen, mit deren Hilfe sie die Katholiken um so sicherer unterdrücken können . . .

Übrigens halten sie sich immer bereit, die Grundlagen der Herrschaft zu erschüttern, die Fürsten zu verfolgen, anzuklagen und sogar zu verjagen, sooft diese die Macht anders zu gebrauchen scheinen, als es die Sekte fordert . . .

Die Völker? . . . Sie führen immer die Worte ›Freiheit‹ und ›Gemeinwohl‹ im Munde. Wenn man ihnen glaubt, ist es die Kirche, sind es die Herrscher, die immer verhindern wollten, daß die Masse aus einer ungerechten Knechtschaft geführt und vom Elend befreit wird. Sie haben das Volk durch diese trügerische Sprache verführt, und indem sie in ihm die Gier nach Veränderungen weckten, haben sie es zum Angriff auf die kirchliche und staatliche Obrigkeit verleitet. Allerdings bleiben die tatsächlichen Vorteile, die man erhofft, immer weit unter dem, was man sich vorstellt oder wünscht. Das Volk ist keineswegs glücklicher geworden, sondern sieht sich, bedrückt durch eine wachsende Unterjochung und ein immer trostloseres Elend, der Tröstungen beraubt, die es einst so leicht und so reichlich im Glauben und in der Ausübung der christlichen Religion finden konnte.

Was die Kirche betrifft . . ., immer eine Freundin des Friedens, so ist sie es, die die Eintracht wahrt, indem sie alle Menschen in der Zärtlichkeit ihrer mütterlichen Liebe umfängt. Einzig darauf be-

dacht, das Wohl der Sterblichen zu sichern, wird sie nicht müde, daran zu erinnern, daß man die Gerechtigkeit stets durch die Milde mäßigen muß . . ., daß das Recht jedes einzelnen unverletzlich ist; daß es eine Verpflichtung ist, für die Aufrechterhaltung der Ordnung und der allgemeinen Ruhe zu wirken und die Leiden der Unglücklichen, so weit es möglich ist, durch öffentliche oder private Wohltätigkeit zu lindern . . . Wäre das alles besser bekannt, so würden Fürsten und Völker politische Klugheit beweisen und den Forderungen des allgemeinen Heils gemäß handeln, indem sie sich der Kirche anschließen, um den Angriffen der Freimaurer Widerstand zu leisten, anstatt sich den Freimaurern anzuschließen, um die Kirche zu bekämpfen . . .

»Daher wollen Wir alle Erlässe, die die römischen Päpste, Unsere Vorgänger, bekanntmachten, um die Bestrebungen und Versuche der maurerischen Sekte zu vereiteln, alle Urteile, die gesprochen wurden, um die Menschen davon abzuhalten, sich dieser Sekte anzuschließen oder sie zu bestimmen, aus ihr auszutreten, von neuem bestätigen und bekräftigen, im allgemeinen wie im besonderen.«

Es folgen vier Seiten Empfehlungen an den Klerus, wie der Kampf gegen die Freimaurerei wirksam zu führen sei.

»Gegeben zu Rom, Peterskirche, am 20. April 1884, im siebenten Jahr Unseres Pontifikates.

Leo XIII., Papst«

Die Gründe der Verurteilung

Auch wenn man noch so objektiv ist oder sein will, so ist man doch beim Lesen dieser Bulle einigermaßen überrascht. Tatsächlich ist es schwer verständlich, wie der Apostel der Nächstenliebe so sehr hassen kann, daß er nicht einmal die historischen Gegebenheiten berücksichtigt und völlig haltlose Argumente anführt, nur um die Verurteilung eines Ordens zu begründen, der an beinahe allem, was man ihm vorwirft, unschuldig ist. Ein einziger

Vorwurf trifft zu – allerdings wird er in der Bulle nicht angeführt: daß die Freimaurerei die liberalen Forderungen, den Fortschritt der Wissenschaft und den Kampf gegen Vorurteile jeder Art unterstützt hat, Vorurteile, die die Entstehung einer neuen Welt verhinderten.

Die in der Vergangenheit gegen die Freimaurerei erlassenen Bullen beweisen zur Genüge, daß der Heilige Stuhl allzu häufig und leichtfertig die Grenzen, die einem unbestechlichen Richter gesetzt sind, überschritten hat. Tatsächlich müßte ein gerechter Richter unparteiisch sein, und das waren die Päpste nicht. Er müßte aufrichtig die reine Wahrheit suchen, und das taten die Päpste nicht. Er müßte Gerechtigkeitssinn besitzen, und den besaßen die Päpste nicht. Er müßte die Vorwürfe, die Beschuldigungen und die Fakten sine ira et studio prüfen, und das taten die Päpste nicht. Sie verurteilten die Freimaurerei vor allem, weil sie aus politischen Gründen einen Sündenbock brauchten und weil der ungefährlichste Gegner die Freimaurerei war. Man hat sie verurteilt, um ein Exempel zu statuieren, und um dieses Ziel zu erreichen, war jedes Mittel recht.

Immerhin respektierten die vorhergehenden Bullen noch gewisse Grenzen. Die Bulle *Humanum Genus* setzt sich über jede Grenze hinweg. Mangels eindeutiger und stichhaltiger Anklagepunkte, die eine neuerliche Verurteilung rechtfertigen würden, erfindet der Papst selbst Beschuldigungen, um seine These zu untermauern.

Die erste und die letzte Verurteilung der Freimaurerei von seiten des Heiligen Stuhls waren die härtesten. Die erste war zwar mit bestürztem Schweigen aufgenommen worden, hatte aber dennoch die Dämme geöffnet, durch die die Wogen des Hasses über die Freimaurerei hereinbrachen. Die Folgen der zweiten Verurteilung ware verhängnisvoller. Während zur Zeit der ersten Verurteilung niemand zögerte, weiterhin Mitglied des verurteilten Ordens zu bleiben, nahmen diesmal die Anklagen durch die Propaganda und die rasche Verbreitung durch die Zeitungen solche Ausmaße an, daß sie einem Verzweiflungsschrei glichen, der die Menschen erschreckte.

Auch wenn den Worten Leos XIII. zufolge »die Kirche die Wahrheit nicht zu scheuen hat«, auch wenn Lucien Choupin schreibt: »Will man die Kirche verteidigen, so ist die Wahrheit die beste Taktik[2]«; so hört leider niemand gerne die Wahrheit; und wenn wir die Haltlosigkeit einiger Behauptungen beweisen wollen, so zwingt uns die Wahrheit, bedauerliche Fakten aufzugreifen, auch wenn wir wissen, daß es besser wäre, sie ruhen zu lassen.

Wollte man jeden einzelnen Anklagepunkt der Bulle widerlegen, so könnte man leicht eine ganze Bibliothek füllen. Man müßte sich nur auf die Dokumente des zweiten Vatikanischen Konzils sowie die Erklärungen Johannes XXIII. und Pauls VI. berufen und sie im einzelnen den Argumenten der Bulle gegenüberstellen, um alle diese Argumente ad absurdum zu führen.

Es ist bemerkenswert, daß die erste Verurteilung für die Massen bedeutungslos blieb, während sie den Historikern und den Fürsten bekannt war (obgleich sie sie nicht beachteten). Die letzte hingegen wurde von den Massen zur Kenntis genommen – und blieb für die Historiker, Schriftsteller und für die Fürsten unerheblich. Man findet Hunderte von Büchern, die die Gründe und Ursachen der ersten Verurteilung analysieren, doch kaum jemand beschäftigt sich mit dieser letzten Bulle gegen die Freimaurerei. Diese Aufgabe ist so schwierig und so heikel, daß man auch mit dem Geschick eines genialen Diplomaten nicht umhin könnte, dem Ruf des Papstes zu schaden, denn man müßte ihm jeden guten Willen und jeden Gerechtigkeitssinn absprechen. Das hätte Kritik und Angriffe zur Folge, und so war es klüger zu schweigen.

Die folgenden Ausführungen seien unter das Motto Leos XIII. gestellt: »Das erste Gesetz der Geschichte ist es, sich nicht zu erdreisten zu lügen, und das zweite, sich nicht zu erdreisten, nicht die Wahrheit zu sagen.«

»Eine verbrecherische Vereinigung«

Der Bulle zufolge wurde »dieser Hauptfeind«, nämlich die Freimaurerei, sehr rasch von den Vorgängern Leos XIII. durch ihre stets wachsame Sorge erkannt.

In der Tat haben acht Päpste den Orden insgesamt siebzehn Mal verurteilt, und sobald es Differenzen zwischen dem Heiligen Stuhl und Gesellschaften oder Bewegungen gab, die sich der Autorität des Papstes nicht völlig unterwarfen, hatte die Freimaurerei darunter zu leiden. Sie wurde wegen der Tätigkeit der Enzyklopädisten, der Revolutionäre, der Carbonari und der Sozialisten verurteilt, und wegen ihrer eigenen Existenz. Unter den Sozialisten und Kommunisten gab es keine Freimaurer, in den übrigen Bewegungen spielten sie hingegen eine gewisse Rolle; das soll auch gar nicht bestritten werden. Allerdings spielten auch Katholiken eine Rolle. Doch niemals hat die Freimaurerei als Organisation an einer politischen Aktion teilgenommen. Eine Gesellschaft oder Vereinigung kann nicht für die Tätigkeit eines oder mehrerer ihrer Mitglieder verantwortlich gemacht werden. Verallgemeinerungen sind immer falsch und ungerecht. Die gesamte Freimaurerei wird wegen einiger Mitglieder verurteilt, doch niemand tadelt die Kirche wegen einiger Katholiken, die an diesen Bewegungen ebenfalls beteiligt waren.

Deshalb ist es unbillig, wenn in der Bulle behauptet wird: »Es war ganz natürlich, daß dieser Apostolische Stuhl die Freimaurer als eine verbrecherische Vereinigung anprangerte.«

Der Konflikt zwischen einer Vereinigung, die wie die Freimaurerei den Fortschrittsgedanken vertrat, und einer Institution, die von fortschrittsfeindlichen Päpsten beherrscht wurde, war unvermeidlich. Daher wurden die fortschrittlichen Forderungen verurteilt, und mit ihnen diejenigen, die sich für sie einsetzten. Unter diesem Gesichtspunkt muß man die Vorwände und Argumente sehen, die in der Bulle ausgeführt werden. Wenn die Kirche dem Orden vorwirft, sie habe seit langem vorausgesehen, daß seine Ausweitung dem Papsttum, der Autorität der Fürsten und dem öffentlichen Wohl abträglich sein werde, so kann man nur bedauern, daß der Heilige Stuhl, obwohl er gewisse »Übel« vorausgeahnt hat, nichts unternahm, um sie zu verhindern, außer daß er sie verurteilte.

Sicherlich sieht derjenige, dessen Autorität untergraben wird, die liberalen Forderungen anders als alle, die sich davon ein besseres, freieres und menschenwürdigeres Leben versprechen.

»Bei jeder sich bietenden Gelegenheit«, sagt der Papst, »haben Wir die hauptsächlichen doktrinären Thesen erörtert, auf die die unheilvollen Ansichten der maurerischen Sekte den größten Einfluß ausgeübt zu haben scheinen. So haben Wir uns . . . bemüht, die ungeheuerlichen Systeme der Sozialisten und Kommunisten zu bekämpfen.«

Die sozialistischen Systeme sind weder aus den unheilvollen Ansichten noch aus den hauptsächlichen doktrinären Thesen der Freimaurerei hervorgegangen. Die Ideen des katholischen Philosophen Saint-Simon und die Forderungen Ludwig Feuerbachs, Robert Owens, Ferdinand Lassalles, Charles Fouriers, um nur einige zu nennen, sind mit den Thesen der Freimaurerei nicht identisch, und keiner dieser Philosophen war Freimaurer. Dieser Anklagepunkt ist somit hinfällig. Der Kommunismus stand der Freimaurerei ebenso fern wie der Kirche.

Der Vorwurf, die Freimaurerei sei eine »verbrecherische Vereinigung« ist nicht stichhaltig, wenn man sie für die Tätigkeit der Sozialisten und Kommunisten verantwortlich macht, statt diese selbst zu beschuldigen, und die Freimaurerei die Rolle eines Sündenbocks spielen muß, obgleich sie mit diesen Systemen nicht das geringste zu tun hat.

Der Eid

In der Bulle heißt es: »Meistens müssen diejenigen, welche die Initiation begehren, versprechen, und noch mehr, sie müssen feierlich schwören, niemandem, zu keiner Zeit und auf keine Weise die Namen der Mitglieder, ihre Erkennungszeichen und die Lehren der Gesellschaft zu entdecken[3].«

Die Frage des Eides wird also erneut aufgegriffen. Es wurde bereits ausführlich klargelegt, warum die Freimaurer Verschwiegenheit geloben mußten und die Namen der anderen Mitglieder nicht preisgeben durften: die Inquisition hatte ausgezeichnete Ohren.

Die Behauptung, die Freimaurer mußten schwören, die Lehren der Gesellschaft nicht zu enthüllen, ist hingegen absurd. Schließlich wurde die Freimaurerei in einer ganzen Kette von Verurteilungen beschuldigt, ungeheuerliche Ideen verbreitet zu haben. Man warf ihr ja immer wieder vor, daß sie zu viel Lärm schlage, daß sie zu viel Propaganda für ihre Ideen machte. Es stimmt: Sie hat laut verkündet und immer behauptet, daß Gott alle Menschen gleich geschaffen und daß Christus sein Leben für die Erlösung aller Menschen hingegeben hat, nicht nur für die Reichen und Privilegierten; sie hat niemals aufgehört, Glaubensfreiheit, Gedanken- und Redefreiheit zu fordern; sie wollte ein Treffpunkt für alle Menschen sein, die sonst durch zufällige Hindernisse, wie Religion, Nationalität, Herkunft oder Hautfarbe, voneinander getrennt bleiben würden; sie hat immer die Meinung vertreten, daß alle Religionen zu demselben Gott führten, denn es gibt nur einen Gott. Der Papst kannte also dieses »Geheimnis«, das er »die Lehren der Gesellschaft« nannte, sehr wohl, da die meisten Beschuldigungen der Bulle eben auf den Prinzipien dieser Lehre beruhten. In einem weiteren Absatz der Bulle wird die Freimaurerei allerdings dann deshalb verurteilt, weil sie diese geheimen Lehren verbreitet.

Diese beiden Behauptungen scheinen nun doch in einem gewissen Widerspruch miteinander zu stehen.

Die Geheimhaltung

In der Bulle heißt es: »Die Freimaurer scheuen keine Anstrengungen, um sich zu verbergen und um keine anderen Zeugen als ihre Komplizen zu haben.«

Doch es heißt auch: »Sie halten im vollen Licht und vor den

Augen aller Versammlungen ab ..., sie veröffentlichen ihre Journale ... Sie sprechen nur von ihrem Eintreten für den Fortschritt der Menschheit, von ihrer Liebe zum armen Volk. Wenn man ihnen glaubt, so ist es ihr einziges Ziel, das Schicksal der Menge zu verbessern und die Vorteile der bürgerlichen Gesellschaft einer größeren Zahl von Menschen zukommen zu lassen.«
Hier ist der Widerspruch eklatant.
Es wird behauptet, daß die Freimaurer geloben, die Lehren der Gesellschaft niemals zu enthüllen, gleich darauf werden sie wegen ihrer angeblich unbekannten Ziele angeklagt und verurteilt; es heißt, daß sie alles täten, um sich zu verbergen, gleich darauf wird behauptet, daß sie Versammlungen vor den Augen aller abhalten und sogar Journale veröffentlichen.
Die Anklage war niemals begründet.
In jeder Bibliothek fanden sich Dutzende von Büchern, die noch vor der Bulle erschienen waren und die eine vollständige Liste der Logen und ihrer Mitglieder enthielten, die die Forderungen und den Geist der Freimaurer darlegten und von ihren Anstrengungen berichteten, möglichst viele »Komplizen« zu gewinnen, um ihre Ideen verwirklichen zu können.
Weiters hatte Fra Torrubia bereits im Jahre 1751 bewiesen, daß diese Informationen nicht schwer zu erhalten waren, und auch der Inquisition gelang es immer, diesen »Hauptfeind« ausfindig zu machen, wenn sie ihn benötigte oder den Befehl erhalten hatte, gegen die Freimaurerei vorzugehen.
Doch wenn es im Jahre 1738 noch möglich war, die Freimaurerei aus »anderen Uns bekannten gerechten und vernünftigen Gründen« zu verurteilen, ohne näher darauf einzugehen, so gab man sich im Jahre 1884 mit derart vagen Erklärungen nicht mehr zufrieden: Damals war der Orden durch seine Opfer und seine Tätigkeit sowie die 150 Jahre währenden Verfolgungen zu bekannt, als daß man ihn mit einer derartigen Leichtfertigkeit hätte verurteilen können.
In der Bulle selbst heißt es: »Sie sprechen nur von ihrem Eintreten für den Fortschritt der Menschheit und von ihrer Liebe zum armen Volk.« Die Tatsachen haben bewiesen, daß die Frei-

maurer stets für diese Grundgedanken eintraten, und da die früheren Päpste sie gerade deshalb verurteilten, weil sie für den Fortschritt der Menschheit eintraten, so ist das ein weiterer deutlicher Beweis, daß sie ihre Ziele auch tatsächlich verwirklichten.

Der blinde Gehorsam

Die Freimaurerei wurde oft wegen ihres Eides verurteilt. Es erscheint allerdings merkwürdig, wie verschieden das Wesen dieses Eides beurteilt wurde. Obwohl der (etwas naive und theatralische) Inhalt des Eides von Anfang an bekannt war, wurde sie zunächst deshalb verurteilt, weil die Mitglieder geloben mußten, Außenstehenden gegenüber nichts über die Vorgänge in den Logen verlauten zu lassen. Später kam das Argument dazu, daß niemand gezwungen werden kann, den staatlichen oder kirchlichen Behörden einen Tatbestand zu verheimlichen, wenn diese näheres darüber zu erfahren wünschen.

Diese Bulle bringt zusätzliche, bisher unbekannte Einzelheiten bezüglich des Eides: »Diejenigen, die sich ihnen anschließen, müssen versprechen, blind und ohne Diskussion den Anordnungen der Oberen zu gehorchen; immer in Bereitschaft zu sein, . . . die gegebenen Befehle auszuführen, . . . im Bewußtsein, daß sie im gegenteiligen Fall die härteste Behandlung und sogar den Tod zu gewärtigen haben. Tatsächlich wird die Todesstrafe häufig verhängt, wenn jemand eines Vergehens überführt wird, sei es, daß er die geheime Lehre verraten hat, sei es, daß er sich den Befehlen der Oberen widersetzte.«

Keine freimaurerische Verfassung sieht die Ausführung eines Befehls vor, der eine Todsünde bedeuten würde. Hingegen findet sich in der »Antwort« der Großloge des Staates South Carolina ein Beispiel, das der Verfassung der Jesuiten entnommen ist: »Visum est nobis in Domino nullas Constitutiones posse obligationem ad peccatum mortale vel veniale inducere, nisi Superior, in nomine J. Christi vel in virtute obedientiae, iuberet.« (Es scheint uns richtig im Herrn, daß keine Konstitution dazu ver-

pflichten kann, eine Todsünde oder eine läßliche Sünde zu begehen, außer wenn es der Obere, im Namen Jesu Christi oder kraft des Gehorsams, befiehlt.)
Eine solche Bestimmung wird man in den Verfassungen der Freimaurer vergebens suchen.
Es stimmt, daß sich die Eingeweihten durch einen strengen Eid verpflichten mußten, Außenstehende nicht über die Vorgänge in der Loge zu unterrichten. Doch früher waren alle Eidesformeln gewichtig und scheinen uns heute übertrieben. Jede Zeit hat ihre eigene Denkweise und ihre eigene Sprache. Doch niemals stand auf Verletzung des Eides eine andere Strafe als der Ausschluß des Mitgliedes.
Der Bulle zufolge kam es häufig vor, daß ein ungehorsamer Maurer zum Tode verurteilt wurde. Der Jesuit Dierickx schreibt darüber: »Wir haben jedoch in der ganzen Geschichte kein einziges Beispiel als zwingenden Beweis dafür finden können, daß ein ungetreuer Freimaurer von seinen Brüdern ermordet worden ist[4].«
Der Bulle zufolge ist die Erklärung dieses Tatbestandes einfach: Die Vollstreckung der Todesstrafe »geschieht mit solcher Gewandtheit, daß sich der Vollstrecker . . . meistens der Gerichtsbarkeit, die eingesetzt ist, über die Verbrechen zu wachen und sie zu rächen, entziehen kann.«
Daß Morde so geschickt ausgeführt werden, daß sie »meistens« unentdeckt bleiben, kann man sehr leicht behaupten. Aber wenn es den Vollstreckern der Befehle »meistens« gelang, sich der Justiz zu entziehen, dann liegt der Schluß nahe, daß es ihnen einige Male nicht gelungen ist; doch trotz intensiver Nachforschungen konnten wir kein einziges Beispiel finden.
Ein Fall ist bekannt, in dem ausnahmsweise eine geringfügige Strafe verhängt wurde. Ein anonymer Autor beschreibt in seinem 1770 veröffentlichten Buch folgende Begebenheit: In Paris hatte Abbé Perceau die geheimen Zeichen der Freimaurer in Erfahrung gebracht, und beschloß nun, das Geheimnis der Freimaurerei zu lüften. Mit Hilfe der Zeichen schlich er sich in eine Versammlung der Loge von Soissons ein, doch er hatte Pech: einer

der Anwesenden erkannte ihn. Da der ahnungslose Abbé keine einzige Frage, die ihm gestellt wurde, beantworten konnte, wurde er entlarvt. Die Strafe war alles andere als grausam: man begoß ihn mit Wasser und setzte den nassen Abbé vor die Türe. Das war alles[5]. Die Inquisition hätte einen Freimaurer, der sich in eine ihrer Versammlungen eingeschlichen hätte, sicher nicht so nachsichtig behandelt.
Angesichts dieser frei erfundenen Beschuldigung kann man nicht umhin sich zu fragen, wie derselbe Leo XIII. behaupten konnte, »das erste Gesetz der Geschichte sei es, sich nicht zu erdreisten zu lügen, und das zweite, sich nicht zu erdreisten, nicht die Wahrheit zu sagen«.

Ein guter Baum kann keine schlechten Früchte tragen . . .

Die Stelle aus dem Matthäus-Evangelium, von der der Papst nur den ersten Teil zitiert, lautet: »Ein guter Baum kann keine schlechten Früchte tragen, noch ein schlechter Baum gute Früchte. Jeder Baum, der keine guten Früchte bringt, wird abgehauen und ins Feuer geworfen. An ihren Früchten also werdet ihr sie erkennen.«
Wenn eine Wahrheit für eine Vereinigung von verschiedensten Menschen gilt, so gilt sie um so eher für diejenigen, die berufen sind, die Wahrheiten der Bibel zu verkünden.
Verallgemeinerungen sind immer gefährlich. Der gute Baum, den Christus pflanzte, die katholische Kirche, ist gut, auch wenn er Früchte hervorbrachte, wie Sixtus IV., Alexander VI., Johannes XII., Leo X., Innozenz VIII. oder Urban VIII. Der Baum ist dennoch gut, und wenn es vorkommt, daß er einen faulen Apfel hervorbringt, so kann er dennoch auch wieder gute Früchte tragen: Johannes XXIII., der eine Frucht vom selben Baum war, hat es bewiesen. Allein wegen dieses Papstes ist es gut, daß der Baum nicht ins Feuer geworfen wurde.
Über den anderen Baum aber heißt es in der Bulle: »Die

Früchte, die die maurerische Sekte hervorbringt, sind schädlich und bitter wie Galle.« Man muß die Früchte der Freimaurerei erst kennen und dann beurteilen, ob sie schlecht sind. Waren die Ideen des Ordens so bitter? Für wen? Für wen ist die Frucht der Freiheit schädlich? Für die Kirche, den Papst, die Fürsten, die Privilegierten oder für das Volk, für die Millionen unterdrückter Menschen? Diese Millionen, deren Elend dank der zahlreichen philantropischen Stiftungen gemildert werden konnte.

Die Grundsätze der Naturalisten

Wenn es in der Bulle heißt, es sei das Ziel der Freimaurer, die religiöse und gesellschaftliche Ordnung völlig zu zerstören, um sie durch eine neue, nach den Lehren des Naturalismus gestaltete zu ersetzen, so ist das nur ein Vorwand, um zum Angriff gegen die naturalistischen Ideen überzugehen. Der folgende Absatz beweist es: Hier verurteilt der Papst den Grundsatz, daß die menschliche Vernunft in allen Dingen die oberste Instanz sein muß.

In der Tat vertreten die Naturalisten die Auffassung, daß »es außerhalb dessen, was die menschliche Vernunft begreifen kann, kein religiöses Dogma, keine Wahrheit und keinen Herrn gibt, dessen Wort man im Namen seines offiziellen Lehrauftrages Glauben schenken muß«.

Diese Auffassung ist viel älter als die gesamte Freimaurerei und der Naturalismus. Rebillon beschreibt folgenden Fall: »Im Jahre 1277 behaupteten Studenten der Pariser Universität, Schüler von Siger de Brabant und Etienne Tempier, daß die Theologie nichts lehre, daß der christliche Glaube die wissenschaftliche Bildung verhindere und daß die Lehren der Kirche Fiktionen und Irrtümer enthalte[6].« Im Jahre 1277 . . .

Die Fehde, die im Laufe der Jahrhunderte immer wieder zwischen den Lehren der Kirche und der Vernunft entbrannte – ohne hier die bekannten Beispiele zu nennen –, warf ein bezeichnendes Licht auf die Kirche und ihre These, daß man den Worten des Herrn im Namen seines offiziellen Lehrauftrages Glauben zu schenken habe. Die Wissenschaft, die veraltete oder primitive Thesen, wie die 1022 am Himmelsgewölbe befestigten Sterne des Aristoteles bekämpfte, wurde nicht nur nicht gefördert, sondern die Kirche tat alles, um den Durchbruch der neuen Entdeckungen zu vereiteln, und war auf diesem Gebiet zu keinem Kompromiß bereit. Durch diese ablehnende Haltung hat sich aber die Kirche von der Wissenschaft entfernt und nicht die Wissenschaft von der Kirche.

Pius IX. erklärte im Jahre 1862 in seiner Bulle *Gravissima*, daß »keine Philosophie jemals etwas behaupten dürfe, was mit den Lehren der göttlichen Offenbarung oder der Kirche nicht übereinstimme.« Diese Erklärung war sicher keine Ermutigung für die Wissenschaft.

Diese Frage gehört heute der Vergangenheit an. Inzwischen hat die Kirche ihre Meinung radikal geändert, und ihre Auffassung unterscheidet sich gründlich von der starren Unnachgiebigkeit Pius' IX. und Leos XIII. Zum Schluß des zweiten Vatikanischen Konzils am 8. Dezember 1965 (auf den Tag genau 101 Jahre nach der Veröffentlichung der Bulle *Quanta Cura* Pius' XI.) erklärte Papst Paul VI., daß sich die Kirche – vor allem im 18. und 19. Jahrhundert – von der Welt und der Kultur der Laien entfernt habe und daß das Konzil aus diesem Grunde Mittel und Wege gesucht habe, um wieder mit ihr in Verbindung zu treten und sich ihr zu nähern.

In bezug auf die politische Forderung der Trennung von Staat und Kirche verhielt sich die Freimaurerei neutral. »Der Ausschluß des höchst heilsamen Einflusses der katholischen Religion aus der öffentlichen Verwaltung« war niemals ein Ziel des Ordens. Höchstwahrscheinlich sprachen sich auch einige Freimaurer dagegen aus, daß sich die katholische Kirche als einzige in die öffentliche Verwaltung einmischte, da sie die Vorrangstellung der katholischen Religion nicht anerkannten. Die Freimaurerei als Organisation aber hat zu dieser Frage nie Stellung genommen, obwohl man ihr das immer wieder vorwirft.

Die Beschuldigung, die Freimaurer seien gegen Geistliche mit

Gewalt vorgegangen, ist unsinnig. Die Freimaurerei hat weder jemals einen Papst oder irgendein Mitglied des Klerus getötet, ins Exil geschickt oder gefoltert, noch findet sich im Laufe der Geschichte der Institution irgendein Anhaltspunkt, der diese Anklage erhärten oder der Kirche einen Vorwand liefern könnte, solche Ungereimtheiten zu behaupten.

Die Frage der geistlichen Gemeinschaften

In der Bulle heißt es: »Die geistlichen Gemeinschaften werden verboten und aufgelöst« (von den Freimaurern).
Zur Widerlegung dieser Anklage sei kurz auf die Geschichte der geistlichen Orden eingegangen.
Seit ihrer Gründung entwickelten sich die Mönchsorden sehr rasch. Die Anzahl der Klöster wuchs; sie besaßen bald ungeheure Reichtümer. So waren die Besitzungen der Templer ein kleines Königreich wert. Dieser Orden stellte einen Machtfaktor dar und war sogar Gläubiger des Staates. Zur gleichen Zeit besaßen auch die Benediktiner und Zisterzienser ausgedehnte Ländereien und Tausende von Häusern.
Die Auswirkungen waren verhängnisvoll. Zunächst warf man ihnen vor, sie würden sich über das Wort Christi, der die Armut predigte, hinwegsetzen, dann folgten Angriffe, die die Kirche und den Klerus in Mißkredit brachten. Zwei sogenannte »Bettelorden« wurden gegründet: die Franziskaner und die Dominikaner, doch die Frage der Armut war damit nicht gelöst. Der Heilige Stuhl versuchte, eine Regelung zu finden und gab die fatale Erklärung ab, es sei ketzerisch zu behaupten, Christus habe die Armut gefordert.
Die Rolle der Orden in den politischen und religiösen Auseinandersetzungen, besonders im Kampf gegen die Ketzerei, wurde immer wieder kritisiert und erregte Ärgernis. Seit der ersten Hälfte des 13. Jahrhunderts ließen die Dominikaner, die gefürchteten Herren der Inquisition, Tausende und Abertausende von Unschuldigen bei lebendigem Leib verbrennen.

Trotz der Exzesse und der Brutalität der Inquisition, trotz des Doppelspiels mancher Päpste wuchs die Zahl der geistlichen Orden im Laufe der folgenden Jahrhunderte ständig an. Im 16. Jahrhundert wurde die Gesellschaft Jesu gegründet, und der Erfolg ließ nicht auf sich warten: Sie wurde bald ebenso reich und mächtig wie seinerzeit der Tempelherrenorden.
Das Jahrhundert vor der Regierungszeit Klemens' XII. war, vom religiösen Standpunkt aus gesehen, eines der großen Jahrhunderte der Kirche. In der ersten Hälfte des 17. Jahrhunderts wurden zahlreiche neue Klöster gegründet. In der zweiten Hälfte hingegen gab es drei Strömungen, die Aufsehen erregten: den Jansenismus, den Gallikanismus und den Quietismus. Diese Bewegungen verlangsamten die rasche Entwicklung der geistlichen Orden, doch im 19. Jahrhundert nahmen die früheren Kongregationen ihre Tätigkeit wieder auf, nachdem die Erregung der Revolutionszeit abgeklungen war. Die Gesellschaft Jesu, die Benediktiner, die Dominikaner, das Oratorium sowie die frommen Schulen wurden wiederhergestellt, und daneben entstand eine beachtliche Anzahl neuer Genossenschaften.
Im Jahre 1822 wurde die Kongregation der »Petits Frères de l'Instruction chrétienne« in der Bretagne gegründet, im gleichen Jahr der Orden der »Frères de la doctrine chrétienne« in Straßburg, dann in Lyon die Orden der »Petits Frères de Marie« und der »Frères de saint Viateur«. Die Ordensfrauen waren nicht weniger aktiv. Im Jahre 1800 entstand die Kongregation »Von den Hl. Herzen Jesu und Mariä« und die Kongregation von der »Ewigen Anbetung«, gefolgt von den »Töchtern vom Heiligen Kreuz« und dem »Sacré Coeur«. Im Jahre 1807 wurde der Orden der »Barmherzigen Schwestern« gegründet, weiters die Orden der »Frauen Mariens von Loreto«, der »Josephsschwestern«, der »Schwestern von der Unbefleckten Empfängnis«, der »Ackerbauschwestern«, der »Schwestern von der Hoffnung«, der »Soeurs Solitaires«, der »Schwestern der Heiligen Martha«, der »Gesellschaft der Hl. Klothilde«, der »Josephsschwestern von Cluny« und viele andere.
Trotz dieses Erfolges kam es wegen einiger Ordensmitglieder

immer wieder zu Angriffen gegen die Klöster. Man kennt die abgedroschenen Geschichten zur Genüge: Gerüchte von Nonnen, die Kinder bekamen oder wegen ihrer Liebesabenteuer berühmt wurden (wie Alexandrine de Tencin), wollten nicht verstummen und wurden eifrig kolportiert. Mißfallen erregten auch hohe Würdenträger der Kirche, die unermeßliche Reichtümer aufhäuften, im größten Luxus lebten und ebenso verdorben waren wie ihre Umgebung.

Ein Herrscher, der sich gegen einen geistlichen Orden wandte, konnte sicher sein, daß er die Zustimmung der Öffentlichkeit fand. Die Auflösung der Gesellschaft Jesu beweist es. Im Laufe des Jahrhunderts wurden viele geistliche Orden aufgelöst.

In Österreich löste Joseph II., der Sohn Ihrer Apostolischen Majestät Maria Theresia, im Jahre 1782 alle kontemplativen Orden auf. Dasselbe geschah im Jahre 1790 in Frankreich und einige Jahre darauf in Belgien. Damals war man klosterfeindlich eingestellt. In Frankreich, in Italien, in der Schweiz, in Polen, in Rußland und in Deutschland mußten die Orden zahlreiche Häuser schließen. Wenn man die statistischen Unterlagen kennt, ist das auch verständlich. Hier seien einige Beispiele angeführt: Damals besaßen die Benediktiner 187 Niederlassungen; die Zisterzienser 114; die Lazaristen 407; die Priester vom Heiligen Geist 500; die Salesianer Don Bosco 755; die Franziskaner und die Jesuiten besaßen Tausende. Sie waren so reich, daß ihnen am Ende des Kolonisationszeitalters halb Mexiko, Peru, Kolumbien und Ekuador gehörten, in den übrigen Staaten Lateinamerikas besaßen sie nicht viel weniger[7].

Als sich der Liberalismus in zunehmendem Maße durchsetzte und der Druck der Kirche schwächer wurde, hielt man eine Ausbreitung der geistlichen Orden aus politischen oder religiösen Überlegungen für unangebracht. Die Päpste trafen, wenn es die Umstände erforderten, die nötigen Maßnahmen und lösten die eine oder andere Kongregation auf, »die nicht mehr die reichen Früchte und die beträchtlichen Vorteile bringen konnte, um deretwillen sie gegründet worden war[8]«, wie es bei der Gesellschaft Jesu der Fall war.

So verbot Klemens V. seinerzeit nicht nur den Tempelherrenorden, sondern auch die Orden der Apostelbrüder, der Brüder von der Buße, der Märtyrer, der Gekreuzigten, der Erniedrigten und der Jesuaten[9].

Die Auflösung der geistlichen Orden ist keine Erscheinung, die mit dem Auftauchen der Freimaurerei zusammenhängt. Das Konzil von Lyon hatte bereits im Jahre 1274 einige geistliche Orden verboten[10].

Nach der Auflösung des Tempelherrenordens durch Klemens V. im Jahre 1312 widerfuhr dem Deutschen Ritterorden einige Zeit später dasselbe Schicksal. Der Orden war ungewöhnlich reich, besaß fast ganz Preußen und hatte seinen eigenen Hafen (Danzig). Er wurde im Jahre 1524 aufgelöst, als sein letzter Hochmeister, Albrecht von Brandenburg, zum Protestantismus übertrat.

Im Laufe der Kirchengeschichte wurden immer wieder geistliche Orden aufgelöst. Klemens V., Pius V., Urban VIII., Innozenz X. haben vor Klemens XI. religiöse Institutionen wegen skandalöser Vorfälle oder geistiger Sterilität aufgehoben[11]. Die Päpste hatten das Recht, Orden aufzulösen.

»Sobald eine geistliche Institutution einmal gesetzlich gegründet ist, auch wenn es nur diözesanrechtlich ist und sie nur über ein einziges Haus verfügt, kann sie nur mehr vom Heiligen Stuhl aufgehoben werden[12]«, dem es also freistand, einen Orden aufzulösen oder nicht. Im Laufe der Geschichte kam es häufig vor, daß verschiedene Staaten oder Regime die Tätigkeit des einen oder anderen Ordens verboten, doch sie konnten sie nicht auflösen. Das stand nicht in ihrer Macht. Obwohl zum Beispiel während der Revolution zahlreiche Orden ihre Tätigkeit nicht ausüben konnten, wie ja auch die Freimaurerei ihre Pforten schließen mußte, und obwohl auch nach der Revolution die Stimmung ausgesprochen kirchenfeindlich war, erhoben die französischen Regierungen keine Einwände, als die Orden ihre Tätigkeit wieder aufnahmen, außer bei den Jesuiten, und machten keine Schwierigkeiten, wenn neue geistliche Kongregationen gegründet wurden. So entstanden in der ersten Hälfte des 19. Jahrhunderts ca. zwanzig Orden allein in Frankreich.

Tatsächlich erregten diese Ordensgründungen damals in einigen Ländern allgemeines Mißfallen, denn man war aus verschiedenen Gründen mit der Haltung der Kirche nicht einverstanden. In der zweiten Hälfte des 19. Jahrhunderts herrschte in Italien eine antiklerikale Gesinnung, was auf die Haltung des Papstes in der Frage der italienischen Einigung zurückzuführen war. In Deutschland schuf der Kulturkampf Bismarcks ebenfalls eine kirchenfeindliche Stimmung. Das Gesetz von 1872 verbot dann tatsächlich die Gesellschaft Jesu, den Orden der Patres vom Heiligen Geist und den der Redemptoristen[13], der Lazaristen und das Sacré Coeur. Der Staat konnte ihnen zwar jede Ordenstätigkeit verbieten, sie aber nicht auflösen. (Vergessen wir nicht daß Bismarck kein Freimaurer war, im Gegenteil, Leo XIII. hatte ihm den Christusorden überreicht.)
Die Anschuldigungen der Bulle sind also nicht stichhaltig. Im 19. Jahrhundert allein wurden mehr geistliche Orden gegründet als während aller anderen Jahrhunderte nach der Reformation. Nun ist laut Bulle die Freimaurerei gerade im 19. Jahrhundert so mächtig geworden. Dennoch wurden in diesem Jahrhundert 35 geistliche Orden geschaffen, die mehr als 5 000 Häuser besaßen. Der Widerspruch ist eklatant, und der Papst hatte keinen Grund, sich über die Maßnahmen gegen einige Orden zu beklagen, denn die Zahl der Mönche und Ordensfrauen beläuft sich heute auf 1 500 000. Es gibt ungefähr 180 Orden für Männer und 500 für Frauen[14]. Es gibt keine geistliche Gemeinschaft, die von der Freimaurerei hätte aufgelöst werden können.

Die weltliche Macht der Kirche

Der weltlichen Macht der Kirche wegen ist im Laufe der Jahrhunderte viel Blut vergossen worden. Obwohl der Heilige Stuhl manchmal den Sieg davongetragen hatte, ging er aus diesen Kämpfen nicht gestärkt, sondern geschwächt hervor.
Die weltliche Macht der Kirche geht auf den römischen Kaiser Konstantin I., den Großen (274–337) zurück. Unter seiner

Herrschaft wurde das Christentum im Jahre 313 Staatsreligion des römischen Reiches. Er war es auch, der den Kaisersitz von Rom nach Byzanz verlegte. Da der Kaiser Rom verlassen hatte, konnte sich der Heilige Stuhl zwar noch nicht de jure, jedoch de facto als legitimer Besitzer Roms betrachten.

Vier Jahrhunderte später erwarb er dieses Recht auch de jure. Im 8. Jahrhundert wandte sich Papst Stephan II. an den König der Franken, Pippin den Kurzen, um Hilfe. Dieser zwang alle Städte, ihre Schlüssel den päpstlichen Abgesandten auszuhändigen. Der Papst legte die Schlüssel und eine Schenkungsurkunde Pippins auf das Grab des Heiligen Petrus. In dieser Urkunde machte Pippin der Kurze sie »der römischen Kirche, dem Heiligen Petrus und seinen Nachfolgern, den Päpsten«, in Ewigkeit zum Geschenk. Dank dieser Großzügigkeit des Frankenkönigs entstand im Jahre 756 der Kirchenstaat. Die Frage, ob der Frankenkönig das Recht hatte, italienische Städte zu verschenken, die ihm gar nicht gehörten, auch wenn er sie erobern konnte, sei dahingestellt.

Allerdings erhebt sich die Frage: Brauchen erhabene Ideen, eine Religion, die die Nächstenliebe predigt, eine Wahrheit, die niemanden verletzt, und ein Glaube, der die Menschen edler und würdiger macht, eine weltliche Macht, um sich durchzusetzen? Jesus Christus besaß keinerlei weltliche Macht und vermochte doch, Tausende und Abertausende zu überzeugen; immer wieder waren Menschen bereit, für ihren Glauben zu sterben.

Die Geschichte hat wiederholt bewiesen, daß man niemanden mit Gewalt für sich gewinnen kann, nur Ideen überzeugen. Die Freimaurerei, von der behauptet wurde, sie sei mächtig genug um jede religiöse Ordnung und sogar die Kirche selbst vollständig zu zerstören, besaß weder eine Armee noch Folterkammern, noch einen weltlichen Arm, noch eine weltliche Macht, um ihren Vorstellungen von der Freiheit, die der Papst so sehr fürchtete, zum Sieg zu verhelfen.

Niemand wird der katholischen Kirche das Recht absprechen, in geistlichen Belangen eine führende Rolle zu spielen. Doch die Forderung nach weltlicher Macht ist anfechtbar. Es ist bedauer-

lich, daß sie um dieses Anspruchs willen so viel von ihrer geistlichen Autorität aufs Spiel setzte und verlor. Sicher wären alle Könige, mit denen sich die Kirche überwarf, um ihre weltliche Macht zu festigen, ihre Verbündeten gewesen, wenn sie nur Achtung vor ihrer geistlichen Vormachtstellung gefordert hätte.
Als eine weltumspannende Institution, die zwei Jahrtausende überdauerte und immer eine Vorrangstellung einnahm, hätte die katholische Kirche unzählige Gelegenheiten gehabt, die Führung humanistischer Bewegungen zu übernehmen.
Papst Leo XIII. stellte selbst in seiner Enzyklika *Satis Cognitum* vom Jahre 1896 fest: »Was hat Christus, der Herr, mit der Gründung der Kirche vollbracht; was hat er gewollt? Dieses: Er wollte eben die Aufgabe und den Auftrag, die ihm vom Schöpfer übertragen worden war, weitergeben, um sie fortzusetzen.«
Wenn man mit dieser Schlußfolgerung Leos XIII. einverstanden ist – übrigens hat er auch eine Bulle erlassen, in der er die weltliche Souveränität fordert –, so ist der Widerspruch zwischen dieser Behauptung und der geforderten weltlichen Macht nicht zu übersehen.
Die weltliche Macht war niemals »die nötige Sicherung der Freiheit der Kirche«. Das Argument klingt gut, doch es ist nicht stichhaltig. Die weltliche Macht war niemals das Ziel dessen, der sagte: »Mein Reich ist nicht von dieser Welt.« Dennoch war der Erlöser ein König, der Herr einer Kirche, die keine weltliche Macht besaß. Dennoch konnte Christus sagen: »Und ich sage dir: ›Du bist Petrus, und auf diesem Felsen will ich meine Kirche bauen, und die Pforten der Hölle werden sie nicht überwältigen‹.«
Der göttliche Ursprung ihrer Macht war eine Erfindung der Fürsten wie der Päpste. Auch wenn sie keineswegs durch göttliche Hilfe, sondern mit brutaler Gewalt an die Macht gelangten, beriefen sie sich mit Vorliebe darauf, von Gott in ihre Rechte eingesetzt worden zu sein.
Nun war es niemals gut, Geistliches und Weltliches zu vermengen: Die Kirchengeschichte beweist es. Es war immer schwer, der Diener zweier Herren zu sein. Die Kardinäle Bernis, Fleury,

Talleyrand, Richelieu und der Prinz von Rohan waren nicht die einzigen, die sich gegen den Papst oder die Kirche stellten, wenn sie als Minister die Autorität des Königs zu schützen oder die Interessen des Staates zu verteidigen hatten.

Es dürfte also niemanden überraschen, daß man zur Zeit der Aufklärung überall, wo ein moderner Staat liberaler Prägung im Entstehen war, zunächst die Einmischung der Kirche in staatliche Angelegenheiten zu verhindern trachtete. Unbeschadet dieser Tatsache appellierte der Papst im Jahre 1889 an die europäischen Regierungen, ihn bei der Wiederherstellung seiner weltlichen Macht zu unterstützen. Alle lehnten ab. Die Kirche und die Geistlichkeit sollten die Rolle spielen, die ihnen der Erlöser zugedacht hatte. Diese Rolle wollte man ihnen nicht streitig machen. Geistliche, die sich um die Kranken kümmerten oder karitativ tätig waren, wurden nicht behelligt, gegen innere Mission hatte man nichts einzuwenden. Doch der Staat verteidigte seine Interessen gegen den universellen und absoluten Machtanspruch der Kirche.

Aus einleuchtenden Gründen schnitt der Papst diese Frage gerade damals an. Die Beziehungen zwischen dem Papsttum und dem neuen italienischen Staat waren unter Leo XIII. nicht besser geworden. Dieser betrachtete sich weiterhin als »Gefangener des Vatikan« und protestierte gegen den Verlust der weltlichen Macht. Er verurteilte also die Freimaurer, und obwohl aus früheren Bullen hervorgeht, daß er selbst von der Haltlosigkeit seiner Anklagen überzeugt war, hat er die Verurteilung niemals widerrufen oder abgeändert.

Übrigens beweist folgender Satz, daß er Zweifel hegte: »Um die Existenz eines solchen Plans außer Zweifel zu stellen (daß nämlich die Freimaurer den Papst seiner weltlichen Macht beraubt haben), genügt es, an Stelle von anderen Beweisen, sich auf die Zeugenaussagen derjenigen zu berufen, die der Sekte angehört haben . . . «

Ein Mann von so hervorragender Intelligenz wie Papst Leo XIII. mußte wissen, was ein solches Argument wiegt.

Über den Unterschied zwischen der Auffassung, die sich in die-

sem Argument widerspiegelt, und dem allgemein anerkannten Grundsatz, wonach niemand für schuldig anzusehen ist, ehe Beweise vorliegen, gäbe es noch viel zu sagen. Die Bulle von 1884 widerspricht diesem Grundsatz. Sie verurteilt ohne einen einzigen Beweis auf eine bloße Behauptung hin, wobei zugegeben wird, daß keine Beweise vorliegen.
Wenn sich die Anklage »an Stelle von anderen Beweisen« nur auf die Zeugenaussagen ehemaliger Freimaurer stützt, dann sind diese »Beweise« derart unglaubwürdig, daß ein Papst als Seelsorger, als Gelehrter und als höchste Autorität der Kirche sie niemals anerkennen, geschweige denn sich auf sie berufen dürfte.

Die katholische Religion . . . und die anderen

In der Bulle heißt es – und es ist nicht das erste Mal, daß dieser Vorwurf erhoben wird –: »Wenn sie außerdem Anhänger, die aus den verschiedenen Religionen zu ihnen kommen, als Mitglieder aufnehmen, so gelingt es ihnen um so sicherer, den Irrlehren unserer Zeit Gehör zu verschaffen . . . und alle religiösen Formen für gleichberechtigt zu erklären. Nun genügt allein dieser Grundsatz bereits, um alle Religionen, und besonders die katholische Religion, zu vernichten, denn da sie die einzig wahre ist, kann sie nicht dulden, daß die anderen Religionen ihr gleichgestellt werden, denn damit würde ihr die schlimmste Schmach und das ärgste Unrecht widerfahren.«
Wenn die katholische Religion die einzig wahre ist, so müßte sie auch am wenigsten verwundbar sein und hätte also weniger Grund als jede andere, den Zustrom von Angehörigen anderer schwächerer und benachteiligterer Religionen zu fürchten.
Pius IX. war etwas milder. In seinem *Syllabus* verurteilt er nur die These, daß der Protestantismus ebenso gottgefällig wäre wie der Katholizismus, als Irrtum. Die Bulle, die im Namen Klemens' XII. erlassen wurde, ist noch gemäßigter. Sie warf der Freimaurerei nur vor, daß sie ihre Pforten Personen der verschie-

densten Religionen öffnet, so daß sich Angehörige anderer Religionen unter die Katholiken mischen konnten.
Diese Päpste haben anscheinend vergessen, daß sich die katholische Religion oftmals mit anderen Religionen verbündete, und das auf Betreiben des Papstes selbst. Im 15. Jahrhundert verbündete sich Innozenz VIII. mit Sultan Bayjazid; im Jahre 1494 wandte sich Alexander VI. ebenfalls an den türkischen Sultan, der ihn in seinem Kampf gegen das katholische Frankreich unterstützen sollte. Im Jahr 1548 tat Paul III. das gleiche, und unter Julius III. trat der paradoxe Fall ein, daß »der mit dem Kaiser und dem französischen König verbündete Papst ein Bündnis mit den Protestanten einging«. Wenn es die Interessen der Kirche erforderten, schreckte diese auch nicht davor zurück, gemeinsam mit Protestanten gegen zwei katholische Staaten Krieg zu führen, wobei die katholisch-protestantische Armee unter der Führung des katholischen Kardinals Richelieu stand. Als nämlich die Habsburger die Bistümer Metz, Toul und Verdun für sich beanspruchten, verteidigte sie Richelieu gemeinsam mit deutschen Protestanten und Soldaten des schwedischen Königs Gustav Adolf.
Die Anschuldigung der Bulle, die Freimaurerei füge der Kirche »die Schmach und das Unrecht« zu, die anderen Religionen für gleichberechtigt zu erklären, ist heute überholt. Heute vertritt die Kirche selbst diese Auffassung. Sie urteilt über nicht-katholische Religionen nicht mehr so abschätzig wie seinerzeit die Bulle. »Gott hat gewollt«, sagt die Kirche, »daß die Menschen eine einzige Familie bilden und sich gegenseitig als Brüder behandeln, die dieselbe Herkunft und dasselbe Ziel haben[15]«. Diese Erklärung Pauls VI. vom 28. Oktober 1965 über die Beziehungen zwischen der Kirche und den nicht-christlichen Religionen beweist den Gesinnungswandel der Kirche.
Wenn zur Zeit Leos XIII. ein Katholik noch exkommuniziert werden konnte, wenn er die Kirche einer anderen Konfession zu betreten wagte, so gibt es heute ökumenische Kirchen, in denen Anhänger aller christlichen Religionen gemeinsam die Messe feiern.

Die unerschütterliche Gewißheit des Glaubens

Den Freimaurern wird vorgeworfen, daß ihr Glaube an Gott nicht »Gegenstand unumstößlicher Zustimmung und unerschütterlicher Gewißheit« ist. Dasselbe könnte man auch Mitgliedern der katholischen Kirche vorwerfen. Es wäre übertrieben zu behaupten, daß der Glaube an die Existenz Gottes bei allen Katholiken auf einer »unerschütterlichen Gewißheit« beruht. Der Glaube ist eine absolut individuelle Frage und kann nicht verallgemeinert werden.

Die Ehe und die Scheidung

Zwei Probleme, die im folgenden Abschnitt der Bulle aufgegriffen werden, sind wesentlich komplizierter: die Ziviltrauung und die Scheidung. Wenn die Kirche sie verurteilt, so kann sie sich mit Recht auf die Bibel berufen. Doch warum verurteilt sie deshalb die Freimaurerei? Beide Fragen waren damals Gegenstand öffentlicher Diskussion, bei der die Meinungen aufeinanderprallten. Heute sind sie entschieden.

Wenn man das Argument gegen die Zivilehe, daß nämlich diese Art der Trauung das Wesen der Ehe verändern und sie zu einer unsteten und vorübergehenden Verbindung machen würde, heute beurteilt, erweist sich an Hand der Statistiken, daß die Befürchtungen des Papstes unbegründet waren.

Der Widerstand gegen die Zivilehe entsprach folgerichtig der entschiedenen Ablehnung der »Mischehe«, das heißt der Eheschließung zwischen einem Katholiken und einem Anhänger einer anderen Konfession.

Es überrascht, daß der Papst auf eine Frage zurückkommt, die in mehreren Staaten schon seit langem endgültig geregelt worden war. Friedrich der Große von Preußen gestattete die Ehe von Personen verschiedener Religionszugehörigkeit bereits im Jahre 1740, und einige andere Staaten folgten seinem Beispiel. In Neapel wurde sie im Jahre 1776 eingeführt und im Jahre 1801 in Frankreich. In Österreich gab Joseph II. unmittelbar nach seiner Thronbesteigung einen diesbezüglichen Erlaß heraus, und Seine Apostolische Majestät Franz Joseph I. gestattete sie 1895 in Ungarn.

Trotz dieser Gesetze, die den Heiligen Stuhl hätten veranlassen müssen, diese Frage objektiver und vor allem realistischer zu überdenken, erteilte das Heilige Offizium den Ordinarien von Brasilien am 2. Juli 1879 bezüglich der Teilnahme der Freimaurer an den Sakramenten und Gottesdiensten folgende Instruktionen: Es ist den Freimaurern strengstens untersagt, das Amt eines Paten zu übernehmen; sie sind von der Eucharistie auszuschließen; sie dürfen weder an der Messe noch an anderen kirchlichen Festlichkeiten teilnehmen. Die Priester und Beichtväter haben den katholischen Partner aufzufordern, keinen Freimaurer zu ehelichen, und wenn die Eheschließung nicht verhindert werden kann, so darf der Priester nur passiv als qualifizierter Zeuge daran teilnehmen; die Freimaurer erhalten kein kirchliches Begräbnis usw. Da der Priester von einer Ziviltrauung ausgeschlossen ist und daher keine Möglichkeit mehr hat, die Ehe zwischen einem Freimaurer und einem Katholiken zu verhindern, muß die Freimaurerei verurteilt werden.

Der Scheidung widersetzt sich die Kirche mit Recht, denn in dieser Frage kann sie sich auf die Bibel berufen. Im Neuen Testament heißt es: »Der Mensch soll nicht trennen, was Gott geeint hat . . . Ich aber sage euch: ›Wer sich von seinem Weibe scheidet, es sei denn um der Hurerei willen, und freit eine andere, der bricht die Ehe.‹« Die Haltung der Kirche entspricht den oben zitierten Worten. Sie war und ist auch heute noch gegen die Scheidung. Leider war sie die erste, die gegen diesen Grundsatz verstoßen hat, aus politischen Gründen oder anderen opportunistischen Überlegungen gestattete sie immer wieder Scheidungen. Wenn die Scheidung auch in vielen Fällen ein Übel ist, so ist es doch ein notwendiges Übel geworden und bedeutet oft die einzige Lösung eines schweren Konfliktes zwischen zwei Menschen. Im Laufe der letzten 200 Jahre erließen die verschiedenen Staaten nacheinander Gesetze, die die Scheidung erleichterten. Die Statistiken eines Regimes, das die Trennung zweier bloß durch

Furcht aneinandergeketteter Menschen nicht gestattet, sind derart betrüblich, daß sie schließlich sogar die Geistlichkeit überzeugten.
Sicher beurteilt die Kirche diese Frage auch von ihrem Standpunkt aus heute anders, doch die Einstellung Leos XIII. ist verständlich. Aber was hatte die Freimaurerei damit zu tun? Sie hat niemals die gesetzliche Anerkennung der Scheidung gefordert.

Die Gleichheit aller Menschen

Die Freimaurer werden als Naturalisten verurteilt, weil sie für die Gleichheit aller Menschen eintraten. Der Papst klagt sie mit folgenden Worten an: »Die Thesen der Naturalisten auf diesem Gebiet sind folgende: die Menschen sind gleichberechtigt, alle . . . in allen Punkten . . .«
Wir fragen uns, ob es heute noch nötig ist, einen Grundsatz zu prüfen und zu widerlegen, der die Gleichheit der Menschen leugnet, denn alles, was zur Verteidigung dieser These vorgebracht werden kann, ist ohnehin leeres Gerede, selbst wenn es immer noch Länder gibt, die sich aus politischen oder wirtschaftlichen Gründen bis heute der Anerkennung der Gleichheit widersetzen.
Die Erklärung *Nostra Aetate* des zweiten Vatikanischen Konzils, aus der wir einige Stellen zitieren wollen, entkräftet die Aussagen Leos XIII. eindeutig.
»Die Kirche glaubt und glaubte immer, daß Christus kraft seiner unendlichen Liebe freiwillig das Leiden und den Tod auf sich genommen hat, um der Sünden aller Menschen willen und damit alle Menschen das Heil erlangen.«
»Die Beziehung des Menschen zu seinen menschlichen Brüdern ist so eng, daß es in der Schrift heißt: ›Wer nicht liebt, kennt Gott nicht.‹«
»Daher entbehren Theorien und Praktiken, die in bezug auf die menschliche Würde und die sich aus ihr ableitenden Rechte

Unterschiede zwischen Mensch und Mensch, zwischen Volk und Volk machen, jeder Grundlage.«
Das zweite Vatikanische Konzil hat sich zu dieser Frage sehr klar und ganz anders geäußert als Leo XIII. Dennoch wurde die Bulle niemals für ungültig erklärt; offiziell ist die Kirche also immer noch an die in dieser Bulle verkündeten Grundsätze gebunden.

Alle Macht geht vom Volke aus

Der große englische Philosoph John Locke vertrat bereits im 17. Jahrhundert die Ansicht, daß es keine Regierung geben dürfe, die nicht durch eine Willensbestimmung der Regierten zustande gekommen sei. Der »Contrat social« Rousseaus war ein weiterer Schritt in dieser Richtung.
Die Kirche hingegen lehrt, daß die Macht von der göttlichen Vorsehung nach dem Willen Gottes verliehen wird. Jesus erklärte in seiner Bergpredigt, daß die Vorsehung selbst über die unbedeutendsten Geschöpfe, die Blumen und die Vögel, wacht und für die vernunftbegabten sorgt. Gott lenkt die Welt, und nichts geschieht ohne Zutun der Vorsehung.
Wenn man der Auffassung der Kirche beipflichtet, dann kann selbstverständlich nichts geschehen, was nicht im voraus bestimmt ist, denn Gott ist die causa universalis. Also ist alles, was auf Erden geschieht, notwendig, unvermeidlich und von der göttlichen Vorsehung gelenkt.
Wenn man einige Geschichtskenntnisse besitzt, wird man nachdenklich. Heinrich VI. wurde mit neun Monaten König von England. Hätte die göttliche Vorsehung das so geplant, um sich rechtzeitig der wertvollen Hilfe Heinrichs VI. zu versichern, dann müßte man auch annehmen, daß Karl II. nach dem Willen der Vorsehung mit vier Jahren König von Spanien wurde; Ludwig XV. mit fünf Jahren König von Frankreich; Hippolyt von Este mit 14 Jahren Kardinal; Giovanni de' Medici (der spätere Leo X.) mit 13 Jahren Kardinal; Ferdinand, der Sohn Philipps III. von

Spanien, mit elf Jahren Kardinal; Johannes XII. mit 18 Jahren Papst und Benedikt IX. . . . mit zwölf Jahren Papst.
Wenn man annimmt, daß diese Ereignisse von der göttlichen Vorsehung geplant sind, dann bleibt dem Papst nichts anderes übrig als zuzugeben, daß auch Philipp der Schöne, Heinrich VIII. und Papst Alexander VI., George Washington oder Abraham Lincoln von der Vorsehung entsandt wurden.
Wenn also die Vorsehung zur Vollziehung ihres Willens Menschen auswählt, die nicht aus königlichem Geschlecht sind – auch Christus war es nicht –, so wurden sie dennoch von ihr mit der Macht betraut. Da diese Menschen aber ihren Auftrag nur durch den Willen des Volkes erhalten können, so muß man den Lehren der Kirche entsprechend annehmen, daß sie von einem von der göttlichen Vorsehung beeinflußten und gelenkten Volk ausgewählt werden. Doch kann man dem Ergebnis dieser Schlußfolgerung beipflichten? In diesem Fall wären somit auch Hitler und Stalin von der göttlichen Vorsehung entsandt worden, um die Unterdrückung und die Vernichtung Millionen Unschuldiger vorzubereiten.
Die Religionsfreiheit entspringt demselben Grundsatz. Es gibt nur ein Menschengeschlecht und eine Religion: die der Verehrung eines einzigen Gottes. Es ist gleichgültig, ob man ihn mit oder ohne Hut auf dem Kopf anbetet, in lateinischer oder hebräischer Sprache, kniend oder stehend. Unus Es Deus. Die Religionen trennten die Menschheit, anstatt sie um den einzigen Gott zu sammeln. Gott hat niemals erklärt, daß diese oder jene Religion den anderen überlegen oder alleinseligmachend sei.
Der Apostel Paulus schrieb, daß »Gott . . . will, daß allen Menschen geholfen werde und sie zur Erkenntnis der Wahrheit kommen. Denn es ist ein Gott und ein Mittler zwischen Gott und den Menschen, nämlich der Mensch Christus Jesus, der sich selbst gegeben hat für alle zur Erlösung«.
Diese Worte stammen aus dem Neuen Testament (1. Brief des Paulus an Timotheus), und die Freimaurerei kannte und befolgte sie, obgleich sie wegen ihres Eintretens für die Gleichberechtigung der Menschen und Religionen verurteilt wurde. Der Schluß,

daß der Staat atheistisch sei, wenn alle Religionen gleichberechtigt sind, ist falsch.
Es wurde festgestellt, daß die heutigen Anschauungen der Kirche nicht mehr mit gewissen Verboten und Behauptungen der Bulle übereinstimmen. Nicht die Freimaurerei, sondern der Kommunismus trat für den atheistischen Staat, für Gemeinbesitz und gleiche Verteilung der Güter ein. Jede diesbezügliche Erklärung ließe vermuten, daß derjenige, der sich entschuldigt, sich anklagt.

Die »Diener Gottes«

Der Heilige Paulus schrieb in seinen Briefen an die Römer: »Jedermann sei untertan der Obrigkeit, die Gewalt über ihn hat. Denn es ist keine Obrigkeit, ohne von Gott; wo aber Obrigkeit ist, die ist von Gott verordnet . . .«
Leo XIII. beruft sich also auf Paulus, um einen weiteren Anklagepunkt zu finden. Inzwischen aber waren 18 Jahrhunderte vergangen, und in dieser Zeit bewiesen die zahlreichen Mörder, die als »Diener Gottes« ihre Macht behaupteten, allzu deutlich den unermeßlichen Unterschied zwischen den Idealen eines Heiligen und der geschichtlichen Realität.
In der Bulle heißt es: »Der Schöpfer der Autorität ist also dasselbe Wesen, welches auch die Gemeinschaft geschaffen hat. In wessen Händen auch immer die Macht liegt, er ist ein Diener Gottes.«
Betrachten wir also diese »Diener Gottes« näher, die dank ihrer königlichen Abkunft oder durch skrupellose Brutalität an die Macht gelangten.
Wie die Geschichte beweist, nahmen es die Könige nicht allzu genau, wenn es darum ging, ihren Willen durchzusetzen, und es gibt kein Land, in dem nicht einmal ein Mörder auf dem Thron saß.
Spanien ist das einzige Land, das in dieser Hinsicht Glück hatte. Es hat eine wunderbare Entschuldigung: Seit es einen königli-

chen Leibgardisten namens Manuel Godoy gab – er wurde dann Manuel de Godoy, Friedensfürst und Minister –, waren alle Nachfahren König Karls IV. von Spanien bis zum letzten König Alfons XIII. Früchte der innigen Liebe, die Manuel Godoy und Königin Maria Luise füreinander empfanden. Die Institution des Königtums als solches konnte also nicht angegriffen werden. Auch in Frankreich ist die Situation recht merkwürdig, obwohl man Ludwig XIV. nicht vorwerfen kann, er habe sich nicht um den Bevölkerungszuwachs gekümmert: Er hatte mit Louise de la Vallière vier Kinder, mit Madame de Montespan sieben und mit seiner eigenen Gattin deren sechs.

Betrachtet man die Geschichte Englands, so überkommt einen das Grauen angesichts dieser Unzahl von Verbrechen, dieser ununterbrochenen Reihe von Morden. Die Fürsten brachten sich gegenseitig um, obwohl sie hätten wissen müssen, daß auch sie ihrem Schicksal nicht entgehen würden. Könige und Königinnen, Katholiken oder Protestanten, gläubig oder nicht, waren hauptsächlich damit beschäftigt, sich aller zu entledigen, die ihre Stellung bedrohten oder bedrohen konnten, gleichgültig ob es sich um ihre Brüder, Ehemänner, Gattinnen oder Kinder handelte: »Die Könige leisteten Beachtliches, wenn es darum ging, einander umzubringen; Vatermord, Brudermord und Morde aller Arten waren die Lieblingsbeschäftigung der Fürsten[16].«

Es sei nur an die Ereignisse erinnert, die den Stoff zu Shakespeares Drama Richard III. lieferten. Dieser beispiellos grausame König, der von 1483 bis 1485 regierte, ließ die Kinder seines Bruders Eduards IV. im Tower ermorden. Er wurde 1485 von Heinrich Tudor ermordet. Eduard I., König von England, ließ seinen eigenen Bruder foltern, ehe er ihn 1282 tötete.

Man kann nicht von der Geschichte Englands sprechen, ohne Heinrich VIII. zu erwähnen. »Unter denen, die Heinrich hinschlachten ließ«, bemerkt Kardinal Hergenröther, »waren zwei Königinnen, zwölf Herzöge und Grafen, 64 Edelleute, zwei Kardinal-Erzbischöfe, 18 Bischöfe, 13 Äbte, 500 Prioren und Mönche, 38 Doktoren der Theologie oder des kanonischen Rechts[17].«

Diese Tatsachen sind nicht geeignet, jemanden umzustimmen,

der gegen die Theorie von den »Dienern Gottes« einiges einzuwenden hat. Man wird auch nicht anderen Sinnes, wenn man weiß, daß Heinrich VIII. den Titel »Verteidiger des Glaubens« führte, ehe er exkommuniziert wurde.
Doch es wäre ungerecht, nur Beispiele aus der englischen Geschichte zu wählen. Werfen wir deshalb einen kurzen Blick auf Italien: »Kaiser Karl V. verschaffte Cosimo Medici das Herzogtum Florenz, und Papst Pius VI. verlieh ihm den Titel Großherzog von Toskana. Er war ein grausamer und hinterhältiger Tyrann. Sein Nachfolger Francesco regierte mit Hilfe von Gift und Dolch und war mordgierig wie ein Bluthund. Er heiratete Bianca Cabello, die Tochter eines vornehmen Venetianers. Sie war mit einem jungen Florentiner vermählt. Als Francesco sie sah, war er von ihrer übergroßen Schönheit so hingerissen, daß er sie mit ihrem Gatten in seinen Palast einlud und diesen kurzerhand ermordete. Seine eigene Frau starb gerade rechtzeitig, wahrscheinlich durch Gift, und der Großherzog heiratete Bianca.« (Man ist versucht zu behaupten, daß bisher noch nichts Ungewöhnliches geschah. Doch Abbott schreibt weiter:) »Sein Bruder, Kardinal Ferdinand, war mit dieser Verbindung nicht einverstanden. Also reichte er ihnen beiden einen Becher mit vergiftetem Wein, und sie wurden gemeinsam zu Grabe getragen. Kardinal Ferdinand wurde durch diesen Verrat und Brudermord Großherzog[18].«
Auch Frankreich hatte in der Person Ludwigs XI. (1461–1483) seinen Richard III. Ludwig ließ die Söhne von Jacques d'Armagnac, François und Henri, zwei achtjährige Kinder, in die Bastille sperren. Sie wurden in einen Käfig gesetzt, und auf Befehl des Königs riß man ihnen jede Woche einen Zahn, um ihre Qualen zu vergrößern. Der kleine François überlebte diese Mißhandlungen nicht.
Auch in der Türkei hat man wie in England nur die Qual der Wahl, wenn man die »Diener Gottes« charakterisieren will, die das Reich beherrschten. Doch da sie keine Christen waren, übergehen wir Ibrahim I. (1640–1648), der 1500 Frauen in seinem Harem hatte; das kostete ihn so viel Geld, daß sogar die Kirche

zur Kasse gebeten wurde, um diese Staatsausgabe zu decken. Aus obskuren Gründen wurde Ibrahim trotz seiner Leidenschaft für die Schönheit ermordet. Ein weiteres Beispiel bietet Sultan Murad IV., dessen Arten, Formen und Methoden, Hunderttausende von Privilegierten vorzeitig ins Paradies zu befördern, von Hammer-Purgstall, dem Historiker des türkischen Reiches, ausführlich beschrieben werden. Ganz wie sein obengenannter Kollege, der »Schatten Allahs«, hatte auch Murad IV. eine ganz besondere Vorliebe für Frauen. Galant wie er war, enthauptete er sie nicht und ließ sie auch nicht rädern, sondern er warf sie ganz einfach ins Wasser. Doch wie gesagt, sie waren keine Christen.

Auch auf Rußland wollen wir aus demselben Grund nicht näher eingehen. Iwan der Schreckliche erhielt seinen Beinamen sicher nicht wegen seiner Hochherzigkeit. Auch die Vorgangsweise des rumänischen Finanzgenies Vlad Tepes (Vlad des Pfählers) können wir nicht so anschaulich darstellen, wie sie es verdiente. Eines Tages z. B. rief er seine Gläubiger zusammen und ließ sie, gleichgültig, wieviel er ihnen schuldete, alle pfählen. So war er mit einem Schlag seine Schulden los.

In bezug auf das Volk waren diese »Diener Gottes« natürlich noch weniger zartfühlend. Die deutschen Duodezfürsten und Herrscher verkauften ihre Untertanen an England und Frankreich, wo sie dann als Soldaten dieser Länder den Tod fanden. Doch es waren nicht nur die deutschen Fürsten, die ihre Untertanen derart mißbrauchten. Die Bourbonen bedienten sich recht häufig der Comorra, einer Art Räuberbande, um die Aufstände des Volkes niederzuschlagen, sobald es gegen die drückende Steuerlast revoltierte. »Diese Allianz zwischen Thron und Banditen[19]« gegen das ausgebeutete Volk störte den Schlummer der ehrenwerten Diener Gottes in keiner Weise, noch beunruhigte sie ihre Gewissen. Auch der Prinz von Canossa, der nach dem Zusammenbruch des Reiches den Kampf gegen die Carboneria führte, bediente sich der Camorra.

Einige Päpste, die »Diener Gottes« hätten sein müssen, dürfen nicht unerwähnt bleiben.

37. Werkleute am Bau

38. Die Adoptionsmaurerei

Bekanntlich wählt das Konklave, das vom Heiligen Geist inspiriert ist, die neuen Päpste. Im Prinzip. Benedikt IX. (1033) allerdings gelangte nicht durch die Eingebung des Heiligen Geistes, sondern ganz im Gegenteil mit Hilfe von Bestechung und Einschüchterung auf den Stuhl Petri. Er war erst 12 Jahre alt und bereits »sittlich verkommen«[20]. Im Jahre 1045 dankte er ab, und zwar zugunsten seines Protektors (Gregor VI.), der ihm dafür eine große Summe Geldes bezahlen mußte. Die Fälle von Simonie sind zu zahlreich, um sie alle aufzuzählen.
Wir möchten nun ohne weiteren Kommentar eine Stelle aus Fernand Haywards »Histoire des Papes« zitieren. Hayward ist ein katholischer Autor, und sein Werk trägt das Nihil obstat und das Imprimatur zweier Geistlicher.
Leo V. – Nach seinem (Benedikts IV.) Tod entbrannte zwischen mehreren Gruppen ein heftiger Streit um den päpstlichen Thron. Eine von ihnen setzte die Wahl Leos V. aus Ardea durch, der einen Monat später von einem Priester namens Christophorus verhaftet und erdrosselt wurde. Christophorus nahm daraufhin seinen Platz ein.
Christophorus – Sergius III. – Ein ehemaliger Gegner des Formosus, Sergius, warf nun den Christophorus ins Gefängnis und wurde im Jahre 904 als Sergius III. Papst.
Von dieser Zeit an wurde Rom lange Jahre hindurch von sittenlosen Frauen beherrscht.
Unter der Herrschaft des Formosus . . . hatte der ehemalige Heerführer Theophylakt ein ehrgeiziges Geschöpf zur Frau, nämlich Theodora. Außerdem hatte er zwei Töchter, Theodora die Jüngere und Marozia, die noch jünger war.
Von den einflußreichen Persönlichkeiten, die sich ihrer Gunst erfreuten, verlangte Theodora Burgen und Häuser. Bald besaß Theophylakt das größte Vermögen Roms. Damit war es seiner Frau möglich, einen maßgeblichen Einfluß auf die Politik auszuüben.
Sie beherrschte das Geschehen, und die Wahl eines Papstes hing vorwiegend von ihr ab.
Im Jahre 904 war der Kandidat Theodoras Sergius III. Aus

kürzlich aufgefundenen Belegen geht hervor, daß Theophylakt und Theodora fast als unumschränkte Herren Roms und des Kirchenstaates schalten und walten konnten.

Die Tochter Theodoras, Marozia, die im Jahr 905 oder 906 mit dem Marchese von Camerino verheiratet war, . . . vergrößerte mit den gleichen Mitteln wie ihre Mutter den Reichtum ihrer Familie und erwarb weitere Burgen und Häuser.

Marozia residierte in der Engelsburg.

Anastasius III. – Lado. – Nach dem Tode des Sergius im Jahre 911 setzte Theodora die Wahl des Anastasius durch, der zwei Jahre und einige Monate regierte. Nach seinem Tod bestieg Lado, ebenfalls mit Hilfe Theodoras, den Stuhl Petri. Seine Regierungszeit dauerte ein halbes Jahr. Diese beiden Päpste haben keine nennenswerten Spuren hinterlassen. Das Haus des Theophylakt, von dem sie abhingen, übte in ihrem Namen die weltliche Macht aus.

Johannes X. – Nach Lado, der 914 verschied, wurde Johannes X. zum neuen Papst gewählt . . . Auch er verdankte seine Thronbesteigung dem Einfluß Theodoras und Marozias.

Marozia fand, Johannes X. sei zu selbständig. Sie ließ seinen Bruder während eines Aufstandes ermorden und dann den Papst selbst gefangennehmen. Er starb im Jahre 928, als man ihn feige mit einem Kissen erstickte.

Leo VI. – Nach ihm wurde nun im gleichen Jahr dank ihrer Hilfe Leo VI. zum Papst gewählt. Er war ein Sohn des Christophorus, der zur Zeit Johannes' VIII. Primicerius war. Er regierte ein halbes Jahr und starb unter mysteriösen Umständen im Jahre 929.

Stephan VII. – Sein Nachfolger Stephan VII., ebenfalls ein Günstling Marozias, ist nicht weniger obskur. Er starb 931.

Johannes XI. – Schließlich gelang es Marozia, ihren eigenen Sohn zum Papst zu machen. Er wurde 931 gewählt und führte den Namen Johannes XI.

Im Jahre 932 schloß Marozia ihre dritte Ehe. Ihr zweiter Sohn Alberich, der den neuen Gatten seiner Mutter haßte, stürmte die Engelsburg. Der Stiefvater Alberichs konnte fliehen, Marozia

hingegen wurde gefangengenommen und starb wenig später. Der Bruder Johannes' XI. wurde der neue Gewaltherrscher.
(Folgende Päpste wollen wir übergehen: Leo VII., der drei Jahre regierte; Stephan VIII., der vier Jahre regierte und Marinus II., der ebenfalls vier Jahre regierte. Über sie ist absolut nichts zu sagen, denn sie waren bloße Kreaturen der Familie des Theophylaktes, vor allem die Theodoras.)
Agapet II. – Unter Agapet II. überredete Alberich den Papst und dann auch die Römer, nach dem Ableben des regierenden Pontifex seinen eigenen Sohn Oktavian zu wählen.
Johannes XII. – So wurde nach dem Tode Agapets im Jahre 955 Oktavian, der Sohn des Alberich, mit 16 Jahren Papst und nannte sich Johannes XII. Dieser Jüngling war vielleicht der schlechteste von allen Päpsten, die nacheinander den Stuhl Petri innehatten. Anstatt in die Kirche zu gehen, verbrachte er seine Tage und Nächte beim Spiel, auf der Jagd oder er feierte Orgien, bei denen er, wie es heißt, auf die Gesundheit des Teufels trank. ›Das Leben dieses Papstes‹, sagte Abbé Mourret, ›war der ungeheuerlichste Skandal, den es je gab‹. (Er starb unter mysteriösen Umständen durch Mörderhand.)[21]
Weniger niederschmetternd ist vielleicht die Beschreibung einer späteren Epoche.
Giovanni de' Medici, der Sohn Lorenzos des Prächtigen, wurde mit 14 Jahren Kardinal und mit erst 38 Jahren als Leo X. Papst. Im Jahre 1514 sandte er Missionare von Stadt zu Stadt, um Ablässe zu verkaufen. Da erhob sich in Wittenberg ein Geistlicher namens Martin Luther gegen diese Praktiken und behauptete, die Kirche sei nicht befugt, gegen Spenden Ablaß zu gewähren, und der Papst sei nicht berechtigt, daraus finanziellen Nutzen zu ziehen. Er wurde vom Papst exkommuniziert. Der Rest ist bekannt. Dieser Konflikt bildete den Auftakt zur Reformation, die Lehren Luthers verbreiteten sich in Windeseile in ganz Deutschland, und die Protestanten sagten sich von der katholischen Kirche los.
Zwei Jahre später bestieg Klemens VII. den Stuhl Petri. »Vielleicht wurden niemals größere Hoffnungen so vollständig ent-

täuscht«, schreibt Pastor. Unter seinem Pontifikat verlor die Kirche ganz England, denn damals gründete Heinrich VIII., der vom Papst exkommunizierte »Verteidiger des Glaubens«, die neue anglikanische Kirche.

Der Nachfolger Klemens VII. war Paul III. Während seiner Regierungszeit erregte Heinrich VIII. größtes Aufsehen, als er die Mutter des Kardinals Pole zum Tode verurteilte und auf den Kopf des Kardinals selbst einen Preis aussetzte. Paul III. exkommunizierte ihn.

»Unvorsichtige Vetternwirtschaft war der große Fehler seines Lebens[22]«, schreibt Hayward über diesen Papst. Er ernannte seinen Neffen Alessandro Orsini mit 14 Jahren zum Kardinal und einen weiteren Neffen, Guido Sforza, mit 16 Jahren.

Nach Julius III., dem »Liebhaber der Blumen«, folgte Marcellus II., der nur 22 Tage lang regierte. Er starb, ehe er gekrönt wurde. Sein Nachfolger war Paul IV., der wegen seiner Strenge in die Kirchengeschichte eingegangen ist. Er war der große Förderer der Inquisition.

Seiner Familie gegenüber war er allerdings weniger streng, denn sein schrankenloser Nepotismus war berüchtigt. Er starb im Jahre 1559. »Das Volk, das ihm zu seinen Lebzeiten eine Statue errichtet hatte, geriet nach seinem Tod zwölf Tage lang in Aufruhr, zerstörte die Bilder des verstorbenen Papstes und plünderte den Palast der Inquisition sowie das Dominikanerkloster[23].«

Sein Nachfolger Pius IV. strengte gegen die Neffen Pauls IV. einen Prozeß an, der mit vier Todesurteilen endete. Die Neffen Pauls IV. mußten den Neffen Pius' IV. weichen, und die Vetternwirtschaft nahm ungehindert ihren Fortgang.

Es bleibt noch eine dritte Frage, auf die wir eingehen müssen: die Fehden zwischen Päpsten und Königen, die allesamt »Diener Gottes« waren.

Wenn man tatsächlich an die These von den »Dienern Gottes« glaubt, so ist es doch merkwürdig, daß man kaum einen Papst findet, der nicht einen oder mehrere Könige exkommuniziert hätte, und das ohne zwingende Notwendigkeit. Papst Innozenz III. zum Beispiel exkommunizierte im Jahre 1210 den deut-

schen Kaiser Otto IV., im Jahre 1207 Raimund VI. von Toulouse und schließlich den französischen König Philipp August. In der Christnacht des Jahres 1075 überfiel ein Büttel des deutschen Kaisers Heinrich IV. – auf dessen Geheiß – Papst Gregor VII., der in Santa Maria Maggiore die Messe zelebrierte, entführte ihn und sperrte ihn ein. Der Papst exkommunizierte den Kaiser, der schließlich nach Canossa gehen mußte, um vom Papst die Lösung des Bannes zu erwirken. Im Jahre 1083 exkommunizierte ihn Gregor abermals. Anstatt wiederum den Gang nach Canossa anzutreten, setzte Heinrich IV. vier Tage später einen Gegenpapst ein: Klemens III., der in der Peterskirche zum Papst gekrönt wurde.
Friedrich Barbarossa, Kaiser des Heiligen Römischen Reiches Deutscher Nation, führte sechs Kriege gegen das Papsttum. Er brandschatzte die italienischen Städte, durch die sein Weg führte, und ließ die Bevölkerung niedermachen. Schließlich eroberte er Rom, setzte drei Gegenpäpste ein und zwang den rechtmäßigen Papst zu fliehen. Selbstverständlich wurde er exkommuniziert.
Johannes XXII. exkommunizierte im Jahre 1324 Ludwig von Bayern, der seinerseits den Papst der Ketzerei beschuldigte, ihn absetzte und an seiner Stelle Pietro Corbara zum Gegenpapst ernannte (Nikolaus V.).
Innozenz IV. exkommunizierte Jakob I. von Aragonien. Der König hatte Berengar, den Bischof von Gerona beschuldigt, das Beichtgeheimnis nicht gewahrt zu haben, und ihm deshalb die Zunge abschneiden lassen[24].
König Heinrich II. von England ließ den künftigen Heiligen Thomas Becket ermorden. Für dieses Verbrechen mußte er nach Rom reisen und Buße tun. Sein Kollege Ferdinand I. hatte mehr Glück: Er ließ Kardinal Martinuzzi durch seine Meuchelmörder töten, wie aus der Urteilsbegründung des Papstes Julius III. vom 14. Februar 1555 hervorgeht: »Der Mord wurde auf Geheiß Unseres geliebten Sohnes in Christo, Ferdinand, römischer König, begangen, doch die von ihm dargelegten Gründe machen deutlich, daß das Attentat nicht in verbrecherischer Absicht verübt wurde.« Diese Rechtfertigung mag einem modernen Juristen

merkwürdig erscheinen, denn heute nimmt man allgemein an, daß Morde in eher unfreundlicher Absicht begangen werden.
Übrigens war es keine leichte Aufgabe, der Vertreter des Papstes an einem Königshof zu sein, und es war auch nicht ungefährlich. Im Jahre 1207 exkommunizierte Papst Innozenz III. Raimund VI., den ketzerischen Grafen von Toulouse. Daraufhin ließ der letztere am 16. Februar 1208 den päpstlichen Gesandten Pierre de Castelnau ermorden.
Manchmal verliefen die Dinge auch umgekehrt.
»Klemens Jakob, Bruder des Ordens des Heiligen Dominikus . . . faßte im Alter von knapp 22 Jahren den Plan, Heinrich III. zu ermorden. Der Prior seines Klosters, den er von seinem schrecklichen Entschluß in Kenntnis setzte, ermutigte ihn, seinen Plan auszuführen . . . Man versprach ihm, daß ihn der Papst zum Kardinal ernennen oder, sollte er sterben, heiligsprechen würde, denn er wäre der Retter seines Vaterlandes, das von einem Feind Gottes regiert werde.« Nun mußte auch Heinrich III., der einst den Herzog von Guise und dessen Bruder, den Kardinal Guise, ermorden ließ, aus dem Leben scheiden. »Am 1. September 1589 fügte Klemens Jakob dem König durch Stiche in den Unterleib tödliche Verletzungen zu und wurde unmittelbar darauf selbst getötet. Am 11. September 1589 pries Sixtus V. im Konsistorium die Tat des Jakob Klemens, den er mehr rühmte als Judith und Eleazar. Dieses große Beispiel sei gegeben worden, fügte er hinzu, damit ein jeder die Macht des göttlichen Richterspruches erfahre[25].«
»Im Jahre 1478 war Florenz der Schauplatz einer entsetzlichen Tragödie. Das Geschlecht der Pazzi, das mit den Mediceern ständig in Fehde lag, hatte eine Verschwörung gegen Lorenzo und seinen Bruder Giuliano angezettelt. Sixtus IV. hatte seine Zustimmung gegeben, einen Mord jedoch untersagt, ohne allerdings seiner Forderung besonderen Nachdruck zu verleihen. Diese Verschwörung endete mit der Ermordung Giulianos im Dom Santa Maria del Fiore. Damals übten die Neffen des Papstes einen maßgeblichen Einfluß auf ihren Onkel aus. Nachdem die Gefahr gebannt war, nahm Lorenzo von Medici grausame

Rache und verschonte auch Unschuldige nicht. Daraufhin wurde er vom Papst exkommuniziert, und es kam zum Krieg gegen den Pontifex und die Toskana[26].«

Die Feindschaft äußerte sich nicht nur in direkten Konfrontationen, sondern auch auf andere Art: Immer wieder entband der Papst die Untertanen des Königs ihres Treueeides und ermutigte sie, sich gegen ihren Herrscher zu erheben. Das geschah auch im Jahre 1212, als Innozenz III. den englischen König Johann ohne Land exkommunizierte.

Mit welchem Recht unterstützten die Päpste einen Aufstand, der sich gegen einen »Diener Gottes« richtete?

Die Päpste hätten viele unverzeihliche Fehler vermeiden können, wenn sie die Kirchengeschichte und die Weltgeschichte genauer studiert hätten. »Derjenige, der die Gesetze macht, ist mehr als jeder andere verpflichtet, sie zu befolgen«, sagt H. G. Wells.

Man spricht von der Heiligkeit der Ehe und verurteilt den Ehebruch. Man vertritt das Zölibat, und dennoch hatte Papst Gregor XIII. einen Sohn namens Giàcomo und Papst Sergius III. einen natürlichen Sohn, der unter dem Namen Johannes XI. den Stuhl Petri bestieg. Der gesetzlich anerkannte Sohn Innozenz' VIII., Franceschetto Cibo, erwarb durch Ablaßhandel ein unermeßliches Vermögen. Der Lebenswandel der Päpste aus dem Hause Borgia ist bekannt und bedarf keiner weiteren Erwähnung. Man predigt die Armut, doch Eugen IV. gab 38 000 Golddukaten für seine Tiara aus und Paul II. (1464) 120 000 Dukaten für eine von seinen Tiaren. Die Tiara Christi war eine Dornenkrone.

Diese kleine Auswahl geschichtlicher Fakten widerlegt die Theorie, derzufolge jeder, der die Macht innehat, ein »Diener Gottes« ist. Leo XIII. verurteilte die Freimaurerei, weil sie diese These ablehnte.

Der Heilige Stuhl verehrt seine Heiligen, doch er folgt nicht immer ihrem Beispiel. Gregor der Große, der heiliggesprochen wurde, sagte: »Wer das Böse ändern kann und tut es nicht, der wird sein Helfershelfer.«

Man muß der rechtmäßigen Obrigkeit gehorchen

Jakob I. von England (1603–1625) erklärte einmal: »Ebenso wie es gottlos und blasphemisch ist, wenn man sich fragt, was Gott zu tun imstande ist, so ist es vermessen und verbrecherisch, die Taten eines Königs zu erörtern, oder zu behaupten, daß ein König dieses oder jenes nicht tun kann.«

In der Bulle heißt es: »Infolgedessen ... muß man der rechtmäßigen Obrigkeit, die gerechte Dinge befiehlt, gehorchen.«

Solange sie gerechte Dinge befiehlt, muß man der rechtmäßigen Obrigkeit tatsächlich gehorchen. Eben dieser Grundsatz findet sich auch in den Konstitutionen Andersons von 1723 und 1738, deren erstes Hauptstück folgendermaßen lautet: »Von der bürgerlichen Obrigkeit, der höchsten und der untergeordneten; Der Maurer ist ein friedfertiger Untertan der bürgerlichen Gewalt, wo er auch wohnet und arbeitet, und muß ... sich nicht pflichtwidrig betragen ... vor alters waren Könige und Fürsten sehr geneigt, die Zunftgenossen ihrer Friedfertigkeit und Treue wegen ... aufzumuntern ...«

Niemals hat die Freimaurerei eine gerechte Anordnung von seiten einer gesetzmäßigen Obrigkeit kritisiert oder sich ihr im Prinzip widersetzt.

Die These, daß das Volk nicht das Recht hat, den Gehorsam zu verweigern, auch wenn die Anordnung ungerecht ist, wird durch die Geschichte widerlegt.

Jesus Christus und seine Apostel lehnten sich gegen die Ungerechtigkeit auf, Päpste gestatteten es den Untertanen eines ungerechten Königs, den Gehorsam zu verweigern und entbanden sie ihres Treueeides.

Immer wieder versprachen Päpste den Königsmördern ihren Schutz und eine Belohnung, wie zum Beispiel Innozenz III., der die Revolte gegen Johann ohne Land unterstützte, obgleich dieser ein »Diener Gottes« war, oder Klemens V., der jedem das Recht einräumte, den schottischen König Robert Bruce vom Leben zum Tode zu befördern.

Johannes XII., einer der sittenlosesten Päpste, ließ den deutschen König Otto absetzen. Er verurteilte ihn wegen Mordes, Inzests und ähnlicher Verbrechen.

Daß »die Sekte der Freimaurer nicht das Recht hat zu behaupten, sie habe mit deren Angriffen nichts zu tun«, ist eine eher seltsame Behauptung. Auch die folgende Beschuldigung mutet höchst merkwürdig an: »... übrigens halten sie sich immer bereit, die Grundlagen der Herrschaft zu erschüttern, die Fürsten zu verfolgen, anzuklagen und sogar zu verjagen, sooft diese die Macht anders zu gebrauchen scheinen, als es die Sekte fordert.« Will man beweisen, daß diese Behauptung zutrifft, so wären zwei Fragen zu beantworten:

1. Welchen Fürsten hat die Freimaurerei verjagt, weil er die Macht anders gebrauchte, als es die Sekte forderte?
2. Haben die Fürsten, die die Freimaurer verjagten, im Sinne der von der Freimaurerei vertretenen Grundsätze gehandelt?

Der Papst hatte keinen Grund, eine Verfolgung der Fürsten durch die Freimaurerei zu befürchten. Es ist bekannt, daß seit der Gründung der maurerischen Bewegung eine beträchtliche Anzahl von regierenden Fürsten mächtige und überzeugte Schirmherren des Ordens waren, und da sie die höchsten Würden innehatten, waren sie bestens über alle »Geheimnisse« oder »geheimen Ziele« sowie über »die Schandtaten, die die Freimaurer planten«, informiert und unterrichtet. Im letzten Kapitel werden wir eine Liste aller Könige aufstellen, die in der Freimaurerei eine wesentliche Rolle spielten. Mitglieder dieser Adelsfamilien stehen sogar noch heute an der Spitze der Bewegung und befürchten ganz und gar nicht, von dieser »verbrecherischen Vereinigung« verjagt zu werden.

Hätte sich die Freimaurerei tatsächlich gegen Thron und Altar verschworen, so ist es doch recht unwahrscheinlich, daß sich alle Vertreter des Thrones und des Altars, die ebenfalls Mitglieder waren, an der Vorbereitung eines Komplotts beteiligten, das sich gegen ihre eigenen Interessen richtete, ohne daß einer von ihnen aus dem Orden ausgetreten wäre, um diese Pläne zu verraten, denn schließlich wären sie selbst die ersten Opfer eines eventuellen Umsturzes gewesen. Diese Beschuldigung ist haltlos und

absolut unwahrscheinlich. Die Freimaurerei betätigte sich nicht politisch. Sie verurteilte die Gewalt der Machthaber und Usurpatoren, doch sie schmiedete keine Komplotte und plante keine politischen Aktionen.
Übrigens hat der Papst in diesem Punkt seine Meinung geändert. In der Bulle *Rerum Novarum* vom Jahre 1891 heißt es: »Es ist für das allgemeine und private Wohl wichtig, daß . . . niemals eine Klasse eine andere ungestraft unterdrücken kann . . . Wenn es geschieht, daß . . . die Arbeitgeber die Arbeiter durch das Gewicht ungerechter Lasten, die die menschliche Persönlichkeit in ihnen durch unwürdige und erniedrigende Bedingungen entehren, zugrunde richten; wenn sie deren Gesundheit durch übermäßige und ihrem Alter oder Geschlecht nicht zumutbare Arbeit zerstören; dann muß man in allen diesen Fällen in gewissen Grenzen die Kraft und die Autorität der Gesetze anwenden.«

Die Kirche . . . immer eine Freundin des Friedens

Im 12. Jahrhundert gab es in Frankreich eine Sekte, die die Vorstellungen der Manichäer übernahm und unter anderem die doktrinäre Oberhoheit Roms und die Bibelauslegung der Kirche in Frage stellte. Es handelte sich um die Katharer oder Albigenser. Sie standen mit den Waldensern in Verbindung, deren Gründer Petrus Waldes die Armut predigte und die Lasterhaftigkeit des Klerus verurteilte.
Zitieren wir H. G. Wells: »Das genügte, um den Lateran zu beunruhigen, und bald darauf begann ein trauriges Schauspiel: Innozenz III. rief zum Kreuzzug gegen diese unglücklichen Sektierer auf und ließ alle Spitzbuben und arbeitslosen Vagabunden anwerben, um mit Feuer, Schwert und Notzucht gegen die friedlichen Untertanen des Königs von Frankreich vorzugehen. Das Martyrium der ersten Christen unter heidnischer Herrschaft erscheint harmlos angesichts der Grausamkeiten und Abscheulichkeiten dieses Kreuzzugs. Diese erschüttern uns um so mehr, als sie erwiesen sind[27].

Diese finstere und unerbittliche Intoleranz genügte, um den gesamten Plan der Herrschaft Gottes auf Erden zu gefährden. Diese Gesinnung widersprach den Lehren des Jesus von Nazareth ganz und gar. Niemals hätte dieser einen widerspenstigen oder unzugänglichen Jünger ins Gesicht geschlagen oder ihm das Handgelenk verrenkt. Doch in den Jahrhunderten, in denen die Päpste die unumschränkten Machthaber waren, überkam sie eine wahre Wut, sobald sich irgend jemand auch nur die leiseste Bemerkung über den unglaublichen intellektuellen Dünkel der Kirche gestattete.

Die Intoleranz der Kirche beschränkte sich übrigens nicht nur auf religiöse Fragen . . . Diese Intoleranz wäre auch schon zu verurteilen, wenn sie die Folge einer aufrichtigen und tiefen Überzeugung gewesen wäre. Doch sie war gepaart mit einer kaum verhüllten Verachtung gegenüber dem Urteilsvermögen und der geistigen Würde des gemeinen Mannes . . . In der Art und Weise, wie sie ihre eigenen Gläubigen behandelte, bewies sie wahrhaft Härte. Sie zerstörte ihren Ruf, denn ihre Taten widersprachen ihrer eigenen Lehre . . . Der Gipfel des Wahnsinns war der Ablaßhandel im 16. Jahrhundert: Man glaubte, daß die Seelenqualen im Fegefeuer gemildert werden könnten, wenn man eine gewisse Summe Geldes bezahlte[28].«

Es lassen sich viele Beispiele anführen, um die letzte Behauptung der Bulle zu widerlegen. So wurden in der Bartholomäusnacht 20 000 Protestanten ermordet. Doch Papst Gregor XIII., der Stellvertreter Gottes auf Erden, der Apostel des Friedens und der Nächstenliebe, ließ das Te Deum Laudamus singen, eine Gedenkmünze prägen und sandte Karl IX. die Goldene Rose, denn »dieses Blutbad war nicht das Werk des Königs und des Herzogs von Guise, sondern die Gerechtigkeit Gottes . . .«

Die Kirche hat immer den Frieden geliebt, vorausgesetzt, daß man sich ihr vollständig und schweigend unterwarf. Als Beweis sei ein Mann zitiert, der Bescheid wußte: Juan Antonio Llorente, von 1789–1791 Sekretär der Inquisition von Madrid, Domherr der Kathedrale von Toledo, Kanzler der Universität von Toledo, Ritter des Karlsordens und Mitglied der königlichen Akademie,

der ein Buch über die Geschichte der spanischen Inquisition schrieb. Darin findet sich eine Überfülle von Beweisen.
Von allen europäischen Kirchen besaß nur die katholische Kirche eine Armee, eine Miliz und Folterkammern; sie allein konnte sich eines »weltlichen Arms« bedienen, was dem Frieden nicht eben förderlich war. Sie war die einzige, die ehrgeizige Ansprüche stellte, die politisch eine Rolle spielen wollte und die Kriege plante und führte. Sie hat nur allzu oft ihre Grenzen überschritten, wenn sie Ziele verfolgte, die mit ihrem eigentlichen Auftrag unvereinbar waren.
Die in der Bulle *Humanum Genus* vertretenen Grundsätze gehören ein für allemal der Vergangenheit an. Eine neue Gesellschaft ist im Entstehen begriffen, und diese muß und wird das Gedankengut der Bulle zurückweisen. »Diese Gesellschaft muß sich endlich in Freiheit verwirklichen«, sagte Papst Johannes XXIII. in seiner Bulle *Pacem in Terris*, »also in einer Form, die vernunftbegabten Wesen angemessen ist.«
Die Bulle Leos XIII. war ein verzweifelter Versuch, den Gang der Ereignisse aufzuhalten und die Zustände des Mittelalters wiederherzustellen. Der Versuch ist mißglückt.

Die Gründe für die Bekanntmachung der Bulle

Da keine eindeutigen Beweise vorliegen, können wir die Gründe für die Bekanntmachung dieser Bulle nicht mit absoluter Sicherheit aufzeigen. Offensichtlich gibt es mehr als einen, denn sie kam wahrscheinlich durch ein Zusammentreffen der verschiedensten Umstände zustande: die Mentalität des Papstes und die daraus resultierende Politik der Kirche, das Aufkommen des Sozialismus, der wachsende Antiklerikalismus, der deutliche Rückgang der Zahl der Gläubigen, die politische Lage, die mit den Ansichten der Kirche unvereinbar war usw. Doch es handelte sich um die Freimaurerei, und da jede Wirkung ihre Ursache hat, müssen wir auf die Freimaurerei zurückgreifen, um die Ur-

sache für die Veröffentlichung dieser äußerst harten Stellungnahme des Papstes festzustellen.
Nun findet sich in den Jahren vor der Veröffentlichung der Bulle kein Ereignis, das irgendeinen Anhaltspunkt bieten würde. Die Freimaurerei tat, was sie immer getan hatte und lieferte keinen besonderen Grund für eine Verurteilung. Doch der Einfluß der Sozialisten und Kommunisten wuchs, und es ist anzunehmen, daß die Erfolge dieser Bewegungen für den Erlaß der Bulle ausschlaggebend waren. Die Freimaurerei war, wie schon so oft, nur ein Sündenbock, über den sich stellvertretend alle Kritik ergoß. Henri de Houx schreibt darüber folgendes: »Ich sah Leo XIII. kurze Zeit nach der Veröffentlichung der Enzyklika *Humanum Genus*. Er stimmte völlig mit der Auffassung des ausgezeichneten Mgr. Gava, Bischof von Grenoble, überein und machte die Freimaurer für alle Schwierigkeiten der Kirche verantwortlich. Er geruhte sogar, mich um vier Artikel gegen die Freimaurerei in der römischen Zeitung zu ersuchen, Artikel, die als Broschüre herausgegeben und in großer Zahl in ganz Frankreich verteilt werden sollten.« Er fährt fort: »Seither hat Leo XIII. vom Kampf gegen die Freimaurerei Abstand genommen, und es heißt, er sei nun der Meinung, daß heute (1886) der gefährlichste Feind der Kirche der – wie er ihn selbst nannte – starrsinnige Katholik ist. Als ich die Ehre hatte, Seine Heiligkeit zu sehen, scheint er diese Gefahr noch nicht erkannt zu haben[29].«
Auch ein anderes Ereignis könnte zur Verurteilung der Freimaurerei beigetragen haben: Im Jahre 1870 marschierte die preußische Armee in Frankreich ein. Am 4. September wurde die Republik ausgerufen, und nach der Aufhebung der Belagerung von Paris riß 1871 die Kommune die Herrschaft an sich. Obwohl sie drei Monate später gestürzt wurde, befürchtete man vielleicht eine Wiederholung der Ereignisse von 1789–1794.
Außerdem kommt die Einstellung der Kommune der Kirche gegenüber in einem Erlaß vom 2. April 1871 sehr deutlich zum Ausdruck: Sie verlangt die Trennung von Kirche und Staat, die Säkularisierung der Kirchengüter und die Streichung der staatlichen Subventionen zugunsten der Kirche. Trotz aller Maßnah-

men, die nach dem Sturz der Kommune getroffen wurden, beunruhigte das Anwachsen der sozialistischen Bewegung die herrschenden Klassen aller Länder.
Wir vermuten, daß es noch einen weiteren Grund für die Abfassung dieser Bulle gibt, und diese Annahme hat einiges für sich: Durch die Schulgesetze, die in Italien zwischen 1879 und 1882 erlassen wurden, schaltete man den Klerus aus dem Erziehungswesen aus, wie es auch in anderen Ländern der Fall war. Solche Schulen, in denen Laien Unterricht erteilten, wurden sogar in Rom gegründet. Der Klerus betrachtete sie als gottlos, und die Reaktion der Kirche ließ nicht lange auf sich warten.
Die Beziehungen zwischen Italien und dem Heiligen Stuhl waren niemals besonders gut. Tatsächlich gab es seit Beginn des Christentums und im Laufe seiner ganzen Geschichte nicht nur Meinungsverschiedenheiten, sondern es kam immer wieder zu offenen Feindseligkeiten. Die Einigung Italiens und die Besetzung Roms als Schlußpunkt konnten diese Beziehungen nur verschlechtern. Auch die Politik des Papstes, der immer noch verbissen eine Revision der römischen Frage forderte, war nicht dazu angetan, die Italiener zu versöhnen.
Möglicherweise bestimmten auch die aufstrebende sozialistische Bewegung und die Anfänge des Kommunismus den Papst zur Abfassung der Bulle. Die Tatsache, daß beide in der Bulle erwähnt werden, macht diese These sehr wahrscheinlich. Die Vorgänger des Papstes hatten es leicht: Ihre Gegner waren nur die Freimaurer, die man verurteilen konnte, auch wenn sie unschuldig waren, die man ohne Angabe von Gründen exkommunizieren konnte und die dennoch der Kirche die Treue hielten. Leo XIII. konnte die Kommunisten nicht exkommunizieren, denn sie erkannten seine Autorität nicht an. In ihren Augen war ein Mann in Gold und Purpur ein führender Vertreter der kapitalistischen Gesellschaft. Die Exkommunikation bedeutete für sie nichts anderes als das Verbot, in die Kirche zu gehen, und war somit für einen Atheisten ohnehin belanglos. Die Verurteilung der Freimaurer richtete sich zumindest gegen Menschen, die zum Teil gläubige Christen waren.

Es ist äußerst unwahrscheinlich, daß irgend jemand diese beiden Bewegungen miteinander verwechselte, und man würde Leo XIII. unterschätzen, wollte man ihm unterstellen, er habe die Wahrheit nicht gekannt und sei einer Täuschung erlegen. Viel eher trifft hier das Sprichwort zu: »Man schlägt den Sack und meint den (in diesem Fall kommunistischen) Esel.«
Eine andere Frage, die vielleicht bei der Veröffentlichung der Bulle keine Rolle spielte, die wir aber dennoch nicht völlig ausschließen können, ist das Beispiel der Vereinigten Staaten.
Dieser neue Staat hatte in aller Form erklärt, daß sich die Regierung der Vereinigten Staaten nicht auf die christliche Religion stütze. Eine Religionszugehörigkeit sei nicht verpflichtend. Die Unabhängigkeitserklärung proklamierte, daß »alle Menschen gleich geboren sind« und daß die Beamten und Machthaber nur Beauftragte und Diener des Volkes seien. Dieser Gleichheitsgrundsatz, der auf religiösem, sozialem und politischem Gebiet verwirklicht wurde, war mit den Auffassungen des Heiligen Stuhls unvereinbar.
Einerseits war nun der Wohlstand dieses Landes nicht zu übersehen, und die Prophezeihungen des Papstes hatten sich nicht erfüllt. Andererseits waren zahlreiche Freimaurer an der Abfassung der Unabhängigkeitserklärung beteiligt und bekleideten im neuen Staat höchste Ämter.
Ein letzter Grund ist vielleicht in der politischen Starrheit, der Engstirnigkeit und der autoritären Haltung des Papstes zu suchen. Er war entschlossen, die Position der Kirche um jeden Preis zu halten, obwohl diese damals bereits viel an Einfluß verloren hatte und gegen den Strom der neuen Ideen schwimmen mußte, immer noch hoffend, daß sich die gläubigen Katholiken um sie scharen würden.
Die eigentlichen Ursachen dieses Erlasses aber kennen wir nicht. Wir müssen also warten, bis die Kirche ihr Schweigen bricht.

Die Auswirkungen der Bulle

Die Bulle vertiefte den Graben, der die Kirche seit 1738 von der Freimaurerei trennte; sie weckte alle Feindseligkeit und allen Haß, den man schon erloschen glaubte. Die Fehde zwischen der Kirche und der Freimaurerei hatte ihren Höhepunkt erreicht.

Dennoch nahm die Freimaurerei diesen neuen Angriff beinahe überall verhältnismäßig ruhig und gelassen zur Kenntnis. Nur zwei Länder protestierten energisch: Frankreich und die Vereinigten Staaten.

Frankreich, wo der Einfluß der Kirche im Schwinden war und die liberale Gesinnung seiner Philosophen und Gelehrten Fuß gefaßt hatte, wies die Verurteilung zurück.

Die Vereinigten Staaten reagierten heftiger. Die Amerikaner betrachteten diese Bulle nicht nur als einen direkten Angriff auf die Prinzipien und Ideale, auf denen ihre Verfassung, ihre Gesellschaft und ihre Institutionen beruhten. Die Behauptung, daß Johanna die Wahnsinnige von Kastilien, Ferdinand und Isabella von Spanien oder Richard III. von England »Diener Gottes« waren, während George Washington oder Abraham Lincoln ihr Amt widerrechtlich ausübten, war so kühn und widersprach der Mentalität der Amerikaner in solchem Maße, daß sie sie weder ignorieren noch stillschweigend übergehen konnten. In der Folge waren es Freimaurer, die diese Bulle veröffentlichten und verbreiteten, so merkwürdig das auch klingt. Sie nannten sie »Die Enzyklika Humanum Genus des Papstes Leo XIII. gegen die Freimaurerei und den Geist des Jahrhunderts, 20. April 1884«. Der wortgetreuen und vollständigen Übersetzung der Bulle war eine Antwort des Generals Albert Pike, Großkommandeur des Obersten Rates der Vereinigten Staaten, an den Heiligen Stuhl beigefügt, sowie eine andere, im Namen der Menschheit geschriebene, die die Großloge von Südcarolina verfaßte[30].

Darin heißt es: »Die Freimaurerei öffnet ihre Pforten den Menschen jeder Religion gleichermaßen. Es ist das schönste Kleinod der Vorzüge der Schottischen Freimaurerei der Jurisdiktion des

Nordens der Vereinigten Staaten, daß am Gründonnerstag und am Ostersonntag der bischöfliche Priester und der jüdische Rabbiner vor den sieben Lichtern an ihrem Altar stehen können und stehen, wobei der letztere Gott dankt, daß er endlich eine Stätte finden konnte, wo er vollständig gleich und ein absoluter Bruder der Menschen christlichen Glaubens ist. Niemals wird die Freimaurerei dulden, daß ihr dieses Kleinod durch List oder Gemeinheit gestohlen, noch daß es ihr mit Gewalt entrissen wird.«

Diese Antworten waren ein Ausbruch der Empörung, hervorgerufen durch einige Behauptungen der Bulle, die als eine Kriegserklärung gegen die Rechte des Einzelnen und der menschlichen Gemeinschaft betrachtet wurden. Die Antworten schonten weder die Empfindlichkeit des Papstes noch sein Obrigkeitsdenken. Der Papst war allzu aggressiv. Die Geschichte der Kirche und der Päpste gaben ihm sicher nicht das Recht, einen Orden, der niemals jemanden gefoltert oder Unschuldige verbrannt hatte, der nur das Elend lindern wollte und dessen Satzungen die Vereinigten Staaten zum ersten Staat der Welt gemacht hatten, mit einer derartigen Heftigkeit anzugreifen. Albert Pike warf der Bulle vor allem vor, die Katholiken gegen ihre Mitbürger, die diesem Orden angehörten, aufgehetzt und sie zur Mißachtung der Prinzipien, auf denen der Staat beruhte, aufgefordert zu haben. Schließlich seien auch die Katholiken Bürger der Vereinigten Staaten und diese wären keine Kolonie der Kirche.

Die Bulle wurde im Jahre 1884 bekanntgemacht, also genau 110 Jahre nach der Veröffentlichung der Unabhängigkeitserklärung. Seither hatte der neue Staat unter anderen folgende vom Volk gewählte Präsidenten: George Washington, Thomas Jefferson, James Monroe, James Buchanan und Abraham Lincoln. Es gab unter ihnen niemals einen Verbrecher, doch, wenn man der Bulle Glauben schenkt, war auch keiner von ihnen ein »Diener Gottes«, nicht einmal Abraham Lincoln, der seinen Einsatz für die Befreiung der Sklaven von ihren Ketten mit seinem Leben bezahlte, während die Kirche noch nicht einmal gegen die Sklaverei Stellung genommen hatte.

Die Bulle ist eines der Kirchendokumente, die den heutigen

Päpsten mehr Kopfzerbrechen verursachen als denen des vergangenen Jahrhunderts. Sie ähnelt in gewissem Maße der Urkunde, die die Verbreitung des »Irrtums« Galileis verbot. Zum Glück ist diese Bulle Leos XIII. weniger bekannt.
Die Wirkung, die die Bulle hervorrief, war anders als erwartet. Die Katholiken protestierten, anstatt sich demütig zu unterwerfen. Während früher eine Bulle im allgemeinen eine Frage endgültig entschied, und diese Entscheidung ohne Widerspruch hingenommen wurde, äußerten sich diesmal zahlreiche Katholiken nicht nur negativ über die veralteten Ansichten, die darin vertreten wurden, sondern stellten auch die Kompetenz und die Autorität des Papstes in Frage. Die Überzeugung der Katholiken war angesichts der absolutistischen und autokratischen Ansprüche des Papstes erschüttert; der Konflikt schadete dem Ansehen des Papstes.
»Um 1885 nahm Leo XIII. seinen Feldzug gegen die italienischen Freimaurer wieder auf . . . Besonders die Jesuiten der Civiltà Cattolica glaubten, die Freimaurerei anschwärzen zu müssen, indem sie sie als ein Element der Verschwörung des Weltjudentums darstellten[31].«
Diese Bulle Leos XIII. aus dem Jahre 1884 war der letzte wirkungsvolle Angriff des Heiligen Stuhls auf die Freimaurerei innerhalb von 150 Jahren. Es folgten noch zwei weitere päpstliche Schreiben an die Bischöfe (1892), neuerliche Angriffe gegen die Freimaurerei, deren »tödliche Infektion« fast alle Völker erfaßt habe, doch diese Schreiben verliefen im Sand, wie auch der letzte Angriff aus dem Jahre 1902. Ihre Wirkung war gleich Null. Die Bulle *Humanum Genus* von 1884 war die letzte aufsehenerregende Verurteilung der Freimaurer. Die Ereignisse des Jahres 1917 in Rußland, als eine Handvoll Kommunisten die Gesellschaftsordnung stürzte und das Land zu einem ideologischen Zentrum machte, das Europa und die ganze Welt bedrohte, befreiten die Freimaurerei von ihrer Rolle des ewigen Sündenbocks, die sie bisher gegen ihren Willen spielte.
Wir halten also an einem Punkt, wo die letzte Verurteilung, die von 1884, gegen diese »Kirchenfeinde« und diese »Gegenkir-

che« ausgesprochen wurde, denn seither haben sich die Kirchenfeinde und die Gegenkirche erhoben. Zu einer Zeit, da Rußland und China öffentlich verkündeten, daß die Zeit der Religionen abgelaufen und Gott tot sei, bedurfte man keines Sündenbocks mehr.

Die Bewegung, die Gott und die Religion in Rußland abschaffte, konnte innerhalb von 50 Jahren ein Drittel der Menschheit unterwerfen und eine Milliarde Menschen von ihrer Auffassung überzeugen; und Hunderte Millionen sind auf dem besten Wege, sich dieser Überzeugung anzuschließen.

Man wirft der Freimaurerei vor, daß sie an demselben Übel leide wie die Kirche: dem Schisma, sie ist keine internationale Einheit mehr. Doch ihre Gesinnung hat sich nicht geändert. Da sie das unvollkommene menschliche Denken widerspiegelt, hat sie auch alle seine guten und schlechten Eigenschaften, und wer ohne Fehl ist, der werfe den ersten Stein auf sie.

[1] Houx, Henri de: Souvenirs d'un journaliste français à Rome; S. 197.

[2] Choupin, Lucien: Valeur des décisions doctrinales, S. 146.

[3] Am 2. Februar 1882 wurde die Organisation der Columbusritter gegründet, deren »unausgesprochenes, aber klar umrissenes Ziel es war, den Einfluß der Geheimgesellschaften, die ›sich der Kontrolle der Kirche entzogen hatten‹, zu bekämpfen.« Dieser Orden, der »alle Elemente eines geheimen Ordens in sich vereinigte und gleichzeitig seine Tätigkeit unter die Aufsicht der katholischen Geistlichkeit stellte«, hatte in Kanada beachtliche Erfolge. Die Knights of Columbus leisteten folgenden Eid: »Ich verspreche bei meiner Ehre als Katholik, niemals, direkt oder indirekt, durch Worte oder Taten, irgend jemandem, der mir nicht als hinreichend qualifizierter und ordnungsgemäßer Bruder bekannt ist, irgendeine Einzelheit, auch nicht die geringste, über die Angelegenheiten dieses Ordens, ob sie in diesem Saal oder einem anderen Ratsaal stattfinden, zu enthüllen ...« Ein Eid, den der Papst kennen müßte. Langlois, Gérard: L'Ordre des Knights of Columbus.

[4] Dierickx, Michel: Freimaurerei, die große Unbekannte, S. 133.

[5] Allerneueste Geheimnisse der Freymaurer, S. 50.

[6] Rebillon, A.: L'Eglise au Moyen Age, S. 68.

[7] Chevalier, François: La formation des grands domaines au Mexique, SS. 301–344.

[8] Das Breve »Dominicus ac Redemptor Noster« Klemens' XIV.
[9] Vital-Mareille: Le Pape Clément, Pontife Gascon, S. 224.
[10] Jemolo, A. C.: L'Eglise et l'Etat en Italie du Risorgimento à nos jours, S. 168.
[11] Histoire de l'Eglise depuis les origines jusqu'à nos jours, S. 700.
[12] Bricout, J.: Dictionnaire pratique des connaissances religieuses, S. 1088
[13] Der Orden der Redemptoristen wurde im Jahre 1732 von Alfonso di Liguori gegründet.
[14] Lexikon für Theologie und Kirche.
[15] L'Eglise et la vocation humaine, Décrets du Concile Vatican II, Kap. II., S. 24.
[16] Well, H. G.: Esquisse de l'Histoire Universelle, S. 401.
[17] Hayward, Fernand: Histoire des Papes, S. 305.
[18] Abbott, John S. C.: Italy, S. 470.
[19] Falcionelli, Albert: Les Sociétés Secrètes Italiennes, S. 152.
[20] Hayward, Fernand: Histoire des Papes, S. 162.
[21] Hayward, Fernand: Op. cit., SS. 142–144.
[22] Hayward, Fernand: Op. cit., S. 306.
[23] Idem, S. 310.
[24] Avallon, Abbé André de: Histoire Chronologique et Dogmatique des Conciles, S. 99.
[25] Biographie Universelle Ancienne et Moderne.
[26] Hayward, Fernand: Histoire des Papes, S. 282.
[27] Helvetius zitiert in seinem Buch »De l'homme, de ses facultés intellectuelles et de son éducation«, 1773, den Bericht des englischen Gesandten in Savoyen, der Augenzeuge eines unglaublichen Aktes von Vandalismus war. »Sie enthaupteten ihre Priester«, schreibt er, »dann brieten sie sie und fraßen sie auf; sie schlitzten den Frauen mit spitzen Steinen den Bauch auf«, und das alles zur Verteidigung der Religion.
[28] Wells, H. G.: Esquisse de l'Histoire Universelle, SS. 336–337.
[29] Houx, Henri de: Souvenirs d'un journaliste français à Rome, SS. 22–23.
[30] »The letter ›Humanum Genus‹ of the Pope, Leo XIII against Freemasonry and the Spirit of the Age, April 20, 1884, and the Reply of Albert Pike, 33° Sovereign of Freemasonry, Southern Jurisdiction, U.S.A., The Supreme Council 33°, Washington, D. C.
[31] Cohn, Norman: Histoire d'un mythe, S. 51.

ACHTES KAPITEL

Das Jahrhundert der Ernte

Antifreimaurerische Schriften

Erst nach der Veröffentlichung der Konstitutionen Andersons im Jahre 1723 wurde die Freimaurerei zu einer Institution, deren Existenz man zur Kenntnis nahm. Die Öffentlichkeit wußte vor dieser Zeit so gut wie nichts von ihr, und selbst diejenigen, die wußten, daß es sie gab, kannten weder ihre Aufgaben noch ihre Ziele oder ihre Ideale. Für die meisten war sie nichts anderes als eine hermetische, mystische und geheimnisvolle Gesellschaft, die im verborgenen wirkte.

Die Konstitutionen brachten Licht in das Geheimnis. Alle Welt konnte sich nun überzeugen, daß die Freimaurerei ein Ort der Eintracht war, eine Vereinigung ehrenwerter Menschen, die an Gott glaubten, wenngleich sie verschiedenen Konfessionen angehörten.

Der Vorhang hatte sich gehoben, das Geheimnis war an den Tag gekommen, und was man erfuhr, war beruhigend. Die Freimaurerei hatte nichts Beängstigendes oder Unheimliches an sich, also konnte man sie angreifen, ohne ihre Rache befürchten zu müssen.

Nach einigen ungeschickten Pamphleten, die »ungestraft« veröffentlicht wurden (wie »The Grand Mystery Discovered«, das 1724 erschien, und »The Secret History of Masonry«, das ein Jahr später erschien), war das erste bedeutende Werk der Bibliothek des Hasses die Schrift »Masonry Dissected« von Samuel Prichard (1730). Der ungeheure Erfolg des Buches verfehlte seine Wirkung nicht, und Prichard fand zahlreiche Nachfolger.

Das Buch wurde in drei Auflagen gedruckt.

Desaguliers versuchte, die Verleumdungen Prichards zu widerlegen, indem er eine kleine Broschüre unter dem Titel »Défense de la maçonnerie« herausgab, doch seine Mühe war vergebens. Der Orden hatte bereits einen zweifelhaften Ruf, und im Grunde hatten die Verleumder um so leichteres Spiel, als der Orden mit seinen ersten Großmeistern kein Glück hatte. Diese waren Mitglieder des Hochadels und gaben immer wieder Anlaß zur Kritik. Obwohl den Orden als solchen keine Schuld traf, waren Verallgemeinerungen nicht zu vermeiden.
Im November 1733 erschien diesmal eine Zeitschrift, »The Free Mason«, eine satirische Zeitung von jämmerlichem Niveau, die aber den damaligen Erwartungen entsprach. Es handelte sich aber nicht, wie man aus dem Titel schließen könnte, um eine Zeitung des Ordens, sondern um ein Blatt, das sich im Gegenteil über ihn lustig machte und ihn verspottete.
Die antifreimaurerische Bewegung setzte nur langsam ein, und die Flut von Schriften, die so viel Haß gegen die Freimaurerei entfesselten, war noch nicht vorauszusehen. Diese Bewegung hatte noch keine Förderer und keine Leitgedanken, die Anklagen waren primitiv und verfolgten noch kein konkretes Ziel. Man bemühte sich, zunächst noch mit geringem Erfolg, eine Verbindung zwischen der Freimaurerei und dem Okkultismus oder der Magie nachzuweisen, oder man beschuldigte den Orden des Satanismus und der Hexerei. Die Bewegung nahm erst allmählich Gestalt an.
Von wenigen Werken abgesehen – vor allem Schmähschriften von Geistlichen, die die Sturmglocke läuteten und zum Kreuzzug gegen diese »Gesellschaft des Antichristen« aufriefen –, blieben die meisten Autoren anonym, einerseits weil die Formel »Die aufrichtigen Bekenntnisse eines reuigen Freimaurers« zugkräftiger war als ihr Name, andererseits weil man dem leichtgläubigen Leser die unglaublichsten Unwahrheiten vorsetzen konnte, solange dieser Zeuge anonym blieb und daher nicht greifbar war.

Der Beginn und die Vorläufer

Im Jahre 1738 eröffnet die Bulle *In Eminenti* den Reigen der Angriffe. Kardinal Firrao goß mit seinem Edikt Öl ins Feuer und schürte den Haß.

Einige Tage später wurde ein zaghafter Versuch unternommen, die Menschen zur Vernunft zu bringen. In Dublin erschien die Broschüre »The History of and an Apology for the Society of Freemasons« von J. G. D. M. F. M., also von einem Autor, der glücklicherweise klug genug war, seine Identität nicht preiszugeben. Das Kardinalskollegium trat am 18. Februar 1739 im Kloster von Santa Maria sopra Minerva zusammen und beschloß, daß das Buch am 25. desselben Monats vom Justizminister verbrannt werden müsse, und der Autor hatte es nur seiner Vorsicht zu verdanken, daß er nicht das gleiche Schicksal erlitt.

Im Jahre 1742 erschien das Buch des Abbé Perau (Gabriel Louis Calabré), der Mitglied der Sorbonne war. Diese Schrift hieß »Le Secret des francs-maçons« und hatte einen solchen Erfolg, daß es nicht nur mehrere Male nachgedruckt, sondern auch ins Deutsche und Holländische übersetzt wurde. Es war dieser Abbé, dem es gelang, das Paßwort in Erfahrung zu bringen und sich Zutritt zu einer Loge zu verschaffen. Allerdings hatte er das Pech, sich zu verraten und wurde zur Strafe von diesen »teuflischen Menschen« unter die Dachtraufe gestellt, was er allerdings in seinem Buch zu erwähnen vergaß.

Ihn übertraf bald darauf Abbé Larudan, dessen Buch »Les Francs-maçons écrasés«, eine Fortsetzung der Schrift »L'Ordre des francs-maçons trahi«, im Jahre 1746 in Amsterdam erschien. Auch dieses Buch erlebte zahlreiche Neuauflagen und fügte der Freimaurerei großen Schaden zu. Tatsächlich war Abbé Larudan der Erfinder der These, derzufolge die Freimaurerei nur ein Werkzeug Cromwells gegen die Stuarts und den Katholizismus und ein Zentrum der Angriffe auf Thron und Altar gewesen sei.

Ein weiterer Abbé, der etwas später sehr populär wurde, war Abbé Augustin Barruel, ein besonders erbitterter Feind der Freimaurerei und »einer der schärfsten Gegner der Philosophie des 18. Jahrhunderts[1].« Er war Jesuit, der nach der Aufhebung der Gesellschaft Jesu zunächst mit seinen Mitbrüdern im Exil lebte, dann aber aus profanen und egoistischen Gründen zurückkehrte. Sein Hauptwerk »Mémoires pour servir à l'histoire du jacobinisme«, erschien im Jahre 1797. »Es verdient, in die allzu lange Reihe der besonderen Bücher aufgenommen zu werden, die zeigen, wie sehr man sich aus Liebe zum System irren kann[2]« (eine Meinung, die 1813 geäußert wurde).

In diesem fünfbändigen Werk, von dem er selbst einen Auszug veröffentlichte, der im Jahre 1800 in Augsburg erschien, macht der Abbé die Freimaurerei für alle »Übel«, die der Menschheit widerfuhren, verantwortlich. Sie trägt die Schuld am Ausbruch der Revolution, die, ebenso wie das Jakobinertum, nur eine freimaurerische Verschwörung war.

Er löste damit eine antifreimaurerische Bewegung aus, die so heftig war, daß der Orden schwer darunter zu leiden hatte. Daß eineinhalb Jahrhunderte später ernstzunehmende und wahrheitsliebende katholische Schriftsteller zugaben, daß diese Beschuldigungen von Barruel erfunden worden waren, ändert nichts mehr an dem Schaden, den er damit angerichtet hatte. Der Abbé mußte das berühmte Zitat Plutarchs gekannt haben: »Calumniare audacter, semper aliquid haeret« (Wenn man kühn verleumdet, bleibt immer etwas haften). Es ist also nicht weiter verwunderlich, daß man die verbrecherische Hetze der Templer, der Rosenkreuzer, der Illuminaten[3] und der Freimaurer für die Revolution verantwortlich machte.

Von nun an nahm die antifreimaurerische Bewegung Gestalt an, denn diese Beschuldigungen lieferten ihr einen ausgezeichneten Vorwand, gegen den Orden vorzugehen. Bald darauf erfreute sich jede Art von antifreimaurerischer Literatur größter Beliebtheit.

Die Reihe begann mit Abbé Jean-Baptiste Fiard, einem »Autor sehr merkwürdiger Werke«[4], der in seinem Buch »Lettre sur le diable« (Paris 1791) erklärte, es bestehe kein Zweifel darüber, daß die Revolution das Werk von Hexenmeistern und Teufelsanbetern sei, womit er selbstverständlich auch die Freimaurer meinte.

Diese Vorstellung wurde allenthalben aufgegriffen und inspirierte Hunderte von Schriftstellern. Sie hielt sich bis ins 19., und sogar bis ins 20. Jahrhundert. Tatsächlich erschien im Jahre 1911 das Buch »La Révolution préparée par la franc-maçonnerie« von de Lannoy mit einem Vorwort des Kanonikus S. Coubé.

Hier ein Auszug aus dem Vorwort:

»Die Sekte gibt heute im allgemeinen zu, daß die Revolution von der Freimaurerei vorbereitet wurde. Sie rühmt sich dessen sogar, legt aber größten Wert darauf, die Revolution von der Schrekkensherrschaft zu trennen.

Das Buch wird allen aufrichtigen Menschen den großen Dienst erweisen, ihnen klarzumachen, wie falsch diese These ist und daß die Freimaurerei für die Greuel der Revolution ebenso verantwortlich ist wie für deren Grundsätze.

In Wahrheit richtete sich die Revolution weniger gegen die Monarchie, als gegen die Religion. Sie griff die Monarchie nur an, weil diese katholisch war und um sich eine Handhabe für den furchtbareren Krieg gegen das Christentum zu verschaffen. Trotz aller Beteuerungen von liberaler Seite waren die Mißstände unter dem Ancien Régime für die Revolution nur ein Vorwand. Sie richtete sich gegen Gott.

Weitblickende Katholiken haben diese Wahrheit erfaßt. Pius IX., Leo XIII. und Pius X. haben immer wieder auf diese Tatsache hingewiesen.«

Diese Auszüge machen eine genaue Inhaltsangabe des Buches überflüssig. Es genügt, auf einige wichtige Stellen hinzuweisen: Die Freimaurerei leitet sich von den Templern her (S. 57); sie entstand, um die Templer zu rächen (S. 61); Sie ist für die Auflösung des Jesuitenordens verantwortlich (S. 20) und sie plante die Revolution.

Das heißt aber nicht, daß man von den früheren Anklagepunkten Abstand genommen hätte. Keiner wurde ausgelassen, vergessen oder berichtigt. Ein Beispiel für die These der »jüdischen Freimaurerei« bietet das Buch »Francs-maçons et juifs. Sixième âge de l'Eglise d'après l'Apocalypse« (1880 in Paris erschienen, 820 Seiten) von C. C. de Saint-André.

Das »sechste Zeitalter« (sixième âge) bedeutet folgendes: Die Kirche kennt sechs Zeitalter. Das erste: die Anfänge der Kirche; das zweite: Verfolgungen und Märtyrertod; das dritte: die Souveränität des päpstlichen Rom; die vierte: das Tausendjährige Reich; das fünfte: die erste Entfesselung Satans, der Protestantismus; das sechste: die zweite Entfesselung Satans, die Freimaurerei.

Die Freimaurerei verfolgte dem Autor zufolge ein dreifaches Ziel: die Zerstörung der Religion und der katholischen Kirche; die Zerstörung der christlichen Gesellschaftsordnung; und die absolute Herrschaft der Kinder Israels über die ganze Welt. Selbstverständlich stehen die Freimaurer unter dem Einfluß Satans, der sich zum zweiten Mal von seinen Ketten befreien konnte, nachdem seine Machenschaften als Verbündeter der Protestanten gescheitert waren.

Die Beziehungen zwischen Freimaurern und Juden seien derart eng, behauptet Pater Bailly, daß man allein durch den Eintritt in die Freimaurerei bereits Jude werde.

Es ist erstaunlich, mit welcher Passivität und Gleichgültigkeit die Freimaurerei derartige Angriffe hinnahm. Sie ging ihren eigenen Weg, als sei ihr nichts Unangenehmes widerfahren. Man muß lange suchen, um ein Buch zu finden, in dem ein Freimaurer sich zur Wehr setzte und den Orden verteidigte oder auch nur einige Erklärungen abgab, um die Gemüter zu beruhigen.

Doch die Wirkung dieser Schriften war schwach im Vergleich zu dem Aufsehen, das die antifreimaurerischen Bücher erregten. Da die meisten dieser Schriften in England erschienen, wo ihre Veröffentlichung weniger gefährlich war als in anderen Ländern, fanden sie im übrigen Europa nur geringen Absatz.

Auch sind die bekannten Bücher nicht sehr ermutigend. In

Deutschland erschien im Jahre 1754 die »Kurzgefaßte Geschichte und gerettete Ehre des erlauchten Freimaurer Ordens« von Ehrhard, doch man konnte nicht behaupten, daß sie besonderen Widerhall fand.

Im Jahre 1811 erschien in La Plata das Buch eines gewissen Hippolyto J. Da Costa de Coloniado-Sacramento, der in Lissabon von der Inquisition wegen des »angeblichen Verbrechens der Freimaurerei« festgenommen worden war und der seine Leidensgeschichte in seinem Buch »Bericht der Verfolgung« erzählte.

Im Jahre 1822 veröffentlichte José Joaquin Fernandez de Lizardi, bekannt unter dem Namen El Pensador Mexicano, ein Buch unter dem Titel »Verteidigung der Freimaurerei«. Der Klerus reagierte heftig, und das von den Priestern aufgehetzte Volk stürmte die Druckerei, bemächtigte sich aller Exemplare, deren es habhaft werden konnte, und verbrannte sie. In dem Tumult wurden drei Personen getötet und mehrere verletzt. Der Autor des Buches wurde in der Folge exkommuniziert.

Im Jahre 1857 versuchte ein Priester, an die Vernunft der Menschen zu appellieren: G. A. Schiffmann, Archidiakon von Stettin, veröffentlichte das Buch »Die Stellung der Freimaurerei zum Christenthum und zur Kirche«, das aber nicht die erhoffte Wirkung erzielte.

Das ist kaum verwunderlich, obwohl Schiffmann genügend vernünftige Argumente anführte, die eine objektive Beurteilung des Ordens gestattet hätten. Doch angesichts der Flut von Beschuldigungen konnten sie nicht überzeugen, auch wenn sie ein Archidiakon vorbrachte.

Der bußfertige Leo Taxil

Durch Leo Taxil ließ sich die Kirche in eine äußerst üble Affäre hineinziehen, die mit einem aufsehenerregenden Skandal endete. Leo Taxil, der eigentlich Gabriel Jogand-Pagès hieß, wurde im Jahre 1854 in Marseille geboren. Als Journalist in Paris machte

er durch seine antikirchlichen Artikel von sich reden. Besonders sein Buch »Les Amours secrètes de Pie IX[5]« wurde zwar heftig kritisiert, verhalf ihm jedoch zu einer gewissen Berühmtheit, aus der ein skrupelloser Journalist stets Kapital schlagen kann.
Nach der Veröffentlichung der Bulle *Humanum Genus* durch Leo XIII. konvertierte dieser Frömmler im Jahre 1885, und nachdem er die Erlaubnis des Apostolischen Nuntius in Paris, Mgr. di Rende, eingeholt hatte, begann er mit Billigung der Kirche, und zusätzlich geschützt durch das Pseudonym Leo Taxil, Enthüllungen über die Freimaurerei zu veröffentlichen. Einige Jahre vorher (1881) war er in eine Loge aufgenommen worden. Nach dreimaligem Besuch wurde er wegen unsauberer Geschäfte wieder ausgeschlossen. Immerhin hatte er sich einige Grundkenntnisse des freimaurerischen Rituals und Brauchtums angeeignet, und nun war der Augenblick gekommen, sich zu rächen und seine Kenntnisse – ausgeschmückt durch phantastische Erfindungen – in klingende Münze umzusetzen.
Im Jahre 1885 erschien der erste Band dieser Reihe von antifreimaurerischen Büchern, »Les Frères trois-points« (Die Dreipunktebrüder), in dem er behauptete, daß die Freimaurerei Teufelskult treibe. Eine weitere Reihe von Schriften, die ab 1886 erschien, gab der Sache eine neue Wendung. Im ersten Buch »Les Soeurs maçonnes« bezog er auch die Frauen in seine Enthüllungen mit ein. 1890 griff er diese Frage erneut auf. Sein Buch »Y a-t-il des femmes dans la franc-maçonnerie?« enthielt Bilder und Porträts der wichtigsten Freimaurerschwestern in Paris.
Es war ein Erfolg. Von einem weiteren Buch, in dem er alle Freimaurer beschuldigte, geistige Mörder zu sein, wurden innerhalb weniger Monate 200 000 Exemplare verkauft.
Im Jahre 1891 ließ er die Schrift »Les conversions célèbres« veröffentlichen, die auch einen Brief des Autors an Leo XIII. beinhaltete. Der Brief lautete folgendermaßen:
»Allerheiligster Vater.
Als Sie am 24. Juni 1887 dem bekehrten Freidenker die unsägliche Ehre erwiesen, ihm eine Sonderaudienz zu gewähren, die dank Ihrer Güte beinahe dreiviertel Stunden dauerte, sagten Sie

ihm neben anderen Worten der Ermutigung, daß seine Bekehrung ›eine der größten Freuden Ihres Pontifikates‹ gewesen sei. Diese tröstlichen Worte bewahrt Ihr demütiger Sohn tief in seinem Herzen.
Sie haben, mit der Gnade Gottes, in hohem Maße dazu beigetragen, denjenigen, der sich am 23. April 1885 bekehrte, auf dem Weg der Pflicht und der Wiedergutmachung weiterzuführen.«
Bald darauf sollte der Papst erfahren, auf welchem Weg der Pflicht und der Wiedergutmachung diese tröstlichen Worte seinen demütigen Sohn weiterführten. Vorläufig beschäftigte sich Taxil mit den Freimaurern. Ermutigt von der Leichtgläubigkeit seiner Leser, die immer zahlreicher wurden und immer größeres Interesse zeigten, ließ er nun den Teufel bei den Logenarbeiten erscheinen, ließ Tische in der Luft schweben und verwandelte sie in Krokodile, die Klavier spielten (illustrierte Ausgabe). Als Dank für seine Dienste wurde er von Papst Leo XIII. in Audienz empfangen und mit dem Orden des Heiligen Grabes ausgezeichnet.
Dieser Erfolg berauschte ihn vollends. Er erfand eine Priesterin einer Satansloge, Diana Vaughan, die rasch in den Rang einer Generalinspektorin der Palladisten erhoben wurde, eine fürchterliche Person, die die Macht hatte, durch Steinmauern zu gehen. Diana wurde von Taxil bekehrt und »schrieb« ein Buch, in dem sie ihre Fehler bereute. Dieses Buch übersandte sie im Jahre 1895 dem Papst, der ihr durch seinen Sekretär, Mgr. Vicenzo Sardi, seinen Dank und seinen Segen übermitteln ließ. Es folgten Enthüllungen über »schwarze Messen« in der »Synagoge Satans«, und diese »Enthüllungen« hatten unerwartete Folgen.
Auf Anregung des Papstes Leo XIII. hatten die Jesuiten im Jahre 1893 die *Union antimaçonnique universelle* gegründet und einen Antifreimaurerkongreß einberufen. Mit dem Segen des Papstes nahm der Kongreß am 26. September 1896 in Trient seine Arbeit auf. Tausend Abgesandte aus ganz Europa berieten Schritte gegen diese Geißel, die Tische in Krokodile, vernünftige Wesen in Dummköpfe und unvernünftige in Kongreßteilnehmer verwandelte. Nach fünftägigen Beratungen wurde beschlossen,

Diana Vaughan vorzuladen. Sie würde sicher die richtige Lösung finden, doch nahm sie aus einleuchtenden Gründen nicht am Kongreß teil.

Die Abgesandten, die Diana Vaughan unbedingt sehen wollten, trieben Leo Taxil schließlich derart in die Enge, daß er versprach, sie am 19. April 1897 bei einer Versammlung im Saal der Geographischen Gesellschaft in Paris vorzustellen. Alle würden dazu eingeladen werden. An diesem Tag war der Saal zum Bersten voll. Alle Welt brannte darauf, die ehemalige Verbündete des Teufels zu sehen. Doch sie erschien nicht, und als die Aufregung ihren Höhepunkt erreichte, betrat Leo Taxil selbst die Tribüne und hielt eine Rede, die noch größere Überraschung hervorrief, als es bei einem Erscheinen von Diana Vaughan der Fall gewesen wäre.

Er teilte den verblüfften Zuhörern mit, daß Diana Vaughan bloß eine Mythe, eine reine Erfindung seiner eigenen Phantasie sei, und daß auch alle seine Enthüllungen pure Mystifikationen waren. Zunächst habe er nur die Absicht gehabt, sich über die ganze Sache lustig zu machen, und er habe gehofft, daß die Leser eines Tages seine Lügen durchschauen würden. Doch da die Menschen grenzenlos leichtgläubig seien, habe er sich zu immer ungeheuerlicheren Geschichten hinreißen lassen. Je mehr er log, desto eher wurden seine Übertreibungen für wahr gehalten. Nun sei er schließlich an einem Punkt angelangt, wo er keinen Ausweg mehr sehe, als die Wahrheit zu sagen: Alles war ein riesiger Schwindel, nichts stimmte.

Als Taxil diese Worte gesprochen hatte, verneigte er sich und verschwand.

Die Bestürzung war ebenso unbeschreiblich wie der darauffolgende Skandal. Doch wer glaubte, daß diese skandalöse Blamage die wütende Menge entmutigt hätte, der irrte sich gewaltig. Ein Jahr später berief Kardinal Gruscha einen weiteren Antifreimaurerkongreß in Wien ein.

»Es gab keine Schandtat, die man den Logen nicht nachsagte«, schrieb Alec Mellor, und das ist leider wahr. Die Verleumder der Freimaurerei kannten keine Grenzen und verloren völlig den Verstand, wenn sie ihrem Haß freien Lauf ließen.
Nach jeder päpstlichen Verurteilung häuften sich auch die Angriffe auf die Freimaurerei. Man warf ihr vor, sie sei antichristlich, antireligiös, sie würde sich zu einer neuen Kirche aufwerfen, eine Gegenkirche bilden, Revolutionen und Weltkriege heraufbeschwören, sie sei eine Synagoge Satans, ein Zentrum der jüdischen Verschwörung gegen die Christenheit, sie finanziere den Kommunismus, und was der Torheiten mehr waren.
Die Beschuldigungen der Bullen wurden als »offizielle Feststellungen« betrachtet und als solche behandelt. Und da die Bullen bereits festgestellt hatten, daß es ein Geheimnis gebe, sprach man hochtrabend und dreist von diesem Geheimnis, als wäre es eine unbestrittene und unleugbare Tatsache.
Es kümmerte niemanden, daß es der Inquisition trotz der Folter, die sie so häufig anwandte, nicht gelungen war, die Geheimnisse zu lüften, während die Verfasser dieser Verräterschriften sie ohne Folter enthüllen konnten und sie bis in die kleinsten Einzelheiten kannten, ohne je eine Loge betreten zu haben.
Daß das »Geheimnis« nicht übermäßig gut gehütet wurde, beweist der Titel des Buches von Mgr. Victor Dechamps »La Franc-maçonnerie; son caractère, son organisation, ses sources, ses affluents, son but et ses secrets« (neu bearbeitete und erweiterte Auflage, Paris 1874). Wunderbarerweise wußte der Prälat nicht nur alles über diese Gesellschaft, der er nie angehörte, sondern er konnte seine Kenntnisse auch noch erweitern, trotzdem der Papst in der Bulle behauptete, das »Geheimnis« sei so gut gehütet, daß es niemals enthüllt werden konnte. Dennoch ist Mgr. Dechamps nicht der einzige, der alle Geheimnisse kannte, und man gelangt schließlich zu der Feststellung, daß es niemals ein Geheimnis gab, das schlechter gehütet und öfter enthüllt wurde als das »furchtbare freimaurerische Geheimnis«, das nur

die Inquisition nicht einmal mit der Folter erpressen konnte. Auch ein anderer Prälat, Mgr. Dupanloup, Bischof Orléans, konnte seinerseits dank der Geschwätzigkeit einiger Freimaurer der Menschheit manche Enthüllungen servieren. In seinem Buch[6] empört er sich zunächst über den von den Freimaurern verlangten Eid, und da er ein vernünftiger Mensch ist, fragt er sich mit Recht, wie ein anderer vernünftiger Mensch einen solchen Eid leisten kann. Dann fragt er sich, welches schreckliche Geheimnis sich hinter einem so strengen Eid verbirgt, und informiert schließlich den Leser über die Geheimnisse, die von den Freimaurern selbst enthüllt worden wären und »übrigens ziemlich genau bekannt seien« (S. 78).

Ein anderes ebenso interessantes und aufschlußreiches Buch erschien im Jahre 1905 unter dem Titel »Le Secret de la franc-maçonnerie«, dessen anonymer Autor alle Geheimnisse der Freimaurer enthüllt, darlegt, analysiert und kommentiert. Wir erfahren darin, daß die Freimaurerei eine Weltmacht sei, daß sie derart geheim sei, daß die Logen nicht einmal ihre Oberen, denen sie gehorchten, kennen würden, daß das Ganze unter der einheitlichen, internationalen, solidarischen Leitung einer Gruppe von Freimaurern koordiniert sei. Die Menschheit hat Glück: Das Geheimnis, das selbst die Logen nicht kennen, wird von diesem anonymen Autor in 388 Seiten enthüllt.

Trotz aller Bemühungen, den Skandal um Leo Taxil zu überspielen, hatte diese Affäre dennoch die Glaubwürdigkeit dieser ergebenen Diener der Menschheit untergraben. Wahrscheinlich war der Satan deshalb im 20. Jahrhundert nach Kanada ausgewandert, weil er in Europa nicht mehr den Ruf genoß, den er im 18. Jahrhundert noch hatte.

So erschien in Montréal im Jahre 1904 das Buch »La Ligue de l'enseignement, Histoire d'une conspiration maçonnique« von Henri Bernard, und 1906 in Quebec das Buch »Le Fléau maçonnique« von Abbé Antonio Huot, der behauptet, daß »der Freimaurer seinen Ungehorsam oft mit seinem Leben bezahlt« (S. 74).

60 000 Verräterschriften

Ohne Unterlaß erschienen neue Werke, die Bibliothek des Hasses wurde immer umfangreicher, und schließlich veröffentlichte der Berliner Gelehrte, Professor August Wolfstieg, eine »Bibliographie der freimaurerischen Literatur«. Den Beschluß, diese Sammlung zusammenzustellen, faßte eine wissenschaftliche Kommission, die von Wolfstieg geleitet wurde. Das dreibändige Werk erschien zwischen 1911 und 1913. Die beiden ersten Bände enthalten 43 317 Titel, ein angeschlossener Nachtrag nochmals 400 Veröffentlichungen, und ein im Jahre 1926 erschienener Band umfaßt weitere 11 003 Werke. Bis 1926 konnten also fast 55 000 Werke erfaßt werden, doch die Arbeit war damit nicht beendet, da neue Schriften folgten. Man kann daher ruhigen Gewissens von 60 000 Enthüllungsschriften sprechen, von denen 99% antifreimaurerische Werke sind. Trotz des wenig abwechslungsreichen Inhalts ist die Lektüre der Bibliographie Wolfstiegs interessant und unterhaltend. Hier seien einige Beispiele angeführt:
Ein anonymer Autor veröffentlichte 1784 das Buch »Sur les francs-maçons«, Untertitel: »Première mise en garde« (Erste Warnung). Dieser Untertitel läßt vermuten, daß der Autor mit weiteren Warnungen aufzuwarten gedachte. Wir wissen weder, warum er seine Absichten nicht in die Tat umsetzte noch wieviele Bücher er verkaufen konnte. Vielleicht besteht zwischen diesen beiden Faktoren ein gewisser Zusammenhang.
Im Jahre 1831 erschien das Buch »The Devil's Pulpit«[7] (Die Kanzel des Teufels) von Rev. Robert Taylor, der wegen dieser Schrift verurteilt wurde. Er habe ohne triftigen Grund Leute verlästert und werde vor einer Wiederholung gewarnt. Das Gericht ergriff die Partei des Teufels.
Auch in zwei weiteren Büchern ist viel vom Teufel die Rede. Das erste stammt von Mrs. Lucia C. Cook und heißt »The Mystic Tie, or Freemasonry, a League with the Devil« (Die mystische Fessel, oder die Freimaurerei, der Bund mit dem Teufel) und erschien 1869 in Indiana. Diesmal ist der Autor eine Frau. Wir konnten

nicht eruieren, welchem der beiden Protagonisten die Autorin ihre Informationen verdankte.
Das zweite Buch, zu dem Rev. Taylor den Anstoß gab, heißt »Le Diable au XIXe siècle, ou les mystères du spiritisme, le francmaçonnerie luciférienne« ... Mit Illustrationen. Paris 1894, verfaßt von Doktor Bataille (Pseudonym von Charles Hacks). Die Phantasie des Illustrators ist ebenso blühend wie die des Autors.

Das 20. Jahrhundert

Das Attentat von Sarajewo vom 28. Juni 1914 lenkte die Aufmerksamkeit der Weltöffentlichkeit für einige Jahre von der Freimaurerei ab, denn während des Krieges trat diese Frage in den Hintergrund.
Vier Jahre lang war Satan anderweitig beschäftigt. Die Logen standen leer, denn auch die »jüdischen Freimaurer« starben für ihr Vaterland. Nach dem Krieg begann der Reigen der Beschuldigungen von neuem.
Sobald eines der Regime auf » ... ismus« an die Macht kam, sei es der Faschismus, der Nationalsozialismus, der Kommunismus oder ein anderer Extremismus, war eines seiner ersten Opfer, wenn nicht das erste überhaupt, die Freimaurerei. Die Gründe sind einfach: Die vom Orden vertretenen Grundsätze der demokratischen Freiheit und Gleichheit wurden von allen diesen Regimen mißachtet.
Für die europäische Freimaurerei begann ein neuer Abschnitt ihrer Geschichte. Sie wurde nicht nur von der Kirche angegriffen, sondern von allen Seiten und aus Gründen, die einander einwandfrei widersprachen. Die Kirche beschuldigte sie der Ketzerei und warf ihr vor, die ungeheuerlichen Systeme des Sozialismus und Kommunismus zu unterstützen usw. Die Kommunisten störte vor allem die Bibel, die immer noch auf dem Tisch des Großmeisters lag, außerdem sei sie eine internationale bürgerliche Gesellschaft. Die Faschisten griffen sie an, weil sie für die

Freiheit und Gleichheit der Menschen eintrat, weil sie ein Zentrum der »jüdischen Verschwörung« sei usw. Man warf ihr alles vor, was die menschliche Phantasie zu erfinden imstande ist. Der wahre Grund liegt auf der Hand: Kein Regime liebt eine Organisation, die seine Grundsätze ablehnt und ihm nicht bedingungslos gehorcht. Rußland hat als erstes Land Maßnahmen gegen die Freimaurerei getroffen.
Tatsächlich hatte sie in Rußland niemals einen leichten Stand. Sie wurde im Jahre 1730 gegründet. Einige Jahre lang genoß sie völlige Freiheit und konnte die Grundlagen für den Orden schaffen. Nachdem zunächst Katharina II. eine weitere Ausbreitung verhindert hatte, wurde die Freimaurerei im Jahre 1799 von Paul I. verboten. Unter seinem Nachfolger Alexander I. wurden neue Logen gegründet, und die Gesellschaft wurde innerhalb kurzer Zeit so einflußreich und mächtig, daß die Regierung erschrak und den Zaren überredete, eine Untersuchung anzuordnen. Der Orden wurde für unschuldig erklärt und erfuhr einen weiteren Aufschwung. Doch der Frieden war nur von kurzer Dauer. Im Jahre 1822 bot die Rebellion des Regimentes Semenowsky den Gegnern der Gesellschaft einen ausgezeichneten Vorwand, den Orden zu beschuldigen. Zar Alexander folgte den Empfehlungen seiner Ratgeber und verbot ihn am 1. August 1822 auf dem gesamten russischen Territorium. Zar Nikolaus, der von der Teilnahme der Freimaurer am Aufstand der Dekabristen überzeugt war, erneuerte 1826 das Verbot.
Nach diesem zweiten Urteilsspruch erholte sich die Freimaurerei nicht mehr. Auch wenn das Verbot mit der Zeit in Vergessenheit geriet, und die Freimaurerei ihre Tätigkeit zum Teil wieder aufnehmen konnte, so hatte sie doch ihre einstige Bedeutung verloren. Außerdem hatte die relativ begrenzte Anzahl von Intellektuellen die Ausbreitung in diesem Land immer erschwert.
So befand sich die Freimaurerei im 20. Jahrhundert in einem Zustand der Erstarrung, und da sie ganz allgemein auf wenig Verständnis stieß, besaß sie in ganz Rußland nur einige Logen, die im geheimen arbeiteten.
Trotzdem von Antifreimaurern immer wieder das Gegenteil be-

hauptet wurde, waren weder Lenin noch Trotzki jemals Mitglieder einer Loge und erhielten niemals auch nur die geringste Unterstützung von freimaurerischer Seite. Die Grundsätze des Ordens stehen in einem so krassen Gegensatz zur kommunistischen Ideologie, daß jede angebliche Verbindung im vorhinein absolut unwahrscheinlich ist. Der Kommunismus hat den Orden, der seit seiner Entstehung für den Sieg der Freiheit in jeder Form kämpfte, nie geduldet. Daher wurde die Freimaurerei nach der Oktoberrevolution aufgelöst.

Nach dem Sieg der Revolution und der Machtübernahme durch das kommunistische Regime emigrierten der russische Adel und das Großbürgertum in Scharen. Von den unzähligen russischen Emigranten, die sich in fast allen europäischen Ländern niederließen, fanden sehr viele in Frankreich eine neue Heimat. Die russischen Freimaurer konnten hier ohne weiteres ihre Tätigkeit wieder aufnehmen, und es entstanden mehrere russische Logen in den Zentren der Emigration.

Leo XIII. hatte die Freimaurerei wegen ihrer Zusammenarbeit mit den Kommunisten verurteilt, doch die Ereignisse bewiesen, daß die Beschuldigungen haltlos waren. Während des vierten Kongresses der Kommunistischen Internationale im November 1922 wurde auch die Frage der Freimaurerei behandelt. Es wurde beschlossen, daß jeder Kommunist, der nicht unverzüglich jede Verbindung zur Freimaurerei, »dieser politischen Organisation der Bourgeoisie«, abbrach, aus der kommunistischen Partei ausgeschlossen würde. Von nun an ist nicht mehr daran zu zweifeln, daß es in den kommunistischen Organisationen keine Freimaurer mehr gab, auch wenn bisher in irgendwelchen Ländern eine Verbindung bestanden haben sollte. Übrigens kommt dieser Frage höchstens theoretische Bedeutung zu. Die kommunistische Partei hatte niemals Mitglieder, die Freimaurer waren.

Die Diktaturen aller Schattierungen sehen es nicht gern, wenn manche Leute Begriffe wie »Freiheit«, »Gleichheit« oder »Toleranz« anders auffassen als sie selbst.

Der Faschismus behandelte die Freimaurerei nicht liebevoller als der Kommunismus. Das erste faschistische Regime, das gegen

die Freimaurerei vorging, war die ungarische Regierung unter Admiral Horthy.
Die Geschichte der ungarischen Freimaurerei ist ebenso wie die Geschichte des ungarischen Volkes von Kämpfen, Hingabe und Opferbereitschaft gekennzeichnet. Die kurzen Augenblicke der Freiheit reichten gerade aus, um neue Hoffnung zu schöpfen.
In Ungarn war es zu Beginn des 20. Jahrhunderts eine Ehre, der Freimaurerei anzugehören, und niemand machte daraus ein Hehl. Der Orden war ein Treffpunkt Gleichgesinnter; die Logen zählten die hervorragendsten Vertreter der Kunst, der Wissenschaft, der Literatur, des Adels, des Großbürgertums und des Klerus zu ihren Mitgliedern. Tatsächlich war der Klerus trotz der Verurteilungen, von denen jeder wußte, in den Logen zahlreich vertreten, oft auch durch hohe geistliche Würdenträger, was in einem offiziell katholischen Land einige Jahre nach der Bekanntmachung der Bulle *Humanum Genus* einer Stellungnahme, einem Urteil und einer Antwort gleichkam. Die Leistungen und Werke des Ordens legten für die Freimaurerei ein beredtes Zeugnis ab.
Nach dem Ersten Weltkrieg hatte Ungarn zwei Drittel seines Territoriums verloren, und der Rachedurst der Sieger stürzte das Land ins Unglück. Bald darauf organisierte sich die kommunistische Partei unter Bela Kun, der die sofortige Schließung der Logen anordnete.
Ein halbes Jahr später konnten sie dank der siegreichen Gegenrevolution wieder eröffnet werden. Die Freimaurerei trat ohne zu zögern in Aktion: Sie organisierte Hilfsdienste, Unterbringungsmöglichkeiten, Gratisküchen für die Armen, kostenlose Arztbesuche und Medikamente für die Kranken. Obwohl die Hilfe anonym geleistet und daher der Regierung zugeschrieben wurde, weigerte sich diese, eine Organisation, die ihr nicht völlig hörig war, auch nur zu dulden. Durch Erlaß des Innenministers wurde die Freimaurerei am 18. Mai 1920 in Ungarn verboten und alle ihre Güter beschlagnahmt. Von diesem Augenblick an waren der Freimaurerei zwar 25 Jahre lang die Hände gebunden, doch einige Logen versammelten sich weiterhin im geheimen,

wie es auch die französischen Logen während der Revolution taten. Um mit Unterstützung der Großloge von Österreich neue Kandidaten aufnehmen zu können, wurde in Wien eine ungarische Loge gegründet, die Loge »In labore virtus«, die während der Zeit des Schweigens bestehen blieb.

Einige Jahre später folgte der Duce dem Beispiel des Admirals Horthy. Die faschistische Partei Mussolinis attackierte die Freimaurerei seit dem erfolgreichen »Marsch auf Rom«. Die Einstellung der Diktaturen und die Gesinnung der Freimaurerei sind zwei derart entgegengesetzte Pole, daß eine Versöhnung unmöglich ist. Die Freimaurerei mußte sich also damit abfinden, daß die Machtübernahme durch eine Diktatur für sie das Todesurteil bedeutete.

Am 4. August 1924 wurde die Freimaurerei in Italien verboten, und nach den Bluttaten von Florenz (1925) arteten die Verfolgungen aus. Die Logen wurden geplündert und zahlreiche Freimaurer ermordet, eine andere Gruppe, zu der auch Großmeister Torrigiani gehörte, wurde ohne Prozeß verurteilt.

Auch die anderen Diktaturen folgten unverzüglich diesem Beispiel. In Spanien begann der Kampf gegen die Freimaurerei mit der Thronbesteigung Alfons' XIII. Mit Billigung des Königs löste General Primo de Rivera durch einen Staatsstreich im Jahre 1923 das Parlament auf und errichtete unter dem Deckmantel eines Direktoriums seine eigene Diktatur. Im Jahre 1924 lehnte sich Miguel de Unamuno, der große spanische Schriftsteller und eine der führenden Persönlichkeiten der spanischen Freimaurerei, gegen das Direktorium auf, worauf er ausgewiesen und auf die Kanarischen Inseln abgeschoben wurde. Der Direktor der französischen Zeitung »Le Quotidien«, M. Dumay, heuerte daraufhin ein Schiff an und brachte den verbannten Schriftsteller nach Frankreich.

Um die Freimaurerei wirksam bekämpfen zu können, wurde im Jahre 1928 der Orden »Opus Dei« gegründet. Dank der Vorteile, die ihm die Regierung zusicherte, hatte der Orden großen Zulauf, zahlreiche Leute, die gerne befördert werden wollten, traten ihm bei.

Die Diktatur des Primo de Rivera endete nach einem Wahlsieg der Republikaner im Jahre 1931. Der König verließ das Land, und die Republik wurde ausgerufen. Fünf Jahre später, im Jahre 1936, entfesselte Franco den Bürgerkrieg, aus dem das Lager Francos siegreich hervorging. Franco übernahm die Herrschaft über Spanien, das ein autoritärer Staat wurde. Das bedeutete auch das Ende jeder freimaurerischen Tätigkeit. Unter dem Vorwand, daß mehrere Mitglieder der spanischen Regierung Freimaurer waren, traf die neue Regierung umgehend Maßnahmen gegen die Freimaurerei. Höchstwahrscheinlich wäre dem Orden das gleiche Los beschieden gewesen, wenn es unter den Republikanern keinen einzigen Freimaurer gegeben hätte. Wie immer und überall mußte dieser demokratische und liberale Orden verschwinden, sobald eine Diktatur an die Macht kam.
In Portugal war die Lage wie stets ähnlich wie in Spanien. Mit Ausnahme der kurzen Zeit, als sie unter dem Schutz des Marquis de Pombal stand, war die Freimaurerei immer verfolgt worden, und es ist erstaunlich, mit wieviel Einsatz, mit welcher Opferbereitschaft und mit wieviel Ausdauer die portugiesischen Freimaurer die Sache des Ordens seit eh und je vertreten haben.
Emanuel, der letzte portugiesische König, wurde 1910 durch eine Revolution gestürzt, und gleich darauf wurde die Republik ausgerufen. Nun wurde auch die katholische Kirche nicht mehr verschont. Die Geschichte des Landes liefert zahlreiche Gründe für diesen gemeinsamen Angriff auf Thron und Altar, und diesmal konnte niemand die Freimaurerei verantwortlich machen, denn sie war selbst ein Opfer der Diktatur Salazars.
Am 5. April 1935 wurde die Freimaurerei in Portugal offiziell verboten, und wer die Diktatur Salazars kennt, weiß, wie streng dieses Verbot eingehalten wurde.
Die Geschichte der rumänischen Freimaurerei bietet einige Überraschungen. In diesem Land bestand der Orden erst seit kurzer Zeit, und sein Einfluß war gering. Im Jahre 1880 wurde die National-Großloge von Rumänien gegründet, doch sie hatte nur wenige Mitglieder. Selbst 1938, als sie auf dem Höhepunkt ihrer Entwicklung stand, lag die Gesamtzahl der Mitglieder unter

3000. Der Freimaurerei gelang es nicht, das Interesse der herrschenden Klasse zu wecken, und man kann ohne Übertreibung behaupten, daß der Orden im allgemeinen wenig bekannt war. Die Intellektuellen, die übrigens nicht sehr zahlreich vertreten waren, fanden keinen Zugang zur Geisteshaltung der Freimaurerei und die bürgerliche Schicht wußte überhaupt nichts von ihr. Das Königshaus und seine Umgebung waren erklärte Gegner des Ordens, und der selbstherrliche König Carol II. mißtraute ihm nur deshalb, weil er eine Interessensgemeinschaft darstellte, die ihm nicht ergeben war.

Überraschenderweise explodierten im Jahre 1930 plötzlich und ohne vorherige Anzeichen Bomben in der Großloge. Wie in den meisten derartigen Fällen wurden die Verantwortlichen niemals gefunden. Daher weiß man bis heute nicht, ob dieser Anschlag das Werk der Diktatur war, der dieser unentschlossene König unter dem Einfluß seiner sehr entschlossenen Umgebung Vorschub leistete, oder die Tat rechtsradikaler Jugendlicher, die damals bereits allerlei üble Streiche verübten.

Tatsächlich war die Aktion dieser jugendlichen Randalierer nicht eigentlich gegen die Freimaurerei gerichtet. Vielmehr bot sie ihnen eine ausgezeichnete Gelegenheit, sich in Szene zu setzen und für sich Propaganda zu machen, da sie den Mut aufbrachten, gegen diese geheimnisvolle Gesellschaft, gegen diesen internationalen Machtblock der »jüdischen Freimaurerei« vorzugehen. Im Grunde genommen war das einzige Ergebnis ihrer Aktion, falls sie wirklich auf ihr Konto ging, die Tatsache, daß die Freimaurerei bekannt wurde. Es kam zu keinen weiteren Ausschreitungen, denn es wäre unsinnig gewesen, den Kampf gegen eine Gesellschaft fortzusetzen, die zwar im Ausland mächtig war, in Rumänien aber nur ansatzweise existierte. Die Freimaurer wurden seit damals weder von diesen Extremisten noch von der Regierung behelligt.

Dennoch wurde die Lage der Freimaurerei unhaltbar. Einerseits konnte sie nicht mit der Unterstützung der Führungsschicht rechnen, andererseits machte sie eine haßerfüllte Propaganda in den Augen derer, die von ihrer Existenz wußten, verdächtig. Sie war unerwünscht. Diese Lage veranlaßte den Großkommandeur Jean Pangal, die Schließung der Logen zu verfügen.

In Deutschland trat die Freimaurerei ins 20. Jahrhundert ein, ohne von der letzten Verurteilung erschüttert worden zu sein, wenngleich sich die Auswirkungen in gewisser Weise bemerkbar machten. Sie setzte ihre Tätigkeit fort, als ob nichts geschehen wäre und ohne zu ahnen, was die Zukunft der Menschheit bringen würde. Die Großlogen der ehemaligen Fürstentümer waren immer noch unabhängig, und es gab in diesem nunmehr geeinten Land vor dem Krieg neun »reguläre« Großlogen, die sich gegenseitig anerkannten, und eine zehnte, die »Symbolische Großloge von Deutschland«, die nicht anerkannt wurde. Im ganzen gab es 690 Logen mit insgesamt 77 000 Mitgliedern.

Nach dem Weltkrieg waren die Logen wohl erschüttert und geschwächt, doch sie nahmen ihre Tätigkeit unverzüglich wieder auf, und die Führungsschicht bildete sich von neuem. Mit der Machtergreifung Hitlers begannen auch die Feindseligkeiten gegen die Freimaurerei. Da Hitler erklärte, die Freimaurerei sei nichts als ein Auswuchs des »Weltjudentums«, entfesselten die Zeitungen eine Kampagne, der alsbald konkrete Aktionen folgten. In den beschlagnahmten Logen fanden sich die Listen der Mitglieder, und daher konnte man ohne Schwierigkeiten die Namen derer feststellen, die der Ideologie dieses Regimes entsprechend als gefährliche Elemente überwacht werden mußten, um sie dann aller ihrer Posten zu entheben, wo sie von nun an als unerwünscht betrachtet wurden.

Es ist nicht weniger bedauerlich, daß das Naziregime alle Archive und alle Bibliotheken der Logen beschlagnahmte, um sie »in Sicherheit zu bringen«, sowie auch zahlreiche seltene historische Dokumente, die zum Teil vernichtet wurden.

Im Jahre 1934 wurde innerhalb der SS eine eigene antifreimaurerische Abteilung geschaffen. Einer ihrer Mitarbeiter war Eichmann, dieser traurige Apostel der Verfolgungen. Die letzte Loge wurde 1935 geschlossen. Die Bilanz der Verfolgung war erschütternd:

Ungefähr 60 Freimaurer wurden ermordet, die doppelte Anzahl gilt als »vermißt«, die genaue Anzahl der Deportierten und in den Konzentrationslagern Internierten ist nicht bekannt.
Die Länder, in die die Ideologie Hitlers durch seine Besatzungstruppen vordrang, hatten selbstverständlich keine andere Wahl, als den Befehlen zu gehorchen und die Freimaurerei ebenfalls zu verbieten, auch die Länder, in denen der Orden den Schutz der Regierung genoß.
Als erste fiel die österreichische Freimaurerei dem Hitlerregime zum Opfer.
Das Leben der österreichischen Freimaurerei, die 1742 gegründet wurde, verlief anfangs relativ ruhig. Der Schutz Franz Stephans von Lothringen, des späteren Kaisers Franz I., war stark genug, um den Angriffen einiger Heißsporne die Spitze zu nehmen. Nach seinem Tod stellten die österreichischen Logen ihre Arbeit vorübergehend ein. Unter Franz Joseph I. ruhte die Freimaurerei in Österreich, doch dank der Symbolischen Großloge von Ungarn, die ihr die Pforten der ungarischen Logen öffnete und die selbst Logen gründete, in denen sich die österreichischen Freimaurer versammeln und neue Mitglieder einweihen konnten, war es ihr möglich, ihre humanitäre Tätigkeit bis zum Ende des Krieges fortzusetzen, wenn auch im verborgenen. Am 8. Dezember 1918 wurde die Großloge von Österreich wieder eingesetzt. Der Anschluß Österreichs an Nazideutschland beendete jede freimaurerische Tätigkeit. Die Logen wurden geschlossen, und die Freimaurer nach den in Deutschland geltenden Richtlinien verfolgt.
In der Tschechoslowakei konnte die Freimaurerei nur vorübergehend Fuß fassen. Am 26. Oktober 1918, zwei Tage vor dem Zusammenbruch der Österreichisch-Ungarischen Monarchie, beschlossen 15 tschechische Freimaurer, eine tschechische Loge zu gründen. Als zwei Tage später die Unabhängigkeit der Tschechoslowakei proklamiert wurde, existierte die Freimaurerei der Tschechoslowakei bereits und stand unter dem Schutz des Grand Orient de France, von dem sie sich 1922 trennen sollte.
Zwischen 1920 und 1938 wurden 10 tschechische Logen kon-

stituiert, die insgesamt 500 Mitglieder zählten. Außerdem gab es 18 deutsche Logen und eine ungarische Loge mit insgesamt 1053 Mitgliedern. Dieses Phänomen ist darauf zurückzuführen, daß diese Logen bereits vor dem Krieg und vor der Schaffung des tschechoslowakischen Staates existiert hatten.
Am 15. März 1939 wurde die Tschechoslowakei von den deutschen Truppen niedergewalzt, und gleichzeitig verschwand auch die Freimaurerei. Die Situation war in allen Ländern gleich, und auch Jugoslawien machte keine Ausnahme.
In Kroatien und Slowenien wurde die erste Loge im Jahre 1755 von einem Patrioten, dem kroatischen Offizier Graf Ivan Drašković, gegründet. In Belgrad (im von den Türken regierten Serbien) wurde gegen Ende des 18. Jahrhunderts eine Loge gegründet; zu ihren Mitgliedern zählte Mustapha Pascha, der türkische Gouverneur in Serbien, der so ein Bruder des orthodoxen Metropoliten Methodius, der serbischen Patrioten Dositej Obradović, Sima Milutinović, Janko Katić und des griechischen Dichters Rigas aus Fera wurde. Diese Konstellation ist merkwürdig, aber nicht einmalig.
Die Verfolgung der Freimaurer begann im Jahre 1935 mit der Ernennung des Milan Stojadinović zum Ministerpräsidenten. Seine prodeutsche Einstellung war bekannt. Ein Priester, Mgr. Ante Korošec, der Innenminister wurde, ordnete an, daß in allen Logen Beobachter der Polizei zu den Versammlungen zugelassen werden müßten, was die Logenarbeit völlig zum Erliegen brachte. Als Stojadinović schließlich von dem Nazi Dragiša Cvetković abgelöst wurde, der Korošec in seinem Amt beließ, wurde die Freimaurerei verboten und ihr gesamter Besitz beschlagnahmt. Alle Mitglieder, die im öffentlichen Dienst standen, wurden gnadenlos entlassen. Nach dem Einmarsch der deutschen Streitkräfte in Jugoslawien – die Besetzung dauerte von 1941–1945 – wurden die Verfolgungen verschärft, und die meisten ehemaligen Freimaurer wurden deportiert oder auch umgebracht.
In den skandinavischen Ländern verlief die Geschichte der Freimaurerei ohne Zwischenfälle. In Schweden befürwortete der

Hochadel die Sache der Freimaurerei, und der Orden entwickelte sich unter dem Schutz des Adels und des Königshauses weiter. Mehrere Könige waren seine Schirmherren und übernahmen sogar das Amt eines Großmeisters. In Norwegen, das bis 1905 mit Dänemark vereinigt war, verlief das Leben der Freimaurerei ebenso ruhig wie in Schweden, und auch nach der Auflösung der Union änderte sich nichts. Dänemark bietet das gleiche Bild. Ein Ereignis ist allerdings erwähnenswert: Im April 1940 wurde Dänemark von den Truppen Nazideutschlands besetzt, und bald darauf begannen die Verfolgungen der Freimaurer und der Juden. Als diese letzteren auf Befehl Hitlers einen gelben Stern tragen mußten, um sich als Juden auszuweisen, bewies König Christian beispielhaften Mut und wahre freimaurerische Gesinnung, als er selbst den gelben Stern ansteckte und ohne Begleitung mit diesem Kennzeichen auf die Straße ging.

In England hatte sich die Lage der Freimaurerei seit den letzten Jahrzehnten des vergangenen Jahrhunderts nichts geändert.

Die letzte Verurteilung konnte sie nicht weiter erschüttern. Sie war höchstens erstaunt, daß sie gleichzeitig mit den anderen verurteilt wurde, denn eigentlich war es die Vereinigte Großloge von England, die als erste die Glaubenspflicht an Stelle der Glaubensfreiheit eingeführt hatte. Doch da das Land nicht katholisch war, beeinflußte die Verurteilung des Heiligen Stuhls die Mitglieder nicht.

Zu Beginn des Jahrhunderts war England noch ein Kolonialreich und eine der führenden Großmächte, und die Vereinigte Großloge von England war die Seele der internationalen Freimaurerei. Sie war reich und hatte zahlreiche Mitglieder. Das Königshaus und der Klerus waren ihr immer freundschaftlich verbunden. Daher konnte sie ihre Tätigkeit auch nach Kriegsende ungehindert entfalten.

Im Jahre 1929 veröffentlichte die Vereinigte Großloge von England die Grundlagen für die Anerkennung einer Großloge und erhob acht Forderungen, die zu heftigen Auseinandersetzungen führten. Mehrere Großlogen wurden aus der universellen Familie der Freimaurerei ausgeschlossen, da sie sich dafür entschie-

den, der Auffassung der Konstitutionen Andersons treu zu bleiben. Sie wurden von der Vereinigten Großloge für »irregulär« erklärt und brachen jede Verbindung mit ihr ab.
Die beiden heikelsten Punkte waren der zweite Grundsatz, der lautete: »Der Glaube an den Allmächtigen Baumeister Aller Welten und an seinen geoffenbarten Willen ist eine notwendige Bedingung für die Aufnahme der Mitglieder«, und der sechste Grundsatz, der lautete: »Die drei Großen Lichter der Freimaurerei, das Buch des Heiligen Gesetzes, Zirkel und Winkelmaß, werden während der Arbeiten der Großloge oder der ihr unterstehenden Logen immer aufgelegt.«
Die Großlogen, die diese Grundsätze, die noch orthodoxer waren als die Konstitutionen von 1738, für übertrieben hielten, hatten keine andere Wahl, als sie dennoch anzuerkennen oder aus der »Bruderkette« auszuscheiden. Die überwiegende Mehrheit der Großlogen unterwarf sich also und die Vereinigte Großloge von England, die im Gegensatz zu einigen ausgeschlossenen Logen keine Austritte zu verzeichnen hatte, konnte sich unter dem Schutz des Königs die zweifache Rolle der »Verteidigerin des Glaubens« und der höchsten Autorität der internationalen Freimaurerei sichern.
In Frankreich gab es zu Beginn des 20. Jahrhunderts drei Großlogen. Die meisten Mitglieder hatte der Grand Orient de France, gefolgt von der Grande Loge de France und der erst 1913 gegründeten jüngsten, der Grande Loge Nationale de France, der einzigen, die seit ihrer Anerkennung durch die Vereinigte Großloge von England niemals Anlaß zur Kritik bot.
Sie hielt im Verhältnis zu den anderen Großlogen stärker am Glauben fest, das Buch des Heiligen Gesetzes (die Bibel) lag in den Logen stets offen auf. Daher ist es nicht verwunderlich, daß die englischen Soldaten, die im Ersten Weltkrieg nach Frankreich gekommen waren, ihre Militärlogen unter der Schirmherrschaft dieser Großloge gründeten.
Außer diesen drei Großlogen gab es in Frankreich noch zwei weitere. Im Jahre 1894 konstituierte sich »Le Droit Humain«, eine gemischte Obödienz, die auch Frauen zu denselben Bedin-

gungen wie Männer aufnahm. Sie wurde daraufhin von der Großloge von England nicht anerkannt. Vor kurzem entstand die »Grande Loge Féminine Française«, die nur Frauen aufnimmt und daher das Schicksal des »Droit Humain« teilt. Die Großloge von England nahm keine Frauen auf. Sie war zwar damit einverstanden, daß England von einer Frau regiert wurde, doch bei den Logenarbeiten duldete sie nicht einmal die Anwesenheit der Ehefrauen ihrer Mitglieder.

In der Zwischenkriegszeit versuchte die französische Freimaurerei, eine Einigung zu erzielen. Im Dezember 1927 beriefen die Grande Loge de France und der Grand Orient eine Versammlung der »Association maçonnique internationale« ein, die, um den Streitfall zwischen dem Grand Orient und den der Vereinigten Großloge von England unterstellten Logen zu bereinigen, erklärte, daß » . . . die Freimaurerei die Existenz eines höheren und idealen Prinzips anerkenne, das allgemein mit dem symbolischen Namen ›Allmächtiger Baumeister Aller Welten‹ bezeichnet werde. Sie bekämpfe keine religiöse Überzeugung und empfehle auch keine.«

Der Großorden der Niederlande trat alsbald aus der »Association maçonnique internationale« aus, und die Vereinigte Großloge von England setzte dieses Ereignis auf die Tagesordnung. Im Jahre 1929 veröffentlichte sie ihre Entscheidung, jede Verbindung mit anderen Freimaurereien abzubrechen, wenn diese die von ihr ausgearbeiteten acht Punkte nicht bedingungslos anerkennen würden.

Der Aufstieg des Nazismus beunruhigte die Welt, und angesichts der drohenden Gefahr ergriff der Grand Orient die Initiative: Er wurde politisch aktiv. Der Rat des Grand Orient de France setzte einen Ausschuß zur Organisation des Kampfes gegen den Faschismus und zur Verteidigung der republikanischen Institutionen ein. Seine Befürchtungen, die damals nur wenige Leute ernst nahmen, sollten sich leider auf schmerzliche Weise bewahrheiten.

Der Einmarsch der Nazis beendete jede freimaurerische Tätigkeit. Die französischen Freimaurer teilten das Schicksal ihrer

deutschen Brüder, die Logen wurden geplündert, die Archive beschlagnahmt und die Mitglieder verfolgt.
Am 19. August 1940 löste Marschall Pétain offiziell die Großlogen auf und entließ die ehemaligen Mitglieder des Ordens aus dem öffentlichen Dienst. Man schuf unter der Leitung von Bernard Faÿ S. J., Autor mehrerer antifreimaurerischer Bücher und Kenner der Materie, eine Abteilung für Geheimgesellschaften, die dem Kabinett des Marschalls angeschlossen war. Da sie im Besitz der in den Logen beschlagnahmten Protokolle und Mitgliederlisten war, verfügte sie über alle nötigen Unterlagen, um ihre Arbeit zu erledigen.
Die verfolgten Freimaurer waren den damaligen Machthabern ausgeliefert, doch sie waren nicht mehr willenlose Opfer wie zur Zeit der Inquisition. Die französischen Freimaurer ergaben sich nicht in ihr Schicksal. Hunderte von ihnen schlossen sich der Résistance an und kämpften, bis sie vor dem Erschießungskommando standen. Ungefähr 50 Freimaurer wurden exekutiert. Michel Dumesnil de Gramont, der Großmeister der Grande Loge de France, konnte nach Algerien fliehen und hatte dort Sitz und Stimme in der provisorischen Nationalversammlung[7a], die fast zu einem Viertel aus ehemaligen Freimaurern bestand.
Pierre Laval ging anders vor. Anstatt die Freimaurer zu verfolgen, forderte er sie auf, mit seiner Regierung zu kollaborieren, und ließ ihnen keine andere Wahl, als sein Angebot anzunehmen und so ihren Kopf aus der Schlinge zu ziehen, oder abzulehnen, was bedeutete, daß sie verfolgt wurden. Wenn auch die meisten eine Kollaboration ablehnten, so griffen doch viele nach diesem rettenden Strohhalm, und so kam es zu der unerfreulichen Situation, daß sich in ein und demselben Land Freimaurer gegenüberstanden, von denen die einen ihr Leben für eine Sache opferten, die die anderen verrieten.
Die Besetzung Frankreichs durch die Nazis bot der französischen Freimaurerei die Gelegenheit, sich auszuzeichnen. Neben den Helden der Résistance gab diesmal auch ein Jesuit ein erschütterndes Zeugnis seiner freimaurerischen Gesinnung. Im Jahre 1943 wurden zwei Jesuiten verhaftet, weil sie dem Suprême

Conseil de France angehörten: Pater Desbuquois und Pater Dillard. Pater Dillard wurde nach Dachau deportiert und starb an der Seite der jüdischen Märtyrer in der Gaskammer.

Bernard Faÿ arbeitete gut. Dank der freimaurerischen Archive wurden 60 000 Freimaurer identifiziert, und die Menschenjagd forderte eine immer noch unbekannte, aber zweifellos sehr hohe Anzahl von Opfern. Seine Dienststelle organisierte antifreimaurerische Ausstellungen, und »Le Figaro« schloß sich der Kampagne an, um die öffentliche Meinung gegen die Weltherrschaft der »jüdischen Freimaurerbrut« aufzuhetzen.

So erlebte die französische Freimaurerei eine neue Schreckensherrschaft. Diesmal ging sie von einer ausländischen Macht aus, doch die Auswirkungen waren die gleichen: Die Freimaurerei wurde geopfert. Seit Anfang des 20. Jahrhunderts kam zweifellos der amerikanischen Freimaurerei die größte Bedeutung zu. Es ist schwierig, in wenigen Worten einen Überblick über die Geschichte der amerikanischen Freimaurerei zu geben. Sie zählt allein doppelt so viele Mitglieder wie alle anderen Großlogen der Welt zusammengenommen.

Wir sprachen bereits von ihrer Rolle bei der Abfassung der Unabhängigkeitserklärung und im Bürgerkrieg von 1861–1865, der mit der Abschaffung der Sklaverei und der Gründung des neuen demokratischen Staates endete.

Diese Vorgeschichte erklärt, warum der Orden einen derartigen Aufschwung nehmen konnte. Im Jahre 1800 unterhielt er in den Vereinigten Staaten 11 Großlogen mit insgesamt 16 000 Mitgliedern, im Jahre 1850 waren es 28 Großlogen mit 66 000 Mitgliedern. Zu Anfang des 20. Jahrhunderts zählte die amerikanische Freimaurerei 1 200 000 Mitglieder und war bereits damals die größte, reichste und aktivste der Welt.

Da sie von der Großloge von England gegründet worden war, hatte sie zwangsläufig auch deren Struktur übernommen. Allmählich befreite sie sich vom englischen Einfluß und paßte sich der Mentalität ihrer Mitglieder und deren Forderungen an. Sie veränderte sich, sie war nicht mehr ein geschlossener Kreis, der von einer Elite beherrscht wurde, sondern entwickelte sich zu

einer Massenorganisation ohne jede Starrheit und ohne Traditionalismus, um so ihre eigentliche Aufgabe besser erfüllen zu können: Die Freimaurerei sollte eine Bruderkette für möglichst viele Menschen sein.
Sie billigte auch die Entstehung sehr ungewöhnlicher Logen. Die bekannteste und bedeutendste ist der »Orden vom mystischen Schrein«, kurz *Shriners* genannt, dessen Mitglieder eine eigenartige Kleidung tragen: einen Fes, der mit Halbmond und Krummsäbel bestickt ist, und Gewänder, in denen sie eher wie Araber und nicht wie amerikanische Freimaurer aussehen. Anläßlich der Generalversammlungen werden phantastische Paraden, Brudermähler und Feste abgehalten, und es gehen Spenden für wohltätige Zwecke ein, die ebenfalls spektakulär sind. Die Bewegung der Shriners, die kürzlich ihr 100jähriges Bestehen feierte, ist sehr populär. Sie setzt sich wirksam für soziale Ziele ein und besitzt sogar einen Zirkus, dessen Reinerlös an die Finanzierungsfonds der 22 von ihr gegründeten Spitäler überwiesen wird. Die Mitglieder einer anderen Loge, der »Knights Templars«, tragen einen prächtigen weißen Mantel, der mit dem Templerkreuz geschmückt ist. Erwähnenswert ist auch die Loge »De Molay«, in die Jugendliche zwischen 14 und 21 Jahren aufgenommen werden, um dort eine freimaurerische Erziehung zu genießen.
Man kann die zutiefst freimaurerische Gesinnung des amerikanischen Ordens nur immer wieder bewundern. Obwohl er in bezug auf Struktur- und Ritualänderungen sehr flexibel ist, lehnt er jede Neuerung, die das Wesen der Freimaurerei betrifft, entschieden ab. Er ist religiös, ohne das eine oder andere Glaubensbekenntnis vorzuziehen. Er ist zutiefst demokratisch und verschließt sich allen kommunistischen oder faschistischen Einflüssen. Diese Freimaurerei ist stolz auf ihre amerikanische Nationalität und betrachtet es als eine Auszeichnung, Amerikaner zu sein, ohne jedoch ihren internationalen Charakter zu verleugnen, wenn sie mit ihren Brüdern aus anderen Ländern Verbindung aufnimmt oder sich für deren Interessen einsetzt. Die amerikanische Freimaurerei, die größte und reichste der Welt, ist ohne

Zweifel auch die großzügigste. Ihre Aufwendungen für Dutzende von Spitälern, wie zum Beispiel die Mayo-Klinik oder zahlreiche Spitäler für verkrüppelte Kinder, sind höher als die Spenden der gesamten Freimaurerei der übrigen Welt.

Neuerliche Angriffe

Nach dem Ersten Weltkrieg befand sich die Freimaurerei in einer ziemlich schwierigen Lage. In den totalitären Staaten war sie verboten und hatte praktisch aufgehört zu existieren. Doch auch in den Ländern, die in den Jahren vor dem Zweiten Weltkrieg noch frei waren, hatte sie an Ansehen verloren.

Trotzdem hörten die Anfeindungen nicht auf. Sie wurde mit dem gleichen blinden Haß verfolgt wie seit eh und je. Es gab Leute, in deren Augen die Freimaurerei immer noch das politische und geistige Leben bestimmte: Sie war die Macht der Finsternis, die die Gewalt an sich gerissen hatte. Und obwohl sie von den Kommunisten verboten worden war, blieb sie die alles beherrschende »jüdisch-kommunistische« Freimaurerei.

So war die Lage auch in Frankreich, wo diese Behauptungen in gewissen Kreisen für bare Münze genommen wurden. Tatsächlich erschienen in diesem Land mehr antifreimaurerische Bücher als in allen anderen. In diesem freien Land war die Freimaurerei immer noch aktiv, und dank der Pressefreiheit, dieser »unheilvollsten und verabscheuungswürdigsten Freiheit« konnten sämtliche Produkte des Geistes veröffentlicht werden, auch wenn sie gar nicht geistvoll waren.

Das Hauptthema, das nach dem Ersten Weltkrieg immer wieder aufgegriffen wurde und das Leitmotiv der Beschuldigungen und Verleumdungen blieb, war die »Diktatur« der Freimaurerei.

Eine klägliche Diktatur!

A. G. Michel behauptete in seinem Buch »La Dictature de la franc-maçonnerie sur la France« (erschienen 1924), daß dieser Orden auf politischem Gebiet die entscheidenden Anweisungen erteile. So habe er folgende Aktionen befohlen: den Sturz des

Präsidenten der Republik (S. 23), die Schließung der Botschaft des Vatikan, die Einführung der einheitlichen Schule, die deutsch-französische Annäherung usw. »Der Linksblock, der die Weisungen der Freimaurer getreulich ausführt, beherrscht das Land«, sagte er.
Derselbe Autor veröffentlichte auch ein zweites Werk, »La France sous l'étreinte maçonnique«[8], das auch nicht besser war. Die Anschuldigungen gegen die Freimaurerei beweisen, daß ihre Befürchtungen begründet und der von ihr eingeschlagene Weg richtig war; die späteren Ereignisse sollten es bestätigen.
Vorurteile inspirierten auch Robert Vallery-Radot zu seinem Meisterwerk »Dictature de la maçonnerie«.
Ein gewisser Gustave Combès veröffentlichte 1938 das Buch »Le retour offensif du paganisme.« Der Erzbischof von Albi erteilte das Imprimatur. Der Autor beginnt mit einer Wiederholung aller Hauptanklagepunkte. Er legt neuerlich klar, daß es sich um eine Geheimgesellschaft handelte. Das streng gewahrte Geheimnis sei nur einem okkulten und mysteriösen Diktator bekannt. Nach dieser Feststellung beginnt die Enthüllung des Geheimnisses, das der Autor des Buches im Gegensatz zu unwissenden Brüdern in den maurerischen Werkstätten ganz genau kennt. Es folgt die Frage der Revolution Es gebe keinen Zweifel mehr, daß sich die Freimaurerei den Löwenanteil daran gesichert habe, meint der Autor; dann kommen die weltlichen Schulen an die Reihe; außerdem bekämpfe die Freimaurerei die Kirche selbst und versuche, deren Einfluß zu schmälern. Dabei gehe sie folgendermaßen vor: Man wolle dem Klerus Kollekten, Sammlungen, bezahlte Theateraufführungen, Lotterien und Wohltätigkeitsbasare verbieten (S. 233), um die geistigen Kräfte der Kirche zu zerstören, indem man sie ins Elend stürzt.
Dieser Autor wagt sogar zu behaupten (S. 234), daß sie (die Logen) nach der Machtergreifung Hitlers dem neuen Diktator zujubelten, die zentralsten Posten in der nationalsozialistischen Partei für sich beanspruchten . . . Dann (S. 235) macht er aus Masaryk und Benesch »hohe Würdenträger« der Freimaurerei, die seit der Gründung der tschechoslowakischen Republik nichts

anderes im Sinne hätten, als die Trennung von Staat und Kirche, die Laisierung des Schulwesens, die Verstaatlichung des Pfarr- und Klosterbesitzes . . . Außerdem würden sie die Priester zur Eheschließung überreden. Die Tatsache, daß Masaryk niemals Freimaurer war, spielt für den Autor keine Rolle. Schließlich bringt er noch den Völkerbund aufs Tapet: Beeinflußt von seiner freimaurerischen Führungsspitze habe er Genf, die Hochburg der freien Forschung, zu seinem Sitz gewählt, er habe den Rat in der Frage des Äthiopienkrieges in eine hoffnungslos verfahrene Situation hineinmanövriert, um Mussolini für die Schließung der italienischen Logen zu bestrafen. Nach Ausfällen gegen die Liga für Menschenrechte, die gegen die Ausweisung der Juden protestiert hatte, nimmt er die Confédération générale Du Travail (Allgemeiner Arbeiterverband) und die Gewerkschaften aufs Korn und nützt das Nihil obstat und das Imprimatur, bis ihm endlich der Atem ausgeht. Besondere Beachtung verdient auch das Buch »Les Précurseurs du communisme. La franc-maçonnerie peinte par elle-même«, verfaßt von Dr. Paul Ouwerx, einem ehemaligen Arzt der belgischen Militärluftfahrt, ein Werk, das weniger wegen seiner Qualität als wegen seines Erscheinungsjahres (1940) bemerkenswert ist.

Im Grunde ist es ein sehr lehrreiches Buch, denn wir erfahren, daß » . . . die Freimaurerei zahlreiche magische Szenen in ihr Ritual aufgenommen hat. Wenn sie sich also im Namen der Freiheit gegen die Inquisition empört, so verteidigt sie die Zauberei und die Magie, also sich selbst (S. 37)!«

Nach diesen Enthüllungen mahnt er alle Belgier, auf der Hut zu sein, denn man müsse wissen, daß nach so vielen Revolutionen (die amerikanische von 1776, die französische von 1789, die portugiesische von 1820, die türkische von 1907), für die die Freimaurerei verantwortlich sei, nach Aussagen des Großredners des Grand Orient de Belgique auch die kommende Revolution in diesem Lande ihr Werk sein werde. Die Mahnung wurde ernstgenommen. Anscheinend hat die Freimaurerei auf die Revolution verzichtet.

Schließlich veröffentlicht Dr. Ouwerx eine vollständige Liste der

Logen und aller ihrer Mitglieder, die in Belgien ihr Geheimnis – das ihr »Daseinszweck« ist – offenbar nicht wahren konnten, und schließt mit einer Warnung vor der Brüsseler Freien Universität, die eine freimaurerische Institution sei.

Zwei Verräter

In jeder Institution gibt es Verräter oder unwürdige Mitglieder. Unkraut wächst überall. Pius VI. hatte seinen Neffen, Braschi, zum Kardinal ernannt. Als General Berthier am 9. Januar 1798 Rom besetzte und die römische Republik ausrief – damit war der Papst seines Amtes als weltlicher Herrscher enthoben –, steckte Kardinal Braschi, Neffe und Kreatur des Papstes, die dreifarbige Kokarde der Sieger an. Philippe-Egalité, Prince d'Orléans, schloß sich der Revolution an und stimmte im Konvent für den Tod seines Cousins Ludwig XVI. Ein schmeichelhafter Vergleich für einen kleinen Verräter der Freimaurerei namens Copin-Albancelli!

Paul Copin-Albancelli, ein französischer Publizist, war Mitglied einer Loge. Gegen 1890 trat er aus und verfolgte seither die Freimaurerei mit wütendem Haß. Er veröffentlichte nicht nur Bücher, sondern versuchte auch, gemeinsam mit Abbé Flavius Bernier im Jahre 1909 ein internationales antifreimaurerisches Komitee zu gründen, das alle derartigen Vereinigungen zusammenfassen sollte. Er hatte das Pech, wegen seiner Streitbarkeit und Zanksucht aus dieser von ihm selbst geschaffenen Organisation ausgeschlossen zu werden. Übrigens konnte das Komitee seine Ziele nie verwirklichen.

Er veröffentlichte mehrere Bücher, wie »La Franc-maçonnerie et la question religieuse« (1905), und ein anderes unter dem vielversprechenden Titel »Comment je suis entré dans la Franc-maçonnerie et comment j'en suis sorti« (Wie ich der Freimaurerei beitrat und wie ich sie wieder verließ) im Jahre 1912. Die Antwort auf die erste Frage ist einfach: Wie er selbst sagt, wurde er von einem listigen Freimaurer verleitet, sich aufnehmen zu lassen. Die Antwort auf die zweite Frage bleibt der Phantasie des Lesers überlassen.

Im Jahre 1931 erhöhte sich die – zum Glück unbedeutende – Anzahl der freimaurerischen Verräter. Jean Marquès-Rivière veröffentlicht sein Buch »La Trahison spirituelle de la franc-maçonnerie« (Der geistige Verrat der Freimaurerei). Der Autor, ein ehemaliger Freimaurer, hatte einen ziemlich hohen Grad im Orden erreicht, ehe er austrat. Sein Werk enthält Klatsch und unbedeutende, aber indiskrete »Enthüllungen« und beweist nichts als den geistigen Verrat des Autors.

Er beginnt mehr oder weniger mit einer Rechtfertigung: Er entschuldigt sich mit der Erklärung, daß er nichts verrate, weil es kein Geheimnis gebe; dann beschreibt er das Ritual seiner Loge und erzählt alles, was er gesehen und gehört hat. Seinen Eid, durch den er sich verpflichtete, über die Vorgänge in den Logen Stillschweigen zu bewahren, hatte er vergessen.

Es ist überflüssig, immer wieder zu betonen, daß in den Logen nichts Geheimnisvolles geschah. Das hat aber nichts damit zu tun, daß die Eingeweihten freiwillig gelobten, nichts zu enthüllen, so wie ein Priester das Beichtgeheimnis wahrt, auch wenn das Sündenregister seines Beichtkindes harmlos ist. Das Argument des Jean Marquès-Rivière, er verrate kein Geheimnis, weil es keines gebe, und deshalb könne er frei über alles sprechen, ist wenig überzeugend und kaum eine Entschuldigung. Anstatt eines Geheimnisses hat er etwas anderes verraten: seine Ehre.

Doch es kommt noch besser. Das Meisterwerk Marquès-Rivières trägt den Titel »L'Organisation secrète de la franc-maçonnerie«. Das Vorwort behauptet:

»Diktatur . . .

Das ist ein Modewort, das nichts bedeutet.«

»Es gibt eine Diktatur des Proletariates mit einer halben Million Toten; es gibt die italienische Diktatur, die eine Nation erneuert hat; es gibt die Diktatur Hitlers, die einige Dummheiten macht . . .« Zitieren wir einen weiteren Satz dieses bestürzenden Buches: »Die deutsche Freimaurerei bleibt Hitler völlig ergeben.«

Für Marquès-Rivière macht die Diktatur Hitlers bloß einige Dummheiten, und dieser Abtrünnige erdreistet sich zu behaupten, daß die deutschen Freimaurer, die verfolgt und in die Konzentrationslager verschleppt wurden, Hitler völlig ergeben blieben!

Der Ausverkauf der Vernunft

Mgr. Jouin, Gründer der »Revue internationale des sociétés secrètes«, den Pius XI. für würdig erachtete, den Apostolischen Segen zu empfangen, hielt am 8. Dezember 1930 eine Rede, die etwas später veröffentlicht wurde. Er sagte darin:
Das Papsttum und die Freimaurerei sind die beiden Großmächte, die die Welt beherrschen wollen. Der Verlauf dieses Kampfes, den sie gegeneinander führen, ist augenblicklich wichtiger denn je. »Entweder wird uns der römische Katholizismus wieder auf die Höhe der christlichen Kultur emporheben, oder die jüdische Freimaurerei wird uns in Barbarismus und dekadentes Heidentum hinabziehen.«
Die These der »Gegenkirche« taucht wieder auf, dieser Feindin der katholischen Kirche; es findet sich die klassische Anklage, die Freimaurerei wolle die Kirche zerstören. Pius IX. habe behauptet, sie sei eine »Synagoge Satans«. Als solche habe sie die russische Revolution finanziert und den Kommunismus verbreitet, sie sei eine Macht, der nur die von den Nachfolgern des Heiligen Petrus geleitete Kirche gleichkomme; die »Judéo-maçonnerie« sei das Reich des Bösen, in dem Satan herrsche. Um seine Behauptungen zu untermauern, zitiert er alle Bullen, von der Verurteilung Klemens XII. bis zu der Leos XIII.
Die Päpste waren ihm offensichtlich zu wenig streng, und so ergänzt er da und dort ihre Auffassungen und sogar ihre Informationen. Laut Mgr. Jouin habe Papst Pius VII. »sehr wohl gewußt«, daß bei der Einweihung der Ritter Kadosch, XXX. Grad, das Herz des Papstes bildlich durchbohrt und eine Tiara zerstört werde. In seiner Enzyklika *Ecclesiam A Jesu Christo*

gegen die Carbonari habe Pius VII. auf die »schwarze Messe« und die Orgien der Freimaurer angespielt.
»Das Meisterwerk der Juden-Freimaurerei wurde von Cavour, Mazzini und Garibaldi geplant und unter Pius IX. mit dem Sturz der weltlichen Macht der Päpste vollendet«, schreibt Mgr. Jouin, ohne zu berücksichtigen, daß sowohl Cavour wie auch Mazzini und Garibaldi Katholiken waren, was diese Juden-Freimaurerei, die den Befehlen dreier Katholiken gehorchte, in einem merkwürdigen Licht erscheinen läßt.
In diesem Zusammenhang überarbeitet er auch die Bulle *Multiplices Inter* Pius'IX., indem er erklärt: »Zu den verurteilten Gesellschaften zählen auch die Ligen, wie die Liga für Menschenrechte und die ›Ligue de l'enseignement‹«, die der Papst zu erwähnen vergaß. Doch glücklicherweise hatte Jouin dieses Versehen bemerkt und konnte so geringfügige Verbesserungen an der Bulle des unfehlbaren Papstes vornehmen.
Zum Schluß macht Mgr. Jouin darauf aufmerksam, daß das letzte Ziel der Freimaurerei die Weltherrschaft Israels sei, errichtet auf den Trümmern des Papsttums, sowie die Errichtung des Thrones Satans an Stelle des gestürzten Thrones Christi.
Wir haben uns deshalb ausführlicher mit Mgr. Jouin beschäftigt, weil er ein Mitglied des hohen Klerus war und weil die Päpste Pius XI. und Benedikt XV. ihn unterstützten; Der letztere bewunderte den Mut Jouins, der die Rechte der Kirche unter Einsatz seines Lebens verteidigte, und er ermahnte ihn, Gott dafür zu danken, daß er noch kein Opfer der Freimaurerei geworden sei. Doch Mgr. Jouin erfreute sich bester Gesundheit, ebenso wie Prälat Ségur, der Erfinder der Juden-Freimaurerei, Abbé Perau, Abbé Barruel, Leo Taxil oder Mgr. Léon Meurin und alle anderen Verleumder der Freimaurerei, die Abtrünnigen wie Copin-Albancelli und Marquès-Rivière inbegriffen. Doch das gehörte zu den Spielregeln: Man verbreitet Angst und Schrecken, spricht von Opfern der Freimaurerei, bewundert den eigenen Mut, wenn man sie dennoch anzugreifen wagt, und beglückwünscht sich, daß man der Rache der Freimaurer entkommen ist.
Nach Mgr. Jouin wäre noch Vicomte Léon de Poncins zu erwäh-

nen. Auch er verirrt sich auf ein Gebiet, das seinen geistigen Horizont bei weitem übersteigt. Sein Buch »La f.: m.: d'après ses documents secrèts« beweist es.

Betrachtet man die Titel der übrigen Werke dieses Autors, so weiß man bereits, was dieses Buch zu bieten hat. Sie lauten: »Les Forces secrètes de la Révolution: F.: M.: et Judaïsme (erste Auflage, 1928); »La Franc-maçonnerie, puissance occulte« (1932); »Les Juifs maîtres du monde« (1932); »S. D. N. Super-Etat maçonnique« (1936); »La Mystérieuse Internationale juive« (1936).

Wahrscheinlich dank des befruchtenden Einflusses von Mgr. Jouin und Vicomte de Poncins (die auf jeder Seite zitiert werden) erschien 1940 das Buch »La Franc-maçonnerie, Ennemie de l'Eglise et de la Patrie« (Die Freimaurerei, eine Feindin der Kirche und des Vaterlandes) des Kanonikus Georges Panneton.

Panneton schreibt: In Frankreich: »Die Freimaurerei plante und organisierte die blutige, mörderische Revolution, die das Unglück und die Schande Frankreichs im 18. Jahrhundert war ... Sie regte die Erklärung der Menschenrechte an, die sich satanisch gegen die Göttlichen Rechte wandte ...«

In Spanien: Die Freimaurerei ... stürzte die Monarchie und organisierte die kommunistische Revolution, die das katholische Spanien den blutigen Händen Stalins auslieferte.«

In England: »Die Sekte scheint hier weniger aggressiv, weil der Protestantismus, die Religion der Mehrheit in diesem Land, ihr offenbar eher entspricht. Der Protestantismus läßt die Freimaurer gewähren.« (Diese Erklärung hinkt. Man läßt sie gewähren, und dennoch ist der Orden kein »Feind des Vaterlandes« und sinnt nicht auf Revolution.)

In Kanada: »Wer wirbt hier wie in anderen katholischen Ländern für die Scheidung, für die Emanzipation der Frau und die Besteuerung der religiösen Gemeinschaften und der Kirchengüter? ... Man wird sich schwerlich irren, wenn man als Antwort mit dem Finger auf die Freimaurerei zeigt, diese okkulte Macht, die die Bevollmächtigte des Geistes der Finsternis ist ...«

Interessant ist auch ein anderes Buch desselben Autors, »L'En-

fer«, eine Abhandlung über die Kommunisten, die mit ihrer Hymne – unvorsichtigerweise – diejenigen verraten haben, die sie vertreten. Da sie ja für die Befreiung der »Verdammten der Erde« kämpfen und diese selbstverständlich in der Hölle sind, so ist es nach Ansicht des Kanonikus Georges Panneton klar, daß sie Satan und seine Helfershelfer auf den Thron erheben wollen.
Auch im deutschen Lager brauchte man einen Sündenbock für den verlorenen Ersten Weltkrieg. Daher fand sich wie von selbst eine Gruppe von Autoren, die die Niederlage den Freimaurern in die Schuhe schob. Die Idee machte rasch Schule. Dr. Friedrich Wichtl, Abgeordneter des österreichischen Parlaments, griff sie auf. Sein Buch »Weltmaurerei – Weltrevolution – Weltrepublik« (erschienen in München, 1928) hatte elf Auflagen. Wie aus dem Titel hervorgeht, sind alle Revolutionen, deren Ziel die Schaffung einer Weltrepublik der Weltmaurerei ist, das Werk dieser letzteren, die natürlich im Dienste des Judentums steht.
Diese Idee gefiel auch Alfred Rosenberg, dem großen Theoretiker und Chefredakteur des Völkischen Beobachters (der offiziellen Parteizeitung des Nationalsozialismus). Als Spezialist für Freimaurerfragen sammelt er zunächst Argumente, die die Echtheit der »Protokolle der Weisen von Zion« beweisen sollen. Sein erstes Buch »Freimaurerische Weltpolitik im Lichte der kritischen Forschung« erschien 1929. Es folgte ein zweites unter dem Titel »Das Verbrechen der Freimaurerei« und viele andere. Bis diesem Verbrecher in Nürnberg der Prozeß gemacht wurde, mußten viele Unschuldige seine Haßtiraden mit ihrem Leben bezahlen. Es ist nicht erstaunlich, daß die Meinung Rosenbergs, und noch mehr die Theorie Dr. Wichtls, bei General Erich von Ludendorff auf fruchtbaren Boden fielen. Sie entsprachen seinen Vorstellungen.
Ludendorff wiederholt also alle Beschuldigungen Wichtls. Immerhin bringt er etwas Neues: die »jüdische Freimaurerei« wird bei ihm zur »jüdisch-jesuitischen Freimaurerei«, denn der General haßte die Jesuiten nicht weniger als die Freimaurer und die Juden.
Daß sein Buch immer wieder neu aufgelegt wurde und mit

110 000 Exemplaren in Umlauf war, bedeutet nicht viel, denn es wurde gratis verteilt. Hätte sich der General nicht mit Hitler überworfen, wäre der Absatz zweifellos noch größer gewesen, denn angesichts seines Inhaltes hätte es Hitler zur Pflichtlektüre des deutschen Volkes gemacht. Der General, der im Ersten Weltkrieg der Generalstabschef Hindenburgs war und später an der Seite Hitlers am berühmten Marsch auf die Feldherrnhalle in München teilnahm, um schließlich gemeinsam mit seiner Frau zum Prediger des Glaubens an den germanischen Gott Wotan zu werden, veröffentlichte dieses Buch im Jahre 1927. Darin verkündet er: »Das Geheimnis der Freimaurerei ist überall der Jude.«

Der Kampfgefährte Hitlers machte seinem Freund alle Ehre. Es tat nichts zur Sache, daß es im Jahre 1738, als die Freimaurerei zum ersten Mal verurteilt wurde, keinen einzigen Juden unter den Freimaurern gab, der General entdeckte ihn trotzdem. Ihm zufolge hat die im Jahre 1750 gegründete deutsche Freimaurerei nicht nur starke jüdische Wurzeln, sondern auch jesuitische. Ohne seine Quellen preiszugeben, behauptet der General kategorisch: »Daß es schon damals rein jüdische Logen in Deutschland gab, steht geschichtlich fest[8].«

Diese krankhaften Vorstellungen General Ludendorffs beherrschten Hitler, als er das Ruder des Staates übernahm, um ins Europa der dreißiger Jahre aufzubrechen.

Alle, die so oft Satan und sein Reich im Munde führten, konnten nun die Herrschaft des Hasses miterleben, und eine erschreckende Anzahl von Opfern, Elend und Tod säumten den Weg.

Nach dem Zweiten Weltkrieg

Die Apokalyptischen Reiter waren über Europa hinweggefegt, der Kontinent lag beinahe zur Gänze in Schutt und Asche. Als die Hungrigen und Verzweifelten die Luftschutzkeller verließen, bot sich ihnen ein Bild des Grauens: Tod und Zerstörung, so weit das Auge reichte. Jetzt oder nie hatte die Freimaurerei Gelegenheit, ihre Existenzberechtigung unter Beweis zu stellen, und sie hat ohne jeden Zweifel alle Erwartungen erfüllt.

Ungarn hatte die Waffen noch nicht niedergelegt, der Kanonendonner war noch zu hören, als die seit 25 Jahren ruhende Großloge des Landes den ehemaligen Tempel, der in Trümmern lag, wieder in Besitz nahm und die ca. 70 überlebenden Freimaurer zusammenrief.

Es war für den Orden um so schwieriger, seine Mission zu erfüllen, als seine Mitglieder selbst der Hilfe bedurften. Die amerikanische Freimaurerei sprang ohne zu zögern in die Bresche, und die kleine Gruppe ungarischer Freimaurer konnte dank ihres beispiellosen Einsatzes viele Schwierigkeiten überwinden. Diese außergewöhnliche Leistung sicherte dem Orden allgemeine Dankbarkeit und Anerkennung. Es geschah selten, daß ein Hungriger einem Fremden ein Stück Brot überließ. Die Elite des öffentlichen Lebens, der Wissenschaft und der Kunst strömte in Scharen in die ungarische Großloge, die im Jahre 1948 mehr als 1300 Mitglieder zählte.

Die Vereinigte Großloge von England brachte einen gewissen Mißton in die Logenarbeiten: Sie verzögerte die »Anerkennung« der wiedererstandenen Symbolischen Großloge von Ungarn bis zum Abschluß des Friedensvertrages.

Die kommunistische Partei kam 1949 zur Macht, und niemand zweifelte daran, daß die Tage der Freimaurerei gezählt waren. Da sich der Orden allgemeiner Beliebtheit erfreute, hätte ein radikales Eingreifen einen politischen Fauxpas bedeutet. Daher beschränkte man sich zunächst darauf, den Mitgliedern Hindernisse in den Weg zu legen und die Tätigkeit der Logen zu stören. Die Partei versuchte sogar, einen Kompromiß zu schließen, doch der letzte Großmeister, der Schriftsteller Benedek Marcel, blieb unerbittlich. Seine Devise lautete: »Würdig leben, solange es möglich ist, in Würde sterben, wenn es nötig ist.« Im Jahre 1950 verschärfte sich die Lage, die Angriffe wurden heftiger. Mehrere Freimaurer wurden festgenommen, andere wurden entlassen oder man entzog ihnen das Wohnrecht und verbannte sie in ein Dorf. Auf Befehl des Innenministers besetzte die Geheimpolizei

im Juni 1950 den Tempel und beschlagnahmte den Besitz des Ordens, der durch ministeriellen Erlaß aufgelöst worden war.
Das war zum Glück alles, was gegen die ungarischen Freimaurer unternommen wurde. Das kommunistische Regime schloß die Akten. Dennoch blieb es der ungarischen Freimaurerei vorbehalten, die beiden letzten Märtyrer des Ordens zu beklagen.
Die Ungarn nahmen ihren Eid tatsächlich sehr ernst. Die Inquisition konnte niemals begreifen, und die Gegner der Freimaurerei wollten niemals begreifen, daß man einen Schwur nicht deshalb hält, weil man ein Geheimnis zu verbergen hat, sondern weil man sein Wort nicht brechen und seine Ehre nicht preisgeben will.
Als die Brüder Szücs, zwei Anwälte aus Budapest, von der Geheimpolizei festgenommen und verhört wurden, war diese bereits im Besitz aller Informationen, und das Verhör war daher eine reine Formalität. Doch obwohl diese Tatsache den Brüdern Szücs bekannt war, weigerten sie sich, die Fragen ihrer Peiniger zu beantworten, und dieses unerwartete Verhalten wurde ihnen zum Verhängnis. Sie wollten ihren Schwur halten und starben beide, um ihre Ehre nicht zu verraten.
Im Jahre 1950 wurde die ungarische Freimaurerei erneut stillgelegt. Die Revolution von 1956 war auch für die ungarischen Freimaurer ein einschneidendes Ereignis. Unter den zahllosen Ungarn, die ihre Heimat verließen, waren auch viele Freimaurer, die sich, wie die russischen Flüchtlinge im Jahre 1920, in fast alle Staaten Europas und Amerikas auswanderten. Ein Phänomen, das nicht stillschweigend übergangen werden kann, war das Verhalten der Vereinigten Großloge von England und derjenigen Logen, die sie immer noch als »einzige Kirche, außerhalb derer kein Heil ist« anerkannten, wie die Kanadas, Neuseelands, Australiens usw. Die Großlogen aller Länder nahmen die ungarischen Flüchtlinge freundschaftlich und herzlich auf, ausgenommen diejenigen, die der Großloge von England unterstellt waren. Diese hatte 1946 die »Anerkennung« der Großloge von Ungarn bis zur Unterzeichnung des Friedensvertrages abgelehnt und hielt an diesem Entschluß fest. Daher wurden auch die geflüchteten ungarischen Freimaurer von ihr nicht als Freimaurer aner-

kannt. Es entstanden ungarische Logen in Österreich, in Frankreich, in Deutschland, in Argentinien, in Brasilien, in den Vereinigten Staaten usw. – das ist um so bemerkenswerter, als kein anderes kommunistisches Land außer Ungarn Logen im Ausland unterhielt –, doch auch die Mitglieder dieser neuen Logen wurden von den englischen Logen nicht als Freimaurer betrachtet.

Als der letzte Großsekretär der Großloge von Ungarn, Andor Gerö, ein weltbekannter Freimaurer, Ungarn verlassen konnte, mußte er bei seiner Ankunft in Toronto vom Großsekretär der Großloge von Kanada erfahren, daß er nicht als Freimaurer anerkannt werde und daher nur »schwarz« einer kanadischen Loge beitreten könne. Etwas anderes sei vor Unterzeichnung des Friedensvertrages nicht möglich.

Außer Ungarn gab es nur noch ein einziges, von den Kommunisten besetztes Land, in dem der Orden wieder auflebte, nämlich Rumänien. Es war auch das einzige besetzte Land, aus dem der Herrscher nach Kriegsende nicht geflohen war.

Die kleine Gruppe der Freimaurer versammelte sich voll Begeisterung und eröffnete ihre Loge wieder. Doch der Friede währte nicht lange. Im Jahre 1946 kamen die Kommunisten zur Macht, und am 31. Dezember 1947 mußte König Michael abdanken und das Land verlassen. Seit damals war Rumänien eine Beute russischer Interessen. Der letzte Großmeister, der Schriftsteller Mihai Sadoveanu, lief zu den Kommunisten über, und der Großkommandeur beschloß im Einvernehmen mit den Beamten des Obersten Rates, die Freimaurerei aus Sicherheitsgründen stillzulegen. Damit verschwand die rumänische Freimaurerei, und zum Glück schlossen die Machthaber die Akten, ohne die Mitglieder des Ordens zu verfolgen.

War es nach dem Ersten Weltkrieg der Faschismus, der ein Land nach dem anderen eroberte und die Logen schloß, so war es nach dem Zweiten Weltkrieg der Kommunismus; Ausnahmen bildeten nur Spanien und Portugal, wo sich der Faschismus halten konnte. Die Sowjetunion dehnte ihren Einfluß auf alle Nachbarländer aus, und in Polen, in Ungarn, in Jugoslawien, in Bulgarien,

in der Tschechoslowakei und in Rumänien war die Freimaurerei zum Untergang verurteilt.
Die Kommunisten hatten um so leichteres Spiel, als der Orden in den meisten Ländern während der kurzen Zeitspanne zwischen der Flucht der Nazi-Armee und dem Einmarsch der Roten Armee nur schwache Lebenszeichen von sich gab.
Die Lage in Kuba ist ein Sonderfall: In diesem Land, das unter dem mächtigen Einfluß der amerikanischen Freimaurerei stand, wurde der Orden 1859 gegründet und nahm eine ähnliche Entwicklung wie sein großer Nachbar, der auch sein geistiger Vater war. Daher war es nicht erstaunlich, daß Fidel Castro bei seiner Machtergreifung mit einer hochentwickelten Freimaurerei rechnen mußte, der beinahe alle Intellektuellen und die führenden Persönlichkeiten des wirtschaftlichen, wissenschaftlichen und künstlerischen Lebens angehörten. Die Verfolgung oder die Entfernung dieser Leute aus ihren Ämtern war unmöglich.
Daher sah sich der Diktator gezwungen, vorsichtig zu Werke zu gehen. Er gestattete also die Freimaurerei unter der Bedingung, daß sie keine regimefeindliche Politik betreibe. Da die Freimaurerei als Orden niemals eine militante Politik verfolgt hatte und es den Mitgliedern als Einzelwesen immer freistand, ihre Auffassung zu vertreten, gab es keinen Grund, warum die kubanische Freimaurerei diese Bedingung nicht hätte akzeptieren sollen. So kam dieser Ausnahmefall zustande: Es gab in einem kommunistischen Land eine Organisation, die als Bannerträger der Freiheit immer wieder verurteilt worden war.
Im Jahre 1969 zählten die 330 der Großloge von Kuba angehörenden Logen 25 824 Mitglieder, und die Großloge wurde bis auf wenige Ausnahmen von allen Großlogen der Welt anerkannt. Und diese Ausnahmen muten seltsam an: Sie wurde von der Grande Loge de France anerkannt, nicht aber von der Grande Loge nationale de France. Sie wurde von 43 der 49 Großlogen der Vereinigten Staaten anerkannt, während sie die Großlogen von sechs Staaten nicht anerkannten; sie wurde von sieben Großlogen Kanadas anerkannt, nicht aber von den Großlogen von Manitoba und Quebec.

In den freien Ländern stand glücklicherweise einer Wiedergeburt des Ordens nichts im Wege.
Die deutsche Freimaurerei war 1933 aufgelöst worden, und infolge des Kesseltreibens gegen die Freimaurer und durch die Kriegsereignisse war die Anzahl der überlebenden Mitglieder nach 12 entsetzlichen Jahren verschwindend gering. Der Orden erstand buchstäblich aus der Asche. Diese Handvoll überlebender Freimaurer ging voll Optimismus ans Werk, als sie den Wiederaufbau des Ordens in Angriff nahm und neue Mitglieder warb, die einerseits die Freimaurerei nur aus Verleumdungen und Hetzreden kannten und die andererseits auch gar nicht in der Lage waren, anderen zu helfen.
Damals konnte man die noble Geste der Freimaurerei des Staates New York nur bewundern. Obwohl die Vereinigten Staaten den Krieg entschieden und das Schicksal des deutschen Nazismus besiegelt hatten, sah die amerikanische Freimaurerei nach dem Krieg nur mehr die Not und das Elend der deutschen Bevölkerung, der sie unverzüglich zu Hilfe kam. Mit ihrer Unterstützung konnte sich die deutsche Freimaurerei neu organisieren, und als der Wiederaufbau des Landes begann, hatte sie sich bereits ihre ersten Sporen verdient. Der nun einsetzende Aufschwung war nur eine natürliche Folge dieser Aktionen.
Die traurigen Ereignisse der jüngsten Vergangenheit wirkten sich in mehrfacher Hinsicht auf die deutschen Großlogen aus. Im Jahre 1946 formierten sie ihre Kader neu, und hier bewahrheitete sich das alte Sprichwort, daß Einigkeit stark macht.
Im Jahre 1949 wurde eine Versammlung in Frankfurt einberufen, die über den Zusammenschluß der Großlogen beraten sollte, und 1958 entstanden die Vereinigten Großlogen von Deutschland. 1970 zählten sie 358 Logen und 21 098 Mitglieder.
Allerdings ruht die Freimaurerei im kommunistisch regierten Ostdeutschland immer noch.
In Österreich war die Lage ähnlich.
Hie-r war die Freimaurerei eine Elite, die vornehmlich wegen der Bedeutung und weniger wegen der Anzahl ihrer Mitglieder hohes Ansehen genoß. Selbst in der Zwischenkriegszeit, als die

Tätigkeit der Freimaurerei nicht behindert wurde, hatte sie nicht mehr als 2000 Mitglieder.
Nach dem nationalsozialistischen Gewaltstreich vom 11. März 1938 wurde Österreich von Deutschland absorbiert. Die Freimaurerei wurde alsbald verboten, und die Freimaurer wurden Opfer der gegen sie organisierten Menschenjagd. Die Gestapo besetzte den Tempel und beschlagnahmte alles, was sie finden konnte. In den Archiven stieß sie auf die Listen der Mitglieder, die kurzerhand verhaftet wurden. Einige starben im Gefängnis, unter ihnen Großmeister Schlesinger. Dennoch gelang mehreren die Flucht, sie schlossen sich der französischen Widerstandsbewegung an, wo sie ihr Leben für die Freiheit hingaben.
Nach dem Krieg versammelten sich die Freimaurer von Österreich. Es waren 48 Personen.
Heute arbeitet die Großloge von Österreich wieder und ist mit ihren 40 Logen, die ungefähr 1600 Mitglieder zählen, aktiver denn je.
Nach dem Zweiten Weltkrieg nahm auch die französische Freimaurerei ihre Tätigkeit wieder auf, und die ersten Jahre verliefen sehr stürmisch. Die Großlogen konnten sich nur mühsam wieder erholen, denn Streit und interne Zwistigkeiten machten ihnen schwer zu schaffen. Ein heftiger Kampf entbrannte um die Frage der inneren Säuberung des Ordens durch den Ausschluß aller, die aus Opportunismus oder Angst mit Laval kollaboriert hatten. Obwohl die französische Freimaurerei stark geschwächt und zahlenmäßig reduziert war, konnte sie sich dieser Forderung nicht verschließen, auch wenn es nicht leicht war, den ersten Stein auf jemanden zu werfen, der damals nicht die Kraft hatte, Widerstand zu leisten, sondern kapitulierte.
Diese Aufgabe erwies sich als äußerst schwierig, und es war noch schwieriger, niemandem unrecht zu tun. Dennoch wurden alle, die die freimaurerischen Grundsätze verletzt hatten, ausgeschlossen, und die Logen gingen zwar zahlenmäßig geschwächt, doch charakterlich gestärkt aus dieser Angelegenheit hervor. Diese Sache hat wahrscheinlich dazu beigetragen, daß die Frage eines Zusammenschlusses von Grand Orient und Grande Loge de

France erneut aufgerollt wurde, allerdings war den Verhandlungen kein Erfolg beschieden, und die Grande Loge de France und der Grand Orient gingen weiterhin getrennte Wege.
Die Schwierigkeiten waren unüberwindlich, denn der Grand Orient billigte seinen Mitgliedern wie bisher ungeteilte und vollständige Gewissensfreiheit zu. Er war nicht antireligiös, beharrte jedoch auf seinem Entschluß, das Aufliegen der Bibel nicht zu verlangen, da in den Logen auch keine anderen heiligen Bücher aufgelegt würden, obwohl es unter den Mitgliedern auch Anhänger nicht-christlicher Religionen gäbe.
Der Grand Orient de France spielte in der Résistance eine entscheidende Rolle und hatte die größten Verluste zu beklagen. Zehn Jahre vor dem Krieg zählte der Grand Orient ungefähr 60 000 Mitglieder und die Grande Loge de France 16 000. Nach dem Krieg näherten sie sich trotz völliger Aktionsfreiheit nur langsam den früheren Zahlen. Fünfzehn Jahre nach der Befreiung zählten die ca. 400 Logen des Grand Orient nur ungefähr 24 000 Mitglieder, während die 200 Logen der Grande Loge de France weniger als die Hälfte zählten. Die übrigen Obödienzen hatten zwischen 6000 und 7000 Mitglieder aufzuweisen. Im Jahre 1960 schlug der Grand Orient de France allen europäischen Großlogen ein Zusammentreffen vor, um gemeinsam die Möglichkeiten zu beraten, brüderliche Beziehungen untereinander herzustellen. Am 22. Jänner 1961 leisteten elf Freimaurergruppen der Einladung Folge, und dank dieser Initiative entstand das Centre de Liaison et d'Information des Puissances Symboliques Signataires de l'Appel de Strasbourg (C. L. I. P. S. A. S.). Die elf Großlogen waren: der Grand Orient de France, die Grande Loge nationale française Opéra, der Grand Orient von Belgien, die Grande Loge de Suisse, die Gran Loggia von Italien, die Große Landesloge AFAM (Deutschland), die Loge Espérance von Luxemburg, die Großloge der Alten Freien und Angenommenen Maurer von Österreich, der Grand Orient von Griechenland, die Großloge der arabischen Länder, die nationale Loge von Porto-Rico.
Von Anfang an erschwerte die unerbittliche Haltung der Ver-

einigten Großloge von England derartige Initiativen. Es braucht nicht betont zu werden, daß sie selbst nicht an dieser Versammlung teilgenommen hatte, denn diese war ja von einer nicht anerkannten Großloge, nämlich dem Grand Orient, organisiert worden. Sie ging sogar noch weiter: Im März 1961 entzog sie der Schweizer Großloge »Alpina« ihre Anerkennung, da diese ihre Logen nicht daran hinderte, weiterhin freundschaftliche Beziehungen mit der Grande Loge de France zu unterhalten, die ihrerseits die Beziehungen zum Grand Orient noch nicht abgebrochen hatte. Die Schweizer Großloge »Alpina« berief umgehend eine Versammlung ein und verabschiedete eine Resolution, die der Vereinigten Großloge von England übersandt wurde. In dieser Resolution wurde festgehalten, daß es nunmehr allen Schweizer Logen untersagt sei, Kontakte irgendwelcher Art mit Logen, die nicht anerkannten Großlogen unterstellt waren, zu unterhalten.
Dennoch kam es im Jahre 1964 zu einer Einigung zwischen dem Grand Orient und der Grande Loge de France. Man wollte einen Standpunkt, der mit freimaurerischer Gesinnung unvereinbar war, aufgeben und ein herzliches Einvernehmen herstellen. Die Reaktion war bedauerlich: Zwischen der französischen Freimaurerei und den anderen Großlogen tat sich ein Abgrund auf. Auch die Vereinigten Großlogen von Deutschland brachen ihre Beziehungen zu den Franzosen aus rein praktischen Gründen ab. In einer Erklärung, die in der »Bruderschaft« veröffentlicht wurde, heißt es, die Vereinigten Großlogen von Deutschland seien der Meinung, daß sie möglicherweise von 80 Prozent der universellen Freimaurerei zurückgewiesen würden, wenn sie das brüderliche Verhältnis zur Grande Loge de France aufrechterhielten, was zweifellos ein unüberlegter Schritt wäre.
Auch die Frage der Frauenlogen ist nicht uninteressant.
Die Konstitutionen Andersons, die nur »Männer« erwähnen, sind in bezug auf Logenaufnahmen klar und eindeutig.
Nun war aber das Interesse für die Tätigkeit der Freimaurerei ab einem bestimmten Zeitpunkt so groß, daß eine wachsende Anzahl von Frauen den Wunsch äußerten, sich der Freimaurerei

anschließen zu dürfen, und es war schwierig, diese Bitte mit der Behauptung zurückzuweisen, daß nur die Männer das Recht hätten, die sozialen Aufgaben des Ordens zu erfüllen.
So entstand im 18. Jahrhundert eine überwachte Frauenloge, die einer anderen angeschlossen war, und daher als »Adoptionsloge« bezeichnet wurde. Sehr rasch traten ihr die vornehmsten Damen des Hofes bei und wetteiferten mit ihren Brüdern, um zu beweisen, daß Frauen den Armen ebensogut zu Hilfe kommen können wie Männer.
Die gemischten Logen, die es damals in Frankreich immer noch gab, erlebten 1953/54 die Entstehung einer weiteren Großloge, der »Grande Loge Féminine de France«, die ausschließlich Frauen aufnahm.
Es gibt eine Freimaurerei für Frauen in mehreren Ländern und in verschiedenen Formen. Manchmal handelt es sich auch nur um pseudomaurerische Vereinigungen wie beim »Eastern Star« in den Vereinigten Staaten. In England nimmt ein mißachteter und verleugneter Zweig, die »Honourable Fraternity of Antient Freemasonry«, auch Frauen auf. Es braucht nicht betont zu werden, daß die Obödienz von der Vereinigten Großloge von England nicht anerkannt wird. Diese verbietet ihren Mitgliedern ausdrücklich den Beitritt zu einer Frauenloge.
In Belgien gibt es seit der Spaltung vom 4. Dezember 1959 zwei Großlogen: den Grand Orient de Belgique, der eng mit dem Grand Orient de France zusammenarbeitet und daher ebenso wie der letztere als irregulär gilt, und die Großloge von Belgien.
In Europa gibt es zwei Großlogen, die sich gegenwärtig in einer schwierigen Lage befinden: der Grande Oriente von Italien und die Großloge von Luxemburg.
Nach dem Marsch auf Rom, der zur Machtergreifung durch die Faschisten führte, hatte der italienische Großmeister Torrigiani unter dem Druck der faschistischen Bedrohung beschlossen, den Grande Oriente stillzulegen. Nach dem Sturz des Mussolini-Regimes lebte der Orden wieder auf, doch seine Lage war in jeder Hinsicht seltsam. Obwohl er von den Faschisten geschlossen

worden war und das Regime den Sitz der Gesellschaft, den Palazzo Giustiniani, konfisziert hatte, und obwohl er 1945 offiziell wiederanerkannt und in seine Rechte eingesetzt wurde, gab es Städte, wo er 15 Jahre lang kämpfen mußte, um seine Räumlichkeiten zurückzuerhalten (Genua).

Das Verhältnis des Grande Oriente, der gegenwärtig beinahe 300 Logen und insgesamt ungefähr 8000 Mitglieder zählt, zu den allermeisten anderen Großlogen ist seiner Statuten wegen gespannt. Freundschaftliche Beziehungen hat er nur zu den Großlogen der Vereinigten Staaten, die ihn fast alle bereits anerkannt haben.

Die Großloge von Luxemburg befindet sich mit ihren zwei Logen in einer ähnlichen Lage. Obwohl sie ihrerseits alle Großlogen der Welt anerkannt hat, waren nur sehr wenig bereit, sie ebenfalls anzuerkennen.

Die Schweizer Freimaurerei wurde seit ihrer Gründung, die ins 18. Jahrhundert fällt, sowohl von den Kantonsregierungen als auch von der Kirche angegriffen, da sie in den Augen beider ein unerwünschter Revolutionsherd war. Ende des 19. Jahrhunderts setzte die Schweizer Großloge »Alpina« eine Kommission ein, die den Angriffen entgegentreten und die Öffentlichkeit über die Wahrheit informieren sollte. Doch es gelang ihr niemals, das tief eingewurzelte Mißtrauen zu zerstreuen. Die feindselige Haltung der Bevölkerung äußerte sich nach dem Ersten Weltkrieg auch in Taten. Trotz aller Angriffe, trotz der Prozesse, die gegen ihre Beamten angestrengt wurden, konnte die Schweizer Freimaurerei dem wachsenden Druck profaschistischer Agenten standhalten. Zum Glück wurde die Schweiz vom Krieg verschont, die Leiden der anderen Länder blieben ihr erspart, und die Freimaurerei überstand die Kriegsjahre trotz vieler Schwierigkeiten heil und ohne Schaden zu nehmen.

Die jüngste Großloge ist die Japans. Nach dem Zweiten Weltkrieg gründeten amerikanische Soldaten 1945 die ersten Logen, die sich 1957 zur Großloge von Japan zusammenschlossen. Gegenwärtig haben die 21 ihr unterstellten Logen ungefähr 5000 Mitglieder.

Gleichzeitig ereigneten sich zwei Vorfälle, die an das 19. Jahrhundert erinnern. Im Jahre 1964 beauftragte die Südafrikanische Regierung den Richter des Appellationsgerichtes D. H. Botha, die gegen die Freimaurerei und zwei weitere Vereinigungen erhobenen Anklagen zu überprüfen. Es lag also an ihm zu entscheiden, ob sich diese »Geheimgesellschaften« des Verrates, der Subversion und der Einmischung in öffentliche Angelegenheiten schuldig machten oder nicht. Er erhielt unumschränkte Machtvollkommenheit und konnte sich aller Beweise, Mittel und Indizien bedienen, um das Zurechtbestehen oder die Haltlosigkeit der Behauptungen und die tatsächliche Rolle der Freimaurerei zu ermitteln.

Das Ergebnis der Ermittlungen entkräftete die Anklagen und verschaffte den betroffenen Gesellschaften völlige Genugtuung.

In Griechenland ist die Freimaurerei eine junge Organisation, die hier ebenso das Mißtrauen und die Abneigung der Kirche erregte wie in den übrigen europäischen Ländern. Daher forderte eine Kommission der griechisch-orthodoxen Synode die Ächtung der Freimaurerei, der sie vorwarf, falsche Götter anzubeten. Im Juli 1970 nahmen die ca. 8000 griechischen Freimaurer zu diesen Angriffen Stellung und führten an, daß zahlreiche Bischöfe, Geistliche und Staatsmänner in allen Ländern Mitglieder der Freimaurerei waren; ihre Anwesenheit in den Logen widerlege jede derartige Anschuldigung.

Es ist sicher keine leichte Aufgabe, einen Überblick über die englische Freimaurerei unserer Tage zu geben. England wurde während des Krieges nicht besetzt, und die Freimaurerei mußte ihre Tätigkeit nicht unterbrechen. Sie geht unbeirrbar ihren Weg und verhält sich, als geschähe alles, was auf unserer Welt vor sich geht, auf einem anderen Stern, den die englische Großloge »nicht anerkennt«.

Der englische Freimaurer von heute wird in der Person des Major Thompson von Pierre Daninos wunderbar verkörpert: Graue Melone, Querbinder, Gehrock und Regenschirm, stets entrüstet über die Freiheiten, die sich andere herausnehmen. »Zu meiner Zeit . . .«, sagt er, ohne zu bemerken, daß er eben

durch diese Worte bereits zugibt, daß die heutige Zeit nicht mehr die seine ist.
Der englische Freimaurer mißbilligt das amerikanische System, das die Bildung von Massenorganisationen anstrebt. Er beschäftigt sich weit eher mit Grundsatzfragen als mit praktischen Problemen, und seine Hauptsorge gilt der Anerkennung oder Nichtanerkennung gewisser Großlogen.
So ist es nicht verwunderlich, daß die englische Freimaurerei wegen ihrer doppelten Rolle als Heiliger Stuhl der Freimaurerei und als Bremse der Verwirklichung der »Bruderkette« angegriffen und kritisiert wird. Anstatt ihr Prestige in die Waagschale zu werfen, um dem Geist der Konstitutionen Andersons zum Sieg zu verhelfen und die »Bruderkette«, eine der Grundlagen der Freimaurerei, zu verwirklichen, hält sie kompromißlos an ihrer Entscheidung von 1929 fest und fordert so eine Kritik geradezu heraus.
Ihre getreuen Anhänger sind die Großlogen von Kanada, von Neuseeland und von Australien.
Die kanadische Freimaurerei ist vor allem von England geprägt. Deshalb ist sie trotz der geographischen Lage und trotz vieler Faktoren, die für eine enge Zusammenarbeit mit der amerikanischen Freimaurerei sprechen würden – diese hätte ihr wegen ihres großen Einflusses nützlich sein können – auf dem amerikanischen Kontinent ziemlich isoliert.
Die Zusammensetzung der Bevölkerung des Landes rechtfertigt diese Haltung allerdings nicht. Die Bevölkerung zerfällt in drei Gruppen, zwischen denen nicht das beste Einvernehmen besteht. Die Gruppe der »britischen« Kanadier und die Gruppe der französischsprachigen Kanadier sind einander nicht gewogen, und die dritte Gruppe, bestehend aus sechs Millionen Neokanadiern, kann sich zwischen den beiden anderen nur schwer behaupten. Jede Provinz Kanadas hat ihre Großlogen; alle Großlogen sind getreue Anhänger der Großloge von England, mit der sie übrigens den zweifelhaften Ruhm teilen, als einzige der Welt ungarische Freimaurer, die aus dem kommunistisch regierten Land flüchten konnten, nicht aufgenommen zu haben.

Die erste kanadische Loge entstand 1755 in Quebec. Sie konnte ihre Tätigkeit nur ansatzweise entfalten, und ihre Weiterentwicklung scheiterte am Widerstand der Kirche, die diese katholische Provinz beherrschte.
Nach dem Siebenjährigen Krieg wurden Neufrankreich und andere Territorien von den Engländern besetzt, und seit dieser Zeit wuchs die Zahl der Logen rasch an, vor allem in Oberkanada, wo sich ausschließlich Engländer niederließen.
In der Provinz Quebec, wo der Aufschwung der Freimaurerei von der Kirche verhindert worden war, hat sich die Situation seither kaum geändert. Es ist immer noch ratsam, seine Zugehörigkeit zu dieser »Geheimgesellschaft Satans« zu verbergen. So ist die kanadische Freimaurerei in jeder Hinsicht englisch ausgerichtet, auch in der Provinz Quebec, deren Bevölkerung zu 80% französisch ist. Sie hat 6 500 000 Einwohner, und von den 16 000 Freimaurern sind nur 500 französischsprachig. In der Stadt Quebec gibt es drei französische Logen mit ungefähr 300 Mitgliedern, doch sogar in diesen Logen fällt die Führungsrolle den englischsprachigen Mitgliedern zu. Erst im Frühjahr 1975 gründete eine kleine Gruppe von Freimaurern, die die verknöcherte Einstellung der Großloge von Quebec allmählich unerträglich fand, eine liberale Loge des Grand Orient de France.
Allerdings war diese Aktion nicht die erste. Bereits im Jahre 1892 hatte Honoré Beaugrand, der Direktor der Tageszeitung »La Patrie« und ehemaliger Bürgermeister von Montreal, erstmals eine dem Grand Orient angeschlossene Loge gegründet, die sich »L'Emancipation« nannte.
Damals stand Quebec noch völlig unter dem Einfluß des Klerus, der sofort zum Angriff gegen diese Gesellschaft von Juden und obskuren Freimaurern überging, denn diese wollten ja, wie Abbé Barruel und Leo Taxil bewiesen hatten, die katholische Kirche zerstören. Die kleine Gruppe von Freimaurern, die auf der schwarzen Liste der Kirche standen, wurde gnadenlos verfolgt, und die Loge »L'Emancipation« mußte ihre Pforten schließen. Der Klerus hatte gesiegt.
Es darf darauf hingewiesen werden, daß es schließlich drei fran-

zösischsprachigen Logen 1979 in Montreal gelang, ihre unabhängige, kanadische freimaurerische Obödienz zu gründen, die »Grande Loge Maçonnique Mixte du Québec«. Sie steht erst am Anfang ihrer Tätigkeit, doch der erste Schritt ist getan.
Im Jahre 1910 gab es in den Vereinigten Staaten von Amerika 1 250 000 Freimaurer, 1970 waren es 4 800 000.
Wir haben bereits gesehen, welche Rolle der Orden seit seiner Entstehung in der Geschichte der Vereinigten Staaten spielte. Mit ihrer heutigen Tätigkeit setzt er seine Tradition würdig fort. Die europäischen Großlogen zanken sich lautstark und üben ihre karitative Tätigkeit im geheimen aus. Die amerikanischen Großlogen tun das Gegenteil.
So kann man der Zeitschrift The New Age entnehmen, daß die Spitäler der Shriners für verkrüppelte Kinder 6000 neue Fälle im Jahr aufnehmen und daß in diesen Spitälern bisher mehr als 13 Millionen Kinder behandelt wurden; daß die Shriners diesen Spitälern eine jährliche Subvention von fast 12 Millionen Dollar zukommen lassen, abgesehen von den Millionen Dollar, die sie an andere überweisen; daß sie bisher ca. 150 Millionen Dollar für die von ihnen gegründeten Spitäler aufbringen konnten und daß sie 1968 60 Millionen Dollar für wohltätige Zwecke spendeten.
Es ist interessant, daß in diesem Land, wo die Glaubens-, Gedanken- und Redefreiheit immer anerkannt und hochgehalten wurde, wo die Menschenrechte gewährleistet waren, die Freimaurerei aus Überzeugung religiös geblieben ist. Wenn die Reaktion nach der Bekanntmachung der letzten Verurteilung in den Vereinigten Staaten am stärksten war, so war das der Ausdruck der Empörung derjenigen, die wußten, daß die Anschuldigungen ungerecht waren, daß es falsch war, die Freimaurerei, die die religiöse Symbolik des Ordens niemals aufgegeben hatte, als antireligiös zu bezeichnen und daß es ungerecht ist, ihre demokratische Gesinnung und das Prinzip, daß das Volk das Land regiert und daß der Präsident vom Volk und für das Volk gewählt wird, zu brandmarken, Prinzipien, dank derer sich ein Land, das die Rechte seiner Bürger mehr als alles andere verteidigt, zu höchster Blüte entwickelte.

Trotz der Unterschiede im Ritual, bei den Arbeiten und äußeren Veranstaltungen unterhält die Vereinigte Großloge von England merkwürdigerweise ausgezeichnete Beziehungen zu allen Großlogen Amerikas.

Um den Überblick über die gegenwärtige Situation der Freimaurerei zu beenden, seien hier noch einige Worte über die Allgemeine Freimaurerliga gestattet.

Diese Vereinigung wurde von Anhängern des Esperanto ins Leben gerufen, die 1905 an einem internationalen Esperantokongreß in Bologna teilnahmen und es sich zum Ziel gesetzt hatten, individuelle Beziehungen zwischen den Freimaurern aller Obödienzen herzustellen. Diese sollten zu einer internationalen Vereinigung zusammengeschlossen werden, deren Verhandlungssprache das Esperanto wäre.

Allerdings gelang es der Liga nicht, sich so auszuweiten, wie sie es geplant hatte. Die Großloge von England verbot bei Strafe des Ausschlusses allen Mitgliedern der Loge ihrer Jurisdiktion, sich der Allgemeinen Freimaurerliga anzuschließen.

Wenngleich es dieser Liga gelungen war, sich in fast allen freien Ländern zu organisieren, selbst in England, in Kanada und in den Vereinigten Staaten, hat sie nach 72 Jahren nur mehr einige Tausend Mitglieder, obwohl sie seit ihrer Gründung niemals verfolgt oder behelligt worden war.

Die heutige Freimaurerei

Auch wenn ihr Tätigkeitsbereich heute eingeengt ist und zwei Drittel der Menschheit sich ihr nicht anschließen können, bleibt die Freimaurerei dank der Entwicklung des Ordens in Amerika dennoch eine sehr starke, mächtige und aktive Organisation. Die Gesamtmitgliederzahl der Freimaurer beträgt mehr als sieben Millionen, die sich (in runden Zahlen) wie folgt aufteilen:

Vereinigte Staaten:	5 000 000
England:	1 000 000 (9733 Logen)

Frankreich:	50 000	(unter Berücksichtigung von 28 000 Mitgliedern des Grand Orient, 12 000 der Grande Loge de France und 8000 anderer Obödienzen: Grande Loge nationale de France, Le Droit Humain)
Kanada:	250 000	
Neuseeland:	50 000	
Deutschland:	20 000	
Kuba:	26 000	
Schweden:	25 000	
Norwegen:	16 000	
Dänemark:	11 000	
Philippinen:	10 000	
Tasmanien:	10 000	
Indien:	10 000	
Italien:	15 000	
Griechenland:	8 000	
Argentinien:	7 000	
Japan:	5 000	
Schweiz:	4 000	
Israel:	4 000	
Niederlande:	8 000	
Finnland:	4 000	
Island:	2 000	
Chile:	9 000	
Türkei:	3 000	
China (Taiwan):	14 000	
Österreich:	1 600	

Nicht feststellen konnten wir die Anzahl der Mitglieder der sechs Großlogen Australiens, der Großlogen Mexikos, Brasiliens, Belgiens und 40 weiterer Großlogen, deren Mitgliederzahl beachtlich ist. Angesichts der Situation zu Beginn des Jahrhunderts scheinen der Freimaurerei trotz vieler Schwierigkeiten, die ihrer Entwicklung äußerst abträglich waren, Flügel gewachsen zu sein.

Abnützungserscheinungen

Die Freimaurerei steht in dem Ruf, eine universelle, mächtige, solidarische und einige Organisation zu sein: ein internationales Netz und eine Bruderkette der Freimaurer der ganzen Welt. Dieser Ruf täuscht, die Wahrheit sieht anders aus.
Es wäre falsch, die Rostflecken auf dieser Bruderkette zu übersehen. Vergleicht man die Freimaurerei mit der Kirche, so läßt sich leicht feststellen, daß der Orden mit denselben Schwierigkeiten zu kämpfen hat, die die Einheit der Kirche gefährdeten und untergruben. Die Gründe sind vielfältig, doch sie wirken sich alle in derselben Richtung aus: die Aufspaltung der Einheit und damit eine Schwächung der Kraft, die diese Einheit dem Orden verliehen hat. Doch diesmal sind es nicht seine traditionellen Feinde, die man für diesen Zustand verantwortlich machen kann, diesmal liegt die Schuld bei den Freimaurern oder sogar bei der Freimaurerei selbst.
Die Gründe für diese Spaltung sind Erneuerungsbestrebungen, Ehrgeiz, Abweichungen oder das Beharren auf Vorrechten und Privilegien. In den vergangenen Jahrhunderten gab es immer wieder Meinungsverschiedenheiten zwischen den neuen und den alten Logen, die sich gegenseitig nicht anerkannten, obwohl sie den Begriff der Eintracht stets im Munde führten. Alle behaupteten, sie wären die Erben der Alten und Angenommenen Maurer, doch von ihnen haben sie höchstens die Bezeichnung übernommen. Falscher Glanz überdeckte die schwerwiegenden Differenzen. Obwohl die Freimaurerei alle Unbilden des Schicksals erfahren hatte, obwohl sie Verfolgungen ausgesetzt war und immer wieder Opfer bringen mußte, gelang es ihr nicht, ihren Standpunkt zu revidieren und die Probleme zu lösen, die ihrer Einheit abträglich sind.

Damit forderte sie unweigerlich Kritik und Widerspruch heraus. Ebenso wie die Reformatoren weder die Religion noch die Kirche angriffen, sondern ausschließlich ihren Machtmißbrauch, ihre Fehler und ihre konservative Haltung, die jede Anpassung an den modernen Fortschritt verhinderte, so werden auch weder die Freimaurerei noch deren Ziele angegriffen, sondern gewisse Regelungen, die heute rückständig und überholt erscheinen. Die Angriffe gelten der traditionellen Ausrichtung ihrer Hierarchie, die nach Ansicht mehrerer Großlogen mit demokratischer Gesinnung unvereinbar ist. Diese Meinung vertreten vor allem die Großlogen Dänemarks, Schwedens und Norwegens sowie die amerikanischen Großlogen.

Die Vereinigte Großloge von England gibt wegen des starren Festhaltens an ihren vor kurzem aufgestellten Prinzipien häufig Anlaß zur Kritik. Sie teilt die Logen und die Freimaurer in »reguläre« und »irreguläre« ein und verbietet den »anerkannten« Großlogen, denen sie droht, jede Beziehung zu ihnen abzubrechen, irgendeine Verbindung mit den für »irregulär« erklärten Großlogen aufrechtzuerhalten. Diese heikle Frage reizt zum Widerspruch. Es ist dem Geist der Einheit sicher nicht dienlich, daß nur derjenige als »regulärer« Freimaurer gilt, den die Vereinigte Großloge von England oder eine der ihr angeschlossenen Obödienzen als solchen anerkennen, und daß jeder Freimaurer, der die Entscheidung der Großloge von England aus dem Jahre 1929 nicht vorbehaltlos akzeptiert, als »irregulär« angesehen und aus der Bruderkette ausgeschlossen wird.

Wenn die Freimaurerei nicht duldet, daß einige Großlogen anderer Meinung sind und die absolute Herrschaft einer unter ihnen ablehnen, dann ist es schwer, den Toleranzgedanken als freimaurerische Tugend anzupreisen, denn damit wird er wohl gepredigt, aber nicht verwirklicht.

Man braucht nicht zu betonen, wie sehr die Entscheidung der Vereinigten Großloge von England aus dem Jahre 1929 der »Bruderkette« geschadet hat. Die Großloge von England kann nicht die Rolle einer unfehlbaren und unanfechtbaren Führerin spielen, auch wenn ihre Verdienste und ihre Bedeutung nicht bestritten werden sollen. Wenn die Entstehung verschiedener »Obödienzen« erklärlich und begreiflich ist, so ist es um so bedauerlicher, daß diese Obödienzen den Aufschwung des Ordens behinderten, anstatt durch eine Verwirklichung der Reformen und Ideen, die eigentlich zu ihrer Entstehung führten, der Sache der Freimaurerei zu dienen. Tatsächlich kam es in relativ kurzer Zeit zu Meinungsverschiedenheiten, und die Obödienzen verleugneten sich gegenseitig.

Die Solidarität ist eine der Grundtugenden der Freimaurerei. Doch seit die Obödienzen einander nicht mehr anerkennen, ist die universelle Solidarität der Freimaurer in Gefahr.

So bedauerlich das auch sein mag, es ist nicht zu leugnen, daß die Freimaurerei, deren größter Fehler es bisher war, ihrer Zeit voraus zu sein, heute auf derselben Ebene operiert wie seinerzeit die Kirche, als sie den Katholiken jede Beziehung zu Andersgläubigen verbot.

Die Kluft zwischen den angelsächsischen und romanischen Logen vertiefte sich zusehends. Durch die Schaffung der *Association Maçonnique Internationale* versuchte man eine Lösung zu finden, doch der Versuch war nicht von Erfolg gekrönt. Nach einigen vergeblichen Anstrengungen stellte die Association im Jahre 1950 ihre Tätigkeit ein.

Die Frage der »Öffnung ihrer Tempel für jeden Freimaurer, dem das Licht erteilt wurde«, stand also mit Recht auf der Tagesordnung der Straßburger Versammlung vom 22. Jänner 1961[10].

Wenn man die Geschichte der Freimaurerei kennt, so kann man nur bedauern, daß es zwei Orden gibt, den Englands und den Frankreichs, einst Bannerträger freimaurerischer Gesinnung, die sich heute gegenseitig nicht anerkennen. Kann man von einer »Bruderkette« sprechen, wenn dem souveränen französischen Großkommandeur der Eintritt in eine englische Loge verwehrt wird, da er nicht als »regulärer« Freimaurer angesehen wird?

Das ist ebenso unzumutbar wie viele andere Fälle, die ebenso unerfreulich sind. Die Großloge von Österreich wird von 48 Großlogen der Vereinigten Staaten anerkannt, nicht aber von

der Großloge von Texas. Ein österreichischer Freimaurer ist also in 48 Staaten willkommen, kann aber nicht in eine texanische Loge aufgenommen werden. Die altehrwürdige Bruderschaft der Freimaurer, die sich im Laufe der Jahrhunderte den Ruf erwarb, einig zu sein, klare Prinzipien und Ziele zu verfolgen und eine eindeutig festgelegte Ideologie und Auffassung zu vertreten, ist heute weiter von diesem Ideal entfernt, als es jemals im Laufe ihrer Geschichte der Fall war. Und es wäre eine herbe Enttäuschung, eines Tages zu erleben, daß zwar die Kirche allen Freimaurern ihre Pforten öffnet, die Tore der freimaurerischen Tempel hingegen für ihre Brüder, die immer noch im Sinne und auf der Grundlage der Konstitutionen Andersons arbeiten, geschlossen bleiben.
Der Orden ist bestrebt, die Aufhebung der Exkommunizierung der Freimaurer durch die Kirche zu erwirken. Müßte die Freimaurerei nicht mit gutem Beispiel vorangehen und den Ausschluß ihrer getrennten Brüder rückgängig machen?

Zwei Strömungen

Nach dem Zweiten Weltkrieg ging die Flut der Verleumdungen zwar zurück, versiegte aber nicht gänzlich. Bald danach mußte man feststellen, daß es Länder gab, wo es auch nach dieser Katastrophe immer noch leichter war, ein Buch über die aktive Rolle Satans in den Logen der »Juden-Freimaurerei« zu veröffentlichen als eine wissenschaftliche Studie, die auf dem Boden der Tatsachen blieb.
Weder der Faschismus in Spanien und Portugal noch die kommunistischen Regime, noch ein anderes Land, in dem die Auslegung der »Freiheit« von der Willkür des Regimes abhängt, verschonten die Freimaurerei. Die Verleumder verstummten nicht.
Im Jahre 1954 erschien in Montreal eine Broschüre, verfaßt von Pater Louis C. de Lérey S. J. Nach bewährtem Rezept »entlarvt der Autor die Freimaurerei.« Nach Ansicht Pater de Lérys ist die Freimaurerei vor allem deshalb interessant, weil man mit ihrer

Hilfe »einen Posten ergattern« kann. Sie überschwemmt den öffentlichen Dienst, wo sie mittelmäßige Bürokraten unterbringt, und als Beweis führt Pater de Léry eine Statistik aus dem Jahre 1941 an, aus der hervorgeht, daß von den hunderttausend und mehr Beamten im Dienst der Bundesministerien von Ottawa 52 Freimaurer waren.

Doch Pater de Léry geht noch weiter. Er greift den Völkerbund an, wo die Freimaurer die internationale Abrüstung verlangen. Und der kriegerische Pater stellt fest: »Es ist beunruhigend zu denken, daß unser Schicksal zum größten Teil in den Händen dieser pazifistischen Menschenfreunde liegt, ... die von einer laisierten Welt träumen.« Weiters entsetzt ihn die Vorstellung, daß eine Bibel »der Thora und dem Koran ... gleichgestellt« wäre, und schließlich quält ihn die Frage, »welches Bastardbuch« wohl in der englisch-französisch-jüdischen Loge throne.

In einem Artikel mit der aufschlußreichen Überschrift »Dialogue avec Satan« entsetzt sich ein anderer kanadischer Prälat, Mgr. Arthur Sideleau, im Jahre 1968 bei der Ankündigung, daß die Columbusritter und die Freimaurer zusammenarbeiten wollen, um gemeinsame soziale Ziele zu verwirklichen. Mgr. Sideleau stellt fest: »Wer behauptet, daß dieser Zusammenschluß von Rittern und Maurern keine Gefahr bedeute, denn er kenne die Freimaurer, sie seien gute Menschen und unterstützten philantropische Einrichtungen, ist wirklich naiv, ja, sehr naiv!«

Andere wieder lassen auch in der Tagespolitik ihren antifreimaurerischen Gefühlen freien Lauf, wie Mgr. Dubois, Erzbischof von Besançon, der im November 1958 folgende Wahlpropaganda machte: »Lassen Sie sich von Gott leiten, wenn Sie ihre Stimme abgeben; das schließt aus, daß Sie für freimaurerische Kandidaten stimmen.«

Zwei weitere Bücher sollen nicht unerwähnt bleiben. Das erste stammt von Pierre Virion und wurde 1966 unter dem Titel »Mystère d'Iniquite« veröffentlicht. Das zweite Buch wurde von Pastor Gordon verfaßt und erschien 1969.

Beide Bücher predigen Haß gegen die Freimaurer. Es ist eine traurige Wahrheit, daß die Angriffe und Feindseligkeiten nicht

diese Ausmaße angenommen hätten, wenn die Kirche dem blinden Eifer der Geistlichen Einhalt geboten hätte. Die große Anzahl von Autoren mit einem »Mgr.«, »Abbé«, »Pater« oder »Kanonikus« vor dem Namen beweist es. Es läßt sich nicht leugnen, daß die Kirche zum Teil für die Veröffentlichungen solcher Schriften verantwortlich ist. Man kann sich nicht vorstellen, daß die Kirche nicht genügend Autorität besäße, um die Veröffentlichung solcher Ungeheuerlichkeiten aus der Feder geistlicher Verfasser zu verhindern, wenn sie es wollte.
Man braucht nur ein Exemplar der katholischen Monatsschrift »The Point« zu lesen, die in Massachusetts erscheint. Die Autoren sind von dem Gedanken besessen, daß die Juden das Christentum verdrängen und das mosaische Glaubensbekenntnis an seine Stelle setzen wollen.
Der »Christian Book Club of America« von Hawthorne, California, liefert uns eine Reihe weiterer Beweise. Die Ziele dieser Gesellschaft, die unlängst die Werke von John Robinson[11] und Mgr. Jouin[12] neu drucken ließ, sind verhältnismäßig schwer zu erklären. Was verbirgt sich hinter einer derartigen Gesellschaft, die sich »christlich« nennt und haßerfüllte Werke anonymer Autoren (»katholischer Geistlicher, die anonym bleiben wollen«) veröffentlicht? Wozu die prophetischen Warnungen vor den Gefahren, die der römisch-katholischen Kirche drohen, und der ständige Hinweis auf die geheimnisvolle »Macht, die hinter der Freimaurerei steht«, auf die »Synagoge Satans« und die »Fünfte Kolonne der Juden, die den Klerus unterwandert?«
Diese Gesellschaft veröffentlichte auch das Werk eines anonymen Autors. Der Titel lautet: »Der Mythos der sechs Millionen« (Überzeugende Widerlegung des Märchens, daß sechs Millionen Juden im Zweiten Weltkrieg getötet wurden)[13]. Ein anderes Buch heißt: »Illuminaten« (Ein Bericht über das sensationellste Komplott der Geschichte. Ein abtrünniger katholischer Geistlicher, der, finanziert vom Hause Rothschild, den Orden der Illuminaten gründete, der von Anfang an die Zerstörung des Christentums plante)[14].
Zu diesem zweiten Buch sei eine einzige Bemerkung gestattet.

Der Stifter des Illuminatenordens, Adam Weishaupt, Professor des Naturrechts und des kanonischen Rechts an der Universität in Ingolstadt, Sohn des Universitätsprofessors Johann Georg Weishaupt, war weder Priester noch ein Apostat, und alles, was ihn mit der katholischen Geistlichkeit verband, war die Tatsache, daß er seine klassischen Studien in einem Jesuiten-Kollegium absolvierte.

Die englische Catholic Truth Society veröffentlichte das Werk des Paters Edward Cahill S. J. unter dem Titel »Freemasonry and the Anti-Christian Movement« (Die Freimaurerei und die antichristliche Bewegung), ein Buch, das einen solchen Erfolg hatte, daß es 1959 seine fünfte Auflage erlebte. Pater Cahill versucht, mit der überholten Geschichte vom Satan, der körperlich mit den Freimaurern zusammenarbeite, seinen Lesern einen heiligen Schrecken einzujagen. Er behauptet, Beweise zu besitzen, die er aber aus bestimmten Gründen nicht veröffentlichen wolle.

Angesichts dieser Beispiele ist anzunehmen, daß das Kapitel »Bibliothek des Hasses« noch eine Fortsetzung findet.

Zum Glück gibt es neben diesen Geistlichen eine wachsende Anzahl katholischer Schriftsteller, die die Frage der Freimaurerei sine ira et studio behandeln. Mehr wollte die Freimaurerei nicht.

Zu dieser Gruppe gehörte ein bedeutender Jesuit, dessen Werk einiges Aufsehen erregte. Er verlangt offen das Ende der Feindseligkeiten ohne darauf zu pochen, daß er als erster eine Aussöhnung anstrebte. Sicher ist er Jesuit und verleugnet seine Einstellung auch in seinem bemerkenswert objektiven Werk nicht, doch er schlägt einen anderen Ton an als seine Mitarbeiter oder seine Vorgänger. Wenn er die Freimaurerei kritisiert oder angreift, dann tut er es, um die Stellungnahme der Kirche zu rechtfertigen und zu begründen, ohne sich von blindem Haß leiten zu lassen. »Angesichts der Flut von Materialismus und Gewalt, die Europa überschwemmt, fragen sich viele Freimaurer erschreckt, ob es nicht an der Zeit wäre, zum Wohl des Landes und der Zivilisation zwar nicht ein Bündnis mit der Kirche einzugehen, aber doch eine Art Waffenstillstand mit ihr zu schließen und ein Klima des Friedens zu schaffen[15]«, schreibt Pater Berteloot sehr vorsichtig und in bezug auf das Wort »erschreckt« etwas übertrieben. Es ist unwahrscheinlich, daß die heutige Situation die Freimaurer mehr erschreckt als seinerzeit die Haltung der Könige von Spanien und Portugal, die sie zum Tod auf dem Scheiterhaufen oder zur Galeerenstrafe verurteilten. Wenn die Welle der Gewalt heute die Freimaurer »erschreckt«, wie Pater Berteloot behauptet, so müßte sie die Kirche zumindest ebenso erschrecken.

Zum Glück werden immer mehr Stimmen laut, die sich für einen Waffenstillstand aussprechen. Das Buch des Paters Michel Dierickx S. J., versehen mit einem Vorwort und einem Geleit zweier maßgeblicher Geistlicher sowie einem Vorwort des Großsekretärs des Großordens der Niederlande, ist ein Beispiel für diesen Gesinnungsumschwung. Der Autor ist Jesuit, Professor der Theologie und durchdrungen vom Geist der Öffnung des zweiten Vatikanischen Konzils.

Der Standpunkt, auf dem die Kirche bis heute beharrt, wird hingegen immer unhaltbarer. Auch aus Kreisen katholischer Geistlicher mehren sich die Stimmen, die die starre Haltung der Kirche kritisieren. Pater Dierickx ist nicht der einzige, der offen zugibt, daß die Kirche Fehler begangen hat, die es wiedergutzumachen gilt. Pater Riquet S. J. nahm im Jahre 1962 gegen das kanonische Recht Stellung, und wir könnten viele andere aufzählen, die derselben Meinung sind, wie Kardinal Cushing und Erzbischof Geoffrey F. Fisher aus England, Erzbischof John H. Dixon usw.

Es ist eine bekannte Tatsache, daß der Klerus in manchen Ländern seine Haltung der Freimaurerei gegenüber nach dem II. Vatikanischen Konzil geändert hat und es auch offen zugibt.

Eine interessante Entwicklung nahmen die Dinge in den nordischen Ländern (Dänemark, Norwegen, Schweden, Finnland), wo die Bischofskonferenz unter dem Vorsitz des Bischofs von Stockholm im Dezember 1967 beschloß, daß jedes Mitglied des Ordens katholisch werden und Freimaurer bleiben kann. Dies verrät einen völlig anderen Geist als die letzte Verurteilung, alle früheren Verurteilungen und das kanonische Recht.

Obwohl alle Verurteilungen weiterhin gültig sind und jede Ver-

bindung zu einem Freimaurer im Prinzip eine Exkommunizierung zur Folge hätte, nahm Mgr. Daniel Pezeril, einer der Pariser Bischöfe, ohne zu zögern die Einladung an, am 22. Juni 1971 eine Loge der Grande Loge de France zu besuchen.
Es besteht kein Zweifel, daß dieser Besuch des Pariser Bischofs mit Billigung des Heiligen Stuhls erfolgte. Dennoch bewahrt dieser über die Angelegenheit völliges Stillschweigen. Immer häufiger spricht man von einem Dekret der *Congregatio de propaganda fide*, das auf seine Veröffentlichung wartet und auf eine Entscheidung des Heiligen Stuhls Bezug nimmt. Es soll den Bittschriften der Bischöfe stattgegeben und die Exkommunikation der Freimaurer aufgehoben haben. Es ist auch ein offenes Geheimnis, daß ein Ausschuß seit Jahren an der Revision des kanonischen Rechts arbeitet, wobei die Anzahl der Fälle, in denen automatisch eine Exkommunikation verhängt wird, reduziert werden soll. Es ist anzunehmen, daß auch die Zugehörigkeit zur Freimaurerei zu diesen Fällen zählt.
Im Jahre 1971 veröffentlichte die Zeitung »Civiltà Cattolica« eine Artikelserie des Paters Giovanni Caprile, der die Beziehungen zwischen der Kirche und der Freimaurerei untersucht und zu dem Schluß kommt, daß diese beiden Gegenspieler in zunehmendem Maße den Wunsch nach einem Dialog zu erkennen geben; daß der Aufnahme des Dialogs keine unüberwindlichen Schwierigkeiten im Weg stünden; daß es wünschenswert sei, wenn beide Organisationen in der Wohlfahrt und bei Werken der Brüderlichkeit und des Friedens usw. zusammenarbeiteten; daß die Frage der Exkommunikation überprüft werden müßte.
Ein Artikel in der »Civiltà Cattolica« bedeutet de facto eine halboffizielle Stellungnahme oder doch eine offizielle Taktik.
Das *Sekretariat für die Nichtglaubenden*, das 1965 gegründet wurde, bemühte sich um die Schaffung eines Klimas, das einen Beginn des Dialogs ermöglicht.
Auf dem II. Vatikanischen Konzil beschäftigte sich Mgr. Sergio Mendez-Arceo, Bischof von Cuernavaca (Mexiko), mit dem Problem der Freimaurerei. Er erklärte, die Kirche sei es sich schuldig, die über den Orden verhängten Sanktionen neu zu überden-

ken. Der Orden, in dem es nicht wenige Antichristen gebe, aber noch viel mehr, die an Gott glaubten, würde sich keinesfalls gegen die Kirche verschwören, und schloß mit den Worten:

»Viele von ihnen warten auf einen Spruch der Kirche.« Es sind tatsächlich viele, die auf einen Spruch der Kirche warten. Nachdem diese den Orden so oft verurteilt hat, ist es nun an ihr, in ein Gespräch mit der Freimaurerei einzutreten.

Einer Erklärung Kardinal Königs (August 1968) ist zu entnehmen, daß die Kirche gesprächsbereit ist.

Doch ein Dialog ist nur schwer vorstellbar, solange die Exkommunikation nicht aufgehoben wird und eine gewisse Feindschaft weiterbesteht.

Dank der unermüdlichen Arbeit des Consultors des *Sekretariats für die Nichtglaubenden*, Mgr. Dr. Giovanni B. Toth, apostolischer Protonotar und Kanonikus der Lateranbasilika – ein zielstrebiger Geistlicher, der sich seit zwanzig Jahren um einen »Dialog« zwischen der Kirche und der Freimaurerei bemüht, trat am 5. Juli 1970 in Lichtenau eine Kommission, bestehend aus den Vertretern beider Organisationen, zusammen, um die Bedingungen für den Beginn des Dialogs zu erörtern.

Die Kirche war durch Mgr. Giovanni B. Toth und zwei weitere Theologen vertreten. Von freimaurerischer Seite nahmen an dieser Zusammenkunft Dr. Theodor Vogel, der ehemalige Großmeister der Vereinigten Großlogen von Deutschland, Rolph Appel, Ernst Walter und Professor Karl Hoede aus Deutschland teil, weiters Dr. Alfred Roesli und W. Franco Fumagalli als Vertreter der Schweizer Großloge Alpina, und Dr. Kurt Baresch, Dr. Ferdinand Cap und Rudiger Vonwiller als ehemalige Großmeister der Großloge von Österreich.

Als Ergebnis der Gespräche veröffentlichte die Kommission die »Lichtenauer Erklärung«, in der festgehalten wurde, daß die Bullen, kraft deren die Freimaurerei verurteilt wurde, dem göttlichen Gebot der Nächstenliebe widersprächen.

Im Herbst 1974 teilte Kardinal Franjo Seper, Präfekt der Kongregation für Glaubenslehre beim Vatikan, den Bischöfen der

Vereinigten Staaten mit, daß der Canon 2335 sich nur auf Katholiken beziehe, die gegen die Kirche konspirierten. Für alle anderen sei die Exkommunikation aufgehoben, und es stünde den Katholiken frei, der Freimaurerei beizutreten.
Dennoch hat die Kirche offiziell noch keine Erklärung zur Frage der Freimaurerei abgegeben.
Albert Lantoine sagt in seinem Buch »Finis Latomorum« das Ende der Freimaurerei voraus. Es wäre zu wünschen, daß er recht behält, daß die Menschheit endlich eine Zeit erlebt, wo es keine Unglücklichen und Notleidenden mehr gibt, denen ein Orden zu Hilfe kommen muß. Die Tatsachen sehen leider anders aus. Angesichts der wachsenden Not hat keine Institution das Recht, eine andere zu verfolgen, deren Ziel es ist, die Leiden der Unglücklichen zu mildern.

Der »Codex Juris Canonici«

Zwei ernste Hindernisse stehen einer Versöhnung im Weg, und es wäre ein Fehler, sie nicht zu erwähnen. Es ist unwahrscheinlich, wenn nicht undenkbar, daß sich die Beziehungen zwischen Kirche und Freimaurerei normalisieren, solange diese Hindernisse bestehen.
Das erste ist das kanonische Recht, der *Codex Iuris Canonici* (CIC), den Papst Benedikt XV. am 27. Mai 1915 bekanntmachte. Es ist unendlich viel schwieriger, ihn abzuändern, als sich über irgendeine Bulle hinwegsetzen, auch wenn sie vom jeweiligen Papst für ewig gültig erklärt wurde.
Folgende Abschnitte des Codex Iuris Canonici betreffen die Freimaurerei:

Canon 542: Freimaurern ist der Eintritt in geistliche Orden verboten;
Canon 693: Religiöse Vereinigungen dürfen keine Freimaurer als Mitglieder aufnehmen;
Canon 1065: Freimaurern wird der Ehesegen nicht erteilt;

Canon 1240: Den Freimaurern wird ein kirchliches Begräbnis verweigert;

Canon 1242: Wenn versehentlich ein kirchliches Begräbnis erfolgte, muß der Leichnam ausgegraben und an ungeweihter Stelle vergraben werden;

Canon 1399: Es wird praktizierenden Katholiken verboten, sich über die Freimaurerei zu unterrichten und an der Vorbereitung freimaurerischer Schriften mitzuwirken;

Canon 1453: Die Ausübung des geistlichen Patronats wird ihnen verboten;

Die zwei wichtigsten Abschnitte, die ein Haupthindernis für eine mögliche Versöhnung darstellen, sind die Canones 2335 und 2336, die lauten:

Canon 2335: Wer seinen Namen der Sekte der Freimaurer oder irgend einer anderen Vereinigung, deren Tätigkeit sich gegen die Kirche oder die legitime staatliche Obrigkeit richtet, leiht, wird durch diese Tat selbst mit der Strafe der Exkommunikation belegt, die simpliciter dem Heiligen Stuhl vorbehalten ist;

Canon 2336: Die Priester, die ein Delikt begehen, dessen Bestrafung in den Canones 2334 und 2335 vorgesehen ist, verlieren zusätzlich zu den in den obenerwähnten Canones angeführten Strafen zeitweilig oder endgültig die Benefizien, Würden, Pensionen und Ämter, die sie in der Kirche innehaben; die Ordensgeistlichen verlieren nicht nur ihre aktiven und passiven Ämter und Funktionen, sondern haben auch die Strafen, die in den Regeln ihrer Verfassungen vorgesehen sind, zu gewärtigen.

Das zweite Hindernis, das noch schwerer zu überwinden ist als das erste, ist die Unnachgiebigkeit der Kirche. Nichts deutet darauf hin, daß sie bereit wäre, auf ihre Vormachtstellung zu verzichten und dem Orden die Hand zur Versöhnung zu reichen. Solange die Kirche sich nicht mit dem Gedanken vertraut macht, daß auch sie die Worte mea culpa und peccavi aussprechen kann und sogar muß, wenn sie einen Fehler begangen hat, ist es schwer, an eine nachhaltige Annäherung zu glauben, so sehr diese auch von vielen Menschen guten Willens gewünscht und verlangt wird. Alle Friedensverhandlungen sind vergeblich, solange eine der Parteien den Kriegszustand aufrechterhält.

Zwei Listen

Die Geschichte der Neuzeit ist reich an Personen, die die Menschheit zu höchsten Höhen oder in den Abgrund geführt haben. Viele von ihnen gehörten der Freimaurerei an, andere standen ihr fern.

Es gibt daher zwei Listen:

Die erste Liste enthält die Namen jener Menschen, die die Kirche niemals verurteilte oder exkommunizierte (obwohl sich ihre Tätigkeit gegen »die Kirche und die legitime staatliche Obrigkeit« richtete, und sie daher durch diese Tat selbst mit der Strafe der Exkommunikation belegt werden). Diese Liste ist kurz, doch die Namen wiegen schwer: Marx, Engels, Lenin, Trotzki, Stalin, Djerdjinski, Jagoda, Beria, Chruschtschow, Hitler, Röhm, Göring, Goebbels, Bormann, Keitel, Heidrich, Himmler, Eichmann, Quisling, Mussolini, Ciano, Franco, Salazar, Szalasi und ihre Mitarbeiter, Tausende von gedungenen Mördern, die alles mit Füßen traten, was die zivilisierte Menschheit als höchste Werte erachtet.

Die zweite Liste enthält die Namen der exkommunizierten Freimaurer. Mitglieder der Freimaurerei, die im 20. Jahrhundert durch ihr Leben und ihre Taten in die Unsterblichkeit eingingen, finden sich auf allen Gebieten.

Unter den *Entdeckern und Forschern* sei Robert Scott erwähnt, der 1902 die Insel King Edward entdeckte und ihr den Namen des Königs gab, der sein Großmeister war; weiters Roald Amundsen, der den Südpol erreichte, und Admiral Richard E. Byrd, Gründer der »Antartic Lodge Nr. 777«, der die Fahne seiner Loge über beiden Polen abwarf.

Charles Lindbergh überflog 1926 den Atlantischen Ozean, auf seinem Flugzeug hatte er die Insignien seiner Loge angebracht;

der Astronaut Gordon Cooper jr. nahm zwei Fahnen seiner Loge in den Weltraum mit. Sein Bruder und Kollege, der Astronaut Virgil I. Grissom, kam in seiner Raumkapsel ums Leben. Edgar D. Mitchell, Chef der Expedition »Apollo 14«, war einer der Männer, die den Mond betraten.
Die Liste der Freimaurer, die der Sache des Friedens dienten, enthält ebenso ruhmreiche Namen. Wir führen nur die an, denen die höchste Auszeichnung zuteil wurde: der *Friedensnobelpreis*. Im Jahre 1902 erhielt ihn Elie Ducommun, dann, im Jahre 1910 seine Stiftung, das Bureau International de la Paix, für ihre Verdienste. Der nächste Preisträger war Theodore Roosevelt, der Präsident der Vereinigten Staaten. Der Friedenspreis wurde 1911 dem Österreicher Hermann Fried zuerkannt und 1913 dem Vizepräsidenten des belgischen Senates und Präsidenten des Bureau International de la Paix von Bern, Henri Lafontaine. Auf Betreiben der Freimaurerei wurde 1917 die Liga der Nationen gegründet, um den Weltfrieden zu sichern. Ihr Präsident, Léon Victor Auguste Bourgeois, erhielt den Nobelpreis im Jahre 1920. Ihm folgte Graf Coudenhove-Kalergi, der »Vater des Paneuropaplans.« Im Jahre 1926 wurde der Friedenspreis dem deutschen Minister Gustav Stresemann zugesprochen und 1929 dem Außenminister der Vereinigten Staaten, Frank B. Kellog. Im Jahre 1935 erhielt ihn Karl von Ossietzky, der damals in einem Nazi-Konzentrationslager interniert war. Der Preisträger des Jahres 1951 war der französische Gewerkschaftsführer Léon Jouhaux, der des Jahres 1953 General George Catlett Marshall, der Begründer des Marshall-Plans, der für Europa die Rettung aus der Not bedeutete.
Monarchen: Georg IV; Wilhelm IV., Eduard VII., Eduard VIII., Georg VI., Könige von England; Leopold I., König von Belgien; Oskar I., Oskar II., Gustav III., Gustav IV., Karl XIII., Karl XIV., Karl XV., Gustav V., Gustav VI., Könige von Schweden; Alexander I., Peter III., Paul I., Alexander II., Zaren von Rußland; Franz I., Kaiser des Heiligen Römischen Reiches Deutscher Nation; Friedrich II., der Große, Friedrich Wilhelm III., Könige von Preußen; Wilhelm I. und Friedrich III.,

Könige von Deutschland; Friedrich V., Friedrich VII., Friedrich VIII., Christian VIII., Christian X., Könige von Dänemark; Georg I., König von Griechenland; Ludwig XVI., Napoleon I., Karl X., Ludwig XVIII., Könige von Frankreich; Jérôme Bonaparte, König von Westfalen; Joachim Murat, König von Neapel; Joseph Bonaparte; Karl III., Amadeus Ferdinand von Savoyen, Könige von Spanien; Stanislaus I. und Stanislaus II., Könige von Polen; Louis Bonaparte, Wilhelm II., Könige von Holland.

Präsidenten der Vereinigten Staaten: George Washington, James Monroe, Andrew Jackson, James K. Polk, James Buchanan, Abraham Lincoln, Andrew Johnson, James A. Garfield, William McKinley, Theodore Roosevelt, William Howard Taft, Warren G. Harding, Franklin D. Roosevelt, Harry S. Truman, Gerald Ford.

Staatsmänner: Sadi Carnot, Faure, Cambaćerès, Gambetta, Sièyes, Lafayette, Mirabeau, Marat, Camille Desmoulins, Paul Doumer, Simon Bolivar, Lajos Kossuth, Guiseppe Mazzini, Cavour, Randolph Churchill, Winston Churchill, Sun Yat-Sen, Tschiang-Kai-schek, Jan Masaryk, Eduard Benesch, Gustav Stresemann, Coudenhove-Kalergi, Sveinn Björnsson (der erste Präsident Islands), Mustafa Kemal Atatürk (Präsident und Gründer der modernen Türkei), William Tubman (Präsident von Liberia), Yoshida (Ministerpräsident Japans), Abd-el-Kader.

Gelehrte: Benjamin Franklin, Prof. Albert A. Michelson (Nobelpreis 1907), Dr. Wilhelm Ostwald (Nobelpreis 1909), Prof. Charles Richet (Nobelpreis 1913), Alexander Fleming (Nobelpreis 1945), Prof. Dr. Charles W. Mayo, Jules Bordet (Nobelpreis 1919).

Musiker: François Gounod, Rameau, Vieuxtemps, Boieldieu, Meyerbeer, Mozart, Haydn, Liszt, Puccini, Sibelius, Rouget de l'Isle, Gershwin, Irving Berlin usw.

Philosophen, Schriftsteller und *Dichter*: La Rochefoucauld, Proudhon, d'Alembert, Lalande, Condorcet, Lacépède, Montesquieu, Voltaire, Lazare Carnot, Auguste Comte, Beaumarchais, André Chenier, Abbé Prévost, Montgolfier, Littré, d'Holbach, Helvetius, Fichte, Wieland, Lessing, Brehm, Felix Salten, Robert

Burns, Gibbon, Edmund Kean, Alexander Pope, Walter Scott, Dr. Zamenhof (Esperanto), Oscar Wilde, Jonathan Swift, Stendhal, Mark Twain, Alexander Puschkin, Turgenjew, Giosue Carducci (Nobelpreis 1906), Rudyard Kipling (Nobelpreis 1907), Blasco Ibanez, Miguel de Unamuno, Jules Romains, Alexander Dumas Vater, André Ady, Imre Madach, Lewis Wallace, Conan Doyle usw.

Soldaten: Marschall Joffre, Marschall Ney, General Garibaldi, Horatio Viscount Nelson of the Nile, Field-Marshal Earl Alexander of Tunis, Herzog von Wellington, Field-Marshal Earl Kitchener, General MacArthur, General John Pershing, Generalfeldmarschall Blücher, General Lyman Lemnitzer, Offizier Stefanik, Osman Pascha usw.

Berühmte *Persönlichkeiten:* Prinz Philipp, Herzog von Edinburgh, die Maler David, Moreau, Millet, Kernstock; Henry Ford, Charlie Chaplin, Walt Disney, Red Skelton, Harold Lloyd, Douglas Fairbanks sen., Al Jolson, Clark Gable, Paul Whiteman, Cecil B. de Mille, Louis B. de Mayer, Josephine Baker, Ferrari, Prinz Eduard Albert von Wales usw.

Priester: Abgesehen von den Kardinälen und Erzbischöfen, die sich in der Vergangenheit der Freimaurerei angeschlossen haben, gehören ihr heute ungefähr 1000 Bischöfe der verschiedenen Kirchen an.

Diese zweite Liste enthält die Namen exkommunizierter Freimaurer. Kann die Kirche ihre Behauptung aufrechterhalten, daß sie alle »verderbt« sind, weil sie sich einer »verbrecherischen Vereinigung« angeschlossen haben?

Kann sie sie weiterhin verurteilen?

Die Kirche wird eine Entscheidung treffen müssen.

[1] Biographie Universelle Ancienne et Moderne.

[2] Idem.

[3] Die Illuminaten waren ein Geheimorden, der der Freimaurerei in gewissem Sinne ähnlich war und die Form der Freimaurerei nachahmte. Ihr Gründer war Adam Weishaupt, ein Professor aus Bayern. Die Mitgliederzahl war niemals sehr hoch, und die Gesellschaft verschwand einige Jahre später.

[4] Biographie Universelle et Moderne.

[5] Die geheimen Liebschaften Pius' IX.

[6] A Study of Freemasonry (Übersetzung) D. & J. Sadler, Montréal 1890.

[7] Gedruckt und veröffentlicht von Richard Carlile, 1831–1832.

[7a] Assemblée provisoire.

[8] Fédération nationale catholique, Paris (ohne Angabe des Erscheinungsjahres).

[9] Ludendorff, Erich von: Vernichtung der Freimaurerei durch Enthüllung ihrer Geheimnisse, S. 8.

[10] siehe Seite 450

[11] Preuves d'une conspiration usw., erste Auflage 1797.

[12] La Papauté et la franc-maçonnerie, erste Auflage 1930.

[13] Anonymous: The Myth of the Six Million. A convincing refutation of the oftrepeated tale that six million Jews were allegedly murdered during World War II, The Christian Book Club of America, Hawthorne, Calif.

[14] Fagan, Myron: Illuminati. The story of the most sensational plot in history. An apostate Catholic Priest, who, financed by the House of Rothschild created the Order of the Illuminati, which from the beginning has dought the destruction of Christianity.

[15] Berteloot, R. P. Joseph S. J.: La Franc-maçonnerie et l'Eglise catholique, Bd. II, S. 25.

[16] Dierickx, Michel S. J.: Freimaurerei die große Unbekannte, S. 103.

Literaturverzeichnis

Abafi, L. Histoire de la Franc-Maçonnerie en Autriche-Hongrie. Budapest, 1890–1899.

Abbé, C.B. Dictionnaire des Cardinaux. J.-P. Migne, Paris 1857.

Abbott, John S.C. Italy. P. F. Collier & Son, New York 1902.

Alleau, René Hitler et les sociétés secrètes; enquête sur les sources occultes du nazisme. Grasset, Paris 1969.

Anderson, James The Constitutions of the Free-Massons containing the History, Charges, Regulations, etc. William Hunter, London 1723.

Arato, Frigyes A szabadkömüvesség (La Franc-maçonnerie). Budapest, 1913.

Argenson, marquis d' Autour d'un Ministre de Louis XV. Albert Messein, Paris 1923.

Arnold, Paul Histoire des Rose-Croix et les origines de la Franc-Maçonnerie. Mercure de France, Paris 1955.

– La Rose-Croix et ses rapports avec la Franc-maçonnerie. Éditions G.P. Maisonneuve et Larose, Paris 1970.

Avallon, Abbé André d' Histoire chronologique et dogmatique des Conciles de la Chrétienté. Louis Vivès, Paris 1854.

Barruel, Abbé de Mémoires pour servir à l'histoire du Jacobinisme. P. Fauche, Hambourg 1798–1799.

Barry, William, D.D. The Papacy and Modern Times. Williams and Norgate, London 1911.

Baylot, Jean Dossier Français de la Franc-Maçonnerie Régulière. Éditions Vitiano, Paris 1965.

Benda, Julien La trahison des clercs. Bernard Grasset, Holland 1927.

Benoist, Luc L'ésotérisme. Presses Universitaires de France, 1965.

– Le Compagnonnage et les métiers. Presses Universitaires de France, 1966.

Benoit, D.P. O.S.B. La Franc-maçonnerie. Société Générale de Librairie Catholique, Paris 1886.

Berger, Jean-Joseph Les Papes et la Franc-maçonnerie. La Renaissance Française, Paris 1918.

Bernard, Moses Spain's Declining Power in South America 1730–1806. Berkeley 1919.

Berteloot, P. Joseph S.J. La Franc-maçonnerie et l'Église catholique. Éditions du Monde Nouveau, Paris 1947.
– Les Francs-maçons devant l'histoire. Éditions du Monde Nouveau, Paris 1949.
– Jésuite et Franc-maçon. Éditions Dervy, Paris, 1952.
Beyer, Bernhard Das Fundament der Freimaurerei. Akazien-Verlag, Hamburg.
Bihlmeyer, C. – Tuchle, H. Histoire de l'Église. Éditions Salvator Mulhouse, Paris 1962.
Blavatsky, H.B. The Secret Doctrine. Theosophical University Press, Pasadena 1963.
Böttner, Friedrich Zersplitterung und Einigung. Geschichte der deutschen Freimaurerei. Bauhütten-Verlag, Hamburg 1969.
Braure, Maurice L'Église à l'époque classique. Librairie Arthème Fayard, Paris 1961.
Brette, Armand Journal du marquis d'Argenson. Librairie Armand Colin, Paris 1898.
Bricout, Abbé J. Dictoinnaire pratique des connaissances religieuses. Letouzey et Ané, Paris 1925–1928
Brosses, Charles de Lettres familières sur l'Italie. Club Français du Livre, Paris 1961.
Carlile, Richard Manual of Freemasonry. William Reeves, London 1845.
Casavis, Jack Nicholas The Greek Origin of Freemasonry. The Square Press, New York 1955.
Charpentier, Louis Les Mystères templiers. Robert Laffont, Paris 1967.
Cheke, Marcus Dictator of Portugal: a life of the Marquis of Pombal. Sidgwick & Jackson, London 1938.
– The Cardinal de Bernis. W. W. Norton & Co. New York 1958.
Chevalier, François La formation des grands domaines au Mexique; terre et société aux XVI–XVIIe siècles. Institut d'ethnologie, Paris 1952.
Choupin, Lucien Valeur des décisions doctrinales et disciplinaires du Saint-Siège. Beachesne & Cie, Paris 1907.
Clarke, C.P.S. Short History of the Christian Church. Longmans, Green & Co. London 1961.
Claudy, H. Carl Introduction to Freemasonry. The Temple Publishers, Washington 1931.
Clerc, J.-B. Pie IX, Rome et l'Italie. Sagnier & Bray, Paris 1849.

Cochaux, Henri Le Pape et l'Italie. Gabriel Beauchesne, Paris 1929.

Coen & Dumesnil de Gramont La Franc-maçonnerie écossaise. Éditions Eugène Figuière, Paris.

Cognet, Louis Le Jansénisme. Presses Universitaires de France, 1964.

Cohn, Norman Histoire d'un mythe. Éditions Gallimard, Paris 1967.

Coil, Henry Wilson A Comprehensive View of Freemasonry. Macoy Publishing Co. New York 1954.

Colinon, Maurice L'Église en face de la Franc-maçonnerie. Librairie Arthème Fayard, Paris 1954.

Combès, Gustave Le Retour offensif du Paganisme. P. Lethielleux, Paris 1938.

Copin-Albancelli La Franc-maçonnerie et la question religieuse. Perrin & Cie, Paris 1905.

– La conjuration juive contre le monde chrétien. La Renaissance Française, Paris 1909.

– Comment je suis entré dans la Franc-maçonnerie et comment j'en suis sorti. Perrin & Cie, Paris 1912.

Corneloup, J. La chaire quitte les os . . . mais l'acacia refleurira. Éditions Vitiano, Paris 1968.

Cott, Charles van Freemasonry, a Sleeping Giant. T.S. Denison & Co. Minneapolis 1959.

Coynart, Ch. de Les Guérin de Tencin. Librairie Hachette, Paris 1910.

Daniel-Rops, Henry Histoire de l'Église du Christ. Librairie Arthème Fayard, Paris 1958.

Darrah, D. Delmar History and Evolution of Freemasonry. Chicago 1954.

Deiters, Heinz-Günter Die Freimaurer. List-Verlag, München 1963.

Deschamps, N. Les sociétés secrètes et la société. Seguin frères, Avignon; Oudin frères Paris 1880.

Dewar, James The Unlocked Secret. William Kimber, London 1967.

Diener, W. Jürgen Freimaurer im 20. Jahrhundert. Großloge von Deutschland, 1968.

Dierickx, Michel S.J. Freimaurerei, die große Unbekannte. Bauhütten Verlag, Frankfurt 1968.

Doumic, Max Le secret de la Franc-maçonnerie. Perrin & Cie. Paris 1926.

Dupanloup, Mgr. A Study of Freemasonry. D. & J. Stadler, Montreal 1890.

Dupay, Pierre Histoire de la condamnation Des Templiers, celle du

Schisme des Papes tenans le Siege en Avignon & quelques Proces criminels; Edition Nouvelle, augmentée de l'Histoire des Templiers de Mr. Gurtler et de plusieurs autres Pieces curieuses sur les même suget, Brüssel, chez François Foppens, 1713.

Eckert, V. La Franc-maconnerie (ohne weitere Angaben).

Endres, Franz Karl Das Geheimnis des Freimaurers. Bauhütten Verlag, Frankfurt 1963.

Etiemble Les jésuites en Chine. René Juliard, Paris 1966.

Falcionelli, Albert Les Sociétés Secrètes Italiennes. Payot, Paris 1936.

Farrow, John Pageant of the Popes. Sheed & Ward, New York 1942.

Faucher, Jean-André Histoire de la Franc-maçonnerie en France. Nouvelles Éditions Latines, Paris 1967.

Faÿ, Bernard Revolution and Freemasonry, 1680–1800. Little, Brown and Company, Boston 1935.

– La Franc-maçonnerie et la révolution intellectuelle du XVIIIe siècle. La Librairie Française, Paris 1961.

Findel, Gottfried J. History of Freemasonry from its Origin to the Present Days. Asher & Co. London 1869.

Fremantle, Anne The Papal Encyclicals. A Mentor Book, New York 1956.

Galdames, L. A History of Chile. Russell and Russell, New York 1964.

Gaudet, M. Histoire politique du Pape Pie VII. Béchet Ainé, Paris 1825.

Gelléri, Mor Huszonöt év a királyi müvészet szolgálatában (Fünfundzwanzig Jahre im Dienst der könglichen Kunst). Markus Samu, Budapest 1905.

Gibson, John George Rev. The Masonic Problem. Echo publ. Darlington 1912

Gould, R.F. History of Freemasonry; Revised & Brought up to date by Rev. Herbert Poole. Caxton Publishing Co. Ltd. London 1958

Goyau, Georges La Franc-Maçonnerie en France. Périn & Cie. Paris 1904.

Grat, Felix Etude sur le motu proprio. Librairie d'Argences, Melun 1965.

Grousset, René Bilan de l'Histoire. Librairie Plon, Paris 1964.

Guichard, Alain Les Francs-Maçons. Éditions Bernard Grasset, Paris 1969.

Guillermou, Alain Les Jésuites. Presses Universitaires de France, Paris 1963.

Hainchelin, Charles Les origines de la religion. Éditions sociales, Paris 1950.
Hasenmuller, Elias Historia ordinis jesuitici, in qua de Societatis jesuitorum authore, nomine, gradibus. Frankfurt 1595.
Havas, Károly Az inkvizicio története (Geschichte der Inquisition). Edition Rozsnyai Károly, Budapest 1927.
Hayward, Fernand Léon XIII. Grasset Éditeur, Paris 1937.
– Histoire des Papes, Payot, Paris 1953.
Haywood, H.L. Freemasonry and Roman Catholicism. The Masonic History Company, Chicago 1960.
Heeckeren, E. de Correspondance de Benoît XIV. Plon, Paris 1911.
Heindel, Max Histoire des Rose-Croix. Origines de la Franc-maçonnerie et du Catholicisme. Édition Jep, Paris 1966.
Helyot, R.P. Dictionnaire des Ordres religieux ou Histoire des Ordres Monastiques, Religieux et Militaires. Ateliers Catholiques du Petit-Montrouge. Paris 1847.
Hollós, László A szabadkömüvesség története (Geschichte der Freimaurerei). Budapest 1873.
Horneffer, August Die Freimaurerei. Reclam-Verlag, Stuttgart 1948.
Houx, Henri des Souvenirs d'un journaliste français à Rome. Paul Ollendorff, Éditeur, Paris 1886.
Huot, Abbé J.-Antoine Le fléau maçonnique. Dussault & Proulx, Québec 1906.
Hutin, Serge Les Francs-Maçons. Édition du Seuil, Paris 1964.
Jaroslawski, E. Die Bibel für Gläubige und Ungläubige. Staatsverlag, Moskau 1958.
Jemolo, A.C. L'Eglise et l'Etat en Italie du Risorgimento à nos jours. Édition du Seuil, Paris 1960.
Jones, E. Bernard Freemasons' Guide and Compendium. George G. Harrap & Co. Ltd. London 1965.
Jouin, Mgr. Papacy and Freemasonry. Christian Book Club of America, Hawthorne 1967.
Katz, Jacob Jews and Freemasons in Europe 1723–1939. Cambridge, Harvard University 1970.
Keller, L. Die Freimaurerei. Teubner, Leipzig 1923.
Kittler, D. Glenn The Papal Princes. Funk & Wagnalls, New York 1960.
Knoop, Douglas & Jones An Introduction to Freemasonry. Manchester University Press, 1937.

Knoop and Jones The Genesis of Freemasonry. Manchester University Press, 1948.

Kuees, G.R. Die Vorgeschichte der Freimaurerei im Lichte der englischen Forschung. Akazien-Verlag Alfred Buss, Hamburg.

Kühner, Hans Dictionnaire des Papes. Éditions Buchet-Chastel, Paris 1958.

Kuntzemüller, Otto Die Freimaurerei und Ihre Gegner. Adolf Sponholtz, Hannover 1897.

Lagutt, Jan K. Der Grundstein der Freimaurerei. Origo, Zurich 1958.

Langlois, Gérard L'Ordre des Knights of Columbus, (dits »Chevaliers de Colomb«). Les Éditions Cactus Enrg. Québec 1952.

Lannoy, de La Révolution préparée par la Franc-maçonnerie. P. Lethielleux, Paris 1911.

Lantoine, Albert Lettre au Souverain Pontife. Éditions du Symbolisme, Paris 1937.

– La fin des Francs-Maçons? Édition de l'Ermite, Paris 1950.

– Les Sociétés Secrètes actuelles en Europe et en Amérique. Presses Universitaires de France, 1940.

Le Bihain, Alain Loges et chapitres de la Grande Loge et du Grand Orient de France. Bibliothèque Nationale, Paris 1967.

– Francs-maçons parisiens du Grand Orient de France (fin du 18e siècle). Bibliothèque Nationale, Paris 1966.

Leclercq, Jacques La rencontre des églises. Casterman, 1962.

Ledré, Charles La Franc-Maçonnerie. Librairie Arthème Fayard, Paris 1958.

Le Forestier, R. La Franc-maçonnerie occultiste au XVIIIe siècle et l'Ordre des Elus Coëns. Dorbon-Ainé, Paris 1928.

Lennhof, Eugen Die Freimaurer. Amalthea Verlag, Wien 1932.

Lennhof-Posner Internationales Freimaurerlexikon. Amalthea Verlag, Wien 1932.

Lepage, Marius L'Ordre et les Obédiences. Paul Derain, Lyon 1956.

Lepper, Heron Les sociétés secrètes de l'antiquité à nos jours. Payot, Paris 1936.

Lery, Louis de S.J. La Franc-Maçonnerie. Les Éditions Bellarmin, Montréal 1954.

Lindsay, R.S. Le Rite Écossais pour l'Écosse. Le Symbolisme, Laval 1957.

Lizerand, Georges Le dossier de l'affaire des Templiers. Librairie Ancienne Honoré Champion, Paris 1923.

Lortz, J. Histoire de l'Église. Petite Bibliothèque Payot, Paris 1962.
Ludendorff, Erich von Vernichtung der Freimaurerei durch Enthüllung ihrer Geheimnisse. München 1927.
Luquet, G.H. La Franc-Maçonnerie et l'État en France au 18e siècle. Éditions Vitiano, Paris 1963.
Luz, Pierre de Histoire des Papes. Éditions Albin Michel, Paris 1960.
Mackey, Albert G. The History of Freemasonry. The Masonic History Company, New York 1905.
– Encyclopedia of Freemasonry. McClure Publishing Co. Philadelphia 1917.
Magnus, Morner The Political and Economic Activities of the Jesuits in the La Plata Region. Stockholm 1953.
Maistre, Joseph de Du Pape. J.-J. Pauvert, Paris 1967.
Marc-Bonnet, Henry Histoire des ordres religieux. Presses Universitaires de France, 1949.
– La papauté contemporaine. Presses Universitaires de France, 1951.
Mariel, Pierre Les Francs-maçons en France. Bibliothèque Marabout, Paris 1969.
Marki, Sandor Az ujkör története (Geschichte der Neuzeit). Athenaeum, Budapest 1910.
Martin, Gaston La Franc-maçonnerie française et la préparation de la Révolution. Les Presses Universitaires de France, 1926.
– Manuel d'histoire de la franc-maçonnerie française. Presses Universitaires de France, 1934.
Martin, Louis L'Angleterre et la Franc-maçonnerie. Savine, Paris 1894.
Marquès-Rivière, Jean La trahison spirituelle de la Franc-maçonnerie. Les Éditions des Portiques, Paris 1931.
– L'organisation secrète de la Franc-Maçonnerie. Éditions Baudinière, Paris 1935.
Martinez, Pasqualis Traité de la réintégration des êtres dans leurs premières propriètes, vertus et puissance spirituelles et divines. Bibliothèque Chacornac, Paris 1899.
Mellor, Alec Nos frères séparés, les Francs-maçons. Maison Mame, Paris 1961.
– La Franc-maçonnerie à l'heure du choix. Maison Mame, Paris 1963.
– La charte inconnue de la Franc-maçonnerie chrétienne. Maison Mame, Paris 1965.
Melville, Marion La vie des Templiers. Gallimard, Paris 1951.

Mentor Szabadkömüvesség, (Freimaurerei). Budapest 1910.

Meurin, Mgr. Léon La Franc-maçonnerie, synagogue de Satan. V. Retaux et Fils, Paris 1893.

Meyer, A. La Papauté anecdotique. Éditions Salvator, Mulhouse 1951.

Michel, A.-G. La dictature de la Franc-Maçonnerie sur la France. Éditions Spes, Paris 1924.

– La France sous l'étreinte maçonnique. Fédération Nationale Catholique, Paris.

Montor, Artaud de Histoire du Pape Pie VIII. Librairie d'Adrien le Clerc et Cie, Paris 1864.

Morcay, Abbé R. Nouvelle histoire de l'Église. Lanore éditeur, Paris 1937.

Morgan, Capt. W.M. Freemasonry Exposed. Ezra A. Cook Publications Inc., Chicago 1827.

Nagy, Töhötöm Jesuitas y Masones. Buenos Aires, 1963.

Naudon, Paul Les loges de Saint-Jean. Dervy Livres, Paris 1957.

– La Franc-maçonnerie et le divin. Dervy Livres, Paris 1960.

– La Franc-Maçonnerie. Presses Universitaires de France, 1963.

– Les origines religieuses et corporatives de la Franc-maçonnerie. Dervy Livres, Paris 1964.

Newton, Joseph Fort The Builders. Macoy Publishing Co., New York 1951.

Oliver, Rev. Geo The Antiquities of Freemasonry . . . from the Creation of the World. London, 1823.

Ollivier, Albert Les Templiers. Éditions du Seuil, Paris 1958.

O'Reilly, Rev. Bernard Vie de Léon XIII. Cie John C. Winston, New York 1903.

Ott, Ludwig Fundamentals of Catholic Dogma. B. Herder Book Company, St. Louis (Miss.) 1960.

Ouwerx, Paul Les Précurseurs du Communisme. Bruxelles, 1940.

Palou, Jean La Franc-maçonnerie. Petite Bibliothèque Payot, Paris 1964.

Panneton, Chanoine G. La Franc-maçonnerie, ennemie de l'Église et de la Patrie. Édition L'Oeuvre des Tracts, Montréal 1940.

Parkman, Francis The Jesuits in North America. Little, Brown & Co. Boston 1963.

Pastor, Ludwig Freiherr v. Geschichte der Päpste. Herder & Co. Freiburg im Breisgau 1930.

Peyrefitte, Roger Les fils de la lumière. Flammarion, Paris 1961.

Pick, L.F. & Knight, G.N The Pocket History of Freemasonry. Frederick Muller Ltd. London, 1963.

Pike, Albert The meaning of masonry. Washington 1924.

– A Reply of Freemasonry in behalf of Humanity to the Encyclical Letter »Humanum Genus« of the Pope Leon XIII. The Supreme Council 33°, Washington D.C.

Poncins, Léon de La F. M.: d'après ses documents secrets. Gabriel Beauchesne et ses Fils, Paris 1936.

Poncins, Vicomte de Freemasonry and the Vatican. Britons Publishing Company, London 1963.

Pouget de Saint-André, H. Les auteurs cachés de la Révolution française, (d'après des documents inèdits). Perrin, Paris 1923.

Poulet, Dom Charles Histoire de l'Église. Gabriel Beauchesne et ses Fils, Paris MCMLIX.

Preclin E. & Jarry E. Les luttes politiques et doctrinales aux XVIIe et XVIIIe siècles. Blond & Gay, 1955.

Preclin & Tapié Le XVIIIe siecle. Presses Universitaires de France, Paris 1952.

Priouret, Roger La Franc-maçonnerie sous les Lys. Bernard Grasset, Paris 1953.

Ranke, Leopold von History of the Popes, their Church and State. P.F. Collier & Son, New York 1901.

Ravignan, père de, S.J. Clément XIII et Clément XIV. Julien, Lanier & Cie, Paris 1856.

Rayboud, L.-P. Papauté et pouvoir temporel sous les pontificats de Clément XII et Benoît XIV. 1730–1758. Librairie Philosophique J.-Vrin, Paris 1963.

Rebillon, A. L'Église au Moyen Age. Pages libres, Paris 1904.

Saint-André, C.C. de Francs-maçons et Juifs. Sixième âge de l'Eglise d'après l'Apocalypse. Société Gle de Librairie Catholique, Paris 1880.

Schenkel, Gotthilf Die Freimaurerei im Lichte der Religions- und Kirchengeschichte. Leopold Klotz Verlag, Gotha 1926.

Schwartz, Dieter Die Freimaurerei. Berlin 1938.

Sède, Gérard de Les Templiers sont parmi nous. René Julliard, Paris 1962.

Ségur, Mgr. L.-G. de Les francs-maçons. Tolra et Haton, Paris 1887.

Serbanesco, Gérard Histoire de la Franc-maçonnerie universelle. Les Éditions Intercontinentale Beauronne, 1963.

Serbanesco, Gérard La Franc-maçonnerie en Roumanie. Édition des »Lettres M«, Paris.

Sheppard, Osborne A Concise History of Freemasonry in Canada. Published by the author. Hamilton 1915.

Sibley, W.G. The Story of Freemasonry. The Lion's Paw Club, Gallipolia, Ohio, 1913.

Stautz, Peter Was jeder Freimaurer wissen muß. Akazien-Verlag, Hamburg.

Stillson, Henry Leonhard History of the ancient and honourable fraternity of free and accepted masons, and concordant orders. Europen ed. Boston, 1891.

Talmeyr, Maurice La franc-maçonnerie et la Révolution française. Perrin, Paris 1904.

Taxil, Léo Les conversions célèbres. Tolra, Paris 1891.

– La Franc-maçonnerie dévoilée et expliquée. Letouzey, Paris.

– Biblia Hazlie, (Die heitere Bibel). Editura Politica, Bucuresti 1962.

Testas, Guy et Jean L'Inquisition. Presses Universitaires de France, 1966.

Thierry, Jean-Jacques La vie quotidienne au Vatican au temps de Léon XIII, à la fin du XIXe siècle. Hachette, Paris 1963.

Toynbee, Arnold J. A Study of History, (Abridgement by D.C. Somervell). Oxford University Press, London 1962.

Van de Schelden La Franc-maçonnerie belge sous le régime autrichien. (o. J.).

Vaussard, Maurice La fin du pouvoir temporel des Papes. Spes, Paris 1964.

Vinatrel, Guy Communisme et Franc-Maçonnerie. Les Presses Continentales, Paris 1961.

Vital-Mareille Le pape Clément, Pontife Gascon. Éditions Tallandier, Paris 1934.

Voorhis, V.B. Harold Facts for Freemasons. Macoy Publishing Co., New York 1953.

– The Story of Scottish Rite of Freemasonry. Press of Henry Emerson, New York 1965.

Weber, Eugen Satan Franc-maçon, la mystification de Léo Taxil. René Julliard, Paris 1964.

Wells, H.G. Esquisse de l'Histoire Universelle. Payot, Paris 1948.

Whalen, J. William Christianity and American Freemasonry. The Bruce Publishing Co., Milwaukee 1958.

Wilcke, Ferd. Geschichte des Tempelherrenordens. Halle 1860.

Winkelmüller, Otto Les Compagnonnages. Bauhutten Verlag, Frankfurt 1967.

Wirth, Oswald Les Mystères de l'Art royal. Nourry, Paris 1932.

– La Franc-Maçonnerie rendue intelligible à ses adeptes. Édition du Symbolisme, Paris 1962–63.

Wittemans, Fr. Histoire des Rose-Croix. Éditions Adyar, Paris 1925.

Wright, Dudley Roman Catholicism and Freemasonry. William Rider & Son, London 1922.

Zedtwitz, Baronesse von The Double Doctrine of the Church of Rome. Fleming H. Revell Co. New York 1906.

*** Les Plus Secrets Mystères des Hauts Grades de La Maçonnerie Dévoilés. Jérusalem, 1766.

*** Allerneueste Geheimnisse der Freymaurer deren Sitten und Gebräuche bey ihren Aufnehmen von Z. 1770. Zweyter Theil 1772.

*** Geheimnisse der Freymaurer. 1770.

*** Freimaurerei. Berlin 1782.

*** Freymaurer. Deutschland 1783.

*** Die Falschen Bruder oder Die Wahrheit. Berlin 1784.

*** Biographie Universelle Ancienne et Moderne. Michaud Frères, Paris 1813.

*** Geschichte der Grossen National Mutter-Loge der Preussischen Staaten. Berlin 1875.

*** Lettres apostoliques de Pie IX, Grégoire XVI, Pie VII. R. Roger et F. Chernovitz, Paris.

*** Le Pape infaillible. La nécessité dogmatique de l'infaillibilité pontificale. Édition de l'A.C.J.C. Montréal 1921.

*** Actes de Léon XIII. Maison de la Bonne Presse, Paris 1937.

*** Histoire de l'Eglise depuis les origines jusqu 'à nos jours. Les luttes politiques et doctrinales aux XVIIe et XVIIIe siecles.

Päpstliche Bullen gegen die Freimaurerei

Klemens XII.	In Eminenti	28. April 1738
Benedikt XIV.	Providas Romanorum Pontificum	18. Mai 1751
Pius VII.	Ecclesiam (gegen die Carbonari)	13. Sept. 1821
Leo XII.	Quo Graviora (gegen die Geheimgesellschaften)	13. März 1826
Pius VIII.	Traditi	21. Mai 1829
Gregor XVI.	Mirari Vos	15. August 1832
Pius IX.	Qui Pluribus	9. Nov. 1846
	Quibus Qantisque	20. April 1849
	Quanta Cura	8. Dez. 1864
	Multiplices Inter	25. Sept. 1865
	Apostolicae Sedis	12. Okt. 1869
	Etsi Multa	21. Nov. 1873
Leo XIII.	Humanum Genus	20. Apr. 1884
	Praeclara	20. Juni 1894
	Annum Ingressi	18. März 1902
	Etsi Nos	15. Febr. 1882
	Ab Apostolici	15. Okt. 1890

Personen- und Sachregister

Eine Liste der bekanntesten Freimaurer findet sich auf S. 472 ff. Die in dieser Liste aufscheinenden Namen wurden nur zum Teil in das Register aufgenommen.

INHALT